DIREITO Constitucional EM PROVAS DISCURSIVAS

Coleção
PROVAS DISCURSIVAS
respondidas e comentadas

Organizador: **Antônio Augusto Jr.**

Paulo Lépore

DIREITO **Constitucional**
EM PROVAS DISCURSIVAS

3ª edição
revista, atualizada e ampliada

2020

EDITORA *Jus*PODIVM
www.editorajuspodivm.com.br

EDITORA *Jus*PODIVM
www.editorajuspodivm.com.br

Rua Território Rio Branco, 87 – Pituba – CEP: 41830-530 – Salvador – Bahia
Tel: (71) 3045.9051
• Contato: https://www.editorajuspodivm.com.br/sac

Capa: Ana Caquetti

P969 Provas discursivas respondidas e comentadas - Direito Constitucional / Paulo Lépore – Salvador: Editora JusPodivm, 2020.
560 p. (Provas discursivas respondidas e comentadas / organizador: Antônio Augusto Jr.)

Inclui bibliografia
ISBN 978-85-442-3149-4

1. Direito constitucional. 2. Métodos de ensino. I. Augusto Jr, Antônio. II. Lépore, Paulo. III. Título.

CDD 341.2

APRESENTAÇÃO

Embora existam muitos livros de questões comentadas de provas objetivas, é nítida a escassez no mercado de obras que se destinem a auxiliar o candidato a obter um desempenho satisfatório numa prova discursiva.

O propósito deste livro é justamente identificar as bases sobre as quais deve se firmar a preparação do candidato para provas discursivas.

As provas selecionadas são de concursos de todas as carreiras jurídicas: PFN, AGU, Magistratura, Ministério Público, Defensoria Pública, Procuradorias, Tribunais de Contas.

Buscou-se abordar o máximo de assuntos da matéria por meio das provas.

Trata-se de um projeto inovador, diferente do que existe no mercado sobre provas discursivas.

A obra se distingue por fornecer, após a resposta do autor para cada questão, um farto panorama doutrinário e jurisprudencial sobre o tema abordado no enunciado, o que acaba tornando o livro um poderoso instrumento de revisão. Como se não bastasse, ao final de algumas respostas são trazidas questões de primeira etapa, de forma a demonstrar ao leitor a predileção das bancas pelo assunto.

No intuito de ser um material de estudos completo, os livros da coleção possuem um espaço, logo após o enunciado das questões, destinado para o leitor tentar responder à questão discursiva. Desse modo, o concurseiro pode, antes de ir direto para a resposta da questão, ter a oportunidade de simular a resolução das provas discursivas, e logo em seguida conferir sua resposta com a do autor e com a doutrina e a jurisprudência temática.

Esta coleção é indispensável para todos aqueles que desejam preparar-se para concursos públicos de forma dinâmica e otimizada, estudando a matéria ao mesmo tempo em que constata a aplicação do conteúdo nas provas. Assim, além do aprendizado dos temas mais exigidos nos concursos, o leitor também se torna um conhecedor das provas de segunda fase.

SUMÁRIO

CAPÍTULO 1

HERMENÊUTICA CONSTITUCIONAL E TEORIA DA CONSTITUIÇÃO

QUESTÕES

1. (MPE-RJ – PROMOTOR DE JUSTIÇA – RJ/2018)

O Tribunal de Justiça do Estado Alfa, no exercício regular de sua competência, ao reconhecer a ocorrência de mutação constitucional do art. X da Constituição de Alfa, deliberou um novo sentido a esse enunciado, recusando o sentido anteriormente adotado. No entanto, houve uma manifestação contrária por parte de membros da Assembleia Legislativa do Estado Alfa, que, entendendo que o instituto da mutação estaria sendo utilizado em desconformidade com as balizas traçadas pelo sistema jurídico-constitucional brasileiro, defendeu a inconstitucionalidade da referida mutação constitucional. Nesse sentido, responda de forma justificada, e em consonância com a inteligência do sistema jurídico-constitucional brasileiro, as questões que seguem:

a) no processo de reconhecimento da existência de mutação constitucional, haveria limites ao Poder Constituinte difuso do Estado Alfa? Justifique.

b) no âmbito das discussões sobre a legitimidade constituinte, havendo discrepância entre o texto constitucional e a nova norma estabelecida pelo Poder Constituinte difuso, em que sentido o princípio da conformidade funcional ou justeza pode ser suscitado? Justifique.

ESPAÇO EM BRANCO PARA RESPOSTA (30 LINHAS)

2. (CONSUPLAN – NOTÁRIO – TJ/MG -2014)

De acordo com a doutrina, são diversas as classificações das constituições segundo os mais variados critérios. Assim, as constituições podem ser classificadas quanto: a) à origem; b) ao processo de reforma; c) à extensão; d) à forma. Considerando os critérios acima, classifique a Constituição da República Federativa do Brasil de 1988, apresentando justificativa.

ESPAÇO EM BRANCO PARA RESPOSTA (30 LINHAS)

3. (MP/RS – PROMOTOR DE JUSTIÇA – RS/2014)

No âmbito do poder de reforma da constituição (poder reformador) e com olhos na Constituição Federal de 1988, assomam uma série de questões.

a) Esclareça a natureza do poder reformador e as eventuais espécies de poder reformador, distinguindo-as.

b) Esclareça quais os limites da reforma constitucional, com as devidas distinções e indicações normativas.

c) Tendo em vista a controvérsia em torno dos direitos fundamentais como limites ao poder de reforma, responda:

c.1 direitos fundamentais consagrados em tratados internacionais constituem limites à reforma?

c.2 qual o alcance da proteção com base nas "cláusulas pétreas", independente se direitos fundamentais individuais ou sociais?

ESPAÇO EM BRANCO PARA RESPOSTA (30 LINHAS)

4. (CESPE – DEFENSOR PÚBLICO - DF/2013)

Por serem as normas constitucionais normas jurídicas, sua interpretação requer o entendimento de conceitos e elementos clássicos. Todavia, as normas constitucionais apresentam determinadas especificidades que as singularizam. Em razão disso, foram desenvolvidas ou sistematizadas categorias doutrinárias próprias, identificadas como princípios específicos ou princípios instrumentais de interpretação constitucional, que constituem premissas conceituais, metodológicas ou finalísticas que devem anteceder, no processo intelectual do intérprete, a solução concreta da questão posta. Tais princípios, embora não expressos no texto da Constituição, são reconhecidos pacificamente pela doutrina e pela jurisprudência.

Luís Roberto Barroso. Curso de direito constitucional contemporâneo: os conceitos fundamentais e a construção do novo modelo. 4.a ed., 2013, p. 322 (com adaptações).

Considerando que o fragmento de texto acima apresentado tem caráter meramente motivador, discorra sobre o significado dos seguintes princípios de interpretação constitucional: unidade da Constituição; interpretação conforme a Constituição; presunção de constitucionalidade; efetividade.

ESPAÇO EM BRANCO PARA RESPOSTA (30 LINHAS)

5. (FADEMS – PROMOTOR DE JUSTIÇA - MS/2013)

Apresente e aborde (de maneira objetiva) duas justificativas técnicas para a adoção (pela literatura jurídica brasileira atual) da razoabilidade como princípio de interpretação especificamente constitucional.

◉ ESPAÇO EM BRANCO PARA RESPOSTA (30 LINHAS)

6. (CESPE – JUIZ DE DIREITO - AL/2008)

Acerca da hermenêutica constitucional, conceitue e diferencie o princípio da interpretação conforme a Constituição e a declaração parcial de inconstitucionalidade sem redução de texto.

◉ ESPAÇO EM BRANCO PARA RESPOSTA (30 LINHAS)

7. (VUNESP – DEFENSOR PÚBLICO - MS/2008)

Explique o que vem a ser o denominado "Bloco de Constitucionalidade" e se ele é admitido no Direito brasileiro.

ESPAÇO EM BRANCO PARA RESPOSTA (30 LINHAS)

8. (FADEMS – PROMOTOR DE JUSTIÇA - MS/2013)

No Brasil, segundo a ordem constitucional vigente, é possível sustentar a existência de normas constitucionais inconstitucionais?

ESPAÇO EM BRANCO PARA RESPOSTA (30 LINHAS)

9. (VUNESP – JUIZ DE DIREITO - MG/2012)

Explique o que é o fenômeno denominado pela doutrina de "mutação constitucional" e qual a sua influência no exercício da atividade legislativa, administrativa e jurisdicional do Estado brasileiro.

◉ ESPAÇO EM BRANCO PARA RESPOSTA (30 LINHAS)

10. (TJ/MS – JUIZ DE DIREITO - MS/2010)

Seguindo a sistematização apresentada por José Afonso da Silva (Aplicabilidade das Normas Constitucionais), cite dois efeitos jurídicos práticos que podem ser extraídos das normas constitucionais de eficácia limitada.

◉ ESPAÇO EM BRANCO PARA RESPOSTA (30 LINHAS)

11. (MPE-MG – PROMOTOR DE JUSTIÇA - MG/2007)

Discorrer sobre Poder Constituinte:

a) Poder Constituinte Originário: Definição, Titularidade e Características.

b) Poder Constituinte Derivado: Definição, Titularidade e Características.

c) Apontar e comentar as limitações explícitas ao Poder Constituinte Derivado em vigor na Constituição Brasileira de 1988.

Obs.: Não se limite a transcrever dispositivos constitucionais. Comente-os.

Espaço em branco para resposta (60 linhas)

12. (VUNESP – PROCURADOR DO ESTADO – SP/2005)

Nos moldes da teoria constitucional moderna, a doutrina pátria distingue na estrutura normativa da atual Constituição Federal Brasileira cinco categorias de elementos, segundo sua natureza, função ou finalidade. Mencione essas cinco categorias e explique brevemente do que tratam.

ESPAÇO EM BRANCO PARA RESPOSTA (30 LINHAS)

QUESTÕES COMENTADAS

1. (MPE-RJ – PROMOTOR DE JUSTIÇA – RJ/2018)

O Tribunal de Justiça do Estado Alfa, no exercício regular de sua competência, ao reconhecer a ocorrência de mutação constitucional do art. X da Constituição de Alfa, deliberou um novo sentido a esse enunciado, recusando o sentido anteriormente adotado. No entanto, houve uma manifestação contrária por parte de membros da Assembleia Legislativa do Estado Alfa, que, entendendo que o instituto da mutação estaria sendo utilizado em desconformidade com as balizas traçadas pelo sistema jurídico-constitucional brasileiro, defendeu a inconstitucionalidade da referida mutação constitucional. Nesse sentido, responda de forma justificada, e em consonância com a inteligência do sistema jurídico-constitucional brasileiro, as questões que seguem:

a) no processo de reconhecimento da existência de mutação constitucional, haveria limites ao Poder Constituinte difuso do Estado Alfa? Justifique.

b) no âmbito das discussões sobre a legitimidade constituinte, havendo discrepância entre o texto constitucional e a nova norma estabelecida pelo Poder Constituinte difuso, em que sentido o princípio da conformidade funcional ou justeza pode ser suscitado? Justifique.

PADRÃO DE RESPOSTA DA BANCA

Os limites ao reconhecimento da mutação constitucional são as possibilidades semânticas do texto, respeito aos princípios fundamentais que concedem identidade àquela específica Constituição, observância às normas de reprodução obrigatória, sem desconsiderar que a mesma deve se adequar aos princípios estabelecidos pela Constituição Federal de 1988. O princípio da conformidade funcional tem por objetivo impedir que os órgãos encarregados em realizar a interpretação constitucional cheguem a um resultado que subverta o esquema organizatório funcional estabelecido pela Constituição, sob pena de usurpação de competência. Nesse sentido, interpretação de norma constitucional pelo poder constituinte difuso que ultrapasse os limites textuais constitucionais expressos, evidencia invasão na esfera competencial de um poder por outro (do Legislativo pelo Judiciário), desequilibrando o sistema de divisão de poderes (artigo 2º da CR/88) e violando o mencionado princípio.

RESPOSTA SUGERIDA

O Poder Constituinte difuso é um poder derivado do Poder Constituinte Originário, logo, é um poder de fato, cujas características são seu estado de latência, sua permanência, sua informalidade e sua continuidade. Ele se manifesta por meio das mutações constitucionais, que ocorrem em razão do caráter dinâmico da ordem jurídica para se adequar a realidade, sendo alterações informais, ou seja, o texto permanece o mesmo, porém o sentido atribuído a ele é alterado.

Há diversos fenômenos que podem ocasionar mutações constitucionais, tais como a interpretação em si, em suas diversas modalidades; a construção constitucional, que se dá na aplicação do direito ao caso concreto; as praxes constitucionais, que são fruto dos usos e costumes; assim como as influências de grupos de pressão.

Tanto constituições rígidas como flexíveis podem ser sujeitas a esse fenômeno, visto que independe do grau de rigidez constitucional. Trata-se, contudo, de atividade limitada. O principal limite à mutação é o texto constitucional: não se pode atribuir ao texto interpretação ou sentido diverso do que aquele que se pode obter da interpretação literal. Ademais, o processo de mutação constitucional deve ser involuntário, ou seja, será um reflexo de fenômenos sociais.

Para verificar se a mutação realizada está ou não de acordo com os limites a ela estabelecidos, pode-se utilizar do princípio constitucional da conformidade funcional, também chamado princípio da justeza, que estabelece a interpretação do texto constitucional de acordo com o esquema organizatório-funcional nele estabelecido.

DOUTRINA TEMÁTICA

"Também chamado de princípio da interpretação das leis em confrmiddeconformidade com a constituição, por seu intermédio, o Poder Judiciário não poderá interpretar o texto magno ferindo o esquema organizatório-funcional nele estabelecido, pouco importando se as suas normas são polissêmicas ou plurissignificativas." (BULOS, 2014, p. 461-462).

"O poder constituinte difuso pode ser caracterizado como um poder de fato e que serve de fundamento para os mecanismos de atuação da mutação constitucional." (LENZA, 2019, p. 330).

"O estudo do poder constituinte de reforma instrui sobre o modo como o Texto Constitucional pode ser formalmente alterado. Ocorre que, por vezes, em virtude de uma evolução na situação de fato sobre a qual incide a norma, ou ainda por força de uma nova visão jurídica que passa a predominar na sociedade, a Constituição muda, sem que as suas palavras hajam sofrido modificação alguma. O texto é o mesmo, mas o sentido que lhe é atribuído é outro. Como a norma não se confunde com o texto, repara-se, aí, uma mudança da norma, mantido o texto. Quando isso ocorre no âmbito constitucional, fala-se em mutação constitucional." (MENDES; GONET BRANCO, 2017, p. 126).

JURISPRUDÊNCIA TEMÁTICA

STF

"O STF, por maioria, julgou improcedentes pedidos formulados em ações diretas de inconstitucionalidade ajuizadas contra a Lei 3.579/2001 do Estado do Rio de Janeiro. O referido diploma legal proíbe a extração do asbesto/amianto em todo o território daquela unidade da Federação e prevê a substituição progressiva da produção e da comercialização de produtos que o contenham. A Corte declarou, também por maioria e incidentalmente, a inconstitucionalidade do art. 2º da Lei federal 9.055/1995, com efeito vinculante e erga omnes. O dispositivo já havia sido declarado inconstitucional, incidentalmente, no julgamento da ADI 3.937/SP (rel. orig. min. Marco Aurélio, red. p/ o ac. min. Dias Toffoli, julgamento em 24-8-2017). A partir da manifestação do ministro Gilmar Mendes, o Colegiado entendeu ser necessário, a fim de evitar anomias e fragmentação da unidade, equalizar a decisão que se toma tanto em sede de controle abstrato quanto em sede de controle incidental. O ministro Gilmar Mendes observou que o art. 535 do CPC reforça esse entendimento. Asseverou se estar fazendo uma releitura do disposto no art. 52, X, da CF, no sentido de que a Corte comunica ao Senado a decisão de declaração de inconstitucionalidade, para que ele faça a publicação, intensifique a publicidade. O ministro Celso de Mello considerou se estar diante de verdadeira mutação constitucional que expande os poderes do STF em tema de jurisdição constitucional. Para ele, o que se propõe é uma interpretação que confira ao Senado Federal a possibilidade de simplesmente, mediante publicação, divulgar a decisão do STF. Mas a eficácia vinculante resulta da decisão da Corte. Daí se estaria a reconhecer a inconstitucionalidade da própria matéria que foi objeto deste processo de controle abstrato, prevalecendo o entendimento de que a utilização do amianto, tipo cri sotila e outro, ofende postulados constitucionais e, por isso, não pode ser objeto de normas autorizativas. A ministra Cármen Lúcia, na mesma linha, afirmou que a Corte está caminhando para uma inovação da jurisprudência no sentido de não ser mais declarado inconstitucional cada ato normativo, mas a própria matéria que nele se contém. O ministro Edson Fachin concluiu que a declaração de inconstitucionalidade, ainda que incidental, opera uma preclusão consumativa da matéria. Isso evita que se caia numa dimensão semicircular progressiva e sem fim. E essa afirmação não incide em contradição no sentido de reconhecer a constitucionali dade da lei estadual que também é proibitiva, o que significa, por uma simetria, que todas as legislações que são permissivas – dada a preclusão consumativa da matéria, reconhecida a inconstitucionalidade do art. 2º da lei federal – são também inconstitucionais." [ADI 3.406 e ADI 3.470, rel. min. Rosa Weber, j. 29-11-2017, P, Informativo 886.]

"O foro por prerrogativa de função aplica-se apenas aos crimes cometidos durante o exercício do cargo e relacionados às funções desempenhadas. Após o final da instrução processual, com a publicação do despacho de intimação para apresentação de alegações finais, a competência para processar e julgar ações penais não será mais afetada em razão de o agente público vir a ocupar outro cargo ou deixar o cargo que ocupava, qualquer que seja o motivo. Esse é o entendimento do Plenário, ao resolver questão de ordem para determinar a baixa de ação penal ao juízo da zona eleitoral para posterior julgamento, tendo em vista que: a) os crimes imputados ao réu não foram cometidos no cargo de deputado federal ou em razão dele; b) o réu renunciou ao cargo para assumir a função de prefeito; e c) a instrução processual se encerrou perante a 1ª instância, antes do deslocamento de competência para o STF. Prevaleceu o voto do ministro Roberto Barroso (...), o qual registrou que a quantidade de pessoas beneficiadas pelo foro e a extensão que se tem dado a ele, a abarcar fatos ocorridos antes de o indivíduo ser investido no cargo beneficiado pelo foro por prerrogativa de função ou atos praticados sem qualquer conexão com o exercício do mandato que se deseja proteger, têm resultado em múltiplas disfuncionalidades.(...) O relator frisou que a situação atual revela a necessidade de mutação constitucional. Isso ocorre quando a corte constitucional muda um entendimento consolidado, não porque o anterior fosse propriamente errado, mas porque: a) a realidade fática mudou; b) a percepção social do Direito mudou; ou c) as consequências práticas de uma orientação jurisprudencial se revelaram negativas. As três hipóteses que justificam a alteração de uma linha de interpretação constitucional estão presentes na hipótese dos autos. A nova interpretação prestigia os princípios da igualdade e republicano, além de assegurar às pessoas o desempenho de mandato livre de interferências, que é o fim pretendido pela norma constitucional. Ademais, viola o princípio da igualdade proteger, com foro de prerrogativa, o agente público por atos praticados sem relação com a função para a qual se quer resguardar sua independência, o que constitui a atribuição de um privilégio. Além disso, o princípio republicano tem como uma das suas dimensões mais importantes a possibilidade de responsabilização dos agentes públicos. A prescrição, o excessivo retardamento e a impunidade, que resultam do modelo de foro por prerrogativa de função, não se amoldam ao referido princípio. A Corte registrou que essa nova linha interpretativa deve ser aplicada imediatamente aos processos em curso, com a ressalva de todos os atos praticados e decisões proferidas pelo STF e pelos demais juízos com base na jurisprudência anterior, conforme precedente firmado no Inq 687 QO/SP (DJU de 25-8-1999)." [AP 937 QO, rel. min. Roberto Barroso, j. 3-5-2018, P, Informativo 900.]

"Tendo em vista que o STF, modificando sua jurisprudência, assentou a competência dos tribunais de justiça estaduais para julgar habeas corpus contra ato de turmas recursais dos juizados especiais, impõe-se a imediata remessa dos autos à respectiva corte local para reinício do julgamento da causa, ficando sem efeito os votos já proferidos. Mesmo tratando-se de alteração de competência por efeito de mutação constitucional (nova interpretação à CF), e não propriamente de alteração no texto da Lei Fundamental, o fato é que se tem, na espécie, hipótese de competência absoluta (em razão do grau de jurisdição), que não se prorroga." [HC 86.009 QO, rel. min. Ayres Britto, j. 29-8-2006, 1ª T, DJ de 27-4-2007.]

"A força normativa da Constituição da República e o monopólio da última palavra, pelo STF, em matéria de interpretação constitucional. O exercício da jurisdição constitucional – que tem por objetivo preservar a supremacia da

Constituição – põe em evidência a dimensão essencialmente política em que se projeta a atividade institucional do STF, pois, no processo de indagação constitucional, assenta-se a magna prerrogativa de decidir, em última análise, sobre a própria substância do poder. No poder de interpretar a Lei Fundamental, reside a prerrogativa extraordinária de (re)formulá-la, eis que a interpretação judicial acha-se compreendida entre os processos informais de mutação constitucional, a significar, portanto, que "A Constituição está em elaboração permanente nos Tribunais incumbidos de aplicá-la". Doutrina. Precedentes. A interpretação constitucional derivada das decisões proferidas pelo STF – a quem se atribuiu a função eminente de "guarda da Constituição" (CF, art. 102, caput) – assume papel de essencial importância na organização institucional do Estado brasileiro, a justificar o reconhecimento de que o modelo político-jurídico vigente em nosso país confere, à Suprema Corte, a singular prerrogativa de dispor do monopólio da última palavra em tema de exegese das normas inscritas no texto da Lei Fundamental." [ADI 3.345, rel. min. Celso de Mello, j. 25-8-2005, P, DJE de 20-8-2010.] = AI 733.387, rel. min. Celso de Mello, j. 16-12-2008, 2ª T, DJE de 1º-2-2013 Vide HC 91.361, rel. min. Celso de Mello, j. 23-9-2008, 2ª T, DJE de 6-2-2009 Vide RE 227.001 ED, rel. min. Gilmar Mendes, j. 18-9-2007, 2ª T, DJ de 5-10-2007

QUESTÕES RELACIONADAS

01. (CESPE - Juiz Federal Substituto – TRF-5 - 2015) Tendo em vista que, para lidar com as dificuldades decorrentes da declaração de inconstitucionalidade de leis e atos normativos por parte dos tribunais, a doutrina e a jurisprudência têm desenvolvido uma série de métodos e técnicas interpretativas que auxiliam na resolução de casos constitucionais, assinale a opção correta.

a) O STF, pela maioria absoluta de seus membros, pode modular ou limitar os efeitos da declaração de inconstitucionalidade, tendo em vista razões de segurança jurídica ou de excepcional interesse social.

b) O princípio da justeza ou da conformidade funcional preceitua que o órgão encarregado da interpretação constitucional não pode chegar a um resultado que subverta ou perturbe o esquema de repartição de funções constitucionalmente estabelecido.

c) O STF utiliza-se da chamada técnica da interpretação conforme a Constituição para advertir o legislador de que o ato impugnado encontra-se em regime de transição para a inconstitucionalidade.

d) A técnica da declaração de inconstitucionalidade sem pronúncia de nulidade é utilizada para considerar inconstitucional apenas determinada hipótese de aplicação da lei, sem proceder à alteração do seu programa normativo.

e) princípio da máxima efetividade da Constituição propõe que se dê primazia às soluções hermenêuticas que, compreendendo a historicidade das estruturas constitucionais, possibilitem a sua atualização normativa, garantindo a sua eficácia e permanência.

Resposta: alternativa "b".

02. (CESPE - Procurador do Estado - PGE-PE – 2018) Acerca da teoria do poder constituinte, julgue os seguintes itens.

I - Lei anterior não pode ser inconstitucional em relação à Constituição superveniente.

II - O poder constituinte derivado reformador, também chamado de poder constituinte difuso, refere-se às mutações constitucionais.

III - Se o conteúdo for compatível, a norma anterior será recepcionada, mesmo que sua forma não seja mais admitida pela Constituição superveniente.

Assinale a opção correta.

a) Apenas o item I está certo.

b) Apenas o item II está certo.

c) Apenas os itens I e III estão certos.

d) Apenas os itens II e III estão certos.

e) Todos os itens estão certos.

Resposta: alternativa "c".

2. (CONSUPLAN – NOTÁRIO – TJ/MG -2014)

De acordo com a doutrina, são diversas as classificações das constituições segundo os mais variados critérios. Assim, as constituições podem ser classificadas quanto: a) à origem; b) ao processo de reforma; c) à extensão; d) à forma. Considerando os critérios acima, classifique a Constituição da República Federativa do Brasil de 1988, apresentando justificativa.

RESPOSTA SUGERIDA

A doutrina identifica que as constituições podem ser classificadas conforme diversos critérios: quanto à origem, pode ser classificada como outorgada ou promulgada; quanto ao processos de reforma, podem ser imutáveis, rígidas ou flexíveis (havendo ainda quem identifique outros tipos, como semi-rígidas ou super-rígidas); quanto à extensão, podem ser dividasdivididas entre sintéticas ou analíticas; quanto à forma, podem ser escritas ou não escritas.

Diante dessas classificações, podemos definir a Constituição de 1988 como uma constituição promulgada, uma vez que seu processo de elaboração contou com uma assembleia constituinte composta de representantes do povo; rígida quanto ao processo de reforma, uma vez que para ser alterada depende da observância de um procedimento específico, mais difícil que o da legislação ordinária, ou ainda, super-rígida, conforme entende parte da doutrina, uma vez que possui uma parte imutável (cláusulas pétreas, definidas no art. 60 da CF/88); analítica, quanto à extensão, uma vez que trata não apenas da organização do Estado, mas de assuntos outros, como se observa no art. 242, §2º da CF/88 (que trata do Colégio Pedro II); e escrita quanto à forma, uma vez que consiste em um documento formal, escrito, que concentra suas regras.

DOUTRINA TEMÁTICA

"Valendo-nos de todos os critérios classificatórios anteriormente expostos e a seguir esquematizados, podemos dizer que a Constituição brasileira de 1988 singulariza-se por ser: promulgada, escrita, analítica, formal (cf. nova perspectiva classificatória decorrente do art. 5.º, § 3.º, introduzido pela EC n. 45/2004, sugerida no item 2.4.4), dogmática, rígida, reduzida, eclética, pretende ser normativa, principiológica, definitiva (ou de duração indefinida para o futuro), autônoma (autoconstituição ou "homoconstituição"), garantia, dirigente, social e expansiva." (LENZA, 2019, p. 190)

"A Constituição brasileira de 1988 é do tipo rígido, e a sua rigidez se eleva à condição de princípio constitucional, parâmetro para a solução de problemas práticos. O princípio da rigidez inspirou a recusa pelo STF em equiparar hierarquicamente com a Constituição o tratado de direitos humanos, aprovado pelo processo ordinário de votação no Congresso Nacional." (MENDES; GONET BRANCO, 2017, p. 72)

"A partir de algumas das classificações supramencionadas, a atual Constiuição brasileira se caracteriza por ser: I) escrita; II) codificada; III) democrática; IV) dogmática; V) rígida (ou super-rígida); VI) formal; VII) prolixa; VIII) dirigente; IX) eclética; X) autoconstituição; XI) definitiva." (NOVELINO, 2016, p. 103)

JURISPRUDÊNCIA TEMÁTICA

STF

"Parágrafos 1º e 2º do art. 45 da CF. A tese de que há hierarquia entre normas constitucionais originárias dando azo à declaração de inconstitucionalidade de umas em face de outras é incompossível com o sistema de Constituição rígida. Na atual Carta Magna "compete ao STF, precipuamente, a guarda da Constituição" (art. 102, caput), o que implica dizer que essa jurisdição lhe é atribuída para impedir que se desrespeite a Constituição como um todo, e não para, com relação a ela, exercer o papel de fiscal do poder constituinte originário, a fim de verificar se este teria, ou não, violado os princípios de direito suprapositivo que ele próprio havia incluído no texto da mesma Constituição. Por outro lado, as cláusulas pétreas não podem ser invocadas para sustentação da tese da inconstitucionalidade de normas constitucionais inferiores em face de normas constitucionais superiores, porquanto a Constituição as prevê apenas como limites ao poder constituinte derivado ao rever ou ao emendar a Constituição elaborada pelo poder constituinte originário, e não como abarcando normas cuja observância se impôs ao próprio poder constituinte originário com relação às outras que não sejam consideradas como cláusulas pétreas, e, portanto, possam ser emendadas. Ação não conhecida por impossibilidade jurídica do pedido." [ADI 815, rel. min. Moreira Alves, j. 28-3-1996, P, DJ de 10-5-1996.]

QUESTÕES RELACIONADAS

01. (CESPE - Juiz Substituto - TJ-SC – 2019) A respeito das constituições classificadas como semânticas, assinale a opção correta.

a) São aquelas que se estruturam a partir da generalização congruente de expectativas de comportamento.

b) São aquelas cujas normas dominam o processo político; e nelas ocorrem adaptação e submissão do poder político à constituição escrita.

c) Funcionam como pressupostos da autonomia do direito; e nelas a normatividade serve essencialmente à formação da constituição como instância reflexiva do sistema jurídico.

d) São aquelas cujas normas são instrumentos para a estabilização e perpetuação do controle do poder político pelos detentores do poder fático.

e) São aquelas cujo sentido das normas se reflete na realidade constitucional.

Resposta: alternativa "d".

02. (CESPE - Promotor de Justiça Substituto - MPE-PI - 2019) De acordo com a doutrina, o documento escrito estabelecido de forma solene pelo poder constituinte eleito pelo voto popular, modificável somente por processos e formalidades especiais nele mesmo contidos, e que contém o modo de existir do Estado é classificado como constituição

a) formal.

b) material.

c) outorgada.

d) histórica.

e) flexível.

Resposta: alternativa "a".

03. (FCC – Promotor de Justiça Substituto – MPE/PB - 2018) A Constituição do Império do Brasil, de 1824, é considerada "semirrígida" porque

a) admitia ser alterada em parte por lei comum e em parte por emenda constitucional.

b) era composta menos por normas escritas e mais por normas costumeiras.

c) reservava a modificação da matéria constitucional a leis complementares.

d) submetia a plebiscito as modificações constitucionais, não a um processo parlamentar de emenda constitucional.

e) não previa cláusulas pétreas.

Resposta: alternativa "a".

3. (MP/RS – PROMOTOR DE JUSTIÇA – RS/2014)

No âmbito do poder de reforma da constituição (poder reformador) e com olhos na Constituição Federal de 1988, assomam uma série de questões.

a) Esclareça a natureza do poder reformador e as eventuais espécies de poder reformador, distinguindo-as.

b) Esclareça quais os limites da reforma constitucional, com as devidas distinções e indicações normativas.

c) Tendo em vista a controvérsia em torno dos direitos fundamentais como limites ao poder de reforma, responda:

c.1 direitos fundamentais consagrados em tratados internacionais constituem limites à reforma?

c.2 qual o alcance da proteção com base nas "cláusulas pétreas", independente se direitos fundamentais individuais ou sociais?

ESPELHO DE CORREÇÃO DA BANCA

(a) a natureza do poder reformador e as eventuais espécies de poder reformador, distinguindo-as. (3 pontos) O Poder reformador é caracterizado como uma "competência", pois juridicamente vinculado às normas de competência, organização e procedimento ditadas pelo Poder constituinte (potência). Portanto, o legislador, ao reformar a Constituição, não dispões de liberdade de conformação irrestrita. Para a maioria da doutrina brasileira, "reforma da constituição" é o gênero, do qual se destacam a "revisão" (art. 3º da ADCT) e as "emendas" (arts. 59 e 60 da CF): distinção tópica, emendas no corpo da CF, revisão no ADT, revelando-se modalidade excepcional; procedimento mais rígido para emenda, sendo o da revisão mais simplificado; não há limitação ao número de emendas, ao passo que a revisão tem previsão de uma única vez, cinco anos depois (e após o plebiscito sobre forma e sistema de governo); revisão teria alcance específico (forma/sistema de governo – embora as seis emendas constitucionais de revisão, todavia aprovadas com o rito e limites das emendas). Hoje, subsiste apenas a modalidade de emendas. (3 pontos)

(b) quais os limites da reforma constitucional, com as devidas distinções e indicações normativas; (3 pontos)

Resposta geral

Diferenciar dogmaticamente e indicar limites formais, circunstanciais e materiais.

Resposta

Limites formais dizem respeito ao procedimento da reforma (iniciativa, deliberação, aprovação etc.), enfatizando o caráter rígido da CF.

Arts. 60, I a III, § 2º, § 3º, § 5º. Quanto aos limites formais subjetivos (iniciativa), há controvérsia sobre a possibilidade de iniciativa popular apresentar proposta de emenda à Constituição (posição de José Afonso da Silva). A desconsideração de limites formais permite intervenção do STF. (1 ponto)

Resposta

Limites circunstanciais vedam a realização de emendas durante intervenção federal nos estados-membros, bem como na vigência de estados de defesa ou de sítio (seria também possível considerá-los limites temporais). (0,5 pontos)

Resposta

Limites materiais, as chamadas cláusulas pétreas, pretendem assegurar a permanência de determinados conteúdos, pela sua relevância para manter a identidade constitucional, um freio para as maiorias futuras que queiram desfigurar a ponto de ruptura a ordem constitucional. São expressos (art. 60, § 4º, I a IV) e implícitos, sobre os quais não há unanimidade (inviável uma reforma total, a supressão do princípio da dignidade da pessoa humana, a forma republicana de governo e o sistema presidencialista, para além da polêmica dos direitos sociais). (1,5 ponto)

(c) Tendo em vista a controvérsia em torno dos direitos fundamentais como limites ao poder de reforma, responda: (1) direitos fundamentais consagrados em tratados internacionais constituem limites à reforma? (2 pontos) (2) qual o alcance da proteção com base nas "cláusulas pétreas", independente se direitos fundamentais individuais ou sociais? (2 pontos)

Resposta (c.1)

Enquanto não incorporados ao texto, nos termos do art. 5º, § 3º, não constituem direito constitucional em sentido formal (possível falarse em direito constitucional material, uma perspectiva ampliada do bloco de constitucionalidade), mormente no entendimento do STF, do caráter supralegal. A mera aprovação pelo rito citado não significa que a aprovação tenha ocorrido por emenda constitucional (como exemplo o Dec. Leg. 186/2008, Convenção Internacional das pessoas com deficiência). Todavia, se aprovados por emenda e integrados à Constituição formal, é possível admitir que funcionem como cláusula pétrea. Remanesce, todavia, o problema decorrente da possibilidade de denúncia dos países pactuantes, de acordo com as regras do direito internacional público (havendo corrente que defende a vedação da denúncia), bem como as dificuldade em torno da proibição de regressividade (ou de retrocesso) do direito internacional. (2 pontos)

Resposta (c.2)

Alcance do "tendente a abolir". A proteção do art. 60, § 4º, alcança não apenas a proibição das alterações que visam à supressão dos princípios guindados à cláusula pétrea, mas também os que representam uma tendência à supressão. Tanto não implica absoluta imutabilidade dos conteúdos, tendo a decisão no caso concreto de aferir o grau de afetação e o quanto invade a seara do "tendente a abolir". Tendente à abolição significa ferir seu conteúdo essencial, o núcleo do bem constitucional protegido (estes são intangíveis), o que não escapa de ponderação tópica. Por exemplo, suprimir a competência privativa legislativa dos estados e municípios atingiria o Estado Federal num de seus elementos essenciais. A restrição, em si, não estaria vedada (STF, por exemplo, entendeu que a mera ampliação do mandato de prefeitos por dois anos não poderia ser considerada uma abolição, nem tendencial, do postulado republicano de limitação temporal dos mandatos). (2 pontos)

RESPOSTA SUGERIDA

a) O poder reformador, também chamado competência reformadora, é uma forma de exercício do poder constituinte, chamado poder constituinte derivado reformador, isso porque deriva do exercício do poder constituinte originário, por meio do qual se instaura uma nova constituição. Portanto, sua natureza é classificada como um poder de fato ou um poder político, sendo caracterizado como uma competência. Trata-se de um poder instituído, limitado e condicionado juridicamente.

A doutrina identifica que esse poder é um gênero, do qual são espécies o poder de emendar a constituição, disciplinado no art. 60 da CF/88, e o poder de revisão, previsto no art. 3º do ADCT. As emendas à Constituição são alterações pontuais ao texto constitucional e, como se trata de uma Constituição rígida, é dotado de regras próprias que o tornam um processo mais dificultoso, sendo esse um processo ordinário e permanente de modificação do texto constitucional. Por outro lado, o processo de revisão é uma via extraordinária e transitória de alteração da Constituição, com regras mais simples para sua realização, pois tem alcance específico.

b) Como mencionado, o poder reformador deriva do poder constituinte originário, de modo que é limitado e condicionado juridicamente. Assim, é sujeito a determinadas limitações de ordem circunstancial, procedimental, material e temporal (no caso das revisões).

Inicialmente, no que diz respeito ao poder reformador de emendas à Constituição, podemos identificar que está sujeito a limitações de ordem circunstancial, uma vez que não podem ser aprovadas emendas durante intervenção federal, estado de defesa ou estado de sítio (art. 60, §1º da CF/88). Está ainda sujeito a limitações procedimentais (também chamadas formais), sendo estabelecido um rol específico de legitimados à propositura de propostas de emendas constitucionais (incisos do art. 60, *caput*) bem como um rito específico para sua aprovação e promulgação (art. 60, §§2º, 3º e 5º da CF). São também impostas limitações de ordem material (ou substancial) ao poder de emendar a Constituição, sendo estabelecido, no §4º do art. 60 da CF/88 um rol de matérias sobre as quais não podem ser criadas emendas tendentes a abolir, sendo as chamadas cláusulas pétreas. A doutrina identifica ainda que além das matérias constantes do §4º do art. 60, existiriam ainda limites materiais implícitos, verificando que as próprias regras relativas ao processo de emenda constitucional não poderiam ser editados, evitando assim a chamada dupla revisão, ou mesmo, mediante um agravamento da dificuldade do procedimento, um engessamento da Constituição.

No que diz respeito ao poder de revisão, podemos observar que a ele foi imposta uma limitação de ordem temporal, visto que somente poderia ser realizado após cinco anos da promulgação da Constituição. Estaria também sujeito a limitações formais, devendo atender ao rito específico do art. 3º do ADCT, além de, conforme compreensão da doutrina e entendimento do STF, serem a ele aplicadas ainda as mesmas limitações materiais e circunstanciais que ao poder reformador.

c.1) Uma das controvérsias existentes em torno do poder de reforma diz respeito à configuração de cláusulas pétreas com relação aos direitos fundamentais previstos em tratados internacionais. Embora parte da doutrina sustente essa corrente, o STF entende que somente os tratados aprovados de acordo com o rito previsto no art. 5º, §3º da Constituição Federal (incluído pela EC 45/2004) terão o status de norma constitucional. Os demais tratados que envolvam direitos humanos teriam o status supralegal, porém infraconstitucional. Assim, apenas aqueles direitos incorporados com o status de emenda constitucional se constituiriam como cláusulas pétreas. Os demais, apenas são dotados de status supralegal, o que não impede a alteração por norma constitucional decorrente do poder reformador. Vale salientar, contudo, que sendo aprovada emenda constitucional contrariando tratado internacional, podem surgir problemas na ordem internacional, como a questão envolvendo a possibilidade ou não de denúncia do referido tratado, além de violação ao princípio da vedação ao retrocesso.

c.2) De acordo com a doutrina e entendimento do STF, cláusulas pétreas teriam um alcance que iria além da proteção do texto em si, mas sim de proteger o princípio existente por trás das normas. Diante disso, não se deve interpretar as cláusulas pétreas como mecanismos de "engessamento" do texto constitucional, ou seja, seria possível alterar a redação das normas protegidas pelas cláusulas pétreas, desde que não se afetasse a essência do princípio protegido e o sentido da norma.

Discute-se ainda se os direitos sociais estariam ou não protegidos pela cláusula pétrea que trata dos direitos individuais. Parte da doutrina compreende que não estariam abarcados, isso porque, direitos sociais são, junto dos direitos individuais, espécie do gênero direitos fundamentais e, como o constituinte optou expressamente em garantir proteção aos direitos individuais, não estariam abarcados os sociais. Por outro lado, há quem entenda que esses direitos seriam decorrentes da própria dignidade da pessoa humana, fundamento da República.

DOUTRINA TEMÁTICA

"O poder de reforma – expressão que inclui tanto o poder de emenda como o poder de revisão do texto (art. 3º do ADCT) – é, portanto, criado pelo poder constituinte originário, que lhe estabelece o procedimento a ser seguido e limitações a serem observadas. O poder constituinte de reforma, assim, não é inicial, nem incondicionado nem ilimitado. É um poder que não se confunde com o poder originário, estando subordinado a ele. Justamente a distinção entre os poderes constituinte originário e derivado justifica, conforme o magistério de Gilmar Ferreira Mendes, o estabelecimento de restrições a este." (MENDES; GONET BRANCO, 2017, p.113)

"A revisão possuía uma limitação temporal de cinco anos, contados a partir de 05 de outubro de 1988, data da promulgação da Constituição. Por ter sido consagrada em uma norma constitucional transitória, cuja eficácia se exauriu com sua aplicação, a possibilidade de novas revisões constitucionais tem sido descartada pela jurisprudência do Supremo Tribunal Federal.

Em relação às limitações formais, o Poder Constituinte Originário estabeleceu um procedimento menos rígido que o de reforma, de modo a tornar viável, se necessário, uma ampla e profunda alteração do texto constitucional. No lugar do quórum de três quintos e da votação em dois turnos (CF, art. 60, § 2. 0), a aprovação das emendas de revisão ficou condicionada ao voto da maioria absoluta dos membros do Congresso Nacional, em sessão unicameral.

As limitações materiais e circunstanciais, embora não previstas expressamente, eram consideradas as mesmas impostas ao Poder Reformador (CF, art. 60, §§ 1.º e 4.º)." (NOVELINO, 2016, p. 84-85)

"Dessa forma, além das limitações expressas ou explícitas (formais ou procedimentais — art. 60, I, II, III e §§ 2.º, 3.º e 5.º; circunstanciais — art. 60, § 1.º; e materiais — art. 60, § 4.º), a doutrina identifica, também, as limitações implícitas (como impossibilidade de se alterar o titular do poder constituinte originário e o titular do poder constituinte derivado reformador, bem como a proibição de se violar as limitações expressas, não tendo sido adotada, no Brasil, portanto, a teoria da dupla revisão, ou seja, uma primeira revisão acabando com a limitação expressa e a segunda reformando aquilo que era proibido)." (LENZA, 2019, p. 319)

"A cláusula pétrea não tem por meta preservar a redação de uma norma constitucional – ostenta, antes, o significado mais profundo de obviar a ruptura com princípios e estruturas essenciais da Constituição. Esses princípios, essas estruturas é que se acham ao abrigo de esvaziamento por ação do poder reformador. Nesse sentido, Jorge Miranda lembra que a cláusula pétrea não tem por escopo proteger dispositivos constitucionais, mas os princípios neles modelados.

Por isso também se leciona que a mera alteração redacional de uma norma componente do rol das cláusulas pétreas não importa, por isso somente, inconstitucionalidade, desde que não afetada a essência do princípio protegido e o sentido da norma." (MENDES; GONET BRANCO, 2017, p. 118)

JURISPRUDÊNCIA TEMÁTICA

STF

"As mudanças na Constituição, decorrentes da "revisão" do art. 3º do ADCT, estão sujeitas ao controle judicial, diante das "cláusulas pétreas" consignadas no art. 60, § 4º e seus incisos, da Lei Magna de 1988." [ADI 981 MC, rel. min. Néri da Silveira, j. 17-12-1994, P, DJ de 5-8-1994.]

"(...) Essas assertivas têm a virtude de demonstrar que o efetivo conteúdo das "garantias de eternidade" somente será obtido mediante esforço hermenêutico. Apenas essa atividade poderá revelar os princípios constitucionais que, ainda que não contemplados expressamente nas cláusulas pétreas, guardam estreita vinculação com os princípios por elas protegidos e estão, por isso, cobertos pela garantia de imutabilidade que delas dimana. (...)"[ADPF 33 MC, voto do rel. min. Gilmar Mendes, j. 29-10-2003, P, DJ de 6-8-2004.]

"(...) desde a adesão do Brasil, sem qualquer reserva, ao Pacto Internacional dos Direitos Civis e Políticos (art. 11) e à Convenção Americana sobre Direitos Humanos – Pacto de São José da Costa Rica (art. 7º, 7), ambos no ano de 1992, não há mais base legal para prisão civil do depositário infiel, pois o caráter especial desses diplomas internacionais sobre direitos humanos lhes reserva lugar específico no ordenamento jurídico, estando abaixo da Constituição, porém acima da legislação interna. O status normativo supralegal dos tratados internacionais de direitos humanos subscritos pelo Brasil, dessa forma, torna inaplicável a legislação infraconstitucional com ele conflitante, seja ela anterior ou posterior ao ato de adesão. Assim ocorreu com o art. 1.287 do Código Civil de 1916 e com o DL 911/1969, assim como em relação ao art. 652 do novo Código Civil (Lei 10.406/2002)." [RE 466.343, rel. min. Cezar Peluso, voto do min. Gilmar Mendes, j. 3-12-2008, P, DJE de 5-6-2009, Tema 60.]

QUESTÕES RELACIONADAS

01. (FEPESE - Procurador do Estado - PGE-SC - 2018) Em relação ao poder constituinte, é correto afirmar:

a) Na Constituição de 1988, o poder constituinte reformador se manifestou de forma única com a possibilidade de emendas à Constituição.

b) Não existe qualquer tipo de limitação circunstancial para a reforma da Constituição Federal.

c) A proposta de emenda à Constituição Federal será discutida e votada em cada Casa do Congresso Nacional, considerando-se aprovada se obtiver, em ambos, dois terços dos votos dos respectivos membros.

d) A matéria constante de proposta de emenda rejeitada ou havida por prejudicada poderá ser objeto de nova proposta na mesma sessão legislativa, desde que conte com a assinatura de 1/3 dos membros da respectiva casa legislativa.

e) Poderá se apresentar como originário (poder criador), como derivado (reformador) ou ainda como decorrente (dirigido aos estados-membros).

Resposta: alternativa "e".

02. (CESPE - Defensor Público Federal - DPU - 2015) No tocante ao poder constituinte e aos limites ao poder de reforma, julgue o item que se segue.

A proteção dos limites materiais ao poder de reforma constitucional não alcança a redação do texto constitucional, visando sua existência a evitar a ruptura com princípios que expressam o núcleo essencial da CF.

Resposta: certo.

03. (TRT-16- Juiz do Trabalho Substituto - 2015) Considerando as afirmações abaixo, assinale a alternativa CORRETA:

I. O poder constituinte originário é o poder político por meio do qual se estabelece uma nova Constituição. Trata-se de poder inicial (não se funda em nenhum outro poder), ilimitado (por não necessitar observar o direito positivo anterior), incondicionado (não estando adstrito ao cumprimento de regras formais), permanente (não se esgota com a realização da Constituição, podendo a qualquer momento ser estabelecida nova ordem jurídica) e extraordinário (devendo ser exercido excepcionalmente).

II. O poder de reforma eventualmente se confunde com o fenômeno da mutação constitucional, já que aquele pode se dar por meio de um processo informal de mudança da Constituição, quando ocorre a alteração do sentido e alcance das normas constitucionais por obra de todos os atores políticos que protagonizam a interpretação da norma ápice.

III. No âmbito do poder de reforma, os limites implícitos exercem a mesma autoridade daqueles explicitados na Constituição, uma vez que eles também se voltam ao asseguramento da identidade constitucional.

IV. A ampla maioria da doutrina constitucional brasileira não adere à teoria da dupla revisão ou dupla reforma constitucional.

a) Somente as afirmativas I, II e III estão corretas.

b) Somente as afirmativas I, II e IV estão corretas.

c) Somente as afirmativas II, III e IV estão corretas.

d) Somente as afirmativas I, III e IV estão corretas.

e) Todas as afirmativas estão corretas.

Resposta: alternativa "d".

4. (CESPE – DEFENSOR PÚBLICO - DF/2013)

Por serem as normas constitucionais normas jurídicas, sua interpretação requer o entendimento de conceitos e elementos clássicos. Todavia, as normas constitucionais apresentam determinadas especificidades que as singularizam. Em razão disso, foram desenvolvidas ou sistematizadas categorias doutrinárias próprias, identificadas como princípios específicos ou princípios instrumentais de interpretação constitucional, que constituem premissas conceituais, metodológicas ou finalísticas que devem anteceder, no processo intelectual do intérprete, a solução concreta da questão posta. Tais princípios, embora não expressos no texto da Constituição, são reconhecidos pacificamente pela doutrina e pela jurisprudência.

Luís Roberto Barroso. Curso de direito constitucional contemporâneo: os conceitos fundamentais e a construção do novo modelo. 4.a ed., 2013, p. 322 (com adaptações).

Considerando que o fragmento de texto acima apresentado tem caráter meramente motivador, discorra sobre o significado dos seguintes princípios de interpretação constitucional: unidade da Constituição; interpretação conforme a Constituição; presunção de constitucionalidade; efetividade.

RESPOSTA SUGERIDA

Os princípios de interpretação constitucional têm a função de orientar o exegeta quanto à aplicação das normas constitucionais.

O princípio da unidade da Constituição preceitua que a interpretação constitucional deve ser realizada tomando-se as normas constitucionais em conjunto, como um sistema unitário de princípios e regras, de modo que sejam evitadas contradições entre elas.

A seu turno, o princípio da interpretação conforme a Constituição é aquele que orienta o intérprete na tarefa de conferir a um ato normativo polissêmico ou equívoco (que admite vários sentidos ou significados) a interpretação que mais se adapte ao que preceitua a Constituição, sem que essa atividade se constitua em atentado ao próprio texto constitucional.

Já o princípio da presunção de constitucionalidade traz a ideia de que todas as normas infraconstitucionais criadas estão de acordo com a Constituição, ou seja, de que todo ato infralegal é válido e constitucional até que se prove o contrário, estabelecendo uma clara presunção relativa (*juris tantum*).

Por fim, o princípio da efetividade, também chamado de princípio da máxima efetividade ou da eficiência, é aquele que exige do intérprete uma otimização da norma constitucional, para que dela extraia a maior efetividade, evitando, sempre que possível, soluções que impliquem a não aplicabilidade da norma.

DOUTRINA TEMÁTICA

"O princípio da unidade da Constituição ganha relevo autônomo como princípio interpretativo quando com ele se quer significar que a Constituição deve ser interpretada de forma a evitar contradições (antinomias, antagonismos) entre as suas normas. Como 'ponto de orientação', 'guia de discussão' e 'fator hermenêutico de decisão', o princípio da unidade obriga o intérprete a considerar a Constituição na sua globalidade e a procurar harmonizar os espaços de tensão existentes entre as normas constitucionais a concretizar [...] O princípio da máxima efetividade, também designado por princípio da eficiência ou princípio da interpretação efetiva, pode ser formulado da seguinte maneira: a uma norma constitucional deve ser atribuído o sentido que maior eficácia lhe dê. É um princípio operativo em relação a todas e quaisquer normas constitucionais, e embora sua origem esteja ligada à tese de atualidade das normas programáticas, é hoje sobretudo invocado no âmbito dos direitos fundamentais (no caso de dúvidas de preferir-se a interpretação que reconheça maior eficácia aos direitos fundamentais). [...] O princípio da interpretação das leis em conformidade com a Constituição é fundamentalmente um princípio de controle (tem como função assegurar a constitucionalidade da interpretação) e ganha relevância autônoma quando a utilização dos vários elementos interpretativos não permite a obtenção de um sentido inequívoco dentre os vários significados da norma. Daí a sua formulação básica: no caso de normas polissêmicas ou plurissignificativas deve dar-se preferência à interpretação que lhe dê um sentido em conformidade com a Constituição." (*Tradução nossa*). (CANOTILHO, 2003, p. 1223-1226)

JURISPRUDÊNCIA TEMÁTICA

STF

"As provas obtidas em razão de diligências deflagradas na esfera criminal podem ser utilizadas em processo administrativo disciplinar, uma vez submetidas ao contraditório, posto estratégia conducente à duração razoável do processo, sem conjuração das cláusulas pétreas dos processos administrativo e judicial. A instauração de um Processo Administrativo Disciplinar (PAD) prescinde de prévia sindicância, quando o objeto da apuração encontra-se elucidado à luz de outros elementos lícitos de convicção. A competência originária do CNJ resulta do texto constitucional e independe de motivação do referido órgão, bem como da satisfação de requisitos específicos. A competência do CNJ não se revela subsidiária. Ressalva do redator do acórdão no sentido de que o STF, por força do princípio da unidade da Constituição e como guardião da Carta Federal, não pode desconsiderar a autoridade do CNJ e a autonomia dos tribunais, por isso que a conciliação possível, tendo em vista a atividade correcional de ambas as instituições, resulta na competência originária do órgão, que pode ser exercida de acordo com os seguintes termos e parâmetros apresentados de forma exemplificativa: a) comprovação da inércia do tribunal local quanto ao exercício de sua competência disciplinar. Nesse contexto, o CNJ pode fixar prazo não inferior ao legalmente previsto de 140 dias [60 dias(art. 152 da Lei 8.112) + 60 dias (art. 152 da Lei 8.112, que admite prorrogação de prazo para a conclusão do PAD) + 20 dias (prazo para o administrador competente decidir o PAD, ex vi do art. 167 da Lei 8.112) para que as corregedorias locais apurem fatos que cheguem ao conhecimento do órgão, avocando os feitos em caso de descumprimento imotivado do lapso temporal; sem prejuízo da apuração de responsabilidade do órgão correcional local; b) demora irrazoável na condução, pelo tribunal local, de processo administrativo com risco de prescrição; c) falta de quórum para deliberação, por suspeição, impedimentos ou vagas de magistrados do tribunal; d) simulação quanto ao exercício da competência correicional pelo Poder Judiciário local; e) prova da incapacidade de atuação dos órgãos locais por falta de condições de independência, hipóteses nas quais é lícita a inauguração de procedimento pelo referido Conselho ou a avocação do processo; f) a iminência de prescrição de punições aplicáveis pelas corregedorias no âmbito de suas atribuições autoriza o CNJ a iniciar ou avocar processos; g) qualquer situação genérica avaliada motivadamente pelo CNJ que indique a impossibilidade de apuração dos fatos pelas corregedorias autoriza a imediata avocação dos processos pelo CNJ; h) arquivado qualquer procedimento, disciplinar ou não, da competência das corregedorias, é lícito ao CNJ desarquivá-los e prosseguir na apuração dos fatos; i) havendo conflito de interesses nos tribunais que alcancem dimensão que torne o órgão colegiado local impossibilitado de decidir, conforme avaliação motivada do próprio CNJ, poderá o mesmo avocar ou processar originariamente o feito; j) os procedimentos disciplinares iniciados nas corregedorias e nos tribunais locais deverão ser comunicados ao CNJ dentro do prazo razoável de trinta dias para acompanhamento e avaliação acerca da avocação prevista nas alíneas antecedentes; k) as regras acima não se aplicam aos processos já iniciados, aos em curso e aos extintos no CNJ na data deste julgamento; l) as decisões judiciais pretéritas não são alcançadas pelos parâmetros acima. O instituto da translatio judicii, que realça com clareza solar o princípio da instrumentalidade do processo, viabiliza o aproveitamento dos atos processuais praticados no âmbito do CNJ pelo órgão correicional local competente para decidir a matéria. Denegação da segurança, mantendo-se a decisão do CNJ com o aproveitamento de todas as provas já produzidas." (MS 28.003, Rel. p/ o ac. Min. Luiz Fux, julgamento em 8-2-2012, Plenário, DJE de 31-5-2012.)

QUESTÕES DE CONCURSO RELACIONADAS

01. (Cespe – Juiz de Direito – TJ – CE/2018) A interpretação conforme a Constituição

a) é um tipo de situação constitucional imperfeita, pois somente atenua a declaração de nulidade em caso de inconstitucionalidade.

b) é admitida para ajustar o sentido do texto legal com a Constituição, ainda que o procedimento resulte em regra nova e distinta do objetivo do legislador.

c) é um método cabível mesmo em se tratando de texto normativo inconstitucional que apresenta sentido unívoco.

d) é incompatível com a manutenção de atos jurídicos produzidos com base em lei inconstitucional.

e) é fixada por decisão do STF, mas não se reveste do efeito vinculante próprio das decisões declaratórias de inconstitucionalidade.

Resposta: alternativa "a".

02. (Vunesp – Juiz de Direito – TJ – SP/2018) Com relação aos princípios e métodos de interpretação constitucional, pode-se afirmar que

a) a interpretação conforme a Constituição, instrumento previsto no artigo 28, parágrafo único, da Lei nº 9.868/1999, permite a interpretação contrária à literalidade da norma (contra legem), desde que necessária à preservação do princípio da supremacia da Constituição.

b) segundo o princípio da concordância prática ou da harmonização, eventual conflito entre bens juridicamente protegidos deve ser solucionado pela coordenação e combinação entre eles, de modo que o estabelecimento de limites recíprocos evite o sacrifício de uns em relação aos outros.

c) por representar ampliação dos poderes do juiz em prejuízo da esfera de opção política do legislador, sem que tenha sido adotado como norma geral pelo texto constitucional, o princípio da proporcionalidade só pode ser aplicado pelos tribunais nas hipóteses específicas previstas em preceitos esparsos da Constituição.

d) segundo o princípio da unidade da Constituição, as normas constitucionais devem ser interpretadas como integrantes de um todo, de modo que, se qualquer delas implica ruptura da unidade, deve ser declarada inconstitucional, conforme já decidiu o Supremo Tribunal na ADIN 815.

Resposta: alternativa "b".

03. (FCC – Defensor Público – DPE – AM/2018) Considere os seguintes excertos extraídos de votos proferidos em acórdãos de lavra do Supremo Tribunal Federal, acerca de princípios de hermenêutica constitucional:

I. Em consequência desse princípio, o Estado, após haver reconhecido os direitos prestacionais, assume o dever não só de torná-los efetivos, mas, também, se obriga, sob pena de transgressão ao texto constitucional, a preservá-los, abstendo-se de frustrar - mediante supressão total ou parcial - os direitos sociais já concretizados.

II. É preciso (...) buscar uma harmonização entre princípios em tensão, de modo a evitar o sacrifício de um em relação ao outro.

III. Essa tese -a de que há hierarquia entre normas constitucionais originárias dando azo à declaração de inconstitucionalidade de umas em face de outras - se me afigura incompossível com o sistema de Constituição rígida (...). Na atual Carta Magna 'compete ao Supremo Tribunal Federal, precipuamente, a guarda da Constituição' (artigo 102, 'caput'), o que implica dizer que essa jurisdição lhe é atribuída para impedir que se desrespeite a Constituição como um todo, e não para, com relação a ela, exercer o papel de fiscal do Poder Constituinte originário, a fim de verificar se este teria, ou não, violado os princípios de direito suprapositivo que ele próprio havia incluído no texto da mesma Constituição.

Os excertos acima transcritos referem-se, respectivamente, aos princípios da

a) concordância prática; máxima efetividade; unidade da Constituição.
b) proibição do retrocesso; concordância prática; unidade da Constituição.
c) unidade da Constituição; concordância prática; máxima efetividade.
d) proibição do retrocesso; unidade da Constituição; concordância prática.
e) concordância prática; unidade da Constituição; proibição do retrocesso.

Resposta: alternativa "b".

5. (FADEMS – PROMOTOR DE JUSTIÇA - MS/2013)

Apresente e aborde (de maneira objetiva) duas justificativas técnicas para a adoção (pela literatura jurídica brasileira atual) da razoabilidade como princípio de interpretação especificamente constitucional.

RESPOSTA SUGERIDA

As normas constitucionais apresentam características que as diferenciam das demais normas jurídicas. São elas: a) superioridade jurídica; b) natureza da linguagem; c) conteúdo específico; e d) caráter político. Essas características fazem com que as normas constitucionais precisem ser interpretadas por princípios especificamente constitucionais, também chamados de princípios instrumentais.

O princípio da razoabilidade é um desses princípios de interpretação especificamente constitucional, na medida em que atua sobre a exegese de normas constitucionais, orientando a tomada de decisões racionais, não abusivas, e que respeitem os núcleos essenciais de todos os direitos fundamentais. Por meio dele, analisa-se se em determinadas situações as condutas praticadas são adequadas, necessárias e se trazem algum sentido em suas realizações, sempre levando em consideração as normas constitucionais pertinentes.

Segundo as lições de Luís Roberto Barroso, as justificativas técnicas para que o princípio da razoabilidade seja considerado um princípio de interpretação especificamente constitucional são as seguintes:

a) Apesar de não estar expresso na Constituição, o princípio da razoabilidade tem seus fundamentos nas ideias do devido processo legal substantivo (previsto na Constituição) e de justiça (também prevista na Constituição), de modo a figurar-se como um valioso instrumento de proteção dos direitos fundamentais e do interesse público, ambos valores constitucionais de relevo.

b) O princípio da razoabilidade apresenta a exata medida com que uma norma deve ser interpretada para a realização da finalidade constitucional que lhe é ínsita, permitindo que o judiciário invalide atos legislativos ou administrativos inadequados, desnecessários ou que gerem mais prejuízos do que ganhos; ou seja, apresenta-se como vetor para análise de constitucionalidade de atos legislativos e administrativos.

DOUTRINA TEMÁTICA

"O princípio da razoabilidade tem sido fundamento de decidir em um conjunto abrangente de situações, por parte de juízes e tribunais, inclusive e especialmente o Supremo Tribunal Federal. Com base nele tem-se feito o controle de legitimidade das desequiparações entre pessoas, de vantagens concedidas a servidores públicos, de exigências desmesuradas formuladas pelo Poder Público ou de privilégios concedidos à Fazenda Pública. O princípio, referido na jurisprudência como da proporcionalidade ou da razoabilidade, é por vezes utilizado como um parâmetro de justiça – e, nesses casos, assume uma dimensão material –, porém, mais comumente, desempenha papel instrumental na interpretação de outras normas. Confira-se a demonstração do argumento. O princípio da razoabilidade faz parte do processo intelectual lógico de aplicação de outras normas, ou seja, de outros princípios e regras. Por exemplo: ao aplicar uma regra que sanciona determinada conduta com uma penalidade administrativa, o intérprete deverá agir com proporcionalidade, levando em conta a natureza e a gravidade da falta. O que se estará aplicando é a norma sancionadora, sendo o princípio da razoabilidade um instrumento de medida. O mesmo se passa quando ele é auxiliar do processo de ponderação. Ao admitir o estabelecimento de uma idade máxima ou de uma estatura mínima para alguém prestar concursos para determinado cargo público, o que o Judiciário faz é interpretar o princípio da isonomia, de acordo com a razoabilidade: se o meio for adequado, necessário e proporcional para realizar um fim legítimo, deve ser considerado válido. Nesses casos, como se percebe intuitivamente, a razoabilidade é o meio de aferição do cumprimento ou não de outras normas. (BARROSO, 2009, p. 325-327)".

JURISPRUDÊNCIA TEMÁTICA

STF

"O princípio da razoabilidade, a direcionar no sentido da presunção do que normalmente ocorre, afasta a exigência, como ônus processual, da prova da qualidade de procurador do Estado por quem assim se apresenta e subscreve ato processual. O mandato é legal e decorre do disposto nos arts. 12 e 132, respectivamente do CPC e da CF." (RE 192.553, Rel. Min. Marco Aurélio, julgamento em 15-12-1998, Segunda Turma, DJ de 16-4-1999.)"

"Avaliação periódica das instituições e dos cursos de nível superior, mediante exames nacionais: Lei 9.131/1995, art. 3º e parágrafos. Arguição de inconstitucionalidade de tais dispositivos: alegação de que tais normas são ofensivas ao princípio da razoabilidade, assim ofensivas ao *substantive due process* inscrito no art. 5º, LIV, da CF, à autonomia universitária – CF, art. 207 – e que teria sido ela regulamentada pelo Ministro de Estado, assim com ofensa ao art. 84, IV, CF. Irrelevância da arguição de inconstitucionalidade." (ADI 1.511-MC, Rel. Min. Carlos Velloso, julgamento em 16-10-1996, Plenário, DJ de 6-6-2003.)"

"O Poder Público, especialmente em sede de tributação, não pode agir imoderadamente, pois a atividade estatal acha-se essencialmente condicionada pelo princípio da razoabilidade, que traduz limitação material à ação normativa do Poder Legislativo. O Estado não pode legislar abusivamente. A atividade legislativa está necessariamente sujeita à rígida observância de diretriz fundamental, que, encontrando suporte teórico no princípio da proporcionalidade, veda os excessos normativos e as prescrições irrazoáveis do Poder Público. O princípio da proporcionalidade, nesse contexto, acha-se vocacionado a inibir e a neutralizar os abusos do Poder Público no exercício de suas funções, qualificando-se como parâmetro de aferição da própria constitucionalidade material dos atos estatais. A prerrogativa institucional de tributar, que o ordenamento positivo reconhece ao Estado, não lhe outorga o poder de suprimir (ou de inviabilizar) direitos de caráter fundamental constitucionalmente assegurados ao contribuinte. É que este dispõe, nos termos da própria Carta Política, de um sistema de proteção destinado a ampará-lo contra eventuais excessos cometidos pelo poder tributante ou, ainda, contra exigências irrazoáveis veiculadas em diplomas normativos editados pelo Estado." (ADI 2.551-MC-QO, Rel. Min. Celso de Mello, julgamento em 2-4-2003, Plenário, DJ de 20-4-2006.)"

"O art. 170 da Lei 8.112/1990 (...) é inconstitucional. Essa a conclusão do Plenário ao conceder mandado de segurança para cassar decisão do presidente da República que, embora reconhecendo a prescrição da pretensão punitiva de infração disciplinar praticada pelo impetrante, determinara a anotação dos fatos apurados em assentamento funcional. O Tribunal asseverou que, em virtude do reconhecimento da extinção da punibilidade pela prescrição, obstar-se-ia a imposição de punição administrativo-disciplinar, tendo em conta que a pretensão punitiva da administração estaria comprometida de modo direto e imediato. Assim, afirmou que a anotação dessa ocorrência em ficha funcional violaria o princípio da presunção de inocência. Em consequência, a Corte, por maioria, declarou a inconstitucionalidade incidental do art. 170 da Lei 8.112/1990, em ofensa também ao princípio da razoabilidade." (MS 23.262, rel. min. Dias Toffoli, julgamento em 23-4-2014, Plenário, Informativo 743)".

QUESTÕES DE CONCURSO RELACIONADAS

01. (FCC – Defensor Público – SP/2010) Após grave crise energética, o Governo aprova lei que disciplina o racionamento de energia elétrica, estabelecendo metas de consumo e sanções pelo descumprimento, que podem culminar, inclusive, na suspensão do fornecimento. Questionado judicialmente, se vê o Supremo Tribunal Federal – STF com a missão de resolver a questão, tendo, de um lado, a possibilidade de interrupções no suprimento de energia elétrica, se não houver economia, e, de outro, as restrições a serviço público de primeira necessidade, restrição que atinge a igualdade, porque baseada em dados de consumo pretérito, bem como limitações à livre iniciativa, ao direito ao trabalho, à vida digna etc. O controle judicial neste caso envolve

a) a apreciação de colisão de direitos fundamentais, que, em sua maior parte, assumem a estrutura normativa de "regras", o que implica anulação de uns em detrimento de outros.

b) a aplicação da regra da proporcionalidade, que, segundo a jurisprudência constitucional alemã, tem estrutura racionalmente definida – análise da adequação, da necessidade e da proporcionalidade em sentido estrito.

c) a utilização do princípio da razoabilidade, já consagrado no Brasil, e que determina tratar os direitos colidentes como "mandamentos de otimização".

d) a eliminação da falsa dicotomia entre direitos constitucionais, já que a melhor solução é a que os harmoniza, sem retirar eficácia e aplicabilidade de nenhum deles.

e) juízo de constitucionalidade clássico, pois nem emenda à Constituição pode tender a abolir direitos fundamentais.

Resposta: alternativa "b".

02. (TJ-PR – Juiz Substituto – PR/ 2008) Assinale a alternativa correta:

a) Os direitos fundamentais não são absolutos. Isso posto, a manifestação do pensamento, a criação, a expressão e a informação, sob qualquer forma, processo ou veículo poderão sofrer restrições em face das disposições da Constituição Federal.

b) A censura de natureza política, ideológica ou artística se justifica quando atende ao princípio da razoabilidade.

c) Compete à lei estadual regular as diversões e espetáculos públicos, cabendo ao Poder Público informar sobre a natureza deles, as faixas etárias a que não se recomendem, locais e horários em que sua apresentação se mostre inadequada;

d) A publicação de veículo impresso de comunicação depende de licença de autoridade.

Resposta: alternativa "a".

03. (Cespe – Defensor Público – DPU/ 2001) Quanto aos princípios e às garantias constitucionais, julgue o item abaixo.

A imposição legal de limites de idade e altura para o acesso a cargos públicos não fere o princípio da isonomia, desde que razoável e decorrente da natureza e das atribuições do cargo público a ser provido.

Resposta: Certo.

6. (CESPE – JUIZ DE DIREITO - AL/2008)

Acerca da hermenêutica constitucional, conceitue e diferencie o princípio da interpretação conforme a Constituição e a declaração parcial de inconstitucionalidade sem redução de texto.

RESPOSTA SUGERIDA

O princípio da interpretação conforme a Constituição é aquele que orienta o intérprete na tarefa de conferir a um ato normativo polissêmico ou equívoco (que admite vários sentidos ou significados) a interpretação que mais se adapte ao que preceitua a Constituição, sem que essa atividade se constitua em atentado ao próprio texto constitucional.

Aplicável ao controle de constitucionalidade, a interpretação conforme a Constituição permite que se mantenha um texto normativo, conferindo-se a ele um sentido ou interpretação de acordo com os valores constitucionais.

Princípio muito semelhante à interpretação conforme é o da declaração parcial de nulidade ou inconstitucionalidade sem redução de texto, pois também tem como pressuposto a manutenção do texto normativo. Mas, em vez de conferir uma interpretação conforme a Constituição, a declaração de nulidade sem redução de texto declara a inconstitucionalidade das interpretações que estariam em desacordo com o paradigma constitucional.

Ainda que doutrinariamente se possa estabelecer distinções entre a interpretação conforme a Constituição e a declaração parcial de nulidade sem redução do texto, a jurisprudência do STF vem se firmando no sentido de considerar que os institutos se confundem, gerando as mesmas consequências normativas e práticas.

Para o STF, tanto na interpretação conforme quanto na declaração parcial há uma declaração de inconstitucionalidade quanto a determinada interpretação.

Um dos julgamentos que refletiu essa jurisprudência foi o da ADI 4.274, sobre a "Marcha da Maconha". O STF entendeu pela aplicação de uma interpretação conforme a Constituição e, ainda assim, julgou procedente a ação direta de inconstitucionalidade, ou seja, proferiu uma declaração de inconstitucionalidade, ainda que sem redução de texto.

DOUTRINA TEMÁTICA

"Ainda que se não possa negar a semelhança dessas categorias e a proximidade do resultado prático de sua utilização, é certo que, enquanto, na interpretação conforme a Constituição se tem, dogmaticamente, a declaração de que uma lei é constitucional com a interpretação que lhe é conferida pelo órgão judicial, constata-se, na declaração de nulidade sem redução de texto, a expressa exclusão, por inconstitucionalidade, de determinadas hipóteses de aplicação (*anwendungsfälle*) do programa normativo sem que se produza alteração expressa do texto legal". (MENDES, Gilmar Ferreira. Jurisdição Constitucional. São Paulo: Saraiva, 1996, p. 275).

JURISPRUDÊNCIA TEMÁTICA

STF

"Cabível o pedido de 'interpretação conforme à Constituição' de preceito legal portador de mais de um sentido, dando-se que ao menos um deles é contrário à CF. A utilização do § 3º do art. 33 da Lei 11.343/2006 como fundamento para a proibição judicial de eventos públicos de defesa da legalização ou da descriminalização do uso de entorpecentes ofende o direito fundamental de reunião, expressamente outorgado pelo inciso XVI do art. 5º da Carta Magna. Regular exercício das liberdades constitucionais de manifestação de pensamento e expressão, em sentido lato, além do direito de acesso à informação (...). Nenhuma lei, seja ela civil ou penal, pode blindar-se contra a discussão do seu próprio conteúdo. Nem mesmo a Constituição está a salvo da ampla, livre e aberta discussão dos seus defeitos e das suas virtudes, desde que sejam obedecidas as condicionantes ao direito constitucional de reunião, tal como a prévia comunicação às autoridades competentes. Impossibilidade de restrição ao direito fundamental de reunião que não se contenha nas duas situações excepcionais que a própria Constituição prevê: o estado de defesa e o estado de sítio (...). Ação direta julgada procedente para dar ao § 2º do art. 33 da Lei 11.343/2006 'interpretação conforme à Constituição' e dele excluir qualquer significado que enseje a proibição de manifestações e debates públicos acerca da descriminalização ou legalização do uso de drogas ou de qualquer substância que leve o ser humano ao entorpecimento episódico, ou então viciado, das suas faculdades psicofísicas." (ADI 4.274, Rel. Min. Ayres Britto, julgamento em 23-11-2011, Plenário, DJE de 2-5-2012.) Vide: ADPF 187, Rel. Min. Celso de Mello, julgamento em 15-6-2011).

"As decisões consubstanciadoras de declaração de constitucionalidade ou de inconstitucionalidade, inclusive aquelas que importem em interpretação conforme à Constituição e em declaração parcial de inconstitucionalidade sem redução de texto, quando proferidas pelo STF, em sede de fiscalização normativa abstrata, revestem-se de eficácia contra todos (erga omnes) e possuem efeito vinculante em relação a todos os magistrados e tribunais, bem assim em face da administração pública federal, estadual, distrital e municipal, impondo-se, em consequência, à necessária observância por tais órgãos estatais, que deverão adequar-se, por isso mesmo, em seus pronunciamentos, ao que a Suprema Corte, em manifestação subordinante, houver decidido, seja no âmbito da ação direta de inconstitucionalidade, seja no da ação declaratória de constitucionalidade, a propósito da validade ou da invalidade jurídico-constitucional de determinada lei ou ato normativo." (Rcl 2.143-AgR, Rel. Min. Celso de Mello, julgamento em 12-3-2003, Plenário, DJ de 6-6-2003.)

"Expressou que a tese da ausência de vontade do legislador para previsão da anencefalia como causa excludente da ilicitude não seria bom parâmetro hermenêutico para o caso. Evidenciou que, no direito contemporâneo, o processo legislativo seria muito complexo, a dificultar a aferição da vontade real do Legislativo e que seus documentos preparatórios nem sempre se mostrariam fontes seguras. Além disso, registrou que não seria rara a criação da lei de maneira ambígua e atécnica de forma proposital, a fim de que sua aprovação fosse politicamente viável, deixando-se a resolução das dúvidas futuras ao Judiciário. Também considerou que a Constituição determinaria os limites dessa vontade, de modo que a do legislador não poderia lhe ser contrária. Afastou a aplicação do precedente proferido no julgamento do RE 121336/CE (DJU de 26.6.92) à espécie, tendo em conta que não se trataria de vontade inconstitucional com atribuição de conteúdo para salvar o texto, mas de interpretação conforme a Constituição para mantê-lo e impedir que ele se estendesse a outra hipótese, que seria a anencefalia." (Informativo 661 do STF. ADPF 54. Voto da Ministra Rosa Weber)

QUESTÕES DE CONCURSO RELACIONADAS

01. **(Cespe – Procurador do Estado – PGE – PE/2018)** Duas ações diretas de inconstitucionalidade foram julgadas procedentes: a primeira, porque a lei continha vício de iniciativa; a segunda, porque um tributo por ela criado não respeitou o princípio da anterioridade tributária, razão por que o tribunal declarou inconstitucional sua cobrança no exercício financeiro de sua criação, e a redação desta lei não precisou ser alterada.

Nessa situação, a(s) técnica(s) de decisão de inconstitucionalidade aplicada(s) foi(-foram)

A) declaração de nulidade total e declaração de nulidade parcial sem redução de texto, respectivamente.

B) declaração de nulidade total por arrastamento e a interpretação conforme a CF, sem redução de texto, respectivamente.

C) declaração de nulidade parcial com redução de texto e a interpretação conforme a CF, sem redução de texto, respectivamente.

D) declaração de nulidade parcial em ambos os casos: no primeiro, com redução de texto; no segundo, sem redução de texto.

E) declaração de nulidade total em ambos os casos: no segundo, em razão da dependência entre as partes constitucionais e inconstitucionais da lei.

Resposta: alternativa "a".

02. (Cespe – Procurador Federal/2013) Com referência à declaração de inconstitucionalidade sem redução de texto e à interpretação conforme a Constituição, julgue o item consecutivo.

A declaração de inconstitucionalidade sem redução de texto, assim como a interpretação conforme a Constituição, apresenta eficácia erga omnes e efeito vinculante relativamente aos órgãos do Poder Judiciário e à administração pública federal, estadual e municipal.

Resposta: certo.

03. (FCC – Promotor de Justiça – AP/2012) Em abril de 2012, ao decidir sobre o pedido formulado na Arguição de Descumprimento de Preceito Fundamental nº 54, o Supremo Tribunal Federal (STF), por maioria e nos termos do voto do Relator, julgou procedente a ação "para declarar a inconstitucionalidade da interpretação segundo a qual a interrupção da gravidez de feto anencéfalo é conduta tipificada nos artigos 124, 126, 128, incisos I e II, todos do Código Penal" (conforme ata de julgamento respectiva, publicada no Diário Oficial da União).

Nesse caso, o STF procedeu à

a) declaração de inconstitucionalidade dos dispositivos legais submetidos à sua apreciação, sem redução de texto.
b) declaração de inconstitucionalidade dos dispositivos legais submetidos à sua apreciação, com redução de texto.
c) declaração parcial de inconstitucionalidade dos dispositivos legais submetidos à sua apreciação, com redução de texto.
d) interpretação conforme à Constituição, com extensão de efeitos dos dispositivos legais submetidos à sua apreciação.
e) interpretação conforme à Constituição, com redução do alcance normativo dos dispositivos legais submetidos à sua apreciação.

Resposta: alternativa "e".

7. (VUNESP – DEFENSOR PÚBLICO - MS/2008)

Explique o que vem a ser o denominado "Bloco de Constitucionalidade" e se ele é admitido no Direito brasileiro.

RESPOSTA SUGERIDA

A ideia de bloco de constitucionalidade é de Louis Favoreu, mas foi desenvolvida por inúmeros doutrinadores, com destaque para Canotilho, que acabou tendo suas lições citadas até mesmo no Supremo Tribunal Federal.

Pode-se conceituar o bloco de constitucionalidade como um conjunto de normas materialmente constitucionais que servem de paradigma para o controle de constitucionalidade, mas que, não necessariamente integram formalmente a Constituição, a exemplo dos tratados internacionais de direitos humanos aprovados de acordo com o regramento do art. 5º, § 3º, da CF.

O bloco de constitucionalidade promove verdadeiro alargamento do paradigma de constitucionalidade. Sob essa perspectiva é possível realizar-se controle de constitucionalidade em face de ato normativo que viole norma pertencente ao bloco de constitucionalidade.

Se, por exemplo, for editada uma norma que viole o conteúdo da Convenção Internacional sobre os Direitos das Pessoas com Deficiência (que foi aprovada no Brasil respeitando-se o rito do art. 5°, § 3°, da CF), é possível realizar-se controle de constitucionalidade, posto que essa Convenção integra o bloco de constitucionalidade.

Vale notar que nesse bloco não estão incluídas as normas infraconstitucionais. Assim, se uma norma ofende uma lei, mas não viola diretamente a Constituição, não é possível a realização do controle de constitucionalidade. Essa lei ofendida, que fica entre a norma objeto de questionamento e a Constituição, recebe o nome de norma interposta. O STF tem posição firme no sentido de que não se admite controle de constitucionalidade em face de norma interposta, ou seja, só entende possível o controle de constitucionalidade na hipótese de ocorrer violação ao bloco de constitucionalidade.

JURISPRUDÊNCIA TEMÁTICA

ADIn: Bloco de Constitucionalidade (Transcrições)

ADIn 595-ES*

RELATOR: MIN. CELSO DE MELLO

EMENTA: AÇÃO DIRETA DE INCONSTITUCIONALIDADE. INSTRUMENTO DE AFIRMAÇÃO DA SUPREMACIA DA ORDEM CONSTITUCIONAL. O PAPEL DO SUPREMO TRIBUNAL FEDERAL COMO LEGISLADOR NEGATIVO. A NOÇÃO DE CONSTITUCIONALIDADE/INCONSTITUCIONALIDADE COMO CONCEITO DE RELAÇÃO. A QUESTÃO PERTINENTE AO BLOCO DE CONSTITUCIONALIDADE. POSIÇÕES DOUTRINÁRIAS DIVERGENTES EM TORNO DO SEU CONTEÚDO. O SIGNIFICADO DO BLOCO DE CONSTITUCIONALIDADE COMO FATOR DETERMINANTE DO CARÁTER CONSTITUCIONAL, OU NÃO, DOS ATOS ESTATAIS. NECESSIDADE DA VIGÊNCIA ATUAL, EM SEDE DE CONTROLE ABSTRATO, DO PARADIGMA CONSTITUCIONAL ALEGADAMENTE VIOLADO. SUPERVENIENTE MODIFICAÇÃO/SUPRESSÃO DO PARÂMETRO DE CONFRONTO. PREJUDICIALIDADE DA AÇÃO DIRETA.

- A definição do significado de bloco de constitucionalidade - independentemente da abrangência material que se lhe reconheça - reveste-se de fundamental importância no processo de fiscalização normativa abstrata, pois a exata qualificação conceitual dessa categoria jurídica projeta-se como fator determinante do caráter constitucional, ou não, dos atos estatais contestados em face da Carta Política. - A superveniente alteração/supressão das normas, valores e princípios que se subsumem à noção conceitual de bloco de constitucionalidade, por importar em descaracterização do parâmetro constitucional de confronto, faz instaurar, em sede de controle abstrato, situação configuradora de prejudicialidade da ação direta, legitimando, desse modo - ainda que mediante decisão monocrática do Relator da causa (RTJ 139/67) - a extinção anômala do processo de fiscalização concentrada de constitucionalidade. Doutrina. Precedentes. DECISÃO: A douta Procuradoria-Geral da República propõe o reconhecimento, na espécie, da ocorrência de situação caracterizadora de prejudicialidade deste processo de controle normativo abstrato, eis que, após o ajuizamento da presente ação direta, registrou-se modificação de paradigma, derivada da superveniência da EC nº 19/98, que introduziu substancial alteração nas cláusulas de parâmetro alegadamente desrespeitadas pelo ato normativo ora impugnado (fls. 65/67). Passo a apreciar a questão suscitada pela douta Procuradoria-Geral da República, concernente à alegada configuração de prejudicialidade da presente ação direta, motivada pela superveniente alteração da norma de parâmetro, que foi invocada, no caso, como paradigma de confronto e de aferição da suposta inconstitucionalidade da norma ora impugnada. O exame dessa questão impõe algumas reflexões prévias - que reputo imprescindíveis - em torno dos fins a que se destina o processo de fiscalização normativa abstrata, tal como delineado em nosso sistema jurídico. Como se sabe, o controle normativo abstrato qualifica-se como instrumento de preservação da integridade jurídica da ordem constitucional vigente. A ação direta, enquanto instrumento formal viabilizador do controle abstrato, traduz um dos mecanismos mais expressivos de defesa objetiva da Constituição e de preservação da ordem normativa nela consubstanciada. A ação direta, por isso mesmo, representa meio de ativação da jurisdição constitucional concentrada, que enseja, ao Supremo Tribunal Federal, o desempenho de típica função política ou de governo, no processo de verificação, em abstrato, da compatibilidade vertical de normas estatais contestadas em face da Constituição da República. O controle concentrado de constitucionalidade, por isso mesmo, transforma, o Supremo Tribunal Federal, em verdadeiro legislador negativo (RTJ 126/48, Rel. Min. MOREIRA ALVES - RTJ 153/765, Rel. Min. CELSO DE MELLO - ADI 1.063-DF, Rel. Min. CELSO DE MELLO). É que a decisão emanada desta Corte - ao declarar, in abstracto, a ilegitimidade constitucional de lei ou ato normativo federal ou estadual - importa em eliminação dos atos estatais eivados de inconstitucionalidade (RTJ 146/461-462, Rel. Min. CELSO DE MELLO), os quais vêm a ser excluídos, por efeito desse mesmo pronunciamento jurisdicional, do próprio sistema de direito positivo ao qual se achavam, até então, formalmente incorporados (RTJ 161/739-740, Rel. Min. CELSO DE MELLO). Esse entendimento - que tem suporte em autorizado magistério doutrinário (CELSO RIBEIRO BASTOS, "Curso de Direito Constitucional", p. 326, item n. 4, 11ª ed., 1989, Saraiva; ALEXANDRE DE MORAES, "Direito Constitucional", p. 614, item n. 10.9, 10ª ed., 2001, Atlas, v.g.), e que se reflete, por igual, na orientação jurisprudencial firmada por esta Suprema Corte (RT 631/227) - permite qualificar, o Supremo Tribunal Federal, como órgão de defesa da Constituição, seja relativamente ao legislador, seja, ainda, em face das demais instituições estatais, pois a Corte, ao agir nessa específica condição institucional, desempenha o relevantíssimo papel de "órgão de garantia da hierarquia normativa da ordem constitucional" (J. J. GOMES CANOTILHO, "Direito Constitucional", p. 809, 4ª ed., 1987, Almedina, Coimbra). Torna-se necessário enfatizar, no entanto, que a jurisprudência firmada pelo Supremo Tribunal Federal - tratando-se de fiscalização abstrata de constitucionalidade - apenas admite como objeto idôneo de controle concentrado as leis e os atos normativos, que, emanados da União, dos Estados-membros e do Distrito Federal, tenham sido editados sob a égide de texto constitucional ainda vigente. O controle por via de ação, por isso mesmo, mostra-se indiferente a ordens normativas inscritas em textos constitucionais já revogados, ou que tenham sofrido alterações substanciais por efeito de superveniente promulgação de emendas à Constituição. É por essa razão que o magistério jurisprudencial desta Suprema Corte tem advertido que o controle concentrado de constitucionalidade reveste-se de um só e único objetivo: o de julgar, em tese, a validade de determinado ato estatal contestado em face do ordenamento constitucional, ainda em regime de vigência, pois - conforme já enfatizado pelo Supremo Tribunal Federal (RTJ 95/980 - RTJ 95/993 - RTJ 99/544 - RTJ 145/339) -, o julgamento da argüição de inconstitucionalidade, quando deduzida, in abstracto, não deve considerar, para efeito do contraste que lhe é inerente, a existência de paradigma revestido de valor meramente histórico. Vê-se, desse modo, que, tratando-se de fiscalização normativa abstrata, a questão pertinente à noção conceitual de parametricidade - vale dizer, do atributo que permite outorgar, à cláusula constitucional, a qualidade de paradigma de controle - desempenha papel de fundamental importância na admissibilidade, ou não, da própria ação direta, consoante já enfatizado pelo Plenário do Supremo Tribunal Federal (ADI 1.347-DF (Medida Cautelar), Rel. Min. CELSO DE MELLO). Isso significa, portanto, que a idéia de inconstitucionalidade (ou de constitucionalidade), por encerrar um conceito de relação (JORGE MIRANDA, "Manual de Direito Constitucional", tomo II, p. 273/274, item n. 69, 2ª ed., Coimbra Editora Limitada) - que supõe, por isso mesmo, o exame da compatibilidade vertical de um ato, dotado de menor hierarquia, com aquele que se qualifica como fundamento de sua existência, validade e eficácia - torna essencial, para esse específico efeito, a identificação do parâmetro de confronto, que se destina a possibilitar a verificação, in abstracto, da legitimidade constitucional de certa regra de direito positivo, a ser necessariamente cotejada em face da cláusula invocada como referência paradigmática. A busca do paradigma de confronto, portanto, significa, em última análise, a procura de um padrão de cotejo, que, ainda em regime de vigência temporal, permita, ao intérprete, o exame da fidelidade hierárquico-normativa de determinado ato estatal, contestado em face da Constituição. Esse processo de indagação, no entanto, impõe que se analisem dois (2) elementos essenciais à compreensão da matéria ora em exame. De um lado, põe-se em evidência o elemento conceitual, que consiste na determinação da própria idéia de Constituição e na definição das premissas jurídicas, políticas e ideológicas que lhe dão consistência. De outro, destaca-se o elemento temporal, cuja configuração torna imprescindível constatar se o padrão de confronto, alegadamente desrespeitado, ainda vige, pois, sem a sua concomitante existência, descaracterizar-se-á o fator de contemporaneidade, necessário à verificação desse requisito. No que concerne ao primeiro desses elementos (elemento conceitual), cabe ter presente que a construção do significado de Constituição permite, na elaboração desse conceito, que sejam considerados não apenas os preceitos de índole positiva, expressamente proclamados em documento formal (que consubstancia o texto escrito da Constituição), mas, sobretudo, que sejam havidos, igualmente, por relevantes, em face de sua transcendência mesma, os valores de caráter suprapositivo, os princípios cujas raízes mergulham no direito natural e o próprio espírito que informa e dá sentido à Lei Fundamental do Estado. Não foi por outra razão que o Supremo Tribunal Federal, certa vez, e para além de uma perspectiva meramente reducionista, veio a proclamar - distanciando-se, então, das exigências inerentes ao positivismo jurídico - que a Constituição da República, muito mais do que o conjunto de normas e princípios nela formalmente positivados, há de ser também entendida em função do próprio espírito que a anima, afastando-se, desse modo, de uma concepção impregnada de evidente minimalismo conceitual (RTJ 71/289, 292 - RTJ 77/657). É por tal motivo que os tratadistas - consoante observa JORGE XIFRA HERAS ("Curso de Derecho Constitucional", p. 43) -, em vez de formularem um conceito único de Constituição, costumam referir-se a uma pluralidade de acepções, dando ensejo à elaboração teórica do conceito de bloco de constitucionalidade (ou de parâmetro constitucional), cujo significado - revestido de maior ou de menor abrangência material - projeta-se, tal seja o sentido que se lhe dê, para além da totalidade das regras constitucionais meramente escritas e dos princípios contemplados, explicita ou implicitamente, no corpo normativo da própria Constituição formal, chegando, até mesmo, a compreender normas de caráter infraconstitucional, desde que vocacionadas a desenvolver, em toda a sua plenitude, a eficácia dos postulados e dos preceitos inscritos na Lei Fundamental, viabilizando, desse modo, e em função de perspectivas conceituais mais amplas, a concretização da idéia de ordem constitucional global. Sob tal perspectiva, que acolhe conceitos múltiplos de Constituição, pluraliza-se a noção mesma de constitucionalidade/inconstitucionalidade, em decorrência de formulações teóricas, matizadas por visões jurídicas e ideológicas distintas, que culminam por determinar - quer elastecendo-as, quer restringindo-as - as próprias referências paradigmáticas conformadoras do significado e do conteúdo material inerentes à Carta Política. Torna-se relevante destacar, neste ponto, por tal razão, o magistério de J. J. GOMES CANOTILHO ("Direito Constitucional e Teoria da Constituição", p. 811/812, item n. 1, 1998, Almedina), que bem expôs a necessidade de proceder-se à determinação do parâmetro de controle da constitucionalidade, consideradas as posições doutrinárias que se digladiam em torno do tema: "Todos os actos normativos devem estar em conformidade com a Constituição (art. 3.º/3). Significa isto que os actos legislativos e restantes actos normativos devem estar subordinados, formal, procedimental e substancialmente, ao parâmetro constitucional. Mas qual é o estalão normativo de acordo com o qual se deve controlar a conformidade dos actos normativos? As respostas a este problema oscilam fundamentalmente entre duas posições: (1) o parâmetro constitucional equivale à constituição escrita ou leis com valor constitucional formal, e daí que a conformidade dos actos normativos só possa ser aferida, sob o ponto de vista da sua constitucionalidade ou inconstitucionalidade, segundo as normas e princípios escritos da constituição (ou de outras leis formalmente constitucionais); (2) o parâmetro constitucional é a ordem constitucional global, e, por isso, o juízo de legitimidade constitucional dos actos normativos deve fazer-se não apenas segundo as normas e princípios escritos das leis constitucionais, mas também tendo em conta princípios não escritos integrantes da ordem constitucional global. Na perspectiva (1), o parâmetro da constitucionalidade (=normas de referência, bloco de constitucionalidade) reduz-se às normas e princípios da constituição e das leis com valor constitucional; para a posição (2), o parâmetro constitucional é mais vasto do que as normas e princípios constantes das leis constitucionais escritas, devendo alargar-se, pelo menos, aos princípios reclamados pelo 'espírito' ou pelos 'valores' que informam a ordem constitucional global." (grifei) Veja-se, pois, a importância de compreender-se, com exatidão, o significado que emerge da noção de bloco de constitucionalidade - tal como este é concebido pela teoria constitucional (BERNARDO LEÔNCIO MOURA COELHO, "O Bloco de Constitucionalidade e a Proteção à Criança", in Revista de Informação Legislativa nº 123/259-266, 263/264, 1994, Senado Federal; MIGUEL MONTORO PUERTO, "Jurisdicción Constitucional y Procesos Constitucionales", tomo I, p. 193/195, 1991, Colex; FRANCISCO CAAMAÑO DOMÍNGUEZ/ANGEL J. GÓMEZ MONTORO/MANUEL MEDINA GUERRERO/JUAN LUIS REQUEJO PAGÉS, "Jurisdicción y Procesos Constitucionales", p. 33/35, item C, 1997, Berdejo; IGNACIO DE OTTO, "Derecho Constitucional, Sistema de Fuentes", p. 94/95, § 25, 2ª ed./2ª reimpressão, 1991, Ariel; LOUIS FAVOREU/FRANCISCO RUBIO LLORENTE, "El bloque de la constitucionalidad", p. 95/109, itens ns. I e II, 1991, Civitas; JOSÉ ALFREDO DE OLIVEIRA BARACHO, "O Princípio da Subsidiariedade: Conceito e Evolução", p. 77/81, 2000, Forense; DOMINIQUE TURPIN, "Contentieux Constitutionnel", p. 55/56, item n. 43, 1986, Presses Universitaires de France, v.g.) -, pois, dessa percepção, resultará, em última análise, a determinação do que venha a ser o paradigma de confronto, cuja definição mostra-se essencial, em sede de controle de constitucionalidade, à própria tutela da ordem constitucional. E a razão de tal afirmação justifica-se por si mesma, eis que a delimitação conceitual do que representa o parâmetro de confronto é que determinará a própria noção do que é constitucional ou inconstitucional, considerada a eficácia subordinante dos elementos referenciais que compõem o bloco de constitucionalidade. Não obstante essa possibilidade de diferenciada abordagem conceitual, torna-se inequívoco que, no Brasil, o tema da constitucionalidade ou inconstitucionalidade supõe, no plano de sua concepção teórica, a existência de um duplo vínculo: o primeiro, de ordem jurídica, referente à compatibilidade vertical das normas inferiores em face do modelo constitucional (que consagra o princípio da supremacia da Carta Política), e o segundo, de caráter temporal, relativo à contemporaneidade entre a Constituição e o momento de formação, elaboração e edição dos atos revestidos de menor grau de positividade jurídica. Vê-se, pois, até mesmo em função da própria jurisprudência do Supremo Tribunal Federal (RTJ 169/763, Rel. Min. PAULO BROSSARD), que, na aferição, em abstrato, da constitucionalidade de determinado ato normativo, assume papel relevante o vínculo de ordem temporal, que supõe a existência de uma relação de contemporaneidade entre padrões constitucionais de confronto, em regime de plena e atual vigência, e os atos estatais hierarquicamente inferiores, questionados em face da Lei Fundamental. Dessa relação de caráter histórico-temporal, exsurge a identificação do parâmetro de controle, referível a preceito constitucional, ainda em vigor, sob cujo domínio normativo foram produzidos os atos objeto do processo de fiscalização concentrada. Isso significa, portanto, que, em sede de controle abstrato, o juízo de inconstitucionalidade há de considerar a situação de incongruência normativa de determinado ato estatal, contestado em face da Carta Política (vínculo de ordem jurídica), desde que o respectivo parâmetro de aferição ainda mantenha atualidade de vigência (vínculo de ordem temporal). Sendo assim, e quaisquer que possam ser os parâmetros de controle que se adotem - a Constituição escrita, de um lado, ou a ordem constitucional global, de outro (LOUIS FAVOREU/FRANCISCO RUBIO LLORENTE, "El bloque de la constitucionalidad", p. 95/109, itens ns. I e II, 1991, Civitas; J. J. GOMES CANOTILHO, "Direito Constitucional", p. 712, 4ª ed., 1987, Almedina, Coimbra, v.g.) - torna-se essencial, para fins de viabilização do processo de controle normativo abstrato, que tais referências paradigmáticas encontrem-se, ainda, em regime de plena vigência, pois, como precedentemente assinalado, o controle de constitucionalidade, em sede concentrada, não se instaura, em nosso sistema jurídico, em função de paradigmas históricos, consubstanciados em normas que já não mais se acham em vigor. É por tal razão que, em havendo a revogação superveniente da norma de confronto, não mais se justificará a tramitação da ação direta, que, anteriormente ajuizada, fundava-se na suposta violação do parâmetro constitucional cujo texto veio a ser suprimido ou substancialmente alterado. Bem por isso, a jurisprudência do Supremo Tribunal Federal, desde o regime constitucional anterior, tem proclamado que tanto a superveniente revogação global da Constituição da República (RTJ 128/515 - RTJ 130/68 - RTJ 130/1002 - RTJ 135/515 - RTJ 141/786), quanto a posterior derrogação da norma constitucional (RTJ 168/436 - RTJ 169/834 - RTJ 169/920 - RTJ 171/114 - RTJ 172/54 - ADI 296-DF - ADI 512-PB - ADI 1.137-RS - ADI 1.143-AP - ADI 1.300-AP - ADI 1.885-DF-Questão de Ordem - ADI 1.907-DF-Questão de Ordem), por afetarem o paradigma de confronto, invocado no processo de controle concentrado de constitucionalidade, configuram hipóteses caracterizadoras de prejudicialidade da ação direta, em virtude da evidente perda de seu objeto: "II - Controle direto de constitucionalidade: prejuízo. Julga-se prejudicada, total ou parcialmente, a ação direta de inconstitucionalidade no ponto em que, depois de seu ajuizamento, emenda à Constituição haja abrogado ou derrogado norma de Lei Fundamental que constituísse paradigma necessário à verificação da procedência ou improcedência dela ou de algum de seus fundamentos, respectivamente: orientação de aplicar-se no caso, no tocante à alegação de inconstitucionalidade material, dada a revogação primitiva do art. 39, § 1º, CF 88, pela EC 19/98." (RTJ 172/789-790, Rel. Min. SEPÚLVEDA PERTENCE - grifei). Cumpre ressaltar, por necessário, que essa orientação jurisprudencial reflete-se no próprio magistério da doutrina (CLÈMERSON MERLIN CLÈVE, "A Fiscalização Abstrata da Constitucionalidade no Direito Brasileiro", p. 225, item n. 3.2.6, 2ª ed., 2000, RT; OSWALDO LUIZ PALU, "Controle de Constitucionalidade - Conceitos, Sistemas e Efeitos", p. 219, item n. 9.9.17, 2ª ed., 2001, RT; GILMAR FERREIRA MENDES, "Jurisdição Constitucional", p. 176/177, 2ª ed., 1998, Saraiva), cuja percepção do tema ora em exame põe em destaque, em casos como o destes autos, que a superveniente alteração da norma constitucional, revestida de parametricidade, importa na configuração de prejudicialidade do processo de controle abstrato de constitucionalidade, eis que, como enfatizado, o objeto da ação direta resume-se, em essência, à fiscalização da ordem constitucional vigente. Todas as considerações que vêm de ser expostas justificam-se em face da circunstância de que, posteriormente à instauração deste processo de controle normativo abstrato, sobreveio a Emenda Constitucional nº 19/98, que suprimiu e/ou alterou, substancialmente, as cláusulas de parâmetro, cuja suposta ofensa motivou o ajuizamento da presente ação direta. A circunstância caracterizadora da prejudicialidade desta ação direta, em decorrência da razão mencionada na presente decisão, autoriza uma última observação: no exercício dos poderes processuais de que dispõe, assiste, ao Ministro-Relator, competência plena para exercer, monocraticamente, o controle das ações, pedidos ou recursos dirigidos a esta Corte, legitimando-se, em consequência, os atos decisórios que, nessa condição, venha a praticar. Cumpre acentuar, neste ponto, que o Pleno do Supremo Tribunal Federal reconheceu a inteira validade constitucional da norma legal que inclui, na esfera de atribuições do Relator, a competência para negar trânsito, em decisão monocrática, a recursos, pedidos ou ações, quando incabíveis, estranhos à competência desta Corte, intempestivos, sem objeto ou que veiculem pretensão incompatível com a jurisprudência predominante do Tribunal (RTJ 139/53 - RTJ 168/174-175). Nem se alegue que esse preceito legal implicaria transgressão ao princípio da colegialidade, eis que o postulado em questão sempre restará preservado ante a possibilidade de submissão da decisão singular ao controle recursal dos órgãos colegiados no âmbito do Supremo Tribunal Federal, consoante esta Corte tem reiteradamente proclamado (Ag 159.892-SP (AgRg), Rel. Min. CELSO DE MELLO). Cabe enfatizar, por necessário, que esse entendimento jurisprudencial é também aplicável aos processos de ação direta de inconstitucionalidade (ADI 563-DF, Rel. Min. PAULO BROSSARD - ADI 593-GO, Rel. Min. MARCO AURÉLIO - ADI 2.060-RJ, Rel. Min. CELSO DE MELLO - ADI 2.207-AL, Rel. Min. CELSO DE MELLO - ADI 2.215-PE, Rel. Min. CELSO DE MELLO, v.g.), eis que, tal como já assentou o Plenário do Supremo Tribunal Federal, o ordenamento positivo brasileiro "não subtrai, ao Relator da causa, o poder de efetuar - enquanto responsável pela ordenação e direção do processo (RISTF, art. 21, I) - o controle prévio dos requisitos formais da fiscalização normativa abstrata, o que inclui, dentre outras atribuições, o exame dos pressupostos processuais e das condições da própria ação direta" (RTJ 139/67, Rel. Min. CELSO DE MELLO). Sendo assim, pelas razões expostas, e acolhendo, ainda, como razão de decidir, o parecer da douta Procuradoria-Geral da República, julgo prejudicada a presente ação direta, por perda superveniente de objeto. Arquivem-se os presentes autos. Publique-se. Brasília, 18 de fevereiro de 2002. Ministro CELSO DE MELLO. Relator.

"Ação direta de inconstitucionalidade. Lei nº 6.004, de 14/04/98, do Estado de Alagoas. Alegada violação aos arts. 150, § 6º; e 155, § 2º, XII, g, da constituição federal. Ausência de conflito direto com o texto constitucional. Não cabe controle abstrato de constitucionalidade por violação de norma infraconstitucional interposta, sem ocorrência de ofensa direta à Constituição Federal. Hipótese caracterizada nos autos, em que, para aferir a validade da lei alagoana sob enfoque frente aos dispositivos da Constituição Federal, seria necessário o exame do conteúdo da Lei Complementar nº 24/75 e do Convênio 134/97, inexistindo, no caso, conflito direto com o texto constitucional. Ação direta de inconstitucionalidade não conhecida". (STF. ADI 2122, julgada no ano 2000 e relatada pelo Ministro Ilmar Galvão).

QUESTÕES DE CONCURSO RELACIONADAS

01. (TRF 3 – Juiz Federal – TRF 3/2018) O parâmetro do controle de constitucionalidade é encontrado na Constituição Federal, havendo tendência jurisprudencial e doutrinária no sentido de ampliação desse parâmetro a partir do conceito de "bloco de constitucionalidade". Já o objeto da ADI genérica é norma veiculada por lei ou ato normativo que se mostre em confronto com o parâmetro. Sob essa ótica, é CORRETO afirmar que:

a) Apenas admite-se o controle de constitucionalidade de Proposta de Emenda à Constituição (PEC) e de projeto de lei quando estes forem manifestamente ofensivos a cláusula pétrea ou violem procedimento formal previsto na Constituição para sua elaboração.

b) Configura usurpação de competência do STF a tramitação de arguição de inconstitucionalidade (art. 948 do CPC) que tenha por objeto o mesmo dispositivo legal cuja validade esteja sendo discutida em sede de ADI na Suprema Corte.

c) A Convenção sobre os Direitos das Pessoas com Deficiência e seu Protocolo Facultativo (Nova York, 2007), promulgada pelo Decreto n° 6.949/2009, faz parte do conceito de bloco de constitucionalidade.

d) É admissível, conforme entendimento do STF, a tramitação de ADI que tenha por objeto norma declarada constitucional, em sede recurso extraordinário, pelo Plenário da Corte, dado o efeito inter partes da decisão prolatada em controle difuso.

Resposta: alternativa "c".

---

02. (FMP – Procurador do Estado – AC/2014) A Convenção sobre os direitos das pessoas com deficiência foi incorporada no ordenamento brasileiro com hierarquia supralegal, mas infraconstitucional. Em relação à afirmativa, assinale a alternativa verdadeira.

a) a afirmativa está correta.

b) a afirmativa está parcialmente correta, pois não existe hierarquia supralegal.

c) a afirmativa está incorreta.

d) nenhuma das alternativas anteriores.

Resposta: alternativa "c".

---

03. (Vunesp – Defensor Público – MS/ 2012) Considerando a doutrina pátria do direito constitucional, pode-se afirmar sobre o denominado bloco de constitucionalidade brasileiro que

a) é representado pelo "núcleo duro" da Constituição Federal brasileira, também conhecido como cláusulas pétreas, para as quais não se admite alteração por meio de emendas constitucionais.

b) é constituído pela junção dos direitos e garantias fundamentais, em como pelas cláusulas pétreas e por todos os tratados internacionais de que o Brasil faça parte.

c) não é admitido no direito brasileiro em razão de já adotarmos uma Constituição rígida, que é o único parâmetro de controle de constitucionalidade em nosso sistema.

d) a Convenção sobre os direitos das pessoas com deficiência, aprovada pelo Decreto Legislativo nº 186/08, passou a integrar o nosso bloco de constitucionalidade.

Resposta: alternativa "d".

---

04. (MPF – Procurador da República/2008) Assinale a alternativa errada:

a) É programática a norma constitucional que a todos assegura o direito à saúde mediante políticas sociais e econômicas, visando à redução do risco de doença e de outros agravos e ao acesso universal e igualitário às ações e serviços para sua promoção, proteção e recuperação.

b) A comunicação social e o serviço público são exemplos de garantia institucional.

c) É, em geral, admitida norma interposta no bloco de constitucionalidade da ação direta de inconstitucionalidade.

d) Ao estrangeiro, residente no exterior, é assegurado o direito de impetrar mandado de segurança e habeas corpus.

Resposta: alternativa "c".

8. (FADEMS – PROMOTOR DE JUSTIÇA - MS/2013)

No Brasil, segundo a ordem constitucional vigente, é possível sustentar a existência de normas constitucionais inconstitucionais?

RESPOSTA SUGERIDA

Na doutrina, as discussões sobre a inconstitucionalidade de normas constitucionais remetem às lições de Otto Bachof. Para o jurista alemão, a compreensão do tema passa pela análise dos conceitos de constituição formal e constituição material.

Constituição formal é aquela criada pelo poder constituinte originário e aposta em documento solene, independentemente de seu conteúdo. Já a Constituição material é aquela que se traduz no arcabouço de normas que tratam da organização do poder, da forma de governo, da distribuição da competência, dos direitos da pessoa humana (considerados os sociais e individuais) e do exercício da autoridade, ou seja, refere-se à composição e ao funcionamento da ordem política.

A tese de inconstitucionalidade das normas constitucionais se funda na possibilidade de existirem normas formalmente constitucionais (porque integram os documentos solenes), mas materialmente inconstitucionais (porque violam os preceitos de composição e funcionamento da ordem política).

No Brasil, somente se admite a inconstitucionalidade de normas constitucionais derivadas, ou seja, daquelas decorrentes de emendas constitucionais ou que componham tratados internacionais de direitos humanos incorporados à ordem constitucional brasileira segundo a sistemática disposta no § 3° do art. 5° da CF, por força da EC 45/2004.

O STF comunga desse entendimento, o que restou claro no julgado da ADI 4.357, cujo objeto era a declaração de inconstitucionalidade de diversos pontos do novo regime de precatórios instituído pela EC 62/2009.

Por outro lado, não se admite a tese de inconstitucionalidade de normas constitucionais provenientes do poder constituinte originário, ou seja, daquelas que, na ordem constitucional vigente, integram a Constituição formal desde 5 (cinco) de outubro de 1988.

DOUTRINA TEMÁTICA

"Não são passíveis de controle as normas constitucionais primárias. São, porém, as normas constitucionais secundárias, vale dizer, as emendas constitucionais e os tratados internacionais acerca de direitos humanos aprovados por quórum qualificado pelo Congresso Nacional, nos termos do art. 5°, § 3°, da CF. Várias emendas constitucionais foram objeto de ação direta de inconstitucionalidade, como, por exemplo, a EC 2, que antecipou a data do plebiscito previsto no art. 2° do ADCT; a EC 3, que instituiu a ação direta de inconstitucionalidade; a EC 20, que tratou da proteção à gestante; e a EC 45, acerca da reforma do Judiciário." (SARLET, MITIDIERO, MARINONI, 2013, p. 1004-1005)"

"As emendas constitucionais são espécies normativas que resultam do exercício, pelo Congresso Nacional, do Poder Constituinte Derivado Reformador: têm por finalidade a modificação formal da Constituição, desde que atendidas determinadas condições-limites (são as limitações circunstanciais, materiais e formais). Assim, o Poder Constituinte Reformador, por ser um poder derivado ou constituído, está sujeito a limites circunstanciais, materiais (explícitos ou implícitos) e procedimentais. Em razão disso, tem-se admitido, sem divergências, o controle abstrato da constitucionalidade das emendas constitucionais, caso violem quaisquer dessas limitações." (CUNHA JÚNIOR, 2012, p. 372)"

JURISPRUDÊNCIA TEMÁTICA

STF

"Concluindo o julgamento, o Tribunal, por maioria e nos termos do voto, ora reajustado, do Ministro Luiz Fux (Relator), resolveu a questão de ordem nos seguintes termos: 1) - modular os efeitos para que se dê sobrevida ao regime especial de pagamento de precatórios, instituído pela Emenda Constitucional nº 62/2009, por 5 (cinco) exercícios financeiros a contar de primeiro de janeiro de 2016; 2) - conferir eficácia prospectiva à declaração de inconstitucionalidade dos seguintes aspectos da ADI, fixando como marco inicial a data de conclusão do julgamento da presente questão de ordem (25.03.2015) e mantendo-se válidos os precatórios expedidos ou pagos até esta data, a saber: 2.1.) fica mantida a aplicação do índice oficial de remuneração básica da caderneta de poupança (TR), nos termos da Emenda Constitucional nº 62/2009, até 25.03.2015, data após a qual (i) os créditos em precatórios deverão ser corrigidos pelo Índice de Preços ao Consumidor Amplo Especial (IPCA-E) e (ii) os precatórios tributários deverão observar os mesmos critérios pelos quais a Fazenda Pública corrige seus créditos tributários; e 2.2.) ficam resguardados os precatórios expedidos, no âmbito da administração pública federal, com base nos arts. 27 das Leis nº 12.919/13 e Lei nº 13.080/15, que fixam o IPCA-E como índice de correção monetária; 3) - quanto às formas alternativas de pagamento previstas no regime especial: 3.1) consideram-se válidas as compensações, os leilões e os pagamentos à vista por ordem crescente de crédito previstos na Emenda Constitucional nº 62/2009, desde que realizados até 25.03.2015, data a partir da qual não será possível a quitação de precatórios por tais modalidades; 3.2) fica mantida a possibilidade de realização de acordos diretos, observada a ordem de preferência dos credores e de acordo com lei própria da entidade devedora, com redução máxima de 40% do valor do crédito atualizado; 4) – durante o período fixado no item 1 acima, ficam mantidas a vinculação de percentuais mínimos da receita corrente líquida ao pagamento dos precatórios (art. 97, § 10, do ADCT), bem como as sanções para o caso de não liberação tempestiva dos recursos destinados ao pagamento de precatórios (art. 97, § 10, do ADCT); 5) – delegação de competência ao Conselho Nacional de Justiça para que considere a apresentação de proposta normativa que discipline (i) a utilização compulsória de 50% dos recursos da conta de depósitos judiciais tributários para o pagamento de precatórios e (ii) a possibilidade de compensação de precatórios vencidos, próprios ou de terceiros, com o estoque de créditos inscritos em dívida ativa até 25.03.2015, por opção do credor do precatório, e 6) – atribuição de competência ao Conselho Nacional de Justiça para que monitore e supervisione o pagamento dos precatórios pelos entes públicos na forma da presente decisão, vencido o Ministro Marco Aurélio, que não modulava os efeitos da decisão, e, em menor extensão, a Ministra Rosa Weber, que fixava como marco inicial a data do julgamento da ação direta de inconstitucionalidade. Reajustaram seus votos os Ministros Roberto Barroso, Dias Toffoli e Gilmar Mendes. Presidência do Ministro Ricardo Lewandowski. ADI 4.357. Plenário, 25.03.2015."

QUESTÕES DE CONCURSO RELACIONADAS

01. (Vunesp – Defensor Público – MS/2014) No que se refere à Hermenêutica Constitucional, é correto afirmar que:

a) há hierarquia entre normas constitucionais originárias, admitindo-se a declaração de inconstitucionalidade de determinada norma em face de outra, gerando assim declaração das normas constitucionais inconstitucionais.

b) o princípio da unidade da Constituição prevê que o intérprete deve considerar o texto na sua globalidade de forma a se evitarem contradições e antinomias entre normas constitucionais.

c) o princípio da unidade da Constituição permite ao intérprete larga discricionariedade, que favorece o subjetivismo voluntarista das consequências políticas.

d) o princípio da interpretação conforme a Constituição permite que na resolução de problemas jurídico- constitucionais deve dar-se primazia aos critérios ou pontos de vista que favoreçam a integração política e social e o reforço da unidade política.

Resposta: alternativa "b".

02. (FCC – Defensor Público - SP/2013) O artigo 60, § 4º, incisos I a IV da Constituição Federal brasileira, ao estabelecer que não será objeto de deliberação a proposta de emenda tendente a abolir a forma federativa de Estado; o voto direto, secreto, universal e periódico; a separação dos Poderes e os direitos e garantias individuais, permite que uma

a) emenda constitucional seja objeto de ação direta de inconstitucionalidade por vício formal (inconstitucionalidade formal), mas impede que o seja por vício material (inconstitucionalidade material).

b) emenda constitucional seja objeto de ação direta de inconstitucionalidade, situação esta, contudo, que ainda não foi levada a apreciação e julgamento pelo Supremo Tribunal Federal.

c) emenda constitucional seja objeto de ação direta de inconstitucionalidade, bem como que haja o acréscimo, via emenda constitucional, de novo direito fundamental ao texto da Constituição Federal.

d) emenda constitucional seja objeto de ação direta de inconstitucionalidade, mas impede que haja o acréscimo, via emenda constitucional, de novo direito fundamental ao texto da Constituição Federal.

e) proposta de emenda constitucional, em fase de deliberação, seja objeto de ação direta de inconstitucionalidade, mas impede que o seja depois de referida emenda constitucional ser promulgada.

Resposta: alternativa "c".

---

03. (Cespe – Advogado da União/2009) Acerca do controle de constitucionalidade no Brasil, julgue o item que se segue.

É possível a declaração de inconstitucionalidade de norma constitucional originária incompatível com os princípios constitucionais não escritos e os postulados da justiça, considerando-se a adoção, pelo sistema constitucional brasileiro, da teoria alemã das normas constitucionais inconstitucionais.

Resposta: Errado.

9. (VUNESP – JUIZ DE DIREITO - MG/2012)

Explique o que é o fenômeno denominado pela doutrina de "mutação constitucional" e qual a sua influência no exercício da atividade legislativa, administrativa e jurisdicional do Estado brasileiro.

RESPOSTA SUGERIDA

Mutação constitucional é um processo não formal de mudança da Constituição em que o texto constitucional permanece inalterado, modificando-se apenas o significado e o sentido interpretativo de determinada norma constitucional.

Em outras palavras: na mutação, altera-se a interpretação sobre o texto da Constituição, chegando-se a uma norma com sentido novo. O exemplo mais famoso é o empregado pelo STF ao art. 52, X, da CF, para dizer que a nova norma que dele se extrai é no sentido que a resolução emitida pelo Senado Federal para suspender a execução, no todo ou em parte, de norma declarada inconstitucional no controle difuso, serve apenas para conferir publicidade à decisão da Corte Constitucional. Outro exemplo é a interpretação do STF sobre o conceito de casa, previsto no art. 5°, XI, da CF, para dizer que compreende também escritórios profissionais, hotéis, motéis, pensões e congêneres.

Segundo Luís Roberto Barroso, a mutação constitucional pode ocorrer por interpretação, pela atuação do legislador e por via de costume, o que aclara de forma singular o modo como ela influencia no exercício da atividade legislativa, administrativa e jurisdicional do Estado brasileiro.

A mutação constitucional por via de interpretação consiste na mudança de sentido da norma frente a um entendimento já consolidado (se dá, normalmente, por meio da atividade judicial, como nos exemplos supracitados). Já a mutação pela atuação do legislador ocorre na hipótese de modificação na interpretação de uma norma por meio de um ato normativo primário (atinge fundamentalmente a atividade legislativa). Por fim, a mutação por costume é aquela que altera uma prática historicamente considerada válida (influencia notadamente a atividade administrativa).

DOUTRINA TEMÁTICA

"O estudo do poder constituinte de reforma instrui sobre o modo como o Texto Constitucional pode ser formalmente alterado. Ocorre que, por vezes, em virtude de uma evolução na situação de fato sobre a qual incide a norma, ou ainda por força de uma nova visão jurídica que passa a predominar na sociedade, a Constituição muda, sem que as suas palavras hajam sofrido modificação alguma. O texto é o mesmo, mas o sentido que lhe é atribuído é outro. Como a norma não se confunde com o texto, repara-se, aí, uma mudança da norma, mantido o texto. Quando isso ocorre no âmbito constitucional, fala-se em mutação constitucional". (MENDES, COELHO, BRANCO, 2008, p. 230).

JURISPRUDÊNCIA TEMÁTICA

STF

"Tendo em vista que o STF, modificando sua jurisprudência, assentou a competência dos Tribunais de Justiça estaduais para julgar habeas corpus contra ato de turmas recursais dos juizados especiais, impõe-se a imediata remessa dos autos à respectiva Corte local para reinício do julgamento da causa, ficando sem efeito os votos já proferidos. Mesmo tratando-se de alteração de competência por efeito de mutação constitucional (nova interpretação à CF), e não propriamente de alteração no texto da Lei Fundamental, o fato é que se tem, na espécie, hipótese de competência absoluta (em razão do grau de jurisdição), que não se prorroga. Questão de ordem que se resolve pela remessa dos autos ao Tribunal de Justiça do Distrito Federal e dos Territórios, para reinício do julgamento do feito." (HC 86.009-QO, Rel. Min. Ayres Britto, julgamento em 29-8-2006, Primera Turma, DJ de 27-4-2007.)

"A interpretação judicial como instrumento de mutação informal da Constituição. A questão dos processos informais de mutação constitucional e o papel do Poder Judiciário: a interpretação judicial como instrumento juridicamente idôneo de mudança informal da Constituição. A legitimidade da adequação, mediante interpretação do Poder Judiciário, da própria CR, se e quando imperioso compatibilizá-la, mediante exegese atualizadora, com as novas exigências, necessidades e transformações resultantes dos processos sociais, econômicos e políticos que caracterizam, em seus múltiplos e complexos aspectos, a sociedade contemporânea." (HC 91.361, Rel. Min. Celso de Mello, julgamento em 23-9-2008, Segunda Turma, DJE de 6-2-2009.)

"A força normativa da CR e o monopólio da última palavra, pelo STF, em matéria de interpretação constitucional. O exercício da jurisdição constitucional – que tem por objetivo preservar a supremacia da Constituição – põe em evidência a dimensão essencialmente política em que se projeta a atividade institucional do STF, pois, no processo de indagação constitucional, assenta-se a magna prerrogativa de decidir, em última análise, sobre a própria substância do poder. No poder de interpretar a Lei Fundamental, reside a prerrogativa extraordinária de (re)formulá-la, eis que a interpretação judicial acha-se compreendida entre os processos informais de mutação constitucional, a significar, portanto, que 'A Constituição está em elaboração permanente nos Tribunais incumbidos de aplicá-la'. Doutrina. Precedentes. A interpretação constitucional derivada das decisões proferidas pelo STF – a quem se atribuiu a função eminente de 'guarda da Constituição' (CF, art. 102, caput) – assume papel de essencial importância na organização institucional do Estado brasileiro, a justificar o reconhecimento de que o modelo político-jurídico vigente em nosso País confere, à Suprema Corte, a singular prerrogativa de dispor do monopólio da última palavra em tema de exegese das normas inscritas no texto da Lei Fundamental." (ADI 3.345, Rel. Min. Celso de Mello, julgamento em 25-8-2005, Plenário, DJE de 20-8-2010.) No mesmo sentido: AI 733.387, rel. min. Celso de Mello, julgamento em 16-12-2008, Segunda Turma, DJE de 1º-2-2013; RE 132.747, Rel. Min. Marco Aurélio, julgamento em 17-6-1992, Plenário, DJ de 7-12-1995. Vide: HC 91.361, Rel. Min. Celso de Mello, julgamento em 23-9-2008, Segunda Turma, DJE de 6-2-2009; RE 227.001-ED, Rel. Min. Gilmar Mendes, julgamento em 18-9-2007, Segunda Turma, DJ de 5-10-2007.

QUESTÕES DE CONCURSO RELACIONADAS

01. (Vunesp – Delegado de Polícia – PC - SP/2018) Ao julgar o RE nº 251.445/GO, o Supremo Tribunal Federal decidiu que o termo "casa", resguardado pela inviolabilidade conferida pelo art. 5º, inciso XI, da Constituição Federal e antes restrito a domicílio e residência, revela-se abrangente, devendo, portanto, se estender também a qualquer compartimento privado onde alguém exerça profissão ou atividade. Essa fixação de novo entendimento pelo Supremo Tribunal Federal que acarretou num processo de alteração do sentido da norma constitucional, sem alteração do texto, é denominada pela hermenêutica constitucional de

a) repristinação constitucional.
b) mutação constitucional informal.
c) interpretação conforme.
d) interpretação literal.
e) interpretação teleológica.

Resposta: alternativa "b".

02. (Cespe – Juiz Federal Substituto 3ª região/ 2011) Com relação a poder constituinte originário, tipologia das constituições, hermenêutica e mutação constitucional, assinale a opção correta.

a) Quanto ao conteúdo, considera-se constituição formal aquela dotada de supremacia, que, como norma fundamental e superior, regula o modo de produção das demais normas do ordenamento jurídico.

b) As normas constitucionais são espécies de normas jurídicas, e, como tal, sua interpretação baseia-se em conceitos e elementos clássicos da interpretação em geral, não sendo possível afirmar, portanto, que, no campo hermenêutico, as normas constitucionais apresentam especificidades que as diferenciam das demais normas.

c) A mutação constitucional ocorre por interpretação judicial ou por via de costume, mas não pela atuação do legislador, pois este age apenas editando normas de desenvolvimento ou complementação do texto constitucional, dentro dos limites por este imposto.

d) Conforme determinação expressa do Ato das Disposições Constitucionais Transitórias, cabe aos estados, ao DF e aos municípios exercer o poder constituinte decorrente, entendido como a capacidade desses entes federativos de se auto-organizarem de acordo com suas próprias constituições, respeitados os princípios impostos, de forma explícita ou implícita, pela CF.

e) O poder constituinte originário é a expressão das decisões soberanas da maioria de um povo, em dado momento histórico; esse poder se manifesta em uma assembleia constituinte soberana, responsável por inaugurar uma nova ordem jurídica.

Resposta: alternativa "a".

---

03. (Cespe – Defensor Público – PI/ 2009) Relativamente à mutação constitucional e aos princípios de interpretação constitucional, assinale a opção correta.

a) A mutação constitucional não se pode dar por via de interpretação, mas apenas por via legislativa, quando, por ato normativo primário, procura-se modificar a interpretação que tenha sido dada a alguma norma constitucional.

b) Em constituições rígidas como a CF, a mutação constitucional se manifesta por meio da reforma constitucional, procedimento previsto no próprio texto constitucional disciplinando o modo pelo qual se deve dar sua alteração.

c) De acordo com o princípio da unidade da CF, as normas constitucionais devem ser vistas não como normas isoladas, mas como preceitos integrados em um sistema unitário de regras e princípios que não comporta hierarquia, impondo ao intérprete o dever de harmonizar as tensões e contradições eventualmente existentes entre elas.

d) O princípio da máxima efetividade significa que, entre interpretações possíveis das normas infraconstitucionais, os aplicadores da CF devem prestigiar aquela que consagre sua constitucionalidade e que tenha mais afinidade com os valores e fins constitucionais.

e) O princípio da supremacia constitucional, mediante o qual nenhuma lei ou ato normativo poderá subsistir validamente se for incompatível com a CF, tem uma dimensão material, mas não formal. Nesse sentido, o descumprimento de preceitos constitucionais de natureza formal não permite a fiscalização judicial da validade do ato, resolvendo-se pelos métodos de controle parlamentar ou administrativo.

Resposta: alternativa "c".

---

04. (Cespe – Juiz Substituto – AL/ 2008) Julgue os itens subsequentes, relativos à teoria geral das constituições.

I. Constituição cesarista é aquela formada por dois mecanismos distintos de participação popular: o plebiscito e o referendo.

II. Atribui-se ao abade Emmanuel Sieyès o desenvolvimento da teoria do poder constituinte, com a obra Que é o Terceiro Estado?

III. A constituição flexível não adota o princípio da supremacia da constituição.

IV. Denomina-se mutação constitucional o processo informal de mudança da constituição por meio do qual são atribuídos novos sentidos à letra da lei, sem que haja uma mudança formal do seu texto.

A quantidade de itens certos é igual a

a) 0.
b) 1.
c) 2.
d) 3.
e) 4.

Resposta: alternativa "e".

10. (TJ/MS – JUIZ DE DIREITO - MS/2010)

Seguindo a sistematização apresentada por José Afonso da Silva (Aplicabilidade das Normas Constitucionais), cite dois efeitos jurídicos práticos que podem ser extraídos das normas constitucionais de eficácia limitada.

◉ RESPOSTA SUGERIDA

No que tange à eficácia e à aplicabilidade, segundo classificação de José Afonso da Silva, as normas constitucionais podem ser: plenas, contidas e limitadas.

Normas de eficácia plena são aquelas dotadas de aplicabilidade direta, imediata e integral, pois não necessitam de lei infraconstitucional para torná-las aplicáveis e nem admitem lei infraconstitucional que lhes restrinja o conteúdo. Em outras palavras: elas trazem todo o conteúdo necessário para a sua materialização prática. São entendidas como de aplicabilidade direta, imediata e integral, pois não necessitam de lei infraconstitucional. Exemplo é a norma constitucional do art. 18, § 1° da CF, que determina: "Brasília é a capital federal".

Já as normas de eficácia contida ou restringível são aquelas que têm aplicabilidade direta, imediata, mas não integral, pois admitem que seu conteúdo seja restringido. A restrição pode se dar por meio de outra norma infraconstitucional, de uma lei, ou de conceitos ético-jurídicos. Em outras palavras: pode-se dizer que as normas de eficácia contida são aquelas em que o constituinte regula suficientemente os interesses concernentes a determinada matéria, mas deixa margem à atuação restritiva por parte da competência discricionária do Poder Público (nos termos do que nova norma constitucional fizer previsão, ou do que novel lei estabelecer) ou de alguns conceitos éticos e jurídicos reconhecidos socialmente. Trata-se do que ocorre, por exemplo, com o enunciado que garante o livre exercício de qualquer trabalho, ofício ou profissão, atendidas as qualificações profissionais que a lei estabelecer (art. 5º, XIII, da CF).

A seu turno, as normas de eficácia limitada são aquelas que possuem aplicabilidade indireta, mediata e reduzida (não direta, não imediata e não integral), pois exigem norma infraconstitucional para que se materializem na prática. Elas podem ser de princípio programático ou princípio institutivo.

As normas de eficácia limitada de princípio programático (também referidas apenas como normas programáticas) são aquelas que não regulam diretamente interesses ou direitos nelas consagrados, mas se limitam a traçar alguns preceitos a serem cumpridos pelo Poder Público, como programas das respectivas atividades, pretendendo unicamente a consecução dos fins sociais pelo Estado. Pode-se citar como exemplo a determinação de organização de um regime de colaboração dos sistemas de ensino dos entes da Federação (art. 211 da CF).

Por fim, as normas de eficácia limitada de princípio institutivo são aquelas responsáveis pela estruturação do Estado como, por exemplo, a norma segundo a qual os territórios federais integram a União, e sua criação, transformação em Estado ou reintegração ao Estado de origem serão reguladas em lei complementar (art. 18, § 2º, da CF).

Vale notar que, apesar de as normas de eficácia limitada (de princípio institutivo ou de princípio programático) exigirem norma infraconstitucional para que se materializem na prática, elas têm eficácia jurídica, gerando os seguintes efeitos: a) revogam as leis anteriores com elas incompatíveis; b) vinculam o legislador, de forma permanente, à sua realização; c) condicionam a atuação da administração pública; e d) informam a interpretação e a aplicação da lei pelo Poder Judiciário.

DOUTRINA TEMÁTICA

"A primeira obra a tratar de forma sistematizada o tema no Brasil foi publicada em 1967, sendo, ainda hoje, a classificação mais adotada entre nós. Em sua monografia sobre o tema, José Afonso da Silva faz uma distinção, de acordo com o grau de eficácia, entre três espécies de normas constitucionais: plena, contida e limitada [...] As normas de eficácia plena possuem todos os elementos e requisitos para sua incidência direta, isto é, sua regulamentação normativa é precisa a ponto de possibilitar que dela seja extraída a conduta positiva ou negativa a ser seguida. [...] Normas de eficácia contida: são integrantes desta espécie as normas que possuem aplicabilidade direta, imediata, mas possivelmente não integral. Tais normas apesar de aptas a regular de forma suficiente os interesses relativos ao seu conteúdo (direta), desde sua entrada em vigor (imediata), reclamam uma atuação por parte do legislador no sentido de reduzir o seu alcance (não integral) [...] Normas constitucionais de eficácia limitada: a aplicabilidade dessas normas é indireta, mediata e reduzida, pois só incidem totalmente sobre os interesses objeto de sua regulamentação jurídica, 'após uma normatividade ulterior que lhes desenvolva a eficácia, conquanto tenham uma incidência reduzida e surtam outros efeitos não essenciais. Apesar de não possuírem, desde sua entrada em vigor, uma eficácia positiva, são dotadas de eficácia negativa, ab-rogando a legislação precedente que lhe for incompatível e impedindo que o legislador edite normas em sentido oposto ao assegurado pela Constituição." (NOVELINO, 2013, p. 105-107)

JURISPRUDÊNCIA TEMÁTICA

"Norma constitucional de eficácia limitada, porque dependente de complementação infraconstitucional, tem, não obstante, em linha de princípio e sempre que possível, a imediata eficácia negativa de revogar as regras preexistentes que sejam contrárias. Município: criação: EC 15/1996: plausibilidade da arguição de inconstitucionalidade da criação de Municípios desde a sua promulgação e até que lei complementar venha a implementar sua eficácia plena, sem prejuízo, no entanto, da imediata revogação do sistema anterior. É certo que o novo processo de desmembramento de Municípios, conforme a EC 15/1996, ficou com a sua implementação sujeita à disciplina por lei complementar, pelo menos no que diz com o Estudo de viabilidade municipal, que passou a reclamar, e com a forma de sua divulgação anterior ao plebiscito. É imediata, contudo, a eficácia negativa da nova regra constitucional, de modo a impedir – de logo e até que advenha a lei complementar – a instauração e a conclusão de processos de emancipação em curso. Dessa eficácia imediata só se subtraem os processos já concluídos, com a lei de criação de novo Município." (ADI 2.381-MC, Rel. Min. Sepúlveda Pertence, julgamento em 20-6-2001, Plenário, DJ de 14-12-2001.) No mesmo sentido: ADI 2.967, Rel. Min. Sepúlveda Pertence, julgamento em 12-2-2004, Plenário, DJ de 19-3-2004.

"Estrangeiro. Acesso ao serviço público. Art. 37, I, da CF/1988. O Supremo Tribunal Federal fixou entendimento no sentido de que o art. 37, I, da Constituição do Brasil [redação após a EC 19/1998], consubstancia, relativamente ao acesso aos cargos públicos por estrangeiros, preceito constitucional dotado de eficácia limitada, dependendo de regulamentação para produzir efeitos, sendo assim, não autoaplicável." (RE 544.655-AgR, Rel. Min. Eros Grau, julgamento em 9-9-2008, Segunda Turma, DJE de 10-10-2008.) No mesmo sentido: RE 602.912-AgR, Rel. Min. Cármen Lúcia, julgamento em 9-11-2010, Primeira Turma, DJE de 2-12-2010. Vide: RE 346.180-AgR, Rel. Min. Joaquim Barbosa, julgamento em 14-6-2011, Segunda Turma, DJE de 1º-8-2011; AI 590.663-AgR, Rel. Min. Eros Grau, julgamento em 15-12-2009, Segunda Turma, DJE de 12-2-2010.

"(...) o mandado de injunção busca neutralizar as consequências lesivas decorrentes da ausência de regulamentação normativa de preceitos constitucionais revestidos de eficácia limitada, cuja incidência – necessária ao exercício efetivo de determinados direitos neles diretamente fundados – depende, essencialmente, da intervenção concretizadora do legislador. (...) O caso ora em exame (...) versa situação prevista no § 4º do art. 40 da Constituição, cujo inciso I trata da aposentadoria especial reconhecida a servidores públicos que sejam 'portadores de deficiência' e que igualmente sofrem, à semelhança dos servidores públicos que exercem atividades reputadas insalubres ou perigosas, as mesmas consequências lesivas decorrentes da omissão normativa que já se prolonga de maneira irrazoável. (...) A constatação objetiva de que se registra, na espécie, hipótese de mora inconstitucional, apta a instaurar situação de injusta omissão geradora de manifesta lesividade à posição jurídica dos beneficiários da cláusula constitucional inadimplida (CF, art. 40, § 4º), justifica, plenamente, a intervenção do Poder Judiciário, notadamente a do STF. Não tem sentido que a inércia dos órgãos estatais ora impetrados, evidenciadora de comportamento manifestamente inconstitucional, possa ser paradoxalmente invocada, pelo próprio Poder Público, para frustrar, de modo injusto (e, portanto, inaceitável), o exercício de direito expressamente assegurado pela Constituição." (MI 1.967, Rel. Min. Celso de Mello, decisão monocrática, julgamento em 24-5-2011, DJE de 27-5-2011.) No mesmo sentido: MI 3.322, Rel. Min. Celso de Mello, decisão monocrática, julgamento em 1º-6-2011, DJE de 6-6-2011.

QUESTÕES DE CONCURSO RELACIONADAS

01. (Cespe – Delegado de Polícia Federal – DPF/2018) A respeito dos direitos fundamentais e do controle de constitucionalidade, julgue o item que se segue.

Em relação aos estrangeiros, a norma constitucional que garante o acesso a cargos, empregos e funções públicas é de eficácia contida.

Resposta: errado.

02. (Cespe – Defensor Público – ES/ 2012) Julgue o item a seguir, relativo às normas constitucionais.

De acordo com a classificação de José Afonso da Silva, as normas constitucionais podem ser classificadas, quanto à eficácia e à aplicabilidade, em normas de eficácia plena, normas de eficácia contida e normas de eficácia absoluta.

Resposta: errado.

03. (Vunesp – Juiz de Direito Substituto-MG/ 2012) Analise as afirmativas a seguir.

I. As normas que definem os direitos e garantias individuais são consideradas programáticas.

II. As normas constitucionais chamadas de "eficácia limitada", de acordo com a doutrina brasileira, apresentam aplicabilidade indireta, mediata e reduzida.

III. Segundo a doutrina e jurisprudência brasileira, o direito de greve, reconhecido ao servidor público pela Constituição Federal brasileira de 1988, é de eficácia plena.

IV. As normas infraconstitucionais anteriores à promulgação de uma nova constituição, quando com esta incompatíveis ou não recepcionadas, são tidas como normas inconstitucionais.

Está correto apenas o contido em

a) II.

b) IV.

c) I e III.

d) II, III e IV.

Resposta: alternativa "a".

---

04. (FCC – Defensor Público – MA/2009) É imediatamente aplicável, podendo ter sua eficácia contida pela legislação, a norma constitucional segundo a qual

a) ninguém será obrigado a fazer ou deixar de fazer alguma coisa senão em virtude de lei.

b) não haverá pena de morte, salvo em caso de guerra declarada, nos termos da Constituição.

c) no caso de iminente perigo público, a autoridade competente poderá usar de propriedade particular, assegurada ao proprietário indenização ulterior, se houver dano.

d) é livre o exercício de qualquer trabalho, ofício ou profissão, atendidas as qualificações profissionais que a lei estabelecer.

e) a lei não poderá exigir autorização do Estado para a fundação de sindicato, ressalvado o registro no órgão competente.

Resposta: alternativa "d".

11. (MPE-MG – PROMOTOR DE JUSTIÇA - MG/2007)

Discorrer sobre Poder Constituinte

a) Poder Constituinte Originário: Definição, Titularidade e Características.

b) Poder Constituinte Derivado: Definição, Titularidade e Características.

c) Apontar e comentar as limitações explícitas ao Poder Constituinte Derivado em vigor na Constituição Brasileira de 1988.

Obs: Não se limite a transcrever dispositivos constitucionais. Comente-os.

RESPOSTA SUGERIDA

Conforme lições de Sieyès, na famosa obra "Que é o terceiro Estado?", a soberania popular consiste essencialmente no poder constituinte do povo. Já Canotilho afirma que o poder constituinte tem suas raízes em uma força geral da Nação. Assim, a força geral da Nação atribui ao povo o poder de dirigir a organização do Estado, o que se convencionou chamar de poder constituinte. Munido do poder constituinte, o povo atribui parcela dele a órgãos estatais especializados, que passam a ser denominados de Poderes (Executivo, Legislativo e Judiciário).

Portanto, o poder constituinte é de titularidade do povo, mas é o Estado, por meio de seus órgãos especializados, que o exerce. Sobre o tema, é esclarecedora a redação do art. 1º, parágrafo único, da CF: "Todo o poder emana do povo, que o exerce por meio de representantes eleitos ou diretamente, nos termos desta Constituição".

Três são as espécies de poder constituinte: originário, derivado reformador e derivado decorrente.

O Poder constituinte originário (também denominado como genuíno, primário ou de primeiro grau) é aquele que cria a primeira ou a nova Constituição de um Estado. Para atingir seu objetivo, ele é inicial (não existe outro poder anterior ou superior a ele) autônomo (o poder constituinte determina a estrutura da nova Constituição), ilimitado (tem autonomia para escolher o Direito que irá viger, ou seja, não se subordina a nenhuma ideia jurídica preexistente), incondicionado (é dotado de liberdade quanto aos procedimentos adotados para a criação da Constituição, ou seja, não precisa seguir nenhuma formalidade preestabelecida) e permanente pois ele não se esgota com a edição da nova Constituição).

Já o Poder constituinte derivado reformador (também denominado de reforma, secundário, de segundo grau, instituído ou constituído) é o responsável pela reforma da Constituição, que no Brasil se dá via emenda constitucional (art. 60 da CF) ou por meio da incorporação de tratados internacionais de direitos humanos (art. 5º, § 3º, da CF). Vale notar que a CF de 1988 não prevê expressamente o poder constituinte derivado, mas este se encontra implícito e se extrai, por exemplo, da norma constitucional que prevê a edição de emendas à Constituição (art. 60 da CF).

Por fim, o Poder constituinte derivado decorrente é aquele exercido pelos Estados-membros na construção das Constituições Estaduais, consoante art. 25 da CF. Tal prerrogativa decorre da capacidade de auto-organização que têm os Estados, mas que sempre está limitada pelo dever de respeito às normas contidas na Constituição Federal.

Dentre essas três espécies de poder constituinte arroladas, merece destaque o tema das limitações ao poder constituinte derivado reformador que, segundo a doutrina, as limitações se subdividem em: 1. Temporais; 2. Circunstanciais; 3. Formais; 4. Materiais; e 5. Implícitas.

Limitações temporais são as que impedem a alteração da Constituição por um determinado período de tempo. A Constituição Federal de 1988 não prevê nenhuma limitação temporal.

As limitações circunstanciais são aquelas que impedem a alteração da Constituição em momentos de extrema gravidade, nos quais a livre manifestação do poder reformador possa estar ameaçada, o que se dá, por exemplo, na intervenção federal, no estado de defesa e no estado de sítio (c.f. art. 60, § 1º da CF).

A seu turno, as limitações formais (também chamadas de limitações processuais ou procedimentais) podem ser de duas espécies: subjetiva ou objetiva. A limitação formal subjetiva refere-se à existência de legitimados específicos para a propositura de emendas constitucionais, consoante art. 60, caput, da CF. Já a limitação formal objetiva traduz a necessidade de quórum qualificado de três quintos, em dois turnos, em cada Casa do Congresso Nacional, com promulgação pelas mesas do Senado Federal e da Câmara dos Deputados, para a edição de emendas constitucionais (art. 60, § 2º, da CF).

Também existem as limitações materiais ou substanciais, que versam sobre matérias que não podem ser objeto de emenda, assim denominas como cláusulas pétreas.

As cláusulas pétreas (de pedra, duras) estão dispostas no art. 60, § 4º, da CF: "I – a forma federativa de Estado; II – o voto direto, secreto, universal e periódico; III – a separação dos Poderes; IV – os direitos e garantias individuais". Não será objeto de deliberação a proposta de emenda constitucional tendente a aboli-las.

Vale ressaltar que o STF entende que os direitos e garantias individuais considerados cláusulas pétreas não se restringem àqueles expressos no elenco do art. 5º da CF, ou seja, estão presentes também em outros dispositivos constitucionais. Isso porque o Supremo Tribunal Federal admitiu interpretação extensiva para a definição de direitos análogos, que são aqueles que têm a natureza de direitos e garantias individuais mesmo estando fora do art. 5º da CF, o que restou claro na ADI 939, julgada em 1993 e relatada pelo Ministro Sydney Sanches, que considerou direito e garantia individual a anterioridade tributária, consoante art. 5º, § 2º, art. 60, § 4º, IV, e art. 150, III, "b", todos da CF.

Ademais, o STF considera que os limites materiais ao poder constituinte de reforma não significam a intangibilidade literal da disciplina dada ao tema pela Constituição originária, mas sim a proteção do núcleo essencial dos princípios e institutos protegidos pelas cláusulas pétreas, consoante ADI 2.024, julgada em 2007 e relatada pelo Ministro Sepúlveda Pertence.

Por fim, ainda há que se comentar sobre as limitações implícitas ao poder constituinte derivado reformador, que são aquelas que se referem à vedação para alteração das regras pertinentes ao processo para modificação da Constituição. Por exemplo: não se pode alterar a titularidade do poder constituinte (art. 1º, parágrafo único, c.c. art. 60, caput, ambos da CF) e nem revogar o dispositivo constitucional que impõe a limitação material (art. 60, § 4º, da CF).

DOUTRINA TEMÁTICA

"Os limites materiais presentes no art. 60, § 4° da CR/88 são intitulados de limites materiais explícitos, na medida em que o Poder Constituinte Originário deixou assente, de forma expressa, as matérias que não poderiam ser abolidas da normatividade constitucional. É importante salientar que essas matérias podem sim ser objeto de emenda constitucional, desde que venha sofisticar ou mesmo ampliar a normatividade que lhe é ínsita. Nesses termos, reza a Constituição que somente não pode ser objeto de deliberação proposta de emenda tendente a abolir: a forma federativa de Estado; o voto direto, secreto, universal e periódico; a separação dos Poderes; e os direitos e garantias individuais". (FERNANDES, 2012, p. 150-151).

"Hierarquia, em Direito, designa o fato de uma norma colher o seu fundamento de validade em outra, sendo inválida se contravier a norma matriz. Ora bem: não é isso que se passa na situação aqui descrita. Pelo princípio da unidade da Constituição, inexiste hierarquia entre normas constitucionais originárias, que jamais poderão ser declaradas inconstitucionais umas em face das outras. A proteção especial dada às normas amparadas por cláusulas pétreas sobreleva seu status político ou sua carga valorativa, com importantes repercussões hermenêuticas, mas não lhes atribui superioridade jurídica". (BARROSO, 2009, p. 167).

JURISPRUDÊNCIA TEMÁTICA

STF

"O poder constituinte derivado não é ilimitado, visto que se submete ao processo consignado no art. 60, § 2º e § 3º, da CF, bem assim aos limites materiais, circunstanciais e temporais dos parágrafos 1º, 4º e 5º do aludido artigo. A anterioridade da norma tributária, quando essa é gravosa, representa uma das garantias fundamentais do contribuinte, traduzindo uma limitação ao poder impositivo do Estado." (RE 587.008, Rel. Min. Dias Toffoli, julgamento em 2-2-2011, Plenário, DJE de 6-5-2011, com repercussão geral.) Vide: ADI 939, Rel. Min. Sydney Sanches, julgamento em 15-12-1993, Plenário, DJ de 18-3-1994.

"Uma emenda constitucional, emanada, portanto, de constituinte derivado, incidindo em violação à Constituição originária, pode ser declarada inconstitucional, pelo STF, cuja função precípua é de guarda da Constituição. A EC 3, de 17-3-1993, que, no art. 2º, autorizou a União a instituir o Imposto Provisória sobre Movimentação ou Transmissão de Valores e de Créditos e Direitos de Natureza Financeira (IPMF), incidiu em vício de inconstitucionalidade, ao dispor, no § 2º desse dispositivo, que, quanto a tal tributo, não se aplica o art. 150, III, b, e VI, da Constituição, porque, desse modo, violou os seguintes princípios e normas imutáveis (somente eles, não outros): o princípio da anterioridade, que é garantia individual do contribuinte (art. 5º, § 2º, art. 60, § 4º, inciso IV, e art. 150, III, b, da Constituição)." (ADI 939, Rel. Min. Sydney Sanches, julgamento em 15-12-1993, Plenário, DJ de 18-3-1994.)

"A inovação trazida pela EC 52/2006 conferiu status constitucional à matéria até então integralmente regulamentada por legislação ordinária federal, provocando, assim, a perda da validade de qualquer restrição à plena autonomia das coligações partidárias no plano federal, estadual, distrital e municipal. Todavia, a utilização da nova regra às eleições gerais que se realizarão a menos de sete meses colide com o princípio da anterioridade eleitoral, disposto no art. 16 da CF, que busca evitar a utilização abusiva ou casuística do processo legislativo como instrumento de manipulação e de deformação do processo eleitoral (ADI 354, Rel. Min. Octavio Gallotti, DJ de 12-2-1993). Enquanto o art. 150, III, b, da CF encerra garantia individual do contribuinte (ADI 939, Rel. Min. Sydney Sanches, DJ de 18-3-1994), o art. 16 representa garantia individual do cidadão-eleitor, detentor originário do poder exercido pelos representantes eleitos e 'a quem assiste o direito de receber, do Estado, o necessário grau de segurança e de certeza jurídicas contra alterações abruptas das regras inerentes à disputa eleitoral' (ADI 3.345, Rel. Min. Celso de Mello). Além de o referido princípio conter, em si mesmo, elementos que o caracterizam como uma garantia fundamental oponível até mesmo à atividade do legislador constituinte derivado, nos termos dos arts. 5º, § 2º, e 60, § 4º, IV, a burla ao que contido no art. 16 ainda afronta os direitos individuais da segurança jurídica (CF, art. 5º, caput) e do devido processo legal (CF, art. 5º, LIV). A modificação no texto do art. 16 pela EC 4/1993 em nada alterou seu conteúdo principiológico fundamental. Tratou-se de mero aperfeiçoamento técnico levado a efeito para facilitar a regulamentação do processo eleitoral. Pedido que se julga procedente para dar interpretação conforme no sentido de que a inovação trazida no art. 1º da EC 52/2006 somente seja aplicada após decorrido um ano da data de sua vigência." (ADI 3.685, Rel. Min. Ellen Gracie, julgamento em 22- 3-2006, Plenário, DJ de 10-8-2006.)

QUESTÕES DE CONCURSO RELACIONADAS

01. (Cespe – Defensor Público – DPU/2017) A respeito da evolução histórica do constitucionalismo no Brasil, das concepções e teorias sobre a Constituição e do sistema constitucional brasileiro, julgue os itens a seguir.

O poder constituinte originário e o poder constituinte derivado se submetem ao mesmo sistema de limitações jurídicas e políticas, embora os efeitos dessas limitações ocorram em momentos distintos.

Resposta: errado.

02. (MPE/PR – Promotor de Justiça – PR/2011) Relativamente ao Poder Constituinte originário é correto afirmar:

a) É limitado apenas pelas cláusulas pétreas da Constituição Federal.

b) É inicial, autônomo e incondicionado.

c Pode ser denominado também como poder reformador.

d Se corporifica geralmente por meio do instrumento chamado Emenda à Constituição.

e) É também identificado pela doutrina como Poder Constituinte constituído.

Resposta: alternativa "b".

03. (Delegado de Polícia – MT/ 2010 – UNEMAT) Quanto ao poder constituinte originário, analise as afirmações.

I. É inicial, pois sua obra – a Constituição

II. É limitado, pois deve respeitar os limites postos pelo direito positivo antecessor.

III. É condicionado, pois está sujeito a formas prefixadas para manifestar sua vontade.

IV. É permanente, pois não desaparece com a realização da sua obra.

Em face das proposições acima, assinale a alternativa correta.

a) Apenas I e II estão corretas.

b) Apenas I e III estão corretas.

c) Apenas II, III e IV estão corretas.
d) Apenas I e IV estão corretas.
e) Todas estão corretas

Resposta: alternativa "d".

04. (Cespe – Procurador do Estado – PB/ 2008) Com relação ao poder constituinte, à teoria da recepção e às emendas à constituição, assinale a opção correta.

a) A teoria do poder constituinte, desenvolvida pelo abade Emmanuel Sieyès no manifesto O que é o terceiro estado? contribuiu para a distinção entre poder constituído e poder constituinte.
b) Uma norma infraconstitucional que não seja compatível, do ponto de vista formal ou material, com a nova constituição, é por esta revogada.
c) Considere-se que o Senado Federal tenha rejeitado, no final do ano de 2007, proposta de emenda à CF. Nessa hipótese, nova proposta de emenda não poderá ser apresentada, com a mesma matéria, no ano de 2008.
d) Mutação constitucional, conforme doutrina majoritária, é definida como a mudança no texto da constituição, seja por meio de emenda, seja por revisão.
e) Considere-se que a assembleia legislativa de um estado da Federação tenha promulgado emenda à Constituição estadual, de iniciativa de parlamentar, dispondo acerca do regime jurídico dos servidores públicos do estado. Nessa hipótese, não há qualquer violação à Constituição estadual ou Federal, visto que a iniciativa privativa do chefe do executivo está restrita aos projetos de lei.

Resposta: alternativa "a".

12. (VUNESP – PROCURADOR DO ESTADO – SP/2005)

Nos moldes da teoria constitucional moderna, a doutrina pátria distingue na estrutura normativa da atual Constituição Federal Brasileira cinco categorias de elementos, segundo sua natureza, função ou finalidade. Mencione essas cinco categorias e explique brevemente do que tratam.

RESPOSTA SUGERIDA

Segundo José Afonso da Silva, a Constituição tem os seguintes elementos:

a) Elementos orgânicos: regulam a estrutura do Estado e do Poder. Exemplo: art. 2º da CF: "São Poderes da União, independentes e harmônicos entre si, o Legislativo, o Executivo e o Judiciário".

b) Elementos limitativos: referem-se aos direitos fundamentais, que limitam a atuação do Estado, protegendo o povo. Exemplo: art. 5º, caput, da CF: "Todos são iguais perante a lei, sem distinção de qualquer natureza, garantindo-se aos brasileiros e aos estrangeiros residentes no País a inviolabilidade do direito à vida, à liberdade, à igualdade, à segurança e à propriedade, nos termos seguintes".

c) Elementos socioideológicos: revelam o compromisso do Estado em equilibrar os ideais liberais e sociais ao longo do Texto constitucional. Exemplo: art. 1º, IV, da CF: "A República Federativa do Brasil, formada pela união indissolúvel dos Estados e Municípios e do Distrito Federal, constitui-se em Estado Democrático de Direito e tem como fundamentos: [...] IV – os valores sociais do trabalho e da livre iniciativa".

d) Elementos de estabilização constitucional: asseguram a solução de conflitos institucionais entre Poderes e também protegem a integridade do Estado e da própria Constituição. Exemplo: art. 34, I, da CF: "A União não intervirá nos Estados nem no Distrito Federal, exceto para: I – manter a integridade nacional".

e) Elementos formais de aplicabilidade: referem-se às regras de interpretação e aplicação da Constituição, a exemplo do preâmbulo, do ADCT, e da aplicabilidade imediata dos direitos e garantias fundamentais (art. 5º, § 1º, da CF).

DOUTRINA TEMÁTICA

"A Constituição, embora se apresente como um todo unitário e orgânico, possui normas que tratam dos mais variados assuntos. Para facilitar a compreensão do conteúdo constitucional, as diversas matérias consagradas em seu texto foram agrupadas didaticamente. Não há um consenso quanto ao número e à caracterização desses elementos, que podem variar conforme o critério adotado. Uma das classificações mais adotadas é a proposta por José Afonso da Silva, que agrupa os elementos da Constituição de 1988 em cinco categorias. Os elementos orgânicos se manifestam em normas reguladoras da estrutura do Estado e do Poder, como as consagradas no Capítulo II (Das forças armadas) e no Capítulo III (Da segurança pública), do Título V; e nos Títulos III (Da organização do Estado), IV (Da organização dos Poderes) e VI (Da tributação e do orçamento) da Constituição. Os elementos limitativos estão consubstanciados nas normas definidoras dos direitos e garantias fundamentais (Título II), as quais impõem limites à atuação dos poderes públicos (caráter negativo). Por exigirem prestações materiais e jurídicas do Estado (caráter positivo), e não uma abstenção, os direitos sociais não se incluem nesta categoria. Os elementos socioideológicos revelam a ideologia que permeia o conteúdo constitucional, podendo ser identificados nas normas que consagram os direitos sociais (Capítulo II, Título II) e que integram a ordem econômico-financeira (Título VII) e a ordem social (Título VIII). Os elementos de estabilização constitucional se encontram consubstanciados nas normas destinadas à solução dos conflitos constitucionais (CF, art. 34 a 36), à defesa da Constituição (CF, arts. 102 e 103), do Estado e das instituições democráticas (Título V). Encontram-se contemplados, ainda, nas normas que estabelecem os meios e técnicas para a alteração da Lei Fundamental (CF, art. 60). Por fim, os elementos formais de aplicabilidade são os consagrados nas normas que estatuem regras de aplicação da Constituição, como o Preâmbulo, o Ato das Disposições Constitucionais Transitórias (ADCT) e o § 1° do art. 5°". (NOVELINO, 2012, p. 82-83).

"Não obstante encontremos na Constituição um todo orgânico e sistematizado, as normas constitucionais estão agrupadas em títulos, capítulos e seções, com conteúdo, origem e finalidade diversos. Esses dispositivos, trazendo valores distintos, caracterizam a natureza polifacética da Constituição, fazendo com que a doutrina agrupe as diversas normas de acordo com a sua finalidade, surgindo, então, o que se denominou elementos da Constituição. A doutrina diverge em relação aos elementos da Constituição. No entanto, parece ser mais completa a identificação do Professor José Afonso da Silva, de cinco categorias de elementos". (LENZA, 2015, p. 120-121).

QUESTÕES DE CONCURSO RELACIONADAS

01. (CESPE – Procurador BACEN/2013) A respeito do conceito, dos elementos e das classificações das constituições, assinale a opção correta.

a) No que se refere ao modo de elaboração, a constituição dogmática espelha os dogmas e princípios fundamentais adotados pelo Estado e não será escrita.

b) Quanto à estabilidade, a constituição flexível não se compatibiliza com a forma escrita, ainda que seu eventual texto admitisse livre alteração do conteúdo por meio de processo legislativo ordinário.

c) Os direitos e garantias fundamentais previstos na CF são considerados elementos socioideológicos.

d) No sentido político, segundo Carl Schmitt, a constituição é a soma dos fatores reais do poder que formam e regem determinado Estado.

e) Quanto aos elementos, o ADCT configura exemplo de elemento formal de aplicabilidade da CF.

Resposta: alternativa "e".

02. (Cespe – Juiz Federal Substituto 1ª região/ 2011) Acerca do poder constituinte, da CF e do ADCT, assinale a opção correta.

a) As normas que versam sobre a intervenção federal nos estados e no DF, bem como dos estados nos municípios, incluem-se entre os chamados elementos de estabilização constitucional.

b) O poder constituinte originário dá início a nova ordem jurídica, e, nesse sentido, todos os diplomas infraconstitucionais perdem vigor com o advento da nova constituição.

c) Consideram-se elementos socioideológicos da CF as normas que disciplinam a organização dos poderes da República e o sistema de governo.

d) O ADCT não tem natureza de norma constitucional, na medida em que dispõe sobre situações excepcionais e temporárias.

e) Segundo disposição literal da CF, os estados e municípios dispõem do chamado poder constituinte derivado decorrente, que deve ser exercido de acordo com os princípios e regras dessa Carta.

Resposta: alternativa "a".

03. **(Delegado de Polícia – RN/ 2008 – CESPE)** Acerca dos sentidos, dos elementos e das classificações atribuídos pela doutrina às constituições, assinale a opção correta.

a) O elemento de estabilização constitucional é consagrado nas normas destinadas a assegurar a solução de conflitos constitucionais, a defesa da Constituição, do Estado e das instituições democráticas.

b) O elemento socioideológico é assim denominado porque limita a ação dos poderes estatais e dá a tônica do estado de direito, consubstanciando o elenco dos direitos e garantais fundamentais.

c) Quanto à forma, diz-se formal a constituição cujo texto é composto por normas materialmente constitucionais e disposições diversas que não tenham relação direta com a organização do Estado.

d) Segundo o sentido sociológico da constituição, na concepção de Ferdinand Lassalle, o texto constitucional equivale à norma positiva suprema, que regula a criação de outras normas.

e) Segundo o sentido político da constituição, na concepção de Carl Schmitt, o texto constitucional equivale à soma dos fatores reais de poder, não passando de uma folha de papel.

Resposta: alternativa "a".

CAPÍTULO 2
DIREITOS FUNDAMENTAIS

➘ QUESTÕES

1. (CESPE - DEFENSOR PÚBLICO ESTADUAL DIREITO- DPE/PE – 2018)

Discorra a respeito da aplicabilidade imediata dos direitos fundamentais, abordando o preceito de máxima efetividade da Constituição Federal de 1988 e a compatibilidade entre as normas definidoras de direito fundamental e a eficácia plena, a eficácia contida e a eficácia limitada das normas constitucionais.

◉ ESPAÇO EM BRANCO PARA RESPOSTA (30 LINHAS)

2. (ESAF – PROCURADOR DA FAZENDA NACIONAL – AGU – 2015- ADAPTADA)

Discorra sobre Tratados Internacionais pontuando os aspectos relacionados abaixo, fazendo expressa referência aos dispositivos constitucionais e legais sempre que pertinente.

a) Diferenças entre os Tratados Internacionais de direitos humanos e Tratado das demais matérias.

b) A hierarquia no ordenamento jurídico brasileiro dos Tratados Internacionais das diversas matérias.

c) Os conflitos entre Tratados Internacionais incorporados e as normas internas.

d) O papel do Poder Judiciário em suas diversas instâncias nas hipóteses de conflito entre normas internas e Tratados Internacionais incorporados.

ESPAÇO EM BRANCO PARA RESPOSTA (30 LINHAS)

3. (UFPR - DEFENSOR PÚBLICO ESTADUAL - DPE-PR- 2014)

No âmbito dos direitos fundamentais e sua teoria, diferencie a eficácia vertical dos direitos fundamentais da eficácia horizontal dos direitos fundamentais. Quanto aos direitos fundamentais nas relações privadas, explique a Teoria da Eficácia Direta, a Teoria da Eficácia Indireta, a doutrina da State Action, bem como aponte o posicionamento jurisprudencial brasileiro sobre o tema.

ESPAÇO EM BRANCO PARA RESPOSTA (30 LINHAS)

4. (MP/RS – PROMOTOR DE JUSTIÇA – RS/2014)

No que tange à liberdade de expressão, embora ausente cláusula geral literal na Constituição Federal de 1988, trata-se de direito fundamental que se apresenta como gênero, a abarcar diversas manifestações específicas. Nesse contexto, discorra sobre:

a) três manifestações específicas do conteúdo (âmbito de proteção) da liberdade de expressão, com a respectiva indicação do direito constitucional positivo.

b) a importância da ADPF nº 130 em relação ao tema e suas consequências no que tange (b.1) à vedação da censura, levando em conta decisões posteriores do STF; e (b.2) ao direito de resposta.

c) o problema dos limites da liberdade de expressão, particularmente no caso do "discurso do ódio" (*hate speech*) e a negação de fatos históricos.

ESPAÇO EM BRANCO PARA RESPOSTA (30 LINHAS)

5. (MP/RS – PROMOTOR DE JUSTIÇA – RS/2014)

No contexto do fenômeno da judicialização dos direitos sociais, discorra sobre:

a) sua eficácia, a partir do §1º do art. 5º da Constituição Federal;

b) a dimensão de direitos prestacionais, distinguindo "direitos derivados a prestações" da "exigência de prestações originárias";

c) o problema dos custos e a reserva do possível;

d) critérios jurisprudenciais para solucionar casos que envolvem o acesso ao Poder Judiciário em matérias de efetivação de direitos sociais.

ESPAÇO EM BRANCO PARA RESPOSTA (30 LINHAS)

6. (TJ-DF – JUIZ DE DIREITO - DF/2007)

Dissertação. Tema: As diferentes funções dos direitos fundamentais na ordem jurídica, a partir da "Teoria dos quatro status" de Jellinek.

ESPAÇO EM BRANCO PARA RESPOSTA (30 LINHAS)

7. (TJ-DF – JUIZ DE DIREITO - DF/2007)

Dissertação. Tema: O princípio da proporcionalidade e a colisão de direitos fundamentais.

ESPAÇO EM BRANCO PARA RESPOSTA (30 LINHAS)

8. (MPE-SP – PROMOTOR DE JUSTIÇA - SP/2008)

Aponte, de forma sucinta, as principais controvérsias sobre a hierarquia normativa dos tratados internacionais de direitos humanos antes e depois da Emenda Constitucional 45/2004. Atualmente qual é a orientação predominante no STF? Já houve aplicação concreta da nova regra constitucional pelo Poder Legislativo? Exemplifique.

ESPAÇO EM BRANCO PARA RESPOSTA (30 LINHAS)

9. (TJ/RS – JUIZ DE DIREITO - RS/2012)

Todos são iguais perante a lei, sem distinção de qualquer natureza, garantindo-se aos brasileiros e aos estrangeiros residentes no País a inviolabilidade do direito à vida, à liberdade, à igualdade, à segurança e à propriedade (Constituição Federal, art. 5o, caput).

Estabeleça a distinção entre direitos e garantias individuais segundo a doutrina.

ESPAÇO EM BRANCO PARA RESPOSTA (30 LINHAS)

10. (FCC – PROCURADOR DO ESTADO – SP/2009)

Se as normas definidoras de direitos e garantias fundamentais têm aplicação imediata (art. 5°, § 1°, da CF), pode-se afirmar que não existem normas de eficácia limitada em matéria de direitos fundamentais? O instituto do mandado de injunção apresentaria alguma relação com o reportado preceito constitucional?

ESPAÇO EM BRANCO PARA RESPOSTA (30 LINHAS)

11. (MPE-PR – PROMOTOR DE JUSTIÇA - PR/2008)

Sobre os direitos e garantias constitucionais, responda:

a) Quem são os destinatários da proteção constitucional?

b) Qual a dupla acepção do direito à vida?

c) Quais as exceções à inviolabilidade domiciliar?

d) Quais os requisitos da quebra do sigilo de comunicação através de interceptação telefônica?

ESPAÇO EM BRANCO PARA RESPOSTA (25 LINHAS)

12. (VUNESP – DEFENSOR PÚBLICO - MS/2008)

A Constituição brasileira permite o aborto de fetos anencéfalos?

ESPAÇO EM BRANCO PARA RESPOSTA (30 LINHAS)

13. (TJ/RJ – JUIZ DE DIREITO - RJ/2011)

Edital de concurso público para o cargo de delegado de polícia de determinado estado, com base em lei local, exige dos candidatos a altura mínima de 1,65m. Candidato reprovado no exame antropométrico, porque sua altura é abaixo da mínima exigida na lei local e no edital, ajuíza ação com a pretensão de continuar nas demais fases do concurso. Argumenta que essa exigência afronta o princípio da isonomia e apresenta-se desarrazoada. Resolva a questão.

ESPAÇO EM BRANCO PARA RESPOSTA (30 LINHAS)

14. (MPE-MS – PROMOTOR DE JUSTIÇA - MS/2011)

A limitação de idade para a inscrição em concurso público, prevista em edital, encerra discriminação abusiva em dissonância com os ditames veiculados pela Constituição Federal? - Justifique, dando o entendimento doutrinário e jurisprudencial dominante.

ESPAÇO EM BRANCO PARA RESPOSTA (30 LINHAS)

15. (VUNESP – PROMOTOR DE JUSTIÇA - ES/2013)

Explique brevemente o que vêm a ser a denominada cláusula da reserva do possível, a proibição do retrocesso e o mínimo existencial.

ESPAÇO EM BRANCO PARA RESPOSTA (30 LINHAS)

16. (MPE-MG – PROMOTOR DE JUSTIÇA - MG/2007 - ADAPTADA)

O filho de pai brasileiro e mãe estrangeira, nascido no estrangeiro, vem a residir no Brasil, ainda menor. Poderá optar pela nacionalidade brasileira, a fim de adquirir a condição de brasileiro nato. Indaga-se:

a) Essa opção pela nacionalidade brasileira poderá ser manifestada de imediato ou após a maioridade?

b) Se após a maioridade, enquanto menor será considerado estrangeiro?

ESPAÇO EM BRANCO PARA RESPOSTA (30 LINHAS)

QUESTÕES COMENTADAS

1. (CESPE - DEFENSOR PÚBLICO ESTADUAL DIREITO- DPE/PE – 2018)

Discorra a respeito da aplicabilidade imediata dos direitos fundamentais, abordando o preceito de máxima efetividade da Constituição Federal de 1988 e a compatibilidade entre as normas definidoras de direito fundamental e a eficácia plena, a eficácia contida e a eficácia limitada das normas constitucionais.

PADRÃO DE RESPOSTA DA BANCA

De acordo com o art. 5.º, § 1.º, da CF, as normas que definem direitos fundamentais possuem aplicação imediata. Tal preceito constitucional não dispensa, entretanto, a concretização pelo legislador infraconstitucional, quando necessário.

O referido dispositivo constitucional corresponde ao de um comando de otimização, prelecionando que a interpretação da norma constitucional deva ser feita de forma a conferir a maior efetividade possível a tais direitos, em consonância com o princípio da máxima efetividade da CF, em atenção à existência de um mínimo existencial exigível. Essa é lição majoritária na doutrina. (cf. Bernardo Gonçalves Fernandes. Curso de direito constitucional. 8.ª ed. Salvador: Juspodivm, 2017, p. 341)

Diante desse cenário, as normas que definem direitos fundamentais podem possuir eficácia plena, contida ou limitada, conforme classificação consagrada por José Afonso da Silva (in Aplicabilidade das normas constitucionais. Ed. Malheiros, 1999, p. 73-87). As normas definidoras de direitos fundamentais podem ser autoaplicáveis, quando apresentam todos os elementos necessários para a produção de efeitos, dando concretude ao direito fundamental independentemente da complementação ou regulamentação do legislador infraconstitucional, enquadrando-se no conceito de norma constitucional de eficácia plena ou imediata.

Algumas normas que definem direitos fundamentais, entretanto, nascem desprovidas dos elementos necessários para gerar efeitos jurídicos concretos, são as denominadas normas constitucionais de eficácia limitada, que possuem aplicabilidade reduzida ou mediata. Tal característica, no entanto, não retira o que a doutrina denomina de eficácia mínima, paralisante ou negativa, consistente na invalidação das normas incompatíveis com o texto da norma constitucional de eficácia limitada.

Por fim, há normas constitucionais que definem direitos fundamentais cuja eficácia pode ser restringida por norma infraconstitucional, isto é, nasce com os elementos necessários à geração de efeitos, mas o legislador ordinário reduz seu espectro de eficácia. Estas são as denominadas normas constitucionais de eficácia contidas.

◉ RESPOSTA SUGERIDA

Nos termos do §1º do art. 5º da Constituição Federal, as normas definidoras dos direitos e garantias fundamentais têm aplicação imediata. No entanto, há casos em que a própria norma constitucional exige regulamentação infraconstitucional para que a garantia em questão seja aplicada, trata-se dos casos de normas constitucionais de eficácia limitada.

As normas constitucionais, segundo José Afonso da Silva, podem ser classificadas entre normas de eficácia plena, contida ou limitada. Normas de eficácia plena são normas por meio das quais o constituinte assegurou direitos, sem qualquer ressalva; normas de eficácia contida, são normas que asseguram direitos, porém abrem a possibilidade ao legislador infraconstitucional de limitar sua aplicação; e, por fim, normas de eficácia limitada são normas que somente produzem efeitos após regulamentação infraconstitucional.

Grande a discussão em torno da doutrina de José Afonso da Silva quando confrontada com o texto do art. 5º, §1º, uma vez que muitos entenderam que estariam em conflito. Na verdade, conforme interpretou a doutrina, a previsão em questão seria a imposição de que as normas definidoras de direitos e garantias fundamentais devem ter aplicação imediata, salvo quando o próprio enunciado constitucional exigir lei regulamentadora e a omissão em questão não puder ser suprida pela via mandamental.

Da interpretação do art. 5º, §1º da CF/88 é também possível extrair o princípio da máxima efetividade constitucional, segundo o qual direitos e garantias fundamentais devem ser interpretados da forma que lhes garanta a maior aplicabilidade possível.

◉ DOUTRINA TEMÁTICA

"A despeito da possibilidade de se extrair do dispositivo constitucional em comento um princípio hermenêutico a ser adotado como vetor interpretativo no âmbito dos direitos fundamentais (princípio da máxima efetividade possível), o mandamento consagra uma regra geral a ser compreendida com o seguinte sentido: as normas definidoras dos direitos e garantias fundamentais devem ter aplicação imediata, salvo quando o próprio enunciado normativo exigir lei regulamentadora e a omissão do legislador, por razões fáticas ou jurídicas, não puder ser suprida pela via manda mental." (NOVELINO, 2016, p. 306)

"Em regra, as normas que consubstanciam os direitos fundamentais democráticos e individuais são de eficácia e aplicabilidade imediata. A própria Constituição Federal, em uma norma-síntese, determina tal fato dizendo que as normas definidoras dos direitos e garantias fundamentais têm aplicação imediata. Essa declaração pura e simplesmente não bastaria se outros mecanismos não fossem previstos para torná-la eficiente (exemplo: mandado de injunção e iniciativa popular)." (MORAES, 2018, p. 70)

"A eficácia e aplicabilidade das normas que contêm os direitos fundamentais dependem muito de seu enunciado, pois se trata de assunto que está em função do Direito positivo. A Constituição é expressa sobre o assunto, quando estatui que as normas definidoras dos direitos e garantias fundamentais têm aplicação imediata. Mas certo é que isso não resolve todas as questões, porque a Constituição mesma faz depender de legislação ulterior a aplicabilidade de algumas normas definidoras de direitos sociais, enquadrados dentre os fundamentais. Por regra, as normas que consubstanciam os direitos fundamentais democráticos e individuais são de eficácia contida e aplicabilidade imediata, enquanto as que definem os direitos econômicos e sociais tendem a sê-lo também na Constituição vigente, mas algumas, especialmente as que mencionam uma lei integradora, são de eficácia limitada, de princípios programáticos e de aplicabilidade indireta, mas são tão jurídicas como as outras e exercem relevante função, porque, quanto mais se aperfeiçoam e adquirem eficácia mais ampla, mais se tornam garantias da democracia e do efetivo exercício dos demais direitos fundamentais." (AFONSO DA SILVA, 2005, p. 180)

JURISPRUDÊNCIA TEMÁTICA

STF

"Extradição e necessidade de observância dos parâmetros do devido processo legal, do estado de direito e do respeito aos direitos humanos. Constituição do Brasil, arts. 5º, § 1º, e 60, § 4º. (...) Obrigação do STF de manter e observar os parâmetros do devido processo legal, do estado de direito e dos direitos humanos. Informações veiculadas na mídia sobre a suspensão de nomeação de ministros da Corte Suprema de Justiça da Bolívia e possível interferência do Poder Executivo no Poder Judiciário daquele país. Necessidade de assegurar direitos fundamentais básicos ao extraditando. Direitos e garantias fundamentais devem ter eficácia imediata (cf. art. 5º, § 1º); a vinculação direta dos órgãos estatais a esses direitos deve obrigar o Estado a guardar-lhes estrita observância." [Ext 986, rel. min. Eros Grau, j. 15-8-2007, P, DJ de 5-10-2007.] Vide Ext 1.428, rel. min. Gilmar Mendes, j. em 7-5-2019, 2ª T, Informativo 939

QUESTÕES RELACIONADAS

01. (PUC-PR - Procurador do Estado - PGE-PR - 2015) Em que pesem os debates contemporâneos, ainda é bastante utilizada a classificação de José Afonso da Silva acerca da eficácia das normas constitucionais. De acordo com essa classificação clássica, assinale a assertiva CORRETA.

a) Poderá ser impetrado Mandado de Injunção para sanar omissão de norma constitucional de eficácia limitada.

b) Todas as normas definidoras de direitos e garantias fundamentais contidas no artigo 5º da Constituição podem ser consideradas como normas constitucionais de eficácia plena.

c) Normas constitucionais de eficácia contida são aquelas desprovidas de qualquer eficácia jurídica e social enquanto não houver legislação integrativa infraconstitucional que lhes dê aplicabilidade.

d) Normas constitucionais de eficácia limitada são aquelas que têm aplicabilidade integral, produzindo seus efeitos desde a entrada em vigor da Constituição, podendo sofrer redução no seu alcance por atuação do legislador infraconstitucional.

e) O artigo 5º, § 1º, da Constituição Federal, que consigna a aplicabilidade imediata dos direitos e garantias fundamentais, é norma constitucional de eficácia limitada.

Resposta: alternativa "a".

---

02. (FEPESE - Procurador do Estado - PGE-SC - 2018) Diz o inciso XIII do artigo 5° da Constituição da República, que "é livre o exercício de qualquer trabalho, ofício ou profissão, atendidas as qualificações profissionais que a lei estabelecer".

Considerando a classificação das normas constitucionais, o dispositivo é norma de:

a) eficácia plena e aplicabilidade imediata.

b) eficácia contida e aplicabilidade imediata.

c) eficácia contida e aplicabilidade mediata.

d) eficácia limitada do tipo princípio institutivo.

e) eficácia limitada do tipo programático.

Resposta: alternativa "b".

2. (ESAF – PROCURADOR DA FAZENDA NACIONAL – AGU – 2015- ADAPTADA)

Discorra sobre Tratados Internacionais pontuando os aspectos relacionados abaixo, fazendo expressa referência aos dispositivos constitucionais e legais sempre que pertinente.

a) Diferenças entre os Tratados Internacionais de direitos humanos e Tratado das demais matérias.

b) A hierarquia no ordenamento jurídico brasileiro dos Tratados Internacionais das diversas matérias.

c) Os conflitos entre Tratados Internacionais incorporados e as normas internas.

d) O papel do Poder Judiciário em suas diversas instâncias nas hipóteses de conflito entre normas internas e Tratados Internacionais incorporados.

ESPELHO DE CORREÇÃO DA BANCA

Resposta: - Art. 5º, §3º CF/88 e seus desdobramentos – Até 1 ponto -Fazer referência à ausência de hierarquia entre Tratados Internacionais de fontes normativas diversas - Até 1 ponto - - Fazer referência ao controle de constitucionalidade e de legalidade - Até 0,5 pontos - - Arts. 102, III, b CF/88; Art. 105, III, a CF/88; Art. 109, III e IV - Até 0,5 pontos

RESPOSTA SUGERIDA

Com a ascensão do direito internacional e a cada vez mais frequente celebração de tratados internacionais entre os países, surgem algumas questões no âmbito do direito interno. Nos termos do art. 84, VIII da CF/88, compete privativamente ao Presidente da República celebrar tratados, convenções e atos internacionais, os quais estarão sujeitos a referendo do Congresso Nacional. Por sua vez, estabelece o art. 49, I da CF/88 que é da competência exclusiva do Congresso Nacional resolver definitivamente sobre tratados, acordos ou atos internacionais que acarretem encargos ou compromissos gravosos ao patrimônio nacional.

O art. 5º, §3º da CF/88, incluído pela EC 45/2004, dispõe que tratados e convenções sobre direitos humanos que forem aprovados, em cada Casa do Congresso Nacional, em dois turnos, por três quintos dos votos dos respectivos membros, serão equivalentes Às emendas constitucionais. Assim, surgiu a discussão acerca do status legal dos tratados sobre direitos humanos aprovados antes da inclusão da referida emenda constitucional. O STF, sobre a questão, entendeu que tratados que versem sobre direitos humanos têm, ao menos, status de norma supralegal, em razão da matéria que disciplinam. Assim, tanto os tratados sobre direitos humanos anteriores à EC 45/2004, quanto aqueles aprovados depois dela sem observância do rito do art. 5º, §3º da CF/88, terão status acima da legislação infraconstitucional, ficando, no entanto, abaixo das normas constitucionais hierarquicamente. Já os tratados sobre matérias diversas, não existe previsão de hierarquia entre eles.

Discute-se ainda o que ocorre diante de conflito entre tratados internacionais incorporados e normas internas. Os tratados, de uma forma geral, revogam a legislação infraconstitucional a ele contrárias, mas devem respeitar a supremacia constitucional, pois se a contrariar, perderia seu valor jurídico segundo entendimento do STF.

Diante de eventual conflito entre normas internas e tratados internacionais, caberá ao Judiciário solucionar a problemática. A Constituição, em seu art. 109, III atribui originariamente aos juízes federais a competência para processar e julgar causas fundadas em tratados ou contratos da União com Estado estrangeiro ou organismo internacional, enquanto o inciso V atribui a eles também a competência originária para processar e julgar os crimes previstos em tratado ou convenção internacional, quando, iniciada a execução no País, o resultado tenha ou devesse ter ocorrido no estrangeiro, ou reciprocamente.

Ademais, estabelece o art. 102, III, b da CF/88 que compete ao STF julgar mediante recurso extraordinário as causas decididas em única ou última instância, quando a decisão declarar a inconstitucionalidade de tratado ou lei federal. Por sua vez, estabelece o art. 105, III, a que compete ao STJ julgar em recurso especial as causas decididas, em única ou última instância, pelos Tribunais Regionais Federais ou pelos tribunais dos Estados, do Distrito Federal e Territórios, quando a decisão recorrida contrariar tratado ou lei federal, ou negar-lhes vigência.

Ademais, entende o STF ser competente o Judiciário para realizar controle de constitucionalidade, quer em sede de controle difuso ou concentrado, dos tratados ou convenções internacionais já incorporados ao sistema de direito positivo interno.

DOUTRINA TEMÁTICA

"(...) a evolução na ampla proteção e garantia de efetividade dos direitos humanos foi reforçada pela alteração de posicionamento jurídico do Supremo Tribunal Federal, que passou a proclamar o status da supralegalidade dos tratados internacionais sobre direitos humanos incorporados no ordenamento jurídico brasileiro antes da EC nº 45/04, dando-lhes prevalência sobre o ordenamento jurídico pátrio (...)" (MORAES, 2018, p. 170)

"Anova sistemática introduzida pelo §3ºdo artigo 5º suscita questões relevantes em relação às cláusulas pétreas. Se uma norma constante de tratado internacional de direitos humanos entrar em conflito com direitos e garantias individuais (CF, art. 60, § 4. 0, IV), qual deve prevalecer? Como se sabe, as cláusulas pétreas não impõem a intangibilidade literal do dispositivo, mas apenas a proteção do núcleo essencial do direito ou instituto nele consagrado. Por isso, o tratado internacional de direitos humanos, com status constitucional, que conferir proteção mais ampla ao indivíduo deve prevalecer sobre a norma da Constituição. Quando, no entanto, consagrar norma tendente a abolir direitos ou garantias individuais, esses é que devem prevalecer." (NOVELINO, 2016, P. 308)

JURISPRUDÊNCIA TEMÁTICA

STF

"(...) desde a adesão do Brasil, sem qualquer reserva, ao Pacto Internacional dos Direitos Civis e Políticos (art. 11) e à Convenção Americana sobre Direitos Humanos – Pacto de São José da Costa Rica (art. 7º, 7), ambos no ano de 1992, não há mais base legal para prisão civil do depositário infiel, pois o caráter especial desses diplomas internacionais sobre direitos humanos lhes reserva lugar específico no ordenamento jurídico, estando abaixo da Constituição, porém acima da legislação interna. O status normativo supralegal dos tratados internacionais de direitos humanos subscritos pelo Brasil, dessa forma, torna inaplicável a legislação infraconstitucional com ele conflitante, seja ela anterior ou posterior ao ato de adesão. Assim ocorreu com o art. 1.287 do Código Civil de 1916 e com o DL 911/1969, assim como em relação ao art. 652 do novo Código Civil (Lei 10.406/2002)." [RE 466.343, rel. min. Cezar Peluso, voto do min. Gilmar Mendes, j. 3-12-2008, P, DJE de 5-6-2009, Tema 60.] Vide AI 601.832 AgR, rel. min. Joaquim Barbosa, j. 17-3-2009, 2ª T, DJE de 3-4-2009 Vide HC 91.361, rel. min. Celso de Mello, j. 23-9-2008, 2ª T, DJE de 6-2-2009

"Supremacia da Constituição da República sobre todos os tratados internacionais. O exercício do treaty-making power, pelo Estado brasileiro, está sujeito à observância das limitações jurídicas emergentes do texto constitucional. Os tratados celebrados pelo Brasil estão subordinados à autoridade normativa da Constituição da República. Nenhum valor jurídico terá o tratado internacional, que, incorporado ao sistema de direito positivo interno, transgredir, formal ou materialmente, o texto da Carta Política." [MI 772 AgR, rel. min. Celso de Mello, j. 24-10-2007, P, DJE de 20-3-2009.]

"Controle de constitucionalidade de tratados internacionais no sistema jurídico brasileiro. O Poder Judiciário – fundado na supremacia da Constituição da República – dispõe de competência, para, quer em sede de fiscalização abstrata, quer no âmbito do controle difuso, efetuar o exame de constitucionalidade dos tratados ou convenções internacionais já incorporados ao sistema de direito positivo interno." [ADI 1.480 MC, rel. min. Celso de Mello, j. 4-9-1997, P, DJ de 18-5-2001.]

QUESTÕES

01. (FCC - Juiz do Trabalho Substituto - TST - 2017) O chamado controle de convencionalidade funda-se na ideia de que as leis ordinárias podem ser controladas não apenas em relação à sua compatibilidade com a constituição, mas também com tratados e convenções internacionais. Tendo como base a jurisprudência do Supremo Tribunal Federal sobre tratados internacionais, o controle concentrado de convencionalidade

a) tem como base todos os tratados de direitos humanos incorporados ao ordenamento interno.

b) somente seria possível nos casos em que um tratado ou convenção tenha sido aprovado pelo Poder Legislativo seguindo o processo de aprovação de emendas constitucionais.

c) pode ser realizado por meio de ação direta de inconstitucionalidade tendo como parâmetro o Pacto de São José da Costa Rica.

d) não pode ser realizado no Brasil porque tratados internacionais têm mesma hierarquia que leis ordinárias.

e) não se diferencia do controle de constitucionalidade das leis.

Resposta: alternativa "d".

02. (TRT-2R - Juiz do Trabalho Substituto – SP/2015) Sobre a possibilidade de alteração material da Constituição Federal, analise as seguintes proposições:

I - Os tratados e convenções internacionais sobre direitos humanos, equivalentes as emendas constitucionais, nos termos do art. 5°, § 3°, da CF, não poderão ser aprovados na vigência de intervenção federal, de estado de defesa ou de estado de sítio.

II - A Constituição poderá ser emendada mediante proposta de cidadãos, nos casos previstos na Constituição Federal.

III - A Constituição poderá, ainda, ser emendada mediante proposta de urn terço, no mínimo, dos membros da Câmara dos Deputados e do Senado Federal.

IV - A proposta de emenda constitucional será discutida e votada em cada Casa do Congresso Nacional, em dois turnos, considerando-se aprovada se obtiver, em ambos, três quintos dos votos dos respectivos membros.

V - A emenda à Constituição será promulgada pelas mesas da Câmara dos Deputados ou do Senado Federal e, na omissão destes, pelo Presidente da República, com seu respectivo número de ordem.

a) Somente as proposições I, II e V estão corretas.

b) Somente as proposições I, III e IV estão incorretas.

c) Somente as proposições II e III estão corretas.

d) Somente as proposições II e V estão incorretas.

e) Somente as proposições I e IV estão corretas.

Resposta: alternativa "e".

3. (UFPR - DEFENSOR PÚBLICO ESTADUAL - DPE-PR- 2014)

No âmbito dos direitos fundamentais e sua teoria, diferencie a eficácia vertical dos direitos fundamentais da eficácia horizontal dos direitos fundamentais. Quanto aos direitos fundamentais nas relações privadas, explique a Teoria da Eficácia Direta, a Teoria da Eficácia Indireta, a doutrina da State Action, bem como aponte o posicionamento jurisprudencial brasileiro sobre o tema.

ESPELHO DE CORREÇÃO DA BANCA

Diferenciação entre eficácia vertical e eficácia horizontal dos Direitos Fundamentais. Até 1,0 – Quanto aos direitos fundamentais nas relações privadas: Explicação sobre a Teoria da Eficácia Direta; Até 1,0 - Explicação sobre a Teoria da Eficácia Indireta; Até 1,0 - Explicação sobre a Doutrina da State Action; Até 1,0 - Posicionamento da jurisprudência brasileira sobre o tema: a jurisprudência dos Tribunais Superiores, no Brasil, especialmente a do Supremo Tribunal Federal, tem adotado o entendimento europeu dos direitos fundamentais nas relações privadas. Apesar de não haver um posicionamento definitivo mais preciso quanto às teorias aplicáveis, nas oportunidades de apreciação, houve uma tendência à adoção da teoria da eficácia direta dos direitos fundamentais nas relações privadas. Dentre os julgados sobre a temática: o RE 161.243/DF (caso Air France), o RE 201.819/RJ (caso UBC) e RE 158.215/RS (caso cooperativa/associados).

RESPOSTA SUGERIDA

No que diz respeito à eficácia dos direitos fundamentais, identifica-se dois âmbitos nos quais seria aplicado: a eficácia vertical e a eficácia horizontal. A eficácia vertical é evidente e pacífica, e diz respeito à aplicação dos direitos fundamentais nas relações envolvendo o Estado e os indivíduos. Por sua vez, a eficácia horizontal diz respeito à aplicação dos direitos fundamentais nas relações que envolvem apenas indivíduos entre si, ou seja, nas relações privadas.

Como os direitos fundamentais foram instituídos com a finalidade de limitar o poder estatal, não há qualquer dúvida com relação à sua eficácia vertical, que leva esse nome em razão da verticalidade da relação, na qual o Estado estaria hierarquicamente acima dos indivíduos. Quanto à eficácia horizontal, contudo, existe relevante controvérsia na doutrina.

Uma das teorias existentes é a teoria da eficácia direta, que defende que, nas relações privadas, são aplicáveis os direitos fundamentais de forma direta, ou seja, independentemente de qualquer intermediação legislativa. Existe ainda a teoria da eficácia indireta, segundo a qual os direitos fundamentais podem ser aplicados nas relações privadas, mas, podem eventualmente serem afastados, preservando a liberdade contratual ou a autonomia privada. Por fim, existe também a teoria da ineficácia horizontal, também chamada teoria da state action, na qual se nega a possibilidade de aplicação dos direitos fundamentais nas relações privadas.

Na jurisprudência brasileira, identificamos diversos precedentes que indicam a aplicação da teoria da eficácia horizontal direta, embora não se trate de tema pacificado pela doutrina.

DOUTRINA TEMÁTICA

"Na doutrina liberal clássica os direitos fundamentais são compreendidos como limitações ao exercício do poder estatal, restringindo-se ao âmbito das relações entre o particular e o Estado (direitos de defesa). Por esta relação jurídica ser hierarquizada, de subordinação, utiliza-se a expressão eficácia vertical dos direitos fundamentais. Não obstante, a constatação de que a opressão e a violência contra os indivíduos são oriundas não apenas do Estado, mas também de múltiplos atores privados, fez com que a incidência destes direitos fosse estendida ao âmbito das relações entre particulares. A projeção dos direitos fundamentais a estas relações, nas quais os particulares se encontram em uma hipotética relação de coordenação (igualdade jurídica), é denominada de eficácia horizontal (ou privada, ou externa ou em relação a terceiros) dos direitos fundamentais. Mais recentemente, parte da doutrina tem utilizado a expressão eficácia diagonal para designar a aplicação dos direitos fundamentais àquelas relações contratuais entre particulares nas quais há um desequilíbrio fático e/ou jurídico entre as partes envolvidas, tais como as relações trabalhistas e as consumeristas." (NOVELINO, 2016, p. 275)

"Diante do exposto, sem dúvida, cresce a teoria da aplicação direta dos direitos fundamentais às relações privadas ("eficácia horizontal"), especialmente diante de atividades privadas que tenham certo "caráter público", por exemplo, em escolas (matrículas), clubes associativos, relações de trabalho etc." (LENZA, 2019, p. 1775).

JURISPRUDÊNCIA TEMÁTICA

STF

"DEFESA - DEVIDO PROCESSO LEGAL - INCISO LV DO ROL DAS GARANTIAS CONSTITUCIONAIS - EXAME - LEGISLAÇÃO COMUM. A intangibilidade do preceito constitucional assegurador do devido processo legal direciona ao exame da legislação comum. Daí a insubsistência da óptica segundo a qual a violência à Carta Política da República, suficiente a ensejar o conhecimento de extraordinário, há de ser direta e frontal. Caso a caso, compete ao Supremo Tribunal Federal exercer crivo sobre a matéria, distinguindo os recursos protelatórios daqueles em que versada, com procedência, a transgressão a texto constitucional, muito embora torne-se necessário, até mesmo, partir-se do que previsto na legislação comum. Entendimento diverso implica relegar à inocuidade dois princípios básicos em um Estado Democrático de Direito - o da legalidade e do devido processo legal, com a garantia da ampla defesa, sempre a pressuporem a consideração de normas estritamente legais. COOPERATIVA - EXCLUSÃO DE ASSOCIADO - CARÁTER PUNITIVO - DEVIDO PROCESSO LEGAL. Na hipótese de exclusão de associado decorrente de conduta contrária aos estatutos, impõe-se a observância ao devido processo legal, viabilizado o exercício amplo da defesa. Simples desafio do associado à assembléia geral, no que toca à exclusão, não é de molde a atrair adoção de processo sumário. Observância obrigatória do próprio estatuto da cooperativa." (RE 158.215/RS, rel. Min. Marco Aurélio, julg. 30.04.2006)

"SOCIEDADE CIVIL SEM FINS LUCRATIVOS. UNIÃO BRASILEIRA DE COMPOSITORES. EXCLUSÃO DE SÓCIO SEM GARANTIA DA AMPLA DEFESA E DO CONTRADITÓRIO. EFICÁCIA DOS DIREITOS FUNDAMENTAIS NAS RELAÇÕES PRIVADAS. RECURSO DESPROVIDO. I. EFICÁCIA DOS DIREITOS FUNDAMENTAIS NAS RELAÇÕES PRIVADAS. As violações a direitos fundamentais não ocorrem somente no âmbito das relações entre o cidadão e o Estado, mas igualmente nas relações travadas entre pessoas físicas e jurídicas de direito privado. Assim, os direitos fundamentais assegurados pela Constituição vinculam diretamente não apenas os poderes públicos, estando direcionados também à proteção dos particulares em face dos poderes privados. II. OS PRINCÍPIOS CONSTITUCIONAIS COMO LIMITES À AUTONOMIA PRIVADA DAS ASSOCIAÇÕES. A ordem jurídico-constitucional brasileira não conferiu a qualquer associação civil a possibilidade de agir à revelia dos princípios inscritos nas leis e, em especial, dos postulados que têm por fundamento direto o próprio texto da Constituição da República, notadamente em tema de proteção às liberdades e garantias fundamentais. O espaço de autonomia privada garantido pela Constituição às associações não está imune à incidência dos princípios constitucionais que asseguram o respeito aos direitos fundamentais de seus associados. A autonomia privada, que encontra claras limitações de ordem jurídica, não pode ser exercida em detrimento ou com desrespeito aos direitos e garantias de terceiros, especialmente aqueles positivados em sede constitucional, pois a autonomia da vontade não confere aos particulares, no domínio de sua incidência e atuação, o poder de transgredir ou de ignorar as restrições postas e definidas pela própria Constituição, cuja eficácia e força normativa também se impõem, aos particulares, no âmbito de suas relações privadas, em tema de liberdades fundamentais. III. SOCIEDADE CIVIL SEM FINS LUCRATIVOS. ENTIDADE QUE INTEGRA ESPAÇO PÚBLICO, AINDA QUE NÃO-ESTATAL. ATIVIDADE DE CARÁTER PÚBLICO. EXCLUSÃO DE SÓCIO SEM GARANTIA DO DEVIDO PROCESSO LEGAL.APLICAÇÃO DIRETA DOS DIREITOS FUNDAMENTAIS À AMPLA DEFESA E AO CONTRADITÓRIO. As associações privadas que exercem função predominante em determinado âmbito econômico e/ou social, mantendo seus associados em relações de dependência econômica e/ou social, integram o que se pode denominar de espaço público, ainda que não-estatal. A União Brasileira de Compositores - UBC, sociedade civil sem fins lucrativos, integra a estrutura do ECAD e, portanto, assume posição privilegiada para determinar a extensão do gozo e fruição dos direitos autorais de seus associados. A exclusão de sócio do quadro social da UBC, sem qualquer garantia de ampla defesa, do contraditório, ou do devido processo constitucional, onera consideravelmente o recorrido, o qual fica impossibilitado de perceber os direitos autorais relativos à execução de suas obras. A vedação das garantias constitucionais do devido processo legal acaba por restringir a própria liberdade de exercício profissional do sócio. O caráter público da atividade exercida pela sociedade e a dependência do vínculo associativo para o exercício profissional de seus sócios legitimam, no caso concreto, a aplicação direta dos direitos fundamentais concernentes ao devido processo legal, ao contraditório e à ampla defesa (art. 5º, LIV e LV, CF/88). IV. RECURSO EXTRAORDINÁRIO DESPROVIDO." (RE 201.819/RJ, Min. Rel. Ellen Gracie; Rel. p/ Acórdão: Min. Gilmar Mendes, julg. 11.10.2005).

"DIREITO CONSTITUCIONAL, PROCESSUAL CIVIL E TRABALHISTA. RECURSO EXTRAORDINÁRIO: PRINCÍPIO CONSTITUCIONAL DA ISONOMIA: ART. 153, § 1º, DA E.C. Nº 1/69. AGRAVO REGIMENTAL CONTRA DECISÃO DENEGATÓRIA DE EMBARGOS DE DIVERGÊNCIA. 1. O tema constitucional da isonomia foi suscitado desde a inst ância do recurso ordinário ao T.R.T., reiterado em Recurso de Revista e expressamente enfrentado em Embargos Declaratórios em Agravo Regimental em Agravo de Instrumento, pelo Tribunal Superior do Trabalho. Sendo assim, foi considerado prequestionado e reexaminado pela Segunda Turma, no acórdão embargado, com o acréscimo de não se tratar de ofensa indireta, mas, sim, direta, a tal princípio. Daí o conhecimento e provimento do Recurso Extraordinário, para aplicação do Estatuto da empresa, ao recorrente, com base no referido princípio constitucional. 2. E nenhum dos acórdãos paradigmas decidiu em sentido contrário. 3. Assumem, pois, os Embargos de Divergência, nítido caráter infringente, o que não é admissível, segundo pacífica jurisprudência da Corte. 4. Agravo improvido." (RE 161.243 ED- EDv- AgR/DF- Re. Min. Sydney Sanches, julg. 07.10.1999)

QUESTÕES RELACIONADAS

01. (CESPE – Juiz de Direito – TJ-CE - 2018) De acordo com a doutrina e a jurisprudência dos tribunais superiores acerca da eficácia horizontal dos direitos fundamentais, assinale a opção correta.

a) Síndico de condomínio não está obrigado a oportunizar o direito de defesa a morador para o qual aplicará multa por comportamento antissocial.
b) As relações especiais de sujeição a que estão vinculados os militares justificam a restrição da possibilidade de crítica pública veiculada por associação de praças do exército.
c) A exclusão de sócio de associação privada sem fins lucrativos independe do contraditório e da ampla defesa, desde que haja previsão estatutária.
d) O efeito horizontal indireto obriga o Poder Judiciário a observar a normatividade dos direitos fundamentais ao decidir conflitos interindividuais.
e) A eficácia horizontal imediata impõe a igualdade de tratamento dos direitos fundamentais entre particulares, tal como ocorre nas relações entre indivíduos e o Estado.

Resposta: alternativa "d".

---

02. (FCC – Analista Jurídico – SEAD-AP - 2018) Em relação à eficácia horizontal dos direitos fundamentais, são destinatários das normas constitucionais que dispõem sobre esses direitos:

a) as Entidades autárquicas.
b) os Órgãos do Poder Executivo.
c) as Entidades paraestatais.
d) os Particulares.
e) os Órgãos do Poder Judiciário.

Resposta: alternativa "d".

4. (MP/RS –PROMOTOR DE JUSTIÇA – RS/2014)

No que tange à liberdade de expressão, embora ausente cláusula geral literal na Constituição Federal de 1988, trata-se de direito fundamental que se apresenta como gênero, a abarcar diversas manifestações específicas. Nesse contexto, discorra sobre:

a) três manifestações específicas do conteúdo (âmbito de proteção) da liberdade de expressão, com a respectiva indicação do direito constitucional positivo.

b) a importância da ADPF nº 130 em relação ao tema e suas consequências no que tange (b.1) à vedação da censura, levando em conta decisões posteriores do STF; e (b.2) ao direito de resposta.

c) o problema dos limites da liberdade de expressão, particularmente no caso do "discurso do ódio" (*hate speech*) e a negação de fatos históricos.

◉ ESPELHO DE CORREÇÃO DA BANCA

QUESTÃO 1. No que tange à liberdade de expressão, embora ausente cláusula geral literal na Constituição Federal de 1988, trata-se de direito fundamental que se apresenta como gênero, a abarcar diversas manifestações específicas. Neste contexto, discorra sobre:

(a) Três manifestações específicas do conteúdo (âmbito de proteção) da liberdade de expressão, com a respectiva indicação do direito constitucional positivo; (3 pontos)

Um ponto para cada referência, até o limite de três: (1) liberdade de manifestação do pensamento (incluindo a liberdade de opinião), CF, art. 5º, IV; (2) liberdade de expressão artística, CF, 5º, IX; (3) liberdade de ensino e pesquisa, CF, 206, II; (4) liberdade de comunicação e informação (liberdade de imprensa), CF 5º, IX, e 220; (5) liberdade de expressão religiosa, CF, 5º, VI.

(b) A importância da ADPF nº 130 em relação ao tema (1 ponto) e suas consequências no que tange (1) à vedação da censura, levando em conta decisões posteriores do STF (1 ponto); e (2) ao direito de resposta; (1 ponto)

Resposta (b.1) STF decidiu, em 2009, pela não recepção, em bloco, da Lei de Imprensa, pois Lei nº 5.250/67, segundo o relator Min. Carlos Britto, seria totalmente incompatível com o ordenamento constitucional, vedado ao legislador disciplinar matéria essencialmente de imprensa, e afirmando o caráter prevalente da liberdade de expressão, forte na dignidade da pessoa humana e na importância para a sociedade democrática, em relação aos demais direitos fundamentais. Decisão por maioria. (1 ponto)

Resposta (b.2) A vedação da censura, consagrada no art. 220, § 2º, da CF, foi reforçada pela decisão da ADPF nº 130 (caráter prevalente da liberdade de expressão), mas o STF, por exemplo na Reclamação nº 9.428 (10/12/2009, Min. Rel. Cezar Peluso), manteve decisão judicial impeditiva de publicação, em veículo de imprensa, de dados de um processo judicial tramitando em segredo de justiça, que poderiam prejudicar a honra e a imagem de um político. Matéria ainda não pacificada, no que tange ao controle jurisdicional, mediante tutela antecipada, na salvaguarda de direitos fundamentais de terceiros. (1 ponto)

Resposta (b.3) O direito de resposta proporcional ao agravo está previsto no art. 5º, V, CF. Além da defesa individual contra opiniões/imputações ofensivas, é meio de assegurar o contraditório na esfera pública de comunicação e, portanto, também garante da democracia. Mesmo com a supressão da Lei de Imprensa, a norma constitucional é de aplicação imediata, e a falta de legislação específica não é obstáculo ao seu exercício, o que já foi acolhido pelo STF (AC 2695, 2010, Rel. Min. Celso de Mello) e consta do art. 14 do Pacto de São José da Costa Rica (hierarquia supralegal), além de previsões específicas na legislação eleitoral (Lei 9.504/1997). (1 ponto)

(c) (1) o problema dos limites da liberdade de expressão (2 pontos), particularmente no caso do "discurso do ódio" (hate speech) e a (2) negação de fatos históricos (2 pontos)

Resposta (c.1) Limites: a liberdade de expressão não é absoluta e encontra limites no exercício de outros direitos fundamentais e salvaguarda, mesmo na dimensão objetiva (deveres de proteção), de outros bens jurídico-constitucionais, ainda que tais limitações não estejam expressamente autorizadas pela

CF. Quais limites e em que medida são tarefas para o legislador (por exemplo, legislação penal) e para o Judiciário, no controle do abuso da liberdade de expressão (sempre com o limite da censura de cunho ideológico, político e artístico e observada a proporcionalidade), v.g., STF RE 511.961/SP, Min. Gilmar Mendes. (2 pontos)

Resposta (c.2) O discurso do ódio insere-se nestes limites, forte na dignidade humana das pessoas e grupos afetados por mensagens discriminatórias e incitadoras do preconceito, do ódio e até da violência. O paradigma do STF é o HC 82.424/RS, rel. Min. Maurício Corrêa, que determinou que o antissemitismo tipifica crime de racismo e imprescritível, diante de obras que negavam o holocausto judeu. A mera negação de fatos históricos, despida de intuito discriminatório ou preconceituoso, todavia, pese alguma hesitação no direito comparado, configura exercício da liberdade de expressão. A questão recrudesce, por exemplo, com charges de cunho religioso que tensionam o mundo islâmico. (2 pontos)

RESPOSTA SUGERIDA

A liberdade de expressão, decorrente do direito à liberdade em si, surgiu no Bill of Rights inglês, sendo consagrada como direito humano na Declaração dos Direitos do Homem e do Cidadão. Ela é prevista na Constituição Federal, que protege diversas formas de sua manifestação. Assim, conforme entendimento já emanado pelo STF engloba a liberdade de manifestação do pensamento, prevista no art. 5º, IV da CF/88, abrangendo, segundo a doutrina, também a liberdade de expressão artística, prevista no art. 5º, IX, a liberdade de ensino e pesquisa, prevista no art. 206, II, a liberdade de comunicação e de informação, prevista no art. 5º, XIV e art. 220, bem como a liberdade de expressão religiosa, assegurada no art. 5º, VI da CF/88.

O STF tem uma série de decisões importantes envolvendo o direito de expressão, mas destacável a importância da decisão que proferiu no julgamento da ADPF nº 130. Nessa decisão, concluiu pela não recepção da Lei de Imprensa (Lei nº 5250/1967), pois materialmente incompatível com a Constituição Federal vigente, sobretudo por ter sido editada em um momento no qual o interesse daqueles que a redigiram era "sufocar todo pensamento crítico no País", ferindo assim a liberdade de expressão, mostrando-se incompatível com os valores democráticos.

A vedação da censura encontra-se consagrada no art. 220, §2º da CF, que foi o principal artigo analisado para concluir pela incompatibilidade da lei de Imprensa. Destacou, na decisão, que esse direito assegura o livre e pleno exercício da liberdade de expressão, que somente pode ser questionada, depois desse exercício, caso houver a violação de direitos alheios que também compõem a dignidade da pessoa humana. Nas decisões posteriores do STF, podemos destacar a decisão relativa à "Marcha da Maconha", considerada legítima pela Corte. Necessário mencionar também a decisão proferida na Reclamação nº 9.428 na qual manteve decisão que impediu publicação de dados de um processo judicial que tramitava em segredo de justiça, os quais poderiam prejudicar a honra e a imagem de um político, pois em conflito com outros direitos fundamentais.

O direito de resposta, por sua vez, é contemplado no art. 5º, V da CF/88, que o assegura, além da indenização por dano material, moral ou à imagem. Trata-se de uma das esferas do direito à liberdade de expressão, assegurando o direito ao contraditório na esfera pública, essencial à democracia. Trata-se de direito constitucional decorrente de norma constitucional de eficácia plena, com aplicação imediata, não sendo a fala de legislação específica obstáculo ao seu exercício, conforme já manifestou o STF ser seu entendimento.

Assim como todos os direitos fundamentais, não se trata de um direito absoluto. Quando em conflito com outros direitos de mesma importância (todos os direitos fundamentais) deverá ser feita uma ponderação, a fim de aplicar, em maior ou menor proporção, todos os direitos envolvidos. Portanto, quando o exercício da liberdade de expressão consistir em um discurso de ódio (ou "*hate speech*"), manifestações de ofensas, preconceitos e discriminação, não poderá gozar da proteção constitucional destinada a preservar a democracia. Nesse sentido já se manifestou o STF, como quando deu interpretação ampla ao termo racismo, de modo a abranger no tipo penal também o antissemitismo e a homofobia.

Vale observar, contudo, que a mera negação de fatos históricos, desde que despida de caráter preconceituoso ou discriminatório, é abarcada pela liberdade de expressão.

DOUTRINA TEMÁTICA

"Tem razão Ingo Sarlet ao afirmar que a regra contida no referido art. 5.º, IV, CF/88, estabelece uma espécie de "cláusula geral" que, em conjunto com outros dispositivos, asseguram a liberdade de expressão nas suas diversas manifestações: liberdade de manifestação do pensamento (incluindo a liberdade de opinião); liberdade de expressão artística; liberdade de ensino e pesquisa; liberdade de comunicação e de informação (liberdade de "imprensa"); liberdade de expressão religiosa." (LENZA, 2019, p.1814)

"Incluem-se na liberdade de expressão faculdades diversas, como a de comunicação de pensamentos, de ideias, de informações, de críticas, que podem assumir modalidade não verbal (comportamental, musical, por imagem etc.). O grau de proteção que cada uma dessas formas de se exprimir recebe costuma variar, não obstante todas terem amparo na Lei Maior." (MENDES; GONET BRANCO, 2017, p. 234)

"Não é o Estado que deve estabelecer quais as opiniões que merecem ser tidas como válidas e aceitáveis; essa tarefa cabe, antes, ao público a que essas manifestações se dirigem. Daí a garantia do art. 220 da Constituição brasileira.

Estamos, portanto, diante de um direito de índole marcadamente defensiva – direito a uma abstenção pelo Estado de uma conduta que interfira sobre a esfera de liberdade do indivíduo." (MENDES; GONET BRANCO, 2017, p. 235).

"O constituinte brasileiro, no art. 220 da Lei Maior, ao tempo em que proclama que não haverá restrição ao direito de manifestação de pensamento, criação, expressão e informação, dizendo, também, no § 1º, que "nenhuma lei conterá dispositivo que possa constituir embaraço à plena liberdade de informação jornalística em qualquer veículo de comunicação social", ressalva que assim o será, "observado o disposto no art. 5º, IV, V, X, XIII e XIV". Dessa forma, admite a interferência legislativa para proibir o anonimato, para impor o direito de resposta e a indenização por danos morais e patrimoniais e à imagem, para preservar a intimidade, a vida privada, a honra e a imagem das pessoas, e para que se assegure a todos o direito de acesso à informação. Prevê, também, a restrição legal à publicidade de bebidas alcoólicas, tabaco, medicamentos e terapias (art. 220, § 4º). Impõe, ainda, para a produção e a programação das emissoras de rádio e de televisão, o "respeito aos valores éticos e sociais da pessoa e da família", confiando à lei federal a tarefa de estabelecer meios para a defesa desses valores (art. 220, § 3º, II)." (MENDES; GONET BRANCO, 2017, p. 239)

◉ JURISPRUDÊNCIA TEMÁTICA

▶ STF

"O art. 220 da Constituição radicaliza e alarga o regime de plena liberdade de atuação da imprensa, porquanto fala: a) que os mencionados direitos de personalidade (liberdade de pensamento, criação, expressão e informação) estão a salvo de qualquer restrição em seu exercício, seja qual for o suporte físico ou tecnológico de sua veiculação; b) que tal exercício não se sujeita a outras disposições que não sejam as figurantes dela própria, Constituição. (...) O art. 220 é de instantânea observância quanto ao desfrute das liberdades de pensamento, criação, expressão e informação que, de alguma forma, se veiculem pelos órgãos de comunicação social. Isto sem prejuízo da aplicabilidade dos seguintes incisos do art. 5º da mesma CF: vedação do anonimato (parte final do inciso IV); do direito de resposta (inciso V); direito a indenização por dano material ou moral à intimidade, à vida privada, à honra e à imagem das pessoas (inciso X); livre exercício de qualquer trabalho, ofício ou profissão, atendidas as qualificações profissionais que a lei estabelecer (inciso XIII); direito ao resguardo do sigilo da fonte de informação, quando necessário ao exercício profissional (inciso XIV). Lógica diretamente constitucional de calibração temporal ou cronológica na empírica incidência desses dois blocos de dispositivos constitucionais (o art. 220 e os mencionados incisos do art. 5º). Noutros termos, primeiramente, assegura-se o gozo dos "sobredireitos" de personalidade em que se traduz a "livre" e "plena" manifestação do pensamento, da criação e da informação. Somente depois é que se passa a cobrar do titular de tais situações jurídicas ativas um eventual desrespeito a direitos constitucionais alheios, ainda que também densificadores da personalidade humana. Determinação constitucional de momentânea paralisia à inviolabilidade de certas categorias de direitos subjetivos fundamentais, porquanto a cabeça do art. 220 da Constituição veda qualquer cerceio ou restrição à concreta manifestação do pensamento (vedado o anonimato), bem assim todo cerceio ou restrição que tenha por objeto a criação, a expressão e a informação, seja qual for a forma, o processo, ou o veículo de comunicação social. Com o que a Lei Fundamental do Brasil veicula o mais democrático e civilizado regime da livre e plena circulação das ideias e opiniões, assim como das notícias e informações, mas sem deixar de prescrever o direito de resposta e todo um regime de responsabilidades civis, penais e administrativas. Direito de resposta e responsabilidades que, mesmo atuando a posteriori, infletem sobre as causas para inibir abusos no desfrute da plenitude de liberdade de imprensa. (...) Incompatibilidade material insuperável entre a Lei 5.250/1967 e a Constituição de 1988. Impossibilidade de conciliação que, sobre ser do tipo material ou de substância (vertical), contamina toda a Lei de Imprensa: a) quanto ao seu entrelace de comandos, a serviço da prestidigitadora lógica de que para cada regra geral afirmativa da liberdade é aberto um leque de exceções que praticamente tudo desfaz; b) quanto ao seu inescondível efeito prático de ir além de um simples projeto de governo para alcançar a realização de um projeto de poder, este a se eternizar no tempo e a sufocar todo pensamento crítico no País." [ADPF 130, rel. min. Ayres Britto, j. 30-4-2009, P, DJE de 6-11-2009.] Vide ADI 4.451, rel. min. Alexandre de Moraes, j. 21-6-2018, P, DJE de 6-3-2019 Vide Rcl 22.238, rel. min. Roberto Barroso, j. 6-3-2018, 1ª T, DJE de 10-5-2018.

"Não ofende a autoridade do acórdão proferido na ADPF 130 a decisão que, proibindo a jornal a publicação de fatos relativos ao autor de ação inibitória, se fundou, de maneira expressa, na inviolabilidade constitucional de direitos da personalidade, notadamente o da privacidade, mediante proteção de sigilo legal de dados cobertos por segredo de justiça." [Rcl 9.428, rel. min. Cezar Peluso, j. 10-12-2009, P, DJE de 25-6-2010.]

"A Democracia não existirá e a livre participação política não florescerá onde a liberdade de expressão for ceifada, pois esta constitui condição essencial ao pluralismo de ideias, que por sua vez é um valor estruturante para o salutar funcionamento do sistema democrático. A livre discussão, a ampla participação política e o princípio democrático estão interligados com a liberdade de expressão, tendo por objeto não somente a proteção de pensamentos e ideias, mas também opiniões, crenças, realização de juízo de valor e críticas a agentes públicos, no sentido de garantir a real participação dos cidadãos na vida coletiva. São inconstitucionais os dispositivos legais que tenham a nítida finalidade de controlar ou mesmo aniquilar a força do pensamento crítico, indispensável ao regime democrático. Impossibilidade de restrição, subordinação ou forçosa adequação programática da liberdade de expressão a mandamentos normativos cerceadores durante o período eleitoral. Tanto a liberdade de expressão quanto a participação política em uma Democracia representativa somente se fortalecem em um ambiente de total visibilidade e possibilidade de exposição crítica das mais variadas opiniões sobre os governantes. O direito fundamental à liberdade de expressão não se direciona somente a proteger as opiniões supostamente verdadeiras, admiráveis ou convencionais, mas também aquelas que são duvidosas, exageradas, condenáveis, satíricas, humorísticas, bem como as não compartilhadas pelas maiorias. Ressalte-se que, mesmo as declarações errôneas, estão sob a guarda dessa garantia constitucional. Ação procedente para declarar a inconstitucionalidade dos incisos II e III (na parte impugnada) do artigo 45 da Lei 9.504/1997, bem como, por arrastamento, dos parágrafos 4º e 5º do referido artigo." [ADI 4.451, rel. min. Alexandre de Moraes, j. 21-6-2018, P, DJE de 6-3-2019.]

"Liberdade de expressão. Garantia constitucional que não se tem como absoluta. Limites morais e jurídicos. O direito à livre expressão não pode abrigar, em sua abrangência, manifestações de conteúdo imoral que implicam ilicitude penal. As liberdades públicas não são incondicionais, por isso devem ser exercidas de maneira harmônica, observados os limites definidos na própria CF (art. 5º, § 2º, primeira parte). O preceito fundamental de liberdade de expressão não consagra o "direito à incitação ao racismo", dado que um direito individual não pode constituir-se em salvaguarda de condutas ilícitas, como sucede com os delitos contra a honra. Prevalência dos princípios da dignidade da pessoa humana e da igualdade jurídica." [HC 82.424, rel. p/ o ac. min. Maurício Corrêa, j. 17-9-2003, P, DJ de 19-3-2004.]

"Liberdade de expressão. Garantia constitucional que não se tem como absoluta. Limites morais e jurídicos. O direito à livre expressão não pode abrigar, em sua abrangência, manifestações de conteúdo imoral que implicam ilicitude penal. As liberdades públicas não são incondicionais, por isso devem ser exercidas de maneira harmônica, observados os limites definidos na própria CF (art. 5º, § 2º, primeira parte). O preceito fundamental de liberdade de expressão não consagra o "direito à incitação ao racismo", dado que um direito individual não pode constituir-se em salvaguarda de condutas ilícitas, como sucede com os delitos contra a honra. Prevalência dos princípios da dignidade da pessoa humana e da igualdade jurídica." [HC 82.424, rel. p/ o ac. min. Maurício Corrêa, j. 17-9-2003, P, DJ de 19-3-2004.]

"O Tribunal, por unanimidade, conheceu parcialmente da ação direta de inconstitucionalidade por omissão. Por maioria e nessa extensão, julgou-a procedente, com eficácia geral e efeito vinculante, para: a) reconhecer o estado de mora inconstitucional do Congresso Nacional na implementação da prestação legislativa destinada a cumprir o mandado de incriminação a que se referem os incisos XLI e XLII do art. 5º da Constituição, para efeito de proteção penal aos integrantes do grupo LGBT; b) declarar, em consequência, a existência de omissão normativa inconstitucional do Poder Legislativo da União; c) cientificar o Congresso Nacional, para os fins e efeitos a que se refere o art. 103, § 2º, da Constituição c/c o art. 12-H, caput, da Lei nº 9.868/99; d) dar interpretação conforme à Constituição, em face dos mandados constitucionais de incriminação inscritos nos incisos XLI e XLII do art. 5º da Carta Política, para enquadrar a homofobia e a transfobia, qualquer que seja a forma de sua manifestação, nos diversos tipos penais definidos na Lei nº 7.716/89, até que sobrevenha legislação autônoma, editada pelo Congresso Nacional, seja por considerar-se, nos termos deste voto, que as práticas homotransfóbicas qualificam-se como espécies do gênero racismo, na dimensão de racismo social consagrada pelo Supremo Tribunal Federal no julgamento plenário do HC 82.424/RS (caso Ellwanger), na medida em que tais condutas importam em atos de segregação que inferiorizam membros integrantes do grupo LGBT, em razão de sua orientação sexual ou de sua identidade de gênero, seja, ainda, porque tais comportamentos de homotransfobia ajustam-se ao conceito de atos de discriminação e de ofensa a direitos e liberdades fundamentais daqueles que compõem o grupo vulnerável em questão; e e) declarar que os efeitos da interpretação conforme a que se refere a alínea "d" somente se aplicarão a partir da data em que se concluir o presente julgamento, nos termos do voto do Relator, vencidos os Ministros Ricardo Lewandowski e Dias Toffoli (Presidente), que julgavam parcialmente procedente a ação, e o Ministro Marco Aurélio, que a julgava improcedente. Em seguida, por maioria, fixou-se a seguinte tese: 1. Até que sobrevenha lei emanada do Congresso Nacional destinada a implementar os mandados de criminalização definidos nos incisos XLI e XLII do art. 5º da Constituição da República, as condutas homofóbicas e transfóbicas, reais ou supostas, que envolvem aversão odiosa à orientação sexual ou à identidade de gênero de alguém, por traduzirem expressões de racismo, compreendido este em sua dimensão social, ajustam-se, por identidade de razão e mediante adequação típica, aos preceitos primários de incriminação definidos na Lei nº 7.716, de 08/01/1989, constituindo, também, na hipótese de homicídio doloso, circunstância que o qualifica, por configurar motivo torpe (Código Penal, art. 121, § 2º, I, "in fine"); (...) 3. O conceito de racismo, compreendido em sua dimensão social, projeta-se para além de aspectos estritamente biológicos ou fenotípicos, pois resulta, enquanto manifestação de poder, de uma construção de índole histórico-cultural motivada pelo objetivo de justificar a desigualdade e destinada ao controle ideológico, à dominação política, à subjugação social e à negação da alteridade, da dignidade e da humanidade daqueles que, por integrarem grupo vulnerável (LGBTI+) e por não pertencerem ao estamento que detém posição de hegemonia em uma dada estrutura social, são considerados estranhos e diferentes, degradados à condição de marginais do ordenamento jurídico, expostos, em consequência de odiosa inferiorização e de perversa estigmatização, a uma injusta e lesiva situação de exclusão do sistema geral de proteção do direito, vencido o Ministro Marco Aurélio, que não subscreveu a tese proposta. (...)." (ADO 26, julg. 13.06.2019, rel. Min. Celso de Mello).

QUESTÕES RELACIONADAS

01. (CESPE - Juiz de Direito Substituto - TJ-BA - 2019) No que se refere à liberdade de expressão, à liberdade de imprensa e aos seus limites, assinale a opção correta.

a) De acordo com o STF, o consumo de droga ilícita em passeata que reivindique a descriminalização do uso dessa substância é assegurado pela liberdade de expressão.

b) A legislação pertinente determina que os comentários de usuários da Internet nas páginas eletrônicas dos veículos de comunicação social se sujeitem ao direito de resposta do ofendido.

c) A publicação de informações falsas em veículos de comunicação social não está assegurada pela liberdade de imprensa.

d) A retratação ou retificação espontânea de mensagem de conteúdo ofensivo à honra ou imagem de outrem impede eventual direito de resposta do ofendido.

e) Além do direito de resposta, a liberdade de expressão garante o direito de acesso e exposição de ideias em veículos de comunicação social.

Resposta: alternativa "c".

02. (CESPE - Promotor de Justiça Substituto - MPE-RR - 2017) Considerando que a liberdade de expressão é uma importante garantia fundamental protegida pela CF em seu artigo 5.º, inciso IV, julgue os itens a seguir.

I - Segundo entendimento do STF, a CF permite a manifestação pública pela descriminalização de determinados tipos penais sem que se configure apologia ao crime.

II - A liberdade de expressão protege discursos racistas e antissemitas, desde que eles não incitem a violência, de acordo com entendimento do STF.

III - Lei que proíba manifestações anônimas deverá ser declarada inconstitucional por violação à liberdade de expressão.

Assinale a opção correta.

a) Apenas o item I está certo.

b) Apenas o item II está certo.

c) Apenas o item III está certo.

d) Todos os itens estão certos.

Resposta: alternativa "a".

03. (FUNDATEC - Procurador do Estado - PGE-RS - 2015) Ao tratar do alcance da liberdade de expressão em relação ao chamado "discurso do ódio" (hate speech), o STF sustentou que:

a) O direito à liberdade de expressão é um direito relativo, objeto de ponderação, à luz dos princípios da dignidade humana, proporcionalidade e razoabilidade, não podendo acolher a incitação ao ódio racial ou religioso.

b) O direito à liberdade de expressão é insuscetível de ponderação, em decorrência do regime democrático.

c) O direito à liberdade de expressão é insuscetível de ponderação, em decorrência da cláusula pétrea relativa a direitos e garantias individuais.

d) O direito à liberdade de expressão é insuscetível de ponderação, salvo nas hipóteses de estado de sítio e estado de defesa.

e) O direito à liberdade de expressão é um direito relativo, objeto de ponderação, à luz dos princípios da dignidade humana, proporcionalidade e razoabilidade, sendo admissível a incitação ao ódio, na hipótese de emergência pública

Resposta: alternativa "a".

5. (MP/RS – PROMOTOR DE JUSTIÇA – RS/2014)

No contexto do fenômeno da judicialização dos direitos sociais, discorra sobre:

a) sua eficácia, a partir do §1º do art. 5º da Constituição Federal;

b) a dimensão de direitos prestacionais, distinguindo "direitos derivados a prestações" da "exigência de prestações originárias";

c) o problema dos custos e a reserva do possível;

d) critérios jurisprudenciais para solucionar casos que envolvem o acesso ao Poder Judiciário em matérias de efetivação de direitos sociais.

ESPELHO DE CORREÇÃO DA BANCA

QUESTÃO 1. No contexto do fenômeno da judicialização dos direitos sociais, discorra sobre: (a) sua eficácia, a partir do § 1º do art. 5º da Constituição Federal; (2 pontos)

Quanto ao § 1º do art. 5º, o princípio da máxima eficácia e efetividade abrange todos os direitos fundamentais, que são direta e imediatamente aplicáveis na medida da sua eficácia; como direitos subjetivos a prestação estatal não podem estar integralmente condicionados à interposição legislativa (1,0); os direitos sociais não se reduzem a normas meramente programáticas, mas o grau de eficácia e exigibilidade varia conforme eficácia/ exigibilidade (1,0).

(b) a dimensão de direitos prestacionais, distinguindo "direitos derivados a prestações" da "exigência de prestações originárias"; (2 pontos)

Como direitos subjetivos a prestações estatais têm dimensão positiva, exigindo em geral um "facere" do poder público (0,5); a distinção entre originários, cuja prestação é diretamente fundada na Constituição Federal, e derivados, cuja prestação é previamente assegurada por lei infraconstitucional ou disponibilizada nos sistemas de bens e serviços conforme políticas públicas já existentes (1,5).

(c) o problema dos custos e a reserva do possível; (3 pontos)

Certo que todos direitos fundamentais têm custo, é certo que os direitos sociais implicam destinação, criação e distribuição de recursos materiais e humanos (problema do custo das prestações materiais), questão da separação dos poderes (1,0); a reserva do possível sob tríplice aspecto: real disponibilidade fática dos recursos; disponibilidade jurídica (competências orçamentárias e federativas) e proporcionalidade da prestação (razoabilidade em si e quanto ao titular; tensão com a garantia do mínimo existencial (2,0).

(d) critérios jurisprudenciais para solucionar casos que envolvem o acesso ao Poder Judiciário em matérias de efetivação de direitos sociais. (3 pontos)

Parâmetros da STA 175/STF; distinguir entre coibir omissões do Executivo/ Legislativo da exigência apenas do cumprimento de políticas públicas (1,0); aceitação da reserva do possível, sendo transferido o ônus da prova ao poder público (1,0); a salvaguarda do mínimo existencial e suas implicações no direito à vida (1,0).

RESPOSTA SUGERIDA

Nos termos do art. 5º, §1º, da CF/88, todas as normas definidoras de direitos e garantias fundamentais têm aplicação imediata. Portanto, considerando que direitos sociais são direitos fundamentais, a eles também se aplica essa disposição, de modo que têm aplicação imediata. Vale observar, contudo, que essa determinação deve ainda ser considerada à luz da norma específica, uma vez que as normas constitucionais, para serem efetivadas, podem, eventualmente, estarem condicionadas à edição de norma infraconstitucional (normas de eficácia limitada), ou mesmo podem admitir que o legislador infraconstitucional limite sua aplicação (normas de eficácia contida).

Direitos sociais, decorrentes da segunda dimensão de direitos fundamentais, são, segundo a doutrina, direitos prestacionais, ou seja, que demandam uma atuação positiva do Estado, a fim de efetivá-los. É possível identificar ainda uma distinção com relação à prestação desses direitos, podendo ser originários, retirando sua prestação diretamente da Constituição, ou derivados, que têm sua prestação assegurada pelo legislador infraconstitucional.

Uma das questões centrais envolvendo a efetivação de direitos sociais diz respeito à falta de recursos disponíveis para tanto. Surge, nesse contexto, a ideia de "reserva do possível", oriunda do direito alemão, no qual representava a necessidade de se usar da razoabilidade na alocação de recursos públicos. Assim, a reserva do possível seria uma limitação à efetivação de direitos fundamentais, sobretudo aqueles de natureza prestacional, A reserva do possível é considerada em 3 aspectos: disponibilidade fática dos recursos, disponibilidade jurídica/ orçamentária dos recursos, além da razoabilidade e proporcionalidade da prestação.

A jurisprudência tem definido critérios para solucionar casos de efetivação de direitos prestacionais levados ao Judiciário: como os recursos do Estado são insuficientes para satisfazer todas as necessidades sociais, escolhas devem ser feitas, as quais devem levar em conta se há, de fato, omissão do Executivo/ Legislativo, devendo ainda, em razão da reserva do possível, ser transferido o ônus da prova ao Poder Público, além de haver a necessidade de balizar a decisão na garantia de um mínimo existencial, essencial à garantia da dignidade da pessoa humana.

DOUTRINA TEMÁTICA

"A definição dos direitos sociais no título constitucional destinado aos direitos e garantias fundamentais acarreta duas consequências imediatas: subordinação à regra da autoaplicabilidade prevista, no § 1º, do art. 5º e suscetibilidade do ajuizamento do mandado de injunção, sempre que houver a omissão do poder público na regulamentação de alguma norma que preveja um direito social e, consequentemente, inviabilize seu exercício." (MORAES, 2018, p. 303).

"A estreita relação entre as circunstâncias econômico-financeiras e a efetividade dos direitos fundamentais sociais, cuja implementação impõe prestações materiais por parte do Estado, sujeita-os às condições fáticas, econômicas e financeiras vigentes. A reserva do possível deve ser analisada sob três aspectos: I) a disponibilidade fática; II) a disponibilidade jurídica; e, III) a razoabilidade e proporcionalidade da prestação." (NOVELINO, 2016, p. 461)

JURISPRUDÊNCIA TEMÁTICA

STF

"Suspensão de Segurança. Agravo Regimental. Saúde pública. Direitos fundamentais sociais. Art. 196 da Constituição. Audiência Pública. Sistema Único de Saúde – SUS. Políticas públicas. Judicialização do direito à saúde. Separação de poderes. Parâmetros para solução judicial dos casos concretos que envolvem direito à saúde. Responsabilidade solidária dos entes da Federação em matéria de saúde. Fornecimento de medicamento: Zavesca (miglustat). Fármaco registrado na ANVISA. Não comprovação de grave lesão à ordem, à economia, à saúde e à segurança públicas. Possibilidade de ocorrência de dano inverso. Agravo regimental a que se nega provimento." (STA 175, Rel. Min. Gilmar Mendes, julg. 30.04.2010).

"O direito à saúde – além de qualificar-se como direito fundamental que assiste a todas as pessoas – representa consequência constitucional indissociável do direito à vida. O poder público, qualquer que seja a esfera institucional de sua atuação no plano da organização federativa brasileira, não pode mostrar-se indiferente ao problema da saúde da população, sob pena de incidir, ainda que por censurável omissão, em grave comportamento inconstitucional. A interpretação da norma programática não pode transformá-la em promessa constitucional inconsequente. O caráter programático da regra inscrita no art. 196 da Carta Política – que tem por destinatários todos os entes políticos que compõem, no plano institucional, a organização federativa do Estado brasileiro – não pode converter-se em promessa constitucional inconsequente, sob pena de o poder público, fraudando justas expectativas nele depositadas pela coletividade, substituir, de maneira ilegítima, o cumprimento de seu impostergável dever, por um gesto irresponsável de infidelidade governamental ao que determina a própria Lei Fundamental do Estado. (...) O reconhecimento judicial da validade jurídica de programas de distribuição gratuita de medicamentos a pessoas carentes, inclusive àquelas portadoras do vírus HIV/aids, dá efetividade a preceitos fundamentais da Constituição da República (arts. 5º, caput, e 196) e representa, na concreção do seu alcance, um gesto reverente e solidário de apreço à vida e à saúde das pessoas, especialmente daquelas que nada têm e nada possuem, a não ser a consciência de sua própria humanidade e de sua essencial dignidade. Precedentes do STF." [RE 271.286 AgR, rel. min. Celso de Mello, j. 12-9-2000, 2ª T, DJ de 24-11-2000.] = STA 175 AgR, rel. min. Gilmar Mendes, j. 17-3-2010, P, DJE de 30-4-2010 Vide RE 668.722 AgR, rel. min. Dias Toffoli, j. 27-8-2013, 1ª T, DJE de 25-10-2013 Vide AI 734.487 AgR, rel. min. Ellen Gracie, j. 3-8-2010, 2ª T, DJE de 20-8-2010.

"O Plenário julgou parcialmente procedente o pedido formulado em ação direta para declarar a inconstitucionalidade dos arts. 10, § 2º, e 35-E da Lei 9.656/1998, que dispõe sobre planos e seguros privados de assistência à saúde, bem como do art. 2º da MP 2.177-44/2001, que modificou o referido diploma normativo. (...) No mérito, a Corte afirmou que os arts. 10, § 2º, e 35-E da Lei 9.656/1998, assim como o art. 2º da MP 2.177-44/2001, por preverem a incidência das novas regras relativas aos planos de saúde em contratos celebrados anteriormente à vigência do diploma normativo em questão, implica em afronta ao art. 5º, XXXVI, da CF. No ponto, destacou que a vida democrática pressupõe segurança jurídica, e esta não se coaduna com o afastamento de ato jurídico perfeito e acabado mediante aplicação de lei nova, sendo impróprio inserir nas relações contratuais avençadas em regime legal específico novas disposições, sequer previstas pelas partes quando da manifestação de vontade. No tocante aos demais dispositivos impugnados na ação direta, a Corte os reputou compatíveis com o texto constitucional (...). A nenhuma pessoa será negado tratamento em hospital público, considerada a universalidade do sistema. Porém, se o poder público atende a particular em virtude de situação incluída na cobertura contratual, deve o SUS ser ressarcido, tal como faria o plano de saúde em se tratando de hospital privado. Muito embora o poder público atue gratuitamente em relação aos cidadãos, não o faz no tocante às entidades cuja atividade-fim é justamente assegurar a cobertura de lesões e doenças, cabendo, nessa senda, distinguir os vínculos jurídicos em jogo: constitucional, entre Estado e cidadão (...); obrigacional, entre pessoa e plano de saúde; e legal, entre Estado e plano de saúde." [ADI 1.931, rel. min. Marco Aurélio, j. 7-2-2018, P, Informativo 890.]

QUESTÕES RELACIONADAS

01. (FMP Concursos - Promotor de Justiça Substituto - MPE-RO - 2017) No que se refere à judicialização da saúde, assinale a alternativa CORRETA.

a) É cabível o deferimento pelo Poder Judiciário de medicamentos experimentais sem eficácia comprovada.

b) A Desvinculação de Receitas da União (DRU) e o subfinanciamento do sistema público de saúde no Brasil não têm qualquer relação com o incremento da judicialização da saúde.

c) A judicialização da saúde não se confunde com o ativismo judicial: enquanto a judicialização é uma postura behaviorista do juiz, violando o princípio da separação de Poderes, o ativismo judicial é uma contingência que decorre da omissão dos Poderes Públicos.

d) A coerência, a integridade e a universalizabilidade do provimento jurisdicional são critérios interpretativos utilizados para a observância da segurança jurídica e da igualdade na prestação de saúde pelo Poder Judiciário.

e) O acesso universal à saúde e a gratuidade estão previstos na Constituição da República e na legislação de regência, desde que comprovada a situação de carência do usuário do sistema público de saúde.

Resposta: alternativa "d".

02. (CESPE - Defensor Público Substituto - DPE-RN - 2015) Acerca da distinção entre princípios e regras, do princípio da proibição do retrocesso social, da reserva do possível e da eficácia dos direitos fundamentais, assinale a opção correta.

a) De acordo com entendimento do STF, não é cabível à administração pública invocar o argumento da reserva do possível frente à imposição de obrigação de fazer consistente na promoção de medidas em estabelecimentos prisionais para assegurar aos detentos o respeito à sua integridade física e moral.

b) Os direitos fundamentais são também oponíveis às relações privadas, em razão de sua eficácia vertical.

c) As colisões entre regras devem ser solucionadas mediante a atribuição de pesos, indicando-se qual regra tem prevalência em face da outra, em determinadas condições.

d) Tanto regras quanto princípios são normas, contudo, tão somente as regras podem ser formuladas por meio das expressões deontológicas básicas do dever, da permissão e da proibição.

e) O princípio da proibição do retrocesso social constitui mecanismo de controle para coibir ou corrigir medidas restritivas ou supressivas de direitos fundamentais, tais como as liberdades constitucionais.

Resposta: alternativa "a".

6. (TJ-DF – JUIZ DE DIREITO - DF/2007)

Dissertação. Tema: As diferentes funções dos direitos fundamentais na ordem jurídica, a partir da "Teoria dos quatro status" de Jellınek.

RESPOSTA SUGERIDA

No final do século XIX, na obra intitulada "Sistema dos Direitos Subjetivos Públicos", Georg Jellinek desenvolveu parte de seu pensamento doutrinário sob o enfoque das diversas formas em relação às quais os indivíduos podem se colocar frente ao Estado. Dependendo do status, ou seja, da relação que os indivíduos mantêm com o Estado, é que emergirão direitos ou deveres. Das diversas formas pelas quais os indivíduos podem se relacionar com o Estado se extraem quatro espécies fundamentais: a) *status subjectionis* ou status passivo; b) *status libertatis* ou *status* negativo; c) *status civitatis* ou *status* positivo e; d) *status activus* ou *status* ativo.

O *status subjectionis* ou *status* passivo é aquele em que o indivíduo se encontra subordinado aos poderes estatais, razão pela qual deve se submeter ao cumprimento de alguns deveres e proibições impostas pelo Estado. São exemplos a obrigação de exercício do direito de sufrágio pelo voto aos maiores de dezoito anos e a proibição do direito de reunião para fins não pacíficos.

Já o *status libertatis* ou *status* negativo se refere àqueles direitos que devem ser assegurados na situação em que o indivíduo requer um comportamento negativo do Estado, uma abstenção, para que, assim, possa exercer plenamente algumas de suas liberdades.

A seu turno, o *status civitatis* ou status positivo permite que o indivíduo, subjugado pelos poderes instituídos e classes mais favorecidas, exija prestações positivas do Estado que propiciem redução das desigualdades sociais.

Por fim, o *status activus* ou *status* ativo relaciona-se à possibilidade de participação ativa dos indivíduos na formação da vontade política estatal.

Consubstancia-se, por exemplo, na iniciativa popular de lei e na possibilidade de se ajuizar uma ação popular.

DOUTRINA TEMÁTICA

"Nestes quatro status – passivo, negativo, positivo e ativo – se resumem as condições em que o indivíduo pode deparar-se diante do Estado como seu membro. Prestações ao Estado, liberdade frente ao Estado, pretensões em relação ao Estado, prestações por conta do Estado, tais vêm a ser os diversos aspectos sob os quais pode considerar-se a situação de direito público do indivíduo. Estes quatro status formam uma linha ascendente, visto que, primeiro, o indivíduo pelo fato de ser obrigado à obediência, aparece privado de personalidade; depois, é-lhe reconhecida uma esfera independente, livre do Estado; a seguir, o próprio Estado obriga-se a prestações para com o indivíduo; e, por último, a vontade individual é chamada a participar no exercício político ou vem mesmo a ser reconhecida como investida do *imperium* do Estado". (JELLINEK, 1981, p. 306).

"Em suma, com base na teoria clássica de Jellinek, os direitos fundamentais correspondem a cada um daqueles *status*, desempenhando funções distintas. Destarte, com fundamento no *status* negativo, o indivíduo titulariza direitos de defesa em face do Estado, em virtude dos quais ele pode, quando se sentir ameaçado ou prejudicado por entes ou órgãos estatais, repelir a intervenção ilegítima destes no âmbito de sua autonomia individual garantida por lei. Com arrimo no *status* positivo, pode o indivíduo exigir prestações do Estado para suprir suas necessidades e, finalmente, com supedâneo no *status* ativo, o indivíduo tem o direito de participar da vida política de sua comunidade. O *status* passivo, na verdade, não contempla nenhum direito, e sim obrigações. A teoria proposta corresponde, de certo modo, ao processo histórico de emancipação da pessoa humana". (CUNHA JÚNIOR, 2012, p. 577).

JURISPRUDÊNCIA TEMÁTICA

STF

"'Marcha da Maconha'. Manifestação legítima, por cidadãos da república, de duas liberdades individuais revestidas de caráter fundamental: o direito de reunião (liberdade-meio) e o direito à livre expressão do pensamento (liberdade-fim). A liberdade de reunião como pré-condição necessária à ativa participação dos cidadãos no processo político e no de tomada de decisões no âmbito do aparelho de Estado. Consequente legitimidade, sob perspectiva estritamente constitucional, de assembleias, reuniões, marchas, passeatas ou encontros coletivos realizados em espaços públicos (ou privados) com o objetivo de obter apoio para oferecimento de projetos de lei, de iniciativa popular, de criticar modelos normativos em vigor, de exercer o direito de petição e de promover atos de proselitismo em favor das posições sustentadas pelos manifestantes e participantes de reunião. Estrutura constitucional do direito fundamental de reunião pacífica e oponibilidade de seu exercício ao poder público e aos seus agentes. Vinculação de caráter instrumental entre a liberdade de reunião e a liberdade de manifestação do pensamento. Dois importantes precedentes do STF sobre a íntima correlação entre referidas liberdades fundamentais: HC 4.781/BA, rel. min. Edmundo Lins, e ADI 1.969/DF, rel. min. Ricardo Lewandowski. A liberdade de expressão como um dos mais preciosos privilégios dos cidadãos em uma República fundada em bases democráticas. O direito à livre manifestação do pensamento: núcleo de que se irradiam os direitos de crítica, de protesto, de discordância e de livre circulação de ideias. Abolição penal (abolitio criminis) de determinadas condutas puníveis. Debate que não se confunde com incitação à prática de delito nem se identifica com apologia de fato criminoso. Discussão que deve ser realizada de forma racional, com respeito entre interlocutores e sem possibilidade legítima de repressão estatal, ainda que as ideias propostas possam ser consideradas, pela maioria, estranhas, insuportáveis, extravagantes, audaciosas ou inaceitáveis. O sentido de alteridade do direito à livre expressão e o respeito às ideias que conflitem com o pensamento e os valores dominantes no meio social. Caráter não absoluto de referida liberdade fundamental (CF, art. 5º, IV, V e X; Convenção Americana de Direitos Humanos, art. 13, § 5º.)" (ADPF 187, rel. min. Celso de Mello, julgamento em 15-6-2011, Plenário, DJE de 29-5-2014.) Vide: ADI 4.274, rel. min. Ayres Britto, julgamento em 23-11-2011, Plenário, DJE de 2-5-2012.

QUESTÕES DE CONCURSO RELACIONADAS

01. (TRT-23- Juiz do Trabalho- 2011) O grande publicista alemão Georg Jellinek, na sua obra "Sistema dos Direitos Subjetivos Públicos" (Syzstem der subjetktiv öf fentlichen), formulou concepção original, muito citada pela doutrina brasileira no estudo da teoria dos direitos fundamentais, segundo a qual o individuoindivíduo, como vinculado a determinado Estado, encontra sua posição relativamente a este cunhada por quatro espécies de situações juridicas (status), seja como sujeito de deveres, seja como titular de direitos. Assinale qual das attemativas abaixo contém um item que NÃO corresponde a um dos quatro status da teoria de Jellinek:

a) status passivo (status subjectionis).

b) status negativus.

c) status civitatis.

d) status socialis.

e) status activus.

Resposta: alternativa "d".

02. (Cespe – Procurador do Estado – PE / 2009) Quanto aos direitos e garantias fundamentais, assinale a opção correta.

a) Embora a formulação e a execução das políticas públicas seja uma prerrogativa dos Poderes Legislativo e Executivo, é possível ao Poder Judiciário determinar, excepcionalmente, a sua implementação, quando a omissão da administração pública comprometer a eficácia e a integridade de direitos sociais impregnados de estatura constitucional.

b) Os direitos fundamentais não podem ser considerados como concretizações das exigências do princípio da dignidade da pessoa humana, na medida em que há direitos assegurados a pessoas coletivas ou jurídicas que não possuem fundamento nesse princípio.

c) De acordo com a teoria dos quatro status de Jellinek, o status negativo consiste na posição de subordinação do indivíduo aos poderes públicos, como detentor de deveres para com o Estado. Assim, o Estado tem competência para vincular o indivíduo, por meio de mandamentos e proibições.

d) Conforme entendimento do STF, a eficácia dos direitos e garantias fundamentais ocorre apenas e tão somente no âmbito da relação do indivíduo com o Estado, não sendo reconhecida a sua eficácia horizontal, tendo em vista que, nas relações entre particulares, vige o princípio da autonomia da vontade privada.

e) Os direitos e garantias fundamentais previstos no texto constitucional não podem ser restringidos pela legislação infraconstitucional, uma vez que estão incluídos no rol das cláusulas pétreas.

Resposta: alternativa "a".

---

03. (ESAF – ATRFB – 2012) Sobre os direitos e deveres individuais e coletivos, assinale a única opção correta.

a) A garantia constitucional da ampla defesa não afasta a exigência do depósito como pressuposto de admissibilidade de recurso administrativo.

b) Não viola a garantia constitucional de acesso à jurisdição a taxa judiciária calculada sem limite sobre o valor da causa.

c) Os direitos fundamentais de defesa geram uma obrigação para o Estado de se abster, ou seja, implicam numa postura de natureza negativa do Poder Público. Assim, impõe-se ao Estado um dever de abstenção em relação à liberdade, à intimidade e à propriedade do cidadão, permitindo-se a intervenção estatal apenas em situações excepcionais, onde haja, ainda, o pleno atendimento dos requisitos previamente estabelecidos nas normas.

d) A extradição será deferida pelo STF no caso de fatos delituosos puníveis com prisão perpétua, não sendo necessário que o Estado requerente assuma o compromisso de comutá-la em pena não superior à duração máxima admitida na lei penal do Brasil.

e) Ninguém poderá ser compelido a associar-se ou a permanecer associado, salvo quando houver previsão específica em lei.

Resposta: alternativa "c".

7. (TJ-DF – JUIZ DE DIREITO - DF/2007)

Dissertação. Tema: O princípio da proporcionalidade e a colisão de direitos fundamentais.

RESPOSTA SUGERIDA

O embate entre direitos fundamentais (normalmente no plano dos princípios) não pode ser considerado na mesma perspectiva do conflito entre normas infraconstitucionais (normalmente leis e atos administrativos, intitulados pela doutrina como "regras").

Em um conflito aparente de regras/normas infraconstitucionais a solução se dá pela aplicação dos critérios cronológico, hierárquico ou da especialidade, na forma do "tudo ou nada" (*all or nothing*), em que só se aplica um documento normativo entre aqueles que aparentemente conflitavam. Essa solução é inaplicável aos conflitos entre direitos fundamentais, que não se sujeitam a esses critérios apontados pela doutrina, haja vista não poderem ser afastados um em razão de outro.

Diante de uma colisão entre direitos fundamentais deve ser respeitado o núcleo intangível dos princípios concorrentes, chegando-se a uma posição em que um prepondere, mas não elimine o outro.

A colisão ocorrida no plano constitucional deve ser resolvida por "concordância prática" (segundo as lições de Konrad Hesse), com aplicação do princípio da proporcionalidade (tradição alemã) ou pela "dimensão de peso e importância" (na doutrina de Ronald Dworkin), com aplicação do princípio da razoabilidade (tradição norte-americana).

Segundo a doutrina de tradição alemã de Konrad Hesse, a resolução por "concordância prática" consiste na busca pela otimização entre os princípios e valores em jogo, estabelecendo uma harmonização, de modo a chegar-se ao melhor equilíbrio possível entre os princípios colidentes. A proporcionalidade, exige que o intérprete-aplicador escolha, para realização de seus fins, meios adequados, necessários e proporcionais. Um meio é adequado se promove o fim; é necessário se, dentre todos aqueles meios igualmente adequados para promover o fim, for o menos restritivo relativamente aos direitos fundamentais; e é proporcional em sentido estrito se as vantagens que promove superam as desvantagens que provoca.

Adotando-se a teoria da "dimensão de peso e importância" apresentado por Ronald Dworkin, na hipótese de se entrecruzarem vários princípios, aquele sujeito competente a resolver o conflito deve levar em conta o peso relativo de cada um, não havendo, portanto, negação de qualquer princípio. Realiza-se um sopesamento entre os princípios colidentes. Nesse caso, a razoabilidade representa um dever de harmonização do geral com o individual, atuando como instrumento para determinar que as circunstâncias de fato devem ser consideradas com a presunção de estarem dentro da normalidade ou para expressar que a aplicabilidade da regra geral depende do enquadramento do caso concreto.

Qualquer que seja o método escolhido para dirimir os conflitos entre direitos fundamentais, sempre haverá um limite a ser respeitado: o núcleo intangível ou essencial dos direitos concorrentes que, apesar de ser de difícil mensuração, sempre acabam sendo delimitados nas hipóteses de colisão.

Exemplo da aplicação da colisão de direitos fundamentais e o princípio da proporcionalidade é aquele relativo aos casos em que ocorre um embate entre a liberdade de informação (art. 5°, IV e IX, da CF) e a intimidade, a vida privada a honra e a imagem (art. 5°, X, da CF). Por se tratarem de direitos fundamentais, a solução somente pode ser dada no caso concreto.

DOUTRINA TEMÁTICA

"Num eventual confronto de princípios incidentes sobre uma situação concreta, a solução não haverá de ser aquela que acode aos casos de conflito entre regras. No conflito entre princípios deve-se buscar a conciliação entre eles, uma aplicação de cada qual em extensões variadas, segundo a respectiva relevância no caso concreto, sem que se tenha um dos princípios como excluído do ordenamento jurídico por irremediável contradição com o outro. Uma matéria jornalística, por exemplo, sobre a vida de alguém pode pôr em linha de atrito o direito de liberdade de expressão e a pretensão à privacidade do retratado. Considerados em abstrato, ambos os direitos são acolhidos pelo constituinte como direitos fundamentais. A incidência de ambos no caso cogitado, porém, leva a conclusões contraditórias entre si. Para solucionar o conflito, hão de se considerar as *circunstâncias do caso concreto*, pesando-se os interesses em conflito, no intuito de estabelecer que princípio há de prevalecer, naquelas condições específicas, segundo um critério de justiça prática". (MENDES, COELHO, BRANCO, 2008, p. 284).

"De acordo com a posição corrente e amplamente recepcionada pela doutrina e também acolhida em sede jurisprudencial (embora nem sempre corretamente aplicada!), na sua função como critério de controle de legitimidade constitucional de medidas restritivas do âmbito de proteção dos direitos fundamentais, o princípio da proporcionalidade costuma ser desdobrado em três elementos (subcritérios ou subprincípios constitutivos, como prefere Gomes Canotilho): a) adequação ou conformidade, no sentido de um controle de viabilidade (isto é, da idoneidade técnica) de que sejam em princípio possível alcançar o fim almejado por aquele(s) determınado(s) meio(s), muito embora, para alguns, para que seja atendido o critério, bastaria que o Poder Público (mediante ação restritiva) cumprisse com o dever de fomentar o fim almejado; b) necessidade ou exigibilidade, em outras palavras, a opção pelo meio restritivo menos gravoso para o direito objeto de restrição, exame que envolve duas etapas de investigação: o exame da igualdade de adequação dos meios (a fim de verificar se os meios alternativos promovem igualmente o fim) e, em segundo lugar, o exame do meio menos restritivo (com vista a verificar se os meios alternativos restringem em menor medida os direitos fundamentais afetados); [...] c) proporcionalidade em sentido estrito (que exige a manutenção de um equilíbrio/proporção e, portanto, de uma análise comparativa) entre os meios utilizados e os fins colimados, no sentido do que por muitos tem sido também chamado de razoabilidade ou justa medida, já que mesmo uma medida adequada e necessária poderá ser desproporcional". (SARLET, MARINONI, MITIDIERO, 2014, p. 350-351).

JURISPRUDÊNCIA TEMÁTICA

STF

Informativo 340/2004. Colisão de Direitos Fundamentais - 1. Negado referendo à decisão liminar proferida pelo Min. Cezar Peluso, relator, nos autos de mandado de segurança preventivo impetrado contra ato do Presidente da Comissão Parlamentar de Inquérito - CPI da Pirataria, pela qual se impedira o acesso de câmeras de televisão, particulares, concessionárias, públicas, inclusive da TV Câmara, ou de qualquer outro meio de gravação ou transmissão, às dependências do recinto onde seria realizada sessão parlamentar para a qual o impetrante fora convocado para prestar esclarecimentos. No caso concreto, houve, ainda, pedido de reconsideração da mencionada decisão, formulado pelos Presidentes da Câmara dos Deputados e da referida CPI, sob a alegação de que a mesma, ao restringir a publicidade de sessão, teria usurpado a competência constitucional do Poder Legislativo, interferindo em assunto interna corporis, passível de limitação apenas por meio de normas fixadas pela própria Câmara dos Deputados. Alegava-se, ademais, contrariedade à garantia constitucional que assegura o direito à informação, além de cerceamento do livre exercício de atividade de comunicação (CF, art. 5º, XIV e IX). MS 24832 MC/DF, rel. Min. Cezar Peluso, 18.3.2004. (MS-24832)

Informativo 340/2004. Colisão de Direitos Fundamentais - 2. Preliminarmente, o Tribunal, por maioria, entendeu cabível, a critério do relator, o referendo da decisão concessiva de liminar em mandado de segurança, vencido o Min. Marco Aurélio. Ressaltou-se, na espécie, que a notícia de que a autoridade coatora estaria tomando o depoimento do impetrante sem a observância das restrições impostas pela liminar deferida, a demonstrar eventual confronto entre Poderes, justificaria a cautela do relator em submeter a decisão ao Plenário, com a conseqüente aplicação, no caso, do princípio da colegialidade das decisões. Precedentes citados: MS 22864 MC-QO/DF (RTJ 182/148) e MS 23047/DF (DJU de 14.11.2003). MS 24832 MC/DF, rel. Min. Cezar Peluso, 18.3.2004. (MS 24832)

Informativo 340/2004. Colisão de Direitos Fundamentais - 3. Em seguida, o Tribunal, também em preliminar, afastou a prejudicialidade do writ, vencidos, no ponto, os Ministros Ellen Gracie, Marco Aurélio e Joaquim Barbosa que o julgavam prejudicado, por perda de objeto, em razão da citada informação de que o impetrante, naquele momento, encontrava-se prestando depoimento perante a CPI, com a veiculação de sua imagem. Prosseguindo no julgamento, o Tribunal, por maioria, embora afastando a alegação de que a matéria em causa consubstanciaria ato interna corporis insusceptível de controle jurisdicional - haja vista a alegação de ofensa a direitos individuais assegurados pela CF que estariam na iminência de serem transgredidos -, e tendo em conta, ainda, o fato de que as reuniões das comissões são públicas, negou referendo à decisão proferida pelo Min Cezar Peluso, por considerar prevalecente, na espécie, o direito à liberdade de informação (CF, artigos 5º, IX, e 220). Entendeu-se não demonstrada circunstância que justificasse, de forma concreta, a necessidade de que a referida sessão se desse com publicidade limitada, salientando-se, ademais, o fato de que eventual violação a direito individual, que não pode ser presumida, é passível de reparação por meio de ação de responsabilidade (CF, art. 5º, X). O Min. Sepúlveda

Pertence, em seu voto, ressaltou, ainda, o fato de que o impetrante, em outro mandamus, teve assegurado o direito de permanecer em silêncio ao prestar depoimento perante a CPI, na eventual hipótese de auto-incriminação. Precedentes citados: MS 22503/DF (RTJ 169/181), MS 21754 AgR/DF (DJU de 21.2.97), MS 1959/DF (DJU de 13.8.53), MS 23452/RJ (DJU de 12.5.2000) e HC 71193/SP (DJU de 23.3.2001). MS 24832 MC/DF, rel. Min. Cezar Peluso, 18.3.2004. (MS-24832)

Informativo 340/2004. Colisão de Direitos Fundamentais - 4. Vencidos os Ministros Cezar Peluso, relator, Joaquim Barbosa e Gilmar Mendes, que referendavam a decisão que deferira a liminar, sob o entendimento de que a restrição imposta com o fim de salvaguardar o direito à honra e à imagem do impetrante não prejudicara o direito à informação - já que não se impedira a presença da imprensa no recinto, mas tão-somente o uso de câmeras que possibilitassem a gravação da imagem do impetrante -, ressaltando, ainda, que a singularidade da situação, decorrente, inclusive, do fato de que a liminar fora descumprida, evidenciaria a necessidade de proteção do direito à honra e à imagem do impetrante de eventual abuso de exposição na mídia, cuja eficácia não seria possível, senão de forma preventiva. O Min. Cezar Peluso, ao proferir seu voto, também entendeu aplicáveis à espécie as disposições contidas no art. 792, § 1º, do CPP, combinado com o art. 6º da Lei 1.579/52, que dispõe sobre as comissões parlamentares de inquérito. MS 24832 MC/DF, rel. Min. Cezar Peluso, 18.3.2004. (MS-24832)

"Meio ambiente – Direito à preservação de sua integridade (CF, art. 225) – Prerrogativa qualificada por seu caráter de metaindividualidade – Direito de terceira geração (ou de novíssima dimensão) que consagra o postulado da solidariedade – Necessidade de impedir que a transgressão a esse direito faça irromper, no seio da coletividade, conflitos intergeneracionais – Espaços territoriais especialmente protegidos (CF, art. 225, § 1º, III) – Alteração e supressão do regime jurídico a eles pertinente – Medidas sujeitas ao princípio constitucional da reserva de lei – Supressão de vegetação em área de preservação permanente – Possibilidade de a administração pública, cumpridas as exigências legais, autorizar, licenciar ou permitir obras e/ou atividades nos espaços territoriais protegidos, desde que respeitada, quanto a estes, a integridade dos atributos justificadores do regime de proteção especial – Relações entre economia (CF, art. 3º, II, c/c o art. 170, VI) e ecologia (CF, art. 225) – Colisão de direitos fundamentais – Critérios de superação desse estado de tensão entre valores constitucionais relevantes – Os direitos básicos da pessoa humana e as sucessivas gerações (fases ou dimensões) de direitos (RTJ 164/158, 160-161) – A questão da precedência do direito à preservação do meio ambiente: uma limitação constitucional explícita à atividade econômica (CF, art. 170, VI) – Decisão não referendada – consequente indeferimento do pedido de medida cautelar. A preservação da integridade do meio ambiente: expressão constitucional de um direito fundamental que assiste à generalidade das pessoas." (ADI 3.540-MC, Rel. Min. Celso de Mello, julgamento em 1º-9-2005, Plenário, DJ de 3-2-2006.)

QUESTÕES DE CONCURSO RELACIONADAS

01. (PGE-MS - Procurador do Estado- MS/2014) Seguindo a esteira inaugurada pela Corte Constitucional alemã (Bundesverfassungsgericht) em 1971, setores da doutrina constitucional brasileira têm desenvolvido esforços teóricos em torno do princípio da proporcionalidade como elemento de aferição da (in)constitucionalidade de leis que estabelecem limitações ao exercício de direitos fundamentais no campo da denominada reserva legal. Quanto a esse princípio da proporcionalidade é correto afirmar que:

a) ele se restringe à perquirição em torno da importância dos fundamentos justificadores da plena adequação (Geeignetheit) da intervenção estatal no hipótese concreta;

b) ele envolve três planos, o da adequação (Geeignetheit) das limitações legais no exercício do direito fundamental, o da necessidade (Notwendigkeit) relacionado a intensidade dos meios interventivos e, por fim, o da realização da ponderação em sentido estrito e específico (rigorosa ponderação e do possível entre o sentido da intervenção e os objetivos perseguidos pelo legislador);

c) ele abarca dois planos, o da importância dos fundamentos que a justificam (adequação/Geeignetheit) e, por fim, se realiza a ponderação em sentido estrito e específico (rigorosa ponderação e do possível entre o sentido da intervenção e os objetivos perseguidos pelo legislador);

d) ele se circunscreve a uma ponderação em sentido estrito e específico (a da relevância dos elementos justificadores dessa intervenção);

e) ele somente envolve o problema da demonstração argumentativa da importância dos fundamentos que justificam a necessidade (Erfordelichkeit) da intervenção legislativa.

Resposta: alternativa "b".

---

02. (FCC – Defensor Público – SP/2010) Após grave crise energética, o Governo aprova lei que disciplina o racionamento de energia elétrica, estabelecendo metas de consumo e sanções pelo descumprimento, que podem culminar, inclusive, na suspensão do fornecimento. Questionado judicialmente, se vê o Supremo Tribunal Federal – STF com a missão de resolver a questão, tendo, de um lado, a possibilidade de interrupções no suprimento de energia elétrica, se não houver economia, e, de outro, as restrições a serviço público de primeira necessidade, restrição que atinge a igualdade, porque baseada em dados de consumo pretérito, bem como limitações à livre iniciativa, ao direito ao trabalho, à vida digna etc. O controle judicial neste caso envolve

a) a apreciação de colisão de direitos fundamentais, que, em sua maior parte, assumem a estrutura normativa de "regras", o que implica anulação de uns em detrimento de outros.

b) a aplicação da regra da proporcionalidade, que, segundo a jurisprudência constitucional alemã, tem estrutura racionalmente definida – análise da adequação, da necessidade e da proporcionalidade em sentido estrito.

c) a utilização do princípio da razoabilidade, já consagrado no Brasil, e que determina tratar os direitos colidentes como "mandamentos de otimização".

d) a eliminação da falsa dicotomia entre direitos constitucionais, já que a melhor solução é a que os harmoniza, sem retirar eficácia e aplicabilidade de nenhum deles.

e) juízo de constitucionalidade clássico, pois nem emenda à Constituição pode tender a abolir direitos fundamentais.

Resposta: alternativa "b".

03. (TRF 4 – Juiz Federal Substituto 4ª região/ 2010) Dadas as assertivas abaixo, assinale a alternativa correta.

I. Havendo colisão entre o princípio da liberdade de imprensa e o direito à privacidade, prevalecerá aquela, porque informada pelo interesse público.

II. A colisão entre dois princípios constitucionais, calcados em direitos fundamentais, resolve-se pela supressão de um em favor de outro.

III. Relativamente ao direito que possui a imprensa de informar, deve-se conferir maior proteção à privacidade e à imagem de pessoas públicas do que às pessoas privadas.

IV. O conflito aparente de princípios constitucionais se resolve pelas regras da ponderação e da razoabilidade.

a) está correta apenas a assertiva I.
b) está correta apenas a assertiva IV.
c) estão corretas apenas as assertivas I e II.
d) estão corretas apenas as assertivas III e IV.
e) estão corretas apenas as assertivas I, II e III.

Resposta: alternativa "b"

04. (FEPESE – Procurador do Estado – SC/ 2009) Assinale a alternativa correta, com respeito ao modelo constitucional, federal e estadual brasileiro.

a) A interpretação conforme a Constituição somente é legítima quando não existe um espaço de decisão que possa ser aberto a várias propostas interpretativas.
b) A declaração de inconstitucionalidade parcial, sem redução de texto, não se relaciona com qualquer técnica interpretativa e sim, exclusivamente, com técnica de decisão.
c) A colisão entre princípios jusfundamentais resolve-se através de procedimentos de ponderação ou sopesamento dos valores neles inscritos, pela máxima da proporcionalidade.
d) A Constituição brasileira prevê expressamente a edição de lei regulamentando o processo e o julgamento das decisões do Supremo Tribunal Federal.
e) O Supremo Tribunal Federal exerce um controle negativo de leis, pois pode, excepcionalmente, suprir o papel do legislador, acolhendo mandados de injunção.

Resposta: alternativa "c".

8. (MPE-SP – PROMOTOR DE JUSTIÇA - SP/2008)

Aponte, de forma sucinta, as principais controvérsias sobre a hierarquia normativa dos tratados internacionais de direitos humanos antes e depois da Emenda Constitucional 45/2004. Atualmente qual é a orientação predominante no STF? Já houve aplicação concreta da nova regra constitucional pelo Poder Legislativo? Exemplifique.

RESPOSTA SUGERIDA

Segundo o art. 5º, § 3º, da CF, incluído no texto constitucional pela EC 45/2004: "os tratados e convenções internacionais sobre direitos humanos que forem aprovados, em cada Casa do Congresso Nacional, em dois turnos, por três quintos dos votos dos respectivos membros, serão equivalentes às emendas constitucionais". Nesse sentido, os tratados e convenções internacionais sobre direitos humanos que se submeterem a esse processo de incorporação terão força de norma constitucional.

Esse novo trâmite já foi concretamente aplicado para a incorporação ao ordenamento jurídico brasileiro da Convenção Internacional sobre os Direitos das Pessoas com Deficiência, aprovada pelo Congresso Nacional em 2008 e promulgada pelo Presidente da República em 2009 que goza, pois, de *status* constitucional.

O grande problema é que, antes da inclusão do § 3º ao art. 5º da CF, o Brasil já havia incorporado inúmeros tratados de direitos humanos. Assim, restou a dúvida: qual seria o status normativo dos tratados aprovados antes e, portanto, sem a observância do novo procedimento de incorporação?

No bojo do RE 466.343 e do HC 87.585, julgados em 2008, que tinham como objeto a prisão civil de depositário infiel, o Supremo Tribunal Federal (STF) acabou decidindo que, os tratados internacionais sobre direitos humanos que foram incorporados sem a observância da regra do art. 5º, § 3º, da CF, gozam de *status* supralegal, ou seja, valem menos do que as normas constitucionais, mas são superiores a quaisquer outras normas infraconstitucionais.

DOUTRINA TEMÁTICA

> "E os Tratados Internacionais de Direitos Humanos que não passaram pelo procedimento expresso no art. 5°, § 3°, da CR/88? Como seriam recebidos em nosso ordenamento? Ou se já existentes, qual seria o *status* deles? Seriam somente leis ordinárias ou não mais caberiam em nosso ordenamento como tais em virtude de serem de direitos humanos? Também seriam recepcionados como normas constitucionais, mesmo não sendo procedimentalizados nos termos expressos no art. 5°, § 3°, da CR/88? A tese vencedora no STF propugnada pelo Ministro Gilmar Mendes foi a de que esses TIDH que não passaram pelo procedimento do art. 5°, § 3° da CR/88 não poderiam adentrar como leis ordinárias por serem de direitos humanos (o que não mais caberia frente a nova assertiva trazida pela EC 45/04), mas também não seriam normas constitucionais por não terem sido aprovados nos mesmos moldes das Emendas Constitucionais. Segundo o Ministro, eles deveriam adentrar no ordenamento pátrio como normas supralegais, ou seja, um meio termo (posição intermediária) entre as normas constitucionais e as leis ordinárias. Nesse sentido, estariam acima das leis ordinárias e abaixo das normas constitucionais". (FERNANDES, 2012, p. 453-454).

JURISPRUDÊNCIA TEMÁTICA

STF

"Desde a adesão do Brasil, sem qualquer reserva, ao Pacto Internacional dos Direitos Civis e Políticos (art. 11) e à Convenção Americana sobre Direitos Humanos – Pacto de San José da Costa Rica (art. 7º, 7), ambos no ano de 1992, não há mais base legal para prisão civil do depositário infiel, pois o caráter especial desses diplomas internacionais sobre direitos humanos lhes reserva lugar específico no ordenamento jurídico, estando abaixo da Constituição, porém acima da legislação interna. O status normativo supralegal dos tratados internacionais de direitos humanos subscritos pelo Brasil, dessa forma, torna inaplicável a legislação infraconstitucional com ele conflitante, seja ela anterior ou posterior ao ato de adesão. Assim ocorreu com o art. 1.287 do CC de 1916 e com o DL 911/1969, assim como em relação ao art. 652 do novo CC (Lei 10.406/2002)." (RE 466.343, Rel. Min. Cezar Peluso, voto do Min. Gilmar Mendes, julgamento em 3-12-2008, Plenário, DJE de 5-6-2009, com repercussão geral.)

"Acontece que esse caso me parece peculiar, e muito peculiar – se o superlativo for admitido eu diria peculiaríssimo –, porque a lei federal faz remissão à Convenção da Organização Internacional do Trabalho (OIT) 162, art. 3º, que, por versar tema que no Brasil é tido como de direito fundamental (saúde), tem o status de norma supralegal. Estaria, portanto, acima da própria lei federal que dispõe sobre a comercialização, produção, transporte, etc., do amianto. (...) De maneira que, retomando o discurso do Min. Joaquim Barbosa, a norma estadual, no caso, cumpre muito mais a CF nesse plano da proteção à saúde ou de evitar riscos à saúde humana, à saúde da população em geral, dos trabalhadores em particular e do meio ambiente. A legislação estadual está muito mais próxima dos desígnios constitucionais, e, portanto, realiza melhor esse sumo princípio da eficacidade máxima da Constituição em matéria de direitos fundamentais, e muito mais próxima da OIT, também, do que a legislação federal. Então, parece-me um caso muito interessante de contraposição de norma suplementar com a norma geral, levando-nos a reconhecer a superioridade da norma suplementar sobre a norma geral. E, como estamos em sede de cautelar, há dois princípios que desaconselham o referendum à cautelar: o princípio da precaução, que busca evitar riscos ou danos à saúde e ao meio ambiente para gerações presentes; e o princípio da prevenção, que tem a mesma finalidade para gerações futuras. Nesse caso, portanto, o periculum in mora é invertido e a plausibilidade do direito também contraindica o referendum a cautelar. Senhor Presidente, portanto, pedindo todas as vênias, acompanho a dissidência e também não referendo a cautelar." (ADI 3.937-MC, Rel. Min. Marco Aurélio, voto do Min. Ayres Britto, julgamento em 4-6-2008, Plenário, DJE de 10-10-2008.)

"Eis um caso a exigir que se parta do princípio da realidade, do que ocorre no dia a dia quanto à violência doméstica, mais precisamente a violência praticada contra a mulher. Os dados estatísticos são alarmantes. Na maioria dos casos em que perpetrada lesão corporal de natureza leve, a mulher, agredida, a um só tempo, física e moralmente, acaba, talvez ante óptica assentada na esperança, por afastar a representação formalizada, isso quando munida de coragem a implementá-la. Conforme ressaltado na inicial, confeccionada com o desejável esmero, dados estatísticos demonstram que o percentual maior é de renúncia à representação, quer deixando-se de ter a iniciativa, quer afastando-a do cenário jurídico. (...) Iniludivelmente, isso se deve não ao exercício da manifestação livre e espontânea da vítima, mas ao fato de vislumbrar uma possibilidade de evolução do agente, quando, na verdade, o que acontece é a reiteração de procedimento e, pior, de forma mais agressiva ainda em razão da perda dos freios inibitórios e da visão míope de que, tendo havido o recuo na agressão pretérita, o mesmo ocorrerá na subsequente. Os dados estatísticos são assombrosos relativamente à progressão nesse campo, vindo a desaguar, inclusive, em prática que provoque a morte da vítima. Sob o ponto de vista feminino, a ameaça e as agressões físicas não vêm, na maioria dos casos, de fora. Estão em casa, não na rua. Consubstanciam evento decorrente de dinâmicas privadas, o que, evidentemente, não reduz a gravidade do problema, mas a aprofunda, no que acirra a situação de invisibilidade social. Na maior parte dos assassinatos de mulheres, o ato é praticado por homens com quem elas mantiveram ou mantêm relacionamentos amorosos. Compõe o contexto revelador da dignidade humana o livre agir, a definição das consequências de certo ato. Essa premissa consubstancia a regra, mas, para confirmá-la, existe a exceção. Por isso mesmo, no âmbito penal, atua o Ministério Público, na maioria dos casos, sem que se tenha como imprescindível representação, bastando a notícia do crime. No tocante à violência doméstica, há de considerar-se a necessidade da intervenção estatal. (...) No caso presente, não bastasse a situação de notória desigualdade considerada a mulher, aspecto suficiente a legitimar o necessário tratamento normativo desigual, tem-se como base para assim se proceder a dignidade da pessoa humana – art. 1º, III –, o direito fundamental de igualdade – art. 5º, I – e a previsão pedagógica segundo a qual a lei punirá qualquer discriminação atentatória dos direitos e liberdades fundamentais – art. 5º, XLI. A legislação ordinária protetiva está em fina sintonia com a Convenção sobre a Eliminação de Todas as Formas de Violência contra a Mulher, no que revela a exigência de os Estados adotarem medidas especiais destinadas a acelerar o processo de construção de um ambiente onde haja real igualdade entre os gêneros. Há também de se ressaltar a harmonia dos preceitos com a Convenção Interamericana para Prevenir, Punir e Erradicar a Violência contra a Mulher – a Convenção de Belém do Pará –, no que mostra ser a violência contra a mulher uma ofensa aos direitos humanos e a consequência de relações de poder historicamente desiguais entre os sexos. (...) Sob o ângulo constitucional explícito, tem-se como dever do Estado assegurar a assistência à família na pessoa de cada um dos que a integram, criando mecanismos para coibir a violência no âmbito de suas relações. Não se coaduna com a razoabilidade, não se coaduna com a proporcionalidade, deixar a atuação estatal a critério da vítima, a critério da mulher, cuja espontânea manifestação de vontade é cerceada por diversos fatores da convivência no lar, inclusive a violência a provocar o receio, o temor, o medo de represálias. Esvazia-se a proteção, com flagrante contrariedade ao que previsto na CF, especialmente no § 8º do respectivo art. 226, no que admitido que, verificada a agressão com lesão corporal leve, possa a mulher, depois de acionada a autoridade policial, atitude que quase sempre provoca retaliação do agente autor do crime, vir a recuar e a retratar-se em audiência especificamente designada com tal finalidade, fazendo-o – e ao menos se previu de forma limitada a oportunidade – antes do recebimento da denúncia, condicionando-se, segundo o preceito do art. 16 da lei em comento, o ato à audição do Ministério Público. Deixar a cargo da mulher autora da representação a decisão sobre o início da persecução penal significa desconsiderar o temor, a pressão psicológica e econômica, as ameaças sofridas, bem como a assimetria de poder decorrente de relações histórico-culturais, tudo a contribuir para a diminuição de sua proteção e a prorrogação da situação de violência, discriminação e ofensa à dignidade humana. Implica relevar os graves impactos emocionais impostos pela violência de gênero à vítima, o que a impede de romper com o estado de submissão. (...) Descabe interpretar a Lei Maria da Penha de forma dissociada do Diploma Maior e dos tratados de direitos humanos ratificados pelo Brasil, sendo estes últimos normas de caráter supralegal também aptas a nortear a interpretação da legislação ordinária. Não se pode olvidar, na atualidade, uma consciência constitucional sobre a diferença e sobre a especificação dos sujeitos de direito, o que traz legitimação às discriminações positivas voltadas a atender as peculiaridades de grupos menos favorecidos e a compensar desigualdades de fato, decorrentes da cristalização cultural do preconceito. (...) Procede às inteiras o pedido formulado pelo procurador-geral da República, buscando-se o empréstimo de concretude maior à CF. Deve-se dar interpretação conforme à Carta da República aos arts. 12, I, 16 e 41 da Lei 11.340/2006 – Lei Maria da Penha – no sentido de não se aplicar a Lei 9.099/1995 aos crimes glosados pela lei ora discutida, assentando-se que, em se tratando de lesões corporais, mesmo que consideradas de natureza leve, praticadas contra a mulher em âmbito doméstico, atua-se mediante ação penal pública incondicionada. (...) Representa a Lei Maria da Penha elevada expressão da busca das mulheres brasileiras por igual consideração e respeito. Protege a dignidade da mulher, nos múltiplos aspectos, não somente como um atributo inato, mas como fruto da construção realmente livre da própria personalidade. Contribui com passos largos no contínuo caminhar destinado a assegurar condições mínimas para o amplo desenvolvimento da identidade do gênero feminino." (ADI 4.424, voto do rel. min. Marco Aurélio, julgamento em 9-2-2012, Plenário, DJE de 1º-8-2014.) "Evidencio (...) que a condição de estrangeiro sem residência no país não afasta, por si só, o benefício da substituição da pena." (HC 94.477, voto do rel. min. Gilmar Mendes, julgamento em 6-9-2011, Segunda Turma, DJE de 8-2- 2012.) Vide: HC 94.016, Rel. Min. Celso de Mello, julgamento em 16-9-2008, Segunda Turma, DJE de 27-2-2009.

QUESTÕES DE CONCURSO RELACIONADAS

01. (VUNESP - Juiz de Direito Substituto – TJ/RS – 2018) No atual sistema normativo brasileiro, à luz do posicionamento assumido pelo Supremo Tribunal Federal, os tratados que possuem status normativo supralegal

a) estão submetidos ao controle de convencionalidade concentrado, independentemente da forma como foram incorporados ao ordenamento interno, cabendo admitir o uso de todos os instrumentos desse controle perante o Supremo Tribunal Federal.

b) são sujeitos a um controle concentrado, realizado pelo Supremo Tribunal Federal, por meio da Arguição de Descumprimento de Preceito Fundamental, quando for relevante o fundamento da controvérsia entre o tratado internacional e o direito interno.

c) são sujeitos a um controle de convencionalidade difuso, sendo dever do juiz nacional examinar a compatibilidade das normas internas com as convencionais, mediante provocação da parte ou de ofício.

d) foram incorporados pelo processo legislativo de emendas constitucionais e podem ser objeto de controle de constitucionalidade e convencionalidade, tanto pela via concentrada quanto pela via difusa.

e) foram incorporados pelo processo legislativo comum e não podem ser objeto de controle de constitucionalidade ou de convencionalidade, este reservado aos tratados que possuem status normativo supraconstitucional.

Resposta: alternativa "c".

---

02. (Vunesp – Defensor Público – MS/2014) É correto afirmar que os tratados e convenções internacionais sobre direitos humanos

a) que forem aprovados, em cada Casa do Congresso Nacional, em dois turnos, por maioria dos votos dos respectivos membros, serão equivalentes às leis complementares.

b) que forem aprovados, em cada Casa do Congresso Nacional, em dois turnos, por três quintos dos votos dos respectivos membros, serão equivalentes às emendas constitucionais.

c) que forem aprovados, em sessão unicameral pelo Congresso Nacional, por maioria absoluta, serão equiparados às emendas constitucionais.

d) que forem aprovados pelo Congresso Nacional por meio de Decreto Legislativo serão equivalentes às leis complementares.

Resposta: alternativa "b".

---

03. (FCC – Procurador do Estado – AM / 2010) De acordo com o texto vigente da Constituição Federal e a jurisprudência do Supremo Tribunal Federal sobre os tratados internacionais, é correto afirmar que:

a) todos os tratados internacionais firmados pelo Brasil ingressam no ordenamento jurídico brasileiro como normas de hierarquia constitucional.

b) todos os tratados internacionais firmados pelo do Brasil ingressam no ordenamento jurídico brasileiro como normas infraconstitucionais.

c) os tratados internacionais firmados pelo Brasil sobre direitos humanos podem ingressar no ordenamento jurídico brasileiro com hierarquia de emendas constitucionais.

d) o procedimento de aprovação, pelas Casas do Congresso Nacional, dos tratados internacionais sobre direitos humanos é irrelevante para caracterizar sua hierarquia normativa.

e) os tratados internacionais firmados pelo Brasil não podem versar sobre normas materialmente constitucionais.

Resposta: alternativa "c".

---

04. (FGV – Juiz de Direito Substituto-PA/ 2009) A Constituição da República Federativa do Brasil apresenta um extenso catálogo de direitos e garantias fundamentais, tanto individuais como coletivos, sendo que tais normas definidoras de direitos e garantias fundamentais têm aplicação imediata, por expressa previsão constitucional.

O texto constitucional também é claro ao prever que direitos e garantias expressos na Constituição não excluem outros decorrentes do regime e dos princípios por ela adotados, ou dos tratados internacionais em que a República Federativa do Brasil seja parte.

Por ocasião da promulgação da Emenda Constitucional de n° 45, em 2004, a Constituição passou a contar com um § 3°, em seu artigo 5°, que apresenta a seguinte redação: "Os tratados e convenções internacionais sobre direitos humanos que forem aprovados, em cada Casa do Congresso Nacional, em dois turnos, por três quintos dos votos dos respectivos membros, serão equivalentes às emendas constitucionais".

Logo após a promulgação da Constituição, em 1988, o Brasil ratificou diversos tratados internacionais de direitos humanos, dentre os quais se destaca a Convenção Americana de Direitos Humanos, também chamada de Pacto de San José da Costa Rica (tratado que foi internalizado no ordenamento jurídico brasileiro pelo Decreto n° 678/1992), sendo certo que sua aprovação não observou o quorum qualificado atualmente previsto pelo art. 5°, § 3°, da Constituição (mesmo porque tal previsão legal sequer existia).

Tendo como objeto a Convenção Americana de Direitos Humanos, segundo a recente orientação do Supremo Tribunal Federal, assinale a alternativa correta sobre o Status Jurídico de suas disposições.

a) Status de Lei Ordinária.

b) Status de Lei Complementar.

c) Status de Lei Delegada.

d) Status de Norma Supralegal.

e) Status de Norma Constitucional.

Resposta: alternativa "d".

9. (TJ/RS – JUIZ DE DIREITO - RS/2012)

Todos são iguais perante a lei, sem distinção de qualquer natureza, garantindo-se aos brasileiros e aos estrangeiros residentes no País a inviolabilidade do direito à vida, à liberdade, à igualdade, à segurança e à propriedade (Constituição Federal, art. 5o, caput).

Estabeleça a distinção entre direitos e garantias individuais segundo a doutrina.

RESPOSTA SUGERIDA

Segundo a doutrina de Ruy Barbosa (a grande referência sobre a temática), os direitos positivados na Constituição são reconhecidos como disposições meramente declaratórias, ao passo que as garantias são previsões de natureza assecuratória.

Uma norma constitucional pode trazer apenas um direito, ou veicular tanto o direito quanto a sua correspondente garantia.

A identificação das garantias não é missão simples, pois a Constituição Federal não cuidou desta formalidade. O estabelecimento do que são disposições meramente declaratórias ou do que são normas assecuratórias é tarefa que normalmente cabe à doutrina ou à jurisprudência.

No âmbito dos direitos individuais, que são aqueles dispostos no art. 5°, Capítulo I ("Dos Direitos e Deveres Individuais e Coletivos") do Título II ("Dos Direitos e Garantias Fundamentais"), da Constituição Federal, é possível encontrar tanto direitos quanto garantias.

Em regra, as garantias são aquelas identificadas pelas expressões "assegurado/a", "garantido/a" e "inviolável/inviolabilidade". São exemplos:

1) Art. 5°, V, da CF: "é assegurado o direito de resposta, proporcional ao agravo, além da indenização por dano material, moral ou à imagem".

2) Art. 5°, VII, da CF: "é assegurada, nos termos da lei, a prestação de assistência religiosa nas entidades civis e militares de internação coletiva".

3) Art. 5°, X, da CF: "são invioláveis a intimidade, a vida privada, a honra e a imagem das pessoas, assegurado o direito a indenização pelo dano material ou moral decorrente de sua violação".

4) Art. 5°, XI, da CF: "a casa é asilo inviolável do indivíduo, ninguém nela podendo penetrar sem consentimento do morador, salvo em caso de flagrante delito ou desastre, ou para prestar socorro, ou, durante o dia, por determinação judicial".

5) Art. 5°, XXII, da CF: "é garantido o direito de propriedade".

Finalmente, há que se destacar que, apesar de a doutrina não identificar garantias para todos os direitos individuais, o fato é que o art. 5°, parágrafo único, da CF, assegura aplicação imediata a todos os direitos fundamentais, permitindo que tenham eficácia e possam orientar as atividades legislativa, executiva e judiciário no Estado brasileiro.

DOUTRINA TEMÁTICA

"A afirmação dos direitos fundamentais do homem no Direito Constitucional positivo reveste-se de transcendental importância, mas, como notara Hauriou, não basta que um direito seja reconhecido e declarado, é necessário garanti-lo, porque visão ocasiões em que será discutido e violado. Ruy Barbosa já dizia que uma coisa são os direitos, outra as garantias, pois devemos separar, 'no texto da lei fundamental, as disposições meramente declaratórias, que são as que imprimem existência legal aos direitos reconhecidos, e as disposições assecuratórias, que são as que, em defesa dos direitos, limitam o poder. Aquelas instituem os direitos; estar, as garantias: ocorrendo não raro juntar-se, na mesma disposição constitucional, ou legal, a fixação da garantia, com a declaração do direito'. Não são nítidas, porém as linhas divisórias entre direitos e garantias [...]." (SILVA, 1990, p. 165-166)

"Na lição de Ruy Barbosa, os direitos fundamentais consagram disposições meramente declaratórias (imprimem existência legal aos direitos reconhecidos). Já as garantias fundamentais contêm disposições assecuratórias (defendem direitos, evitando o arbítrio dos Poderes Públicos) [...] Embora o Título II da Carta Maior tenha mencionado a terminologia 'Direitos e Garantias Fundamentais', não distinguiu uma categoria da outra. Resta ao intérprete fazê-lo". (BULOS, 2014, p. 531)

JURISPRUDÊNCIA TEMÁTICA

STF

"Arguição de descumprimento de preceito fundamental. Parágrafo 1º do art. 636 da CLT: não recepção pela Constituição de 1988. Incompatibilidade da exigência de depósito prévio do valor correspondente à multa como condição de admissibilidade de recurso administrativo interposto junto à autoridade trabalhista (§ 1º do art. 636 da CLT) com a Constituição de 1988. Inobservância das garantias constitucionais do devido processo legal e da ampla defesa (art. 5º, LIV e LV); do princípio da isonomia (art. 5º, caput); do direito de petição (art. 5º, XXXIV, a)." (ADPF 156, Rel. Min. Cármen Lúcia, julgamento em 18-8-2011, Plenário, DJE de 28-10-2011.)

"Extradição e necessidade de observância dos parâmetros do devido processo legal, do estado de direito e do respeito aos direitos humanos. CB, arts. 5º, § 1º, e 60, § 4º. Tráfico de entorpecentes. Associação delituosa e confabulação. Tipificações correspondentes no direito brasileiro. (...) Obrigação do STF de manter e observar os parâmetros do devido processo legal, do estado de direito e dos direitos humanos. Informações veiculadas na mídia sobre a suspensão de nomeação de ministros da Corte Suprema de Justiça da Bolívia e possível interferência do Poder Executivo no Poder Judiciário daquele país. Necessidade de assegurar direitos fundamentais básicos ao extraditando. Direitos e garantias fundamentais devem ter eficácia imediata (cf. art. 5º, § 1º); a vinculação direta dos órgãos estatais a esses direitos deve obrigar o Estado a guardar-lhes estrita observância. Direitos fundamentais são elementos integrantes da identidade e da continuidade da Constituição (art. 60, § 4º). (...) Em juízo tópico, o Plenário entendeu que os requisitos do devido processo legal estavam presentes, tendo em vista a notícia superveniente de nomeação de novos ministros para a Corte Suprema de Justiça da Bolívia, e que deveriam ser reconhecidos os esforços de consolidação do Estado Democrático de Direito naquele país." (Ext 986, Rel. Min. Eros Grau, julgamento em 15-8-2007, Plenário, DJ de 5-10-2007.)

QUESTÕES DE CONCURSO RELACIONADAS

01. **(TJ – MG – Juiz de Direito – MG/2014)** Sobre a classificação dos direitos e garantias fundamentais, assinale a alternativa CORRETA.

a) direitos individuais e coletivos.

b) direitos sociais e políticos.

c) direitos de nacionalidade, políticos e partidos políticos.

d) direitos individuais, coletivos, sociais, de nacionalidade, políticos e de partidos políticos.

Resposta: alternativa "d".

02. **(Vunesp – Defensor Público – MS/2014)** No que se refere à eficácia e aplicabilidade das normas constitucionais, é correto afirmar que

a) as normas definidoras dos direitos e garantias fundamentais têm aplicação mediata, vez que não há direito fundamental absoluto

b) os direitos e garantias expressos na Constituição excluem outros dos Tratados Internacionais em que a República Federativa do Brasil seja parte.

c) as normas definidoras dos direitos e garantias fundamentais têm aplicação imediata.

d) as normas definidoras dos direitos e garantias fundamentais têm aplicação mediata e direta.

Resposta: alternativa "c".

03. **(MPE/GO – Promotor de Justiça – GO/2010)** Assinale a alternativa correta:

a) A aplicabilidade imediata das normas definidoras dos direitos e garantias fundamentais tem conteúdo extensivo, não se vinculando apenas às normas dos artigos 5º ao 17 do texto constitucional, ampliando-se, com base na concepção materialmente aberta dos direitos fundamentais, para fora do catálogo dos dispositivos constitucionais.

b) A maximização da eficácia dos direitos fundamentais prestacionais legitima os órgãos estatais à concretização destes, não se prestando os limites da reserva do possível, bem como da colisão com outros direitos fundamentais como óbices à graduação da aplicação destes direitos.

c) A existência de limites materiais expressamente previstos na Constituição como "cláusulas pétreas" ou "garantias de eternidade" impedem o reconhecimento de limites materiais implícitos ou limites materiais imanentes à reforma constitucional, não se podendo falar em ação erosiva do Poder Constituinte Reformador.

d) A relevância econômica dos objetos dos direitos sociais prestacionais faz com que a discussão, previsão e aplicação de recursos públicos, atribuições estas originárias dos órgãos políticos, não legitime o Poder Judiciário, diante da inércia ou deficiência de atuação dos legitimados ordinários, à concretização dos direitos, sob pena de desrespeito à separação dos Poderes.

Resposta: alternativa "a".

10. (FCC – PROCURADOR DO ESTADO – SP/2009)

Se as normas definidoras de direitos e garantias fundamentais têm aplicação imediata (art. 5°, § 1°, da CF), pode-se afirmar que não existem normas de eficácia limitada em matéria de direitos fundamentais? O instituto do mandado de injunção apresentaria alguma relação com o reportado preceito constitucional?

RESPOSTA SUGERIDA

No que tange à eficácia e à aplicabilidade, segundo classificação de José Afonso da Silva, as normas constitucionais podem ser: plenas, contidas e limitadas.

Normas de eficácia plena são aquelas dotadas de aplicabilidade direta, imediata e integral, pois não necessitam de lei infraconstitucional para torná-las aplicáveis e nem admitem lei infraconstitucional que lhes restrinja o conteúdo. Em outras palavras: elas trazem todo o conteúdo necessário para a sua materialização prática. São entendidas como de aplicabilidade direta, imediata e integral, pois não necessitam de lei infraconstitucional. Já as normas de eficácia contida ou restringível são aquelas que têm aplicabilidade direta, imediata, mas não integral, pois admitem que seu conteúdo seja restringido. A seu turno, as normas de eficácia limitada são aquelas que possuem aplicabilidade indireta, mediata e reduzida (não direta, não imediata e não integral), pois exigem norma infraconstitucional para que se materializem na prática.

Se confrontarmos essa classificação proposta por José Afonso da Silva com o conteúdo do art. 5°, § 1°, da CF, segundo o qual as normas definidoras de direitos e garantias fundamentais têm aplicação imediata, poderemos deduzir que aparentemente não existiriam normas definidoras de direitos e garantias fundamentais com aplicabilidade mediata. Entretanto, essa conclusão não é correta, isso porque, é pacífica, tanto na doutrina quanto na jurisprudência do Supremo Tribunal Federal, a existência de normas de eficácia limitada em matéria de direitos fundamentais. Compreende-se que a aplicação imediata inscrita no art. 5°, § 1° da CF não deve ser interpretada exatamente como a aplicabilidade imediata doutrinada por José Afonso da Silva. A exegese mais acertada é no sentido de que a aplicação imediata deve ser tomada como um mandado de otimização segundo o qual os direitos fundamentais precisam ser efetivados da melhor forma possível.

Isso significa que podem existir normas definidoras e direitos e garantias fundamentais que gozam de aplicação imediata por força do art. 5°, § 1°, da CF, mas que, ao mesmo tempo, se enquadram como de eficácia limitada e aplicabilidade mediata, nos termos da classificação de José Afonso da Silva. Para hipóteses como essa é que pode ser manejado o mandado de injunção, remédio constitucional que, nos termos do art. 5°, LXXI, da CF, tem cabimento sempre que a falta de norma regulamentadora torne inviável o exercício dos direitos e liberdades constitucionais e das prerrogativas inerentes à nacionalidade, à soberania e à cidadania.

Assim, se uma norma definidora de direito e garantia fundamental for de eficácia limitada devido ao fato de precisar ser regulamentada por norma infraconstitucional, mas ainda não ter sido regulamentada, e essa omissão tornar inviável o exercício de direitos e liberdades constitucionais ou de prerrogativas inerentes à nacionalidade, à soberania ou à cidadania, poderá ser ajuizada a ação de mandado de injunção.

Por fim, vale notar que, apesar de as normas de eficácia limitada exigirem norma infraconstitucional para que se materializem na prática, elas já têm eficácia jurídica desde o momento em que são editadas, gerando os seguintes efeitos: a) revogam as leis anteriores com elas incompatíveis; b) vinculam o legislador, de forma permanente, à sua realização; c) condicionam a atuação da administração pública; e d) informam a interpretação e a aplicação da lei pelo Poder Judiciário.

DOUTRINA TEMÁTICA

"Os termos 'eficácia', 'aplicabilidade' e 'efetividade' englobam múltiplos aspectos, constituindo, além disso, ponto nevrálgico para a teoria do direito e para o direito constitucional em especial, pois o que está em causa é mesmo o problema da força jurídica das normas constitucionais, que, por sua vez, possuem uma normatividade 'qualificada' pela supremacia da Constituição no âmbito da ordem jurídica de um Estado Constitucional. [...] nenhuma tentativa de classificação das normas constitucionais terá o condão de abranger todas as manifestações possíveis de eficácia e aplicabilidade, assumindo, em verdade, função preponderante didática e operacional. Além do mais, convém lembrar, todas as normas constitucionais, sendo dotadas sempre de um mínimo de eficácia, podem também ser consideradas, em certa medida, normas diretamente aplicáveis, sempre nos limites de sua eficácia e normatividade. Na verdade – em que pesem as especificidades de cada concepção –, outra não é a conclusão a que chegou a nossa doutrina. Com efeito, registra-se ampla dose de consenso quanto ao fato de que cada norma constitucional possui um mínimo de eficácia e aplicabilidade, dependente, por sua vez, de sua suficiente normatividade. Nesse sentido, todas as normas constitucionais são sempre eficazes e, na medida de sua eficácia (variável de acordo com cada norma), imediatamente aplicáveis. Isso significa que até mesmo as assim denominadas normas de eficácia limitada (ou reduzida) são, nesse sentido, imediatamente aplicáveis". (SARLET, MARINONI, MITIDIERO, 2013, p. 168-185).

"A melhor exegese da norma contida no art. 5º, parágrafo 1°, de nossa Constituição é a que parte da premissa de que se trata de norma de cunho inequivocamente principiológico, considerando-a, portanto, uma espécie de mandado de otimização (ou maximização), isto é, estabelecendo aos órgãos estatais a tarefa de reconhecerem a maior eficácia possível aos direitos fundamentais [...]. No caso dos direitos fundamentais, à luz do significado outorgado ao art. 5º, parágrafo 1º, de nossa Lei Fundamental, pode-se afirmar que aos poderes públicos incumbem a tarefa e o dever de extrair das normas que os consagram (os direitos fundamentais) a maior eficácia possível, outorgando-lhes, neste sentido, efeitos reforçados relativamente às demais normas constitucionais, já que não há como desconsiderar a circunstância de que a presunção da aplicabilidade imediata e plena eficácia que milita em favor dos direitos fundamentais constitui, em verdade, um dos esteios de sua fundamentalidade formal no âmbito da Constituição, o que induz à afirmação de que, em certo sentido, os direitos e princípios fundamentais regem e governam a própria ordem constitucional". (SARLET, 2009, p. 270-271).

QUESTÕES DE CONCURSO RELACIONADAS

01. (Cespe – Defensor Público – ES/ 2012) Julgue os itens a seguir, relativos às normas constitucionais.

I. De acordo com a classificação de José Afonso da Silva, as normas constitucionais podem ser classificadas, quanto à eficácia e à aplicabilidade, em normas de eficácia plena, normas de eficácia contida e normas de eficácia absoluta.

Resposta: errado.

II. De acordo com o que dispõe a CF, as normas definidoras de direitos fundamentais têm aplicação imediata, mas gradual.

Resposta: errado.

02. (FGV – Juiz Substituto – MS/ 2008) Assinale a afirmativa incorreta.

a) As normas constitucionais definidoras dos direitos e garantias fundamentais têm aplicação imediata.
b) As normas constitucionais podem ter eficácia plena, contida e limitada.
c) As normas constitucionais de eficácia plena são aquelas que desde a entrada em vigor da Constituição produzem, ou podem produzir, todos os efeitos essenciais, relativos aos interesses, comportamentos e situações, que o legislador constitucional, direta e normativamente, quis regular.
d) As normas constitucionais de eficácia contida são aquelas que apresentam aplicação indireta, mediata e reduzida, porque somente incidem totalmente sobre os interesses, após uma normatividade ulterior que lhes desenvolva a aplicabilidade.
e) As normas constitucionais programáticas são de aplicação diferida e não de aplicação ou execução imediata.

Resposta: alternativa "d".

11. (MPE-PR – PROMOTOR DE JUSTIÇA - PR/2008)

Sobre os direitos e garantias constitucionais, responda:

a) Quem são os destinatários da proteção constitucional?

b) Qual a dupla acepção do direito à vida?

c) Quais as exceções à inviolabilidade domiciliar?

d) Quais os requisitos da quebra do sigilo de comunicação através de interceptação telefônica?

RESPOSTA SUGERIDA

a) Nos termos do art. 5°, *caput*, da CF, os direitos e garantias fundamentais (em especial, os direitos individuais e coletivos) são garantidos "aos brasileiros e aos estrangeiros residentes no País". Entretanto, a jurisprudência do STF pacificou que também são titulares dessa proteção constitucional os estrangeiros em trânsito pelo território nacional, bem como as pessoas jurídicas.

b) O direito à vida, expressamente garantido no *caput* do art. 5° da CF, tem duas acepções: 1. Direito de permanecer vivo; e 2. Direito de viver com dignidade. Essas acepções do direito à vida já foram contrapostas pelo STF em inúmeros casos, com destaque para os julgamentos relativos à pesquisa com células tronco embrionárias e à antecipação terapêutica do parto de fetos anencéfalos.

c) De acordo com o art. 5°, XI, da CF, "a casa é asilo inviolável do indivíduo, ninguém nela podendo penetrar sem consentimento do morador, salvo em caso de flagrante delito ou desastre, ou para prestar socorro, ou, durante o dia, por determinação judicial". Assim, são exceções à inviolabilidade domiciliar as situações de: 1. Flagrante delito; 2. Desastre; 3. Prestação de socorro; 4. Cumprimento de determinação judicial, apenas durante o dia.

d) Nos termos do art. 5°, XII, da CF, "é inviolável o sigilo da correspondência e das comunicações telegráficas, de dados e das comunicações telefônicas, salvo, no último caso, por ordem judicial, nas hipóteses e na forma que a lei estabelecer para fins de investigação criminal ou instrução processual penal". Assim, os requisitos para quebra do sigilo de comunicação através de interceptação telefônica são os seguintes: 1. Ordem judicial (O STF já se manifestou no sentido de que a interceptação telefônica sempre se submete à reserva de jurisdição, não havendo exceções); 2. Nas hipóteses e na forma que a lei estabelecer; e 3. Apenas para fins de investigação criminal ou instrução processual penal.

DOUTRINA TEMÁTICA

"Nos moldes da dicção constitucional presente na literalidade do art. 5° da CF/88, os direitos fundamentais têm como destinatários principais os brasileiros – tanto natos quanto naturalizados – e os estrangeiros residentes no Brasil. Entretanto, há que se registrar que essa perspectiva literal (interpretação literal) não deve prevalecer. Nesses termos, de forma extensiva (interpretação extensiva) o próprio STF, em sua jurisprudência, já no início dos anos 90, reconheceu aos estrangeiros, mesmo que não residentes no país, a condição de destinatários". (FERNANDES, 2012, p. 333).

"Acha-se superada a doutrina de que os direitos fundamentais se dirigem apenas às pessoas humanas. Os direitos fundamentais suscetíveis, por sua natureza, de serem exercidos por pessoas jurídicas, podem tê-las por titular. Assim, não haveria por que recusar às pessoas jurídicas as consequências do princípio da igualdade, nem o direito de resposta, o direito de propriedade, o sigilo de correspondência, a inviolabilidade de domicílio, as garantias do direito adquirido, do ato jurídico perfeito e da coisa julgada. Há casos ainda de direitos conferidos diretamente à própria pessoa jurídica, tal o de não-interferência estatal no funcionamento de associações (art. 5°, XVIII) e o de não serem eles compulsoriamente dissolvidas (art. 5°, XIX)". (MENDES, COELHO, BRANCO, 2008, p. 271).

"O direito à vida, previsto de forma genérica no art. 5°, *caput*, abrange tanto o direito de não ser morto, de não ser privado da vida, portanto o de continuar vivo, como também o direito de ter uma vida digna." (LENZA, 2014, p. 1.068).

"O STF já firmou posicionamento no sentido de que a interceptação telefônica se submete à reserva de jurisdição, sem exceção. Vale ressaltar que, se a gravação for feita por um dos interlocutores, desconfigura-se a interceptação telefônica, restando mera gravação ambiental (RE 453.562-AgR, julgado em 2008 e relatado pelo Ministro Joaquim Barbosa). Importante destacar que a interceptação (gravações de conversas presentes e futuras) não se confunde com a quebra de sigilo (acesso a dados passados). Tal distinção é relevante, pois as CPIs (órgãos que não são investidos de poderes jurisdicionais) até podem determinar a quebra de sigilo de dados telefônicos (registro de chamadas recebidas e efetuadas), mas não a interceptação telefônica. [...] Nessa linha, o Supremo também entende que a análise dos últimos registros telefônicos em aparelhos celulares apreendidos após a efetuação de prisão em flagrante é lícita." (LÉPORE, 2015, p. 67).

"De acordo com a posição do STF no HC 93.050, julgado em 2008 e relatado pelo Ministro Celso de Mello, para os fins da proteção jurídica a que se refere o art. 5º, XI, da CF, "o conceito normativo de 'casa' revela-se abrangente e, por estender-se a qualquer compartimento privado não aberto ao público, onde alguém exerce profissão ou atividade (CP, art. 150, § 4º, III), compreende, observada essa específica limitação espacial (área interna não acessível ao público), os escritórios profissionais, inclusive os de contabilidade. Sem que ocorra qualquer das situações excepcionais taxativamente previstas no texto constitucional (art. 5º, XI), nenhum agente público, ainda que vinculado à administração tributária do Estado, poderá, contra a vontade de quem de direito (invito domino), ingressar, durante o dia, sem mandado judicial, em espaço privado não aberto ao público, onde alguém exerce sua atividade profissional, sob pena de a prova resultante da diligência de busca e apreensão assim executada reputar-se inadmissível, porque impregnada de ilicitude material. O atributo da autoexecutoriedade dos atos administrativos, que traduz expressão concretizadora do *privilège du preálable*, não prevalece sobre a garantia constitucional da inviolabilidade domiciliar, ainda que se cuide de atividade exercida pelo Poder Público em sede de fiscalização tributária". Em outro julgado, o STF apreciou a questão de forma ainda mais específica: "O sigilo profissional constitucionalmente determinado não exclui a possibilidade de cumprimento de mandado de busca e apreensão em escritório de advocacia. O local de trabalho do advogado, desde que este seja investigado, pode ser alvo de busca e apreensão, observando-se os limites impostos pela autoridade judicial. Tratando-se de local onde existem documentos que dizem respeito a outros sujeitos não investigados, é indispensável a especificação do âmbito de abrangência da medida, que não poderá ser executada sobre a esfera de direitos de não investigados. Equívoco quanto à indicação do escritório profissional do paciente, como seu endereço residencial, deve ser prontamente comunicado ao magistrado para adequação da ordem em relação às cautelas necessárias, sob pena de tornar nulas as provas oriundas da medida e todas as outras exclusivamente delas decorrentes. Ordem concedida para declarar a nulidade das provas oriundas da busca e apreensão no escritório de advocacia do paciente, devendo o material colhido ser desentranhado dos autos do Inq 544 em curso no STJ e devolvido ao paciente, sem que tais provas, bem assim quaisquer das informações oriundas da execução da medida, possam ser usadas em relação ao paciente ou a qualquer outro investigado, nesta ou em outra investigação." (HC 91.610, Rel. Min. Gilmar Mendes, julgamento em 8-6-2010, Segunda Turma, DJE de 22-10-2010.). Ante o exposto, resta claro que o conceito normativo de casa é abrangente, e qualquer compartimento privado onde alguém exerce profissão ou atividade está protegido pela inviolabilidade do domicílio. Apesar disso, há a possibilidade de se instalar escuta ambiental em escritório de advocacia que seja utilizado como reduto para a prática de crimes, conforme já decidiu o STF: "Escuta ambiental e exploração de local. Captação de sinais óticos e acústicos. Escritório de advocacia. Ingresso da autoridade policial, no período noturno, para instalação de equipamento. Medidas autorizadas por decisão judicial. Invasão de domicílio. Não caracterização. (...) Inteligência do art. 5º, X e XI, da CF; art. 150, § 4º, III, do CP; e art. 7º, II, da Lei 8.906/1994. (...) Não opera a inviolabilidade do escritório de advocacia, quando o próprio advogado seja suspeito da prática de crime, sobretudo concebido e consumado no âmbito desse local de trabalho, sob pretexto de exercício da profissão". (Inq 2.424, julgado em 2008 e relatado pelo Ministro Cezar Peluso). (LÉPORE, 2015, p. 65-66).

JURISPRUDÊNCIA TEMÁTICA

"O Magno Texto Federal não dispõe sobre o início da vida humana ou o preciso instante em que ela começa. Não faz de todo e qualquer estádio da vida humana um autonomizado bem jurídico, mas da vida que já é própria de uma concreta pessoa, porque nativiva (teoria 'natalista', em contraposição às teorias 'concepcionista' ou da 'personalidade condicional'). E, quando se reporta a 'direitos da pessoa humana' e até a 'direitos e garantias individuais' como cláusula pétrea, está falando de direitos e garantias do indivíduo-pessoa, que se faz destinatário dos direitos fundamentais 'à vida, à liberdade, à igualdade, à segurança e à propriedade', entre outros direitos e garantias igualmente distinguidos com o timbre da fundamentalidade (como direito à saúde e ao planejamento familiar). Mutismo constitucional hermeneuticamente significante de transpasse de poder normativo para a legislação ordinária. A potencialidade de algo para se tornar pessoa humana já é meritória o bastante para acobertá-la, infraconstitucionalmente, contra tentativas levianas ou frívolas de obstar sua natural continuidade fisiológica. Mas as três realidades não se confundem: o embrião é o embrião, o feto é o feto e a pessoa humana é a pessoa humana. Donde não existir pessoa humana embrionária, mas embrião de pessoa humana. O embrião referido na

Lei de Biossegurança (in vitro apenas) não é uma vida a caminho de outra vida virginalmente nova, porquanto lhe faltam possibilidades de ganhar as primeiras terminações nervosas, sem as quais o ser humano não tem factibilidade como projeto de vida autônoma e irrepetível. O Direito infraconstitucional protege por modo variado cada etapa do desenvolvimento biológico do ser humano. Os momentos da vida humana anteriores ao nascimento devem ser objeto de proteção pelo direito comum. O embrião pré-implanto é um bem a ser protegido, mas não uma pessoa no sentido biográfico a que se refere a Constituição." (ADI 3.510, Rel. Min. Ayres Britto, julgamento em 29-5-2008, Plenário, DJE de 28-5-2010.)

QUESTÕES DE CONCURSO RELACIONADAS

01. (TJ/RS – Juiz de Direito Substituto – RS/2012) Tendo em vista o quadro constitucional relativo aos direitos fundamentais, considere as assertivas abaixo.

I. As limitações constitucionais ao poder de tributar são direitos e garantias fundamentais do cidadão, mesmo fora do catálogo do Título II da Constituição Federal.

II. O acesso a recursos do fundo partidário e ao uso gratuito dos meios de comunicação é exemplo de direito fundamental prestacional.

III. Por ausência de cláusula expressa, não se reconhece às pessoas jurídicas a titularidade de direitos fundamentais.

Quais são corretas?

a) Apenas I

b) Apenas II

c) Apenas III

d) Apenas I e II

e) I, II e III

Resposta: alternativa "d".

02. (Cespe – Juiz de Direito Substituto-BA/ 2012) Acerca dos princípios e dos direitos e garantias fundamentais previstos na CF, assinale a opção correta.

a) A CF assegura a gratuidade das ações de habeas corpus e mandado de segurança, e, na forma da lei, de todos os atos necessários ao exercício da cidadania.

b) Se um juiz, ao praticar ato de natureza penal, agir de modo negligente e condenar alguém por sentença que contenha erro judiciário, caberá ao Estado a responsabilidade de indenizar essa pessoa.

c) Assim como os estrangeiros não residentes no Brasil, as pessoas jurídicas também não são destinatárias de direitos fundamentais elencados na CF.

d) A integração econômica, política, social e cultural dos povos da América do Sul, com vistas à formação de um mercado comum regional, expressamente prevista na CF, materializou-se com a criação do Mercado Comum do Sul (MERCOSUL) e da União de Nações Sul-Americanas (UNASUL).

e) A República Federativa do Brasil rege-se, nas suas relações internacionais, entre outros princípios, pela erradicação da pobreza e redução das desigualdades entre os povos da América Latina e pelo pluralismo político e igualdade entre os Estados

Resposta: alternativa "b".

---

03. (FMP – Procurador do Estado - AC/ 2012) Com fundamento no princípio da dignidade da pessoa humana, está correto afirmar que:

I. a pesquisa com células-tronco afetam o princípio da dignidade da pessoa humana, pois objetiva o enfrentamento e a cura de patologias e traumatismos que severamente limitam, atormentam, infelicitam, desesperam e não raras vezes degradam a vida de expressivo contingente populacional (ilustrativamente, atrofias espinhais progressivas, distrofias musculares, a esclerose múltipla e a lateral amiotrófica, as neuropatias e as doenças do neurônio motor).

II. Só é lícito o uso de algemas em casos de resistência e de fundado receio de fuga ou de perigo à integridade física própria ou alheia, por parte do preso ou de terceiros.

a) Apenas a afirmativa I está correta.

b) Apenas a afirmativa II está correta.

c) Nenhuma das alternativas está correta.

d) Ambas as alternativas estão corretas.

Resposta: alternativa "d".

---

04. (UEPA – Procurador do Estado - PA/ 2012) Sobre a jurisprudência recente do Supremo Tribunal Federal, em matéria de direitos fundamentais, é INCORRETO afirmar que:

a) o Tribunal reconheceu, à unanimidade, que o regime jurídico da união estável aplica-se às parcerias homoafetivas.

b) o Tribunal declarou, por maioria de votos, a inconstitucionalidade da interpretação segundo a qual a "Lei de Anistia" alcança os crimes de estupro, tortura e desaparecimento continuado, determinando a formação da Comissão Nacional da Verdade.

c) o Tribunal declarou, por maioria de votos, a constitucionalidade das pesquisas com células tronco embrionárias.

d) o Tribunal declarou, por maioria de votos, a inconstitucionalidade da interpretação segundo a qual a interrupção da gravidez de feto anencéfalo é conduta tipificada no Código Penal.

e) o Tribunal reconheceu, à unanimidade, a constitucionalidade da política de cotas raciais para ingresso nas universidades públicas.

Resposta: alternativa "b".

---

05. (MPE/PR – Promotor de Justiça – PR/2008) Assinale a alternativa INCORRETA:

a) nenhuma pena passará da pessoa do condenado, podendo a obrigação de reparar o dano e a decretação do perdimento de bens ser, nos termos da lei, estendidas aos sucessores e contra eles executadas, até o limite do valor do patrimônio transferido;

b) nenhum brasileiro será extraditado, salvo o naturalizado, em caso de crime comum, praticado antes da naturalização, ou de comprovado envolvimento em tráfico ilícito de entorpecentes e drogas afins, na forma da lei;

c) não será concedida extradição de estrangeiro por crime político ou de opinião;

d) a casa é asilo inviolável do indivíduo, ninguém nela podendo penetrar sem consentimento do morador, salvo em caso de flagrante delito ou desastre, ou para prestar socorro, ou, durante a noite, por determinação judicial;

e) é assegurado o direito de resposta, proporcional ao agravo, além da indenização por dano material, moral ou à imagem.

Resposta: alternativa "d".

---

06. (TJDFT – Juiz Substituto – DF/ 2008) O dispositivo previsto no inciso XI do artigo 5° da Constituição Federal consagra direito fundamental à inviolabilidade domiciliar. Em sendo assim, assinale a alternativa não-correta:

a) Em caso de desastre, ou para prestar socorro, autoriza-se a entrada na casa, seja de dia ou de noite, tenha-se ou não anuência do morador ou autorização judicial;

b) Em caso de flagrante delito, igualmente, autoriza-se o ingresso na casa, de dia ou de noite, independentemente de quem quer que seja;

c) Em caso em que se observa estado de defesa, da mesma forma, autoriza-se a busca e apreensão domiciliar por ordem de autoridade administrativa;

d) No período diurno, por determinação judicial, excepciona-se também a inviolabilidade domiciliar. Nesta hipótese, estamos diante da denominada reserva de jurisdição, ou seja, situações em que se faz indispensável a atuação do Poder Judiciário, autorizando determinada conduta, sem a qual seria a mesma considerada ilícita.

Resposta: alternativa "c".

---

07. (FCC – Defensor Público - PB/2014) O princípio constitucional da reserva de jurisdição incide sobre os seguintes direitos fundamentais:

a) liberdade de consciência e de crença e liberdade de manifestação do pensamento.

b) inviolabilidade da intimidade, da vida privada, da honra e da imagem das pessoas e liberdade de manifestação do pensamento.

c) inviolabilidade de domicílio e inviolabilidade do sigilo das comunicações telefônicas.

d) liberdade de consciência e de crença e inviolabilidade da intimidade, da vida privada, da honra e da imagem das pessoas.

e) inviolabilidade da intimidade, da vida privada, da honra e da imagem das pessoas e inviolabilidade de domicílio.

Resposta: alternativa "c".

---

08. (Cespe – Advogado da União/2009) A respeito da interceptação das comunicações telefônicas, julgue os itens a seguir, com base no entendimento do STF.

I. Considere que, após realização de interceptação telefônica judicialmente autorizada para apurar crime contra a administração pública imputado ao servidor público

Mário, a autoridade policial tenha identificado, na fase de inquérito, provas de ilícitos administrativos praticados por outros servidores. Nessa situação hipotética, considerando-se que a interceptação telefônica tenha sido autorizada judicialmente apenas em relação ao servidor Mário, as provas obtidas contra os outros servidores não poderão ser usadas em procedimento administrativo disciplinar.

Resposta: Errado.

II. É possível a prorrogação do prazo de autorização para a interceptação telefônica, mesmo que sucessiva, especialmente quando se tratar de fato complexo que exija investigação diferenciada e contínua.

Resposta: Certo.

III. Uma vez realizada a interceptação telefônica de forma fundamentada, legal e legítima, as informações e provas coletadas dessa diligência podem subsidiar denúncia com base em crimes puníveis com pena de detenção, desde que estes sejam conexos aos primeiros tipos penais que justificaram a interceptação.

Resposta: Certo

12. (VUNESP – DEFENSOR PÚBLICO - MS/2008)

A Constituição brasileira permite o aborto de fetos anencéfalos?

RESPOSTA SUGERIDA

O direito à vida, reconhecido no caput do art. 5.º da CF como inviolável, ocupa posição de destaque em relação aos demais direitos fundamentais pelo simples fato de que, sem a sua proteção, todos os demais direitos perdem o sentido, tornando inócuo o arcabouço jurídico pátrio.

Apesar da destacada importância, a Constituição Federal não dispôs acerca dos limites da vida, ou seja, sobre quando se inicia e termina a sua proteção, relegando à doutrina tal missão.

No âmbito doutrinário, destaca-se a lição de José Afonso da Silva, segundo a qual o direito à vida deve ser tratado sob uma ótica de dimensões de proteção. Segundo o constitucionalista, são três as dimensões do direito à vida: a) existência; b) integridade física; e c) integridade moral.

A dimensão de existência consiste basicamente no direito de estar e permanecer vivo. Já a integridade física compreende o absoluto respeito à integridade corporal e psíquica de todo e qualquer ser humano, assim, qualquer agressão ao corpo humano é também uma agressão à vida, porque aquele é meio de desenvolvimento desta. Por fim, a terceira dimensão do direito à vida, intitulada integridade moral, preceitua que, além dos elementos materiais, a vida também seria dotada de valores imateriais que também merecem proteção do ordenamento jurídico como, por exemplo, a moral.

A compreensão dessas dimensões do direito à vida é imprescindível para que se possa enfrentar o tema do aborto, notadamente o de anencéfalos. Segundo o art. 128, I e II do Código Penal, o aborto só não configura crime e, portanto, pode ser praticado licitamente no Brasil, se for para salvar a vida da gestante (aborto necessário), ou se for para interromper gravidez decorrente de estupro (aborto sentimental, ético ou humanitário). Entretanto, hodiernamente, vem sendo discutida a possibilidade de inclusão de uma terceira hipótese de aborto lícito: o aborto de anencéfalos, ou, segundo a posição do STF, uma antecipação terapêutica de parto de anencéfalos.

Basicamente, anencéfalo é o feto que não tem formação cerebral. Tecnicamente se diz que anencéfalo é o feto que apresenta defeito no fechamento do tubo neural. O fato é que a anencefalia acaba redundando no falecimento da criança pouco tempo depois do parto.

Nesse sentido, pondera-se que não seria razoável exigir que a mãe passe por uma gestação com a certeza de que o seu filho não sobreviverá. Tornando-se possível a antecipação terapêutica de parto de anencéfalo haveria proteção à vida da gestante na dimensão da integridade física, pois ao obrigar a mãe a levar a gestação até o final, estaria sendo violada a higidez psíquica da mulher, que teria de lidar com o fato de estar carregando praticamente um natimorto. Há até quem sustente que a autorização da interrupção da gravidez representaria respeito ao direito fundamental de vedação à tortura, levando-se em conta a situação da gestante durante a gestação.

Todos esses argumentos a respeito do aborto de feto anencéfalo foram discutidos no bojo da ADPF 54, em que se buscava pronunciamento evolutivo do STF que paralisasse a eficácia dos arts. 124 a 127 do CP quando da realização da interrupção da gestação de anencéfalo, ou seja, que tornasse impossível a subsunção a qualquer tipo penal que puna o aborto nessas circunstâncias.

Vale ressaltar que, além dos argumentos envolvendo o Código Penal e o aborto, há outras posições quanto à questão da anencefalia. Argumenta-se com base na Lei 9.434/1997, que permite o transplante de órgãos e tecidos após a morte encefálica. Isso porque, se a Lei de Transplantes permite a retirada de órgãos e tecidos após a morte encefálica, ela determina só haver vida a ser protegida quando houver encéfalo. Assim, juridicamente, o feto anencéfalo não seria uma vida passível de proteção, não se podendo, pois, falar em aborto, haja vista esse tipo penal pressupor a interrupção de uma vida.

Em 2012 o STF acabou julgando procedente a ADPF 54, para autorizar a realização da antecipação terapêutica do parto de fetos anencéfalos. A Suprema Corte determinou a inconstitucionalidade da interpretação segundo a qual a antecipação terapêutica do parto de anencéfalo se subsumiria aos tipos de aborto, posto que o embrião não se constituiria em vida a ser protegida.

DOUTRINA TEMÁTICA

"A Constituição de 1988, em seu teor literal, fez apenas prever que é inviolável o direito à vida. A inviolabilidade é a nota essencial (e fora de discussão) da norma contida no *caput* do art. 5°. O alcance dessa inviolabilidade, com a identificação, no limite, das hipóteses de vida humana e de não vida ou da vida não humana, ou mesmo das hipóteses em que não há de prevalecer a vida, em face de outros valores, cai no âmbito da discussão intensamente marcada pelo desacordo moral e pela improvável ocorrência – ao contrário do que supõe Dworkin – de um consenso ou da aceitação de uma única resposta jurídico-impositiva por todos os segmentos sociais." (TAVARES, 2013, p. 214).

"Em 12-4-2012, o Supremo Tribunal Federal, por maior e nos precisos termos do voto do Relator, Min. Marco Aurélio, concluiu o julgamento da ADPF 54. Ela foi julgada procedente. Oito dos dez ministros presentes à sessão declararam a inconstitucionalidade da exegese segundo a qual a interrupção da gravidez de feto anencéfalo é conduta tipificada nos arts. 124, 126, 128, I e II, do Código Penal. Os Ministros Gilmar Mendes e Celso de Mello, que julgaram a ação procedente, ficaram vencidos quanto ao apelo que fizeram no sentido de se diagnosticar, previamente, o quadro de anencefalia, de modo a comprová-lo. Já os Ministros Ricardo Lewandowski e Cezar Peluso (Presidente) julgaram improcedente a ADPF. O Min. Dias Toffoli ficou impedido, pois havia atuado no processo como Advogado-Geral da União". (BULOS, 2014, p. 545).

JURISPRUDÊNCIA TEMÁTICA

STF

"O Plenário, por maioria, julgou procedente pedido formulado em arguição de descumprimento de preceito fundamental ajuizada, pela Confederação Nacional dos Trabalhadores na Saúde - CNTS, a fim de declarar a inconstitucionalidade da interpretação segundo a qual a interrupção da gravidez de feto anencéfalo seria conduta tipificada nos artigos 124, 126 e 128, I e II, do CP. Prevaleceu o voto do Min. Marco Aurélio, relator. De início, reputou imprescindível delimitar o objeto sob exame. Realçou que o pleito da requerente seria o reconhecimento do direito da gestante de submeter-se a antecipação terapêutica de parto na hipótese de gravidez de feto anencéfalo, previamente diagnosticada por profissional habilitado, sem estar compelida a apresentar autorização judicial ou qualquer outra forma de permissão do Estado. Destacou a alusão realizada pela própria arguente ao fato de não se postular a proclamação de inconstitucionalidade abstrata dos tipos penais em comento, o que os retiraria do sistema jurídico. Assim, o pleito colimaria tão somente que os referidos enunciados fossem interpretados conforme a Constituição. Dessa maneira, exprimiu que se mostraria despropositado veicular que o Supremo examinaria a descriminalização do aborto, especialmente porque existiria distinção entre aborto e antecipação terapêutica de parto. Nesse contexto, afastou as expressões "aborto eugênico", "eugenésico" ou "antecipação eugênica da gestação", em razão do indiscutível viés ideológico e político impregnado na palavra eugenia. Na espécie, aduziu inescapável o confronto entre, de um lado, os interesses legítimos da mulher em ver respeitada sua dignidade e, de outro, os de parte da sociedade que desejasse proteger todos os que a integrariam, independentemente da condição física ou viabilidade de sobrevivência. Sublinhou que o tema envolveria a dignidade humana, o usufruto da vida, a liberdade, a autodeterminação, a saúde e o reconhecimento pleno de direitos individuais, especificamente, os direitos sexuais e reprodutivos das mulheres. No ponto, relembrou que não haveria colisão real entre direitos fundamentais, apenas conflito aparente. Versou que o Supremo fora instado a se manifestar sobre o tema no HC 84025/RJ (DJU de 25.06.2004), entretanto, a Corte decidira pela prejudicialidade do writ em virtude de o parto e o falecimento do anencéfalo terem ocorrido antes do julgamento. Ressurtiu que a tipificação penal da interrupção da gravidez de feto anencéfalo não se coadunaria com a Constituição, notadamente com os preceitos que garantiriam o Estado laico, a dignidade da pessoa humana, o direito à vida e a proteção da autonomia, da liberdade, da privacidade e da saúde. ADPF 54/DF, rel. Min. Marco Aurélio, 11 e 12.4.2012. (ADPF-54)

[...]

No que tange à anencefalia, explicou que as informações e os dados revelados na audiência pública em muito teriam contribuído para esclarecer seu conceito, que consistiria na malformação do tubo neural, a caracterizar-se pela ausência parcial do encéfalo e do crânio, resultante de defeito no fechamento do tubo neural durante o desenvolvimento embrionário. Explanou que, para o diagnóstico dessa anomalia, seria necessária a ausência dos hemisférios cerebrais, do cerebelo e de um tronco cerebral rudimentar ou a inexistência parcial ou total do crânio. Nestes termos, aludiu que o anencéfalo, assim como o morto cerebral, não deteria atividade cortical, de modo que se mostraria deficiente de forma grave no plano neurológico, dado que lhe faltariam não somente os fenômenos da vida psíquica, mas também a sensibilidade, a mobilidade, a integração de quase todas as funções corpóreas. Portanto, o feto anencefálico não desfrutaria de nenhuma função superior do sistema nervoso central "responsável pela consciência, cognição, vida relacional, comunicação, afetividade e emotividade". Ressaiu, pois, que essa má-formação seria doença congênita letal, pois não haveria possibilidade de desenvolvimento de massa encefálica em momento posterior, pelo que inexistiria, diante desse diagnóstico, presunção de vida extrauterina, até porque seria consenso na medicina que o falecimento diagnosticar-se-ia pela morte cerebral. Anotou que, em termos médicos, haveria dois processos que evidenciariam o momento morte: o cerebral e o clínico. O primeiro consistiria na parada total e irreversível das funções encefálicas, em consequência de causa conhecida, ainda que o tronco cerebral estivesse temporariamente em atividade. O segundo seria a parada irreversível das funções cardiorrespiratórias, com a finalização das atividades cardíaca e cerebral pela ausência de irrigação sanguínea, de maneira a resultar em posterior necrose celular. ADPF 54/DF, rel. Min. Marco Aurélio, 11 e 12.4.2012. (ADPF-54)

[...]

Afirmou que, conforme a Resolução 1.480/97, do Conselho Federal de Medicina - CFM, os exames complementares a serem observados para a constatação de morte encefálica deveriam demonstrar, de modo inequívoco, a ausência de atividade elétrica cerebral ou metabólica deste órgão ou, ainda, inexistência de perfusão sanguínea nele. Elucidou que, por essa razão, o CFM, mediante a Resolução 1.752/2004, consignara serem os anencéfalos natimortos cerebrais. Desse modo, eles jamais se tornariam pessoa. Nessa senda, sintetizou que não se cuidaria de vida em potencial, porém, seguramente, de morte. Acentuou que a respiração e o batimento cardíaco não excluiriam o diagnóstico de morte cerebral e que no conhecido caso da suposta portadora de anencefalia, que teria sobrevivido por um ano, oito meses e doze dias, o diagnóstico estaria equivocado, consoante teriam informado renomados especialistas. Articulou que não se trataria de anencefalia no sentido corriqueiramente utilizado pela literatura médica, e sim de meroencefalia, porquanto o feto possuiria partes do cérebro — cerebelo e pedaço do lóbulo temporal — que viabilizariam, embora precariamente, a vida extrauterina. Assim, apontou não se poder qualificá-lo, em sentido técnico, como anencéfalo, o qual jamais seria dotado dessas estruturas. Rechaçou, igualmente, a assertiva de que a interrupção da gestação de feto anencéfalo consubstanciaria aborto eugênico, compreendido no sentido negativo em referência a práticas nazistas. Neste contexto, descreveu que anencéfalo não teria vida em potencial, de sorte que não se poderia cogitar de aborto eugênico, o qual pressuporia a vida extrauterina de seres que discrepassem de padrões imoralmente eleitos. Discorreu que não se trataria de feto ou criança com lábio leporino, ausência de membros, pés tortos, sexo dúbio, Síndrome de Down, extrofia de bexiga, cardiopatias congênitas, comunicação interauricular ou inversões viscerais, enfim, não se cuidaria de feto com deficiência grave que permitisse sobrevida fora do útero, mas tão somente de anencefalia. Exprimiu, pois, que a anencefalia mostrar-se-ia incompatível com a vida extrauterina, ao passo que a deficiência, não. ADPF 54/DF, rel. Min. Marco Aurélio, 11 e 12.4.2012. (ADPF-54)

[...]

Observou que seria improcedente a alegação de direito à vida dos anencéfalos, haja vista que estes seriam termos antitéticos. Explicou que, por ser o anencéfalo absolutamente inviável, não seria titular do direito à vida, motivo pelo qual o conflito entre direitos fundamentais seria apenas aparente, dado que, em contraposição aos direitos da mulher, não se encontraria o direito à vida ou à dignidade humana de quem estivesse por vir. Assentou que o feto anencéfalo, mesmo que biologicamente vivo, porque feito de células e tecidos vivos, seria juridicamente morto, de maneira que não deteria proteção jurídica, principalmente a jurídico-penal. Corroborou esse entendimento ao inferir o conceito jurídico de morte cerebral da Lei 9.434/97, de modo que seria impróprio falar em direito à vida intra ou extrauterina do anencéfalo, natimorto cerebral. Destarte, a interrupção de gestação de feto anencefálico não configuraria crime contra a vida, porquanto se revelaria conduta atípica. Advertiu que, nas décadas de 30 e 40, a medicina não possuiria recursos técnicos necessários para identificar previamente a anomalia fetal, por isso, a literalidade do Código Penal de 1940 certamente estaria em harmonia com o nível de diagnósticos médicos existentes à época, o que explicaria a ausência de dispositivo que previsse expressamente a atipicidade da interrupção da gravidez de feto anencefálico. Nesse aspecto, relembrou que se trataria do mesmo legislador que, para proteger a honra e a saúde mental ou psíquica da mulher, considerara impunível o aborto provocado em gestação oriunda de estupro em hipótese de feto plenamente viável. Assim, entreviu ser lógico que, apesar da falta de previsão expressa no Código Penal de 1940, o feto sem potencialidade de vida não pudesse ser tutelado pelo tipo incriminador em comento. Pronunciou que, no julgamento da ADI 3510/DF (DJe de 28.5.2010), esta Corte cuidara, quanto ao direito à vida, de diversos enfoques, dentre os quais o da concepção, o da ligação do feto à parede do útero (nidação), o da formação das características individuais do feto, o da percepção pela mãe dos primeiros movimentos, o da viabilidade em termos de persistência da gravidez e o do nascimento. Aludiu que, sob o ângulo biológico, o início da vida pressuporia não só a fecundação do óvulo pelo espermatozoide, como também a viabilidade, elemento inexistente ao feto anencéfalo, assim compreendido majoritariamente pela medicina. Aclarou que, quando a Constituição reportara-se a "direitos da pessoa humana" e a "direitos e garantias individuais" como cláusulas pétreas, teria tratado de direitos e garantias do indivíduo-pessoa, destinatário dos "direitos fundamentais à vida, à liberdade, à igualdade, à segurança e à propriedade". Ponderou, entretanto, que jamais haveria indivíduo-pessoa no caso do anencéfalo, razão pela qual não se justificaria sua tutela jurídico-penal, principalmente na hipótese em que esbarraria em direitos fundamentais da mulher. ADPF 54/DF, rel. Min. Marco Aurélio, 11 e 12.4.2012. (ADPF-54)

[...]

Reputou inquestionável o caráter não absoluto do direito à vida ante o texto constitucional, cujo art. 5º, XLVII, admitiria a pena de morte no caso de guerra declarada na forma do seu artigo 84, XIX. No mesmo sentido, citou previsão de aborto ético ou humanitário como causa excludente de ilicitude ou antijuridicidade no Código Penal, situação em que o legislador teria priorizado os direitos da mulher em detrimento dos do feto. Recordou que a proteção ao direito à vida comportaria diferentes gradações, consoante o que estabelecido na ADI 3510/DF. Reforçou esse ponto ao deduzir que a pena cominada ao crime de homicídio seria superior àquela de aborto provocado pela gestante ou com seu consentimento, a revelar que o direito à vida ganharia contornos mais amplos, de forma a atrair proteção estatal mais intensa à medida que ocorresse seu desenvolvimento. Consignou que impenderia distinguir-se ser humano de pessoa humana: o embrião obviamente seria humano, ser vivo, todavia, não configuraria, ainda, pessoa, ou seja, sujeito de direitos e deveres, a caracterizar o estatuto constitucional da pessoa humana. Por fim, salientou que, mesmo que se concebesse a existência de direito à vida de fetos anencefálicos, — premissa da qual discordaria —, dever-se-ia admitir ser a tutela conferida nesse caso menos intensa do que a deferida às pessoas e aos fetos em geral, simplesmente porque aqueles não se igualariam a estes. Outrossim, sopesou que, se a proteção ao feto saudável fosse passível de ponderação com direitos da mulher, com maior razão o seria em relação àquela eventualmente atribuída ao anencéfalo. ADPF 54/DF, rel. Min. Marco Aurélio, 11 e 12.4.2012. (ADPF-54)

QUESTÕES DE CONCURSO RELACIONADAS

01. (UFPR – Juiz de Direito Substituto-PR/ 2012) De acordo com o entendimento do Supremo Tribunal Federal, assinale a alternativa correta.

a) O processo administrativo disciplinar no qual o servidor público acusado não foi assistido por advogado encontra-se maculado de vício, por ofensa ao direito fundamental à ampla defesa.
b) Por violar a dignidade da pessoa humana, é vedada a prisão civil por dívida, ressalvados os casos do devedor de obrigação alimentícia e do depositário infiel.
c) É inconstitucional a interpretação do Código Penal que considera como crime a interrupção da gravidez nos casos de fetos dotados de anencefalia ou outras doenças cerebrais.
d) Contraria a Constituição Federal a exigência de depósito prévio em dinheiro para a interposição de recurso na esfera administrativa.

Resposta: alternativa "d".

---

02. (UEPA – Procurador do Estado - PA/ 2012) Sobre a atuação do Supremo Tribunal Federal, em matéria de direitos fundamentais, assinale a alternativa que contenha apenas temas que foram objeto de audiência pública em controle concentrado de constitucionalidade:

a) pesquisas com células-tronco, aborto de feto anencefálico e importação de pneus usados.
b) judicialização da efetivação do direito à saúde, revogação da "Lei de Anistia" e cotas raciais para ingresso nas universidades públicas.
c) revogação da "Lei de Imprensa", pesquisas com células-tronco e "Lei Seca".
d) uniões homoafetivas, aborto de feto anencefálico e cotas raciais para ingresso nas universidades públicas.
e) revogação da "Lei de Anistia", judicialização da efetivação do direito à saúde e importação de pneus usados.

Resposta: alternativa "a".

13. (TJ/RJ – JUIZ DE DIREITO - RJ/2011)

Edital de concurso público para o cargo de delegado de polícia de determinado estado, com base em lei local, exige dos candidatos a altura mínima de 1,65m. Candidato reprovado no exame antropométrico, porque sua altura é abaixo da mínima exigida na lei local e no edital, ajuíza ação com a pretensão de continuar nas demais fases do concurso. Argumenta que essa exigência afronta o princípio da isonomia e apresenta-se desarrazoada. Resolva a questão.

RESPOSTA SUGERIDA

Nos termos do art. 37, *caput*, da CF, a administração pública direta e indireta de qualquer dos Poderes da União, dos Estados, do Distrito Federal e dos Municípios obedecerá aos princípios de legalidade, impessoalidade, moralidade, publicidade e eficiência e, também, ao seguinte: I - os cargos, empregos e funções públicas são acessíveis aos brasileiros que preencham os requisitos estabelecidos em lei, assim como aos estrangeiros, na forma da lei (princípio do acesso universal ou do ampla acessibilidade); II - a investidura em cargo ou emprego público depende de aprovação prévia em concurso público de provas ou de provas e títulos, de acordo com a natureza e a complexidade do cargo ou emprego, na forma prevista em lei, ressalvadas as nomeações para cargo em comissão declarado em lei de livre nomeação e exoneração.

Já o art. 5°, *caput*, da CF, traz o princípio da igualdade ou da isonomia, segundo o qual "Todos são iguais perante a lei, sem distinção de qualquer natureza [...]".

Com base nesses preceitos constitucionais é que se deve enfrentar a questão relativa a exigência de altura mínima, prevista em lei local, para o cargo de delegado de polícia.

O estabelecimento de requisitos para acesso a cargos públicos via concurso público não pode violar o princípio da isonomia (ou seja, todas as pessoas devem ter essa prerrogativa, sob pena de configurar-se clara discriminação inconstitucional) e nem pode ser desarrazoado.

Segundo a maioria da doutrina e a jurisprudência pacífica do Supremo Tribunal Federal, é possível o estabelecimento de altura mínima para se ocupar determinado cargo público sem que haja violação aos princípios da isonomia e da razoabilidade, desde que a natureza e as atribuições do cargo a ser exercido as justifiquem.

Em relação às carreiras policiais, o STF já decidiu pela constitucionalidade do estabelecimento de altura mínima para os cargos de delegado e de agente de polícia, mas reputou inválida essa exigência para o cargo de escrivão de polícia. Considerou-se que a altura mínima para delegado e agente se justifica pelas naturezas dos cargos, ao passo que não seria razoável o estabelecimento desse requisito etário para o escrivão, haja vista o exercício de função eminentemente escriturária, para a qual a altura mínima do servidor não gera nenhuma repercussão.

Também é posição majoritária na doutrina e predominante no Supremo Tribunal Federal, que os requisitos para se ocupar cargo público estejam previstos em lei *stricto sensu*.

Portanto, no caso em tela, haja vista tratar-se de requisito relacionado à natureza do cargo (estabelecimento de altura mínima de 1.65m para o desempenho das funções de delegado de polícia) e não ofensivo à exigência de reserva legal (a exigência está prevista em lei local), não há que se falar em falta de razoabilidade ou violação à isonomia.

◉ DOUTRINA TEMÁTICA

"O princípio constitucional da ampla acessibilidade esteve, com algumas variações, em todas as constituições brasileiras. A Constituição da República de 1988 inova ao estender o alcance do dito princípio para os cargos, empregos e funções públicas, na forma da lei. O princípio em referência objetiva realizar outros princípios consagrados em nosso sistema constitucional, notadamente democracia e isonomia. Também é possível vislumbrar ligação com as exigências do princípio da eficiência, neste momento entendido como a necessidade de selecionar os mais aptos para ocupar as posições em disputa e proporcionar uma atuação estatal otimizada. O princípio, pode-se adiantar, comporá a base do direito fundamental de concorrer, em igualdade de condições, às posições públicas estáveis. Cabe à lei conformar o princípio da ampla acessibilidade, estabelecendo os requisitos necessários para o acesso aos cargos, empregos e funções públicas. A lei a que se refere é editada pelo ente político responsável pela criação do cargo, emprego ou função. É extreme de qualquer dúvida que a lei, nesta situação, está adstrita à obediência das normas constitucionais, sejam elas princípios ou regras. Importa afirmar, por exemplo, que os requisitos legais devem ser razoáveis, obrigatoriamente ligados à natureza e à complexidade das atribuições, sob pena de inconstitucionalidade. Não obstante, parece claro que o dispositivo constitucional faz referência à lei, não admitindo o estabelecimento de exigência por ato normativo inferior. Ainda que os regulamentos, editais de concurso público e outros atos normativos possam debulhar os conceitos legais e estabelecer regras procedimentais, não se admite que possam trazer exigências ou requisitos que exorbitem das prescrições legais. No cotejo entre lei e ato normativo, haverá que se concluir pela legalidade ou ilegalidade deste último, sempre tendo a lei, enquanto norma superior, como parâmetro de aferição. Não se admitem maiores ilações: documentos, inclusive habilitações específicas, testes físicos, exames psicotécnicos, tempo de experiência e idade mínima ou máxima, dentre tantos outros requisitos, somente podem ser exigidos por lei, à qual deve estritamente vincular-se o edital de concurso". (MOTTA, 2013, p. 826).

"Na Administração Pública, todos podem ter acesso aos cargos, empregos e funções públicas, para trabalharem como agentes públicos, desde que cumpram as exigências estabelecidas em lei. É o que preconiza o art. 37, inciso I, da Constituição Federal, que consagra o princípio do acesso universal aos cargos, empregos e funções públicas, proclamando que os cargos, empregos e funções públicas são acessíveis a todos os brasileiros que cumpram os requisitos fixados em lei e aos estrangeiros na forma da lei. Assim, em face do preceito em tela, (1) não é possível se restringir o acesso aos cargos, empregos e funções públicas a determinados grupos ou categorias, estando vedada, portanto, a figura do concurso interno, e (2) somente a lei pode estabelecer, de modo razoável e proporcional, os requisitos de acesso". (CUNHA JÚNIOR, 2012, p. 971)

JURISPRUDÊNCIA TEMÁTICA

"Razoabilidade da exigência de altura mínima para ingresso na carreira de delegado de polícia, dada a natureza do cargo a ser exercido. Violação ao princípio da isonomia. Inexistência." (RE 140.889, Rel. p/ o ac. Min. Maurício Corrêa, julgamento em 30-5-2000, Segunda Turma, DJ de 15-12-2000.) Vide: RE 659.557, Rel. Min. Ayres Britto, decisão monocrática, julgamento em 13-3-2012, DJE de 18-4-2012."

"Concurso público – Fator altura. Caso a caso, há de perquirir-se a sintonia da exigência, no que implica fator de tratamento diferenciado com a função a ser exercida.

No âmbito da polícia, ao contrário do que ocorre com o agente em si, não se tem como constitucional a exigência de altura mínima, considerados homens e mulheres, de um metro e sessenta para a habilitação ao cargo de escrivão, cuja natureza é estritamente escriturária, muito embora de nível elevado." (RE 150.455, Rel. Min. Marco Aurélio, julgamento em 15-12-1998, Segunda Turma, DJ de 7-5-1999.) No mesmo sentido: AI 384.050-AgR, Rel. Min. Carlos Velloso, julgamento em 9-9-2003, Segunda Turma, DJ de 10-10-2003; RE 194.952, Rel. Min. Ellen Gracie, julgamento em 11-9-2001, Primeira Turma, DJ de 11-10-2001. Vide: AI 851.587-AgR, rel. min. Marco Aurélio, julgamento em 19-6-2012, Primeira Turma, DJE de 1º-8-2012.

"Constitucional. Administrativo. Concurso público. Policial militar. Altura mínima. Previsão legal. Inexistência. Somente lei formal pode impor condições para o preenchimento de cargos, empregos ou funções públicas. Precedentes." (AI 723.748-AgR, Rel. Min. Eros Grau, julgamento em 30-9-2008, Segunda Turma, DJE de 7-11-2008.) No mesmo sentido: AI 623.035-AgR, Rel. Min. Cármen Lúcia, julgamento em 2-12-2010, Primeira Turma, DJE de 1º-2-2011.

"Longe fica de vulnerar a CF pronunciamento no sentido da inexigibilidade de altura mínima para habilitação em concurso público quando esta for prevista estritamente no edital, e não em lei em sentido formal e material." (AI 598.715-AgR, Rel. Min. Marco Aurélio, julgamento em 1º-4-2008, Primeira Turma, DJE 9-5-2008.)

QUESTÕES DE CONCURSO RELACIONADAS

01. (UEG – Delegado de Polícia – PC – GO/2018) O Delegado de Polícia, ainda segundo a Constituição (CRFB) e o Supremo Tribunal Federal (STF),

a) não pode possuir nenhuma tatuagem no corpo nem alegar-se adventista do sétimo dia, para recusar o plantão de sexta para sábado, pois no Brasil o Estado é laico.

b) pode questionar a condução de investigações penais pelo Ministério Público, cuja atribuição limita-se à propositura da ação penal pública.

c) está subordinado ao governador do Estado, e o respectivo concurso pode exigir altura mínima para ingresso.

d) pode instaurar procedimento investigatório a partir de delação anônima, independentemente de prévia averiguação sumária.

e) pode interromper manifestações voltadas à descriminalização das drogas, como a chamada "marcha da maconha", pois esse tipo de evento extrapola os direitos à livre manifestação do pensamento e de reunião, além de configurar apologia ao crime.

Resposta: alternativa "c".

02. (Cespe – Defensor Público – DPU/ 2001) Quanto aos princípios e às garantias constitucionais, julgue o item abaixo.

A imposição legal de limites de idade e altura para o acesso a cargos públicos não fere o princípio da isonomia, desde que razoável e decorrente da natureza e das atribuições do cargo público a ser provido.

Resposta: item certo.

03. (ESAF – ATRFB –2002.2) Assinale a opção correta.

a) A característica da raça da pessoa não pode ser tomada pela lei como fator de tratamento diferenciado entre brasileiros.

b) Fere o princípio da isonomia que a lei estabeleça limites mínimos de altura para candidatos em concurso público, qualquer que seja o cargo a ser provido.

c) Uma vez verificado que o legislador não estendeu certa vantagem financeira a uma categoria funcional análoga à que foi contemplada expressamente pela lei com a benesse, ao Judiciário compete, em princípio, corrigir o vício da quebra da isonomia, realizando a extensão da vantagem omitida pela lei.

d) O legislador pode fixar limites etários máximos para a admissão de pessoal no serviço público em atenção à natureza das atribuições do cargo a ser preenchido.

e) Fere o princípio da isonomia que a Administração Pública recuse a um particular o mesmo tratamento que vinha sendo dispensado aos administrados ao longo do tempo, mesmo que passe a entender que aquele tratamento é ilegal.

Resposta: alternativa "d".

14. (MPE-MS – PROMOTOR DE JUSTIÇA - MS/2011)

A limitação de idade para a inscrição em concurso público, prevista em edital, encerra discriminação abusiva em dissonância com os ditames veiculados pela Constituição Federal? - Justifique, dando o entendimento doutrinário e jurisprudencial dominante.

RESPOSTA SUGERIDA

Nos termos do art. 37, *caput*, da CF, a administração pública direta e indireta de qualquer dos Poderes da União, dos Estados, do Distrito Federal e dos Municípios obedecerá aos princípios de legalidade, impessoalidade, moralidade, publicidade e eficiência e, também, ao seguinte: I - os cargos, empregos e funções públicas são acessíveis aos brasileiros que preencham os requisitos estabelecidos em lei, assim como aos estrangeiros, na forma da lei (princípio do acesso universal ou do ampla acessibilidade); II - a investidura em cargo ou emprego público depende de aprovação prévia em concurso público de provas ou de provas e títulos, de acordo com a natureza e a complexidade do cargo ou emprego, na forma prevista em lei, ressalvadas as nomeações para cargo em comissão declarado em lei de livre nomeação e exoneração.

Já o art. 5°, *caput*, da CF, traz o princípio da igualdade ou da isonomia, segundo o qual "Todos são iguais perante a lei, sem distinção de qualquer natureza [...]". Prescrição semelhante também está aposta no art. 7°, XXX, da CF, que estabelece "proibição de diferença de salários, de exercício de funções e de critério de admissão por motivo de sexo, idade, cor ou estado civil".

Com base nesses preceitos constitucionais é que se deve enfrentar a questão relativa a exigência de idade mínima para inscrição em concurso público, prevista em edital.

O estabelecimento de requisitos para acesso a cargos públicos via concurso público não pode violar o princípio da isonomia (ou seja, todas as pessoas devem ter essa prerrogativa, sob pena de configurar-se clara discriminação abusiva e inconstitucional) e nem pode ser desarrazoado.

Segundo a maioria da doutrina e a jurisprudência pacífica do Supremo Tribunal Federal, é possível estabelecer-se idade mínima para se ocupar determinado cargo público sem que haja violação aos princípios da isonomia e da razoabilidade, desde que a natureza e as atribuições do cargo a ser exercido as justifiquem. Assim dispõe a Súmula 683 do STF: "O limite de idade para a inscrição em concurso público só se legitima em face do art. 7º, XXX, da Constituição, quando possa ser justificado pela natureza das atribuições do cargo a ser preenchido."

Finalmente, também é posição majoritária na doutrina e predominante no Supremo Tribunal Federal, que os requisitos para se ocupar cargo público estejam previstos em lei *stricto sensu*. Não é outra a previsão da Súmula 14 do STF: "Não é admissível, por ato administrativo, restringir, em razão da idade, inscrição em concurso para cargo público."

◉ DOUTRINA TEMÁTICA

"Cabe à lei estabelecer os requisitos necessários para a investidura no cargo público e, dessa maneira, não é possível fazê-lo por ato administrativo. Nessa esteira, há a Súmula 686 do STF, prevendo que "só por lei se pode sujeitar a exame psicotécnico a habilitação de candidato a cargo público", destacando-se que, além disso, o exame deve observar critérios objetivos e de ver passível de reexame. Ainda, pode ser apontada a Súmula 14 do STF: "Não é admissível, por ato administrativo, restringir, em razão da idade, inscrição em concurso para cargo público". E mais, os requisitos não podem ser estabelecidos de maneira aleatória, já que devem ser razoáveis. Isto é, deve haver a análise do requisito e da natureza do cargo, para se verificar a obediência ao princípio da razoabilidade. Dessa forma, é possível que exista requisito para determinado cargo como, por exemplo, sexo, idade, altura, desde que haja compatibilidade com a natureza do cargo a ser exercido. Por exemplo, não haveria vício se fosse exigido o sexo feminino par a o exercício do cargo de agente penitenciário em uma unidade prisional feminina. Da mesma forma, o estabelecimento de idade máxima para certo cargo só poderá ser feito se for compatível com as atividades desempenhadas no cargo, como, inclusive, sedimentado pelo STF na Súmula 683". (BORTOLETO, 2014, p. 135-136).

◉ JURISPRUDÊNCIA TEMÁTICA

▸ STF

Insta saber se é razoável ou não limitar idade para ingressar em carreira policial, a par da aprovação em testes médicos e físicos. Com efeito, o Supremo tem entendido, em casos semelhantes, que o estabelecimento de limite de idade para inscrição em concurso público apenas é legítimo quando justificado pela natureza das atribuições do cargo a ser preenchido. (...) Nesse mesmo sentido, o teor do Enunciado 683 da Súmula da jurisprudência dominante neste Pretório Excelso: "O limite de idade para a inscrição em concurso público só se legitima em face do art. 7º, XXX, da Constituição, quando possa ser justificado pela natureza das atribuições do cargo a ser preenchido". O acórdão recorrido está em consonância com a jurisprudência da Corte, razão pela qual não merece reparos, impondo-se o desprovimento do recurso. Ex positis, manifesto-me pela existência de repercussão geral e pela reafirmação da jurisprudência sobre o tema. [ARE 678.112 RG, voto do rel. min. Luiz Fux, j. 25-4-2013, P, DJE de 17-5-2013, Tema 646.] Vide RE 523.737 AgR, rel. min. Ellen Gracie, j. 22-6-2010, 2ª T, DJE de 6-8-2010.

Súmula 14: "Não é admissível, por ato administrativo, restringir, em razão da idade, inscrição em concurso para cargo público."

Súmula 683: "O limite de idade para a inscrição em concurso público só se legitima em face do art. 7º, XXX, da Constituição, quando possa ser justificado pela natureza das atribuições do cargo a ser preenchido."

"A vedação constitucional de diferença de critério de admissão por motivo de idade (CF, art. 7º, XXX) é corolário, na esfera das relações de trabalho, do princípio fundamental de igualdade, que se entende, à falta de exclusão constitucional inequívoca (como ocorre em relação aos militares – CF, art. 42, § 11), a todo o sistema do pessoal civil. É ponderável, não obstante, a ressalva das hipóteses em que a limitação de idade se possa legitimar como imposição da natureza e das atribuições do cargo a preencher." (RMS 21.046, Rel. Min. Sepúlveda Pertence, julgamento em 14-12-1990, Plenário, DJ de 14-11-1991.) No mesmo sentido: RE 586.088-AgR, Rel. Min. Eros Grau, julgamento em 26-5-2009, Segunda Turma, DJE de 19-6-2009; AI 722.490-AgR, Rel. Min. Ricardo Lewandowski, julgamento em 3-2-2009, Primeira Turma, DJE de 6-3-2009; RE 212.066, Rel. Min. Maurício Corrêa, julgamento em 18-9-1998, Segunda Turma, DJ de 12-3-1999; RMS 21.045, Rel. Min. Celso de Mello, julgamento em 29-3-1994, Primeira Turma, DJ de 30-9-1994.

"Concurso público: Técnico em Apoio Fazendário: candidata funcionária pública: indeferimento de inscrição fundada em imposição legal de limite de idade, não reclamado pelas atribuições do cargo, que configura discriminação inconstitucional (CF, arts. 5º e 7º, XXX): (...)." (RE 141.357, Rel. Min. Sepúlveda Pertence, julgamento em 14-9-2004, Primeira Turma, DJ de 8-10-2004.)

"Concurso público. Lei 7.289/1984 do DF. Limitação de idade apenas em edital. Impossibilidade. A fixação do limite de idade via edital não tem o condão de suprir a exigência constitucional de que tal requisito seja estabelecido por lei." (RE 559.823-AgR, Rel. Min. Joaquim Barbosa, julgamento em 27-11-2007, Segunda Turma, DJE de 1º-2-2008.) No mesmo sentido: ARE 667.309-AgR, Rel. Min. Cármen Lúcia, julgamento em 20-3-2012, Primeira Turma, DJE de 9-4-2012. Vide: RE 523.737-AgR, Rel. Min. Ellen Gracie, julgamento em 22-6-2010, Segunda Turma, DJE de 6-8-2010; RE 558.833-AgR, Rel. Min. Ellen Gracie, julgamento em 8-9-2009, Segunda Turma, DJE de 25-9-2009.

"No caso, é notória a razoabilidade da Lei 8.112/1990, ao exigir genericamente a idade mínima de dezoito anos para a investidura em cargo público, uma vez que a própria CF proíbe expressamente o exercício de qualquer trabalho a menores de dezoito anos, salvo na condição de aprendiz, a partir de quatorze anos (art. 7º, XXXIII, da Carta). De fato, tendo em conta o grau de responsabilidade e a essencialidade dos servidores públicos ao correto andamento da máquina administrativa, não se pode igualar o exercício de função pública às atribuições acometidas a um aprendiz. Dessa forma, como exposto na decisão agravada, reafirma-se o entendimento do STF de que a lei pode limitar o acesso a cargos públicos, desde que haja justificativa em razão da natureza do cargo, assim como ocorre com as disposições do art. 5º, V, da Lei 8.112/1990." (RE 425.760-AgR, voto do rel. min. Roberto Barroso, julgamento em 29-10-2013, Primeira Turma, DJE de 20-2-2014.)

"Pode a lei, desde que o faça de modo razoável, estabelecer limites mínimo e máximo de idade para ingresso em funções, emprego e cargos públicos. Interpretação harmônica dos arts. 7º, XXX, 37, I, 39, § 2º. O limite de idade, no caso, para inscrição em concurso público e ingresso na carreira do Ministério Público do Estado de Mato Grosso – vinte e cinco anos e quarenta e cinco anos – é razoável, portanto não ofensivo à Constituição, art. 7º, XXX, ex vi do art. 39, § 2º. Precedentes do STF: RMS 21.033/DF, RTJ 135/958; RMS 21.046; RE 156.404/BA; RE 157.863/DF; RE 136.237/AC; RE 146.934/PR; RE 156.972/PA." (RE 184.635, Rel. Min. Carlos Velloso, julgamento em 26-11-1996, Segunda Turma, DJ de 4-5-2001.)

"Os pronunciamentos do Supremo são reiterados no sentido de não se poder erigir como critério de admissão não haver o candidato ultrapassado determinada idade, correndo à conta de exceção situações concretas em que o cargo a ser exercido engloba atividade a exigir a observância de certo limite – precedentes: RMS 21.033-8/DF, Plenário, Rel. Min. Carlos Velloso, DJ de 11-10-1991; 21.046-0/RJ, Plenário, Rel. Min. Sepúlveda Pertence, DJ de 14-11-1991; RE 209.714-4/RS, Plenário, Rel. Min. Ilmar Galvão, DJ de 20-3-1998; e 217.226-1/RS, Segunda Turma, por mim relatado, DJ de 27-11-1998. Mostra-se pouco razoável a fixação, contida em edital, de idade máxima – 28 anos –, a alcançar ambos os sexos, para ingresso como soldado policial militar." (RE 345.598-AgR, Rel. Min. Marco Aurélio, julgamento em 29-6-2005, Primeira Turma, DJ de 19-8-2005.) No mesmo sentido: ARE 678.112-RG, rel. min. Luiz Fux, julgamento em 25-4-2013, Plenário, DJE de 17-5-2013, com repercussão geral; AI 488.727-AgR, Rel. Min. Joaquim Barbosa, julgamento em 5-8-2008, Primeira Turma, DJE de 28-11-2008. Vide: RE 523.737-AgR, Rel. Min. Ellen Gracie, julgamento em 22-6-2010, Segunda Turma, DJE de 6-8-2010.

"Concurso público. Policial civil. Limite de idade. (...) A comprovação do requisito etário estabelecido na lei deve ocorrer no momento da inscrição no certame, e não no momento da inscrição do curso de formação" (ARE 685.870-AgR, rel. min. Cármen Lúcia, julgamento em 17-12-2013, Segunda Turma, DJE de 12-2-2014.)

QUESTÕES DE CONCURSO RELACIONADAS

01. (Cespe – Defensor Público – RR/2013) A respeito do poder constituinte e dos direitos e garantias fundamentais, assinale a opção correta.

a) O princípio da legalidade tem extensão distinta do princípio da reserva legal, sendo certo que na ordem jurídica nacional não há hipótese de reserva legal relativa.

b) O poder constituinte originário não se expressa por intermédio do estabelecimento de uma constituição decorrente de declaração unilateral de determinado agente revolucionário.

c) O dispositivo constitucional que prevê a possibilidade de impetração de mandado de injunção configura norma de preordenação de reprodução obrigatória pelos estados no exercício do poder constituinte derivado decorrente.

d) O ensino religioso deve existir obrigatoriamente nas escolas públicas de ensino fundamental, sem que tal circunstância caracterize afronta à liberdade de crença.

e) De acordo com entendimento do STF, a CF não admite o estabelecimento de limite de idade para a inscrição em concurso público.

Resposta: alternativa "d".

---

02. (Vunesp – Juiz de Direito Substituto-MG/ 2012) Com relação ao princípio da igualdade previsto no texto constitucional brasileiro, assinale a alternativa que apresenta informação incorreta.

a) Acentuam o princípio da igualdade os chamados direitos de "primeira geração".

b) De acordo com o STF, não ofende o princípio da igualdade a limitação de idade para a inscrição em concurso público, desde que se leve em conta a natureza das atribuições do cargo a ser preenchido.

c) O princípio da isonomia reveste-se de autoaplicabilidade e não é suscetível de regulamentação ou complementação normativa.

d) Segundo o STF, não cabe ao Poder Judiciário aumentar vencimentos de servidores públicos, mesmo que sob o fundamento do princípio da igualdade.

Resposta: alternativa "a".

---

03. (TRF 4 – Juiz Federal Substituto 4ª região/ 2010) Dadas as assertivas abaixo, assinale a alternativa correta.

I. A administração pública, em virtude do princípio da legalidade, pode alterar as condições de concurso público constantes do respectivo edital para adaptá-las à nova legislação enquanto não concluído e homologado o certame.

II. Se a lei exige exame psicotécnico para investidura em cargo público, a sua dispensa configura violação ao princípio constitucional da legalidade.

III. O limite de idade para cargos públicos não se legitima na ordem constitucional brasileira em razão do princípio da isonomia.

IV. Aplica-se o Regime Geral de Previdência Social aos servidores ocupantes, exclusivamente, de cargo em comissão.

a) Estão corretas apenas as assertivas I e II.

b) Estão corretas apenas as assertivas I e IV.

c) Estão corretas apenas as assertivas I, II e IV.

d) Estão corretas apenas as assertivas I, III e IV.

e) Estão corretas todas as assertivas.

Resposta: alternativa "c".

15. (VUNESP – PROMOTOR DE JUSTIÇA - ES/2013)

Explique brevemente o que vêm a ser a denominada cláusula da reserva do possível, a proibição do retrocesso e o mínimo existencial.

RESPOSTA SUGERIDA

O princípio da vedação ou proibição do retrocesso social (também chamado de princípio da não-reversibilidade) enuncia que os direitos sociais já assegurados – ainda que formalmente – não podem ser renegados, sob pena de tal situação se configurar em uma involução para a sociedade. Em outras palavras, ele denota a ideia que, uma vez positivados, os diretos sociais se tornam imperativos de direito, que precisam ser efetivados. Sob outro prisma, o princípio da vedação do retrocesso determina que o ordenamento sempre deva avançar no sentido de abarcar e efetivar cada vez mais direitos.

A ideia do mínimo existencial significa que todas as pessoas têm direito a um conjunto de direitos básicos que lhes confiram dignidade. Trata-se de garantir a efetivação dos direitos de índole social, tais como educação, saúde, assistência social, proteção à maternidade e a infância, dentre outros.

A seu turno, a cláusula da reserva do possível significa que efetivação dos direitos sociais só pode se dar dentro das possibilidades fáticas do Estado. Hodiernamente essa cláusula recebe contornos ainda mais precisos, para se compreendê-la como aquela que apõe as limitações orçamentárias frente à garantia de direitos.

Vez por outra, em pareceres e decisões judiciais relativas à efetivação de direitos sociais, proibição do retrocesso social e mínimo existencial são contrapostos à reserva do possível, em um embate que, além de principiológico e jurídico, também acaba tendo conotação ideológica. Trata-se do tema conhecido doutrinariamente como judicialização de políticas públicas, que encerra discussão sobre a possibilidade de se buscar judicialmente a efetivação de direitos previstos no ordenamento jurídico, mas não implementados pelo Poder Público. No passado era forte o pensamento no sentido de que, ao decidir sobre essas questões, o Judiciário estaria invadindo função típica do Poder Executivo, que tem a prerrogativa de agir com discricionariedade. Atualmente predomina o entendimento pela possibilidade de o Judiciário determinar a realização de direitos e políticas sociais, notadamente sob o argumento de que se trata de uma forma de implementação dos direitos assegurados pela Constituição Federal e demais normas da ordem jurídica, sem que isso signifique afronta aos ditames de conveniência e oportunidade de que se vale o administrador público.

QUADRO DE ATENÇÃO!

A temática da Judicialização das políticas públicas (com ponderações sobre vedação ou proibição ao retrocesso social, mínimo existencial, reserva do possível, separação dos poderes e discricionariedade administrativa) também já foi cobrada em outros concursos (tais como para "Defensor Público do Acre/Cespe/2012", "Promotor de Justiça de Goiás/2010" e "Promotor de Justiça de Minas Gerais/2008", "Promotor de Justiça do Amazonas/2007"). As questões sempre exigem que o candidato disserte sobre o tema equilibrando os princípios e cláusulas em jogo. Como as discursivas são praticamente iguais, não traremos respostas e comentários também para elas. Mas, ao amigo leitor fica a dica para se aperfeiçoar neste tema que, certamente, voltará a aparecer em provas!

DOUTRINA TEMÁTICA

"Percebe-se que, no plano normativo, a eficácia impeditiva de retrocesso fornece diques contra a mera revogação de normas que consagram direitos fundamentais, ou contra a substituição daquelas por outras menos generosas para com estes; e, no plano dos atos concretos, a proibição de retrocesso permite impugnar, por exemplo, a implementação de políticas públicas de enfraquecimento dos direitos fundamentais". (ROTHENBURG, 2008, p. 146-159).

"O princípio da proibição do retrocesso decorre (...) de modo implícito do sistema constitucional, designadamente dos seguintes princípios e argumentos de matriz jurídico-constitucional: a) Do princípio do Estado democrático e social de Direito, que impõe um patamar mínimo de segurança jurídica (...) b) Do princípio da dignidade da pessoa humana (...) c) Do princípio da máxima eficácia e efetividade das normas definidoras de direitos fundamentais (...)". (SARLET, 2009. p. 433-458).

"1. "Reserva do possível" significa total desvinculação jurídica do legislador quanto à dinamização dos direitos sociais constitucionais consagrados. 2. Reserva do possível significa a "tendência para o zero" da eficácia jurídica das normas constitucionais consagradoras de direitos sociais. 3.Reserva do possível significa gradualidade com dimensão lógica e necessária da concretização dos direitos sociais, tendo sobretudo em conta os limites financeiros. 4. Reserva do possível significa insindicabilidade jurisdicional das opções legislativas quanto à densificação legislativa das normas constitucionais reconhecedoras de direitos sociais" (CANOTILHO, 2004, p. 108).

JURISPRUDÊNCIA TEMÁTICA

"Defensoria Pública. Implantação. Omissão estatal que compromete e frustra direitos fundamentais de pessoas necessitadas. Situação constitucionalmente intolerável. O reconhecimento, em favor de populações carentes e desassistidas, postas à margem do sistema jurídico, do 'direito a ter direitos' como pressuposto de acesso aos demais direitos, liberdades e garantias. Intervenção jurisdicional concretizadora de programa constitucional destinado a viabilizar o acesso dos necessitados à orientação jurídica integral e à assistência judiciária gratuitas (CF, art. 5º, LXXIV, e art. 134). Legitimidade dessa atuação dos juízes e tribunais. O papel do Poder Judiciário na implementação de políticas públicas instituídas pela Constituição e não efetivadas pelo poder público. A fórmula da reserva do possível na perspectiva da teoria dos custos dos direitos: impossibilidade de sua invocação para legitimar o injusto inadimplemento de deveres estatais de prestação constitucionalmente impostos ao Estado. A teoria das 'restrições das restrições' (ou da 'limitação das limitações'). Controle jurisdicional de legitimidade sobre a omissão do Estado: atividade de fiscalização judicial que se justifica pela necessidade de observância de certos parâmetros constitucionais (proibição de retrocesso social, proteção ao mínimo existencial, vedação da proibição insuficiente e proibição de excesso). Doutrina. Precedentes. A função constitucional da Defensoria Pública e a essencialidade dessa instituição da República. Thema decidendum que se restringe ao pleito deduzido na inicial, cujo objeto consiste, unicamente, na 'criação, implantação e estruturação da Defensoria Pública da Comarca de Apucarana'. Recurso de agravo provido, em parte." (AI 598.212-ED, rel. min. Celso de Mello, julgamento em 25-3-2014, Segunda Turma, DJE de 24-4-2014.)

"A cláusula da reserva do possível – que não pode ser invocada, pelo Poder Público, com o propósito de fraudar, de frustrar e de inviabilizar a implementação de políticas públicas definidas na própria Constituição – encontra insuperável limitação na garantia constitucional do mínimo existencial, que representa, no contexto de nosso ordenamento positivo, emanação direta do postulado da essencial dignidade da pessoa humana. (...) A noção de 'mínimo existencial', que resulta, por implicitude, de determinados preceitos constitucionais (CF, art. 1º, III, e art. 3º, III), compreende um complexo de prerrogativas cuja concretização revela-se capaz de garantir condições adequadas de existência digna, em ordem a assegurar, à pessoa, acesso efetivo ao direito geral de liberdade e, também, a prestações positivas originárias do Estado, viabilizadoras da plena fruição de direitos sociais básicos, tais como o direito à educação, o direito à proteção integral da criança e do adolescente, o direito à saúde, o direito à assistência social, o direito à moradia, o direito à alimentação e o direito à segurança. Declaração Universal dos Direitos da Pessoa Humana, de 1948 (Artigo XXV)." (ARE 639.337, julgado em 2011 e relatado pelo Ministro Celso de Mello).

"Embora resida, primariamente, nos Poderes Legislativo e Executivo, a prerrogativa de formular e executar políticas públicas, revela-se possível, no entanto, ao Poder Judiciário, determinar, ainda que em bases excepcionais, especialmente nas hipóteses de políticas públicas definidas pela própria Constituição, sejam estas implementadas pelos órgãos estatais inadimplentes, cuja omissão – por importar em descumprimento dos encargos político-jurídicos que sobre eles incidem em caráter mandatório – mostra-se apta a comprometer a eficácia e a integridade de direitos sociais e culturais impregnados de estatura constitucional. A questão pertinente à 'reserva do possível'." (RE 436.996, julgado em 2005 e relatado pelo Ministro Celso de Mello).

"A controvérsia objeto destes autos – possibilidade, ou não, de o Poder Judiciário determinar ao Poder Executivo a adoção de providências administrativas visando a melhoria da qualidade da prestação do serviço de saúde por hospital da rede pública – foi submetida à apreciação do Pleno do STF na SL 47-AgR, rel. min. Gilmar Mendes, DJ de 30-4-2010. Naquele julgamento, esta Corte, ponderando os princípios do 'mínimo existencial' e da 'reserva do possível', decidiu que, em se tratando de direito à saúde, a intervenção judicial é possível em hipóteses como a dos autos, nas quais o Poder Judiciário não está inovando na ordem jurídica, mas apenas determinando que o Poder Executivo cumpra políticas públicas previamente estabelecidas." (RE 642.536-AgR, rel min. Luiz Fux, julgamento em 5-2-2013, Primeira Turma, DJE de 27-2-2013).

QUESTÕES DE CONCURSO RELACIONADAS

01. (MPE-SP - Promotor de Justiça Substituto – 2017) O Ministério Público propôs, em face da Fazenda Pública do Estado, demanda coletiva, visando condená-la em obrigação de fazer, consubstanciada na realização de obras estruturais emergenciais necessárias para assegurar a integridade física dos detentos de determinada unidade prisional.

Em contestação, a Fazenda arguiu a incidência de discricionariedade administrativa, da teoria da reserva do possível e da inexistência de previsão orçamentária para os gastos pertinentes.

O Magistrado culminou por julgar improcedente a demanda, acolhendo, para tanto, as teses defensivas aqui mencionadas.

Ante tais premissas, e em consonância com posicionamento firmado pelo Supremo Tribunal Federal, o entendimento correto é que a sentença

a) deve ser confirmada em virtude dos três argumentos lançados pela Fazenda Pública em sua contestação.

b) deve ser confirmada, vez que não é dado ao Poder Judiciário interferir na execução do orçamento público, determinando a utilização de verbas para finalidades distintas daquelas originariamente constantes da lei orçamentária em cumprimento.

c) merece prestígio caso o Estado venha a provar que efetivamente realiza o possível para o atendimento dos direitos fundamentais mas que, apesar disso, a sua capacidade econômica é insuficiente para suprir todas as demandas sociais existentes.

d) deve ser confirmada, vez que o tema se encontra na esfera do mérito do ato administrativo, infenso, portando, ao controle jurisdicional.

e) comporta reforma, vez que a assecuração do postulado da dignidade da pessoa humana sobrepuja a margem de discricionariedade conferida ao Administrador Público e direciona o investimento de recursos, inviabilizando a adoção da teoria da reserva do possível.

Resposta: alternativa "e".

02. (MPF – Procurador da República/2011) Marque a resposta correta:

a) O direito fundamental à saúde não permite a garantia judicial de tratamentos excepcionalmente onerosos não previstos no âmbito do Sistema Único de Saúde, em razão da incidência do princípio da reserva do possível.

b) O princípio da proteção do retrocesso social veda qualquer restrição de políticas públicas que já tenham concretizado direitos sociais constitucionalmente positivados.

c) A teoria da eficácia horizontal imediata dos direitos fundamentais sustenta que a vinculação dos particulares a estes direitos é equiparável à vinculação dos poderes públicos.

d) A teoria relativa do núcleo essencial dos direitos fundamentais funde o conceito de núcleo essencial com o de respeito ao princípio da proporcionalidade nas medidas restritivas de direitos.

Resposta: alternativa "d".

---

03. (TRF 4 – Juiz Federal Substituto 4ª região/ 2010) Dadas as assertivas abaixo, assinale a alternativa correta.

I. O vício de inconstitucionalidade pode decorrer tanto de um ato de execução material como de um ato normativo do Poder Público.

II. A inconstitucionalidade pode decorrer de omissão total ou parcial por parte do Poder Público.

III. A cláusula de "reserva do possível" não pode ser invocada pelo Poder Público com a finalidade de exonerar-se do cumprimento de obrigações constitucionais quando essa conduta implicar a nulificação de direitos fundamentais.

IV. Compete ao Judiciário não apenas determinar à Administração a execução de políticas públicas garantidoras de direitos fundamentais, como também indicar quais políticas seriam aconselháveis, diante da gama de opções com que se depara o administrador.

V. A execução ou não de políticas públicas constitui prerrogativa exclusiva da Administração, não competindo ao Judiciário imiscuir-se em tal matéria, sob pena de ferimento do princípio da separação dos Poderes.

a) Estão corretas apenas as assertivas I e IV.

b) Estão corretas apenas as assertivas II e III.

c) Estão corretas apenas as assertivas II e IV.

d) Estão corretas apenas as assertivas IV e V.

e) Estão corretas apenas as assertivas I, II e III.

Resposta: alternativa "e".

---

04. (Cespe – Defensor Público – DPU/ 2010) Julgue o item seguinte.

Os direitos sociais previstos na Constituição, por estarem submetidos ao princípio da reserva do possível, não podem ser caracterizados como verdadeiros direitos subjetivos, mas, sim, como normas programáticas. Dessa forma, esses direitos devem ser tutelados pelo poder público, quando este, em sua análise discricionária, julgar favoráveis as condições econômicas e administrativas.

Resposta: item errado.

---

05. (FCC – Defensor Público – SP/2010) Em uma cidade, diversas mães têm comparecido no atendimento inicial da Defensoria Pública para se queixarem de que não têm conseguido vaga em creche municipal para seus filhos. O Defensor Público deve

a) orientar as mães a procurarem o serviço de assistência social do Município e elaborar os respectivos ofícios de encaminhamento.

b) informar que é possível a propositura de ação civil pública, pois se trata de direito social de natureza difusa, e encaminhar as mães para o Ministério Público.

c) informar que se trata de direito constitucional de natureza social, mas que infelizmente há normas na Constituição chamadas de programáticas, bem como entendimento jurídico chamado de "reserva do possível", que não recomendam o ajuizamento de ação nesse caso.

d) orientar as mães a se organizarem e a denunciarem o fato na Ouvidoria Municipal, bem como marcar audiência com o Prefeito e procurar ajuda junto aos Vereadores a fim de que possam interferir na formulação do orçamento municipal.

e) ajuizar ação judicial com base no direito à educação que compreende o atendimento em creche e pré-escola, pois a "reserva do possível" não pode ser oponível à realização do "mínimo existencial".

Resposta: alternativa "e".

---

06. (MPE/GO – Promotor de Justiça – GO/2010) Assinale a alternativa incorreta:

a) Do ponto de vista teórico, uma Carta Constitucional analítica, prolixa e casuística, que faça incorporação extensa de direito supra legal pode ensejar a ocorrência de contradições entre o direito constitucional positivo com os valores, diretrizes e/ou critérios que sustentaram a positivação destes, indicando a existência de normas constitucionais originárias inconstitucionais.

b) A atuação prática da norma traduz efetividade, prevalecendo no mundo dos fatos os valores por ela tutelados, sendo que, sob o aspecto subjetivo, efetiva é a norma que concretiza o direito nela substanciado, garantindo gozo real do direito assegurado.

c) A vedação de retrocesso, como princípio fundamental implícito, importa em impedir que uma lei, regulamentadora de dispositivo constitucional de segunda dimensão e garantidora de direito que se incorpora ao patrimônio jurídico de cidadania, seja arbitrariamente suprimida por outra norma de igual hierarquia.

d) A cidadania, como um dos fundamentos da República Federativa do Brasil, aliada à soberania popular, a qual é exercida pelo sufrágio universal, pelo voto direto e secreto, nos termos da lei, impõem limites para que o desrespeito aos objetivos constitucionais não legitime a exclusão social, prescindindo, contudo, a participação social na análise dos conteúdos axiológicos que permeiam os diversos discursos políticos.

Resposta: alternativa "d".

---

07. (MPF – Procurador da República/2008) É incorreto afirmar que:

a) A jurisprudência do Supremo Tribunal Federal acolhe a doutrina da eficácia externa dos direitos fundamentais.

b) O efeito *cliquet* está mais diretamente associado aos direitos sociais.

c) A propriedade reconhecida constitucionalmente às comunidades remanescentes de quilombos detém caráter individual e, excepcionalmente, coletivo.

d) Não viola a separação dos poderes a decisão judicial que impõe obrigação solidária de entes federativos para a distribuição gratuita de medicamentos a pessoas carentes.

Resposta: alternativa "c".

16. (MPE-MG – PROMOTOR DE JUSTIÇA - MG/2007 - ADAPTADA)

O filho de pai brasileiro e mãe estrangeira, nascido no estrangeiro, vem a residir no Brasil, ainda menor. Poderá optar pela nacionalidade brasileira, a fim de adquirir a condição de brasileiro nato. Indaga-se:

a) Essa opção pela nacionalidade brasileira poderá ser manifestada de imediato ou após a maioridade?

b) Se após a maioridade, enquanto menor será considerado estrangeiro?

RESPOSTA SUGERIDA

Nacionalidade é o vínculo jurídico-político que liga o indivíduo a um Estado. A aquisição da nacionalidade não depende apenas do fato natural no nascimento, devendo ser levados em consideração outros elementos, tais como o local do nascimento; a nacionalidade dos pais; e a função exercida pelos pais no local de nascimento da criança.

O Brasil disciplina duas espécies de nacionalidade: I) brasileiro nato: nacionalidade primária/originária e; II) brasileiro naturalizado: nacionalidade secundária.

De acordo com o art. 12, I, da CF, são brasileiros natos: a) os nascidos na República Federativa do Brasil, ainda que de pais estrangeiros, desde que estes não estejam a serviço de seu país; b) os nascidos no estrangeiro, de pai brasileiro ou mãe brasileira, desde que qualquer deles esteja a serviço da República Federativa do Brasil; c) os nascidos no estrangeiro de pai brasileiro ou de mãe brasileira, desde que sejam registrados em repartição brasileira competente ou venham a residir na República Federativa do Brasil e optem, em qualquer tempo, depois de atingida a maioridade, pela nacionalidade brasileira.

A hipótese descrita no enunciado da questão amolda-se ao que dispõe o art. 12, I, "c)", da CF, ou seja, o filho de pai brasileiro nascido no estrangeiro pode optar a qualquer tempo pela nacionalidade brasileira. Mas, essa opção somente poderá ocorrer depois de o sujeito completar a maioridade, pois se trata de ato personalíssimo, que exige capacidade plena.

Vale ressaltar que o filho de brasileiro nascido no estrangeiro também será brasileiro nato se for registrado em repartição brasileira competente do país de nascimento, mas, essa hipótese não se configura como opção do filho, posto que é direito assegurado aos pais, exercido a qualquer tempo, antes mesmo de atingida a maioridade do filho.

Situação peculiar é a referente à nacionalidade do filho de brasileiro nascido no estrangeiro que não for registrado em repartição consular e que ainda não tenha completado a maioridade para poder optar pela nacionalidade brasileira. Segundo o STF, se o filho de brasileiro nascido no estrangeiro não for registrado em repartição brasileira no exterior, mas vier a residir no Brasil antes de completada a maioridade, deverá ser considerado brasileiro nato, posto que sua nacionalidade primária estará simplesmente subjugada a uma condição suspensiva, em situação denominada pela doutrina como de "nacionalidade potestativa". Trata-se de importante decisão do Supremo Tribunal Federal, pois supera grave lacuna na regulamentação constitucional.

DOUTRINA TEMÁTICA

Pela nova redação do art. 12, I, alínea c, da Constituição, existem duas possibilidades para que os filhos de brasileiros, nascidos no exterior, sejam considerados brasileiros natos. [...] Assim, a primeira possibilidade existente é já registrar o filho nascido no exterior em repartição consular brasileira, a fim de que o mesmo passe, a partir desse momento, a já estar garantido na condição de brasileiro nato, ainda que jamais venha a residir no Brasil, não fale o nosso idioma, não conheça nossa cultura, etc. A segunda possibilidade diz respeito aos filhos de brasileiros nascidos no exterior que, por qualquer motivo, não tiveram seu registro consular ali efetuado. [...] Assim, os filhos de brasileiros nascidos no exterior que já alcançaram a maioridade e vierem depois dela residir no Brasil, já poderão (de imediato) ingressar em juízo (Justiça Federal) a fim de exercer o direito de opção pela nacionalidade brasileira. Os que vierem residir no Brasil enquanto menores terão que aguardar a maioridade para o exercício do direito de opção, ficando na condição de brasileiros natos *sub conditione* (qual seja, a condição de opção pela nacionalidade brasileira, em qualquer tempo, após atingida a maioridade aos 18 anos). [...] Nesse caso, devem tais indivíduos (que vieram ainda menores residir no Brasil) ser considerados brasileiros natos no lapso de tempo entre o início de residência no Brasil e a maioridade exigida agora pelo texto constitucional (ao que se chama de nacionalidade potestativa), devendo ter eles, inclusive, o direito ao registro provisório de que trata a Lei de Registros Públicos (art. 32, § 2°, que assim dispõe: "O filho de brasileiro ou brasileira, nascido no estrangeiro, e cujos pais não estejam ali a serviços do Brasil, desde que registrado em consulado brasileiro ou não registrado, venha a residir no território nacional antes de atingir a maioridade, poderá requerer, no juízo de seu domicílio, se registre, no livro "E" do 1° Ofício do Registro Civil, o termo de nascimento)". (MAZZUOLI, 2010, p. 640-641).

JURISPRUDÊNCIA TEMÁTICA

"São brasileiros natos os nascidos no estrangeiro, de pai brasileiro ou de mãe brasileira, desde que venham a residir no Brasil e optem, em qualquer tempo, pela nacionalidade brasileira. A opção pode ser feita a qualquer tempo, desde que venha o filho de pai brasileiro ou de mãe brasileira, nascido no estrangeiro, a residir no Brasil. Essa opção somente pode ser manifestada depois de alcançada a maioridade. É que a opção, por decorrer da vontade, tem caráter personalíssimo. Exige-se, então, que o optante tenha capacidade plena para manifestar a sua vontade, capacidade que se adquire com a maioridade. Vindo o nascido no estrangeiro, de pai brasileiro ou de mãe brasileira, a residir no Brasil, ainda menor, passa a ser considerado brasileiro nato, sujeita essa nacionalidade a manifestação da vontade do interessado, mediante a opção, depois de atingida a maioridade. Atingida a maioridade, enquanto não manifestada a opção, esta passa a constituir-se em condição suspensiva da nacionalidade brasileira." (RE 418.096, Rel. Min. Carlos Velloso, julgamento em 22-3-2005, Segunda Turma, DJ de 22-4-2005.) No mesmo sentido: RE 415.957, Rel. Min. Sepúlveda Pertence, julgamento em 23-8-2005, Primeira Turma, DJ de 16-9-2005.

QUESTÕES DE CONCURSO RELACIONADAS

01. (TRF - 2ª Região - Juiz Federal Substituto - 2017) Analise as assertivas abaixo e, ao final, assinale a opção correta:

I - Incorre em causa de perda de nacionalidade o brasileiro nato que. já sendo milionário e exclusivamente por ter se apaixonado pelos céus de Paris, obtém a nacionalidade francesa, por naturalização;

II - Incorre em causa de perda de nacionalidade o brasileiro que tiver reconhecida outra nacionalidade originária por Estado estrangeiro;

III - Sujeito nascido no estrangeiro, filho de mãe brasileira e de pai estrangeiro, que veio a residir no território brasileiro e aqui, após a maioridade, optou e adquiriu a nacionalidade brasileira pode, oportunamente, candidatar-se e ser eleito Presidente da República.

a) Todas as assertivas são corretas.

b) Apenas a assertiva I está correta.

c) Apenas as assertivas I e III estão corretas.

d) Apenas as assertivas II e III estão corretas.

e) Apenas as assertivas I e II estão corretas.

Resposta: alternativa "c".

02. (Vunesp – Defensor Público – MS/2014) Segundo a Constituição da República Federativa do Brasil, são brasileiros natos:

a) os nascidos no estrangeiro, de pai e mãe brasileiros, desde não estejam a serviço da República Federativa do Brasil e independentemente de qualquer outra condição.

b) os nascidos no estrangeiro, de pai e mãe brasileiros, desde que ambos estejam a serviço da República Federativa do Brasil e optem antes da maioridade pela nacionalidade brasileira.

c) os nascidos na República Federativa do Brasil, ainda que de pais estrangeiros, mesmo que estejam a serviço de seu país.

d) os nascidos na República Federativa do Brasil, ainda que de pais estrangeiros, desde que estes não estejam a serviço de seu país.

Resposta: alternativa "d".

03. (TJ/SC – Juiz de Direito Substituto – SC/2013) Analise as proposições abaixo e assinale a alternativa correta:

I. São brasileiros natos os nascidos no estrangeiro, de pai brasileiro ou mãe brasileira, desde que qualquer deles esteja a serviço da República Federativa do Brasil e sejam registrados em repartição brasileira competente ou venham a residir na

República Federativa do Brasil e optem, em qualquer tempo, depois de atingida a maioridade, pela nacionalidade brasileira.

II. São brasileiros naturalizados os estrangeiros de qualquer nacionalidade, residentes na República Federativa do Brasil há mais de dez anos ininterruptos e sem condenação penal, desde que requeiram a nacionalidade brasileira.

III. Aos portugueses com residência permanente no País, se houver reciprocidade em favor de brasileiros, serão atribuídos os direitos inerentes ao brasileiro, salvo os casos previstos nesta Constituição.

IV Será declarada a perda da nacionalidade do brasileiro que adquirir outra nacionalidade, salvo nos casos: de reconhecimento de nacionalidade originária pela lei estrangeira; e de imposição de naturalização, pela norma estrangeira, ao brasileiro residente em estado estrangeiro, como condição para permanência em seu território ou para o exercício de direitos civis.

a) Somente as proposições I, III e IV estão corretas.
b) Somente as proposições I e III estão corretas.
c) Somente as proposições II e IV estão corretas.
d) Somente as proposições I e IV estão corretas.
e) Somente as proposições III e IV estão corretas.

Resposta: alternativa "e".

04. (FCC – Procurador do Estado – MT/ 2011) O filho de mãe brasileira naturalizada e pai estrangeiro, nascido no país de origem do pai por ocasião de viagem de turismo de seus genitores, será considerado, nos termos da Constituição da República,

a) estrangeiro.
b) brasileiro naturalizado, após residir na República Federativa do Brasil por mais de quinze anos ininterruptos e sem condenação penal, desde que requeira a nacionalidade brasileira.
c) brasileiro naturalizado, desde que resida por um ano ininterrupto no Brasil e possua idoneidade moral.
d) brasileiro nato, desde que seja registrado em repartição brasileira competente ou venha a residir na República Federativa do Brasil e opte, em qualquer tempo, depois de atingida a maioridade, pela nacionalidade brasileira.
e) brasileiro nato, independentemente do preenchimento de qualquer condição.

Resposta: alternativa "d".

05. (MPE/PB – Promotor de Justiça – PB/2010) Pode-se afirmar: Ao nascido no estrangeiro, de pai brasileiro ou de mãe brasileira, ...

I. ... mesmo não tendo sido registrado em repartição brasileira competente, mas vindo a residir no Brasil, reconhece-se a qualidade de brasileiro nato, entretanto sob condição suspensiva, a dependerem os respectivos efeitos da opção pela nacionalidade brasileira, exercitável, em qualquer tempo, depois de atingida a maioridade.

II. ... tendo sido registrado em repartição brasileira competente, ainda que não venha jamais a residir no Brasil, reconhece-se a qualidade de brasileiro nato, não condicionado à opção pela nacionalidade brasileira.

III. ... estando qualquer deles a serviço de entidade da Administração Pública brasileira de qualquer ente federado, inclusive da administração indireta, reconhece-se a qualidade de brasileiro nato, não condicionado à opção pela nacionalidade.

Dentre as proposições acima,

a) Apenas I e III são corretas.
b) Apenas a II é correta.
c) Apenas III é correta.
d) Apenas I é correta.
e) I, II e III são corretas.

Resposta: alternativa "e".

CAPÍTULO 3
REMÉDIOS CONSTITUCIONAIS

QUESTÕES

1. (FUNDATEC – PROCURADOR ESTADUAL – PGE/RS – 2015)

É constatada fraude em procedimento licitatório visando à construção de penitenciária no interior do estado, indireta violação ao comando constitucional do art. 37, XXI, eis que não foi assegurada a igualdade de condições a todos os concorrentes, havendo favorecimento ilegal a um cartel de empresas que pratica preços superiores aos do mercado. Nesse caso, seria cabível a propositura de ação popular, ação civil pública e/ou ação de improbidade administrativa? Ao responder, diferencie cada qual desses instrumentos quanto à finalidade, com especial destaque à posição jurídica do Estado em tais ações.

ESPAÇO EM BRANCO PARA RESPOSTA (MÁXIMO DE 25 LINHAS)

2. (MPE-PR – PROMOTOR DE JUSTIÇA - PR/2008)

Sobre o mandado de segurança, responda:

a) Quais as hipóteses de cabimento?

b) O mandado de segurança pode ser impetrado contra ato discricionário? Por quê?

c) Como se define a competência para processá-lo e julgá-lo:

d) Conceitue direito líquido e certo:

◉ ESPAÇO EM BRANCO PARA RESPOSTA (MÁXIMO DE 25 LINHAS)

3. (MPE-PR – PROMOTOR DE JUSTIÇA - PR/2012)

Discorra sobre o cabimento e a legitimação do mandado de segurança contra proposta de emenda constitucional desrespeitosa de cláusula pétrea. Fundamente a resposta.

ESPAÇO EM BRANCO PARA RESPOSTA (MÁXIMO DE 25 LINHAS)

4. (MPE-AC – PROMOTOR DE JUSTIÇA - AC/2008)

"A", uma entidade de classe, impetrou mandado de segurança coletivo para garantir um direito de seus associados que estava sendo lesado pela autoridade administrativa. Contudo não tinha autorização da assembleia para a impetração. O juiz, com base no inc. XXI do artigo 5° da Constituição determinou que a impetrante juntasse a autorização. É correta a determinação do juiz? Fundamente.

ESPAÇO EM BRANCO PARA RESPOSTA (MÁXIMO DE 30 LINHAS)

5. (MPE-PR – PROMOTOR DE JUSTIÇA - PR/2011)

Em que consiste o mandado de injunção? Como é interpretado pela doutrina e pela jurisprudência?

◉ ESPAÇO EM BRANCO PARA RESPOSTA (MÁXIMO DE 25 LINHAS)

➘ QUESTÕES COMENTADAS

1. (FUNDATEC – PROCURADOR ESTADUAL – PGE/RS – 2015)

É constatada fraude em procedimento licitatório visando à construção de penitenciária no interior do estado, indireta violação ao comando constitucional do art. 37, XXI, eis que não foi assegurada a igualdade de condições a todos os concorrentes, havendo favorecimento ilegal a um cartel de empresas que pratica preços superiores aos do mercado. Nesse caso, seria cabível a propositura de ação popular, ação civil pública e/ou ação de improbidade administrativa? Ao responder, diferencie cada qual desses instrumentos quanto à finalidade, com especial destaque à posição jurídica do Estado em tais ações.

◉ PADRÃO DE RESPOSTA DA BANCA

No caso seria cabível ação popular, ação civil pública e ação de improbidade. A ação popular pode ser ajuizada por qualquer cidadão, tendo como finalidade a anulação de ato lesivo ao patrimônio púbico, à moralidade administrativa, ao meio ambiente e ao patrimônio histórico e cultural, com o ressarcimento dos danos causados ao erário. Já a ação civil pública pode ser ajuizada pelo Ministério Público, por pessoa jurídica de direito público interno, por associação legalmente constituída nos termos da Lei n.7.347/85, dentre outros, para proteger todo e qualquer direito difuso e coletivo, com o fim de obter a condenação na obrigação de fazer, não fazer e/ou condenação em dinheiro. Por sua vez, seria ainda cabível ação de improbidade administrativa com a finalidade de obter o ressarcimento ao erário, com a suspensão dos direitos políticos, a perda da função pública e indisponibilidade dos bens, na forma e gradação previstas pela Lei n.8.429/92. Na ação popular, na ação civil pública e na ação de improbidade administrativa, será o Estado intimado para manifestar-se, podendo aderir ao polo ativo, na qualidade de litisconsorte; figurar no polo passivo; ou abster-se.

◉ RESPOSTA SUGERIDA

A ação popular é prevista no art. 5º, LXXIII da CF/88, que estabelece que qualquer cidadão é parte legítima para propor ação popular que vise a anular ato lesivo ao patrimônio público ou de entidade de que o Estado participe, à moralidade administrativa, ao meio ambiente e ao patrimônio histórico e cultural. Estabelece ainda que o autor, salvo comprovada má-fé, fica isento de custas judiciais e do ônus da sucumbência. Essa ação é também disciplinada pela lei 4717/65.

A ação civil pública, por sua vez, é prevista na Constituição Federal como uma função institucional do Ministério Público, no art. 129. Na lei 7.347/85 encontramos o regramento da ação, na qual se estabelece que a ação civil pública é uma ação de responsabilidade por danos morais e patrimoniais causados ao meio-ambiente, ao consumidor, a bens e direitos de valor artístico, estético, histórico, turístico e paisagístico, a qualquer outro interesse difuso ou coletivo, ou ainda por infração da ordem econômica, dano causado à ordem urbanística ou à honra e à dignidade de grupos raciais, étnicos ou religiosos e, por fim, ao patrimônio público e social.

Já a ação de improbidade administrativa tem fundamento no art. 37, §4º da CF/88, sendo disciplinada pela lei 8.429/92, que estabelece que podem haver atos de improbidade administrativa aqueles que importam enriquecimento ilícito, causam prejuízo ao erário, sejam decorrentes de concessão ou aplicação indevida de benefício financeiro ou tributário, ou ainda que atentam contra os princípios da administração pública.

Diante do caso hipotético exposto, podemos observar que seria cabível ação popular, pois ocorreu um ato lesivo ao patrimônio público e à moralidade administrativa, pois sem assegurar igualdade no procedimento licitatório viola-se não apenas um princípio da Administração, como também se coloca em risco o patrimônio público. Seria também cabível a ação civil pública, por causar dano ao patrimônio público.

Por fim, seria também cabível a ação de improbidade administrativa, à medida que se desrespeitou o princípio da impessoalidade, podendo ainda ter causado prejuízo ao erário.

Em todas as ações será o Estado intimado para se manifestar, podendo passar a integrar o povo ativo, na qualidade de litisconsorte, bem como figurar no polo passivo ou ainda abster-se.

DOUTRINA TEMÁTICA

"O objeto da ação popular é o combate ao ato ilegal ou imoral e lesivo ao patrimônio público, sem contudo configurar-se a ultima ratio, ou seja, não se exige o esgotamento de todos os meios administrativos e jurídicos de prevenção ou repressão aos atos ilegais ou imorais e lesivos ao patrimônio público para seu ajuizamento." (MORAES, 2018, p. 268)

"O art. 6.º, § 3.º, da lei permite que a pessoa jurídica de direito público ou de direito privado, cujo ato seja objeto de impugnação, abstenha-se de contestar o pedido ou atue ao lado do autor, desde que isso se afigure útil ao interesse público, a juízo do respectivo representante legal ou dirigente." (LENZA, 2019, p. 2005).

JURISPRUDÊNICA

STF

"Atos de improbidade administrativa são aqueles que, possuindo natureza civil e devidamente tipificados em lei federal, ferem direta ou indiretamente os princípios constitucionais e legais da administração pública, independentemente de importarem enriquecimento ilícito ou de causarem prejuízo material ao erário; podendo ser praticados tanto por servidores públicos (improbidade própria), quanto por particular – pessoa física ou jurídica – que induzir, concorrer ou se beneficiar do ato (improbidade imprópria)." [AO 1.833, rel. min. Alexandre de Moraes, j. 10-4-2018, 1ª T, DJE de 8-5-2018.]

QUESTÕES RELACIONADAS

01. (FUNDEP- Defensor Público - DPE-MG - 2019) Analise as seguintes afirmativas referentes à ação popular.

I. Para o cabimento de ação popular, é exigível do interessado a menção e a prova, na petição inicial, de prejuízo material ocasionado aos cofres públicos.

II. A prova da cidadania, para ajuizamento da ação popular, será feita com documento que demonstre ter o autor domicílio eleitoral no local do dano apontado na petição inicial.

III. Independentemente da comprovação de má-fé do autor da ação popular, é vedada sua condenação ao pagamento de custas processuais e de honorários de sucumbência.

IV. A competência para julgar ação popular contra ato praticado pelo presidente da República e pelos ministros de Estado é, em regra, do STF.

Nesse contexto, pode-se afirmar:

a) Todas as afirmativas estão corretas.

b) Todas as afirmativas estão incorretas.

c) Estão corretas as afirmativas II e IV apenas.

d) Estão incorretas as afirmativas II e IV apenas.

Resposta: alternativa "b".

02. (FEPESE - Procurador do Estado - PGE-SC - 2018) Assinale a alternativa correta, de acordo com o texto constitucional vigente.

a) Qualquer cidadão é parte legítima para propor ação popular que vise a anular ato lesivo ao patrimônio público, histórico e cultural; à moralidade administrativa; e ao meio ambiente, ficando o autor sempre isento de despesas processuais.

b) Os atos de improbidade administrativa importarão a suspensão dos direitos políticos, a perda da função pública, a indisponibilidade dos bens e o ressarcimento ao erário, na forma e gradação previstas em lei, sem prejuízo da ação penal cabível.

c) A ação civil pública, para a proteção do patrimônio público, histórico, cultural e social, do meio ambiente e de outros interesses difusos e coletivos, não pode ser ajuizada por integrantes do Ministério Público.

d) Conceder-se-á mandado de segurança para proteger direito líquido e certo, amparado ou não por habeas corpus ou habeas data, quando o responsável pela ilegalidade ou abuso de poder for autoridade pública ou agente de pessoa jurídica no exercício de atribuições do Poder Público.

e) Tem legitimidade para impetrar mandado de segurança coletivo partido político constituído e em funcionamento há pelo menos um ano; qualquer organização sindical, entidade de classe ou associação em defesa dos interesses de seus membros ou associados.

Resposta: alternativa "b".

2. (MPE-PR – PROMOTOR DE JUSTIÇA - PR/2008)

Sobre o mandado de segurança, responda:

a) Quais as hipóteses de cabimento?

b) O mandado de segurança pode ser impetrado contra ato discricionário? Por quê?

c) Como se define a competência para processá-lo e julgá-lo:

d) Conceitue direito líquido e certo:

RESPOSTA SUGERIDA

a) Nos termos do art. 1° da Lei 12.016/2009, conceder-se-á mandado de segurança para proteger direito líquido e certo, não amparado por habeas corpus ou habeas data, sempre que, ilegalmente ou com abuso de poder, qualquer pessoa física ou jurídica sofrer violação ou houver justo receio de sofrê-la por parte de autoridade, seja de que categoria for e sejam quais forem as funções que exerça.

b) Ato administrativo discricionário é aquele praticado com certa liberdade pelo agente público, que age norteado pelos critérios de conveniência e oportunidade, mas sempre nos estritos limites estabelecidos em lei. Se ao praticar ato discricionário o agente público desbordar dos limites legais, então estará configurada situação de abuso de poder, passível, pois, de ser controlada judicialmente via mandado de segurança, haja vista este remédio constitucional poder ter como objeto justamente o abuso de poder, conforme art. 5°, LXIX, da CF e art. 1° da Lei 12.016/2009.

c) A competência para processamento e julgamento de Mandado de Segurança é fixada conforme a autoridade impetrada. Há hipóteses em que a competência é funcional – por prerrogativa de função – v.g. art. 102, I, "d", da CF (compete ao Supremo Tribunal Federal, precipuamente, a guarda da Constituição, cabendo-lhe processar e julgar originariamente o mandado de segurança contra atos do Presidente da República, das Mesas da Câmara dos Deputados e do Senado Federal, do Tribunal de Contas da União, do Procurador-Geral da República e do próprio Supremo Tribunal Federal); e há situações em que a competência é infraconstitucional – fixada pela sede da autoridade coatora – v.g. caber ao Juiz de Direito competente processar e julgar mandado de segurança em face de ato emanado de autoridade estadual, conforme a sede da autoridade coatora).

d) Entende-se por direito líquido e certo aquele que pode ser demonstrado de plano por meio de prova pré-constituída, isto é, sem que haja necessidade de dilação probatória. Na dicção da clássica doutrina de Hely Lopes Meirelles, é o direito manifesto na sua existência, delimitado na sua extensão e apto a ser exercitado no momento da impetração.

DOUTRINA TEMÁTICA

"Tratando-se de mandado de segurança, a competência para o processamento e julgamento é definida segundo a categoria e hierarquia funcional da autoridade coatora [...] É irrelevante, para a fixação de competência, a matéria a ser discutida em mandado de segurança". (CARNEIRO, 2001, p. 137).

"A competência no mandado de segurança é definida pela qualificação da autoridade (*rationae auctoritatis*) com a função exercida na estrutura do Poder Público (*rationae muneris*). No mandado de segurança, a análise da competência exige o exame do plexo de competência atribuída à autoridade coatora, de tal forma que a primeira investigação deverá levar em consideração a esfera à qual está vinculada". (MEDINA, ARAÚJO, 2009, p. 54).

"Direito líquido e certo é o que se apresenta manifesto na sua existência, delimitado na sua extensão e apto a ser exercitado no momento da impetração. Por outras palavras, o direito invocado para ser amparável por mandado de segurança, há de vir expresso em norma legal e trazer em si todos os requisitos e condições de sua aplicação ao impetrante: se sua existência for duvidosa, se sua extensão ainda não estiver delimitada, se seu exercício depender de situações e fatos ainda indeterminados, não rende ensejo à segurança, embora possa ser defendido por outros meios judiciais. Quando a lei alude a 'direito líquido e certo", está exigindo que esse direito se apresente com todos os requisitos para seu reconhecimento e exercício no momento da impetração. Em última análise, *direito líquido e certo é direito comprovado de plano*. Se depender de comprovação posterior não é líquido, nem certo, para fins de segurança. O conceito de 'liquidez e certeza' adotado pelo legislador é impróprio – e mal expresso – alusivo à precisão e comprovação do direito, quando deveria aludir à precisão e comprovação dos *fatos e situações* que ensejam o exercício desse direito". (MEIRELLES, WALD, MENDES, 2013, p. 37).

JURISPRUDÊNCIA TEMÁTICA

STF

"Não cabe condenação em honorários de advogado na ação de mandado de segurança." (Súmula 512 do STF)

"Não cabe mandado de segurança para impugnar enquadramento da Lei 3.780, de 12-7-1960, que envolva exame de prova ou de situação funcional complexa." (Súmula 270 do STF)

"Não cabe mandado de segurança contra decisão judicial com trânsito em julgado." (Súmula 268 do STF)

"Não cabe mandado de segurança contra ato judicial passível de recurso ou correição." (Súmula 267 do STF)

"Com efeito, o mandado de segurança impetrado contra decisão judicial só é admissível nas raras hipóteses em que ela não possa ser atacada por outro remédio processual, exigindo-se ademais, a presença de direito líquido e certo. Nesse sentido, o Min. Marco Aurélio, no MS 25.340/DF, consignou o seguinte: 'Mandado de segurança – Ato jurisdicional – Excepcionalidade não verificada. A admissão do mandado de segurança contra decisão judicial pressupõe não caber recurso, visando a afastá-la, e ter-se como a integrar o patrimônio do impetrante o direito líquido e certo ao que pretendido'. Na mesma linha: RMS 26.114/SP, Rel. Min. Gilmar Mendes e MS 22.623-AgR, Rel. Min. Sydney Sanches.

"Não cabe mandado de segurança contra lei em tese." (Súmula 266 do STF)

"Se o decreto é, materialmente, ato administrativo, assim de efeitos concretos, cabe contra ele mandado de segurança. Todavia, se o decreto tem efeito normativo, genérico, por isso mesmo sem operatividade imediata, necessitando, para a sua individualização, da expedição de ato administrativo, contra ele não cabe mandado de segurança. (Súmula 266)." (MS 21.274, julgado em 1994 e relatado pelo Ministro Carlos Velloso).

"Não há direito líquido e certo, amparado pelo mandado de segurança, quando se escuda em lei cujos efeitos foram anulados por outra, declarada constitucional pelo Supremo Tribunal Federal". (Súmula 474 do STF)

"Não compete ao Supremo Tribunal Federal conhecer originariamente de mandado de segurança contra atos de outros Tribunais". (Súmula 624 do STF)

"Controvérsia sobre matéria de direito não impede concessão de mandado de segurança." (Súmula 625 do STF)

"É constitucional lei que fixa prazo de decadência para impetração de mandado de segurança." (Súmula 632 do STF)

"Praticado o ato por autoridade, no exercício de competência delegada, contra ela cabe o mandado de segurança ou a medida judicial." (Súmula 510 do STF)

"Pedido de reconsideração na via administrativa não interrompe o prazo para o mandado de segurança." (Súmula 430 do STF)

"Concessão de mandado de segurança não produz efeitos patrimoniais em relação a período pretérito, os quais devem ser reclamados administrativamente ou pela via judicial própria." (Súmula 271 do STF)

"O mandado de segurança não é substitutivo de ação de cobrança." (Súmula 269 do STF)

- "O mandado de segurança não substitui a ação popular." (Súmula 101 do STF)

QUESTÕES DE CONCURSO RELACIONADAS

01. (FCC- Defensor Público – DPE/SP -2019) Em relação ao mandado de segurança, considere as assertivas abaixo.

I. A impetração de mandado de segurança coletivo por entidade de classe em favor dos associados depende da autorização destes.

II. Admite-se a impetração de mandado de segurança perante os Tribunais de Justiça para o exercício do controle de competência dos juizados especiais.

III. A impetração de mandado de segurança interrompe a fluência do prazo prescricional no tocante à ação ordinária, o qual somente tornará a correr após o trânsito em julgado da decisão.

IV. O impetrante pode desistir da ação mandamental a qualquer tempo antes do trânsito em julgado, independentemente da anuência da autoridade coatora.

V. Os atos do presidente do tribunal que disponham sobre processamento e pagamento de precatório não têm caráter jurisdicional e, por isso, podem ser combatidos pela via mandamental.

Estão de acordo com as teses firmadas pelos tribunais superiores APENAS o que se afirma em

a) I e IV.
b) II, III, IV e V.
c) I, II, III e V.
d) I, IV e V.
e) II, III e IV.

Resposta: alternativa "b".

02. (TJ/RS – Juiz de Direito Substituto – RS/2012) Sobre mandado de segurança, assinale a assertiva incorreta.

a) Não há direito líquido e certo amparado por mandado de segurança, quando fundado em lei cujos efeitos foram anulados por outra declarada constitucional pelo Supremo Tribunal Federal.
b) A impetração de mandado de segurança coletivo, por entidade de classe em favor dos associados, independe de autorização destes.
c) A controvérsia sobre matéria de direito impede a concessão de mandado de segurança, já que este exige o direito líquido e certo.
d) O prazo para a impetração do mandado de segurança é um só e se conta a partir da data da ciência do ato impugnado.
e) O mandado de segurança não é substitutivo da ação de cobrança.

Resposta: alternativa "c".

03. (Cespe – Procurador Federal/2010) Acerca dos remédios constitucionais, julgue os itens que se seguem.

Item I. Tal como ocorre na ADI, não é admitida a impetração de mandado de segurança contra lei ou decreto de efeitos concretos.

Item II. De acordo com entendimento do STF, é cabível a impetração de habeas corpus, dirigido ao plenário da Suprema Corte, contra decisão colegiada proferida por qualquer de suas turmas.

Respostas:

Item I: Errado.

Item II: Errado.

---

04. (Cespe – Advogado da União/2009) Com relação ao mandado de segurança, julgue o item a seguir.

O mandado de segurança é instrumento constitucional de defesa do direito líquido e certo violado ou ameaçado por autoridade pública, ou até mesmo por pessoa natural no exercício de função delegada, o que, apesar de o tornar incompatível com a produção de prova oral ou pericial, não impede o exame de matéria jurídica controversa nos tribunais e a eventual concessão da segurança pleiteada.

Resposta: item certo.

---

05. (FGV – Juiz de Direito Substituto-PA/ 2009) A respeito da ação constitucional de mandado de segurança, assinale a alternativa que não expressa a jurisprudência firmada pelo Supremo Tribunal Federal.

a) Controvérsia sobre matéria de direito não impede concessão de mandado de segurança.

b) É constitucional lei que fixa prazo de decadência para impetração de mandado de segurança.

c) Não cabe mandado de segurança enquanto não for apreciado pedido de reconsideração do ato feito em via administrativa.

d) A impetração de mandado de segurança coletivo por entidade de classe em favor dos associados independe da autorização destes.

e) A entidade de classe tem legitimação para o mandado de segurança ainda quando a pretensão veiculada interesse apenas a uma parte da respectiva categoria.

Resposta: alternativa "c".

3. (MPE-PR – PROMOTOR DE JUSTIÇA - PR/2012)

Discorra sobre o cabimento e a legitimação do mandado de segurança contra proposta de emenda constitucional desrespeitosa de cláusula pétrea. Fundamente a resposta.

RESPOSTA SUGERIDA

Diante da tramitação de uma proposta legislativa que esteja vulnerando cláusulas pétreas e, por essa razão, violando o direito líquido e certo à participação de um processo legislativo hígido ou devido, o parlamentar pode impetrar um mandado de segurança ao Supremo Tribunal Federal para a realização de controle de constitucionalidade.

O STF já estabeleceu alguns limites para essa situação. São eles: a) a legitimidade é exclusiva de parlamentar; b) o parlamentar deve impugnar a proposta enquanto ela estiver tramitando na casa legislativa a que ele pertença; c) a perda da condição de parlamentar gera a extinção do mandado de segurança; e d) se o projeto legislativo for aprovado pelos parlamentares antes do julgamento do Mandado de Segurança, o processo será extinto.

Vislumbra-se, assim, um controle de constitucionalidade jurisdicional (realizado pelo Judiciário, apesar de provocado pelo Legislativo) e preventivo (porque se realizada em face de proposta legislativa, ainda distante do momento da promulgação).

Por fim, vale destacar que, essa hipótese de cabimento de Mandado de Segurança não é unânime no Supremo Tribunal Federal. Em 2013, o Ministro Teori Zavascki inadmitiu *writ* impetrado em face de proposta legislativa sob o argumento que se trataria de forma de controle de constitucionalidade não prevista pela Constituição Federal, além se traduzir em forma prematura de intervenção na atividade legislativa.

DOUTRINA TEMÁTICA

"O controle prévio ou preventivo de constitucionalidade a ser realizado pelo Poder Judiciário sobre PEC ou projeto de lei em trâmite na Casa Legislativa busca garantir ao parlamentar o respeito ao devido processo legislativo, vedando a sua participação em procedimento desconforme com as regras da Constituição. Trata-se, como visto, de controle exercido, no caso concreto, pela via de exceção ou defesa, ou seja, de modo incidental. Assim, deve-se deixar claro que a legitimação para a impetração do MS é exclusiva do parlamentar, na medida em que o direito público subjetivo de participar de um processo legislativo hígido (devido processo legislativo) pertence somente aos membros do Poder Legislativo. A jurisprudência do STF consolidou-se no sentido de negar a legitimidade ativa ad causam a terceiros, que não ostentem a condição de parlamentar, ainda que invocando a sua potencial condição de destinatários da futura lei ou emenda à Constituição, sob pena de indevida transformação em controle preventivo de constitucionalidade em abstrato, inexistente em nosso sistema constitucional (vide RTJ 136/25-26, Rel. Min. Celso de Mello; RTJ 139/783, Rel. Min. Octavio Gallotti, e, ainda, MS 21.642-DF, MS 21.747-DF, MS 23.087-SP, MS 23.328-DF)". (LENZA, 2019, p. 411).

JURISPRUDÊNCIA TEMÁTICA

"(...) a perda superveniente de titularidade do mandato legislativo tem efeito desqualificador da legitimidade ativa do congressista que, apoiado nessa específica condição político-jurídica, ajuizou ação de mandado de segurança com o objetivo de questionar a validade jurídica de determinado procedimento que ambas as Casas do Congresso Nacional têm adotado em matéria de apreciação de medidas provisórias. É que a atualidade do exercício do mandato parlamentar configura, nesse contexto, situação legitimante e necessária, tanto para a instauração, quanto para o prosseguimento da causa perante o STF. Inexistente, originariamente, essa situação, ou, como se registra no caso, configurada a ausência de tal condição, em virtude da perda superveniente do mandato parlamentar no Congresso Nacional, impõe-se a declaração de extinção do processo de mandado de segurança, porque ausente a legitimidade ativa ad causam do ora impetrante, que não mais ostenta a condição de membro de qualquer das Casas do Congresso Nacional." (MS 27.971, Rel. Min. Celso de Mello, decisão monocrática, julgamento em 1º-7-2011, DJE de 1º-8-2011.)

"Não se admite, no sistema brasileiro, o controle jurisdicional de constitucionalidade material de projetos de lei (controle preventivo de normas em curso de formação). (...) Sendo inadmissível o controle preventivo da constitucionalidade material das normas em curso de formação, não cabe atribuir a parlamentar, a quem a Constituição nega habilitação para provocar o controle abstrato repressivo, a prerrogativa, sob todos os aspectos mais abrangente e mais eficiente, de provocar esse mesmo controle antecipadamente, por via de mandado de segurança. A prematura intervenção do Judiciário em domínio jurídico e político de formação dos atos normativos em curso no Parlamento, além de universalizar um sistema de controle preventivo não admitido pela Constituição, subtrairia dos outros Poderes da República, sem justificação plausível, a prerrogativa constitucional que detém de debater e aperfeiçoar os projetos, inclusive para sanar seus eventuais vícios de inconstitucionalidade. Quanto mais evidente e grotesca possa ser a inconstitucionalidade material de projetos de leis, menos ainda se deverá duvidar do exercício responsável do papel do Legislativo, de negar-lhe aprovação, e do Executivo, de apor-lhe veto, se for o caso. Partir da suposição contrária significaria menosprezar a seriedade e o senso de responsabilidade desses dois Poderes do Estado. E se, eventualmente, um projeto assim se transformar em lei, sempre haverá a possibilidade de provocar o controle repressivo pelo Judiciário, para negar-lhe validade, retirando-a do ordenamento jurídico." (MS 32.033, rel. p/ o ac. min. Teori Zavascki, julgamento em 20-6-2013, Plenário, DJE de 18-2-2014.)

QUESTÕES DE CONCURSO RELACIONADAS

01. (VUNESP - Juiz de Direito Substituto- TJ-AC – 2019) Na hipótese de um parlamentar que impetrou mandado de segurança perante o STF com o objetivo de impugnar projeto de lei eivado de inconstitucionalidade por ofensa ao devido processo legislativo, mas que, posteriormente, venha a perder o mandato parlamentar, é correto afirmar que

a) o Procurador-Geral da República deve assumir a titularidade do mandado de segurança.

b) o writ deve ser declarado extinto.

c) deve ser dada a oportunidade aos demais legitimados constitucionais a assumir o polo ativo da ação mandamental.

d) o mandado de segurança deve ter seu regular prosseguimento, continuando o ex-parlamentar no polo ativo.

Resposta: alternativa "b".

---

02. (Cespe – Defensor Público – RO/ 2012) A respeito do controle de constitucionalidade, assinale a opção correta.

a) A ação declaratória de inconstitucionalidade e a ação declaratória interventiva possuem os mesmos legitimados ativos.

b) Na ação declaratória de constitucionalidade, cabe ao advogado geral da União fa zer a defesa do ato normativo.

c) A arguição de descumprimento de preceito fundamental tem preferência em relação a outros meios eficazes de sanar a lesividade.

d) Senador da República possui legitimação ativa para suscitar o controle incidental de constitucionalidade pertinente à observância pelas casas do Congresso Nacional dos requisitos que condicionam a válida elaboração das proposições normativas, enquanto estas se acharem em curso no Senado Federal.

e) A arguição de descumprimento de preceito fundamental não se presta a controle de constitucionalidade de normas infralegais ou atos normativos estaduais e municipais.

Resposta: alternativa "d".

---

03. (Cespe – Procurador Federal/2010) Julgue o item subsequentes, relativos ao poder constituinte e ao controle de constitucionalidade no Brasil.

De acordo com entendimento do STF, o controle jurisdicional prévio ou preventivo de constitucionalidade sobre projeto de lei ainda em trâmite somente pode ocorrer de modo incidental, na via de exceção ou defesa.

Resposta: item certo.

---

04. (FCC – Juiz Substituto – AP/ 2009) Conforme a doutrina e a jurisprudência no Brasil,

a) considera-se ausente o interesse processual, ou de agir, em ação direta de inconstitucionalidade contra emenda constitucional que só foi publicada, oficialmente, no curso do processo, antes da decisão.

b) emenda constitucional não pode modificar a organização de poderes constante da Constituição, ainda que o faça sem abolir ou sem ser tendente a abolir a separação dos Poderes.

c) emenda constitucional não pode modificar a forma federativa de Estado, ainda que o faça apenas para sujeitar servidores comissionados, estaduais e municipais, ao regime geral de previdência (gerido por autarquia federal).

d) proposta de emenda constitucional – ainda em tramitação parlamentar – pode ser impugnada por meio de mandado de segurança sob o argumento de vulneração às cláusulas pétreas.

e) emenda constitucional pode abolir o direito de propriedade.

Resposta: alternativa "d".

4. (MPE-AC – PROMOTOR DE JUSTIÇA - AC/2008)

"A", uma entidade de classe, impetrou mandado de segurança coletivo para garantir um direito de seus associados que estava sendo lesado pela autoridade administrativa. Contudo não tinha autorização da assembleia para a impetração. O juiz, com base no inc. XXI do artigo 5° da Constituição determinou que a impetrante juntasse a autorização. É correta a determinação do juiz? Fundamente.

RESPOSTA SUGERIDA

Consoante art. 5°, LXX, da CF, o mandado de segurança coletivo é a ação constitucional impetrada por partido político com representação no Congresso Nacional, organização sindical, entidade de classe ou associação legalmente constituída e em funcionamento há pelo menos um ano (em defesa dos interesses de seus membros ou associados), que busca a tutela de direito líquido e certo, não amparado por habeas corpus ou habeas data, quando o responsável pela ilegalidade ou abuso de poder for autoridade pública ou agente de pessoa jurídica no exercício de atribuições do Poder Público.

Durante muito tempo a jurisprudência foi oscilante em relação à necessidade de autorização das assembleias para fins de legitimidade processual e impetração de mandado de segurança coletivo. Atualmente a matéria está pacificada, notadamente por conta de duas súmulas editas pelo Supremo Tribunal Federal.

De acordo com a Súmula 629 do STF, a impetração de mandado de segurança coletivo por entidade de classe em favor dos associados independe da autorização destes. Ainda, conforme a Súmula 630 do STF, a entidade de classe tem legitimação para o mandado de segurança ainda quando a pretensão veiculada interesse apenas a uma parte da respectiva categoria. Esses enunciados sumulares acabam obtemperando o conteúdo do art. 5°, XXI, da CF, segundo o qual as entidades associativas, apenas quando expressamente autorizadas, teriam legitimidade para representar seus filiados judicial ou extrajudicialmente. No caso do mandado de segurança coletivo, trata-se de legitimidade extraordinária, por substituição processual, que dispensa a autorização expressa porque se trata de ação coletiva.

A dispensa de autorização especial de assembleia para fins de impetração de mandado de segurança coletivo acabou sendo reconhecida na nova Lei do Mandado de Segurança (Lei 12.016/2009), que em seu art. 21 determina: "o mandado de segurança coletivo pode ser impetrado por partido político com representação no Congresso Nacional, na defesa de seus interesses legítimos relativos a seus integrantes ou à finalidade partidária, ou por organização sindical, entidade de classe ou associação legalmente constituída e em funcionamento há, pelo menos, 1 (um) ano, em defesa de direitos líquidos e certos da totalidade, ou de parte, dos seus membros ou associados, na forma dos seus estatutos e desde que pertinentes às suas finalidades, dispensada, para tanto, autorização especial.

Assim é que não se afigura correta a determinação judicial para que entidade de classe impetrante de mandado de segurança coletivo junte autorização assemblear.

DOUTRINA TEMÁTICA

"A natureza jurídica desta substituição processual no mandado de segurança coletivo foi, no passado, objeto de debate na jurisprudência. Parte dos Tribunais exigia que a associação estivesse expressamente autorizada por seus filiados para ajuizar a demanda, por cada membro individualmente ou através de assembleia. Um acórdão do STJ defendeu igualmente a necessidade de anuência dos associados, pois cada qual poderia preferir ajuizar sua própria demanda, escolhendo e sustentando os argumentos jurídicos que entendesse mais relevantes. Segunda essa decisão, a denegação da segurança coletiva seria oponível a todos os associados, os quais, portanto, deveriam ter a opção de opinar sobre a impetração. Outras decisões judiciais sustentaram que a exigência de autorização seria dispensável, pois a hipótese seria de legitimação extraordinária, e não se confunde com qualquer tipo de representação ou mandato. A matéria acabou sumulada no STF no sentido da dispensa da autorização específica. Essa desnecessidade da autorização especial foi explicitada no caput do art. 21 da Lei 12.016/2009. Assim, não é necessária a autorização expressa em assembleia, bastando que a entidade impetrante se enquadre, por sua natureza e seus estatutos, como um dos legitimados pela alínea "b" do inciso LXX do art. 5° da CF, rol reiterado no art. 21 da Lei 12.016/2009". (MEIRELLES, WALD, MENDES, 2013, p. 135-136).

"A desnecessidade de autorização dos filiados para a impetração do mandado de segurança coletivo em favor dos seus interesses decorre de uma circunstância de ordem lógica: a própria Constituição Federal foi quem autorizou os partidos políticos, os sindicatos, as associações e as entidades de classe a impetrar mandado de segurança coletivo em nome próprio, mas em favor de seus filiados (*legitimação extraordinária*), de modo que, já havendo tal autorização – que, aliás, não é meramente legal, mas sim constitucional –, não há sentido para exigir nova autorização dos filiados, como se a vontade deles pudesse suplantar a vontade do constituinte. Ademais, de convir que a partir do instante em que o indivíduo se filia a um partido político, sindicato, associação ou entidade de classe, automaticamente já está aderindo às finalidades comuns da entidade, consequentemente, aceitando ser defendido por ele nos assuntos indicados nos seus estatutos. A questão muda totalmente de foco se perquerirmos sobre a possibilidade de as associações, entidades de classe, sindicatos e partidos políticos (que, na origem, também são associações) ajuizarem outras medidas diversas do mandado de segurança coletivo em favor de seus filiados, agora à luz do disposto no art. 5°, XXI, da Constituição Federal (as entidades associativas, quando expressamente autorizadas, têm legitimidade para representar seus filiados judicial ou extrajudicialmente). Para estes casos, sem dúvida nenhuma, a autorização será necessária, até mesmo porque a própria carta constitucional expressamente prevê a necessidade de autorização. Ademais, já não estaríamos mais diante de uma hipótese de *legitimação extraordinária* das associações e afins para a defesa de seus membros (como ocorre para o mandado de segurança coletivo), mas sim diante de típica hipótese de representação processual, em que alguém age em nome alheio (dos associados) na defesa de interesse que também é alheio (dos associados)." (GAJARDONI, SILVA, FERREIRA, 2009, p. 104-105).

JURISPRUDÊNCIA TEMÁTICA

STF

"Pessoas físicas já impetrantes de mandados de segurança individuais não possuem autorização constitucional para nova impetração 'coletiva'. Eventual litisconsórcio ativo, instituto da teoria geral do processo, não se confunde com as hipóteses constitucionais do art. 5º, LXX, da CF/1988." (MS 32.832 AgR, rel. min. Rosa Weber, j. 24-2-2015, 1ª T, DJE de 11-3-2015.)

"Impetrado mandado de segurança coletivo, descabe admitir, como terceiros interessados, os substituídos." (MS 26.794 AgR, rel. min. Marco Aurélio, j. 23-5-2013, P, DJE de 1º-8-2013.)

"A legitimação das organizações sindicais, entidades de classe ou associações, para a segurança coletiva, é extraordinária, ocorrendo, em tal caso, substituição processual. CF, art. 5º, LXX. Não se exige, tratando-se de segurança coletiva, a autorização expressa aludida no inciso XXI do art. 5º da Constituição, que contempla hipótese de representação. O objeto do mandado de segurança coletivo será um direito dos associados, independentemente de guardar vínculo com os fins próprios da entidade impetrante do writ, exigindo-se, entretanto, que o direito esteja compreendido na titularidade dos associados e que exista ele em razão das atividades exercidas pelos associados, mas não se exigindo que o direito seja peculiar, próprio, da classe." (RE 193.382, Rel. Min. Carlos Velloso, julgamento em 28-6-1996, Plenário, DJ de 20-9-1996.) No mesmo sentido: RE 437.971-AgR, Rel. Min. Cármen Lúcia, julgamento em 24-8-2010, Primeira Turma, DJE de 24-9-2010. "O inciso LXX do art. 5º da CF encerra o instituto da substituição processual, distanciando-se da hipótese do inciso XXI, no que surge no âmbito da representação. As entidades e pessoas jurídicas nele mencionadas atuam, em nome próprio, na defesa de interesses que se irradiam, encontrando-se no patrimônio de pessoas diversas. Descabe a exigência de demonstração do credenciamento." (RMS 21.514, Rel. Min. Marco Aurélio, julgamento em 27-4-1993, Segunda Turma, DJ de 18-6-1993.)

"Esta Corte firmou o entendimento segundo o qual o sindicato tem legitimidade para atuar como substituto processual na defesa de direitos e interesses coletivos ou individuais homogêneos da categoria que representa. (...) Quanto à violação ao art. 5º, LXX e XXI, da Carta Magna, esta Corte firmou entendimento de que é desnecessária a expressa autorização dos sindicalizados para a substituição processual." (RE 555.720-AgR, voto do Rel. Min. Gilmar Mendes, julgamento em 30-9-2008, Segunda Turma, DJE de 21-11-2008.)

"(...) o Plenário, em conclusão de julgamento, e por votação majoritária, proveu recurso extraordinário no qual se discutia a legitimidade ativa de associados que, embora não tivessem autorizado explicitamente a associação a ajuizar a demanda coletiva, promoveram a execução de sentença prolatada em favor de outros associados que, de modo individual e expresso, teriam fornecido autorização para a entidade atuar na fase de conhecimento (...). No mérito, reafirmou a jurisprudência da Corte quanto ao alcance da expressão 'quando expressamente autorizados', constante da cláusula inscrita no mencionado inciso XXI do art. 5º da CF. Asseverou que esse requisito específico acarretaria a distinção entre a legitimidade das entidades associativas para promover demandas em favor de seus associados (CF, art. 5º, XXI) e a legitimidade das entidades sindicais (CF, art. 8º, III). O Colegiado reputou não ser possível, na fase de execução do título judicial, alterá-lo para que fossem incluídas pessoas não apontadas como beneficiárias na inicial da ação de conhecimento e que não autorizaram a atuação da associação, como exigido no preceito constitucional em debate. Ademais, a simples previsão estatutária de autorização geral para a associação seria insuficiente para lhe conferir legitimidade. Por essa razão, ela própria tivera a cautela de munir-se de autorizações individuais." (RE 573.232, rel. p/ o ac. min. Marco Aurélio, julgamento em 14-5-2014, Plenário, Informativo 746, com repercussão geral.)

QUESTÕES DE CONCURSO RELACIONADAS

01. **(IBFC - Juiz Federal Substituto – TRF-2- 2018)** Dadas as assertivas abaixo, assinale a alternativa correta:

I - A adoção de critérios diferenciados para o licenciamento dos militares temporários, em razão do sexo, não viola o princípio da isonomia.

II - Editais de concurso público não podem estabelecer restrição a pessoas com tatuagem, salvo situações excepcionais, em razão de conteúdo que viole valores constitucionais.

III - A impetração de mandado de segurança coletivo por entidade de classe em favor dos associados depende da autorização destes.

a) Todas as assertivas estão corretas.

b) Somente está correta a assertiva III.

c) Estão corretas as assertivas II e III.

d) Estão corretas as assertivas I e III.

e) Estão corretas as assertivas I e II.

Resposta: alternativa "e".

02. **(CONSULPLAN - Juiz de Direito Substituto –TJ/MG – 2018)** Em se tratando de mandado de segurança coletivo, é correto afirmar que

a) o mandado de segurança coletivo induz litispendência para as ações individuais.

b) a impetração de mandado de segurança coletivo por entidade de classe em favor dos associados depende da autorização destes.

c) a entidade de classe não tem legitimação para o mandado de segurança coletivo quando a pretensão veiculada interesse apenas a uma parte da respectiva categoria.

d) configura particularidade procedimental do mandado de segurança coletivo, a necessidade de oitiva prévia da pessoa jurídica de direito público para o deferimento da medida liminar.

Resposta: alternativa "d".

---

03. (Cespe - Juiz do Trabalho Substituto 5ª região/2013) Acerca dos tipos de ação previstos na CF para a tutela das liberdades, assinale a opção correta.

a) Caso órgão público negue, ilegalmente, a determinada pessoa informação de terceiros de interesse coletivo, caberá a impetração de habeas data.

b) Estrangeiro residente no Brasil possui legitimidade ativa para ingressar com ação popular preventiva com o objetivo de evitar a prática de ato lesivo ao patrimônio público.

c) O mandado de segurança pode ser utilizado, no âmbito da justiça do trabalho, para tutelar direito líquido e certo decorrente de acordo produzido diretamente pelas partes e não homologado pelo juiz.

d) Dispositivo de constituição estadual não pode, sob pena de ser considerado inconstitucional, estabelecer a competência originária do tribunal de justiça estadual para julgar mandado de injunção que discuta norma regulamentadora estadual que torne inviável o exercício de direitos assegurados na referida constituição.

e) A impetração de mandado de segurança coletivo por entidade de classe é hipótese de legitimidade ativa extraordinária e independe de autorização dos associados, figurando a entidade, nesse caso, como substituto processual.

Resposta: alternativa "e".

---

04. (ESAF – Procurador da Fazenda Nacional/2012) Sobre os remédios constitucionais, é correto afirmar que

a) o habeas corpus será concedido, inclusive de ofício, sempre que alguém sofrer ou se achar ameaçado de sofrer violência ou coação em sua liberdade de manifestação, por ilegalidade ou abuso de poder.

b) o mandado de segurança individual é o remédio constitucional destinado a proteger direito líquido e certo, não amparado por habeas corpus, quando o responsável pela ilegalidade ou abuso de poder for autoridade pública, agente de pessoa jurídica no exercício de atribuições do poder público ou titular de banco de dados de caráter público.

c) o mandado de segurança coletivo pode ser impetrado por partido político com representação no Congresso Nacional em favor de qualquer pessoa ou coletividade, independentemente do prazo de constituição e funcionamento do partido e da condição da(s) pessoa(s) beneficiada(s) pela impetração como sua(s) filiada(s).

d) cabe mandado de injunção quando a falta de norma regulamentadora torne viável o exercício dos direitos e liberdades constitucionais.

e) qualquer cidadão é parte legítima para propor ação popular que vise ratificar ato lesivo ao patrimônio público ou de entidade de que o Estado participe.

Resposta: alternativa "c".

5. (MPE-PR – PROMOTOR DE JUSTIÇA - PR/2011)

Em que consiste o mandado de injunção? Como é interpretado pela doutrina e pela jurisprudência?

RESPOSTA SUGERIDA

À luz do art. 5º, LXXI, da CF, o mandado de injunção é a ação constitucional impetrada por pessoa física ou jurídica, ou ente despersonalizado, que objetiva sanar a falta de norma regulamentadora que torna inviável o exercício dos direitos e liberdades constitucionais e das prerrogativas inerentes à nacionalidade, à soberania e à cidadania.

Como se pode notar pela descrição do objeto, o mandado de injunção é ajuizado em face de normas de eficácia limitada, que são aquelas que possuem aplicabilidade indireta, mediata e reduzida (não direta, não imediata e não integral), pois exigem norma infraconstitucional para que se materializem na prática.

O exemplo clássico quanto ao cabimento do mandado de injunção é em relação à norma do art. 37, VII, da CF, que traz o direito de greve dos servidores públicos. Esse dispositivo constitucional é uma norma de eficácia limitada, portanto, para que o direito de greve dos servidores públicos seja exercido, faz-se necessária a edição de norma infraconstitucional, que, até hoje, não existe.

O grande problema é que a edição de norma regulamentadora depende do Poder Legislativo e, em razão do princípio fundamental da separação dos Poderes (art. 2º, da CF), o Poder Judiciário, ao julgar mandado de injunção, não pode obrigar o Poder Legislativo a suprir a omissão. Nesse sentido, por muito tempo, o mandado de injunção padeceu de absoluta ineficiência prática. Entretanto, recentemente o STF resolveu atuar de forma mais efetiva, conferindo efeito concreto ao mandado de injunção.

No caso do mandado de injunção ajuizado para sanar a omissão relativa ao direito de greve do servidor público, o STF determinou que, enquanto não for criada a lei pertinente, deverá ser aplicada a lei de greve da iniciativa privada no que for cabível aos servidores públicos. Assim, diz-se que o STF adotou a tese ou teoria concretista geral sobre as omissões constitucionais, pois determinou a concretização do direito com eficácia para todos (*erga omnes*) mesmo sem a edição da lei infraconstitucional regulamentadora.

O mandado de injunção foi regulamentado pela lei 13.300/2016, que disciplinou o processo e o julgamento do mandado de injunção. Nela foi criado o mandado de injunção coletivo, alinhando a previsão normativa à jurisprudência pacífica do STF, que há muitos anos já o admitia.

DOUTRINA TEMÁTICA

"Em 30.08.2008 foi julgado o MI 721-DF (rel. Ministro Marco Aurélio), no qual a Corte Suprema salientou uma natureza verdadeiramente mandamental na concessão da injunção, viabilizando o exercício imediato do direito da parte prejudicada pela inércia do legislador ordinário. Tratava-se, na hipótese, de direito de servidora do Ministério da Saúde à aposentadoria especial mencionada no art. 40, § 4°, da CF. Pouco depois, na sessão de 25.10.2007, findou o julgamento dos MI 670-ES, 708-DF e 712-PA, os dois primeiros relatados pelo Min. Gilmar Mendes, o último pelo Min. Eros Grau, cuja apreciação se iniciara anos antes, porém foram interrompidas por vários pedidos de vista. Em tais casos, que eram impetrações coletivas a respeito do direito de greve dos servidores públicos, o STF reiterou a declaração do estado de mora do Congresso Nacional, já reconhecido em acórdãos anteriores, e foi além, determinando a aplicação da legislação genérica de greve, no que couber (Lei 7.783/1989), até que a omissão legislativa venha a ser suprida com a edição da norma que a Constituição determina. Os três acórdãos foram publicados no DJe 31.10.2008. Passou a prevalecer, portanto, o entendimento de que a sistemática omissão do Poder Legislativo autoriza o Judiciário a garantir, de alguma forma, o exercício dos direitos assegurados na Constituição, sem que isto represente violação ao princípio da separação dos Poderes. Trata-se de garantia mediante regulação provisória do direito – e, portanto, não se configura uma atividade verdadeiramente legiferante do Judiciário. É, porém, indispensável à garantia da eficácia dos direitos constitucionais violados pela inércia do legislador. Se e quando editada a norma específica pelo Congresso Nacional estará afastada a regulação judicial provisória". (MEIRELLES, WALD, MENDES, 2013, p. 333-334).

JURISPRUDÊNCIA TEMÁTICA

STF

"(...) não há norma constitucional que imponha ao legislador o dever de regulamentar os direitos do nascituro. Como se infere do art. 5º, LXXI, da CRFB/1988, o mandado de injunção tem lugar quando a falta de norma regulamentadora impedir o exercício de direitos e liberdades constitucionais e das prerrogativas inerentes à nacionalidade, à soberania e à cidadania. Nesse passo, inexistente a previsão do direito na Constituição Federal, tampouco do dever de regulamentação, não há que se falar em omissão legislativa que possa ser imputada às autoridades impetradas." (MI 6.591 AgR, rel. min. Luiz Fux, j. 16-6-2016, P, DJE de 30-6-2016.)

"Mandado de injunção. Garantia fundamental (CF, art. 5º, LXXI). Direito de greve dos servidores públicos civis (CF, art. 37, VII). Evolução do tema na jurisprudência do STF. Definição dos parâmetros de competência constitucional para apreciação no âmbito da Justiça Federal e da Justiça estadual até a edição da legislação específica pertinente, nos termos do art. 37, VII, da CF. Em observância aos ditames da segurança jurídica e à evolução jurisprudencial na interpretação da omissão legislativa sobre o direito de greve dos servidores públicos civis, fixação do prazo de sessenta dias para que o Congresso Nacional legisle sobre a matéria. Mandado de injunção deferido para determinar a aplicação das Leis

7.701/1988 e 7.783/1989. Sinais de evolução da garantia fundamental do mandado de injunção na jurisprudência do STF. No julgamento do MI 107/DF, Rel. Min. Moreira Alves, DJ de 21-9-1990, o Plenário do STF consolidou entendimento que conferiu ao mandado de injunção os seguintes elementos operacionais: i) os direitos constitucionalmente garantidos por meio de mandado de injunção apresentam-se como direitos à expedição de um ato normativo, os quais, via de regra, não poderiam ser diretamente satisfeitos por meio de provimento jurisdicional do STF; ii) a decisão judicial que declara a existência de uma omissão inconstitucional constata, igualmente, a mora do órgão ou poder legiferante, insta-o a editar a norma requerida; iii) a omissão inconstitucional tanto pode referir-se a uma omissão total do legislador quanto a uma omissão parcial; iv) a decisão proferida em sede do controle abstrato de normas acerca da existência, ou não, de omissão é dotada de eficácia erga omnes, e não apresenta diferença significativa em relação a atos decisórios proferidos no contexto de mandado de injunção; v) o STF possui competência constitucional para, na ação de mandado de injunção, determinar a suspensão de processos administrativos ou judiciais, com o intuito de assegurar ao interessado a possibilidade de ser contemplado por norma mais benéfica, ou que lhe assegure o direito constitucional invocado; vi) por fim, esse plexo de poderes institucionais legitima que o STF determine a edição de outras medidas que garantam a posição do impetrante até a oportuna expedição de normas pelo legislador. Apesar dos avanços proporcionados por essa construção jurisprudencial inicial, o STF flexibilizou a interpretação constitucional primeiramente fixada para conferir uma compreensão mais abrangente à garantia fundamental do mandado de injunção. A partir de uma série de precedentes, o Tribunal passou a admitir soluções 'normativas' para a decisão judicial como alternativa legítima de tornar a proteção judicial efetiva (CF, art. 5º, XXXV). Precedentes: MI 283, Rel. Min. Sepúlveda Pertence, DJ de 14-11-1991; MI 232/RJ, Rel. Min. Moreira Alves, DJ de 27-3-1992; MI 284, Rel. Min. Marco Aurélio, Rel. p/ o ac. Min. Celso de Mello, DJ de 26-6-1992; MI 543/DF, Rel. Min. Octavio Gallotti, DJ de 24-5-2002; MI 679/DF, Rel. Min. Celso de Mello, DJ de 17-12-2002; e MI 562/DF, Rel. Min. Ellen Gracie, DJ de 20-6-2003. (...) Em razão da evolução jurisprudencial sobre o tema da interpretação da omissão legislativa do direito de greve dos servidores públicos civis e em respeito aos ditames de segurança jurídica, fixa-se o prazo de sessenta dias para que o Congresso Nacional legisle sobre a matéria. Mandado de injunção conhecido e, no mérito, deferido para, nos termos acima especificados, determinar a aplicação das Leis 7.701/1988 e 7.783/1989 aos conflitos e às ações judiciais que envolvam a interpretação do direito de greve dos servidores públicos civis." (MI 708, Rel. Min. Gilmar Mendes, julgamento em 25-10-2007, Plenário, DJE de 31-10-2008). No mesmo sentido: MI 670, Rel. p/ o ac. Min. Gilmar Mendes, e MI 712, Rel. Min. Eros Grau, julgamento em 25-10-2007, Plenário, DJE de 31-10-2008.

"O direito à legislação só pode ser invocado pelo interessado, quando também existir – simultaneamente imposta pelo próprio texto constitucional – a previsão do dever estatal de emanar normas legais. Isso significa que o direito individual à atividade legislativa do Estado apenas se evidenciará naquelas estritas hipóteses em que o desempenho da função de legislar refletir, por efeito de exclusiva determinação constitucional, uma obrigação jurídica indeclinável imposta ao poder público." (MI 5.926-AgR, rel. min. Celso de Mello, julgamento em 10-4-2014, Plenário, DJE de 2-6-2014.)

"A jurisprudência desta Corte sedimentou a possibilidade de as entidades de classe, desde que legalmente constituídas e em funcionamento há pelo menos um ano, utilizarem o mandado de injunção coletivo." (MI 4.503-AgR, rel. min. Ricardo Lewandowski, julgamento em 7-11-2013, Plenário, DJE de 3-12-2013.) Vide: MI 472, rel. min. Celso de Mello, julgamento em 6-9-2005, Plenário, DJ de 2-3-2001.

"Nos mandados de injunção coletivos, a emissão de juízo de mérito pressupõe a especificação dos substituídos e a demonstração de que efetivamente inviabilizado o exercício do direito com base na lacuna normativa apontada." (MI 2.859-ED, rel. min. Rosa Weber, julgamento em 19-6-2013, Plenário, DJE de 13-8-2013.)

"(...) o mandado de injunção não é o meio processual adequado para questionar a efetividade da lei regulamentadora." (MI 4.831-AgR, rel. min. Teori Zavascki, julgamento em 29-5-2013, Plenário, DJE de 28-8-2013.)

"A orientação do STF é pela prejudicialidade do mandado de injunção com a edição da norma regulamentadora então ausente. Excede os limites da via eleita a pretensão de sanar a alegada lacuna normativa do período pretérito à edição da lei regulamentadora." (MI 1.011-AgR e MI 1.022-AgR, Rel. Min. Ricardo Lewandowski, julgamento em 10-5-2012, Plenário, DJE de 30-5-2012.)

QUESTÕES DE CONCURSO RELACIONADAS

01. (VUNESP - Juiz de Direito Substituto – TJ/AC – 2019) Assinale a alternativa correta a respeito do mandado de injunção.

a) Sem prejuízo dos efeitos já produzidos, a decisão poderá ser revista, a pedido do interessado, se sobrevierem relevantes modificações das circunstâncias de fato ou de direito.

b) A decisão proferida no mandado de injunção terá eficácia subjetiva limitada às partes, mas ganhará eficácia ultra partes ou erga omnes se não cumprida no prazo estabelecido.

c) Reconhecido o estado de mora legislativa, será deferida a injunção para que o impetrado promova a edição da norma regulamentadora no prazo de trinta dias.

d) Não será cabível o mandado de injunção quando houver regulamentação da matéria por normas editadas pelo órgão legislador competente, ainda que insuficientes.

Resposta: alternativa "a".

02. (FCC - Defensor Público - DPE-PR – 2017) Sobre o Mandado de Injunção, é correto afirmar:

a) Diferencia-se o Mandado de Injunção da Ação Direta de Inconstitucionalidade por omissão pois aquele retrata processo subjetivo de controle de constitucionalidade, ao passo que este é processo objetivo; mas se assemelham pois ambos prevêemprevеem a medida liminar para suspender processos judiciais ou procedimentos administrativos, ou ainda em outra providência a ser fixada pelo Poder Judiciário.

b) Como remédio constitucional previsto em todas as Constituições republicanas, mas suspensa durante a vigência do Ato Institucional nº 5, é cabível sempre que a falta total ou parcial de norma regulamentadora torne inviável o exercício dos direitos e liberdades constitucionais e das prerrogativas inerentes à nacionalidade, à soberania e à cidadania.

c) A sentença proferida nele poderá estabelecer as condições em que se dará o exercício dos direitos, das liberdades ou das prerrogativas reclamados, caso haja mora do órgão impetrado. Se editada a norma faltante em momento posterior, esta não retroagirá, exceto se for benéfica ao impetrante.

d) A lei que o regulamenta, em contrariedade à jurisprudência do Supremo Tribunal Federal, não permite a extensão dos efeitos da decisão para além das partes, já que se trata de processo constitucional subjetivo que visa assegurar o exercício de direitos do impetrante.

e) Caberá recurso ordinário ao Superior Tribunal de Justiça quando denegatória a decisão no julgamento de Mandado de Injunção em única instância pelos Tribunais Regionais Federais ou pelos Tribunais dos Estados, do Distrito Federal e Territórios.

Resposta: alternativa "c".

---

03. (FMP – Juiz de Direito – MT/2014) Sobre o mandado de injunção, assinale a alternativa correta.

a) refere-se à omissão de regulamentação de norma constitucional, não havendo a possibilidade de que a ação tenha como finalidade compelir o Congresso Nacional a corrigir omissões normativas existentes na Convenção Americana sobre Direitos Humanos de forma a dar concreção ao que prescreve o artigo 25 do Pacto de S. José da Costa Rica.

b) pode ser ajuizado somente por aqueles que detêm a legitimidade ativa para propor a ação direta de inconstitucionalidade.

c) não permite a forma coletiva, em razão da ausência de previsão constitucional expressa.

d) é de competência exclusiva do Supremo Tribunal Federal

e) será admitido o mandado de injunção, sempre que houver falta de norma reguladora de uma previsão constitucional, ainda que desta não ocorra inviabilização dos direitos e liberdades constitucionais.

Resposta: alternativa "a".

---

04. (FCC – Procurador do Estado - SP/ 2012) Considere as afirmações:

I. Cabe mandado de injunção quando a falta de norma regulamentadora impede ou prejudica a fruição de direitos constitucionais relacionados às liberdades fundamentais, à nacionalidade, ao direito de informação e à cidadania.

II. A edição de norma regulamentadora, então ausente, não acarreta a prejudicialidade de mandado de injunção, ainda não julgado, sobre o tema dessa norma.

III. Cabe mandado de injunção para a discussão de descumprimento de norma em vigor.

IV. Cabe mandado de injunção quando a falta de norma regulamentadora impede ou prejudica a fruição de direitos constitucionais relacionados às liberdades fundamentais, à nacionalidade, à soberania e à cidadania.

V. Não é cabível mandado de injunção para a discussão de pretensão de se sanar alegada lacuna normativa do período pretérito à edição da norma regulamentadora.

Está correto APENAS o que se afirma em

a) II e IV.

b) IV e V.

c) III e IV.

d) I, III e V.

e) I e II.

Resposta: alternativa "b".

CAPÍTULO 4
ORGANIZAÇÃO POLÍTICO-ADMINISTRATIVA DO ESTADO

➘ QUESTÕES

1. (CESPE – PROCURADOR DO ESTADO – PGE/AM – 2017)

Determinada Assembleia Legislativa aprovou projeto de lei apresentado por deputado estadual que estende a empregados públicos de determinada empresa pública estadual exploradora de atividade econômica o direito de servidores públicos estatutários à percepção de "gratificação de titulação", a ser auferida mediante a conclusão de curso de pós-graduação em instituição de ensino reconhecida pelas leis brasileiras. Tendo recebido a proposição para a análise, com vistas à sua apreciação para efeitos de sanção ou veto, o governador do estado solicitou manifestação prévia do respectivo órgão estadual de consultoria jurídica.

Analise a legitimidade da proposição legislativa em apreço considerando os termos da Constituição Federal de 1988. Em seu texto, discorra sobre os seguintes aspectos:

1- competência legislativa do estado-membro para legislar a respeito da matéria; [valor: 4,75 pontos]

2- apresentação do referido projeto de lei por parlamentar estadual; [valor: 4,75 pontos]

3- extensão aos referidos empregados públicos da gratificação conferida aos servidores estatutários estaduais. [valor: 4,75 pontos]

ESPAÇO EM BRANCO PARA RESPOSTA (30 LINHAS)

2. (VUNESP – DEFENSOR PÚBLICO - MS/2008 - ADAPTADA)

A exemplo de outros Estados estrangeiros, o Brasil se constitui numa República Federativa. Embora cada Federação tenha suas próprias características, os doutrinadores costumam dizer que é possível identificar a presença de alguns traços comuns a todas as federações. Nesse diapasão, relacione brevemente alguns desses elementos comuns que estão presentes na federação brasileira.

ESPAÇO EM BRANCO PARA RESPOSTA (30 LINHAS)

3. (CESPE – PROMOTOR DE JUSTIÇA - SE/2010)

Competências federativas são parcelas de poder atribuídas, pela soberania do Estado Federal, aos entes políticos, permitindo-lhes tomar decisões, no exercício regular de suas atividades, dentro do círculo pré-traçado pela Constituição da República. A União, os estados, o Distrito Federal e os municípios atuam na área determinada pelo constituinte originário, exercendo atribuições legislativas, administrativas e tributárias. O exercício harmônico dessas atribuições é responsável pela manutenção do pacto federativo, pois uma entidade não pode adentrar o campo reservado à outra, praticando invasão de competências. **Uadi Lammêgo Bulos. Curso de direito constitucional. São Paulo: Saraiva, 2007, p. 756 (com adaptações).**

Considerando que o texto acima tem caráter unicamente motivador, redija um texto dissertativo acerca do seguinte tema:

"Sistema de repartição de competências no estado federal brasileiro".

Ao elaborar seu texto, aborde, necessariamente, os seguintes aspectos:

- princípio básico para a distribuição de competências;
- competências em matéria administrativa, seu significado e classificação;
- competências em matéria legislativa, seu significado e classificação.

ESPAÇO EM BRANCO PARA RESPOSTA (30 LINHAS)

4. (FUMARC – DEFENSOR PÚBLICO - MG/2009)

De acordo com a Constituição da República Federativa do Brasil, de 1988, os Municípios possuem competência para legislarem sobre Direito Econômico? Fundamente sua resposta.

◉ ESPAÇO EM BRANCO PARA RESPOSTA (30 LINHAS)

QUESTÕES COMENTADAS

1. (CESPE – PROCURADOR DO ESTADO – PGE/AM – 2017)

Determinada Assembleia Legislativa aprovou projeto de lei apresentado por deputado estadual que estende a empregados públicos de determinada empresa pública estadual exploradora de atividade econômica o direito de servidores públicos estatutários à percepção de "gratificação de titulação", a ser auferida mediante a conclusão de curso de pós-graduação em instituição de ensino reconhecida pelas leis brasileiras. Tendo recebido a proposição para a análise, com vistas à sua apreciação para efeitos de sanção ou veto, o governador do estado solicitou manifestação prévia do respectivo órgão estadual de consultoria jurídica.

Analise a legitimidade da proposição legislativa em apreço considerando os termos da Constituição Federal de 1988. Em seu texto, discorra sobre os seguintes aspectos:

1 competência legislativa do estado-membro para legislar a respeito da matéria; [valor: 4,75 pontos]

2 apresentação do referido projeto de lei por parlamentar estadual; [valor: 4,75 pontos]

3 extensão aos referidos empregados públicos da gratificação conferida aos servidores estatutários estaduais. [valor: 4,75 pontos]

PADRÃO DE RESPOSTA DA BANCA

A resposta do candidato deve conter, no mínimo, os seguintes elementos.

Na medida em que o projeto de lei em apreço dispõe sobre direito de empregados públicos de empresa estatal exploradora de atividade econômica, com a qual mantêm vínculo trabalhista e não estatutário, ocorre invasão de competência da União para legislar sobre direito do trabalho, prevista no art. 22, I, da Constituição Federal de 1988 (CF). Em uma única circunstância legítima os estados poderiam legislar sobre a matéria: caso a União fizesse uso da faculdade constante no parágrafo único do art. 22 da CF e, por meio de lei complementar, autorizasse os entes estaduais a legislar sobre questões específicas das matérias relacionadas no art. 22, I (entre as quais, o direito do trabalho) — ADI 1.808, ADI 144, ADI 318.

Havendo invasão de competência legislativa da União, não há de se cogitar a existência ou não de vício de iniciativa quanto à apresentação/propositura do projeto de lei. Assim, afigura-se incorreto sustentar tanto a possibilidade quanto a impossibilidade de iniciativa do parlamentar estadual em relação à respectiva matéria.

Deve-se considerar correta, também, a resposta do candidato que, ao responder ao quesito 2, entender pela impossibilidade de iniciativa pelo parlamentar estadual, tendo em vista que o comando da questão, ao solicitar que o candidato discorra sobre "a apresentação do projeto de lei por parlamentar estadual", de certa forma, pode induzir um posicionamento pela possibilidade ou impossibilidade da iniciativa. Desta forma, deve-se considerar os dois modelos de resposta.

Empresa pública estadual exploradora de atividade econômica submete-se a "regime jurídico próprio das empresas privadas, inclusive quanto aos direitos e obrigações civis, comerciais, trabalhistas e tributários" (art. 173, § 1.º, II, CF). Por isso, é inconstitucional qualquer extensão aos empregados públicos, por meio de lei, dos direitos conferidos aos servidores públicos estatutários. A esses empregados cabem somente os direitos trabalhistas concedidos por lei federal em caráter geral (ou por lei estadual autorizada nos termos do art. 22, parágrafo único, CF) ou negociados em contrato de trabalho (RE 552.217 AgR, AI 581.418 AgR, ADI 318).

Quanto ao quesito 3, caso o candidato entenda corretamente pela inconstitucionalidade da extensão, justificando o entendimento com base no art. 37, XIII, da CF/88, a resposta não deverá ter nota zero, mas a fundamentação adequada encontra-se com base no parágrafo único do art. 22 da CF/88, considerando-se que a hipótese trata de empresa pública exploradora de atividade econômica.

RESPOSTA SUGERIDA

Considerando que a lei em questão seria voltada a disciplinar a relação existentes entre empregados públicos e o Estado, identifica-se que se trata de norma de natureza trabalhista, pois esses empregados possuem vínculo regido pela CLT, não sendo funcionários estatutários. Diante dessa consideração, observamos no art. 22, I da CF/88 que se trata de competência privativa da União legislar sobre direito do trabalho, podendo o Estado, excepcionalmente, nos termos do parágrafo único do mesmo artigo, caso autorizado por lei complementar, em situação de igualdade aos demais Estados, a legislar sobre questão específica dentro da matéria. Como não há menção a qualquer lei complementar autorizativa, concluímos que a lei em questão é formalmente inconstitucional, por violar competência privativa da União.

No entanto, embora a lei hipotética fosse formalmente inconstitucional, não se pode sustentar essa conclusão como um impedimento ao Parlamentar quanto à propositura do projeto de lei.

Vale ainda observar que a norma mencionada seria também materialmente inconstitucional, visto que empresas públicas (nas quais há empregados públicos) estão sujeitas ao mesmo regime jurídico de empresas privadas, não podendo ser estendido aos empregados públicos qualquer benefício aplicável aos servidores públicos estatutários. Assim, somente podem ser aplicados aos empregados públicos os demais direitos aplicáveis aos empregados da iniciativa privada em geral, sejam advindos de normas federais, ou estaduais decorrentes da previsão do art. 22, parágrafo único da CF/88.

◉ DOUTRINA TEMÁTICA

"A Constituição consagrou a possibilidade de delegação de certas competências legislativas federais. A União, por meio de lei complementar, poderá autorizar os Estados a legislarem sobre questões específicas das matérias de sua competência Privativa (CF, art. 22: paragrafoparágrafo único). Referida autorização, embora não haja previsão expressa, também pode ser dada ao Distrito Federal, em face de sua natureza híbrida (CF, art. 32, § 1.º)." (NOVELINO, 2016, p. 535)

◉ JURISPRUDÊNCIA TEMÁTICA

▸ STF

"(...) a presente ação direta objetiva ver declarada a inconstitucionalidade do § 5º do art. 28 da Constituição do Estado do Rio Grande do Norte, que estabelece data-limite para o pagamento dos vencimentos "dos servidores públicos estaduais e municipais, da administração direta, indireta, autárquica, fundacional, de empresa pública e de sociedade de economia mista", corrigindo-se monetariamente os seus valores se pagos em atraso. Sobre o tema, a jurisprudência desta Corte firmou entendimento no sentido de que a fixação, pelas Constituições dos Estados, de data para o pagamento dos vencimentos dos servidores estaduais e a previsão de correção monetária em caso de atraso não afrontam a CF. (...) No entanto, como bem apontado no acórdão que julgou a medida liminar, a Constituição do Rio Grande do Norte estende a obrigação aos servidores municipais e aos empregados celetistas de empresas públicas e sociedades de economia mista. Nesse ponto, a discussão transfere-se para a preservação de dois importantes valores constitucionais: a autonomia municipal e a competência da União para legislar em matéria de direito do trabalho. Especificamente quanto à imposição aos servidores municipais, caracteriza-se disposição de flagrante violação à autonomia administrativa e financeira municipal, disposta nos arts. 29; 30, I; e 34, VII, c, da CF. Relativamente aos empregados celetistas de empresas públicas e sociedades de economia mista, estabelece a Constituição, no seu art. 137, § 1º, II, a sujeição dos seus regimes jurídicos ao direito do trabalho, cuja competência para legislar é privativa da União (art. 22, I, da CF). Assim, a redação do art. 28, § 5º, da Constituição estadual, ao prever obrigações relativas aos vencimentos dos servidores das sociedades estatais, matéria de âmbito trabalhista, extrapola sua competência legislativa." [ADI 144, voto do rel. min. Gilmar Mendes, j. 19-2-2014, P, DJE de 3-4-2014.]

"É preciso distinguir as empresas públicas que exploram atividade econômica, que se sujeitam ao regime jurídico das empresas privadas, inclusive quanto às obrigações trabalhistas e tributárias (C.F., art. 173, § 1º), daquelas empresas públicas prestadoras de serviços públicos, cuja natureza jurídica é de autarquia, às quais não tem aplicação o disposto no § 1º do art. 173 da Constituição, sujeitando-se tais empresas prestadoras de serviço público, inclusive à responsabilidade objetiva (C.F. art. 37, § 6º)". (RE n. 354.897, Relator o Ministro Carlos Velloso, DJ de 3.9.04)

QUESTÕES RELACIONADAS

01. (TRT-2 - Juiz do Trabalho Substituto -2015) À luz da Constituição Federal, analise as seguintes proposições:

I - Compete a União, aos Estados, ao Distrito Federal e aos Municípios instituir diretrizes para o desenvolvimento urbano, inclusive habitação, saneamento básico e transportes urbanos.

II - Compete à União e aos Estados legislar sobre águas, energia e radiodifusão.

III - Compete privativamente a União legislar sobre organização judiciária, do Ministério Público do Distrito Federal e dos Territórios e da Defensoria Pública dos Territórios, bem como a organização administrativa destes.

IV - Leis ordinárias fixarão, em razão da competência comum, normas para a cooperação entre a União e os Estados, o Distrito Federal e os Municípios, tendo em vista o equilíbrio do desenvolvimento e do bem-estar em âmbito nacional.

V - Compete a União, aos Estados e ao Distrito Federal legislar concorrentemente sobre responsabilidade por dano ao meio ambiente e ao consumidor.

a) Todas as proposições estão corretas.

b) Somente as proposições II e V estão corretas.

c) Somente as proposições I e III estão incorretas.

d) Somente as proposições III e V estão corretas.

e) Somente as proposições IV e V estão incorretas.

Resposta: alternativa "d".

02. (FCC - Juiz do Trabalho Substituto - TRT -1- 2015) Compete privativamente à União legislar sobre:

I. trânsito e transporte

II. defesa do solo

III. direito eleitoral

IV. conservação da natureza

V. previdência social

Está correto o que se afirma APENAS em

a) I, III e V.

b) II e IV.

c) I e III.

d) II e V.

e) I, III e IV.

Resposta: alternativa "c".

2. (VUNESP – DEFENSOR PÚBLICO - MS/2008 - ADAPTADA)

A exemplo de outros Estados estrangeiros, o Brasil se constitui numa República Federativa. Embora cada Federação tenha suas próprias características, os doutrinadores costumam dizer que é possível identificar a presença de alguns traços comuns a todas as federações. Nesse diapasão, relacione brevemente alguns desses elementos comuns que estão presentes na federação brasileira.

RESPOSTA SUGERIDA

Federação é uma forma de Estado que se caracteriza pela descentralização do poder a entes políticos dotados de autonomia.

As principais características da forma federativa de Estado são:

1) descentralização do poder político: que compreende a auto-organização (entes podem ter suas normas de organização fundamental, a exemplo das Constituições Estaduais e Leis Orgânicas dos Municípios), a autolegislação ou autonormatização (entes federados podem estabelecer normas gerais e abstratas próprias, a exemplo das leis estaduais e municipais), o autogoverno (entes terão seus líderes e representantes locais, a exemplos dos governadores e deputados nos Estados e prefeitos e vereadores nos Municípios) e autoadministração (entes podem prestar e manter serviços próprios).

2) indissolubilidade do vínculo federativo: aos entes federados não é dado o direito de se separar da unidade federativa. Doutrinariamente se diz que há proibição quanto ao exercício de secessão.

3) rigidez constitucional: uma Constituição rígida é fundamental para se evitar a desestruturação do Pacto Federativo. Associada à rigidez está a impossibilidade de se alterar a forma federativa de Estado, a exemplo do que ocorre no Brasil, em que a proteção se dá por meio de cláusula pétrea.

4) existência de um Tribunal Constitucional: deve haver um órgão apto a proteger a Constituição de um Estado Federado, a exemplo do Supremo Tribunal Federal, no Brasil, a quem compete precipuamente a guarda da Constituição Federal.

5) previsão de um órgão legislativo no âmbito federal que represente os entes descentralizados: trata-se de uma forma de se respeitar o equilíbrio da federação, dando voz aos poderes locais. No Brasil este papel é exercido pelo Senado Federal, conhecido como a Casa da Federação.

6) autonomia financeira dos entes federados: para a realização da administração local, é mister que os entes federados possam se autogerir financeiramente, o que se faz por meio de distribuição de receitas tributárias e peças orçamentárias próprias.

Desde a primeira Constituição Republicana (1891), o Brasil é um Estado Federado. Nos termos do art. 18, *caput*, da Constituição Federal de 1988, a organização político-administrativa da República Federativa do Brasil compreende a União, os Estados, o Distrito Federal e os Municípios, todos autonomos. Trata-se de norma que reflete a forma federativa de Estado, firmada no caput do art. 1º da CF e resguardada como cláusula pétrea (art. 60, § 4º, I, da CF).

DOUTRINA TEMÁTICA

"Quando examinamos os princípios fundamentais do título I da Constituição brasileira, destacamos que o princípio federativo é princípio estruturante ou de organização que define a forma de Estado adotada por uma Constituição. O princípio federativo é princípio que consagra a forma de Estado Federal, estruturada a partir da união indissolúvel de mais de uma organização política, no mesmo espaço territorial do Estado, compartilhando de seu poder. O modo e a intensidade do exercício do poder pelas entidades federadas ou componentes do Estado Federal dependerão da estrutura da federação adotada por cada Constituição". (CUNHA JÚNIOR, 2012, p. 897-898).

"Estado Federal: é aquela forma de Estado em que há distribuição geográfica do poder político em função do território, na qual um ente é dotado de soberania e os outros entes de autonomia. Com isso, as características básicas do Federalismo podem ser assim definidas: indissolubilidade do pacto federativo; b) descentralização política entre as vontades central e regionais, na medida em que a federação pressupõe a existência de, pelo menos, duas ordens jurídicas, sendo uma central e uma parcial; c) Constituição rígida com um núcleo imodificável que não permita a secessão; d) existência de um órgão que represente e externalize a vontade dos membros da federação de forma isonômica (paritária); e) autonomia financeira dos entes expressa na Constituição do ente soberano; f) a existência de um órgão de cúpula do Poder Judiciário que resolva os conflitos entre os entes da federação, impedindo assim a usurpação de competências e com isso o desrespeito à Constituição; g) auto-organização político-administrativa dos entes autônomos com a possibilidade de os mesmos produzirem suas próprias leis (autonormatização), terem seu próprio governo (autogoverno) e sua própria administração (autoadministração)." (FERNANDES, 2012, p. 716-717).

JURISPRUDÊNCIA TEMÁTICA

"A Constituição Federal conferiu ênfase à autonomia municipal ao mencionar os Municípios como integrantes do sistema federativo (art. 1º da CF/1988) e ao fixá-la junto com os Estados e o Distrito Federal (art. 18 da CF/1988). A essência da autonomia municipal contém primordialmente (i) autoadministração, que implica capacidade decisória quanto aos interesses locais, sem delegação ou aprovação hierárquica; e (ii) autogoverno, que determina a eleição do chefe do Poder Executivo e dos representantes no Legislativo. O interesse comum e a compulsoriedade da integração metropolitana não são incompatíveis com a autonomia municipal. O mencionado interesse comum não é comum apenas aos Municípios envolvidos, mas ao Estado e aos Municípios do agrupamento urbano." (ADI 1.842, rel. min. Gilmar Mendes, julgamento em 6-3-2013, Plenário, DJE de 16-9-2013.)

"A observância das regras federais não fere autonomia estadual." (ADI 1.546, Rel. Min. Nelson Jobim, julgamento em 3-12-1998, Plenário, DJ de 6-4-2001.)

QUESTÕES DE CONCURSO RELACIONADAS

01. (VUNESP - Defensor Público Substituto- DPE/RO – 2017) Atualmente entende-se que

a) os elementos constitutivos do Estado são o governo, o território, a população e a finalidade.

b) não existe Estado sem território.

c) nação é uma ordem jurídica soberana, que tem por fim o bem comum de um povo situado em determinado território.

d) os conceitos de Estado e nação são coincidentes, já que ambos representam uma comunidade com vínculo jurídico entre seus componentes.

e) Estado é uma comunidade exclusivamente de base histórico-cultural.

Resposta: alternativa "b".

02. (FCC - Defensor Público – DPE/PR - 2017) Acerca da organização do Estado, considere as assertivas abaixo.

I. A soberania é atributo exclusivo do Estado Federal, restando aos Estados-membros a autonomia, na forma da descentralização da atividade administrativa e do poder político. A autonomia política dos Estados-membros compreende o poder de editar suas próprias Constituições, sujeitas a certos limites impostos pela Constituição Federal.

II. O Estado Unitário é conduzido por uma única entidade política, que centraliza o poder político; o Estado Federal é composto por mais de um governo, todos autônomos em consonância com a Constituição; e a Confederação é a união de Estados soberanos com lastro em um tratado internacional.

III. O pacto federativo é indissolúvel. Excepcionalmente, é possível a regulamentação da secessão desde que atendidos os seguintes requisitos: edição de Lei Complementar específica; consulta direta, através de plebiscito, aos moradores do Estado; e comprovação de viabilidade financeira e orçamentária da proposta.

IV. A repartição horizontal de competências se dá quando, observada a inexistência de hierarquia e respeitada a autonomia dos entes federados, outorgam-se competências concorrentes entre a União, os Estados, o Distrito Federal e Municípios.

V. A aplicação do mínimo exigido da receita resultante de impostos estaduais, compreendida a proveniente de transferências, na manutenção e desenvolvimento do ensino e nas ações e serviços públicos de saúde é considerado princípio constitucional sensível, e seu descumprimento pode ensejar a intervenção federal.

Está correto o que se afirma APENAS em

a) II e IV.

b) III, IV e V.

c) I, II e V.

d) III e IV.

e) I.

Resposta: alternativa "c".

---

03. (UFPR – Defensor Público - PR/2014) Sobre a Organização do Estado Brasileiro e a Repartição de Competências no Brasil, é correto afirmar:

a) os Territórios Federais integram a União, podendo ser criados ou transformados em estados-membros, por meio de lei complementar, como ocorrido com os antigos territórios de Rondônia e Amapá.

b) as terras devolutas são terras consideradas bens dos estados-membros, salvo quando pertencentes à União, como nos casos de terras devolutas indispensáveis à defesa de fronteiras, das fortificações e construções militares, das vias federais de comunicação e à preservação ambiental.

c) encontra-se, na competência privativa da União, a possibilidade de legislar sobre direito civil, direito penal, direito eleitoral, direito ambiental, direito econômico, direito financeiro, direito aeronáutico e direito do trabalho.

d) aos Territórios e ao Distrito Federal é vedado dividirem-se em Municípios, sendo que ambos possuem autonomia administrativa, adotando Poder Legislativo e Poder Executivo próprios, bem como Poder Judiciário e Defensoria Pública organizados pela União.

e) aos estados-membros cabe explorar diretamente, ou mediante concessão ou permissão, os serviços locais de gás canalizado, sendo permitida medida provisória para realizar sua regulamentação.

Resposta: alternativa "b".

---

04. (ESAF – Auditor-Fiscal– RFB/2014) Com relação aos bens da União e dos Estados, é correto afirmar que:

a) a faixa de até cento e cinquenta quilômetros de largura, ao longo das fronteiras terrestres, designada como faixa de fronteira, é considerada fundamental para defesa do território nacional, e sua ocupação e utilização serão reguladas por Resolução do Senado Federal.

b) os recursos naturais da plataforma continental e da zona econômica exclusiva pertencem à União, sendo assegurada, nos termos da lei, a outras unidades federativas, a participação no resultado da exploração de petróleo, gás natural e outros recursos minerais e de recursos hídricos para fins de geração de energia elétrica.

c) em razão de sua localização, as ilhas oceânicas e costeiras são de propriedade da União, sem exceção.

d) pertencem aos Estados as cavidades naturais subterrâneas e os sítios arqueológicos e pré-históricos localizados dentro de sua respectiva área territorial.

e) a exploração de recursos minerais de qualquer espécie será objeto de autorização conjunta da União e do Estado quando os recursos estiverem localizados em área territorial do Estado.

Resposta: alternativa "b".

---

05. (Cespe – Juiz Federal Substituto 2ª região/ 2013) Assinale a opção correta com referência à organização político-administrativa brasileira.

a) A possibilidade de um estado se incorporar a outro, subdividir- se ou desmembrar-se para se anexar a outro, ou formar novo estado, depende de aprovação da população diretamente interessada, mediante referendo, e das assembleias legislativas envolvidas, mediante a edição de leis complementares.

b) Os territórios federais, na hipótese de virem a ser criados, não disporão de representação no Senado Federal nem na Câmara dos Deputados, pois, como autarquias territoriais da União, eles não serão detentores de personalidade jurídica nem de autonomia política.

c) Os órgãos da administração direta da União, tanto quanto os estados, o DF e os municípios, têm assegurado o direito de, nos termos da lei, participar no resultado da exploração de petróleo ou gás natural, de recursos hídricos para fins de geração de energia elétrica e de outros recursos minerais em seus respectivos territórios, plataforma continental, mar territorial ou zona econômica exclusiva, ou compensação financeira por essa exploração.

d) Pertence privativamente à União a competência para legislar sobre direito comercial, tributário e financeiro.

e) Perderá o mandato o prefeito que, em qualquer circunstância, assumir outro cargo na administração pública direta ou indireta.

Resposta: alternativa "c".

3. (CESPE – PROMOTOR DE JUSTIÇA - SE/2010)

Competências federativas são parcelas de poder atribuídas, pela soberania do Estado Federal, aos entes políticos, permitindo-lhes tomar decisões, no exercício regular de suas atividades, dentro do círculo pré-traçado pela Constituição da República. A União, os estados, o Distrito Federal e os municípios atuam na área determinada pelo constituinte originário, exercendo atribuições legislativas, administrativas e tributárias. O exercício harmônico dessas atribuições é responsável pela manutenção do pacto federativo, pois uma entidade não pode adentrar o campo reservado à outra, praticando invasão de competências. **Uadi Lammêgo Bulos. Curso de direito constitucional. São Paulo: Saraiva, 2007, p. 756 (com adaptações).**

Considerando que o texto acima tem caráter unicamente motivador, redija um texto dissertativo acerca do seguinte tema:

"Sistema de repartição de competências no estado federal brasileiro".

Ao elaborar seu texto, aborde, necessariamente, os seguintes aspectos:

- princípio básico para a distribuição de competências;
- competências em matéria administrativa, seu significado e classificação;
- competências em matéria legislativa, seu significado e classificação.

RESPOSTA SUGERIDA

O sistema de repartição, divisão ou distribuição de competências no Estado brasileiro tem como princípio básico a predominância do interesse, ou seja, atribuem-se a cada ente federado as matérias que sejam predominantemente de seus interesses. A União fica com as matérias de interesse geral ou nacional (art. 21 da CF); aos Estados cabem os temas de interesse regional (art. 15, § 1°, da CF); os Municípios exercem as competências de interesse local (art. 30, I, da CF) e o Distrito Federal atua com as competências regional e local (art. 32, § 1°, da CF).

Entretanto, a complexidade das matérias tratadas em um Estado Federado não autoriza que o princípio da predominância do interesse seja aplicado de forma absoluta, exigindo-se, então, a utilização de algumas técnicas para complementar e sanear a repartição de competências.

Ao redor do mundo, existem dois modelos de repartição de competências: horizontal e vertical. O modelo horizontal estabelece que cada ente da Federação exercerá sozinho as competências que lhe foram enumeradas pela ordem jurídica. A seu turno, o modelo vertical é aquele no qual os entes federados exercem competências em conjunto.

O Brasil adota um sistema complexo de repartição de competências, pois se vale tanto do modelo horizontal (com a enumeração de competências norteadas pelo princípio da predominância do interesse) quanto do modelo vertical (compartilhamento de competências entre os entes da Federação).

Segundo a doutrina, o complexo sistema de competências adotado pela Constituição Federal de 1988 se estrutura a partir do princípio da predominância do interesse e também das seguintes técnicas: a) Técnica dos poderes enumerados: arrolam-se competências para a União (artigos 21 e 22 da CF) e para os Municípios (art. 30 da CF); b) Técnica dos poderes remanescentes: são reservadas aos Estados as competências que não lhes sejam vedadas pela Constituição (art. 25, § 1°, da CF); c) Técnica da reserva especial de competência: ao Distrito Federal são atribuídas as competências legislativas reservadas aos Estados e Municípios (art. 32, § 1°, da CF); d) Técnica da delegação legislativa: lei complementar poderá autorizar os Estados a legislar sobre questões específicas das matérias de competência legislativa privativa da União (art. 22, parágrafo único, da CF); e) Técnica da atuação administrativa paralela: competência comum da União, dos Estados, do Distrito Federal e dos Municípios (art. 23 da CF); f) Técnica da atuação legislativa concorrente: compete à União, aos Estados e ao Distrito Federal legislar concorrentemente sobre determinadas matérias (art. 24 da CF); g) Técnica da atuação exclusiva: compete aos Municípios legislar sobre assuntos de interesse local (art. 30, I, da CF); h) Técnica de atuação suplementar: compete aos Municípios suplementar a legislação federal e a estadual no que couber (art. 30, II, da CF); e i) Técnica da atuação residual: repartição de competências em matéria tributária com atribuição de competência residual para a União (art. 154, I, da CF).

Valendo-se do princípio da predominância do interesse e das técnicas de repartição, o constituinte dividiu as competências em administrativa e legislativa.

A competência administrativa pode ser: a) exclusiva enumerada: privativa da União (art. 21 da CF); b) exclusiva residual ou remanescente: são reservadas aos Estados as competências que não lhes sejam vedadas pela Constituição (art. 25, § 1°, da CF); e c) comum, paralela, concorrente ou cumulativa: competência comum entre União, Estados, Distrito Federal e Municípios (art. 23 da CF).

Já a competência legislativa se classifica em: a) privativa: competências privativas da União (art. 22 da CF); b) delegada: lei complementar poderá autorizar os Estados a legislar sobre questões específicas das matérias relacionadas na competência legislativa privativa da União (art. 22, parágrafo único da CF); c) concorrente: competências simultâneas da União, dos Estados e do Distrito Federal (art. 24 da CF); d) suplementar: no âmbito da legislação concorrente, a competência da União limitar-se-á a estabelecer normas gerais, mas isso não exclui a competência suplementar dos Estados e, além disso, inexistindo lei federal sobre normas gerais, os Estados exercerão a competência legislativa plena, para atender a suas peculiaridades, mas, a superveniência de lei federal sobre normas gerais suspende a eficácia da lei estadual, no que lhe for contrário (art. 24, §§ 1° a 4° da CF); e) originária: compete aos Municípios legislar sobre assuntos de interesse local (art. 30, I, da CF); f) residual ou remanescente: são reservadas aos Estados as competências que não lhes sejam vedadas pela Constituição Federal (art. 25, § 1°, da CF) e é de competência da União a instituição, mediante lei complementar, de impostos não previstos no art. 153 da CF, desde que sejam não-cumulativos e não tenham fato gerador ou base de cálculo próprios dos discriminados na Constituição Federal (art. 154, I, da CF).

◉ DOUTRINA TEMÁTICA

"Técnicas de repartição de competências. 1ª) Técnica – Repartição Horizontal. É a técnica na qual há uma distribuição estanque (fechada) de competência entre os entes, ou seja, cada ente terá suas competências definidas de forma enumerada e específica, não as dividindo com nenhum outro ente. Essa técnica advém do federalismo dual ou clássico, Temos que a origem da repartição horizontal está situada na Constituição dos EUA de 1787. Nos EUA existem competências enumeradas para a União e remanescentes para os Estados. O Brasil vai adotar a técnica da repartição horizontal na Constituição de 1891. Atualmente, ela também é adotada em nosso ordenamento constitucional de 1988. Sem dúvida, seguimos a lógica norte-americana na Constituição de 1988, porém, acrescentamos os Municípios como entes federativos. Assim sendo, as competências são enumeradas para a União e também para os Municípios, e as remanescentes são direcionadas para os Estados-membros (esses continuam com competências remanescentes e seguindo a tradição norte-americana).2ª) Técnica – Repartição Vertical. É aquela técnica na qual dois ou mais entes não atuar conjuntamente ou concorrentemente para uma mesma matéria. A repartição vertical surge na Constituição alemã de Weimar, de 1919. No Brasil, aparece pela primeira vez na Constituição de 1934. Atualmente, ela existe na Constituição de 1988. Essa técnica advém do modelo de federalismo cooperativo ou de integração". (FERNANDES, 2012, p. 730-731).

"Uma parte da doutrina distingue competência privativa de competência exclusiva – a diferença entre ambas residindo no fato de esta última não poder ser delegada. Assim, as competências delimitadas no art. 21 seriam exclusivas da União, enquanto as previstas no art. 22 lhe seriam privativas. Preferimos, com Fernanda Dias Menezes de Almeida, que cita e segue Manoel Gonçalves Ferreira Filho, José Cretella Júnior e Celso Bastos, considerar que ambos os termos expressam a mesma ideia, podendo ser usados indistintamente". (MENDES, COELHO, BRANCO, 2008, p. 822).

JURISPRUDÊNCIA TEMÁTICA

"Nos casos em que a dúvida sobre a competência legislativa recai sobre norma que abrange mais de um tema, deve o intérprete acolher interpretação que não tolha a competência que detêm os entes menores para dispor sobre determinada matéria (presumption against preemption). Porque o federalismo é um instrumento de descentralização política que visa realizar direitos fundamentais, se a lei federal ou estadual claramente indicar, de forma adequada, necessária e razoável, que os efeitos de sua aplicação excluem o poder de complementação que detêm os entes menores (clear statement rule), é possível afastar a presunção de que, no âmbito regional, determinado tema deve ser disciplinado pelo ente menor. Na ausência de norma federal que, de forma nítida (clear statement rule), retire a presunção de que gozam os entes menores para, nos assuntos de interesse comum e concorrente, exercerem plenamente sua autonomia, detêm Estados e Municípios, nos seus respectivos âmbitos de atuação, competência normativa." (RE 194.704, rel. p/ o ac. min. Edson Fachin, j. 29-6-2017, P, DJE de 17-11-2017.)

"Ação direta de inconstitucionalidade. Lei 10.826/2003. Estatuto do Desarmamento. Inconstitucionalidade formal afastada. Invasão da competência residual dos Estados. Inocorrência. Invasão de competência residual dos Estados para legislar sobre segurança pública inocorrente, pois cabe à União legislar sobre matérias de predominante interesse geral." (ADI 3.112, Rel. Min. Ricardo Lewandowski, julgamento em 2-5-2007, Plenário, DJ de 26-10-2007.)

"Ação direta de inconstitucionalidade. Lei 6.457/1993 do Estado da Bahia. Obrigatoriedade de instalação de cinto de segurança em veículos de transporte coletivo. Matéria relacionada a trânsito e transporte. Competência exclusiva da União (CF, art. 22, XI). Inexistência de lei complementar para autorizar os Estados a legislar sobre questão específica, nos termos do art. 22, parágrafo único, da CF."

(ADI 874, Rel. Min. Gilmar Mendes, julgamento em 3-2-2011, Plenário, DJE de 28-2-2011.) No mesmo sentido: RE 215.325, Rel. Min. Moreira Alves, julgamento em 17-6-2002, Plenário, DJ de 9-8-2002.

"Se é certo, de um lado, que, nas hipóteses referidas no art. 24 da Constituição, a União Federal não dispõe de poderes ilimitados que lhe permitam transpor o âmbito das normas gerais, para, assim, invadir, de modo inconstitucional, a esfera de competência normativa dos Estados-membros, não é menos exato, de outro, que o Estado-membro, em existindo normas gerais veiculadas em leis nacionais (como a Lei Orgânica Nacional da Defensoria Pública, consubstanciada na LC 80/1994), não pode ultrapassar os limites da competência meramente suplementar, pois, se tal ocorrer, o diploma legislativo estadual incidirá, diretamente, no vício da inconstitucionalidade. A edição, por determinado Estado-membro, de lei que contrarie, frontalmente, critérios mínimos legitimamente veiculados, em sede de normas gerais, pela União Federal ofende, de modo direto, o texto da Carta Política. Precedentes." (ADI 2.903, Rel. Min. Celso de Mello, julgamento em 1º-12-2005, Plenário, DJE de 19-9-2008.)

"Nas hipóteses de competência concorrente (CF, art. 24), nas quais se estabelece verdadeira situação de condomínio legislativo entre a União Federal e os Estados-membros (Raul Machado Horta, Estudos de Direito Constitucional, p. 366, item 2, 1995, Del Rey), daí resultando clara repartição vertical de competências normativas, a jurisprudência do STF firmou-se no sentido de entender incabível a ação direta de inconstitucionalidade, se, para o específico efeito de examinar-se a ocorrência, ou não, de invasão de competência da União Federal, por parte de qualquer Estado-membro, tornar-se necessário o confronto prévio entre diplomas normativos de caráter infraconstitucional: a legislação nacional de princípios ou de normas gerais, de um lado (CF, art. 24, § 1º), e as leis estaduais de aplicação e execução das diretrizes fixadas pela União Federal, de outro (CF, art. 24, § 2º). Precedentes. É que, tratando-se de controle normativo abstrato, a inconstitucionalidade há de transparecer de modo imediato, derivando o seu reconhecimento do confronto direto que se faça entre o ato estatal impugnado e o texto da própria CR." (ADI 2.344-QO, Rel. Min. Celso de Mello, julgamento em 23-11-2000, Plenário, DJ de 2-8-2002.) No mesmo sentido: ADI 2.876, Rel. Min. Cármen Lúcia, julgamento em 21-10-2009, Plenário, DJE de 20-11-2009.

"Lei 10.820/1992 do Estado de Minas Gerais, que dispõe sobre adaptação dos veículos de transporte coletivo com a finalidade de assegurar seu acesso por pessoas com deficiência ou dificuldade de locomoção. (...) Como, à época da edição da legislação ora questionada, não havia lei geral nacional sobre o tema, a teor do § 3º do art. 24 da CF, era deferido aos Estados-Membros o exercício da competência legislativa plena, podendo suprir o espaço normativo com suas legislações locais. A preocupação manifesta no julgamento cautelar sobre a ausência de legislação federal protetiva hoje se encontra superada, na medida em que a União editou a Lei 10.098/2000, a qual dispõe sobre normas gerais e critérios básicos de promoção da acessibilidade das pessoas com deficiência. Por essa razão, diante da superveniência da lei federal, a legislação mineira, embora constitucional, perde a força normativa, na atualidade, naquilo que contrastar com a legislação geral de regência do tema (art. 24, § 4º, CF/1988)." (ADI 903, rel. min. Dias Toffoli, julgamento em 22-5-2013, Plenário, DJE de 7-2-2014.)

"Fretamento de ônibus para o transporte com finalidade turística, ou para o atendimento do turismo no Estado. Transporte ocasional de turistas, que reclamam regramento por parte do Estado-membro, com base no seu poder de polícia administrativa, com vistas à proteção dos turistas e do próprio turismo. CF, art. 25, § 1º. Inocorrência de ofensa à competência privativa da União para legislar sobre trânsito e transporte (CF, art. 22, XI)." (RE 201.865, Rel. Min. Carlos Velloso, julgamento em 31-8-2005, Plenário, DJ de 4-2-2005.) Vide: ARE 709.639-AgR, rel. min. Ricardo Lewandowski, julgamento em 20-5-2014, Segunda Turma, DJE de 5-6-2014; RE 632.360, Rel. Min. Ricardo Lewandowski, decisão monocrática, julgamento em 13-6-2012, DJE de 18-6-2012.

"Direito constitucional e ambiental. Planejamento urbano. Meio ambiente e paisagem urbana. Publicidade e propaganda externa. Poluição visual. Interpretação da Lei municipal paulista 14.223/2006. Competência municipal para legislar sobre assuntos de interesse local. (...) O acórdão recorrido assentou que a Lei municipal 14.223/2006 – denominada Lei Cidade Limpa – trata de assuntos de interesse local, entre os quais, a ordenação dos elementos que compõem a paisagem urbana, com vistas a evitar a poluição visual e bem cuidar do meio ambiente e do patrimônio da cidade." (AI 799.690-AgR, rel. min. Rosa Weber, julgamento em 10-12-2013, Primeira Turma, DJE de 3-2-2014.)

"O poder constituinte dos Estados-membros está limitado pelos princípios da Constituição da República, que lhes assegura autonomia com condicionantes, entre as quais se tem o respeito à organização autônoma dos Municípios, também assegurada constitucionalmente. O art. 30, I, da Constituição da República outorga aos Municípios a atribuição de legislar sobre assuntos de interesse local. A vocação sucessória dos cargos de prefeito e vice-prefeito põe-se no âmbito da autonomia política local, em caso de dupla vacância. Ao disciplinar matéria, cuja competência é exclusiva dos Municípios, o art. 75, § 2º, da Constituição de Goiás fere a autonomia desses entes, mitigando-lhes a capacidade de auto-organização e de autogoverno e limitando a sua autonomia política assegurada pela Constituição brasileira." (ADI 3.549, Rel. Min. Cármen Lúcia, julgamento em 17-9-2007, Plenário, DJ de 31-10-2007.)

QUESTÕES DE CONCURSO RELACIONADAS

01. (MPE-SP - Promotor de Justiça Substituto – SP – 2019) Assinale a alternativa INCORRETA.

a) A superveniência de lei federal sobre normas gerais suspende a eficácia da lei estadual, no que lhe for contrária.

b) Enquanto não for editada lei federal sobre normas gerais, os Estados exercerão a competência legislativa plena, para atender a suas peculiaridades.

c) A superveniência de lei federal sobre normas gerais revoga a eficácia da lei estadual, no que lhe for contrária.

d) No âmbito da legislação concorrente, a competência da União limitar-se-á a estabelecer normas gerais.

e) O Município é competente para legislar sobre meio ambiente com União e Estado, no limite de seu interesse local e desde que tal regramento seja harmônico com a disciplina estabelecida pelos demais entes federados.

Resposta: alternativa "c".

---

02. (VUNESP - Juiz Substituto – TJ/SP - 2018) Na hipótese de inércia legislativa da União e consequente ausência de lei nacional que estabeleça normas gerais sobre matéria de competência concorrente da União, dos Estados e do Distrito Federal, é correto afirmar que

a) a inércia implicará competência plena e definitiva dos Estados e Distrito Federal para legislar sobre a matéria.

b) a inércia implicará aquisição de competência legislativa privativa sobre a matéria pelos Estados e Distrito Federal.

c) os Estados e Distrito Federal não poderão editar leis específicas sobre a matéria até o advento da lei nacional ou medida provisória que disponha sobre ela.

d) a inércia implicará competência plena e temporária dos Estados e Distrito Federal para legislar sobre a matéria.

Resposta: alternativa "d".

---

03. (CESPE - Juiz de Direito Substituto - TJ-BA – 2019) A lei estadual X estabeleceu a obrigatoriedade da realização de adaptações nos veículos de transporte coletivo intermunicipal de propriedade das empresas concessionárias do serviço, com a finalidade de facilitar o acesso de pessoas com deficiência física ou com dificuldades de locomoção.

Conforme as disposições do texto constitucional, a legislação, a doutrina e a jurisprudência do STF, a lei estadual X é

a) inconstitucional por ofensa à competência privativa da União para legislar sobre trânsito e transporte.

b) inconstitucional por ofensa à competência concorrente dos entes federados, ainda que inexistente lei geral nacional.

c) inconstitucional por ofensa à livre iniciativa e ao caráter competitivo das licitações públicas para a área de transportes.

d) constitucional, pois está compatível com a CF e com a Convenção Internacional sobre os Direitos das Pessoas com Deficiência, incorporada ao direito nacional como norma de caráter supralegal.

e) constitucional, pois está compatível com a CF e com a Convenção Internacional sobre os Direitos das Pessoas com Deficiência, incorporada ao direito nacional como norma constitucional.

Resposta: alternativa "e".

---

04. (FCC – Defensor Público – PA/2009) De acordo com o modelo de repartição de competências adotado pela Constituição Federal, pode-se afirmar que

a) é permitido à União renunciar, em favor dos Estados-membros, ao exercício de competência que lhe foi outorgada pela Constituição Federal.

b) cabe também aos Municípios o exercício das competências materiais comuns conferidas à União, aos Estados-membros e ao Distrito Federal.
c) aos Estados-membros não foram conferidas competências materiais privativas.
d) lei complementar federal pode autorizar os Municípios a legislarem sobre questões específicas das matérias de competência privativa da União.
e) no campo das competências legislativas, cabe ao Distrito Federal exercer somente aquelas conferidas aos Municípios.

Resposta: alternativa "b".

4. (FUMARC – DEFENSOR PÚBLICO - MG/2009)

De acordo com a Constituição da República Federativa do Brasil, de 1988, os Municípios possuem competência para legislarem sobre Direito Econômico? Fundamente sua resposta.

RESPOSTA SUGERIDA

De acordo com o art. 24, I, da CF, compete à União, aos Estados e ao Distrito Federal legislar concorrentemente sobre direito tributário, financeiro, penitenciário, econômico e urbanístico.

A partir de uma leitura isolada desse dispositivo constitucional, a conclusão seria no sentido de que os Municípios não têm competência para legislar sobre direito econômico.

Entretanto, é importante destacar que a ordem constitucional de 1988 estabeleceu um complexo sistema de repartição de competências no qual se insere a competência dos Municípios para legislar sobre assunto de interesse local, nos termos do art. 30, I, da CF.

Assim, a despeito de não se tratar de competência expressamente atribuída pelo constituinte originário, os Municípios podem legislar sobre direito econômico sempre que se tratar de hipótese pertinente a interesse local.

DOUTRINA TEMÁTICA

"O conceito-chave utilizado pela Constituição para definir a área de atuação do Município é o de interesse local. Cairá, pois, na competência municipal, tudo aquilo que for de seu interesse local. É evidente que não se trata de um interesse exclusivo, visto que qualquer matéria que afete uma dada comuna findará de qualquer maneira, mais ou menos direta, por repercutir nos interesses da comunidade nacional. Interesse exclusivamente municipal é inconcebível, inclusive por razões de ordem lógica: sendo o Município parte de uma coletividade maior, o benefício trazido a uma parte do todo acresce a este próprio todo. Os interesses locais dos Municípios são os que entendem imediatamente com as suas necessidades imediatas, e, indiretamente, em maior ou menor repercussão, com as necessidades gerais. A imprecisão do conceito de interesse local, se por um lado pode gerar a perplexidade diante de situações inequivocamente ambíguas, onde se entrelaçam em partes iguais os interesses locais e os regionais, por outro, oferece uma elasticidade que permite uma evolução da compreensão do Texto Constitucional, diante da mutação por que passam certas atividades e serviços. A variação de predominância do interesse municipal, no tempo e no espaço, é um fato particularmente no que diz respeito à educação primária, trânsito urbano, telecomunicações, etc.". (BASTOS, 1999, p. 311-312)

"Sobre o art. 30, I, da competência legislativa dos Municípios, o texto Constitucional preleciona que compete aos Municípios: legislar sobre assuntos de interesse local. Aqui vigora o citado princípio da predominância dos interesses. Nesses termos, deve haver razoabilidade na análise da situação concreta porque o interesse que é local será também regional e também nacional, mas, no caso específico da norma em questão, será predominantemente (primariamente) local". (FERNANDES, 2012, p. 737).

JURISPRUDÊNCIA TEMÁTICA

"Trata-se de ação direta na qual a Confederação Nacional do Comércio – CNC questiona a constitucionalidade da Lei n. 7.844/92, do Estado de São Paulo, que assegura aos estudantes o direito ao pagamento de meia-entrada em espetáculos esportivos, culturais e de lazer. 2. Afasto desde logo a alegação de inconstitucionalidade formal. Bem ao contrário do que sustenta a requerente, não apenas a União pode atuar sobre o domínio econômico, isto é, na linguagem corrente, intervir na economia. Não somente a União, mas também os Estados-membros e o Distrito Federal, nos termos do disposto no artigo 24, inciso I, da Constituição do Brasil1, detêm competência concorrente para legislar sobre direito econômico. Também podem fazê-lo os Municípios, que, além de disporem normas de ordem pública que alcançam o exercício da atividade econômica, legislam sobre assuntos de interesse local, aí abrangidos os atinentes à sua economia, na forma do artigo 30, inciso I, da CB/88". (ADI 1.950, Rel. Min. Eros Grau, julgamento em 3-11-2005, Plenário, DJ de 2-6-2006.)

QUESTÕES DE CONCURSO RELACIONADAS

01. (CONSULPLAN - Juiz de Direito Substituto - TJ-MG – 2018) Avalie as seguintes asserções e a relação proposta entre elas.

I. "NÃO é constitucional a lei municipal que impõe sanção mais gravosa que a constante do Código de Trânsito Brasileiro."

PORQUE

II. "É competência exclusiva da União legislar sobre trânsito e transporte."

A respeito dessas asserções, assinale a alternativa correta.

a) A segunda afirmativa é falsa e a primeira verdadeira.

b) A primeira afirmativa é falsa e a segunda é verdadeira.

c) As duas afirmativas são verdadeiras e a segunda justifica a primeira.

d) As duas afirmativas são verdadeiras, mas a segunda não justifica a primeira.

Resposta: alternativa "a".

02. (Cespe – Advogado da União/2012) A respeito do processo legislativo e da competência legislativa da União e dos estados, julgue o próximo item.

Serão constitucionais leis estaduais que disponham sobre direito tributário, financeiro, penitenciário, econômico e urbanístico, matérias que se inserem no âmbito da competência concorrente da União, dos estados e do DF.

Resposta: item certo.

03. (MPE – GO – Promotor de Justiça – GO/2012) Assinale a alternativa incorreta:

a) São bens da União, dentre outros, os recursos naturais da plataforma continental e da zona econômica exclusiva, o mar territorial, os terrenos de marinha e seus acrescidos, os potenciais de energia hidráulica e os recursos minerais, inclusive os do subsolo.

b) Compete privativamente à União legislar sobre direito civil, comercial, penal, processual, eleitoral, agrário, marítimo, aeronáutico, espacial e do trabalho, bem como sobre águas, energia, informática, telecomunicações e radiodifusão.

c) Compete à União, aos Estados e ao Distrito Federal legislar concorrentemente sobre direito tributário, financeiro, penitenciário, econômico e urbanístico, bem como sobre educação, cultura, ensino, desporto, previdência social, proteção e defesa da saúde.

d) Compete aos Municípios manter, com a cooperação técnica e financeira da União e do Estado, programas de educação infantil ao ensino médio, inclusive.

Resposta: alternativa "d".

CAPÍTULO 5

ADMINISTRAÇÃO PÚBLICA

QUESTÕES

1. (MP/RS –PROMOTOR DE JUSTIÇA – RS/2014 -ADAPTADA)

O Prefeito do Município X realizou concurso público para provimento de diversos cargos do Poder Executivo, nomeando, a final, os dois primeiros classificados entre os candidatos aprovados para cada cargo. Neste contexto,

a) os demais candidatos aprovados têm direito subjetivo à nomeação? Justifique sua resposta, tendo em linha de conta, especialmente, a jurisprudência dos Tribunais Superiores sobre o tema.

ESPAÇO EM BRANCO PARA RESPOSTA (30 LINHAS)

2. (FGV – JUIZ DE DIREITO - AM/2013 - ADAPTADA)

Considere a edição de lei que atribua 50% (cinquenta por cento) da pontuação total, nos concursos públicos de provas e títulos para provimento de cargos efetivos de professor de certo Estado da Federação, em razão de exercício anterior da mesma função pública (professor do quadro da rede estadual de ensino), na qualidade de ocupante de cargo em comissão ou contratado temporário.

O Procurador-Geral da República efetuou a impugnação do diploma via ação direta de inconstitucionalidade deflagrada perante o Supremo Tribunal Federal, sendo certo que a medida cautelar para a suspensão da lei foi deferida por ato singular do relator, ainda pendente o referendo do Plenário. Ato contínuo, o Governador do Estado declarou a nulidade da investidura de todos os servidores que ingressaram em cargos públicos de provimento efetivo após a vigência da referida lei.

Ante o quadro, responda: É constitucional a referida lei estadual?

ESPAÇO EM BRANCO PARA RESPOSTA (30 LINHAS)

3. (FADEMS – PROMOTOR DE JUSTIÇA - MS/2013)

Certo Prefeito Municipal nomeou sua esposa para o cargo de Secretária Municipal de Educação e o seu irmão para o cargo de Chefe de Gabinete (do Prefeito). Considerando o teor da Súmula Vinculante 13/STF, estas nomeações podem ser impugnadas? Justifique.

ESPAÇO EM BRANCO PARA RESPOSTA (30 LINHAS)

4. (CESPE – JUIZ DE DIREITO - AC/2007 - ADAPTADA)

Lúcio é servidor público do estado do Acre e ocupa o cargo efetivo de técnico de administração, de nível superior, acessível a qualquer candidato com curso superior em qualquer área. Lúcio acumula esse cargo efetivo, que exige carga horária de trabalho de 40 horas semanais, e cujas funções são meramente burocráticas, com o cargo de professor na rede de ensino municipal, com a qual mantém contrato de trabalho de 20 horas semanais. Tanto no âmbito estadual quanto municipal, há regime próprio de previdência. Com base nessa situação hipotética e considerando o conteúdo das Emendas n.° 19/1998 e n.° 20/1998 da Constituição Federal de 1988 e os precedentes dos tribunais superiores, responda, de modo fundamentado, ao questionamento a seguir.

A acumulação dos cargos, na situação descrita, é constitucional?

ESPAÇO EM BRANCO PARA RESPOSTA (30 LINHAS)

QUESTÕES COMENTADAS

1. (MP/RS – PROMOTOR DE JUSTIÇA – RS/2014 -ADAPTADA)

O Prefeito do Município X realizou concurso público para provimento de diversos cargos do Poder Executivo, nomeando, a final, os dois primeiros classificados entre os candidatos aprovados para cada cargo. Neste contexto,

a) os demais candidatos aprovados têm direito subjetivo à nomeação? Justifique sua resposta, tendo em linha de conta, especialmente, a jurisprudência dos Tribunais Superiores sobre o tema.

ESPELHO DE CORREÇÃO DA BANCA

Os candidatos aprovados dentro do número de vagas previstas no edital de abertura do certame têm direito subjetivo à nomeação. (2 pontos)

Além disso, o Superior Tribunal de Justiça já firmou o entendimento de que a mera expectativa de nomeação dos candidatos aprovados em concurso público (aprovados fora do número de vagas previstas no edital) convola-se em direito líquido e certo quando, dentro do prazo de validade do certame, é aberto novo concurso para provimento do mesmo cargo ou há contratação de pessoal de forma precária para exercer as mesmas funções do cargo para o qual os candidatos foram aprovados, caracterizando-se sua preterição. (4 pontos)

Igualmente, o Superior Tribunal de Justiça tem entendido que a desistência ou desclassificação do candidato chamado anteriormente gera, para o candidato imediatamente seguinte na ordem de classificação, direito subjetivo à nomeação. (2 pontos)

RESPOSTA SUGERIDA

Conforme determina o art. 37, II da CF/88, "a investidura em cargo ou emprego público depende de aprovação prévia em concurso público", cujo prazo de validade, nos termos do inciso III será de até dois anos, prorrogável uma vez, por igual período. Durante seu prazo de validade, conforme aponta o inciso IV, aquele aprovado no concurso público será convocado com prioridade sobre novos concursados para assumir cargo ou emprego, na carreira.

Além da prioridade assegurada constitucionalmente aos demais aprovados, entende o STJ, seguindo o entendimento do STF constante de sua súmula de número 15, que o candidato aprovado dentro do número de vagas ofertadas tem o direito subjetivo à nomeação, em razão do direito implícito de ser recrutado segundo a ordem descendente de classificação de todos os aprovados e durante o prazo de validade do respectivo edital. Não há prazo para referida nomeação, que está condicionada à discricionariedade da administração quanto à conveniência e oportunidade de chamar os aprovados a assumirem o cargo, mas, aos aprovados dentro das vagas há, de fato, direito subjetivo à nomeação.

Ademais, entendem tanto o STF quanto o STJ que, no caso de os melhores classificados desistirem da vaga, o direito subjetivo de ser nomeado àquela vaga em específico é passado aos classificados em posições seguintes, que, aprovados no certame, têm direito àquelas vagas nele previstas. Esse direito, no entanto, não se aplica em decorrência do surgimento de novas vagas ou vacância de vagas anteriormente existentes, que não fizeram parte do edital respectivo.

DOUTRINA TEMÁTICA

"Aproveitando o ensejo, cumpre dizer que em recente decisão o Supremo Tribunal Federal firmou o entendimento de que a administração pública tem o dever de nomear todos os candidatos aprovados no certame que estão dentro do número de vagas previsto no edital (RE 598.099/RG, rel. Min. Gilmar Mendes, Pleno, DJe 3-10-2011).

Em relação aos candidatos não aprovados, mas devidamente classificados em concurso público, não há que se falar no direito líquido e certo à nomeação; trata-se tão somente de mera expectativa de direito a possibilidade de virem a ingressar no serviço público, a critério da Administração." (VASCONCELOS, 2017, P.907)

"O prazo de validade do concurso público será de até dois anos, prorrogável uma vez, por igual período. Durante esse prazo improrrogável previsto no edital de convocação, aquele aprovado em concurso público de provas ou de provas e títulos será convocado com prioridade sobre novos concursados para assumir cargo ou emprego, na carreira. Uma vez expirado o prazo de validade do concurso, entretanto, a expectativa de direito dos aprovados desfaz-se. (MORAES, 2018, p. 502).

JURISPRUDÊNCIA TEMÁTICA

STF

Súmula 15, STF: "Dentro do prazo de validade do concurso, o candidato aprovado tem direito à nomeação, quando o cargo for preenchido sem observância da classificação."

"Texto normativo que assegura o direito de nomeação, dentro do prazo de 180 dias, para todo candidato que lograr aprovação em concurso público de provas, ou de provas de títulos, dentro do número de vagas ofertadas pela administração pública estadual e municipal. O direito do candidato aprovado em concurso público de provas, ou de provas e títulos, ostenta duas dimensões: 1) o implícito direito de ser recrutado segundo a ordem descendente de classificação de todos os aprovados (concurso é sistema de mérito pessoal) e durante o prazo de validade do respectivo edital de convocação (que é de 2 anos, prorrogável, apenas uma vez, por igual período); 2) o explícito direito de precedência que os candidatos aprovados em concurso anterior têm sobre os candidatos aprovados em concurso imediatamente posterior, contanto que não escoado o prazo daquele primeiro certame; ou seja, desde que ainda vigente o prazo inicial ou o prazo de prorrogação da primeira competição pública de provas, ou de provas e títulos. Mas ambos os direitos, acrescente-se, de existência condicionada ao querer discricionário da administração estatal quanto à conveniência e oportunidade do chamamento daqueles candidatos tidos por aprovados. O dispositivo estadual adversado, embora resultante de indiscutível atributo moralizador dos concursos públicos, vulnera os arts. 2º, 37, IV, e 61, § 1º, II, c, da CF de 1988. Precedente: RE 229.450, rel. min. Maurício Corrêa." [ADI 2.931, rel. min. Ayres Britto, j. 24-2-2005, P, DJ de 29-9-2006.]

"(...) Quando se afirma que a administração pública tem a obrigação de nomear os aprovados dentro do número de vagas previsto no edital, deve-se levar em consideração a possibilidade de situações excepcionalíssimas que justifiquem soluções diferenciadas, devidamente motivadas de acordo com o interesse público. Não se pode ignorar que determinadas situações excepcionais podem exigir a recusa da administração pública de nomear novos servidores. Para justificar o excepcionalíssimo não cumprimento do dever de nomeação por parte da administração pública, é necessário que a situação justificadora seja dotada das seguintes características: a) Superveniência: os eventuais fatos ensejadores de uma situação excepcional devem ser necessariamente posteriores à publicação do edital do certame público; b) Imprevisibilidade: a situação deve ser determinada por circunstâncias extraordinárias, imprevisíveis à época da publicação do edital; c) Gravidade: os acontecimentos extraordinários e imprevisíveis devem ser extremamente graves, implicando onerosidade excessiva, dificuldade ou mesmo impossibilidade de cumprimento efetivo das regras do edital; d) Necessidade: a solução drástica e excepcional de não cumprimento do dever de nomeação deve ser extremamente necessária, de forma que a administração somente pode adotar tal medida quando absolutamente não existirem outros meios menos gravosos para lidar com a situação excepcional e imprevisível. De toda forma, a recusa de nomear candidato aprovado dentro do número de vagas deve ser devidamente motivada e, dessa forma, passível de controle pelo Poder Judiciário. (...) Esse entendimento, na medida em que atesta a existência de um direito subjetivo à nomeação, reconhece e preserva da melhor forma a força normativa do princípio do concurso público, que vincula diretamente a administração. É preciso reconhecer que a efetividade da exigência constitucional do concurso público, como uma incomensurável conquista da cidadania no Brasil, permanece condicionada à observância, pelo poder público, de normas de organização e procedimento e, principalmente, de garantias fundamentais que possibilitem o seu pleno exercício pelos cidadãos. O reconhecimento de um direito subjetivo à nomeação deve passar a impor limites à atuação da administração pública e dela exigir o estrito cumprimento das normas que regem os certames, com especial observância dos deveres de boa-fé e incondicional respeito à confiança dos cidadãos. O princípio constitucional do concurso público é fortalecido quando o poder público assegura e observa as garantias fundamentais que viabilizam a efetividade desse princípio. Ao lado das garantias de publicidade, isonomia, transparência, impessoalidade, entre outras, o direito à nomeação representa também uma garantia fundamental da plena efetividade do princípio do concurso público." [RE 598.099, rel. min. Gilmar Mendes, j. 10-8-2011, P, DJE de 3-10-2011, Tema 161.]

"Concurso público. Candidata aprovada, inicialmente, fora das vagas do edital. Desistência dos candidatos mais bem classificados. Direito a ser nomeada para ocupar a única vaga prevista no edital de convocação. Precedentes. O Tribunal de origem assentou que, com a desistência dos dois candidatos mais bem classificados para o preenchimento da única vaga prevista no instrumento convocatório, a ora agravada, classificada inicialmente em 3º lugar, tornava-se a primeira, na ordem classificatória, tendo, assim, assegurado o seu direito de ser convocada para assumir a referida vaga. Não se tratando de surgimento de vaga, seja por lei nova ou vacância, mas de vaga já prevista no edital do certame, aplica-se ao caso o que decidido pelo Plenário da Corte, o qual, ao apreciar o mérito do RE 598.099 RG/MS, rel. min. Gilmar Mendes, concluiu que o candidato aprovado em concurso público dentro do número de vagas previstas no edital tem direito subjetivo à nomeação."[ARE 661.760 AgR, rel. min. Dias Toffoli, j. 3-9-2013, 1ª T, DJE de 29-10-2013.]

STJ

"DIREITO ADMINISTRATIVO - SERVIDOR PÚBLICO - CONCURSO - APROVAÇAO DE CANDIDATO DENTRO DO NÚMERO DE VAGAS REVISTAS EM EDITAL - DIREITO LÍQUIDO E CERTO À NOMEAÇAO E À POSSE NO CARGO - RECURSO PROVIDO. 1. Em conformidade com jurisprudência pacífica desta Corte, o candidato aprovado em concurso público, dentro do número de vagas previstas em edital, possui direito líquido e certo à nomeação e à posse. 2. A partir da veiculação, pelo instrumento convocatório, da necessidade de a Administração prover determinado número de vagas, a nomeação e posse, que seriam, a princípio, atos discricionários, de acordo com a necessidade do serviço público, tornam-se vinculados, gerando, em contrapartida, direito subjetivo para o candidato aprovado dentro do número de vagas previstas em edital. Precedentes. 3. Recurso ordinário provido." (Processo: RMS 20718 / SP - Relator (a): Ministro PAULO MEDINA (1121) - Órgão Julgador: T6 - SEXTA TURMA - Data do Julgamento: 04/12/2007)

"DIREITO ADMINISTRATIVO. EXPECTATIVA DE DIREITO À NOMEAÇÃO EM CONCURSO PÚBLICO. O candidato aprovado fora das vagas previstas no edital não tem direito subjetivo à nomeação, ainda que surjam novas vagas durante o prazo de validade do certame, seja em decorrência de vacância nos quadros funcionais seja em razão da criação de novas vagas por lei. Isso porque, dentro do parâmetro fixado em repercussão geral pelo STF, os candidatos aprovados em concurso público, mas inseridos em cadastro de reserva, têm apenas expectativa de direito à nomeação. Nesses casos, compete à Administração, no exercício do seu poder discricionário (juízo de conveniência e oportunidade), definir as condições do preenchimento dos seus cargos vagos". (Precedentes citados do STJ: AgRg no RMS 38.892-AC, Primeira Turma, DJe 19/4/2013; e RMS 34.789-PB, Primeira Turma, DJe 25/10/2011. Precedente citado do STF: RE 598.099-MS, Plenário, DJ 10/08/2011. MS 17.886-DF, Rel. Min. Eliana Calmon, julgado em 11/9/2013. Informativo 531)

QUESTÕES RELACIONADAS

01. (IBFC - Juiz Federal Substituto – TRF-2 – 2018) Julgue os itens abaixo e marque a alternativa correta:

I - A chamada eficácia horizontal dos direitos fundamentais impõe a sua observância mesmo nas relações jurídicas estabelecidas entre particulares. Portanto, afigura-se possível a revisão judicial da exclusão de associado dos quadros de associação privada, quando violado direito individual previsto na Constituição Federal.

II - Não há direito subjetivo à nomeação de candidato aprovado em concurso público, fora do número de vagas ofertadas no edital.

III - Deputados e Senadores possuem imunidade material mesmo quando exerçam a liberdade de opinião em ambiente privado, desde que as manifestações guardem conexão com o desempenho da função legislativa ou tenham sido proferidas em razão dela.

a) Todas as assertivas estão incorretas.

b) Estão corretas as assertivas II e III.

c) Somente a assertiva III está correta.

d) Todas as assertivas estão corretas.

e) Estão corretas as assertivas I e III.

Resposta: alternativa "d".

02. (FCC - Procurador do Estado – PGE/AP – 2018) De acordo com as normas da Constituição Federal e com a jurisprudência do Supremo Tribunal Federal em matéria de servidores públicos,

a) servidor público aposentado em cargo público efetivo pode ser nomeado para o exercício de cargo público em comissão, de livre nomeação e exoneração, devendo, em virtude do exercício desse cargo, contribuir para o regime geral da previdência social.

b) compete à União fixar requisitos e critérios diferenciados para aquisição de benefícios previdenciários pelo Regime Próprio de Previdência Social, aplicáveis aos servidores públicos de todas as unidades federativas, desde que instituídos para beneficiar apenas os que exerçam atividades de risco e cujas atividades sejam exercidas sob condições especiais que prejudiquem a saúde ou a integridade física.

c) a remuneração paga a professor da rede pública deve ser somada àquela que lhe é paga a título de exercício de cargo público técnico ou científico, para fins de aplicação do limite remuneratório máximo imposto pela Constituição Federal.

d) em razão dos princípios constitucionais da igualdade e da acessibilidade aos cargos públicos, é vedado à lei estabelecer idade máxima como requisito de preenchimento de cargo público efetivo.

e) candidato aprovado em concurso público não tem direito subjetivo à nomeação, salvo, apenas, se sua nomeação for preterida em razão do provimento do cargo por candidato de classificação inferior.

Resposta: alternativa "a".

2. (FGV – JUIZ DE DIREITO - AM/2013 - ADAPTADA)

Considere a edição de lei que atribua 50% (cinquenta por cento) da pontuação total, nos concursos públicos de provas e títulos para provimento de cargos efetivos de professor de certo Estado da Federação, em razão de exercício anterior da mesma função pública (professor do quadro da rede estadual de ensino), na qualidade de ocupante de cargo em comissão ou contratado temporário.

O Procurador-Geral da República efetuou a impugnação do diploma via ação direta de inconstitucionalidade deflagrada perante o Supremo Tribunal Federal, sendo certo que a medida cautelar para a suspensão da lei foi deferida por ato singular do relator, ainda pendente o referendo do Plenário. Ato contínuo, o Governador do Estado declarou a nulidade da investidura de todos os servidores que ingressaram em cargos públicos de provimento efetivo após a vigência da referida lei.

Ante o quadro, responda: É constitucional a referida lei estadual?

RESPOSTA SUGERIDA

O princípio do concurso público encontra-se gravado no art. 37, II, da CF, *in verbis*: "a investidura em cargo ou emprego público depende de aprovação prévia em concurso público de provas ou de provas e títulos, de acordo com a natureza e a complexidade do cargo ou emprego, na forma prevista em lei, ressalvadas as nomeações para cargo em comissão declarado em lei de livre nomeação e exoneração".

Como se pode notar, os únicos elementos que podem compor os concursos públicos são as provas e os títulos. Atribuir-se pontuação para quem, por meio de cargo em comissão ou contrato temporário, exerceu anteriormente a função pública para a qual se realiza um concurso, viola, ao mesmo tempo, quatro princípios: princípio do concurso público, princípio da isonomia, princípio da impessoalidade e princípio da razoabilidade.

Fere-se o princípio do concurso público (art. 37, II, da CF) na medida em que tempo anterior de exercício de função para a qual se realiza o certamente não se constitui em critério válido (não é nem prova, nem título). O princípio da isonomia (art. 5°, *caput*, e inciso I da CF) também é atacado porque a contagem de tempo anterior na função cria privilégio que gera discriminação relativa em relação aos demais participantes do certame. A seu turno, atenta-se contra o princípio da impessoalidade porque estabelece pontuação para certas e determinadas pessoas, pontuação essa que jamais poderia ser alcançada pela ampla universalidade de candidatos que não exerceram temporariamente ou por cargo em comissão, a função de professor do quadro da apontada rede estadual de ensino. Por fim, há ofensa ao princípio da razoabilidade (que se traduz em emanação do devido processo legal em sentido material, disposto no art. 5°, LIV, da CF) na medida em que atribuir-se 50% dos pontos de um concurso público em razão de exercício anterior da função para a qual se realiza o certame não se mostra necessário, adequado ou proporcional. O Supremo Tribunal Federal já reconheceu a violação a esses princípios em casos semelhantes.

Ante o exposto, a conclusão só pode ser pela inconstitucionalidade da lei estadual destacado no enunciado da questão.

DOUTRINA TEMÁTICA

"O concurso de provas e títulos, se observarmos com lógica e coerência o intento constitucional, indica que os candidatos devem ter seu conhecimento medido pelas provas a que se submeterem, porque esse é o objetivo delas. Por esse motivo é que são comumente denominadas de provas de conhecimento. Obviamente, não é esse o escopo do concurso de títulos, integrante do concurso de provas e títulos. A titulação dos candidatos não pode servir como parâmetro para aprovação ou reprovação no concurso público, pena de serem prejudicados seriamente aqueles que, contrariamente a outros candidatos, e às vezes por estarem em início da profissão, ainda não tenham tido oportunidades de obterem esta ou aquela titulação. Entendemos, pois, que os pontos atribuídos à prova de títulos só podem refletir-se na classificação dos candidatos, e não em sua aprovação ou reprovação. De outro lado, revela-se ilegítima a pontuação desproporcional atribuída a títulos; aqui a Administração deve respeitar o princípio da proporcionalidade, pois que, não agindo dessa maneira, pesarão fundadas suspeitas sobre o propósito de favorecimento de determinados candidatos. Só assim é possível o concurso de provas e títulos compatível com o princípio da impessoalidade inscrito no art. 37 da CF." (CARVALHO FILHO, 2010, p. 680-681).

JURISPRUDÊNCIA TEMÁTICA

"Mostra-se conflitante com o princípio da razoabilidade eleger como critério de desempate tempo anterior na titularidade do serviço para o qual se realiza o concurso público." (ADI 3.522, Rel. Min. Marco Aurélio, julgamento em 24-11-2005, Plenário, DJ de 12-5-2006.) No mesmo sentido: ADI 4.178-MC-REF, Rel. Min. Cezar Peluso, julgamento em 4-2-2010, Plenário, DJE de 7-5-2010. Vide: AI 830.011-AgR, rel. min. Luiz Fux, julgamento em 26-6-2012, Primeira Turma, DJE de 14-8-2012.

"Viola o princípio constitucional da isonomia norma que estabelece como título o mero exercício de função pública." (ADI 3.443, Rel. Min. Carlos Velloso, julgamento em 8-9-2005, Plenário, DJ de 23-9-2005.)

QUESTÕES DE CONCURSO RELACIONADAS

01. (ESAF – Procurador da Fazenda Nacional/2012) Sobre a configuração constitucional da Administração Pública, é correto afirmar:

a) que os cargos, empregos e funções públicas são acessíveis aos brasileiros natos que preencham os requisitos estabelecidos em lei, assim como aos estrangeiros, na forma da lei, dependendo ainda, salvo no caso de nomeações para cargo em comissão declarado em lei de livre nomeação e exoneração, da aprovação prévia em concurso público de provas ou de provas e títulos.

b) é admissível, nos termos da lei, a contratação por tempo determinado, desde que exclusivamente para atender à necessidade temporária de excepcional interesse público.

c) salvo nas hipóteses ressalvadas na Constituição Federal, é permitida, na forma da lei, a vinculação ou equiparação de quaisquer espécies remuneratórias para o efeito de remuneração de pessoal do serviço público.

d) é permitida a acumulação remunerada de dois cargos públicos técnicos ou científicos, quando houver compatibilidade de horários e observados os limites remuneratórios constitucionalmente fixados.

e) em aplicação aos princípios gerais da impessoalidade e da moralidade, a publicidade dos atos, programas, obras, serviços e campanhas dos órgãos públicos deverá ter caráter educativo, informativo ou de orientação social, dela somente podendo constar símbolos ou imagens que caracterizem promoção pessoal de autoridades eletivas se assim previamente fixado no correspondente programa partidário-eleitoral.

Resposta: alternativa "b".

02. (FMP – Procurador do Estado - AC/ 2012) O concurso público é pressuposto constitucional de acesso aos cargos públicos, presente no art. 37 da Carta Republicana de 1988. Sendo assim, realizado o concurso público para o ingresso em carreira do funcionalismo estadual fica a Administração Pública vinculada à nomeação dos candidatos aprovados até o limite das vagas previstas no edital que regula o certame.

I. Mesmo assim, poderá a Administração Pública escolher o momento no qual se realizará a nomeação.

II. Surge, então, um dever de nomeação para a Administração e um direito à nomeação titularizado por todos os candidatos aprovados.

a) Apenas a afirmativa I está correta.

b) Apenas a afirmativa II está correta.

c) Nenhuma das afirmativas está correta.

d) Ambas as afirmativas estão corretas.

Resposta: alternativa "a".

03. (FCC – Defensor Público – SP/2009) Administração Pública.

a) O importante princípio da legalidade, que foi inserido expressamente pela EC 19/98, indica que os gestores da coisa pública deverão desempenhar seus encargos de modo a otimizar legalmente o emprego dos recursos que a sociedade lhes destina.

b) O princípio constitucional da exigibilidade de concurso público aplica-se aos poderes e entes da federação, exceto às sociedades de economia mista e paraestatais com regime celetista.

c) O cargo em comissão não difere do cargo efetivo na questão da transitoriedade, pois ambos trazem essa característica para servidores de fora da carreira.

d) Em relação à aposentadoria dos agentes públicos, observa-se que as normas constitucionais originárias sofreram profundas alterações com as emendas constitucionais nº 20, 41 e 47, e dentre essas modificações está a impossibilidade de contagem de tempo de contribuição fictício.

e) Tendo em vista a importância de se tutelar a probidade administrativa, a Constituição determinou que não prescrevem os ilícitos praticados contra a administração pública.

Resposta: alternativa "d".

---

04. (MPE/MG – Promotor de Justiça – MG/2008) É possível ter-se como violação aos princípios constitucionais que norteiam a administração pública direta e indireta de qualquer dos Poderes da União, dos Estados, do Distrito Federal e dos Municípios:

a) A investidura em cargo ou emprego público dependente de aprovação prévia em concurso público de provas ou de provas e títulos, de acordo com a natureza e a complexidade do cargo ou emprego, na forma prevista em lei, ressalvadas as nomeações para cargo em comissão declarado em lei de livre nomeação e exoneração.

b) A convocação com prioridade sobre novos concursados do candidato aprovado em concurso público de provas e títulos, durante o prazo improrrogável previsto no edital de convocação, para assumir cargo ou emprego, na carreira.

c) A nomeação de cônjuge, companheiro ou parente em linha reta, colateral ou por afinidade, até o terceiro grau, inclusive, da autoridade nomeante ou de servidor da mesma pessoa jurídica investido em cargo de direção, chefia ou assessoramento, para o exercício de cargo em comissão ou de confiança ou, ainda, de função gratificada.

d) A remuneração dos servidores públicos e o subsídio fixados ou alterados por lei específica, observada a iniciativa privativa em cada caso, assegurada revisão geral anual, sempre na mesma data e sem distinção de índices.

e) A remuneração e o subsídio dos ocupantes de cargos, funções e empregos públicos da administração direta, autárquica e fundacional, dos membros de qualquer dos Poderes da União, dos Estados, do Distrito Federal e dos Municípios, dos detentores de mandato eletivo e dos demais agentes políticos e os proventos, pensões ou outra espécie remuneratória, percebidos cumulativamente ou não, incluídas as vantagens pessoais ou de qualquer outra natureza, não podendo exceder o subsídio mensal, em espécie, dos Ministros do Supremo Tribunal Federal, aplicando-se como limite, nos Municípios, o subsídio do Prefeito, e nos Estados e no Distrito Federal, o subsídio mensal do Governador no âmbito do Poder Executivo, o subsídio dos Deputados Estaduais e Distritais no âmbito do Poder Legislativo e o subsídio dos Desembargadores do Tribunal de Justiça, limitado a noventa inteiros e vinte e cinco centésimos por cento do subsídio mensal, em espécie, dos Ministros do Supremo Tribunal Federal, no âmbito do Poder Judiciário, aplicável este limite aos membros do Ministério Público, aos Procuradores e aos Defensores Públicos.

Resposta: alternativa "c".

3. (FADEMS – PROMOTOR DE JUSTIÇA - MS/2013)

Certo Prefeito Municipal nomeou sua esposa para o cargo de Secretária Municipal de Educação e o seu irmão para o cargo de Chefe de Gabinete (do Prefeito). Considerando o teor da Súmula Vinculante 13/STF, estas nomeações podem ser impugnadas? Justifique.

RESPOSTA SUGERIDA

A teor da Súmula Vinculante 13: "A nomeação de cônjuge, companheiro, ou parente, em linha reta, colateral ou por afinidade, até o 3º grau, inclusive, da autoridade nomeante ou de servidor da mesma pessoa jurídica, investido em cargo de direção, chefia ou assessoramento, para o exercício de cargo em comissão ou de confiança, ou, ainda, de função gratificada na administração pública direta e indireta, em qualquer dos Poderes da União, dos Estados, do Distrito Federal e dos Municípios, compreendido o ajuste mediante designações recíprocas, viola a CF."

O enunciado sumular tem como tema o nepotismo, que significa o favorecimento de parentes, cônjuges ou companheiros para o exercício de funções públicas. Essa prática representa uma afronta ao princípio da moralidade (art. 37, *caput*, da CF), segundo o qual o comportamento na condução da Administração Pública deve ser honesto, ético e leal, pois não se compatibiliza com privilégios a parentes, cônjuges ou companheiros. Também se vislumbra violação ao princípio da impessoalidade (art. 37, *caput*, da CF), pois estabelece privilégio discriminatório a parentes sem razão objetiva para tanto.

O Prefeito Municipal referenciado na questão violou frontalmente o conteúdo da Súmula Vinculante 13 ao nomear o seu irmão (parente colateral em 2° grau) para o cargo de Chefe de seu Gabinete (haja vista que, "A nomeação de {...] parente, em linha [...] colateral [...] até o 3º grau, inclusive, da autoridade nomeante [...] para o exercício de cargo em comissão ou de confiança, ou, ainda, de função gratificada na administração pública direta e indireta, em qualquer dos Poderes da União, dos Estados, do Distrito Federal e dos Municípios, [...] viola a CF."

Entretanto, segundo o entendimento do STF, ao nomear sua esposa (cônjuge) para o cargo de Secretária Municipal de Educação, o Prefeito não violou pura e simplesmente a Súmula Vinculante 13, pois a função de Secretária Municipal se constitui em atuação de agente político ou de poder, que não está compreendida pelo enunciado sumular vinculante.

Ante o exposto, pode-se impugnar a nomeação do irmão, mas não a da esposa do Prefeito.

DOUTRINA TEMÁTICA

"A atuação administrativa além de ser legal tem que ser moral. Tem que estar de acordo com a boa-fé, com a moral, com a ética, com a honestidade, com a lealdade, com a probidade. Mesmo que determinada situação seja respaldada pelo ordenamento jurídico, o ato pode ser considerado viciado por afrontar o princípio da moralidade. [...] O exemplo comumente apresentado como materialização do princípio da moralidade é a vedação ao nepotismo, pois não há lei específica vedando a contratação de parentes para cargos comissionados na Administração Pública. Entretanto, essa prática nociva viola a impessoalidade e, de maneira mais específica, a moralidade administrativa. Nesse sentido o STF aprovou a Súmula Vinculante 13, e, por ela está proibida a nomeação para cargo em comissão de cônjuge ou companheiro e dos parentes, em linha reta, colateral e por afinidade, até o 3 grau, inclusive, da autoridade nomeante ou de servidor que já é ocupante de cargo em comissão na mesma pessoa jurídica. Assim, não podem ser nomeados o cônjuge/companheiro(a) e os seguintes parentes: a) em linha reta: filho(a), neto(a), bisneto(a), pai/mãe, avô(ó), bisavô(vó); b) em linha colateral: irmão(ã), tio(a), sobrinho(a); c) por afinidade: sogro(a), genro/nora, padrastro/madrasta, enteado(a) e cunhado(a). Por outro lado, por exemplo, podem ser nomeados: primo(a), sobrinho(a)-neto(a), concunhado(a) (até porque, juridicamente não é parente). [...] Por fim, cabe ressaltar que o STF delimitou os efeitos da Súmula Vinculante 13, na Rcl 6.650-MC-Agr/PR, fixando entendimento de que a vedação não se estende aos agentes políticos, sendo restrita a cargos administrativos. Portanto, por exemplo, o Presidente da República pode nomear sua esposa como Ministra, o Governador pode nomear seu filho como Secretário de Estado e o Prefeito pode nomear seu irmão como Secretário Municipal". (BORTOLETO, 2014, p. 43-44).

JURISPRUDÊNCIA TEMÁTICA

"Servidor público. Nepotismo. Vedação ao exercício de funções sob a direção imediata de cônjuge ou parente até o segundo grau civil. Violação ao inciso II do art. 37 da CF e ao princípio da isonomia. Inexistência. Proibição que decorre do caput do art. 37 da CF. Procedência parcial para emprestar interpretação conforme a Constituição. Incidência exclusiva sobre cargos de provimento em comissão, função gratificada e cargos e direção e assessoramento." (ADI 524, rel. p/ o ac. min. Ricardo Lewandowski, j. 20-5-2015, P, DJE de 3-8-2015.)

'Agravo regimental em reclamação. 2. Nomeação de cônjuge de Prefeita para ocupar cargo de Secretário municipal. 3. Agente político. Ausência de violação ao disposto na Súmula Vinculante 13. 4. Os cargos que compõem a estrutura do Poder Executivo são de livre nomeação e exoneração pelo Chefe desse Poder. 4. Fraude à lei ou hipótese de nepotismo cruzado por designações recíprocas. Inocorrência. Precedente: RE 579.951/RN, Rel. Min. Ricardo Lewandowski, Dje 12.9.2008. 7. Agravo regimental a que se dá provimento para julgar procedente a reclamação." (Rcl 22339 AgR, Relator(a): Min. EDSON FACHIN, Relator(a) p/ Acórdão: Min. GILMAR MENDES, Segunda Turma, julgado em 04/09/2018, PROCESSO ELETRÔNICO DJe-055 DIVULG 20-03-2019 PUBLIC 21-03-2019)

"1. A jurisprudência do STF preconiza que, ressalvada situação de fraude à lei, a nomeação de parentes para cargos públicos de natureza política não desrespeita o conteúdo normativo do enunciado da Súmula Vinculante 13." (RE 825682 AgR, Relator Ministro Teori Zavascki, julgamento em 10.2.2015, DJe de 2.3.2015)

"Então, quando o art. 37 refere-se a cargo em comissão e função de confiança, está tratando de cargos e funções singelamente administrativos, não de cargos políticos. Portanto, os cargos políticos estariam fora do alcance da decisão que tomamos na ADC nº 12, porque o próprio capítulo VII é Da Administração Pública enquanto segmento do Poder Executivo. E sabemos que os cargos políticos, como por exemplo, o de secretário municipal, são agentes de poder, fazem parte do Poder Executivo. O cargo não é em comissão, no sentido do artigo 37. Somente os cargos e funções singelamente administrativos - é como penso - são alcançados pela imperiosidade do artigo 37, com seus lapidares princípios. Então, essa distinção me parece importante para, no caso, excluir do âmbito da nossa decisão anterior os secretários municipais, que correspondem a secretários de Estado, no âmbito dos Estados, e ministros de Estrado, no âmbito federal." (RE 579951, Voto do Ministro Ayres Britto, Tribunal Pleno, julgamento em 20.8.2008, DJe de 24.10.2008)

"Reclamação - Constitucional e administrativo - Nepotismo - Súmula vinculante nº 13 - Distinção entre cargos políticos e administrativos - Procedência. 1. Os cargos políticos são caracterizados não apenas por serem de livre nomeação ou exoneração, fundadas na fidúcia, mas também por seus titulares serem detentores de um munus governamental decorrente da Constituição Federal, não estando os seus ocupantes enquadrados na classificação de agentes administrativos. 2. Em hipóteses que atinjam ocupantes de cargos políticos, a configuração do nepotismo deve ser analisado caso a caso, a fim de se verificar eventual 'troca de favores' ou fraude a lei. 3. Decisão judicial que anula ato de nomeação para cargo político apenas com fundamento na relação de parentesco estabelecida entre o nomeado e o chefe do Poder Executivo, em todas as esferas da federação, diverge do entendimento da Suprema Corte consubstanciado na Súmula Vinculante nº 13." (Rcl 7590, Relator Ministro Dias Toffoli, Primeira Turma, julgamento em 30.9.2014, DJe de 14.11.2014)

"Nomeação de irmão de Governador de Estado. Cargo de Secretário de Estado. Nepotismo. Súmula vinculante 13. Inaplicabilidade ao caso. Cargo de natureza política. Agente político. Entendimento firmado no julgamento do RE 579.951/RN. Ocorrência da fumaça do bom direito. Impossibilidade de submissão do reclamante, Secretário Estadual de Transporte, agente político, às hipóteses expressamente elencadas na Súmula vinculante 13, por se tratar de cargo de natureza política. Existência de precedente do Plenário do Tribunal: RE 579.951/RN, Rel. Min. Ricardo Lewandowski, DJE de 12-9-2008. Ocorrência da fumaça do bom direito." (Rcl 6.650-MC-AgR, Rel. Min. Ellen Gracie, julgamento em 16-10-2008, Plenário, DJE de 21-11-2008.)"

QUESTÕES DE CONCURSO RELACIONADAS

01. (MPE-SP - Promotor de Justiça Substituto - MPE-SP – 2019) Assinale a alternativa correta.

a) A Constituição Federal assegura aos Vereadores, com o objetivo de garantir ampla independência e liberdade de ação para o exercício do mandato representativo, a imunidade material, mitigada porque relativa a opiniões, palavras e votos, no exercício do mandato e na circunscrição do Município, desde que haja relação de pertinência entre a declaração e as atividades do parlamentar

b) As leis que proíbem o nepotismo na Administração Pública, cujo conteúdo normativo dão concretude aos princípios da moralidade, da impessoalidade e da eficiência do art. 37, caput, da Constituição da República, por se tratar do regime jurídico dos servidores públicos, são de iniciativa reservada ao chefe do Poder Executivo.

c) A Constituição Federal impede a fixação, pelos vereadores, de sua remuneração, para viger na própria legislatura, mas permite que possam ser reajustáveis na mesma data e no mesmo percentual fixado aos Deputados Estaduais.

d) É da competência exclusiva da Câmara Municipal fixar os subsídios dos Vereadores, por lei, em cada legislatura para a subsequente.

e) O total da despesa com a remuneração dos Vereadores não poderá ultrapassar o montante de dez por cento da receita do Município.

Resposta: alternativa "a".

---

02. (ESAF – ATRFB – 2012) Assinale a única opção correta.

a) Compete privativamente à União proteger os sítios arqueológicos.

b) São gratuitas as ações de habeas corpus, habeas data e mandado de segurança.

c) A prática do racismo não constitui conduta ilícita, pois está garantida pelo direito constitucional de liberdade de expressão.

d) Ao Distrito Federal é atribuído apenas as competências legislativas reservadas aos Estados.

e) A vedação do nepotismo não exige a edição de lei formal para coibir a prática, uma vez que decorre diretamente dos princípios constitucionais da Administração Pública.

Resposta: alternativa "e".

---

03. (MPF – Procurador da República/2011) Analise os itens abaixo e responda em seguida:

I. Consoante a jurisprudência do Supremo Tribunal Federal, as disposições constitucionais que vedam tratamento discriminatório em razão da idade, para efeito de acesso ao serviço público, não são dotadas de valor absoluto, podendo a Administração instituir, com base em lei, limites etários, quando isso puder ser justificado pela natureza das funções inerentes ao cargo público.

II. De acordo com a jurisprudência do Supremo Tribunal Federal, os titulares de registros e ofícios de notas exercem atividade pública em regime de delegação do Estado, razão pela qual estão submetidos à regra constitucional da aposentadoria compulsória aos setenta anos de idade.

III. O livre provimento de cargos em comissão encontra limite constitucional no princípio da moralidade administrativa, razão pela qual, consoante a jurisprudência dominante do STF, é vedada a nomeação de cônjuge ou parente até o terceiro grau, inclusive, da autoridade nomeante para o exercício de cargo em comissão ou função gratificada no âmbito da administração direta e indireta em qualquer dos Poderes da União, dos Estados, do Distrito Federal e dos Municípios.

IV. A vitaliciedade de magistrado de órgão judiciário de segundo grau, que ali ingressa pelo quinto constitucional reservado à advocacia, é adquirida com a posse; a partir daí, a perda do cargo somente pode ocorrer por decisão judicial transitada em julgado ou por decisão da maioria de dois terços do Conselho Nacional de Justiça.

a são falsos os itens II e III.
b) são verdadeiros os itens I, III e IV.
c) são falsos os itens II e IV.
d) são falsos os itens I e IV.

Resposta: alternativa "c".

---

04. (PGE/PA – Procurador do Estado – PA/ 2009) Analise as proposições abaixo e assinale a alternativa CORRETA, no que tange à Jurisprudência do Supremo Tribunal Federal:

a) Cessada a atividade que deu origem à gratificação extraordinária, cessa igualmente a gratificação, não havendo falar em direito adquirido, tampouco, em princípio da irredutibilidade dos vencimentos.

b) Em caso de agressão praticada por policial, com a utilização de arma da corporação militar, o Estado apenas poderá ser responsabilizado ser for comprovado que o policial estava, no momento do ato, em serviço.

c) A nomeação de cargos de natureza política está incluída nas proibições elencadas pela Súmula Vinculante No. 13, que veda a prática do nepotismo em qualquer dos Poderes de todos os Entes Federados no Brasil.

d) O candidato aprovado não classificado em concurso público tem preferência de nomeação em relação a aprovado em concurso posterior, sobretudo se o novo certame tenha sido realizado no prazo de validade do certame anterior.

Resposta: alternativa correta: letra "a".

---

05. (MPE/MG – Promotor de Justiça – MG/2008) É possível ter-se como violação aos princípios constitucionais que norteiam a administração pública direta e indireta de qualquer dos Poderes da União, dos Estados, do Distrito Federal e dos Municípios:

a) A investidura em cargo ou emprego público dependente de aprovação prévia em concurso público de provas ou de provas e títulos, de acordo com a natureza e a complexidade do cargo ou emprego, na forma prevista em lei, ressalvadas as nomeações para cargo em comissão declarado em lei de livre nomeação e exoneração.

b) A convocação com prioridade sobre novos concursados do candidato aprovado em concurso público de provas e títulos, durante o prazo improrrogável previsto no edital de convocação, para assumir cargo ou emprego, na carreira.

c) A nomeação de cônjuge, companheiro ou parente em linha reta, colateral ou por afinidade, até o terceiro grau, inclusive, da autoridade nomeante ou de servidor da mesma pessoa jurídica investido em cargo de direção, chefia ou assessoramento, para o exercício de cargo em comissão ou de confiança ou, ainda, de função gratificada.

d) A remuneração dos servidores públicos e o subsídio fixados ou alterados por lei específica, observada a iniciativa privativa em cada caso, assegurada revisão geral anual, sempre na mesma data e sem distinção de índices.

e) A remuneração e o subsídio dos ocupantes de cargos, funções e empregos públicos da administração direta, autárquica e fundacional, dos membros de qualquer dos Poderes da União, dos Estados, do Distrito Federal e dos Municípios, dos detentores de mandato eletivo e dos demais agentes políticos e os proventos, pensões ou outra espécie remuneratória, percebidos cumulativamente ou não, incluídas as vantagens pessoais ou de qualquer outra natureza, não podendo exceder o subsídio mensal, em espécie, dos Ministros do Supremo Tribunal Federal, aplicando-se como limite, nos Municípios, o subsídio do Prefeito, e nos Estados e no Distrito Federal, o subsídio mensal do Governador no âmbito do Poder Executivo, o subsídio dos Deputados Estaduais e Distritais no âmbito do Poder Legislativo e o subsídio dos Desembargadores do Tribunal de Justiça, limitado a noventa inteiros e vinte e cinco centésimos por cento do subsídio mensal, em espécie, dos Ministros do Supremo Tribunal Federal, no âmbito do Poder Judiciário, aplicável este limite aos membros do Ministério Público, aos Procuradores e aos Defensores Públicos.

Resposta: alternativa "c".

4. (CESPE – JUIZ DE DIREITO - AC/2007 - ADAPTADA)

Lúcio é servidor público do estado do Acre e ocupa o cargo efetivo de técnico de administração, de nível superior, acessível a qualquer candidato com curso superior em qualquer área. Lúcio acumula esse cargo efetivo, que exige carga horária de trabalho de 40 horas semanais, e cujas funções são meramente burocráticas, com o cargo de professor na rede de ensino municipal, com a qual mantém contrato de trabalho de 20 horas semanais. Tanto no âmbito estadual quanto municipal, há regime próprio de previdência. Com base nessa situação hipotética e considerando o conteúdo das Emendas n.° 19/1998 e n.° 20/1998 da Constituição Federal de 1988 e os precedentes dos tribunais superiores, responda, de modo fundamentado, ao questionamento a seguir.

A acumulação dos cargos, na situação descrita, é constitucional?

RESPOSTA SUGERIDA

De acordo com o art. 37, XVI, da CF, é vedada a acumulação remunerada de cargos públicos, exceto quando houver compatibilidade de horários, observado em qualquer caso o disposto no inciso XI (tetos remuneratórios): a) a de dois cargos de professor; b) a de um cargo de professor com outro técnico ou científico; c) a de dois cargos ou empregos privativos de profissionais de saúde, com profissões regulamentadas;

A partir desse dispositivo constitucional é possível concluir que a acumulação de cargos como descrita pelo enunciado da questão é inconstitucional. Como professor, Lúcio somente poderia cumular outro cargo de professor, cargo técnico, ou cargo científico.

Seguindo-se a jurisprudência do STJ, apesar de denominado como "técnico de administração", o cargo ocupado por Lúcio não tem a natureza de cargo técnico descrito pela Constituição, pois, como bem descrito no enunciado, seu cargo compreende o exercício de funções meramente burocráticas. Também não há que se falar em exercício de cargo científico, para o qual se exigiria formação específica e notória especialização, o que não se compatibiliza com o cargo de Lúcio, que é acessível a qualquer candidato com curso superior em qualquer área.

Em conclusão, vale ressaltar que, a impossibilidade de acumulação decorre exclusivamente da natureza dos cargos, pois, apesar de os regimes de trabalho totalizarem 60 horas semanais a Lúcio, o STF entende que a incompatibilidade de horários não pode ser determinada objetivamente, apenas com análise da jornada semanal de trabalho. Deve sempre haver análise do caso concreto. Assim se, por exemplo, um dos cargos exigisse dedicação exclusiva, então não poderia haver cumulação, independentemente do total de horas.

DOUTRINA TEMÁTICA

"No caso do cargo técnico, não basta a existência da palavra 'técnico' no nome do cargo. É necessário que seja um cargo que necessite de conhecimentos específicos para seu desempenho. No RMS 7.570/PB, no STJ, o Min. Gilson Dipp definiu que cargo técnico 'requer familiaridade com a metodologia empregada no exercício do mister, a fim de demonstrar conhecimento específico em uma área artística ou do saber' e como científico aquele que 'denota aprofundamento dos conhecimentos nesse sentido, entendeu indevida a acumulação de cargo por escrevente de comarca, afirmando que só era exigido o nível médio e que as tarefas desempenhadas eram burocráticas e repetitivas. No mesmo sentido, o STJ decidiu, no RMS 14.456/AM, que era indevida a acumulação de cargo de professor com o de Técnico Judiciário". (BORTOLETO, 2014, p. 149).

JURISPRUDÊNCIA TEMÁTICA

"AGRAVO INTERNO. RECURSO EXTRAORDINÁRIO. DECISÃO AGRAVADA EM CONSONÂNCIA COM A JURISPRUDÊNCIA DO SUPREMO TRIBUNAL FEDERAL. 1. Nestes autos, o Superior Tribunal de Justiça aplicou entendimento de sua 1ª Seção no sentido da (a) "impossibilidade de cumulação de cargos de profissionais da área de saúde quando a jornada de trabalho for superior a 60 horas semanais" e (b) validade do "limite de 60 (sessenta) horas semanais estabelecido no Parecer GQ-145/98 da AGU nas hipóteses de acumulação de cargos públicos, não havendo o esvaziamento da garantia prevista no art. 37, XVI, da Constituição Federal". 2. O SUPREMO TRIBUNAL FEDERAL tem entendimento consolidado no sentido de que, havendo compatibilidade de horários, verificada no caso concreto, a existência de norma infraconstitucional limitadora de jornada semanal de trabalho não constitui óbice ao reconhecimento da cumulação de cargos. 3. Precedentes desta CORTE em casos idênticos ao presente, no qual se discute a validade do Parecer GQ 145/1998/AGU: RE 1061845 AgR-segundo, Relator(a): Min. LUIZ FUX, Primeira Turma, DJe 25-02-2019; ARE 1144845, Relator(a): Min. ROSA WEBER, DJe 02/10/2018; RMS 34257 AgR, Relator(a): Min. RICARDO LEWANDOWSKI, Segunda Turma, DJe 06-08-2018; RE 1023290 AgR-segundo, Relator(a):

Min. CELSO DE MELLO, Segunda Turma, DJe 06-11-2017; ARE 859484 AgR, Relator(a): Min. DIAS TOFFOLI, Segunda Turma, DJe 19-06-2015. 4. Agravo Interno a que se nega provimento." (RE 1176440 AgR, Relator(a): Min. ALEXANDRE DE MORAES, Primeira Turma, julgado em 09/04/2019, PROCESSO ELETRÔNICO DJe-098 DIVULG 10-05-2019 PUBLIC 13-05-2019)

"Acumulação de emprego de atendente de telecomunicações de sociedade de economia mista, com cargo público de magistério. Quando viável, em recurso extraordinário, o reexame das atribuições daquele emprego (atividade de telefonista), correto, ainda assim, o acórdão recorrido, no sentido de se revestirem elas de 'características simples e repetitivas', de modo a afastar-se a incidência do permissivo do art. 37, XVI, b, da Constituição." (AI 192.918-AgR, Rel. Min. Octavio Gallotti, julgamento em 3-6-1997, Primeira Turma, DJ de 12-9-1997.)

QUESTÕES DE CONCURSO RELACIONADAS

01. (FEPESE – Procurador do Estado – SC/ 2010) Acerca da Administração Pública, assinale a alternativa correta, de acordo com a Constituição Federal.

a) É garantido ao servidor público civil o direito à livre associação sindical, vedado o direito de greve.

b) O prazo de validade do concurso público será de dois anos, prorrogável uma vez, por igual período.

c) A lei estabelecerá os prazos de prescrição para ilícitos praticados por qualquer agente, servidor ou não, que causem prejuízos ao erário, bem como para as respectivas ações de ressarcimento.

d) A vinculação ou equiparação de quaisquer espécies remuneratórias para o efeito de remuneração de pessoal do serviço público é permitida a fim de assegurar o princípio da paridade remuneratória.

e) A proibição de acumulação remunerada de cargos públicos estende-se a empregos e funções e abrange autarquias, fundações, empresas públicas, sociedades de economia mista, suas subsidiárias, e sociedades controladas, direta ou indiretamente, pelo poder público.

Resposta: alternativa "e".

02. (TJDFT – Juiz Substituto – DF/ 2008) Analise as alternativas que se seguem e aponte a única que está corretamente formulada:

a) A vedação constitucional de acumulação de cargos públicos estende-se aos ocupantes de cargos ou empregos públicos de empresas públicas e entidades autárquicas, mas não alcança os empregos de sociedade de economia mista;

b) A exigência constitucional de reserva de vagas para portadores de deficiência em concurso público pode ser afastada se o percentual legalmente previsto for inferior a um, hipótese em que a fração deve ser desconsiderada;

c) O servidor público ocupante de cargo efetivo pode ser exonerado segundo livre critério da autoridade competente, desde que a administração declare por ato administrativo motivado a falta de necessidade do cargo;

d) A garantia do direito adquirido não impede a modificação do critério de cálculo da remuneração do servidor público, máxime quando tal alteração não implicar redução dos vencimentos.

Resposta: alternativa "d".

---

03. (ESAF – AFRFB – 2002) Assinale a hipótese em que se mencionam cargos e/ou empregos públicos que podem ser objeto de cumulação remunerada por um mesmo servidor, havendo compatibilidade de horários.

a) Cargo Técnico de uma sociedade de economia mista e Médico da Administração Direta Federal.

b) Médico da Administração Pública Federal e Médico de sociedade de economia mista estadual.

c) Professor de universidade pública federal, Professor de universidade pública estadual e Médico da Administração Pública Direta Federal.

d) Professor de instituição pública federal, cargo técnico da Administração Pública Federal e cargo científico da Administração Pública Federal.

e) Dois cargos técnicos da Administração Pública Federal.

Resposta: alternativa "b".

CAPÍTULO 6

ORGANIZAÇÃO DOS PODERES E FUNÇÕES ESSENCIAIS À JUSTIÇA

QUESTÕES

1. (CEBRASPE - JUIZ DE DIREITO SUBSTITUTO – TJ/PR – PR/2019)

Considerando as disposições da Constituição Federal de 1988, discorra sobre a competência regulamentar do Poder Executivo. Em seu texto, aborde o fundamento, a natureza, as espécies, as formalidades e as limitações dessa competência.

ESPAÇO EM BRANCO PARA RESPOSTA (30 LINHAS)

2. (MPE-RJ – PROMOTOR DE JUSTIÇA – 2018)

Diante do aumento da violência urbana, lei ordinária estadual, cuja iniciativa foi do Poder Legislativo, criou um fundo especial, destinado especificamente para o custeio de ações de segurança pública. O mesmo diploma legal instituiu previsão facultando a todo contribuinte descontar até 10% do tributo devido a título de Imposto sobre a Propriedade de Veículos Automotores, mediante destinação do valor correspondente ao referido fundo de segurança pública. A lei estadual descrita padece de qualquer vício concernente a sua constitucionalidade?

Justifique.

Resposta objetivamente fundamentada.

ESPAÇO EM BRANCO PARA RESPOSTA (30 LINHAS)

3. (AGU- CESPE -2016)

Determinado estado-membro ajuizou, perante o juízo de primeiro grau, ação contra a União questionando índice de atualização monetária previsto em convênio celebrado com o ente central.

O magistrado determinou a citação da União para que esta apresentasse resposta.

Considerando a competência originária do Supremo Tribunal Federal (STF) para processar e julgar causas e conflitos entre a União e os estados, redija um texto dissertativo acerca do eventual cabimento de reclamação constitucional na situação apresentada.

Em seu texto,

1 cite as hipóteses em que é cabível reclamação constitucional; [valor: 12,00 pontos]

2 discorra sobre a interpretação do STF a respeito da competência originária para julgar conflitos entre a União e os estados; [valor: 40,00 pontos]

3 aborde a jurisprudência do STF relativa ao cabimento da reclamação em situações como a apresentada. [valor: 14,50 pontos]

ESPAÇO EM BRANCO PARA RESPOSTA (30 LINHAS)

4. (TRF-4 – JUIZ FEDERAL – 2016)

Considerando as disposições constitucionais pertinentes ao tema e a jurisprudência do Supremo Tribunal Federal relacionada ao processo legislativo de emenda à Constituição, discorra sobre os seguintes aspectos:

a) limites procedimentais e circunstanciais ao poder de reforma;

b) natureza, finalidade e alcance da proteção da cláusula pétrea;

c) a cláusula pétrea da garantia do direito adquirido;

d) cláusulas pétreas implícitas.

ESPAÇO EM BRANCO PARA RESPOSTA (30 LINHAS)

5. (FCC – JUIZ DE DIREITO – TJ/PE – 2015)

A súmula vinculante número 12 apresenta o seguinte enunciado: "A cobrança de taxa de matrícula nas universidades públicas viola o disposto no art. 206, IV, da Constituição Federal." Especificamente em relação ao efeito vinculante que decorre de sua edição, indaga-se:

a- constitui óbice jurídico a que seja aprovada nova lei que autorize a cobrança de taxa de matrícula em universidades públicas?

b- constitui óbice jurídico a que juiz de direito reconheça a constitucionalidade da cobrança de taxa de matrícula nas universidades públicas que tenha sido efetuada antes da aprovação da súmula vinculante?;

c- impõe ao chefe do Poder Executivo o dever de vetar nova lei que autoriza cobrança de taxa de matrícula em universidades públicas?;

d- tem cessada sua aplicação em face do julgamento superveniente do STF que declare, por maioria de seis votos, em sede de ação direta de inconstitucionalidade, a constitucionalidade de lei que autorize a cobrança taxa de matrícula nas universidades públicas?

ESPAÇO EM BRANCO PARA RESPOSTA (30 LINHAS)

6. (MP/SP- PROMOTOR DE JUSTIÇA – SP/2015)

A redução da maioridade penal, de 18 para 16 anos, viola a cláusula pétrea do direito e garantia individual (art. 60, § 4º, IV, da Constituição Federal)? Fundamente.

ESPAÇO EM BRANCO PARA RESPOSTA (30 LINHAS)

7. (MPE-RJ – PROMOTOR DE JUSTIÇA – 2014)

É cabível projeto de emenda à Constituição da RepublicaRepública Federativa do Brasil por iniciativa popular, com o fim de instruir o direito à renda mínima aos hipossuficientes? E no que concerne à Constituição do Estado do Rio de Janeiro, é possível tal iniciativa? Resposta objetivamente fundamentada.

ESPAÇO EM BRANCO PARA RESPOSTA (30 LINHAS)

8. (FCC – PROCURADORIA MUNICIPAL – PGM/RECIFE-PE -2014)

As comissões parlamentares de inquérito constituem importante instrumento de controle e fiscalização atribuído ao Poder Legislativo. Nos termos do texto constitucional, essas comissões serão criadas "mediante requerimento de um terço de seus membros, para a apuração de fato determinado e por prazo certo", bem como "terão poderes de investigação próprios das autoridades judiciais". Analise o regime constitucional das comissões parlamentares de inquérito, examinando especificamente os seguintes aspectos:

a) Legitimidade de prorrogação do "prazo certo" definido para o inquérito parlamentar.

b) Funcionamento e composição da comissão em face da omissão dos representantes (líderes) das bancadas partidárias majoritárias em indicar parlamentares para integrá-la. c) Legitimidade e condicionantes para obtenção de informações cobertas por segredo de justiça e sigilo fiscal.

ESPAÇO EM BRANCO PARA RESPOSTA (30 LINHAS)

9. (CESPE – JUIZ DE DIREITO - PA/2012)

Emenda constitucional de iniciativa da assembleia legislativa de determinada unidade da Federação tratou das condições para ingresso e promoção no quadro de oficiais combatentes dos militares no âmbito do estado-membro. O Governador do Estado, então, ajuizou ação direta de inconstitucionalidade relativa a essa emenda junto ao Supremo Tribunal Federal.

Com base na situação hipotética acima, responda, de forma fundamentada e de acordo com a jurisprudência da suprema corte, o seguinte questionamento.

A emenda constitucional padece de vício de inconstitucionalidade formal?

ESPAÇO EM BRANCO PARA RESPOSTA (30 LINHAS)

10. (CESPE – JUIZ DE DIREITO - PB/2011)

O tribunal de justiça do estado X editou resolução estabelecendo os critérios de escolha de magistrados para a composição das turmas recursais dos juizados especiais. Foram adotados os critérios de produtividade e de experiência do magistrado no sistema dos juizados especiais, não tendo sido contemplado o critério de antiguidade.

Com referência a essa situação hipotética, redija um texto dissertativo, respondendo, de forma fundamentada, aos questionamentos que se seguem.

• A mencionada resolução afronta o conteúdo do inciso III do art. 93 da Constituição Federal de 1988 (CF), segundo o qual o acesso aos tribunais de segundo grau deve ser pautado pelos critérios de antiguidade e merecimento, alternadamente, apurados na última ou única entrância?

• O ato que nomeia magistrado para integrar as turmas recursais configura ato de promoção, de modo a atrair a aplicação do art. 93, II, da CF, o qual estabelece regras para a promoção de entrância para entrância, alternadamente, por antiguidade e merecimento? O tribunal de justiça tem competência para dispor sobre os critérios de escolha dos magistrados para a composição das turmas recursais dos juizados especiais?

ESPAÇO EM BRANCO PARA RESPOSTA (30 LINHAS)

11. (TJ/MS – JUIZ DE DIREITO - MS/2010)

Quanto à composição dos Tribunais Regionais Eleitorais, indique pelo menos dois dos pressupostos ou exigências constitucionais para que um advogado se torne temporariamente um juiz eleitoral.

ESPAÇO EM BRANCO PARA RESPOSTA (30 LINHAS)

12. (CESPE – JUIZ DE DIREITO - PA/2012)

Com base na disciplina constitucional e legal a respeito das súmulas vinculantes, disserte sobre essa inovação trazida pela Emenda Constitucional n.° 45/2004. Em seu texto, aborde, necessariamente, os seguintes aspectos:

- definição de súmula vinculante;
- objeto e requisitos;
- legitimidade para propor sua edição, revisão e cancelamento, de forma autônoma e incidental;
- efeitos e possibilidade de modulação.

ESPAÇO EM BRANCO PARA RESPOSTA (30 LINHAS)

13. (TJ/RJ – JUIZ DE DIREITO - RJ/2012)

Seria correto afirmar que as súmulas vinculantes (art. 103-A, da Constituição Federal/88) só podem ter origem ao longo do processo de controle concentrado de constitucionalidade da lei pelo STF? Justifique.

ESPAÇO EM BRANCO PARA RESPOSTA (30 LINHAS)

14. (MPE-SP – PROMOTOR DE JUSTIÇA - SP/2012)

Em relação ao Conselho Nacional de Justiça – CNJ (CF, art. 103-B), responda de maneira fundamentada:

a) O princípio constitucional da Separação de Poderes (CF, art. 2º) e as garantias de independência do Poder Judiciário (CF, arts. 95, 96 e 99), todos como cláusulas pétreas (CF, art. 60, §4º, III), são colidentes com a criação, composição e características do CNJ (CF, art. 103-B)?

b) Como conciliar as citadas previsões constitucionais com o poder normativo primário do CNJ e suas atribuições disciplinares originárias (CF, art. 103-B, §4º)?

ESPAÇO EM BRANCO PARA RESPOSTA (30 LINHAS)

15. (PGE-RJ – PROCURADOR DO ESTADO - RJ/2008)

A Procuradoria Geral do Estado é consultada pela Casa Civil sobre a possibilidade de Procuradores do Estado atuarem, no desempenho de suas atribuições institucionais, na defesa judicial de agentes públicos réus em ações de improbidade por conta de atos praticados no exercício da função pública considerados legais, pela própria Procuradoria Geral do Estado, em resposta a consulta anteriormente formulada. Pergunta-se:

a) A atuação dos Procuradores do Estado na hipótese é compatível com o que dispõe a Constituição Federal?

b) Há necessidade de lei específica autorizando a atuação dos Procuradores do Estado nesses casos?

◉ ESPAÇO EM BRANCO PARA RESPOSTA (30 LINHAS)

QUESTÕES COMENTADAS

1. (CEBRASPE - JUIZ DE DIREITO SUBSTITUTO – TJ/PR – PR/2019)

Considerando as disposições da Constituição Federal de 1988, discorra sobre a competência regulamentar do Poder Executivo. Em seu texto, aborde o fundamento, a natureza, as espécies, as formalidades e as limitações dessa competência.

PADRÃO DE RESPOSTA DA BANCA

A competência regulamentar privativa do Chefe do Poder Executivo encontra seu fundamento no artigo 84, incisos IV e VI. da Constituição da República, consistindo em atividade administrativa de caráter normativo, voltada a garantir a fiel execução da lei e a disciplinar a organização e o funcionamento da administração federal.

O texto constitucional reconhece dois tipos de regulamentos: o de execução (inc. IV) e o de organização (inc. VI), havendo controvérsia na doutrina e na jurisprudência sobre a classificação desta última espécie como regulamento autônomo.

Os regulamentos são veiculados por meio de decretos, que devem ser referendados pelos Ministros competentes (art. 87, II)

Em quaisquer casos, e por força dos princípios da separação de poderes e da legalidade (arts. 2º', 5º, e 37, caput), os regulamentos são atos normativos secundários, que não podem inovar originariamente a ordem jurídica e, portanto, não podem criar, modificar ou extinguir direitos e obrigações.

Desenvolvimento do Tema:

1 - ...artigo 84, incisos IV e VI, da Constituição da República/ atividade administrativa de caráter normativo - (0,20)

2 - ...o de execução (inc. IV.) – (0,20)

3 - ... de organização (inc. VI – (0,20)

4 - ... de decretos, que devem ser referendados – (0,20)

5 - ...que não podem inovar originariamente a ordem jurídica, e, portanto, não podem criar, modificar ou extinguir direitos e obrigações – (0,20)

Bibliografia consultada

CLÉMERSON, Merlin Clève. **Atividade legislativa do poder executivo**. 3.ª ed., rev., atual e ampl. São Paulo: RT, 2011.

LENZA, Pedro. **Direito constitucional esquematizad**o. 20.ª ed. São Paulo: Saraiva, 2016 (e-book).

M.ENDES, Gilmar Ferreira; BRANCO, Paulo Gustavo Gonet. **Curso de direito constitucional**. 7.ª ed., rev. e atual. São Paulo: Saraiva, 2012.

SILVA, José Afonso da. **Curso de direito constitucional positivo**. 39.ª ed., rev. e atual. São Paulo: Malheiros, 2016.

RESPOSTA SUGERIDA

O art. 84, em seus incisos IV e VI da CF/88, atribuiu ao Presidente da República a capacidade para expedir decretos regulamentares, seja para promover a fiel execução da lei ou para dispor sobre a) organização e funcionamento da administração federal, quando não implicar aumento de despesa nem criação ou extinção de órgãos públicos; ou b) extinção de funções ou cargos públicos quando vagos. A hipótese do inciso IV é chamada pela doutrina como decreto de execução, enquanto as do inciso VI são chamadas decretos de organização, havendo ainda quem as classifique como decreto autônomo.

Vale observar que, nos termos do art. 87, parágrafo único, I da CF/88, esses decretos serão referendados pelo Ministro de Estado competente.

Esses regulamentos são normas secundárias, ou seja, que não inovam na ordem jurídica (como o fazem as normas de caráter geral e abstrato), mas apenas visam garantir melhor aplicação da lei ou solucionar questões administrativas (órgãos públicos, cargos e funções). Isso se dá para preservar a separação e equilíbrio entre os Poderes, visto que não é atividade típica do Poder Executivo exercer a atividade legislativa.

DOUTRINA TEMÁTICA

"O exercício do poder regulamentar do Executivo situa-se dentro da principiologia constitucional da Separação de Poderes (CF, arts. 2º; 60, § 4º, III), pois, salvo em situações de relevância e urgência (medidas provisórias), o Presidente da República não pode estabelecer normas gerais criadoras de direitos ou obrigações, por ser função do Poder Legislativo. Assim, o regulamento não poderá alterar disposição legal, tampouco criar obrigações diversas das previstas em disposição legislativa.

Essa vedação não significa que o regulamento deva reproduzir literalmente o texto da lei, pois seria de flagrante inutilidade. O poder regulamentar somente será exercido quando alguns aspectos da aplicabilidade da lei são conferidos ao Poder Executivo, que deverá evidenciar e explicitar todas as previsões legais, decidindo a melhor forma de executá-la e, eventualmente, inclusive, suprindo suas lacunas de ordem prática ou técnica." (MORAES, 2018, P. 660)

"Como regra geral, o Presidente da República materializa as competências do art. 84 por decretos. É o instrumento através do qual se manifesta. No tocante às leis, algumas são autoexecutáveis. Outras precisam de regulamento para que seja dado fiel cumprimento aos seus preceitos. Para tanto, são expedidos os decretos regulamentares." (LENZA, 2019, p. 1161)

"Apesar de grande parte da doutrina manifestar-se pela inexistência de acolhida constitucional dos regulamentos autônomos, o STF não desconhece essa realidade e admite, até mesmo, o controle por ADI genérica, na hipótese de decreto autônomo revestido de indiscutível conteúdo normativo." (LENZA, 2019, p. 1162)

"A Constituição estabelece que compete ao Presidente da República expedir decretos e regulamentos para a fiel execução das leis (CF, art. 84, IV, in fine), tendo consagrado, igualmente, que compete ao Presidente da República dispor, mediante decreto, sobre a organização e funcionamento da Administração Federal, quando não implicar aumento de despesa nem criação ou extinção de órgão público, e sobre a extinção de funções e cargos públicos, quando vagos(CF, art. 84, VI, a e b). Esta segunda parte, relativa ao inciso VI do art. 84, foi introduzida pela EC n. 32/2001. É por meio do regulamento que o Executivo exerce intensa atividade normativa." (MENDES, GONET BRANCO, 2017, p. 834-835).

JURISPRUDÊNCIA TEMÁTICA

STF

"É admissível controle concentrado de constitucionalidade de decreto que, dando execução a lei inconstitucional, crie cargos públicos remunerados e estabeleça as respectivas denominações, competências, atribuições e remunerações. (...) Art. 5º da Lei 1.124/2000 do Estado do Tocantins. Administração pública. Criação de cargos e funções. Fixação de atribuições e remuneração dos servidores. Efeitos jurídicos delegados a decretos do chefe do Executivo. Aumento de despesas. Inadmissibilidade. Necessidade de lei em sentido formal, de iniciativa privativa daquele. Ofensa aos arts. 61, § 1º, II, a, e 84, VI, a, da CF. (...) São inconstitucionais a lei que autorize o chefe do Poder Executivo a dispor, mediante decreto, sobre criação de cargos públicos remunerados, bem como os decretos que lhe deem execução."[ADI 3.232, rel. min. Cezar Peluso, j. 14-8-2008, P, DJE de 3-10-2008.] = ADI 4.125, rel. min. Cármen Lúcia, j. 10-6-2010, P, DJE de 15-2-2011.

"É indispensável a iniciativa do chefe do Poder Executivo (mediante projeto de lei ou mesmo, após a EC 32/2001, por meio de decreto) na elaboração de normas que de alguma forma remodelem as atribuições de órgão pertencente à estrutura administrativa de determinada unidade da Federação." [ADI 3.254, rel. min. Ellen Gracie, j. 16-11-2005, P, DJ de 2-12-2005.]

"(...) o STF assentou que é vedado ao chefe do Poder Executivo expedir decreto a fim de suspender a eficácia de ato normativo hierarquicamente superior." [RE 582.487 AgR, voto da rel. min. Cármen Lúcia, j. 25-9-2012, 2ª T, DJE de 25-9-2012.]

"A referenda ministerial, que não se reveste de consequências de ordem processual, projeta-se, quanto aos seus efeitos, numa dimensão estritamente institucional, qualificando-se, sob tal perspectiva, como causa geradora de corresponsabilidade político-administrativa dos ministros de Estado (...). Cumpre ter presente, por isso mesmo, no que concerne à função da referenda ministerial, que esta não se qualifica com requisito indispensável de validade dos decretos presidenciais." [MS 22.706 MC, rel. min. Celso de Mello, j. 23-1-1997, dec. monocrática, DJ de 5-2-1997.]

QUESTÕES RELACIONADAS

01. (CESPE - Juiz de Direito Substituto - TJ-DFT - 2015) A respeito da organização do Estado e do Poder Executivo, assinale a opção correta considerando a jurisprudência do STF.

a) O poder regulamentar deferido aos ministros de Estado legitima-os a editar atos normativos de caráter primário, tendo em vista a possibilidade constitucional de delegação de algumas competências privativas do presidente da República àquelas autoridades.

b) O salário de agentes públicos de sociedade de economia mista não está limitado ao teto salarial constitucional porque esses agentes estão submetidos ao regime celetista e vinculados a uma pessoa jurídica de direito privado.

c) Caso ônibus de empresa privada concessionária de serviço público de transporte atropele alguém, a responsabilização da empresa será subjetiva pelo fato de a vítima não estar na condição de usuária do serviço público no momento do acidente.

d) É lícita a prisão em flagrante de governador de estado da Federação que cometa tentativa de homicídio, uma vez que os governadores não gozam da prerrogativa extraordinária da imunidade a esse tipo de prisão.

e) Caso o presidente e o vice-presidente da República decidam renunciar a seus cargos ao final do primeiro ano de mandato, deverá haver eleição para ambos os cargos, pelo Congresso Nacional, noventa dias após a abertura das vagas.

Resposta: alternativa "d".

02. (FCC - Juiz do Trabalho Substituto - TRT - 1/RJ - 2016) Considerando o regramento constitucional do Poder Executivo, é correto afirmar:

a) Compete privativamente ao Presidente da República prestar contas ao Congresso Nacional, do exercício anterior, dentro de 90 dias da abertura do exercício subsequente.

b) Em caso de impedimento do Vice-Presidente da República, serão chamados a sucedê-lo o Presidente da Câmara dos Deputados, o Presidente do Senado Federal e o Presidente do Supremo Tribunal Federal.

c) Atentar contra o exercício dos direitos sociais constitui crime de responsabilidade do Presidente da República.

d) O Presidente da República será afastado de suas funções, no caso de apresentação de denúncia por crime comum pelo Procurador Geral da República.

e) Compete ao Presidente da República promover os oficiais superiores das Forças Armadas.

Resposta: alternativa "c".

2. (MPE-RJ – PROMOTOR DE JUSTIÇA – 2018)

Diante do aumento da violência urbana, lei ordinária estadual, cuja iniciativa foi do Poder Legislativo, criou um fundo especial, destinado especificamente para o custeio de ações de segurança pública. O mesmo diploma legal instituiu previsão facultando a todo contribuinte descontar até 10% do tributo devido a título de Imposto sobre a Propriedade de Veículos Automotores, mediante destinação do valor correspondente ao referido fundo de segurança pública. A lei estadual descrita padece de qualquer vício concernente a sua constitucionalidade?

Justifique.

Resposta objetivamente fundamentada.

PADRÃO DE RESPOSTA DA BANCA

Ao inovar na estrutura do Poder Executivo, a norma incorreu em inconstitucionalidade formal por vício de iniciativa, diante do art. 61, §1º, II, "e" c/c art. 84, VI, "a" da CF/88, regra de observância obrigatória no âmbito estadual (princípio da simetria), e também em inconstitucionalidade material por violação à separação de poderes (art. 2º da CF/88). Além disso, a vinculação de receita de impostos a fundo específico afronta o art. 167, IV da CF/88, o que não se descaracteriza mesmo quando condicionada à opção do contribuinte (ADI 1750). Ressalve-se que, especificamente em âmbito local, o art. 183, §6º da Constituição do RJ prevê a criação de fundo de segurança pública por lei complementar.

RESPOSTA SUGERIDA

Nos termos do art. 61, §1º, II, "e" da CF/88, são de iniciativa privativa do Presidente da República as leis que disponham sobre criação e extinção de Ministérios e órgãos da administração pública. Por sua vez, dispõe o art. 84, VI, "a" da Constituição que compete privativamente ao Presidente da República dispor, mediante decreto, sobre a organização e funcionamento da administração, quando não implicar aumento de despesa, nem criação ou extinção de órgãos públicos (quando deve se utilizar do projeto de lei). Essas normas são consideradas pelo STF como de reprodução obrigatória.

Assim, considerando que a criação do referido fundo especial altera a estrutura e o orçamento do Poder Executivo, podemos concluir que a norma hipotética em questão é formalmente inconstitucional, por violar a iniciativa reservada que, pelo princípio da simetria, seria do Governador do Estado.

Ademais, o art. 167, IV da CF/88 veda a vinculação de receita de impostos a órgão, fundo ou despesa, ressalvadas a repartição de receitas tributárias, realizada de acordo com as normas constitucionais. Portanto, além de formalmente inconstitucional, verificamos que a norma em questão é também materialmente inconstitucional, pois a vinculação não se descaracteriza, segundo entendimento do STF, mesmo quando condicionada à opção do contribuinte.

JURISPRUDÊNCIA TEMÁTICA

STF

"Lei 16.285/2013 de Santa Catarina. (...) Os arts. 1º, 4º, 6º e 7º da lei impugnada não afrontam a regra, de reprodução federativamente obrigatória, que preserva sob a autoridade do chefe do Poder Executivo local a iniciativa para iniciar leis de criação e/ou extinção de ministérios e órgãos da administração pública (art. 61, § 1º, II, e, da CF). Mera especificação de quais cuidados médicos, entre aqueles já contemplados nos padrões nacionais de atendimento da rede pública de saúde, devem ser garantidos a determinada classe de pacientes (portadores de sequelas graves causadas por queimaduras)." [ADI 5.293, rel. min. Alexandre de Moraes, j. 8-11-2017, P, DJE de 21-11-2017.]

"Lei que verse sobre a criação e estruturação de órgãos da administração pública é de iniciativa privativa do chefe do Poder Executivo (art. 61, § 1º, II, e, da CF). Princípio da simetria. Afronta também ao princípio da separação dos Poderes (art. 2º da CF). Reconhecida a inconstitucionalidade de dispositivo de lei, de iniciativa parlamentar, que restringe matérias a serem publicadas no Diário Oficial do Estado por vício de natureza formal e material." [ADI 2.294, rel. min. Ricardo Lewandowski, j. 27-8-2014, P, DJE de 11-9-2014.]

"O artigo 167, IV, da Constituição Federal veda o estabelecimento de vinculação de receitas proveniente de impostos, quando não previstas ou autorizadas na Constituição Federal, porquanto cerceia o poder de gestão financeira do chefe do Poder Executivo e obsta o custeio das despesas urgentes, imprevistas ou extraordinárias, que se façam necessárias ao longo do exercício financeiro, tanto mais que deve dar-se aplicação aos recursos de receita pública consoante critérios de responsabilidade fiscal consentâneos com os anseios democráticos. (...) A vedação à vinculação da receita é norma que preserva a separação dos poderes, o princípio democrático e a responsabilidade fiscal, de modo que o artigo 167, IV, da Constituição faz jus à sua simétrica aplicação por todos os entes da Federação. A destinação de recursos para as ações e serviços públicos de saúde figura dentre as exceções à regra constitucional de vedação à vinculação de receitas, máxime por estar expressamente estabelecida no texto constitucional." [ADI 5.897, rel. min. Luiz Fux, j. 24-4-2019, P, DJE de 2-8-2019.]

"É inconstitucional a lei complementar distrital que cria programa de incentivo às atividades esportivas mediante concessão de benefício fiscal às pessoas jurídicas, contribuintes do IPVA, que patrocinem, façam doações e investimentos em favor de atletas ou pessoas jurídicas. O ato normativo atacado faculta a vinculação de receita de impostos, vedada pelo art. 167, IV, da Constituição do Brasil/1988. Irrelevante se a destinação ocorre antes ou depois da entrada da receita nos cofres públicos." [ADI 1.750, rel. min. Eros Grau, j. 20-9-2006, P, DJ de 13-10-2006.] Vide ADI 1.759, rel. min. Gilmar Mendes, j. 14-04-2010, P, DJE de 20-8-2010.

QUESTÕES RELACIONADAS

01. (VUNESP - Procurador Jurídico - Prefeitura de Várzea Paulista/SP - 2016) Em virtude da observância obrigatória de dispositivos da Constituição Federal de 1988 no processo legislativo municipal, os projetos de iniciativa privativa do Prefeito Municipal

a) devem ser apresentados nos prazos fixados pela respectiva Câmara Municipal.
b) não se sujeitam ao controle prévio de constitucionalidade.
c) demandam aprovação por maioria absoluta dos membros da Câmara Municipal.
d) não podem versar sobre criação de cargos na Administração direta e autárquica.
e) em regra, não admitem aumento das despesas neles previstas.

Resposta: alternativa "e".

02. (FCC - Procurador do Estado – PGE/AP - 2018) Governador de certo Estado encaminhou à Assembleia Legislativa projeto de lei versando exclusivamente sobre aumento de remuneração de servidores públicos vinculados ao Poder Executivo. O projeto foi aprovado com emenda parlamentar que majorou a alíquota do imposto sobre circulação de mercadorias, o que ensejou o veto governamental nesse específico ponto. Todavia, o veto foi derrubado pela Assembleia Legislativa, que encaminhou o projeto de lei ao Governador para promulgação. Considerando essa situação à luz da Constituição Federal e da jurisprudência do Supremo Tribunal Federal, a majoração da alíquota do imposto estadual

a) não poderia ter sido objeto de emenda parlamentar, incabível em projeto de lei de iniciativa privativa do Chefe do Poder Executivo, como é o caso.
b) poderia ter sido objeto de emenda parlamentar, admitida em projeto de lei de iniciativa privativa do Chefe do Poder Executivo desde que não importe aumento de despesa, mas o projeto de lei não poderia ter sido encaminhado ao Governador para promulgação, cabendo ao Presidente da Casa Legislativa essa atribuição.
c) nao poderia ter sido objeto de emenda parlamentar, uma vez que é vedada a apresentação de emenda parlamentar sem pertinência temática com o projeto de lei de iniciativa privativa do Chefe do Poder Executivo, como é o caso.
d) poderia ter sido objeto de emenda parlamentar, admitida em projeto de lei de iniciativa privativa do Chefe do Poder Executivo, desde que não importe aumento de despesa, sendo que o projeto de lei foi corretamente encaminhado ao Governador para promulgação.
e) poderia ter sido objeto de emenda parlamentar, uma vez que o projeto de lei dispõe sobre matéria que não é de iniciativa privativa do Chefe do Poder Executivo, podendo ser livremente emendado pela Assembleia Legislativa.

Resposta: alternativa "c".

3. (AGU- CESPE -2016)

Determinado estado-membro ajuizou, perante o juízo de primeiro grau, ação contra a União questionando índice de atualização monetária previsto em convênio celebrado com o ente central.

O magistrado determinou a citação da União para que esta apresentasse resposta.

Considerando a competência originária do Supremo Tribunal Federal (STF) para processar e julgar causas e conflitos entre a União e os estados, redija um texto dissertativo acerca do eventual cabimento de reclamação constitucional na situação apresentada.

Em seu texto,

1 - cite as hipóteses em que é cabível reclamação constitucional; [valor: 12,00 pontos]

2 - discorra sobre a interpretação do STF a respeito da competência originária para julgar conflitos entre a União e os estados; [valor: 40,00 pontos]

3 - aborde a jurisprudência do STF relativa ao cabimento da reclamação em situações como a apresentada. [valor: 14,50 pontos]

PADRÃO DE RESPOSTA DA BANCA

1. Quanto ao primeiro ponto, o candidato deve discorrer sobre o tratamento dado pelo legislador constituinte originário à reclamação enquanto ação constitucional cabível em duas hipóteses: a) para a preservação da competência do Supremo Tribunal Federal (STF) para processar e julgar feitos; b) para garantir a autoridade das decisões proferidas pelo STF. As hipóteses de cabimento estão taxativamente previstas no art. 102, I, l, da CF.

2. No tocante ao segundo ponto, o candidato deve desenvolver a interpretação atribuída pelo STF ao art. 102, I, alínea f, da Constituição Federal de 1988 (CF). No referido dispositivo, está estabelecida a competência do STF para processar e julgar originariamente as causas e os conflitos entre a União e os estados, a União e o Distrito Federal, ou entre uns e outros, incluindo-se as respectivas entidades da administração indireta. Porém, segundo o entendimento firmado no âmbito do STF, nem toda ação envolvendo a União e o estado-membro desencadeia automaticamente sua competência originária. Para a Corte, o alcance da regra prevista no art. 102, I, f, da CF restringe-se aos litígios com potencialidade ofensiva apta a vulnerar os valores que informam o princípio do pacto da Federação, ou seja, exige-se efetivo risco de abalo ao pacto federativo.

As hipóteses de competência originária da Corte devem ser interpretadas restritivamente, sob pena de se convolar a jurisdição excepcional em jurisdição ordinária, razão por que sua competência deve ficar limitada àquelas controvérsias, entre unidades federadas expressamente citadas, que gerem conflito federativo. Nesses casos, cabe ao STF dirimir a controvérsia, cumprindo seu dever de velar pela intangibilidade do vínculo federativo e de zelar pelo equilíbrio harmônico das relações políticas entre os entes federativos. Todavia, quando se está diante de causa que encerra controvérsia de natureza meramente patrimonial, desprovida de caráter político ou institucional, não há conflito federativo a ensejar a competência da Corte.

Para o STF, não basta a presença da União e do estado em polos distintos na relação jurídica processual para a configuração de sua competência originária; é imprescindível que exista também conflito federativo, isto é, aquele capaz de gerar abalo no pacto federativo. Partindo de tal premissa, o STF entende que a causa em que se discute tema de índole meramente patrimonial não encerra conflito federativo capaz de justificar a sua competência. Há uma verdadeira redução do alcance literal da alínea mencionada, fundada em interpretação teleológica e sistemática da CF.

Ainda sobre o segundo ponto, é necessário discorrer sobre a distinção apresentada pelo STF entre conflito entre entes federados e conflito federativo. O primeiro é interpretado pelo prisma subjetivo e se funda na existência de litígio entre entes da Federação. O segundo, em que também participam tais entes, importa potencial desestabilização do próprio pacto federativo. A competência originária do STF fica, dessa forma, adstrita à segunda hipótese.

3. No que se refere ao terceiro ponto, o candidato deve abordar os aspectos referentes à subsunção da situação hipotética apresentada ao entendimento da Corte. A interpretação de cláusula de convênio celebrado entre entes federados, relativa à forma de atualização monetária dos valores recebidos por força do ajuste, tem natureza patrimonial, sem potencialidade ofensiva apta a vulnerar os valores que informam o pacto da Federação. Assim, como não há configuração da competência originária do STF quando o conflito instaurado entre os entes da Federação se restringe a tema de natureza patrimonial, não se revela cabível, na situação descrita, a reclamação constitucional para a preservação da competência originária do STF.

Em outros termos, não seria cabível o ajuizamento de reclamação constitucional por usurpação da competência originária do STF, já que a demanda cogitada envolve interpretação de cláusula de convênio destituída de potencialidade ofensiva ao pacto federativo. Conforme entendimento pacificado pelo STF, essa controvérsia patrimonial é incapaz de ensejar a competência originária da Corte e, por conseguinte, o cabimento de reclamação.

RESPOSTA SUGERIDA

A reclamação constitucional é prevista na Constituição Federal em seu art. 102, I, "l", que a define como cabível, perante o STF, para a preservação de sua competência e garantia da autoridade de suas decisões, ou ainda, nos termos do §3º do at. 103-A, para impugnar ato administrativo ou decisão judicial que contrariar a súmula aplicável ou que a indevidamente aplicar. O Código de Processo Civil ampliou as hipóteses de cabimento da reclamação, em seu art. 988, estabelecendo que, além das hipóteses constitucionalmente elencadas, é ainda cabível para garantir a observância de decisão do STF em controle concentrado de constitucionalidade, bem como para garantir a observância de acórdão proferido em julgamento de incidente de resolução de demandas repetitivas ou de incidente de assunção de competência, prevendo a possibilidade de que seja proposta perante qualquer tribunal, sendo julgado pelo órgão cuja competência se busca preservar ou cuja autoridade se pretenda garantir.

O art. 102, I, "f" da CF/88, por sua vez, estabelece que é competente originariamente o STF para julgar as causas e conflitos entre a União e os Estados, a União e o Distrito Federal, ou entre uns e outros, inclusive as respectivas entidades da administração indireta. No entanto, embora assim disponha a Constituição, entende o STF que somente será competente para julgar os conflitos que existam entre a União e o Estado-Membro quando houver uma potencialidade do referido conflito afetar o pacto federativo e seus valores, devendo, assim, sua competência ser interpretada de forma restritiva, afastando, por exemplo, conflitos meramente patrimoniais, desprovidos de potencialidade ofensiva.

Para sustentar tal interpretação, a jurisprudência do STF reconhece existir diferença entre o conflito entre entes federados e conflito federativo. No conflito entre entes federados, há apenas uma litigância judicial promovida pelos membros da Federação, enquanto no conflito federativo, além da participação desses, existe uma conflituosidade da causa que importa em potencial desestabilização do pacto federativo.

A situação hipotética da questão narra um litígio de natureza meramente patrimonial, que se enquadra na classificação de conflito entre entes federados. Ocorrendo mero conflito entre entes federados, conforme distinção sustentada pelo STF, não há competência originária do Tribunal em questão, não sendo, portanto, cabível reclamação. Isso porque o conflito em questão seria desprovido de potencialidade ofensiva ao pacto federativo, sendo desnecessário remeter o julgamento à Corte Suprema.

JURISPRUDÊNCIA TEMÁTICA

STF

AÇÃO CÍVEL ORIGINÁRIA. DEMANDA EM QUE SE DISCUTE INTERPRETAÇÃO DE CLÁUSULA DE CONVÊNIO CELEBRADO ENTRE O ESTADO DE SANTA CATARINA E A UNIÃO RELATIVA À FORMA DE ATUALIZAÇÃO MONETÁRIA DOS VALORES RECEBIDOS A SEREM RESTITUÍDOS À FAZENDA PÚBLICA FEDERAL. COMPETÊNCIA ORIGINÁRIA DO STF. ARTIGO 102, INCISO I, ALÍNEA F, DA CF. NÃO OCORRÊNCIA. INEXISTÊNCIA DE CONFLITO FEDERATIVO. CAUSA DE NATUREZA MERAMENTE PATRIMONIAL. AUSÊNCIA DE POTENCIALIDADE OFENSIVA AO PACTO FEDERATIVO. PRECEDENTES. AGRAVO REGIMENTAL NÃO PROVIDO. 1 Nos termos da jurisprudência do STF, o alcance da regra de competência originária do STF prevista no art. 102, inciso I, alínea f, da CF, possui caráter de absoluta excepcionalidade, restringindo-se aos litígios com potencialidade ofensiva "apta a vulnerar os valores que informam o princípio fundamental que rege, em nosso ordenamento jurídico, o pacto da Federação". ACO n.º 1.048–QO, relator ministro Celso de Mello, Tribunal Pleno, DJ de 31/10/2007. 2 Distinção entre "conflito entre entes federativos" e "conflito federativo". A jurisprudência da Corte firmou-se no sentido de que a simples presença da União e de estado federado em polos distintos da ação não é suficiente para instaurar automaticamente a competência originária do STF inserta no art. 102, I, f, da CF. 3 Inexistência de conflito federativo. Demanda versante sobre interpretação de cláusula de convênio celebrado entre entes federados (no caso, entre o Estado de Santa Catarina e a União), relativa, tão somente, à forma de atualização monetária dos valores recebidos por força do ajuste, tem natureza patrimonial, sem potencialidade ofensiva apta a vulnerar os valores que informam o pacto da Federação. Incompetência do STF para processar e julgar o feito. Precedentes. [...] (ACO 2101 AgR, rel. min. Dias Toffoli, DJe 12/2/2016.)

SEGUNDO AGRAVO REGIMENTAL NA AÇÃO CÍVEL ORIGINÁRIA. DIREITO CONSTITUCIONAL E PROCESSUAL CIVIL. CONFLITO DE NATUREZA MERAMENTE PATRIMONIAL. NÃO INCIDÊNCIA DO DISPOSTO NO ART. 102, I, f, DA CF. DISCUSSÃO QUE DIZ RESPEITO APENAS AO QUANTUM DE REPASSE. INCAPACIDADE DE VULNERAÇÃO AO PRINCÍPIO FEDERATIVO. CAUSA QUE NÃO SE REVESTE DE DENSIDADE SUFICIENTE A JUSTIFICAR A COMPETÊNCIA ORIGINÁRIA DESTA CORTE. PRECEDENTES. AGRAVO REGIMENTAL A QUE SE NEGA PROVIMENTO. 1 A competência constitucional originária do STF para a ação prevista no art. 102, I, f, da CF demanda a existência de situação de conflito capaz de abalar o pacto federativo. Precedentes: ACO 1.364, rel. min. Celso de Mello, Pleno, DJe de 6/8/2010; ACO 1.140, rel. min. Gilmar Mendes, DJe de 26/5/2010; ACO 1.295–AgR, rel. min. Dias Toffoli, Pleno, DJe de 2/12/2010; ACO 1.480 QO, rel. min. Cármen Lúcia, DJe de 20/8/2010; Rcl 3.152, rel. min. Cármen Lúcia, DJe de 13/3/2009; RE 512.468 AgR, rel. min. Eros Grau, DJe de 6/6/2008. 2 In casu, verifica-se que o objeto do pedido revela interesse eminentemente patrimonial, dissociado de qualquer questão capaz de porpôr em risco o princípio federativo, não se justificando a competência originária do STF. 3 Agravo regimental DESPROVIDO. (ACO AgR n.º 570, min. Luiz Fux, DJe 26/2/2016.)

CONSTITUCIONAL E TRIBUTÁRIO. AGRAVO REGIMENTAL NA AÇÃO CÍVEL ORIGINÁRIA. DEMANDA OBJETIVANDO EXTINÇÃO DE OBRIGAÇÃO TRIBUTÁRIA DECORRENTE DE AUTO DE INFRAÇÃO. CONTROVÉRSIA DE NATUREZA MERAMENTE PATRIMONIAL. INEXISTÊNCIA DE CONFLITO FEDERATIVO. PRECEDENTES. INCOMPETÊNCIA DO SUPREMO TRIBUNAL FEDERAL. DEVOLUÇÃO DOS AUTOS À ORIGEM. AGRAVO REGIMENTAL A QUE SE NEGA PROVIMENTO. (ACO 1350, rel. min. Teori Zavascki, DJe 19/2/2016.)

AÇÃO CÍVEL ORIGINÁRIA. DEMANDA EM QUE SE DISCUTE ANULAÇÃO DE CLÁUSULA CONTRATUAL SOBRE REFINANCIAMENTO DE DÍVIDA DO ESTADO DO MATO GROSSO DO SUL COM A UNIÃO. COMPETÊNCIA ORIGINÁRIA DO STF. ARTIGO 102, INCISO I, ALÍNEA F, DA CF. NÃO OCORRÊNCIA. INEXISTÊNCIA DE CONFLITO FEDERATIVO. CAUSA DE NATUREZA MERAMENTE PATRIMONIAL. AUSÊNCIA DE POTENCIALIDADE OFENSIVA AO PACTO FEDERATIVO. PRECEDENTES. AGRAVO REGIMENTAL NÃO PROVIDO. 1 Nos termos da jurisprudência do STF, o alcance da regra de competência originária do STF prevista no art. 102, inciso I, alínea f, da CF possui caráter de absoluta excepcionalidade, restringindo-se aos litígios com potencialidade ofensiva "apta a vulnerar os valores que informam o princípio fundamental que rege, em nosso ordenamento jurídico, o pacto da

Federação". ACO n.º 1.048–QO, relator o ministro Celso de Mello, Tribunal Pleno, DJ de 31/10/2007. 2 Distinção entre "conflito entre entes federativos" e "conflito federativo". A jurisprudência da Corte firmou-se no sentido de que a simples presença da União e de estado federado em polos distintos da ação não é suficiente para instaurar automaticamente a competência originária do STF inserta no art. 102, inciso I, alínea f, da CF. 3 Inexistência de conflito federativo. Demanda referente à anulação de cláusulas contratuais em ajuste de refinanciamento de dívida (firmado, no caso, entre o estado do Mato Grosso do Sul e a União) tem natureza patrimonial, sem potencialidade ofensiva apta a vulnerar os valores que informam o pacto da Federação. Incompetência do STF para processar e julgar o feito. Precedentes. 4 Eventual abusividade em ajuste firmado entre entes da Federação, autônomos que são não configura, por si, violação do pacto federativo, podendo a causa judicial com tal objeto ser apreciada pela justiça comum, sem reserva, portanto, à competência originária inserta no art. 102, I, f, da CF. 5 Agravo regimental não provido. (ACO n.º 659, rel. min. Dias Toffoli, Julgamento 25/11/2015.)

AGRAVO REGIMENTAL NA AÇÃO CÍVEL ORIGINÁRIA. CONSTITUCIONAL. PROCESSO CIVIL. EXECUÇÃO DE TÍTULO EXTRAJUDICIAL. DECISÃO EM TOMADA DE CONTAS ESPECIAL NO ÂMBITO DO TRIBUNAL DE CONTAS DA UNIÃO. NÃO INCIDÊNCIA DO DISPOSTO PELO ARTIGO 102, I, f, DA CF. O MERO CONFLITO PATRIMONIAL ENTRE ENTES FEDERATIVOS NÃO É CAUSA BASTANTE A JUSTIFICAR A COMPETÊNCIA ORIGINÁRIA DESTA CORTE. PRECEDENTES. AGRAVO A QUE SE NEGA PROVIMENTO. 1 A competência constitucional originária do STF para a ação prevista no art. 102, I, f, da CF demanda a existência de situação de conflito capaz de abalar o pacto federativo. Precedentes: ACO 1.364, rel. min. Celso de Mello, Pleno, DJe de 6/8/2010; ACO 1.140, rel. min. Gilmar Mendes, DJe de 26/5/2010; ACO 1.295–AgR, rel. min.Dias Toffoli, Pleno, DJe de 2/12/2010; ACO 1.480 QO, rel. min. Cármen Lúcia, DJe de 20/8/2010; Rcl 3.152, rel. min. Cármen Lúcia, DJe de 13/3/2009; RE 512.468 AgR, rel. min. Eros Grau, DJe de 6/6/2008. 2 In casu, verifica-se que o objeto do pedido revela interesse eminentemente patrimonial, dissociado de qualquer questão capaz de porpôr em risco o princípio federativo, não se justificando a competência originária do STF. 3 O regime de direito estrito da competência originária do STF não autoriza a execução, em sede originária, no âmbito desta Corte, de decisões oriundas de outros órgãos. 4 Agravo regimental a que se nega provimento. (ACO 2430, rel. min. Luiz Fux, Julgamento 19/5/2015.)

AGRAVO REGIMENTAL EM RECURSO EXTRAORDINÁRIO. ICMS. ENERGIA ELÉTRICA. DEMANDA CONTRATADA. COMPETÊNCIA DO STF. CONFLITO FEDERATIVO. INEXISTÊNCIA. A pretensão recursal contempla uma discussão de cunho essencialmente patrimonial, decorrente da relação tributária estabelecida entre a União e o Estado, circunstância incapaz de atentar contra os valores fundamentais que amparam o pacto federativo. A controvérsia in loco sobre o crédito tributário não importa, necessariamente, abalo ao federalismo fiscal. Agravo regimental a que se nega provimento. (RE 821507 AgR, rel. min. Roberto Barroso, Julgamento: 10/2/2015.)

AÇÃO CIVIL PÚBLICA. CONCESSÃO DE TRECHOS RODOVIÁRIOS FEDERAIS PARA A INICIATIVA PRIVADA. INEXISTÊNCIA DE CONFLITO FEDERATIVO. CAUSA DE NATUREZA ESTRITAMENTE PATRIMONIAL. AGRAVO DESPROVIDO. 1 A competência do pretório excelso para processar e julgar causas que possam importar em conflito federativo exige efetivo risco de abalo ao pacto federativo, não se configurando quando a causa versa sobre questão meramente patrimonial, sem cunho institucional ou político. Precedentes: ACO 359 QO, rel. min. Celso de Mello, Tribunal Pleno, DJ 11/3/1994; ACO 1295 AgR-segundo, rel. min. Dias Toffoli, Tribunal Pleno DJe–233 2/12/2010. 2 Agravo desprovido. (ACO 1091–AgR, relator min. Luiz Fux, Julgamento 26/8/2014.)

QUESTÕES RELACIONADAS

01. (VUNESP - 2017 - DPE-RO - Defensor Público Substituto) Considere o seguinte caso hipotético.

Uma das Câmaras Criminais do Tribunal de Justiça de Rondônia segue o entendimento do Supremo Tribunal Federal acerca da inconstitucionalidade de um dispositivo de lei federal em matéria criminal e concede um habeas corpus. O Ministério Público do Estado de Rondônia ajuíza reclamação perante o Supremo Tribunal Federal, alegando violação da Súmula Vinculante nº 10.

Neste caso, é correto dizer que a Reclamação apresentada pelo Parquet

a) deve ser acolhida, já que a Súmula Vinculante nº 10 prevê que a decisão que afasta a incidência, no todo ou em parte, de norma federal, não pode ser prolatada por órgão fracionário de Tribunal Estadual.

b) não deve ser acolhida, pois embora tenha sido violada a cláusula de reserva de plenário, prevista na Súmula Vinculante nº 10, não cabe Reclamação contra decisão judicial que contrariar a súmula aplicável ou que indevidamente a aplicar.

c) não deve ser acolhida, pois a cláusula de reserva de plenário, prevista na Súmula Vinculante nº 10, não é violada quando o órgão fracionário se limita a seguir orientação jurisprudencial do Plenário do próprio Supremo Tribunal Federal.

d) deve ser acolhida, pois a Súmula Vinculante nº 10, estabelece que somente a Reclamação é meio recursal idôneo para se impugnar decisão de órgão fracionário que indevidamente decida pela constitucionalidade ou pela inconstitucionalidade de lei ou ato normativo.

e) deve ser acolhida, pois a cláusula de reserva de plenário, constante da Súmula Vinculante nº 10, prevê que somente por 3/5 (três quintos) de seus membros ou dos membros do respectivo órgão especial poderão os tribunais declarar a inconstitucionalidade de lei ou ato normativo do Poder Público.

Resposta: alternativa "c".

02. (CESPE - Procurador do Município - Prefeitura de Fortaleza/CE - 2017) Acerca dos direitos fundamentais, do regime jurídico aplicável aos prefeitos e do modelo federal brasileiro, julgue o item que se segue.

Não se admite o manejo de reclamação constitucional contra ato administrativo contrário a enunciado de súmula vinculante durante a pendência de recurso interposto na esfera administrativa. Todavia, esgotada a via administrativa e judicializada a matéria, a reclamação constitucional não obstará a interposição dos recursos eventualmente cabíveis e a apresentação de outros meios admissíveis de impugnação.

Resposta: certo.

4. (TRF-4 – JUIZ FEDERAL – 2016)

Considerando as disposições constitucionais pertinentes ao tema e a jurisprudência do Supremo Tribunal Federal relacionada ao processo legislativo de emenda à Constituição, discorra sobre os seguintes aspectos:

a) limites procedimentais e circunstanciais ao poder de reforma;

b) natureza, finalidade e alcance da proteção da cláusula pétrea;

c) a cláusula pétrea da garantia do direito adquirido;

d) cláusulas pétreas implícitas.

RESPOSTA SUGERIDA

O processo legislativo de emenda à Constituição é previsto no art. 60 da CF/88, que estabelece um rol de legitimados restrito à propositura: um terço, no mínimo dos membros da Câmara dos Deputados ou do Senado Federal; o Presidente da República; ou mais da metade das Assembleias Legislativas das unidades da Federação, manifestando-se, cada uma delas, pela maioria relativa de seus membros.

São estabelecidos limites circunstanciais para essa reforma no §1º do mesmo artigo, impedindo que ocorram alterações constitucionais durante a vigência do estado de sítio, estado de defesa ou intervenção federal. Podemos ainda verificar que tanto o caput quanto o §2º são limites procedimentais a esse processo, uma vez que a iniciativa é limitada, assim como se exige um quórum específico para a aprovação desse tipo de projeto.

Existem também limites materiais ao poder de reforma, presentes no §4º do art. 60, também chamadas cláusulas pétreas. Assim, não serão objeto de deliberação propostas de emenda tendentes a abolir a forma federativa de Estado; o voto direto, secreto, universal e periódico, a separação dos Poderes e os direitos e garantias individuais. Trata-se de um núcleo intangível da Constituição.

A natureza das cláusulas pétreas é de proibição absoluta, que tem por finalidade prevenir um processo de erosão da Constituição. Seu alcance, segundo Gilmar Mendes e Paulo Gustavo Gonet Branco, vai além de preservar a redação de uma norma constitucional, atingindo a proteção dos princípios e estruturas essenciais da Constituição.

Defende-se ainda a existência de uma cláusula pétrea da garantia do direito adquirido, sendo, no entanto, tema controverso. Há quem defenda que existe de fato essa garantia, baseado na ideia de que a garantia do direito adquirido atinge tanto o legislador ordinário quanto o legislador constitucional, enquanto há parte da doutrina que, em sentido oposto, entende que a garantia do direito adquirido atinge tão somente o legislador ordinário. Vale destacar que a jurisprudência do STF se manifesta em sentido favorável a existência dessa cláusula que protege o direito adquirido.

Existem também, aos que entendem ser impossível a dupla revisão (revogação de uma cláusula pétrea para depois alterar o núcleo antes intangível), cláusulas pétreas implícitas, compreendendo-se que as limitações materiais ao processo de reforma não se esgotam no §4º do art. 60 da CF/88. Seriam cláusulas pétreas implícitas as normas relativas ao titular do poder constituinte; as relativas à titularidade do poder reformador; e as normas que disciplinam o próprio processo de emenda.

DOUTRINA TEMÁTICA

"Indagamos, aprofundando a discussão: seria possível, por exemplo, através de emenda constitucional, revogar expressamente o art. 60, § 4.º, I, e, em um segundo momento, dizer que a forma de Estado não é mais a Federação, passando o Brasil a se constituir em um Estado unitário? Trata-se da teoria da dupla revisão, defendida por Jorge Miranda, segundo a qual em um primeiro momento se revoga uma cláusula pétrea, para, em seguida, modificar aquilo que a cláusula pétrea protegia.

Apesar de o entendimento exposto ser defendido por renomados juristas estrangeiros e pátrios, como o Professor Manoel Gonçalves Ferreira Filho, orientamos para as provas de concursos públicos o posicionamento adotado pela grande maioria dos doutrinadores nacionais, estabelecendo a total impossibilidade da teoria da dupla revisão, na medida em que existem limitações implícitas, decorrentes do sistema, conforme expõe Michel Temer: 'as implícitas são as que dizem respeito à forma de criação de norma constitucional bem como as que impedem a pura e simples supressão dos dispositivos atinentes à intocabilidade dos temas já elencados (art. 60, § 4.º, da CF)'." (LENZA, 2019, p. 1067)

"A existência de limitação explícita e implícita que controla o Poder Constituinte derivado-reformador é, igualmente, reconhecida por Pontes de Miranda, Pinto Ferreira e Nelson de Souza Sampaio, que entre outros ilustres publicistas salientam ser implicitamente irreformável a norma constitucional que prevê as limitações expressas (CF, art. 60), pois, se diferente fosse, a proibição expressa poderia desaparecer, para, só posteriormente, desaparecer, por exemplo, as cláusulas pétreas. Além disto, observa-se a inalterabilidade do titular do Poder Constituinte derivado-reformador, sob pena de também afrontar a Separação dos Poderes da República." (MORAES, 2018, p. 919)

"Se em relação ao poder constituinte originário está bem assentada a inoponibilidade a ele de direito adquirido, verifica-se controvérsia quando se cuida de saber se uma emenda à Constituição está legitimada para desprezar direitos adquiridos antes dela.

Encontram-se vozes tanto no sentido de que o poder de revisão não pode desnaturar, nos casos concretos, os direitos já incorporados ao patrimônio jurídico dos seus titulares, como no sentido de que isso não é impossível." (MENDES; GONET BRANCO, 2017, p. 1240.)

"A cláusula pétrea não tem por meta preservar a redação de uma norma constitucional – ostenta, antes, o significado mais profundo de obviar a ruptura com princípios e estruturas essenciais da Constituição. Esses princípios, essas estruturas é que se acham ao abrigo de esvaziamento por ação do poder reformador. Nesse sentido, Jorge Miranda lembra que a cláusula pétrea não tem por escopo proteger dispositivos constitucionais, mas os princípios neles modelados.

Por isso também se leciona que a mera alteração redacional de uma norma componente do rol das cláusulas pétreas não importa, por isso somente, inconstitucionalidade, desde que não afetada a essência do princípio protegido e o sentido da norma." (MENDES; GONET BRANCO, 2017, p. 118)

JURISPRUDÊNCIA TEMÁTICA

STF

"A eficácia das regras jurídicas produzidas pelo poder constituinte (redundantemente chamado de "originário") não está sujeita a nenhuma limitação normativa, seja de ordem material, seja formal, porque provém do exercício de um poder de fato ou suprapositivo. Já as normas produzidas pelo poder reformador, essas têm sua validez e eficácia condicionadas à legitimação que recebam da ordem constitucional. Daí a necessária obediência das emendas constitucionais às chamadas cláusulas pétreas. O art. 78 do ADCT, acrescentado pelo art. 2º da EC 30/2000, ao admitir a liquidação "em prestações anuais, iguais e sucessivas, no prazo máximo de dez anos" dos "precatórios pendentes na data de promulgação" da emenda, violou o direito adquirido do beneficiário do precatório, o ato jurídico perfeito e a coisa julgada. Atentou ainda contra a independência do Poder Judiciário, cuja autoridade é insuscetível de ser negada, máxime no concernente ao exercício do poder de julgar os litígios que lhe são submetidos e fazer cumpridas as suas decisões, inclusive contra a Fazenda Pública, na forma prevista na Constituição e na lei. Pelo que a alteração constitucional pretendida encontra óbice nos incisos III e IV do § 4º do art. 60 da Constituição, pois afronta "a separação dos Poderes" e "os direitos e garantias individuais"." [ADI 2.356 MC e ADI 2.362 MC, rel. p/ o ac. min. Ayres Britto, j. 25-11-2010, P, DJE de 19-5-2011.]

"A eficácia das regras jurídicas produzidas pelo poder constituinte (redundantemente chamado de "originário") não está sujeita a nenhuma limitação normativa, seja de ordem material, seja formal, porque provém do exercício de um poder de fato ou suprapositivo. Já as normas produzidas pelo poder reformador, essas têm sua validez e eficácia condicionadas à legitimação que recebam da ordem constitucional. Daí a necessária obediência das emendas constitucionais às chamadas cláusulas pétreas." [ADI 2.356 MC e ADI 2.362 MC, rel. p/ o ac. min. Ayres Britto, j. 25-11-2010, P, DJE de 19-5-2011.]= ADI 939, rel. min. Sydney Sanches, j. 15-12-1993, P, DJ de 18-3-1994

"(...) Essas assertivas têm a virtude de demonstrar que o efetivo conteúdo das "garantias de eternidade" somente será obtido mediante esforço hermenêutico. Apenas essa atividade poderá revelar os princípios constitucionais que, ainda que não contemplados expressamente nas cláusulas pétreas, guardam estreita vinculação com os princípios por elas protegidos e estão, por isso, cobertos pela garantia de imutabilidade que delas dimana. (...)"[ADPF 33 MC, voto do rel. min. Gilmar Mendes, j. 29-10-2003, P, DJ de 6-8-2004.]

QUESTÕES RELACIONADAS

01. (FCC - Defensor Público - DPE-ES - 2016) No tocante às cláusulas pétreas, conforme disposição expressa da Constituição Federal de 1988, não será objeto de deliberação a proposta de emenda constitucional tendente a abolir

a) a Separação dos Poderes.

b) o Estado Democrático de Direito.

c) as Funções Essenciais à Justiça.

d) os Direitos Sociais.

e) a Soberania Popular.

Resposta: alternativa "a".

02. (MPE-SC - Promotor de Justiça - 2016) Julgue o item a seguir.

O poder constituinte derivado pode ser definido como o poder de modificar a Constituição Federal e, também, de elaborar Constituições estaduais. Esse poder é criado pelo poder constituinte originário, está previsto e regulado no texto da própria Constituição, conhece limitações constitucionais expressas e implícitas e, por isso, é passível de controle de constitucionalidade.

Resposta: certo

5. (FCC – JUIZ DE DIREITO – TJ/PE – 2015)

A súmula vinculante número 12 apresenta o seguinte enunciado: "A cobrança de taxa de matrícula nas universidades públicas viola o disposto no art. 206, IV, da Constituição Federal." Especificamente em relação ao efeito vinculante que decorre de sua edição, indaga-se:

a- constitui óbice jurídico a que seja aprovada nova lei que autorize a cobrança de taxa de matrícula em universidades públicas?

b- constitui óbice jurídico a que juiz de direito reconheça a constitucionalidade da cobrança de taxa de matrícula nas universidades públicas que tenha sido efetuada antes da aprovação da súmula vinculante?;

c- impõe ao chefe do Poder Executivo o dever de vetar nova lei que autoriza cobrança de taxa de matrícula em universidades públicas?;

d- tem cessada sua aplicação em face do julgamento superveniente do STF que declare, por maioria de seis votos, em sede de ação direta de inconstitucionalidade, a constitucionalidade de lei que autorize a cobrança taxa de matrícula nas universidades públicas?

PADRÃO DE RESPOSTA DA BANCA

Abordagem esperada: na correção e julgamento da Prova Discursiva, a comissão examinadora considerará, em cada questão, o conhecimento sobre o tema, a utilização correta do idioma oficial é a capacidade de exposição.

a- não. O exercício da função legislativa não é alcançado pelo efeito vinculante que decorre da súmula, nos termos do artigo 103-A da Constituição.

b- sim. Os demais órgãos do Poder Judiciário são alcançadas pelo efeito vinculante (art. 103-A). O juízo preferido após a edição da súmula vinculante, ainda que recaia sobre caso ocorrido anteriormente, deve observar seu teor. o efeito vinculante emanado pela súmula, como regra, tem eficácia imediata (art. 4º da lei 11417/2006).

c- não. O exercício da função legislativa, ainda que o poder executivo, não é alcançado pelo efeito vinculante que decorre da súmula, nos termos do art.. 103-A da Constituição. O chefe do Poder Executivo somente alcançado no exercício da função administrativa, quando cabe ser enquadrado como administração pública.

d- não conto sua aplicação somente cabe ser cessado mediante cancelamento da súmula. O cancelamento, a exemplo da edição, somente É cabível pelo voto de 2/3 dos membros do STF (art. 2o, § 3º, da Lei 11417/2006). Desse modo, descabe falar em cessação da aplicação de corrente de julgamento cuja maioria não supere o número de votos necessário.

RESPOSTA SUGERIDA

Nos termos do art. 103-A da Constituição Federal, a súmula vinculante, a partir de sua publicação na imprensa oficial, vincula os demais órgãos do Poder Judiciário e à administração pública direta e indireta, nas esferas federal, estadual e municipal. Portanto, não constitui óbice jurídico a que seja aprovada lei que autorize a cobrança de taxa de matrícula em universidades públicas, ainda que contrarie referida súmula vinculante, pois esta não tem o condão de limitar a atividade legislativa.

No entanto, não pode juiz de direito reconhecer a constitucionalidade de referida cobrança, ainda que efetuada antes da aprovação da súmula vinculante, pois embora a cobrança seja anterior, a decisão é posterior, estando vinculada pela súmula, que tem eficácia imediata nos termos do art. 4º da lei11.417/2006.

Vale destacar, contudo, que não há uma obrigação ao chefe do Executivo de vetar nova lei que autoriza a cobrança de taxa de matrícula em universidades públicas, pois o veto é parte do processo legislativo, que não é vinculado pela súmula.

Caso o STF mude seu posicionamento em sede de controle de constitucionalidade, ainda será necessário o cancelamento formal da súmula, que se dá por meio de procedimento previsto na Constituição Federal em seu art. 103-A, §2º da CF/88, detalhado no art.2º, §3º da lei 11.417/2006, que se dá por meio do voto de 2/3 dos membros do STF.

DOUTRINA TEMÁTICA

"As súmulas vinculantes surgem a partir da necessidade de reforço à ideia de uma única interpretação jurídica para o mesmo texto constitucional ou legal, de maneira a assegurar-se a segurança jurídica e o princípio da igualdade, pois os órgãos do Poder Judiciário não devem aplicar as leis e atos normativos aos casos concretos de forma a criar ou aumentar desigualdades arbitrárias, devendo, pois, utilizar-se de todos os mecanismos constitucionais no sentido de conceder às normas jurídicas uma interpretação única e igualitária." (MORAES, 2018, p. 1060)

"Saliente-se que a fim de se evitar o fenômeno da "fossilização da Constituição" a vinculação não atinge o Poder Legislativo, nem mesmo atinge o próprio Supremo Tribunal Federal, sob pena de inviabilizar a possibilidade de revisão e cancelamento de ofício, impedindo, desta forma, a adequação da súmula à evolução social." (VASCONCELOS, 2017, P. 759).

JURISPRUDÊNCIA TEMÁTICA

STF

"Com efeito, a tese de que o julgamento dos recursos interpostos contra decisões proferidas antes da edição da súmula não deve obrigatoriamente observar o enunciado sumular (após sua publicação na imprensa oficial), data vênia, não se mostra em consonância com o disposto no art. 103-A, caput, da CF, que impõe o efeito vinculante a todos os órgãos do Poder Judiciário, a partir da publicação da súmula na imprensa oficial."[Rcl 6.541 e Rcl 6.856, rel. min. Ellen Gracie, j. 25-6-2009, P, DJE de 4-9-2009.] = Rcl 7.101, rel. min. Cármen Lúcia, j. 24-2-2011, P, DJE de 9-8-2011.

QUESTÕES RELACIONADAS

01. (CESPE - Promotor de Justiça Substituto - MPE-PI - 2019) Acerca de súmula vinculante, assinale a opção correta.

a) Súmula vinculante será editada somente se tiver por objetivo a interpretação de normas acerca das quais haja comprovada controvérsia entre órgãos judiciários.

b) Do ato administrativo que contrariar a súmula vinculante, ou que indevidamente a aplicar, caberá reclamação ao Conselho Nacional de Justiça.

c) A aprovação de súmula vinculante é condicionada à decisão da maioria absoluta dos membros do STF.

d) O efeito vinculante da súmula em relação a todos os órgãos do Poder Judiciário se dá a partir de sua aprovação pelo plenário do STF; em relação à administração direta e indireta, tal efeito ocorre com a publicação da súmula na imprensa oficial.

e) Aprovação, revisão ou cancelamento de súmula vinculante poderá ser provocado pelos mesmos legitimados para propor ação direta de inconstitucionalidade.

Resposta: alternativa "e".

---

02. (FCC - Procurador do Estado – PGE/AP - 2018) A partir de sua publicação na imprensa oficial, a súmula vinculante editada pelo Supremo Tribunal Federal

a) ou pelo Conselho Nacional de Justiça terá efeito em relação aos demais órgãos do Poder Judiciário e à Administração Pública direta e indireta, nas esferas federal, estadual e municipal.

b) ou pelo Superior Tribunal de Justiça terá efeito em relação aos demais órgãos do Poder Judiciário e à Administração Pública direta ou indireta, nas esferas federal, estadual e municipal.

c) terá efeito em relação aos demais órgãos do Poder Judiciário, mas não em relação à Administração Pública direta ou indireta, porque violaria o princípio da separação dos poderes.

d) terá efeito em relação aos órgãos do Poder Judiciário Federal, mas não da Justiça Estadual, porque violaria o pacto federativo.

e) terá efeito em relação aos demais órgãos do Poder Judiciário e à Administração Pública direta ou indireta, nas esferas federal, estadual e municipal.

Resposta: alternativa "e".

---

03. (VUNESP - Defensor Público Substituto - DPE-RO - 2017) Assinale a alternativa que corretamente discorre sobre o conteúdo de Súmula Vinculante do Supremo Tribunal Federal.

a) É direito do defensor, no interesse do representado, ter acesso amplo aos elementos de prova, documentados ou não, em procedimento investigatório, se disserem respeito ao exercício do direito de defesa.

b) Basta previsão no edital para que se possa sujeitar a exame psicotécnico a habilitação de candidato a cargo público.

c) É constitucional a exigência de depósito ou arrolamento prévios de dinheiro ou bens para admissibilidade de recurso administrativo.

d) É ilícita a prisão civil de depositário infiel, qualquer que seja a modalidade do depósito.

e) A cobrança de taxa de matrícula nas universidades públicas não viola o disposto no art. 206, IV, da Constituição Federal.

Resposta: alternativa "d".

6. (MP/SP- PROMOTOR DE JUSTIÇA – SP/2015)

A redução da maioridade penal, de 18 para 16 anos, viola a cláusula pétrea do direito e garantia individual (art. 60, § 4º, IV, da Constituição Federal)? Fundamente.

RESPOSTA SUGERIDA

Conforme aponta o art. 228 da CF/88, são penalmente inimputáveis os menores de 18 anos. No entanto, inúmeras as discussões acerca da possibilidade de reduzir tal maioridade, à luz da cláusula pétrea presente no inciso IV do §4º do artigo 60 da Constituição Federal, que determina que não será objeto de deliberação a proposta de emenda tendente a abolir os direitos e garantias individuais.

Inegável que o art. 228 da CF/88 é um direito individual assegurado pela CF/88, no entanto, questionável se a emenda que reduzisse tal idade seria proposta de emenda tendente a abolir esse direito. Assim, destacam-se na doutrina dois posicionamentos majoritários:

- um no sentido de que a alteração é possível, que se fundamenta na jurisprudência do STF de que a redação do §4º indica que somente são proibidas as emendas tendentes a abolir, sendo possível promover alterações em direitos existentes, devendo as cláusulas pétreas serem interpretadas de forma restritiva, sob pena de engessamento da Constituição. Fundamenta-se ainda essa corrente na possibilidade de emancipação, casar, firmar estamento e até mesmo votar antes de completos 18 anos;

- um no sentido de que a redução da maioridade seria impossível, pois tendente a abolir esse direito, ao reduzi-lo, contrariando assim a cláusula pétrea. Fundamenta-se na ideia de que a alteração, além de violar a cláusula pétrea, iria contra as normas de direito internacional, como a Convenção Internacional dos Direitos da Criança, que considera como criança todo aquele menor de 18 anos, bem como as Regras de Beijing, que recomendam que se evite a penalização de pessoas com idade precoce.

DOUTRINA TEMÁTICA

"Reduzindo a maioridade penal de 18 para 16 anos, o direito à inimputabilidade, visto como garantia fundamental, não deixará de existir. A sociedade evoluiu, e, atualmente, uma pessoa com 16 anos de idade tem total consciência de seus atos, tanto é que exerce os direitos de cidadania, podendo propor a ação popular e votar. Portanto, em nosso entender, eventual PEC que reduza a maioridade penal de 18 para 16 anos é totalmente constitucional. O limite de 16 anos já está sendo utilizado e é fundamentado no parâmetro do exercício do direito de votar e à luz da razoabilidade e maturidade do ser humano." (LENZA, 2019, p. 2320).

"No tocante aos direitos e garantias individuais, mudanças que minimizem a sua proteção, ainda que topicamente, não são admissíveis. Não poderia o constituinte derivado, por exemplo, contra garantia expressa no rol das liberdades públicas, permitir que, para determinada conduta (e. g., assédio sexual), fosse possível retroagir a norma incriminante.

Esses direitos e garantias individuais protegidos são os enumerados no art. 5º da Constituição e em outros dispositivos da Carta." (MENDES; GONET BRANCO, 2017, P. 122)

JURISPRUDÊNCIA TEMÁTICA

STF

"É muito difícil indicar, a priori, os preceitos fundamentais da Constituição passíveis de lesão tão grave que justifique o processo e o julgamento da arguição de descumprimento. Não há dúvida de que alguns desses preceitos estão enunciados, de forma explícita, no texto constitucional. (...) não se poderá deixar de atribuir essa qualificação aos demais princípios protegidos pela cláusula pétrea do art. 60, § 4º, da Constituição. (...) É fácil ver que a amplitude conferida às cláusulas pétreas e a ideia de unidade da Constituição (...) acabam por colocar parte significativa da Constituição sob a proteção dessas garantias. Tal tendência não exclui a possibilidade de um "engessamento" da ordem constitucional, obstando à introdução de qualquer mudança de maior significado (...). Daí afirmar-se, correntemente, que tais cláusulas hão de ser interpretadas de forma restritiva. Essa afirmação simplista, ao invés de solver o problema, pode agravá-lo, pois a tendência detectada atua no sentido não de uma interpretação restritiva das cláusulas pétreas, mas de uma interpretação restritiva dos próprios princípios por elas protegidos. Essa via, em lugar de permitir fortalecimento dos princípios constitucionais contemplados nas "garantias de eternidade", como pretendido pelo constituinte, acarreta, efetivamente, seu enfraquecimento. Assim, parece recomendável que eventual interpretação restritiva se refira à própria garantia de eternidade sem afetar os princípios por ela protegidos (...). (...) Essas assertivas têm a virtude de demonstrar que o efetivo conteúdo das "garantias de eternidade" somente será obtido mediante esforço hermenêutico. Apenas essa atividade poderá revelar os princípios constitucionais que, ainda que não contemplados expressamente nas cláusulas pétreas, guardam estreita vinculação com os princípios por elas protegidos e estão, por isso, cobertos pela garantia de imutabilidade que delas dimana. (...) Ao se deparar com alegação de afronta ao princípio da divisão de poderes de Constituição estadual em face dos chamados "princípios sensíveis" (representação interventiva), assentou o notável Castro Nunes lição que, certamente, se aplica à interpretação das cláusulas pétreas: '(...). Os casos de intervenção prefigurados nessa enumeração se enunciam por declarações de princípios, comportando o que possa comportar cada um desses princípios como dados doutrinários, que são conhecidos na exposição do direito público. E por isso mesmo ficou reservado o seu exame, do ponto de vista do conteúdo e da extensão e da sua correlação com outras disposições constitucionais, ao controle judicial a cargo do STF. Quero dizer com estas palavras que a enumeração é limitativa como enumeração. (...) A enumeração é taxativa, é limitativa, é restritiva, e não pode ser ampliada a outros casos pelo Supremo Tribunal. Mas cada um desses princípios é dado doutrinário que tem de ser examinado no seu conteúdo e delimitado na sua extensão. Daí decorre que a interpretação é restritiva apenas no sentido de limitada aos princípios enumerados; não o exame de cada um, que não está nem poderá estar limitado, comportando necessariamente a exploração do conteúdo e fixação das características pelas quais se defina cada qual deles, nisso consistindo a delimitação do que possa ser consentido ou proibido aos Estados' (Rp 94, rel. min. Castro Nunes, Archivo Judiciário 85/31, 34-35, 1947)." [ADPF 33 MC, voto do rel. min. Gilmar Mendes, j. 29-10-2003, P, DJ de 6-8-2004.]

QUESTÕES RELACIONADAS

01. (UEG – Delegado de Polícia – PC – GO/2018) É constitucionalmente possível, apesar das limitações constitucionais ao poder constituinte derivado, segundo a doutrina nacional predominante,

a) a alteração na titularidade dos poderes constituintes originário e derivado reformador.

b) a edição, ainda este ano, da centésima Emenda Constitucional, pois a intervenção federal no Rio de Janeiro, prevista para durar até 31 de dezembro de 2018, não configura nenhuma limitação temporal ao poder de reforma.

c) a Constituição ser emendada mediante proposta de iniciativa popular.

d) a dupla revisão, com a revogação da cláusula pétrea num primeiro momento e a posterior abolição do direito por ela protegido.

e) a hipotética redução da maioridade penal de 18 para 16 anos.

Resposta: alternativa "e"

02. (FCC - Defensor Público - DPE-SP - 2019) Encontra-se em tramitação no Senado Federal a proposta de Emenda à Constituição Federal de 1988 nº 4/19, que modifica o artigo 228 para determinar a inimputabilidade dos menores de 16 anos. O Poder Constituinte Reformador

a) não tem limites materiais desde que se preveja conjuntamente, na redação da proposta de emenda, revisão de conteúdo das próprias cláusulas pétreas.

b) não tem limites materiais desde que suas decisões sejam submetidas a referendo deliberativo da população.

c) tem limites materiais encontrados na proteção dos direitos e garantias individuais, dos quais se exclui a maioridade penal por não estar disposta no Capítulo I (Dos direitos e deveres individuais e coletivos) do Título II (Dos direitos e garantias fundamentais) da CF/88.

d) tem limites materiais expressos nas chamadas cláusulas pétreas, que impedem modificações nos direitos e garantias individuais.

e) tem limites materiais encontrados na proteção dos direitos e garantias individuais, que se encontram ao longo de toda a Constituição conforme entendimento do Supremo Tribunal Federal.

Resposta: alternativa "e".

7. (MPE-RJ – PROMOTOR DE JUSTIÇA – 2014)

É cabível projeto de emenda à Constituição da Republica Federativa do Brasil por iniciativa popular, com o fim de instruir o direito à renda mínima aos hipossuficientes? E no que concerne à Constituição do Estado do Rio de Janeiro, é possível tal iniciativa? Resposta objetivamente fundamentada.

RESPOSTA SUGERIDA

A iniciativa popular é um instituto que consiste em uma forma de exercício direto do poder pelo povo. Assim, decorre da ideia de soberania popular, prevista no art. 14 da CF/88, e tem suas regras definidas no art. 61, §2º da Constituição, que estabelece que é possível a apresentação de projeto de lei, à Câmara dos Deputados, subscrito por no mínimo 1% do eleitorado nacional, distribuído por, pelo menos, 5 Estados, com não menos de três décimos dos eleitores de cada um deles.

Segundo interpretação doutrinária majoritária, é possível a utilização desse rito na proposta de projeto de lei ordinária ou complementar. Portanto, não se admite segundo essa linha de compreensão que se utilize da iniciativa popular para propor emendas constitucionais, tendo por base a ideia de rigidez constitucional, uma vez que o art. 60 determina em seus incisos uma iniciativa reservada à PEC. Há quem entenda em sentido diverso, tendo por base a ideia de que a iniciativa popular é um exercício direto do poder, que decorre da soberania popular.

No entanto, entende-se que é possível a iniciativa popular para promover emendas em Constituições estaduais, desde que haja previsão expressa em seu texto nesse sentido, sendo esse o entendimento do STF.

DOUTRINA TEMÁTICA

"Conquanto desejável, o sistema brasileiro não admitiu expressamente a iniciativa popular para propostas de emendas à Constituição (PEC), apesar de entendermos perfeitamente cabível" (LENZA, p.1025)

JURISPRUDÊNCIA TEMÁTICA

STF

"a iniciativa popular de emenda à Constituição do estado (arts. 103, IV, e 110) é compatível com a Constituição da República, nomeadamente o parágrafo único do art. 1º, os incisos II e III do art. 14 e o inciso XV do art. 49 (5). Na democracia, além dos mecanismos tradicionais por meio dos representantes eleitos, há os de participação direta com projeto de iniciativa popular. A Constituição amapaense densifica a ampliação daquilo que a CF não prevê expressamente. Trata-se de certa democratização no processo de reforma das regras constitucionais estaduais. No tocante à simetria, revelou não ser obstativa ante a ausência de regra clara que afaste a faculdade de o estado aumentar os mecanismos de participação direta." (Info 921/STF)

QUESTÕES RELACIONADAS

01. (TRF - 3ª REGIÃO - Juiz Federal Substituto - 2016) Examine as seguintes proposições e indique a alternativa correta:

I. As Comissões Parlamentares de Inquérito/CPIs são temporárias e destinadas a apurar fatos determinados; possuem poderes próprios das autoridades judiciárias o que legitima que, apuradas por elas responsabilidades civil ou penal, apliquem sanções aos infratores.

II. A Constituição Federal não estabelece hierarquia entre lei complementar e lei ordinária, nem entre lei federal e lei estadual, tampouco prevê iniciativa popular para emendar a Carta Magna.

III. A inviolabilidade parlamentar por opiniões e palavras acompanha o Deputado Federal ou Senador quando ele é candidato a outro cargo eletivo, imunizando-o de responder por ofensas dirigidas a outras pessoas durante a campanha.

IV. Vagando os cargos de Presidente e de Vice-Presidente da República nos dois primeiros anos do mandato presidencial, será feita eleição direta noventa dias depois de aberta a última vaga.

a) São corretas as proposições II e IV.

b) São corretas as proposições I e III.

c) São corretas as proposições III e IV.

d) Todas as proposições são incorretas.

Resposta: alternativa "a".

02. (VUNESP - Procurador do Município - Prefeitura de Ribeirão Preto/SP - 2019) Ao tratar sobre as espécies normativas do processo legislativo brasileiro, a Constituição expressamente consigna que

a) as medidas provisórias, de legitimidade do Chefe do Poder Executivo, publicadas em caso de relevância e urgência, terão prazo máximo de vigência de 30 (trinta) dias, prorrogáveis por mais 30 (trinta) dias, e poderão versar, inclusive, sobre nacionalidade.

b) são de iniciativa concorrente do Presidente da República e do Congresso Nacional as leis que fixem ou modifiquem os efetivos das forças armadas.

c) a Constituição poderá ser emenda mediante iniciativa popular, desde que o projeto seja subscrito por, no mínimo, 1% do eleitorado nacional, distribuído em 5 Estados, com não menos do que 3 décimos por cento em cada um deles.

d) as medidas provisórias terão sua votação iniciada no Senado Federal.

e) a discussão e votação dos projetos de lei de iniciativa do Presidente da República, do Supremo Tribunal Federal e dos Tribunais Superiores terão início na Câmara dos Deputados.

Resposta: alternativa "e".

8. (FCC – PROCURADORIA MUNICIPAL – PGM/RECIFE-PE -2014)

As comissões parlamentares de inquérito constituem importante instrumento de controle e fiscalização atribuído ao Poder Legislativo. Nos termos do texto constitucional, essas comissões serão criadas "mediante requerimento de um terço de seus membros, para a apuração de fato determinado e por prazo certo", bem como "terão poderes de investigação próprios das autoridades judiciais". Analise o regime constitucional das comissões parlamentares de inquérito, examinando especificamente os seguintes aspectos:

a) Legitimidade de prorrogação do "prazo certo" definido para o inquérito parlamentar.

b) Funcionamento e composição da comissão em face da omissão dos representantes (líderes) das bancadas partidárias majoritárias em indicar parlamentares para integrá-la. c) Legitimidade e condicionantes para obtenção de informações cobertas por segredo de justiça e sigilo fiscal.

PADRÃO DE RESPOSTA DA BANCA

É cabível a prorrogação de prazo das comissões parlamentares de inquérito, desde que: a) seja definido novo termo final e no sua atuação não ultrapasse o final da legislatura.

b) A exigência constitucional de que as comissões sejam compostas de forma proporcional à extensão das bancadas parlamentares (art. 58, p. 1), impõe à direção da Casa Legislativa o dever de indicar os seus membros em substituição aos líderes. A ação de parcela majoritária dos parlamentares não tem o condão de impedir o inquérito parlamentar que atenda aos requisitos constitucionais.

c) Não cabe às comissões parlamentares de inquérito obter informações sobre processos que corram em segredo de justiça. Trata-se de prerrogativa sujeita à reserva de jurisdição. O poder das comissões parlamentares de inquérito alcança a prerrogativa de obter informações cobertas por sigilo fiscal, desde que observe condicionantes. Os requerimentos que postulam, no âmbito do inquérito parlamentar, obter dados fiscais sigilosos devem ser aprovados pela maioria dos integrantes da comissão (princípio da colegialidade).

Ademais, a decisão que determina a prestação de dados fiscais sigilosos deve conter – a partir do requerimento – explícita e idônea motivação em indícios e documentos constantes da investigação. Tal motivação deve, ademais, ser contemporânea à decisão, descabendo que seja apresentada a posteriori.

RESPOSTA SUGERIDA

a) As comissões parlamentares de inquérito são previstas no art. 58,§3º da CF/88, que estabelece que serão criadas pela Câmara dos Deputados e pelo Senado Federal, em conjunto ou separadamente, mediante requerimento de um terço de seus membros. O objetivo de uma CPI é apurar fato determinado, com poderes de investigação próprios das autoridades judiciais, além de outros previstos nos regimentos das respectivas Casas. Ademais, terão prazo certo, sendo suas conclusões, se for o caso, encaminhadas ao Ministério Público, a fim de promover a responsabilidade civil ou criminal dos infratores. Assim, no que diz respeito ao prazo, estabelece a CF/88 tão somente que deverá ser certo, não podendo ser instaurada com prazo indeterminado.

As CPIs são ainda regulamentadas pela Lei 1.579/52, recentemente alterada pela lei 13.367/2016, que estabelece, em seu art 5º, §2º, que é possível prorrogar a CPI dentro da Legislatura em curso. Esse artigo foi, inclusive, objeto de análise pelo STF, que concluiu ter sido recepcionado pela CF/88.

Diante disso, pode-se concluir quanto ao prazo que ele deve ser determinado quando da criação da CPI, podendo ser prorrogado, mas nunca ultrapassando a legislatura em que foi constituído.

b) Nos termos do art. 58, §1º, na constituição de cada comissão, assegura-se, sempre que possível, a representação proporcional dos partidos ou dos blocos parlamentares que participam da respectiva Casa. Em razão dessa previsão, havendo omissão por parte dos líderes, serão os membros indicados pela própria Casa, para que não se impeça a realização de CPI em razão da omissão de alguns líderes.

c) Atos cobertos pelo segredo de justiça não podem ser acessados por CPI, uma vez que estão sujeitos à reserva de jurisdição, dependendo de decisão judicial para tanto. Por sua vez, é possível que CPIs acessem informações abarcadas pelo sigilo fiscal, desde que o façam por meio de decisões, da maioria, com a devida contemporânea motivação que justifique a medida.

DOUTRINA TEMÁTICA

"Ressalte-se que a locução prazo certo, prevista no § 3º do art. 58 da Constituição, conforme jurisprudência do STF, 57 não impede prorrogações sucessivas dentro da legislatura, nos termos da Lei nº 1.579/52, alterada pela Lei nº 13.367, de 5 de dezembro de 2016.58 Observe-se, porém, que o termo final de uma CPI sempre será o término da legislatura." (MORAES, 2018, P. 599)

"As comissões podem requisitar informações bancárias, fiscais e telefônicas ('quebra de sigilo') diretamente à instituição responsável pelo registro. Por ser uma medida excepcional, colidente com o direito à privacidade, a determinação da quebra de sigilo não pode apoiar-se em formulações genéricas, destituídas da necessária e específica indicação de causa provável. Dentre os poderes da comissão não se incluem a determinação de interceptação telefônica (CF, art. 5.º, XII), por estar submetida à reserva constitucional de jurisdição."(NOVELINO, p. 594)

"As CPIs são formadas a partir de requerimento de parcela dos integrantes da Casa Legislativa, e o STF entende impróprio que a falta de indicação de integrantes da CPI pelos líderes partidários obstrua o início do seu funcionamento, sob pena de 'afronta ao direito público subjetivo (...) assegurado às minorias legislativas de ver instaurado o inquérito parlamentar, com apoio no direito de oposição, legítimo consectário do princípio democrático'." (MENDES; GONET BRANCO, 2017, p. 795)

JURISPRUDÊNCIA TEMÁTICA

STF

"(...) A norma inscrita no art. 58, § 3º, da Constituição da República destina-se a ensejar a participação ativa das minorias parlamentares no processo de investigação legislativa, sem que, para tanto, mostre-se necessária a concordância das agremiações que compõem a maioria parlamentar. O direito de oposição, especialmente aquele reconhecido às minorias legislativas, para que não se transforme numa prerrogativa constitucional inconsequente, há de ser aparelhado com instrumentos de atuação que viabilizem a sua prática efetiva e concreta no âmbito de cada uma das Casas do Congresso Nacional. A maioria legislativa não pode frustrar o exercício, pelos grupos minoritários que atuam no Congresso Nacional, do direito público subjetivo que lhes é assegurado pelo art. 58, § 3º, da Constituição e que lhes confere a prerrogativa de ver efetivamente instaurada a investigação parlamentar, por período certo, sobre fato determinado. Precedentes: MS 24.847/DF, rel. min. Celso de Mello. A ofensa ao direito das minorias parlamentares constitui, em essência, um desrespeito ao direito do próprio povo, que também é representado pelos grupos minoritários que atuam nas Casas do Congresso Nacional. (...) O requisito constitucional concernente à observância de 1/3, no mínimo, para criação de determinada CPI (CF, art. 58, § 3º), refere-se à subscrição do requerimento de instauração da investigação parlamentar, que traduz exigência a ser aferida no momento em que protocolado o pedido junto à Mesa da Casa Legislativa, tanto que, "depois de sua apresentação à Mesa", consoante prescreve o próprio Regimento Interno da Câmara dos Deputados (art. 102, § 4º), não mais se revelará possível a retirada de qualquer assinatura. Preenchidos os requisitos constitucionais (CF, art. 58, § 3º), impõe-se a criação da CPI, que não depende, por isso mesmo, da vontade aquiescente da maioria legislativa. Atendidas tais exigências (CF, art. 58, § 3º), cumpre, ao presidente da Casa Legislativa, adotar os procedimentos subsequentes e necessários à efetiva instalação da CPI, não se revestindo de legitimação constitucional o ato que busca submeter, ao Plenário da Casa Legislativa, quer por intermédio de formulação de questão de ordem, quer mediante interposição de recurso ou utilização de qualquer outro meio regimental, a criação de qualquer CPI. A prerrogativa institucional de investigar, deferida ao Parlamento (especialmente aos grupos minoritários que atuam no âmbito dos corpos legislativos), não pode ser comprometida pelo bloco majoritário existente no Congresso Nacional, que não dispõe de qualquer parcela de poder para deslocar, para o Plenário das Casas Legislativas, a decisão final sobre a efetiva criação de determinada CPI, sob pena de frustrar e nulificar, de modo inaceitável e arbitrário, o exercício, pelo Legislativo (e pelas minorias que o integram), do poder constitucional de fiscalizar e de investigar o comportamento dos órgãos, agentes e instituições do Estado, notadamente daqueles que se estruturam na esfera orgânica do Poder Executivo. A rejeição de ato de criação de CPI, pelo Plenário da Câmara dos Deputados, ainda que por expressiva votação majoritária, proferida em sede de recurso interposto por líder de partido político que compõe a maioria congressual, não tem o condão de justificar a frustração do direito de investigar que a própria Constituição da República outorga às minorias que atuam nas Casas do Congresso Nacional." [MS 26.441, rel. min. Celso de Mello, j. 25-4-2007, P, DJE de 18-12-2009.] Vide MS 24.831, rel. min. Celso de Mello, j. 22-6-2005, P, DJ de 4-8-2006.

"A duração do inquérito parlamentar – com o poder coercitivo sobre particulares, inerentes à sua atividade instrutória e à exposição da honra e da imagem das pessoas a desconfianças e conjecturas injuriosas – e um dos pontos de tensão dialética entre a CPI e os direitos individuais, cuja solução, pela limitação temporal do funcionamento do órgão, antes se deve entender matéria apropriada à lei do que aos regimentos: donde, a recepção do art. 5º, § 2º, da Lei 1.579/1952, que situa, no termo final de legislatura em que constituída, o limite intransponível de duração, ao qual, com ou sem prorrogação do prazo inicialmente fixado, se há de restringir a atividade de qualquer CPI." [HC 71.261, rel. min. Sepúlveda Pertence, j. 11-5-1994, P, DJ de 24-6-1994.] = RE 194.346 AgR, rel. min. Joaquim Barbosa, j. 14-9-2010, 2ª T, DJE de 8-10-2010.

"A quebra do sigilo, por ato de CPI, deve ser necessariamente fundamentada, sob pena de invalidade. A CPI – que dispõe de competência constitucional para ordenar a quebra do sigilo bancário, fiscal e telefônico das pessoas sob investigação do Poder Legislativo – somente poderá praticar tal ato, que se reveste de gravíssimas consequências, se justificar, de modo adequado, e sempre mediante indicação concreta de fatos específicos, a necessidade de adoção dessa medida excepcional. Precedentes. A fundamentação da quebra de sigilo há de ser contemporânea à própria deliberação legislativa que a decreta. A exigência de motivação – que há de ser contemporânea ao ato da CPI que ordena a quebra de sigilo – qualifica-se como pressuposto de validade jurídica da própria deliberação emanada desse órgão de investigação legislativa, não podendo ser por este suprida, em momento ulterior, quando da prestação de informações em sede mandamental. Precedentes. A quebra de sigilo – que se apoia em fundamentos genéricos e que não indica fatos concretos e precisos referentes à pessoa sob investigação – constitui ato eivado de nulidade. Revela-se desvestido de fundamentação o ato de CPI, que, ao ordenar a ruptura do sigilo inerente aos registros fiscais, bancários e telefônicos, apoia-se em motivação genérica, destituída de base empírica idônea e, por isso mesmo, desvinculada de fatos concretos e específicos referentes à pessoa investigada." [MS 23.868, rel. min. Celso de Mello, j. 30-8-2001, P, DJ de 21-6-2002.]

"CPI não tem poder jurídico de, mediante requisição, a operadoras de telefonia, de cópias de decisão nem de mandado judicial de interceptação telefônica, quebrar sigilo imposto a processo sujeito a segredo de justiça. Este é oponível a CPI, representando expressiva limitação aos seus poderes constitucionais." [MS 27.483 MC-REF, rel. min. Cezar Peluso, j. 14-8-2008, P, DJE de 10-10-2008.]

QUESTÕES RELACIONADAS

01. (CESPE - Juiz Substituto - TJ-SC - 2019) Com relação à disciplina constitucional das comissões parlamentares de inquérito (CPI), assinale a opção correta de acordo com a doutrina e a jurisprudência do STF.

a) Para o STF, é nula a intimação de indígena não aculturado para oitiva em CPI, na condição de testemunha, fora de sua comunidade.

b) É constitucional a criação de CPI por assembleia legislativa de estado federado ficar condicionada à aprovação de seu requerimento no plenário do referido órgão.

c) À CPI não é oponível o sigilo imposto a processos judiciais que tramitem sob o segredo de justiça.

d) Diferentemente do que ocorre com as investigações policiais, o procedimento das CPI não é caracterizado pela unilateralidade.

e) É inconstitucional norma regimental da Câmara dos Deputados que limite o número de CPI em funcionamento simultâneo.

Resposta: alternativa "a".

02. (VUNESP - Juiz de Direito Substituto - TJ-AC - 2019) Considerando o disposto na Constituição Federal no tocante às Comissões Parlamentares de Inquérito (CPIs), à luz do direito pátrio vigente, assinale a alternativa correta.

a) Diferentemente do entendimento que se aplica às CPIs em âmbito federal, uma CPI estadual não pode requerer a quebra de sigilo de dados bancários do investigado.

b) As ações de mandado de segurança e de habeas corpus impetradas contra CPIs não se extinguem em virtude da conclusão dos seus trabalhos investigatórios se não aprovado seu relatório final.

c) A CPI tem poderes para determinar a busca e apreensão de bens, objetos e computadores, desde que essa diligência não se efetive em local inviolável, como os espaços domiciliares.

d) Tem competência a CPI para expedir decreto de indisponibilidade de bens de particular, como medida de instrução a embasar futura medida cautelar perante o Poder Judiciário.

Resposta: alternativa "c".

9. (CESPE – JUIZ DE DIREITO - PA/2012)

Emenda constitucional de iniciativa da assembleia legislativa de determinada unidade da Federação tratou das condições para ingresso e promoção no quadro de oficiais combatentes dos militares no âmbito do estado-membro. O Governador do Estado, então, ajuizou ação direta de inconstitucionalidade relativa a essa emenda junto ao Supremo Tribunal Federal.

Com base na situação hipotética acima, responda, de forma fundamentada e de acordo com a jurisprudência da suprema corte, o seguinte questionamento.

A emenda constitucional padece de vício de inconstitucionalidade formal?

RESPOSTA SUGERIDA

De acordo com o art. 61, § 1°, II, "f", da CF, são de iniciativa privativa do Presidente da República as leis que disponham sobre militares das Forças Armadas, seu regime jurídico, provimento de cargos, promoções, estabilidade, remuneração, reforma e transferência para a reserva.

Por aplicação do princípio da simetria ou da parametricidade, segundo o qual as normas da Constituição Federal devem ser seguidas para os casos análogos disciplinados pelas Constituições Estaduais (art. 25 da CF), a iniciativa de lei sobre o regime jurídico dos servidores militares estaduais deve ser de competência dos Governadores dos Estados-membros.

Ao editar emenda constitucional, por sua própria iniciativa, dispondo sobre condições para ingresso e promoção no quadro de oficiais combatentes dos militares no âmbito do estado-membro, a Assembleia Legislativa da unidade da Unidade da Federação invadiu a iniciativa de competência legislativa privativa do Chefe do Poder Executivo Estadual, padecendo, assim, de vício de inconstitucionalidade formal.

DOUTRINA TEMÁTICA

"As Constituições estaduais não se resumem a uma simples cópia da Constituição Federal, mas devem observar certos limites impostos pelo denominado princípio da simetria, cujo fundamento se encontra no art. 25 da Constituição". (NOVELINO, 2013, p. 56).

"Pois bem, em relação à capacidade de auto-organização, previsto no art. 25, *caput*, da CF/88, foi categórico o poder constituinte originário ao definir que 'os Estados organizam-se e regem-se pelas Constituições e leis que adotarem, observados os princípios desta Constituição'. Esta última parte do texto demonstra, claramente, o caráter de derivação e vinculação do poder decorrente em relação ao originário: vale dizer, os Estados têm a capacidade de auto organizar-se, desde que, é claro, observem as regras que foram estabelecidas pelo poder constituinte originário. Havendo afronta, estaremos diante de um vício formal ou material, caracterizador da inconstitucionalidade". (LENZA, 2014, p. 221).

JURISPRUDÊNCIA TEMÁTICA

A Corte, por unanimidade, julgou procedente a Ação Direta de Inconstitucionalidade (ADI) 3930 ajuizada, com pedido de liminar, contra o artigo 148-A da Constituição rondoniense e do artigo 45 do Ato das Disposições Transitórias da mesma

Carta. O governo de Rondônia, autor da ação, afirmava não ter participado desse processo legislativo, alegando violação aos princípios da independência dos Poderes e da reserva de iniciativa de lei, inscritos respectivamente nos artigos 2º e 61, parágrafo 1º, inciso II, alínea "f", da CF. Sustenta que a alteração decorre de Emenda Constitucional de iniciativa da Assembleia Legislativa do estado. Contudo, afirma que os artigos questionados, por versarem sobre provimento, promoção e regime jurídico dos militares do estado de Rondônia, são matéria, portanto, de iniciativa privativa do chefe do Poder Executivo. O artigo 148-A, questionado na ADI, estabelece que o acesso ao quadro de oficiais combatentes militares do estado ocorre mediante as seguintes condições: a) realização de concurso público de provas e títulos; b) garantia de igualdade entre civis e militares, vedado concurso especial para oficiais das forças armadas; c) que os militares do estado sejam formados preferencialmente pela própria instituição militar a que pertencem.

Já o artigo 45 prevê a hipótese de anulação do concurso mencionado no caso de inobservância da igualdade de condições entre civil e militar. Além disso, valida as inscrições já realizadas em concurso pendente, estabelece como regra de transição aproveitamento de oficiais das forças armadas e militares do estado com mais de um ano de efetivo serviço nas corporações. Para o relator, ministro Ricardo Lewandowski, a Assembleia Legislativa afrontou a reserva de iniciativa prevista na Constituição Federal. "Todo diploma normativo ou dispositivo legal que vem a lume sem a observância do respectivo postulado fica tisnado pela mácula da inconstitucionalidade formal". Lewandowski destacou que a jurisprudência da Corte é pacífica ao afirmar que quanto ao regime jurídico dos servidores militares estaduais, a iniciativa de lei é reservada ao chefe do poder Executivo local, tendo em vista o disposto no artigo 61, parágrafo 1º, inciso II, alínea "f", da Constituição Federal. "Não é de hoje que vigora entre nós a teoria da separação dos poderes, cujo escopo não é apenas o surgimento de governos autocráticos, mas também o de racionalizar o funcionamento do Estado fazedo-o atuar segundo um sistema de freios e contrapesos", afirmou o ministro. Segundo ele, "o regime presidencialista e um Estado federal como o nosso prevalece não apenas no plano do governo da União, mas em todos os demais níveis político-administrativos, incluindo, por óbvio, os estados e municípios". O ministro Ricardo Lewandowski observou que qualquer dispositivo normativo sobre a matéria que tenha origem no legislativo, "ainda que apresente hierarquia constitucional como no caso em apreço, afigurasse inconstitucional". Assim, o relator votou pela procedência da ação, ao entender que a emenda constitucional em questão, criada com base em projeto de membro da Assembleia Legislativa, contraria a norma constitucional, bem como o princípio da separação dos poderes. (Notícias do STF. <www.stf.jus.br>. 16/09/2009.). Decisão: O Tribunal, por unanimidade, julgou procedente a ação direta, nos termos do voto do Relator. Votou o Presidente, Ministro Gilmar Mendes. Ausentes, licenciados, os Senhores Ministros Cezar Peluso e Joaquim Barbosa. Plenário, 16.09.2009.

QUESTÕES DE CONCURSO RELACIONADAS

01. (FCC - Juiz Substituto - TJ-SC – 2017) Lei estadual, de iniciativa parlamentar, determinou que o limite máximo de remuneração dos ocupantes de cargos, funções e empregos públicos da administração direta, autárquica e fundacional dos membros dos poderes estaduais passará a ser o valor correspondente a noventa inteiros e vinte e cinco centésimos por cento do subsídio mensal dos Ministros do Supremo Tribunal Federal, não se aplicando o referido limite remuneratório, todavia, aos magistrados e deputados estaduais, para os quais se previu como teto, respectivamente, o subsídio mensal dos Ministros do Supremo Tribunal Federal e o valor equivalente a setenta e cinco por cento daquele estabelecido para os Deputados Federais. À luz da Constituição Federal e da jurisprudência do Supremo Tribunal Federal a referida lei estadual é

a) formalmente inconstitucional, uma vez que, em razão do princípio da simetria, apenas lei de iniciativa conjunta dos Chefes dos Poderes Executivo, Legislativo e Judiciário do Estado poderia estabelecer o limite máximo remuneratório, mas a lei é materialmente compatível com a Constituição Federal, na medida em que os limites se adequam às normas constitucionais.

b) formalmente constitucional, uma vez que a matéria pode ser objeto de projeto de lei de iniciativa parlamentar, mas materialmente inconstitucional, na medida em que não se poderia adotar limite distinto para os magistrados e deputados estaduais.

c) formal e materialmente inconstitucional, uma vez que apenas emenda à Constituição do Estado poderia estabelecer o limite máximo remuneratório, que, ademais, apenas poderia ser equivalente ao valor do subsídio pago aos Deputados estaduais.

d) formalmente inconstitucional, uma vez que apenas emenda à Constituição do Estado poderia estabelecer o limite máximo remuneratório, mas materialmente compatível com a Constituição Federal, na medida em que os limites se adequam às normas constitucionais.

e) formal e materialmente inconstitucional, uma vez que, em razão do princípio da simetria e das normas que regem a elaboração das leis orçamentárias, apenas lei de iniciativa do Chefe do Poder Executivo poderia estabelecer o limite máximo remuneratório, que, ademais, não poderia ser o valor correspondente a noventa inteiros e vinte e cinco centésimos por cento do subsídio mensal dos Ministros do Supremo Tribunal Federal.

Resposta: alternativa "b".

---

02. (FUNDEP – Promotor de Justiça – MG/2014) Analise as seguintes assertivas relativas ao processo legislativo estabelecido na Constituição da República de 1988:

I. A iniciativa do processo legislativo pode ser concorrente ou geral e reservada ou exclusiva.

II. As regras do processo legislativo, em especial as concernentes à iniciativa legislativa, em razão da autonomia dos Estados, Distrito Federal e Municípios, não são de observância obrigatória para esses entes federativos.

III. O processo legislativo previsto no art. 59 compreende a elaboração de decretos legislativos, leis delegadas, resoluções e portarias.

IV. São fases do processo legislativo ordinário: a iniciativa, discussão, votação, sanção ou veto, promulgação e publicação.

Somente está CORRETO o que se afirma em:

a) I e II;

b) I e IV;

c) II e III;

d) II e IV.

Resposta: alternativa "b".

---

03. (FCC – Juiz de Direito – CE/2014) No processo de elaboração da lei de revisão geral da remuneração dos servidores estaduais

a) incide jurisprudência vinculante - relativamente aos Poderes Executivo, Legislativo e Judiciário - do Supremo Tribunal Federal sobre o assunto.

b) declarada a inconstitucionalidade por omissão na hipótese, será dada ciência ao Poder Executivo para a adoção das providências necessárias, devendo fazê-lo em trinta dias.

c) deve ser cumprido prazo anual para a revisão, prazo esse que existe desde o texto constitucional originário da República.

d) deve ser respeitada norma da Constituição da República sobre reserva de iniciativa, ainda que não tenha sido reproduzida pela Constituição estadual.

e) devem ser observadas exclusivamente as normas constitucionais e legais estaduais pertinentes.

Resposta: alternativa "d".

---

04. (IESES – Juiz Substituto – MA/ 2008) No que se refere ao processo legislativo, é correto afirmar:

a) São de iniciativa privativa do Presidente da República leis que disponham sobre servidores públicos da União e Territórios, seu regime jurídico, provimento de cargos, estabilidade e aposentadoria.

b A discussão e votação dos projetos de lei de iniciativa do Presidente da República, do Supremo Tribunal Federal e dos Tribunais Superiores terão início no Senado Federal.

c) A iniciativa de lei popular poderá ser exercida pela apresentação de projeto junto ao Senado Federal.

d) A medida provisória que não for votada no prazo de 60 dias poderá ser prorrogada por até duas vezes e por igual prazo.

Resposta: alternativa "a".

10. (CESPE – JUIZ DE DIREITO - PB/2011)

O tribunal de justiça do estado X editou resolução estabelecendo os critérios de escolha de magistrados para a composição das turmas recursais dos juizados especiais. Foram adotados os critérios de produtividade e de experiência do magistrado no sistema dos juizados especiais, não tendo sido contemplado o critério de antiguidade.

Com referência a essa situação hipotética, redija um texto dissertativo, respondendo, de forma fundamentada, aos questionamentos que se seguem.

- A mencionada resolução afronta o conteúdo do inciso III do art. 93 da Constituição Federal de 1988 (CF), segundo o qual o acesso aos tribunais de segundo grau deve ser pautado pelos critérios de antiguidade e merecimento, alternadamente, apurados na última ou única entrância?

- O ato que nomeia magistrado para integrar as turmas recursais configura ato de promoção, de modo a atrair a aplicação do art. 93, II, da CF, o qual estabelece regras para a promoção de entrância para entrância, alternadamente, por antiguidade e merecimento? O tribunal de justiça tem competência para dispor sobre os critérios de escolha dos magistrados para a composição das turmas recursais dos juizados especiais?

RESPOSTA SUGERIDA

O ingresso na carreira da Magistratura se dá mediante concurso público de provas e títulos, com a participação da Ordem dos Advogados do Brasil em todas as fases, exigindo-se do bacharel em direito, no mínimo, 3 anos de atividade jurídica e obedecendo-se, nas nomeações, à ordem de classificação (art. 93, I, da CF).

O cargo inicial da carreira é o de juiz substituto, podendo haver a promoção de entrância para entrância, alternadamente, por antiguidade e merecimento, atendidas as seguintes normas: a) é obrigatória a promoção do juiz que figure por 3 vezes consecutivas ou 5 alternadas em lista de merecimento; b) a promoção por merecimento pressupõe 2 anos de exercício na respectiva entrância e integração do juiz na primeira quinta parte da lista de antiguidade desta, salvo se não houver com tais requisitos quem aceite o lugar vago; c) aferição do merecimento conforme o desempenho e pelos critérios objetivos de produtividade e presteza no exercício da jurisdição e pela frequência e aproveitamento em cursos oficiais ou reconhecidos de aperfeiçoamento; d) na apuração de antiguidade, o Tribunal somente poderá recusar o juiz mais antigo pelo voto fundamentado de 2/3 de seus membros, conforme procedimento próprio, e assegurada ampla defesa, repetindo-se a votação até fixar-se a indicação; e e) não será promovido o juiz que, injustificadamente, retiver autos em seu poder além do prazo legal, não podendo devolvê-los ao cartório sem o devido despacho ou decisão (tudo de acordo com o art. 93, II, da CF). Já o acesso aos Tribunais de segundo grau (TJs e TRFs, por exemplo) também será feito por antiguidade e merecimento, alternadamente, mas apurados na última ou única entrância (art. 93, III, da CF).

Ao editar resolução estabelecendo os critérios de produtividade e de experiência para a escolha de magistrados que farão parte das turmas recursais dos juizados especiais, o Tribunal de Justiça não afrontou o conteúdo do inciso III do art. 93 da Constituição Federal, pelo simples fato de que turma recursal não tem natureza jurídica de Tribunal de Segundo Grau, sendo meros órgãos colegiados dos Juizados Especiais compostos por juízes de primeiro grau (art. 98, I, da CF).

Ademais, segundo o posicionamento do STF, o ato que nomeia magistrado para integrar Turmas Recursais sequer configura promoção, não se exigindo, pois, a aplicação dos critérios de antiguidade e merecimento.

Nesses termos se pode sustentar que, amparado pelo princípio da isonomia, da impessoalidade e da razoabilidade, o Tribunal de Justiça tem liberdade e competência para dispor sobre os critérios de escolha dos magistrados para a composição das turmas recursais dos juizados especiais, posto que não há baliza constitucional expressa nesse sentido.

DOUTRINA TEMÁTICA

"Tratando-se de uma magistratura inserida nas contemporâneas democracias, geridas por Constituições que fortaleceram sobremodo o Poder Judiciário, a previsão de promoções na carreira a partir da aferição meritocrática e de antiguidade, equitativamente, é princípio basilar da República. Nesse sentido, a legislação deve estabelecer cláusulas de garantia que impeçam processos excludentes e de desvios na interpretação do sentido da expressão 'alternativamente'. Daí a obrigatoriedade da promoção do juiz que figure por três vezes consecutivas ou cinco alternadas em lista de merecimento. Por outro lado, para evitar favorecimentos, a promoção do magistrado por merecimento pressupõe dois anos de exercício na respectiva entrância, além da exigência de este integrar a primeira quinta parte da lista de antiguidade, salvo se não houver com tais requisitos quem aceite o lugar vago. Até mesmo na apuração da antiguidade a Constituição faz exigências que preservam a isonomia de tratamento entre os magistrados". (MENDES, STRECK, 2013, p. 1320).

"Comprovado o êxito dos juizados de pequenas causas, o constituinte foi mais além, prevendo a criação obrigatória, pelos Estados e Distrito Federal, de juizados especiais cíveis e criminais. Segundo o preceito em tela, esses juizados detêm competência para processar, jugar e executar causas cíveis de menor complexidade e infrações de menor potencial ofensivo. Daí serem denominados *especiais*. Seus julgamentos devem basear-se no procedimento oral e sumaríssimo, incentivada a transação, cabendo recursos a serem examinados por turmas de juízes de primeiro grau. Os juizados, sejam especiais ou de pequenas causas, consignam um prenúncio de uma nova mentalidade que vem se implementando aos poucos. Têm como meta a simplificação do processo, a ausência de custos e a distribuição célere da justiça, através da brevidade na conclusão das causas. Daí a Carta de 1988 ter erigido esses mecanismos, para ampliar o acesso ao Poder Judiciário, possibilitando ao lesado defender direitos de pequena monta ou de reduzido valor econômico, bem como as infrações de menor potencial ofensivo". (BULOS, 2008, p. 965-966).

JURISPRUDÊNCIA TEMÁTICA

"(...) o ato de composição das turmas recursais não caracteriza promoção de magistrado para outra entrância ou mesmo de remoção, porém de mera designação para integrar órgão de primeiro grau, não se impondo, portanto, a observância dos critérios de merecimento ou antiguidade. Nessa linha, a definição dos critérios para composição da turma recursal é ato interna corporis do respectivo Tribunal." (MS 28.254-AgR, rel. min. Ricardo Lewandowski, julgamento em 24-3-2011, Plenário, DJE de 12-4-2011.)

QUESTÕES DE CONCURSO RELACIONADAS

01. (MPE-PR - Promotor Substituto 2019) Sobre o Poder Judiciário, é correto afirmar:

a) Não havendo lei municipal que defina obrigação de pequeno valor para efeito de não submissão ao regime de pagamento por precatório, os Tribunais de Justiça poderão regulamentar o tema por meio de resolução.

b) É compatível com o Estatuto Constitucional da Magistratura lei estadual que assegura a membro do Poder Judicante a participação em Conselho de Defesa de Direitos da Criança e do Adolescente.

c) A competência disciplinar do Conselho Nacional de Justiça é subsidiária, e seu exercício fica condicionado à inércia na apuração de infrações disciplinares pelos órgãos correicionais dos Tribunais.

d) A competência e funcionamento dos órgãos jurisdicionais e administrativos é matéria reservada à lei, de iniciativa do Tribunal de Justiça.

e) Os juízes integrantes de vara especializada criada por lei estadual devem ser designados com observância dos parâmetros constitucionais de antiguidade e merecimento previstos no art. 93, II e VIII-A, da Constituição da República, sendo inconstitucional, em vista da necessidade de preservação da independência do julgador, previsão normativa segundo a qual a indicação e nomeação dos magistrados que ocuparão a referida vara será feita pelo presidente do tribunal de justiça, com a aprovação do tribunal.

Resposta: alternativa "e".

02. (Cespe – Juiz de Direito Substituto-PA/ 2012) Acerca do Poder Judiciário, assinale a opção correta.

a) Em face da exigência constitucional de que o juiz resida na comarca da qual seja titular, é legítimo que os conselhos superiores da magistratura dos estados estabeleçam regra segundo a qual o magistrado somente pode ausentar-se das comarcas e circunscrições judiciárias mediante expressa autorização do tribunal de justiça.

b) Tratando-se de apuração da antiguidade como critério de promoção na magistratura, o requerimento de promoção do juiz mais antigo só poderá ser recusado pelo voto da maioria absoluta dos membros do tribunal de justiça, sendo, entretanto, desnecessária a fundamentação da recusa.

c) As decisões administrativas do tribunal de justiça das quais resulte sanção são tomadas, em sessão sigilosa, por dois terços dos votos dos membros do respectivo tribunal, ao contrário do que ocorre com as demais decisões administrativas, que, em regra, são proferidas em sessão pública, pelo voto da maioria absoluta dos membros do respectivo tribunal.

d) Constitui etapa obrigatória do processo de vitaliciamento do magistrado a sua participação em curso de formação e aperfeiçoamento oficial ou reconhecido por escola nacional.

e) Cabe ao governador de estado a nomeação de um quinto dos membros dos tribunais de justiça, escolhidos entre os nomes de listas sêxtuplas que o Conselho Superior da Magistratura e a seccional da OAB do estado respectivo submetem diretamente à apreciação do chefe do Executivo estadual.

Resposta: alternativa "d".

---

03. (TRF 4 – Juiz Federal Substituto 4ª região/ 2010) Dadas as assertivas abaixo, assinale a alternativa correta.

I. O juiz pode ser removido, aposentado, colocado em disponibilidade ou demitido por decisão da maioria absoluta do respectivo tribunal ou do Conselho Nacional de Justiça, assegurada ampla defesa.

II. Não pode ser promovido o juiz que, injustificadamente, retiver autos em seu poder além do prazo legal.

III. A promoção dos juízes por merecimento obedece, dentre outros, aos parâmetros objetivos de produtividade e presteza no exercício da jurisdição.

IV. O Conselho da Justiça Federal tem poderes correicionais, e suas decisões, caráter vinculante.

a) Estão corretas apenas as assertivas I e II.

b) Estão corretas apenas as assertivas I, II e III.

c) Estão corretas apenas as assertivas I, II e IV.

d) Estão corretas apenas as assertivas II, III e IV.

e) Estão corretas todas as assertivas.

Resposta: alternativa "d".

---

04. (FCC – Procurador BACEN/2006) De acordo com o estatuto constitucional da magistratura,

a) aos juízes é vedado exercer qualquer outro cargo ou função.

b) todas as decisões devem ser públicas e fundamentadas, exceto as de cunho administrativo.

c) é obrigatória a promoção do juiz que figure por três vezes consecutivas ou cinco alternadas em lista de merecimento.

d) os juízes não poderão delegar a prática de atos administrativos e atos de mero expediente sem caráter decisório.

e) o acesso aos tribunais de segundo grau far-se-á exclusivamente pelo critério do merecimento, apurado na última ou única instância.

Resposta: alternativa "c".

11. (TJ/MS – JUIZ DE DIREITO - MS/2010)

Quanto à composição dos Tribunais Regionais Eleitorais, indique pelo menos dois dos pressupostos ou exigências constitucionais para que um advogado se torne temporariamente um juiz eleitoral.

RESPOSTA SUGERIDA

O Tribunal Superior Eleitoral –TSE, os Tribunais Regionais Eleitorais – TREs, os juízes eleitorais e as juntas eleitorais são órgãos da Justiça Eleitoral.

Os TREs estão instalados nas capitais dos Estados-membros e no Distrito Federal e são compostos por 2 juízes eleitos dentre os Desembargadores do TJ do Estado-membro ou DF; 2 juízes eleitos dentre juízes de direito escolhidos pelo Tribunal de Justiça; 1 juiz do TRF com sede na capital do Estado ou no Distrito Federal, ou, não havendo, de um juiz federal, escolhido, em qualquer caso, pelo TRF respectivo; 2 juízes nomeados pelo Presidente da República dentre 6 advogados de notável saber jurídico e idoneidade moral, indicados pelo Tribunal de Justiça (art. 120, § 1º, da CF). O Presidente e o Vice-Presidente de cada TRE serão escolhidos dentre os Desembargadores que os compõem (art. 120, § 2º da CF).

Por força do art. 121, § 2º, da CF, os juízes dos tribunais eleitorais, salvo motivo justificado, servirão por 2 anos, no mínimo, e nunca por mais de dois biênios consecutivos, sendo os substitutos escolhidos na mesma ocasião e pelo mesmo processo, em número igual para cada categoria.

Ante o exposto, um advogado de notável saber jurídico e idoneidade moral pode, após ser indicado por Tribunal de Justiça, ser nomeado pelo Presidente da República para, por até dois biênios consecutivos (temporariamente, portanto), ser juiz de Tribunal Regional Eleitoral.

DOUTRINA TEMÁTICA

"A exemplo da composição do Tribunal Superior Eleitoral, os Tribunais Regionais também são integrados por sete juízes, cinco recrutados em diversos órgãos da magistratura estadual e federal e dois entre os advogados. Dos cinco membros oriundos da magistratura, quatro vêm dos quadros estaduais e um do quadro federal. Dois dos juízes estaduais são eleitos em votação secreta, entre os desembargadores do Tribunal de Justiça que não ocupem cargo de direção naquela Corte e outros dois escolhidos, também pelo Tribunal de Justiça, dentre juízes de direito. O último representante da magistratura é um dos Juízes do Tribunal Regional Federal se esse Tribunal tiver sua sede na Capital do Estado ou do Distrito Federal ou, no caso disso não acontecer, de um Juiz Federal. A escolha de um ou de outro compete, sempre ao Tribunal Regional Federal respectivo, isto é, àquele que possui jurisdição no Estado. O fato de os membros oriundos da justiça estadual formarem a maioria (quatro entre sete) dos juízes do Tribunal Regional Eleitoral, vez por outra causa reação, principalmente por parte dos juízes federais, que por diversas vezes tentaram alterar a regra para ocuparem mais uma cadeira, substituindo um dos juízes de direito ou um dos advogados. Essa pretensão foi discutida por ocasião da tramitação, no Congresso Nacional, da Emenda n. 45 (Reforma do Judiciário), mas não obteve êxito. A nomeação dos juízes oriundos da classe dos advogados pelo Presidente da República reafirma o caráter federal da Justiça Eleitoral. Os nomes indicados pelo Tribunal de Justiça, sem qualquer participação da Ordem dos Advogados do Brasil, são encaminhados à Presidência da República via Tribunal Superior Eleitoral, que examina a eventual existência de impedimentos e o exercício da advocacia por, pelo menos, dez anos, em face da regra geral do artigo 94 da Constituição. Ao julgar o RMS 23.123, o Supremo Tribunal Federal entendeu, por maioria, que a vaga destinada a advogado não pode ser ocupada por magistrado aposentado, o que significa que também não deve ser ocupada por membro do Ministério Público". (SILVA, 2013, p. 1499-1500)

JURISPRUDÊNCIA TEMÁTICA

STF

"Os Estados-membros são incompetentes para designar obrigações para a Justiça Eleitoral, que integra a Justiça Federal." (ADI 4.984, rel. min. Alexandre de Moraes, j. 12-4-2018, P, DJE de 25-4-2018.)

"Correta a decisão em que o TSE estabelece a exigência de dez anos de efetiva atividade jurídica como requisito para que advogados possam vir a integrar os tribunais regionais eleitorais. Inteligência do art. 94 da Constituição." (RMS 24.232, Rel. Min. Joaquim Barbosa, julgamento em 29-11-2005, Segunda Turma, DJ de 26-5-2006.)

"Matéria eleitoral. Organização do Poder Judiciário. Preenchimento de vaga de juiz substituto da classe dos advogados. Regra geral. Art. 94, CF. Prazo de dez anos de exercício da atividade profissional. TRE. Art. 120, § 1º, III, CF. Encaminhamento de lista tríplice. A Constituição silenciou-se, tão somente, em relação aos advogados indicados para a Justiça eleitoral. Nada há, porém, no âmbito dessa justiça, que possa justificar disciplina diferente na espécie. Omissão constitucional que não se converte em 'silêncio eloquente'." (RMS 24.334, Rel. Min. Gilmar Mendes, julgamento em 31- 5-2005, Segunda Turma, DJ de 26-8-2005.)

"Composição de Tribunal Regional. Lista tríplice que encaminha para vaga de advogado o nome de magistrado aposentado, inscrito na OAB. Exclusão do mesmo pelo TSE – art. 25, § 2º do Código Eleitoral. A Lei 7.191/1994 não revogou o § 2º do art. 25 do CE, com a redação dada pela Lei 4.961/1966. O dispositivo foi recepcionado pela CF. Impugnação procedente para manter a decisão do tribunal. A análise da instituição, Justiça eleitoral, parte de um determinado princípio e de um determinado espírito informador, para que se integre ao tribunal, aquele que se produziu na profissão, por longos anos, escolhido não pela corporação, mas pelos membros do tribunal, que conhecem quem está exercendo a profissão e realmente tem condição de trazer a perspectiva do advogado ao debate das questões eleitorais." (RMS 23.123, Rel. Min. Nelson Jobim, julgamento em 15-12-1999, Plenário, DJ de 12-3-2004.)

"TRE. Juízes da classe de advogados. Arts. 120, § 1º, III, e 94, parágrafo único, da Constituição. Compete exclusivamente ao Tribunal de Justiça do Estado a indicação de advogados, para composição de TRE, nos termos do art. 120, § 1º, III, da Constituição, sem a participação, portanto, do órgão de representação da respectiva classe, a que se refere o parágrafo único do art. 94, quando trata da composição do quinto nos TRFs, dos Estados, do Distrito Federal e Territórios." (MS 21.060, Rel. Min. Sydney Sanches, julgamento em 19-6-1991, Plenário, DJ de 23-8-1991.)

"TRE. Composição. Vaga reservada à classe dos advogados. Participação da OAB no procedimento de indicação. Direito inexistente. Indicação, em lista tríplice, pelo Tribunal de Justiça. Art. 120, § 1º, III, CF." (MS 21.073, Rel. Min. Paulo Brossard, julgamento em 24-11-1990, Plenário, DJ de 20-9-1991.)

QUESTÕES DE CONCURSO RELACIONADAS

01. (CESPE - Juiz Substituto - TJ-AM – 2016) Considerando a jurisprudência do STF, assinale a opção correta acerca do Poder Judiciário, do STF e das justiças federal, do trabalho e eleitoral.

a) Caso o número total da composição dos tribunais estaduais, TREs e TRFs não seja divisível por cinco, arredondar-se-á a fração restante (seja superior ou inferior à metade) para o número inteiro seguinte, a fim de alcançar-se a quantidade de vagas destinadas ao quinto constitucional assegurado a advogados e membros do MP.

b) Se o fundamento da impetração de mandado de segurança for nulidade ocorrida na elaboração da lista tríplice pelos tribunais competentes, o presidente da República não poderá ser considerado autoridade coatora no mandado de segurança impetrado contra ato de sua competência em que ele tenha nomeado magistrado.

c) A falta ou a insuficiência de fundamentação de prisão preventiva podem ser supridas pela fundamentação constante das informações prestadas em habeas corpus ou em acórdão que o denegue ou negue provimento a recurso, o que afasta a causa de nulidade da decisão por descumprimento do disposto na CF acerca da publicidade dos julgamentos.

d) Não satisfaz a exigência de fundamentação das decisões o ato judicial que apenas faz remissão expressa a manifestações ou peças processuais existentes nos autos, produzidas pelas partes, pelo MP ou por autoridades públicas, cujo teor indique os fundamentos de fato e(ou) de direito que justifiquem a decisão emanada do Poder Judiciário.

e) A publicidade assegurada constitucionalmente alcança os autos do processo, e não somente as sessões e audiências, razão pela qual padece de inconstitucionalidade disposição normativa que determine abstratamente segredo de justiça em todos os processos em curso perante vara criminal.

Resposta: alternativa "e".

02. (Vunesp – Juiz Substituto – MT 2009) Assinale a alternativa correta no que tange ao disposto na Constituição da República sobre o Poder Judiciário.

a) O Superior Tribunal de Justiça é composto de um terço de juízes dos Tribunais Regionais Federais, um terço de advogados e um terço de membros do Ministério Público Federal.

b) Dois desembargadores estaduais deverão compor o Tribunal Regional Eleitoral mediante eleição, pelo voto secreto.

c) Nas hipóteses de grave violação de direitos humanos, o Advogado-Geral da União poderá suscitar, perante o Supremo Tribunal Federal, incidente de deslocamento de competência para a Justiça Federal.

d) Aos juízes federais compete processar e julgar, nas infrações penais comuns e nos crimes de responsabilidade, os Ministros de Estado.

e) São irrecorríveis as decisões do Tribunal Superior Eleitoral, salvo as que violarem a Constituição e as que concederam habeas corpus.

Resposta: alternativa "b".

03. (Cespe – Juiz Substituto – AL/ 2008) Com relação à organização do Poder Judiciário e às funções essenciais à justiça, assinale a opção correta.

a) Considere a seguinte situação hipotética. Pedro, além de ser juiz de direito substituto no estado de Alagoas, é professor em duas faculdades privadas distintas, lecionando a disciplina de direito constitucional para o curso noturno de direito, duas vezes por semana em cada uma delas. Nessa situação, conforme entendimento do STF, Pedro tem violado a CF, já que o juiz somente poderá exercer um único cargo de professor.

b) Conforme determina a CF, o TRE é composto, entre outros, por dois juízes oriundos da classe dos advogados, os quais são nomeados pelo Presidente da República, após indicação do respectivo Tribunal de Justiça. No entanto, esses juízes não estão impedidos de continuar a exercer a advocacia.

c) O advogado, por ser inviolável em seus atos e manifestações praticados no exercício da profissão, não pratica crime de desacato.

d) Compete ao STF julgar os membros do Conselho Nacional de Justiça nos crimes comuns e de responsabilidade.

e) O Governador de estado tem competência concorrente com o respectivo Tribunal de Justiça para encaminhar projeto de lei que vise majorar a remuneração dos servidores do Poder Judiciário.

Resposta: alternativa "b".

04. (Cespe – Juiz Substituto – SE/ 2008) Prescinde de membros do Ministério Público na sua composição o

a) Tribunal regional eleitoral.

b) Superior Tribunal de Justiça Militar.

c) Tribunal de Contas da União.

d) Tribunal regional federal.

e) Tribunal Superior do Trabalho.

Resposta: alternativa "a".

12. (CESPE – JUIZ DE DIREITO - PA/2012)

Com base na disciplina constitucional e legal a respeito das súmulas vinculantes, disserte sobre essa inovação trazida pela Emenda Constitucional n.° 45/2004. Em seu texto, aborde, necessariamente, os seguintes aspectos:

- definição de súmula vinculante;
- objeto e requisitos;
- legitimidade para propor sua edição, revisão e cancelamento, de forma autônoma e incidental;
- efeitos e possibilidade de modulação.

RESPOSTA SUGERIDA

Súmula vinculante é um enunciado que sintetiza a jurisprudência predominante do Supremo Tribunal Federal, e que pode ser editado pelo Pretória Excelso de ofício ou por provocação, após reiteradas decisões sobre matéria constitucional, gerando, a partir de sua publicação na imprensa oficial, efeito vinculante em relação aos demais órgãos do Poder Judiciário e à administração pública direta e indireta, nas esferas federal, estadual e municipal.

Nos termos do art. 2°, § 1°, da Lei 11.417/2006, o enunciado da súmula vinculante terá por objeto a validade, a interpretação e a eficácia de normas determinadas, acerca das quais haja, entre órgãos judiciários ou entre esses e a administração pública, controvérsia atual que acarrete grave insegurança jurídica e relevante multiplicação de processos sobre idêntica questão.

Apresentam-se como requisitos para a edição de súmula vinculante: a) iniciativa de ofício pelo STF ou mediante provocação; b) quórum para aprovação de dois terços dos Ministros do STF; e c) publicação na imprensa oficial para a geração de efeitos.

De acordo com o art. 3° da Lei 11.417/2006, são legitimados a propor a edição, a revisão ou o cancelamento de enunciado de súmula vinculante, de forma autônoma: I - o Presidente da República; II - a Mesa do Senado Federal; III – a Mesa da Câmara dos Deputados; IV – o Procurador-Geral da República; V - o Conselho Federal da Ordem dos Advogados do Brasil; VI - o Defensor Público-Geral da União; VII – partido político com representação no Congresso Nacional; VIII – confederação sindical ou entidade de classe de âmbito nacional; IX – a Mesa de Assembleia Legislativa ou da Câmara Legislativa do Distrito Federal; X - o Governador de Estado ou do Distrito Federal; XI - os Tribunais Superiores, os Tribunais de Justiça de Estados ou do Distrito Federal e Territórios, os Tribunais Regionais Federais, os Tribunais Regionais do Trabalho, os Tribunais Regionais Eleitorais e os Tribunais Militares. Já o Município poderá propor, incidentalmente ao curso de processo em que seja parte, a edição, a revisão ou o cancelamento de enunciado de súmula vinculante, o que não autoriza a suspensão do processo.

Por fim, consoante art. 4° da Lei 11.417/2006, a súmula com efeito vinculante tem eficácia imediata (*ex nunc*), mas o Supremo Tribunal Federal, por decisão de 2/3 (dois terços) dos seus membros, poderá restringir os efeitos vinculantes ou decidir que só tenha eficácia a partir de outro momento (o que se traduz em modulação de efeitos), tendo em vista razões de segurança jurídica ou de excepcional interesse público.

DOUTRINA TEMÁTICA

"A Súmula Vinculante que se relaciona intimamente com o a lógica anglo-saxã da fundamentalidade da fonte jurisprudencial do direito, com base no *stare decisis* (ater-se ao decidido), desenvolvido a partir do *binding precedente* (precedente obrigatório prolatado por um Tribunal) vem sendo objeto de inúmeras controvérsias e discussões acaloradas nos últimos anos. Certo é que inúmeros argumentos foram engendrados contrariamente à súmula vinculante, dentre eles: a violação a independência dos órgãos do Poder Judiciário com o engessamento dos mesmos, que estariam totalmente atrelados ao posicionamento firmado pelo STF: usurpação do princípio da separação dos Poderes, entre outros. Porém, uma fama de juristas sempre defendeu posição favorável à Súmula Vinculante, afirmando que a mesma seria um instituto racionalizador que traria uma maior certeza e previsibilidade às decisões judiciais, aumentando com isso a segurança jurídica. Para inúmeros autores teríamos uma devida e necessária uniformização da atividade interpretativa, desenvolvendo-se assim o princípio da isonomia. Além disso, a celeridade das decisões seria enfatizada, permitindo respostas mais ágeis para questões idênticas que envolvessem uma enorme quantidade de jurisdicionados, desobstruindo não só o STF, mas também, por consequência, as instâncias ordinárias. Mas, não obstante esse instigante debate, fato é que a mesma adentrou em nosso ordenamento e vem, paulatinamente, se afirmando (ainda que duramente criticada)". (FERNANDES, 2012, p. 977-978).

"Deve-se assinalar que o modo de se trabalhar com uma súmula é diferente daquele que se emprega no trato com a lei. Em primeiro lugar, a aplicação de uma súmula não pode – em hipótese alguma – desconsiderar seu DNA. Isso significa: a concretização de uma súmula deve recompor, narrativamente, a cadeia de decisões anteriores que lhe deram origem visando compor a solução dos casos num contexto de coerência e integridade do direito da comunidade política. Essa conformação – da coerência e integridade – deve se submeter aos testes de ajuste e justificação. Já no caso da lei – embora também aqui os testes de ajuste e justificação sejam necessários – a recomposição desse contexto originário fica, de certo modo, dispensada, em virtude das características que sustentam o processo de produção legislativa. Num segundo momento, é possível dizer que os mecanismos disponibilizados pelo sistema constitucional para proposição, revisão e cancelamento da súmula é diferente daqueles existentes em relação à lei. Da súmula, cabe reclamação; ao passo que da lei cabe ADIn e ADC (controle concentrado) ou nas chamadas ações constitucionais (HC, MS, MI, ACP) e nos mecanismos existentes no contexto do sistema recursal (controle difuso)". (STRECK, 2013, p. 1427).

JURISPRUDÊNCIA TEMÁTICA

STF

"Reclamação. Afronta a súmula vinculante. Não ocorrência. Alegação de demora no julgamento de recurso que a invoca. Usurpação de competência do Supremo. Não caracterização. Reclamação não conhecida. Agravo improvido. Precedentes. Não cabe reclamação contra demora na cognição de recurso que invoque ofensa a súmula vinculante." (Rcl 6.638-AgR, Rel. Min. Cezar Peluso, julgamento em 18-11-2008, Segunda Turma, DJE de 5-12-2008.)

"A arguição de descumprimento de preceito fundamental não é a via adequada para se obter a interpretação, a revisão ou o cancelamento de súmula vinculante." (ADPF 147-AgR, Rel. Min. Cármen Lúcia, julgamento em 24-3-2011, Plenário, DJE de 8-4-2011.) Vide: ADPF 80-AgR, Rel. Min. Eros Grau, julgamento em 12-6-2006, Plenário, DJ de 10- 8-2006.

QUESTÕES DE CONCURSO RELACIONADAS

01. (CESPE - Promotor de Justiça Substituto - MPE-PI – 2019) Acerca de súmula vinculante, assinale a opção correta.

a) Súmula vinculante será editada somente se tiver por objetivo a interpretação de normas acerca das quais haja comprovada controvérsia entre órgãos judiciários.

b) Do ato administrativo que contrariar a súmula vinculante, ou que indevidamente a aplicar, caberá reclamação ao Conselho Nacional de Justiça.

c) A aprovação de súmula vinculante é condicionada à decisão da maioria absoluta dos membros do STF.

d) O efeito vinculante da súmula em relação a todos os órgãos do Poder Judiciário se dá a partir de sua aprovação pelo plenário do STF; em relação à administração direta e indireta, tal efeito ocorre com a publicação da súmula na imprensa oficial.

e) Aprovação, revisão ou cancelamento de súmula vinculante poderá ser provocado pelos mesmos legitimados para propor ação direta de inconstitucionalidade.

Resposta: alternativa "e".

02. (FMP – Procurador do Estado – AC/2014) O Supremo Tribunal Federal poderá, de ofício ou por provocação, mediante decisão de dois terços dos seus membros, após reiteradas decisões sobre matéria constitucional, aprovar súmula que, a partir de sua publicação na imprensa oficial, terá efeito vinculante em relação aos demais órgãos do Poder Judiciário e à Administração Pública direta e indireta, na esfera federal. Em relação à tal afirmação, assinale a assertiva correta.

a) a afirmativa está correta.

b) a afirmativa está incorreta, pois o quórum para aprovação de súmula vinculante é de maioria absoluta.

c) a afirmativa está incorreta, pois o efeito vinculante diz respeito apenas aos órgãos do Poder Judiciário.

d) nenhuma das alternativas é verdadeira.

Resposta: alternativa"a".

03. (Vunesp – Juiz de Direito – SP/2014) A respeito das súmulas vinculantes, é correta a seguinte afirmação:

a) uma vez editada a súmula vinculante, a sua revisão pode ser requerida por qualquer interessado.

b) a súmula vinculante deve ser aprovada por dois terços dos Ministros do Supremo Tribunal Federal, mas seu efeito vinculante, que se opera em relação aos demais órgãos do Poder Judiciário e à Administração Pública, só se fará presente a partir de sua publicação na imprensa oficial.

c) julgada procedente a reclamação proposta contra decisão judicial que contrariar súmula vinculante, o Supremo Tribunal Federal deverá reformar a decisão judicial reclamada, aplicando o direito à espécie.

d) cabe reclamação contra decisão judicial que contrariar a súmula vinculante, mas não cabe se a decisão judicial aplicá-la indevidamente.

Resposta: alternativa "b".

04. (MPF – Procurador da República/2006) As Súmulas Vinculantes:

I. têm por objetivo a validade, a interpretação e a eficácia de normas determinadas, acerca das quais haja controvérsia atual entre órgãos judiciários ou entre esses e a administração pública que acarrete grave insegurança jurídica e relevante multiplicação de processos sobre questão idêntica;

II. contrariadas por ato administrativo ou decisão judicial, ou que tenham sido indevidamente aplicadas, podem servir de fundamento a reclamação perante o Supremo Tribunal Federal que, julgando-a procedente, anulará o ato administrativo ou cassará a decisão judicial reclamada, determinando que outra seja proferida com ou sem a aplicação da súmula, conforme o caso;

III. aplicam-se tanto ao controle difuso como ao controle concentrado de constitucionalidade, sendo que, neste último caso, o efeito vinculante nas ações diretas de inconstitucionalidade fica condicionado, após a publicação do respectivo Acórdão, à aprovação de súmula sobre a matéria, pelo voto de dois terços dos Ministros do Supremo Tribunal Federal;

IV. poderão ser aprovadas, de ofício ou por provocação dos legitimados para propor ação direta de inconstitucionalidade, mediante decisão de dois terços dos Ministros do Supremo Tribunal Federal.

Analisando-se as assertivas acima, podemos afirmar que:

a) todas estão corretas;

b) estão corretas apenas as de números I, II e IV;

c) somente as de números II, III e IV estão corretas;

d) estão corretas apenas as de números I, II e III.

Resposta: alternativa "b".

13. (TJ/RJ – JUIZ DE DIREITO - RJ/2012)

Seria correto afirmar que as súmulas vinculantes (art. 103-A, da Constituição Federal/88) só podem ter origem ao longo do processo de controle concentrado de constitucionalidade da lei pelo STF? Justifique.

RESPOSTA SUGERIDA

Não. Isso porque, a Lei 11.417/2006, que regulamenta o art. 103-A da Constituição Federal, firma um trâmite próprio para a edição, a revisão e o cancelamento de enunciado de súmula vinculante pelo Supremo Tribunal Federal, que não tem vinculação com o processo de controle concentrado de constitucionalidade.

Diante de reiteradas decisões sobre matéria constitucional, o Supremo Tribunal Federal pode, de ofício ou por provocação, editar enunciado de súmula que, a partir de sua publicação na imprensa oficial, terá efeito vinculante em relação aos demais órgãos do Poder Judiciário e à administração pública direta e indireta, nas esferas federal, estadual e municipal, bem como proceder à sua revisão ou cancelamento.

Quanto não editada de ofício pelo STF, a proposta de súmula será feito por um dos legitimados do art. 3° da Lei 11.417/2006: I - o Presidente da República; II - a Mesa do Senado Federal; III – a Mesa da Câmara dos Deputados; IV – o Procurador-Geral da República; V - o Conselho Federal da Ordem dos Advogados do Brasil; VI - o Defensor Público-Geral da União; VII – partido político com representação no Congresso Nacional; VIII – confederação sindical ou entidade de classe de âmbito nacional; IX – a Mesa de Assembleia Legislativa ou da Câmara Legislativa do Distrito Federal; X - o Governador de Estado ou do Distrito Federal; XI - os Tribunais Superiores, os Tribunais de Justiça de Estados ou do Distrito Federal e Territórios, os Tribunais Regionais Federais, os Tribunais Regionais do Trabalho, os Tribunais Regionais Eleitorais e os Tribunais Militares. Vale ressaltar que o Município também poderá propor a edição, a revisão ou o cancelamento de enunciado de súmula vinculante, mas, somente poderá fazê-lo incidentalmente ao curso de processo em que seja parte.

Consoante art. 2°, § 1°, da Lei 11.417/2006, o enunciado da súmula terá por objeto a validade, a interpretação e a eficácia de normas determinadas, acerca das quais haja, entre órgãos judiciários ou entre esses e a administração pública, controvérsia atual que acarrete grave insegurança jurídica e relevante multiplicação de processos sobre idêntica questão.

O trâmite exige a prévia manifestação do Procurador-Geral da República (nas propostas que não houver formulado), bem como a decisão tomada por dois terços dos membros do Supremo Tribunal Federal, em sessão plenária, que deverá se verter na publicação do enunciado sumular respectivo, em seção especial do Diário da Justiça e do Diário Oficial da União, no prazo de 10 dias.

Por fim, destaca-se que, nos termos do art. 4° da Lei 11.417/2006, a súmula com efeito vinculante tem eficácia imediata, mas o Supremo Tribunal Federal, por decisão de dois terços dos seus membros, poderá restringir os efeitos vinculantes ou decidir que só tenha eficácia a partir de outro momento, tendo em vista razões de segurança jurídica ou de excepcional interesse público.

DOUTRINA TEMÁTICA

"A súmula vinculante, ao contrário do que ocorre no processo objetivo, como foi visto, decorre de decisões tomadas, em princípio, em casos concretos, no modelo incidental, no qual também existe, não raras vezes, reclamo por solução geral. Ela só pode ser editada depois de decisão do Plenário do Supremo Tribunal Federal ou de decisões repetidas das Turmas. Esses requisitos acabam por definir o próprio conteúdo das súmulas vinculantes. Em regra, elas serão formuladas a partir das questões processuais de massa ou homogêneas, envolvendo matérias previdenciárias, administrativas, tributárias ou até mesmo processuais, suscetíveis de uniformização e padronização". (MENDES, COELHO, BRANCO, 2008, p. 967).

JURISPRUDÊNCIA TEMÁTICA

STF

"Com efeito, a tese de que o julgamento dos recursos interpostos contra decisões proferidas antes da edição da súmula não deve obrigatoriamente observar o enunciado sumular (após sua publicação na imprensa oficial), data vênia, não se mostra em consonância com o disposto no art. 103-A, caput, da CF, que impõe o efeito vinculante a todos os órgãos do Poder Judiciário, a partir da publicação da súmula na imprensa oficial." (Rcl 6.541 e Rcl 6.856, Rel. Min. Ellen Gracie, julgamento em 25-6-2009, Plenário, DJE de 4-9-2009.) No mesmo sentido: Rcl 7.101, Rel. Min. Cármen Lúcia, julgamento em 24-2-2011, Plenário, DJE de 9-8-2011.

"A Lei 11.417/2006 define os legitimados para a edição, revisão e cancelamento de enunciado de súmula vinculante (art. 3º). O rito estabelecido nesse texto normativo não prevê a impugnação dos enunciados mediante recurso extraordinário." (Pet 4.556-AgR, Rel. Min. Eros Grau, julgamento em 25-6-2009, Plenário, DJE de 21-8-2009.)

QUESTÕES DE CONCURSO RELACIONADAS

01. (TRF- 2ª Região - Juiz Federal Substituto – 2017) Sobre as "Súmulas Vinculantes", assinale a opção correta:

a) A edição de súmula vinculante exige quórum qualificado de 2/3 (dois terços) dos Ministros do STF, sendo requisito ao exercício da competência para editá-las a existência de controvérsia atual entre órgãos do Judiciário, ou entre o Judiciário e a Administração Pública, que acarrete severa insegurança jurídica e relevante multiplicação de processos sobre questão idêntica.

b) Os únicos legitimados para provocar a edição, o cancelamento ou a revisão de súmula vinculante são as entidades que ostentam legitimidade para provocar o controle de constitucionalidade concentrado.

c) Em havendo contrariedade à súmula vinculante, seja ela decorrente de ato jurisdicional ou de ato administrativo, qualquer indivíduo prejudicado poderá impugnar o respectivo ato diretamente perante o STF, mediante reclamação, independentemente de esgotar outras medidas prévias

d) De acordo com a delimitação de competências para o controle abstrato de constitucionalidade, não é cabível o ajuizamento de Ação Direta de Inconstitucionalidade em face de Súmulas Vinculantes, sendo admissível contra cias o ajuizamento de Arguição de Descumprimento de Preceito Fundamental.

e) Se Juiz Federal profere certa decisão e, algum tempo depois, é editada súmula vinculante em sentido contrário, pode-se dizer que a decisão do magistrado a afrontou, e é corrigível por reclamação.

Resposta: alternativa "a".

---

02. (PGE-GO – Procurador do Estado – GO/ 2013) Se um governador de estado desejar se insurgir contra súmula vinculante que, a seu juízo, foi formulada com enunciado normativo que extrapolou os limites dos precedentes que a originaram, poderá, de acordo com os instrumentos processuais constitucionais existentes,

a) ajuizar ADI contra a súmula vinculante.

b) ajuizar ADPF contra a súmula vinculante.

c) interpor reclamação contra a súmula vinculante.

d) requerer o cancelamento da súmula vinculante.

e) revogar a súmula vinculante.

Resposta: alternativa "d".

---

03. (Delegado de Polícia – AP/ 2010 – FGV) Relativamente ao controle de constitucionalidade, assinale a afirmativa correta.

a) As decisões definitivas de mérito, proferidas pelo Supremo Tribunal Federal, nas ações diretas de inconstitucionalidade e nas ações declaratórias de constitucionalidade produzirão eficácia contra todos e efeito vinculante, relativamente aos demais órgãos do Poder Judiciário, mas não à administração pública direta e indireta, nas esferas federal, estadual e municipal.

b) Podem propor a ação direta de inconstitucionalidade e a ação declaratória de constitucionalidade, dentre outros, Governador de Estado, o Procurador-Geral da República, o Conselho Federal da Ordem dos Advogados do Brasil, dois terços dos membros do Senado Federal ou da Câmara dos Deputados.

c) A súmula vinculante terá por objetivo a validade, a interpretação e a eficácia de normas determinadas, acerca das quais haja controvérsia atual entre órgãos judiciários ou entre esses e a administração pública que acarrete grave insegurança jurídica e relevante multiplicação de processos sobre questão idêntica.

d) A matéria constante de proposta de súmula vinculante rejeitada ou havida por prejudicada não pode ser objeto de nova proposta enquanto não for modificada a composição do Supremo Tribunal Federal.

e) Compete ao Supremo Tribunal Federal processar e julgar, originariamente, a ação direta de inconstitucionalidade e a ação declaratória de constitucionalidade de lei ou ato normativo federal, estadual ou municipal em face da Constituição Federal ou das Constituições Estaduais.

Resposta: alternativa "c".

04. (MPE/BA – Promotor de Justiça – BA/2008) Assinale a opção correta:

a) Compete ao Superior Tribunal de Justiça apreciar e julgar recurso quando a decisão recorrida julgar válida lei local contestada em face de lei federal.

b) A inconstitucionalidade de lei ou ato do Poder Público somente pode ser declarada por voto de 2/3 (dois terços) dos membros do Tribunal.

c) Declarada a inconstitucionalidade da norma na Ação Direta de Inconstitucionalidade, a decisão é comunicada ao Senado Federal para, entendendo conveniente, suspender a execução da lei.

d) O Município pode propor, nas ações em que seja parte, a edição, a revisão ou o cancelamento de enunciado de súmula vinculante, o que não autoriza a suspensão do processo.

e) A inconstitucionalidade declarada no controle concreto tem eficácia ex nunc, podendo o Tribunal, em casos especiais, emprestar eficácia retroativa (ex tunc), para preservar situações jurídicas.

Resposta: alternativa "d".

14. (MPE-SP – PROMOTOR DE JUSTIÇA - SP/2012)

Em relação ao Conselho Nacional de Justiça – CNJ (CF, art. 103-B), responda de maneira fundamentada:

a) O princípio constitucional da Separação de Poderes (CF, art. 2º) e as garantias de independência do Poder Judiciário (CF, arts. 95, 96 e 99), todos como cláusulas pétreas (CF, art. 60, §4º, III), são colidentes com a criação, composição e características do CNJ (CF, art. 103-B)?

b) Como conciliar as citadas previsões constitucionais com o poder normativo primário do CNJ e suas atribuições disciplinares originárias (CF, art. 103-B, §4º)?

RESPOSTA SUGERIDA

Incluído no texto constitucional pela EC 45/2004 (art. 103-B da CF), o Conselho Nacional de Justiça (CNJ) é um órgão do Poder Judiciário que exerce função eminentemente administrativa e não jurisdicional. Segundo o *caput* do art. 103-B da CF, compete ao CNJ o controle da atuação administrativa e financeira do Poder Judiciário e do cumprimento dos deveres funcionais dos juízes.

Em apertada síntese, pode-se dizer que o CNJ é um órgão de fiscalização do Poder Judiciário.

Desde sua criação, o CNJ teve a sua constitucionalidade questionada, sob os argumentos de que haveria violação à separação dos Poderes e à independência do Judiciário.

Não há que se falar em violação ao princípio da separação dos Poderes ou Funções do Estado (que tem o *status* de cláusula pétrea por força do art. 60, § 4°, III, da CF), posto que o CNJ pertence ao próprio Judiciário, conforme assinala o art. 109, I-A, da CF. Ademais, o fato de o CNJ não ser composto exclusivamente por membros pertencentes aos demais órgãos do Poder Judiciário (a composição é híbrida, com participação de membros do MP, advogados e de cidadãos) não é motivo suficiente para impedir sua atuação, posto que ele não interfere sobre a função típica do Poder Judiciário: julgar.

Também não se sustenta a alegação de inconstitucionalidade por afronta à independência do Judiciário. O argumento é semelhante ao já exposto: a atuação do CNJ não interfere na função típica do Poder Judiciário que é o exercício da Jurisdição. Em outras palavras: o CNJ não se imiscui à tarefa precípua do Judiciário que é a de julgar, aplicando a lei ao caso concreto, com o objetivo de resolver as demandas sociais.

O poder normativo primário (art. 103-B, § 4°, da CF) é da essência do CNJ, não representando qualquer afronta à separação dos Poderes ou à independência do Judiciário, posto que, em seu exercício, nada mais faz do que buscar o cumprimento das normas constitucionais. Tanto é que, acaso o poder normativo desborde dos limites constitucionais, nada impede que as resoluções do CNJ sejam objeto de controle de constitucionalidade, na esteira da jurisprudência do STF.

Argumentação parelha vale em relação às atribuições disciplinares do CNJ: não há violação à separação das Funções do Estado ou à independência do Judiciário, haja vista que a fiscalização da atuação dos juízes é da essência do regime democrático sobre o qual se assenta a Constituição Federal de 1988.

DOUTRINA TEMÁTICA

"O Conselho Nacional de Justiça teve seu embrião inserido no ordenamento jurídico pátrio com o advento da Emenda Constitucional 7/1975, editada durante o recesso do Congresso Nacional, por iniciativa do então Presidente da República com fundamento no Ato Institucional 5/68. A referida emenda inseriu na Constituição, especificamente no art. 112, o Conselho Nacional da Magistratura, dispondo seus contorno e estrutura no art. 120 da CF/67. O tema em seguida foi objeto de regulamentação pela Lei Orgânica da Magistratura (LOMAN), Lei Complementar 35/79. Foi criado sob as vestes de um órgão tipicamente correicional, com competências para conhecer das reclamações contra membros de Tribunais e ainda avocar processos disciplinares determinando a disponibilidade ou a aposentadoria dos magistrados, com proventos proporcionais ao tempo de serviço. A jurisdição do Conselho abrangia todo o território e era composto por sete ministros do Supremo Tribunal Federal, escolhidos pelo próprio Tribunal, com mandatos de dois anos, contando ainda com a participação do Procurador-Geral da República. Já neste embrião do Conselho Nacional de Justiça surgiu a tese da interferência na independência do Judiciário, no entanto, esta não prosperou, pois, sendo composto apenas por ministros acabava por ser meramente uma corregedoria geral. Já no período da redemocratização, durante a Assembleia Nacional Constituinte, o tema retornou a pauta a partir do projeto da Comissão Afonso Arinos, apoiada pela Ordem dos Advogados do Brasil, que propunha a criação de um 'Conselhão' de controle externo com atribuições de fiscalização da atividade administrativa e do desempenho dos deveres funcionais do Poder Judiciário. Todavia, naquele momento, a ideia de criar o Conselho Nacional de Justiça fracassou devido à pressão da magistratura nacional com as seguintes teses: quebra de independência do Judiciário; desrespeito à separação dos poderes dada a sua composição híbrida e ainda a ausência de paralelo quanto à atuação do Executivo e do Judiciário. Em 1992, o debate retoma a sua caminhada no Congresso Nacional em conjunto com a reforma do Poder Judiciário. Após muitos substitutivos, arquivamentos e desarquivamentos, mesmo com forte pressão contrária da Magistratura, em 31 de dezembro de 2004 foi aprovada a Emenda Constitucional 45 e instalado o Conselho Nacional de Justiça em 14 de junho de 2005. O CNJ foi criado como órgão do Poder Judiciário brasileiro com função de planejamento e correicional, formado por 15 membros, sendo 9 oriundos da magistratura e 6 externos. Nesta medida o Conselho se converteu em um órgão de composição híbrida e democrática, que tem por objetivo precípuo a proposição de medidas para o aperfeiçoamento da Justiça brasileira, além de sua função correicional. Quanto à tese de que o Conselho seria inconstitucional, pois afetaria a independência do Poder Judiciário, o STF decidiu que a "composição híbrida do CNJ não compromete a independência interna ou externa do Judiciário, porquanto não julga causa alguma, nem dispõe de atribuição, de competência, cujo exercício interfira no desempenho da função típica do Judiciário, a jurisdicional (ADI 3.367)". (PANSIERI, 2013, p. 1435-1436).

"A inserção do Conselho Nacional de Justiça no art. 92, inciso I-A, da Carta Maior foi inadequada, porque suas atribuições são exclusivamente administrativas, e não jurisdicionais, motivo pelo qual não se enquadra no organograma do Poder Judiciário. Melhor seria que fosse disciplinado num parágrafo único do art. 92. Todavia, por motivos de política legislativa, a Emenda Constitucional 45/2004 o listou entre os órgãos jurisdicionais [...]". (BULOS, 2008, p. 1.098).

JURISPRUDÊNCIA TEMÁTICA

"(...) esta Suprema Corte em distintas ocasiões já afirmou que o CNJ não é dotado de competência jurisdicional, sendo mero órgão administrativo. Assim sendo, a Resolução 135, ao classificar o CNJ e o CJF de "tribunal", (...) simplesmente disse – até porque mais não poderia dizer – que as normas que nela se contêm aplicam-se também aos referidos órgãos." (ADI 4.638 MC-REF, rel. min. Marco Aurélio, voto do min. Ricardo Lewandowski, j. 8-2-2012, P, DJE de 30-10-2014.)

"Não é vedado ao CNJ controlar a atuação administrativa de tribunal de justiça local que, respaldado em lei estadual, se distancie da interpretação dada pelo STF aos preceitos constitucionais e legais que regem a matéria. (...) A deliberação do CNJ que deixa de aplicar lei estadual anterior à Constituição que conflite com o regime remuneratório da magistratura regulado pelo art. 39, § 4º, da Constituição e com a Loman decorre do exercício direto da competência que lhe foi constitucionalmente atribuída, de zelar pela legalidade da atuação administrativa de membros e órgãos do Poder Judiciário, nos termos da jurisprudência consolidada desta Corte." (MS 27.935 AgR, rel. min. Edson Fachin, j. 21-8-2017, 1ª T, DJE de 20-9-2017.)

"Qualquer pessoa é parte legítima para representar ilegalidades perante o CNJ. Apuração que é de interesse público." (MS 28.620, rel. min. Dias Toffoli, j. 23-9-2014, 1ª T, DJE de 8-10-2014.)

"CNJ. Órgão de natureza exclusivamente administrativa. Atribuições de controle da atividade administrativa, financeira e disciplinar da magistratura. Competência relativa apenas aos órgãos e juízes situados, hierarquicamente, abaixo do STF. Preeminência deste, como órgão máximo do Poder Judiciário, sobre o Conselho, cujos atos e decisões estão sujeitos a seu controle jurisdicional. Inteligência dos arts. 102, caput, I, letra r, e 103-B, § 4º, da CF. O CNJ não tem nenhuma competência sobre o STF e seus ministros, sendo esse o órgão máximo do Poder Judiciário nacional, a que aquele está sujeito." (ADI 3.367, julgada em 2005 e relatada pelo Ministro Cezar Peluso)

"Ação direta. EC 45/2004. Poder Judiciário. CNJ. Instituição e disciplina. Natureza meramente administrativa. Órgão interno de controle administrativo, financeiro e disciplinar da magistratura. Constitucionalidade reconhecida. Separação e independência dos Poderes. História, significado e alcance concreto do princípio. Ofensa a cláusula constitucional imutável (cláusula pétrea). Inexistência. Subsistência do núcleo político do princípio, mediante preservação da função jurisdicional, típica do Judiciário, e das condições materiais do seu exercício imparcial e independente. Precedentes e Súmula 649. Inaplicabilidade ao caso. Interpretação dos arts. 2º e 60, § 4º, III, da CF. Ação julgada improcedente. Votos vencidos. São constitucionais as normas que, introduzidas pela EC 45, de 8-12-2004, instituem e disciplinam o CNJ, como órgão administrativo do Poder Judiciário nacional. Poder Judiciário. Caráter nacional. Regime orgânico unitário. Controle administrativo, financeiro e disciplinar. Órgão interno ou externo. Conselho de Justiça. Criação por Estado-membro. Inadmissibilidade. Falta de competência constitucional. Os Estados-membros carecem de competência constitucional para instituir, como órgão interno ou externo do Judiciário, conselho destinado ao controle da atividade administrativa, financeira ou disciplinar da respectiva Justiça. Poder Judiciário. CNJ. Órgão de natureza exclusivamente administrativa. Atribuições de controle da atividade administrativa, financeira e disciplinar da magistratura. Competência relativa apenas aos órgãos e juízes situados, hierarquicamente, abaixo do STF. Preeminência deste, como órgão máximo do Poder Judiciário, sobre o Conselho, cujos atos e decisões estão sujeitos a seu controle jurisdicional. Inteligência dos arts. 102, caput, I, letra r, e 103-B, § 4º, da CF. O CNJ não tem nenhuma competência sobre o STF e seus ministros, sendo esse o órgão máximo do Poder Judiciário nacional, a que aquele está sujeito." (ADI 3.367, Rel. Min. Cezar Peluso, julgamento em 13-4-2005, Plenário, DJ de 22-9-2006.)

"As provas obtidas em razão de diligências deflagradas na esfera criminal podem ser utilizadas em processo administrativo disciplinar, uma vez submetidas ao contraditório, posto estratégia conducente à duração razoável do processo, sem conjuração das cláusulas pétreas dos processos administrativo e judicial. A instauração de um Processo Administrativo Disciplinar (PAD) prescinde de prévia sindicância, quando o objeto da apuração encontra-se elucidado à luz de outros elementos lícitos de convicção. A competência originária do CNJ resulta do texto constitucional e independe de motivação do referido órgão, bem como da satisfação de requisitos específicos. A competência do CNJ não se revela subsidiária.

Ressalva do redator do acórdão no sentido de que o STF, por força do princípio da unidade da Constituição e como guardião da Carta Federal, não pode desconsiderar a autoridade do CNJ e a autonomia dos tribunais, por isso que a conciliação possível, tendo em vista a atividade correcional de ambas as instituições, resulta na competência originária do órgão, que pode ser exercida de acordo com os seguintes termos e parâmetros apresentados de forma exemplificativa: a) comprovação da inércia do tribunal local quanto ao exercício de sua competência disciplinar. Nesse contexto, o CNJ pode fixar prazo não inferior ao legalmente previsto de 140 dias [60 dias (art. 152 da Lei 8.112) + 60 dias (art. 152 da Lei 8.112, que admite prorrogação de prazo para a conclusão do PAD) + 20 dias (prazo para o administrador competente decidir o PAD, ex vi do art. 167 da Lei 8.112)] para que as corregedorias locais apurem fatos que cheguem ao conhecimento do órgão, avocando os feitos em caso de descumprimento imotivado do lapso temporal; sem prejuízo da apuração de responsabilidade do órgão correcional local; b) demora irrazoável na condução, pelo tribunal local, de processo administrativo com risco de prescrição; c) falta de quórum para deliberação, por suspeição, impedimentos ou vagas de magistrados do tribunal; d) simulação quanto ao exercício da competência correicional pelo Poder Judiciário local; e) prova da incapacidade de atuação dos órgãos locais por falta de condições de independência, hipóteses nas quais é lícita a inauguração de procedimento pelo referido Conselho ou a avocação do processo; f) a iminência de prescrição de punições aplicáveis pelas corregedorias no âmbito de suas atribuições autoriza o CNJ a iniciar ou avocar processos; g) qualquer situação genérica avaliada motivadamente pelo CNJ que indique a impossibilidade de apuração dos fatos pelas corregedorias autoriza a imediata avocação dos processos pelo CNJ; h) arquivado qualquer procedimento, disciplinar ou não, da competência das corregedorias, é lícito ao CNJ desarquivá-los e prosseguir na apuração dos fatos; i) havendo conflito de interesses nos tribunais que alcancem dimensão que torne o órgão colegiado local impossibilitado de decidir, conforme avaliação motivada do próprio CNJ, poderá o mesmo avocar ou processar originariamente o feito; j) os procedimentos disciplinares iniciados nas corregedorias e nos tribunais locais deverão ser comunicados ao CNJ dentro do prazo razoável de trinta dias para acompanhamento e avaliação acerca da avocação prevista nas alíneas antecedentes; k) as regras acima não se aplicam aos processos já iniciados, aos em curso e aos extintos no CNJ na data deste julgamento; l) as decisões judiciais pretéritas não são alcançadas pelos parâmetros acima. O instituto da translatio judicii, que realça com clareza solar o princípio da instrumentalidade do processo, viabiliza o aproveitamento dos atos processuais praticados no âmbito do CNJ pelo órgão correicional local competente para decidir a matéria. Denegação da segurança, mantendo-se a decisão do CNJ com o aproveitamento de todas as provas já produzidas." (MS 28.003, julgado em 2012 e relatado para o acórdão pelo Ministro Luiz Fux).

"O CNJ, embora integrando a estrutura constitucional do Poder Judiciário como órgão interno de controle administrativo, financeiro e disciplinar da magistratura – excluídos, no entanto, do alcance de referida competência, o próprio STF e seus ministros (ADI 3.367/DF) –, qualifica-se como instituição de caráter eminentemente administrativo, não dispondo de atribuições funcionais que lhe permitam, quer colegialmente, quer mediante atuação monocrática de seus conselheiros ou, ainda, do corregedor nacional de justiça, fiscalizar, reexaminar e suspender os efeitos decorrentes de atos de conteúdo jurisdicional emanados de magistrados e tribunais em geral, razão pela qual se mostra arbitrária e destituída de legitimidade jurídico-constitucional a deliberação do corregedor nacional de justiça que, agindo ultra vires, paralise a eficácia de decisão que tenha concedido mandado de segurança." (MS 28.611-MC-AgR, Rel. Min. Celso de Mello, julgamento em 14-10-2010, Plenário, DJE de 1º-4-2011.) No mesmo sentido: MS 29.744-AgR, Rel. Min. Gilmar Mendes, julgamento em 29-6-2011, Plenário, DJE de 4-10-2011; MS 27.148-AgR, Rel. Min. Celso de Mello, julgamento em 11-5-2011, Plenário, DJE de 25-5-2011; MS 28.598-MC-AgR, Rel. Min. Celso de Mello, julgamento em 14-10-2010, Plenário, DJE de 9-2-2011; MS 28.174-AgR, Rel. Min. Ricardo Lewandowski, julgamento em 14-10-2010, Plenário, DJE de 18-11-2010. Vide: MS 27.708, Rel. Min. Marco Aurélio, julgamento em 29-10-2009, Plenário, DJE de 21-5-2010.

"A EC 45/2004, ao instituir o CNJ, definiu-lhe um núcleo irredutível de atribuições, além daquelas que lhe venham a ser conferidas pelo Estatuto da Magistratura, assistindo-lhe o dever-poder de efetuar, no plano da atividade estritamente administrativa e financeira do Poder Judiciário, o controle do 'cumprimento dos deveres funcionais dos juízes' (CF, art. 103-B, § 4º). (...) Vale enfatizar (...) que a instituição do CNJ tem suporte em diploma normativo revestido de autoridade constitucional e que foi promulgado sem qualquer conotação de índole casuística, dotado de eficácia geral e qualificado, quanto aos seus destinatários, por critério de evidente indeterminação subjetiva, circunstâncias essas que, aparentemente, descaracterizariam a alegação de que o órgão em questão subsumir-se-ia à noção de tribunal de exceção." (MS 28.712-MC, Rel. Min. Celso de Mello, decisão monocrática, julgamento em 6-5-2010, DJE de 11-5-2010.)

QUESTÕES DE CONCURSO RELACIONADAS

01. (CESPE - Juiz Substituto – TJ/CE – 2018) A respeito da organização, das funções e das decisões do CNJ, assinale a opção correta.

a) Cabe ao CNJ zelar pela legalidade dos atos administrativos do Poder Judiciário, o que exclui a competência do TCU para fiscalizá-los.

b) Compete aos juízes estaduais e federais o julgamento de ações ordinárias ajuizadas contra decisões do CNJ.

c) Segundo o STF, pode o CNJ realizar controle de constitucionalidade de lei ou ato normativo, desde que no exame de ato concreto e no exercício de sua competência.

d) O prévio ajuizamento de ação que questione ato de concurso público para a magistratura não impede o conhecimento de pedido de providências sobre o tema pelo CNJ.

e) É concorrente a competência da corregedoria do CNJ para o exercício do poder correicional e disciplinar.

Resposta: alternativa "e".

02. (VUNESP - Juiz Substituto - TJ-SP – 2017) A emenda constitucional 45, ao criar o Conselho Nacional de Justiça, alocou-o entre os órgãos do Poder Judiciário, circunstância da qual decorre a seguinte consequência:

a) o Conselho Nacional de Justiça poderá rever, desde que provocado, os processos disciplinares de juízes e membros dos tribunais, decididos pelas corregedorias locais, vedada a avocação, em face da autonomia dos Tribunais, conferida constitucionalmente.

b) o Conselho Nacional de Justiça poderá rever, de ofício ou por provocação, os processos disciplinares em curso e os já julgados há menos de um ano.

c) o Conselho Nacional de Justiça procederá o controle da atuação administrativa e financeira do Poder Judiciário, além dos deveres funcionais dos juízes, cabendo-lhe, ainda, emitir decisões jurisdicionais abstratas e de orientação, em matéria de competência a lhe ser atribuída pelo Estatuto da Magistratura.

d) o Conselho Nacional de Justiça exercerá suas funções de controle administrativo e disciplinar dos membros do Poder Judiciário, de maneira subsidiária ou supletiva, sob pena de violação da autonomia dos tribunais, conferida constitucionalmente.

Resposta: alternativa "b".

---

03. (UFPR – Defensor Público - PR/2014) A respeito do Poder Judiciário no Brasil, em face do texto constitucional e da jurisprudência do Supremo Tribunal Federal, é correto afirmar:

a) a criação do Conselho Nacional de Justiça-CNJ deu-se por meio da Emenda Constitucional 45/04, fruto, portanto, da denominada Reforma do Poder Judiciário, cujo conteúdo foi questionado perante o Supremo Tribunal Federal, mediante ação direta de inconstitucionalidade, que considerou o novo órgão constitucional. Posteriormente, mediante a Emenda Constitucional 61/09, estabeleceu-se que o CNJ será Presidido pelo Presidente do Supremo Tribunal Federal-STF e, nas suas ausências e impedimentos, pelo Vice-Presidente do STF.

b) o Conselho Nacional de Justiça é composto por 15 (quinze) membros, com idade de 35 anos a 66 anos, com mandato de 2 (dois) anos, sendo admitida uma recondução.

c) a inamovibilidade é uma garantia de independência do Poder Judiciário, garantindo ao magistrado a impossibilidade de remoção sem seu consentimento. Contudo, tal garantia é relativa, uma vez que o próprio texto constitucional possibilita que haja a remoção por interesse público, mediante voto de dois terços do respectivo Tribunal ou do Conselho Nacional de Justiça, assegurada a ampla defesa.

d) a Emenda Constitucional 45/04, no âmbito das vedações aos juízes, estabeleceu a denominada quarentena, dispondo, expressamente, que é vedado aos juízes exercer a advocacia no âmbito do juízo ou tribunal do qual se afastou, antes de decorridos 3 (três) anos do afastamento do cargo por aposentadoria, salvo exoneração.

e) a Justiça de Paz não integra, segundo o Supremo Tribunal Federal, a estrutura do Poder Judiciário, por não ser magistratura propriamente dita, já que é composta de cidadãos eleitos pelo voto direto, secreto, universal e periódico, com mandato de 4 (quatro) anos, possível uma recondução, e não estando sujeitos às garantias de imparcialidade dos magistrados.

Resposta: alternativa "a".

---

04. (CESPE – Procurador BACEN/2013) No que se refere aos poderes da República, assinale a opção correta.

a) O STF dispõe de competência originária para processar e julgar ação popular promovida contra ato emanado do presidente da República.

b) O TCU é um órgão judicante, com função deliberativa, encarregado da fiscalização das contas prestadas por qualquer pessoa física ou jurídica que utilize dinheiro, bens e valores públicos.

c) A CF consagra a regra da irresponsabilidade penal absoluta do presidente da República em relação às infrações penais cometidas antes do início do exercício do mandato e da irresponsabilidade penal relativa no que se refere às infrações penais que, cometidas durante o exercício do mandato, não tenham relação com as funções de chefe do Poder Executivo.

d) A CF estabelece a iniciativa exclusiva do presidente da República para o processo legislativo em matéria de natureza tributária.

e) No exercício de suas atribuições administrativas, o Conselho Nacional de Justiça tem competência para expedir atos regulamentares, de comando abstrato, impondo obrigações de natureza administrativa a toda a magistratura nacional.

Resposta: alternativa "e".

(TJ/RS – Juiz de Direito Substituto – RS/2012) Considere as assertivas abaixo sobre o Conselho Nacional de Justiça.

I. Compete ao Conselho Nacional de Justiça o controle da atuação administrativa e financeira do Poder Judiciário e do cumprimento dos deveres funcionais dos juízes.

II. A função de Ministro-Corregedor, no Conselho Nacional de Justiça, pode ser exercida por qualquer um de seus membros.

III. Nas ausências e nos impedimentos de seu Presidente, o Conselho Nacional de Justiça será presidido pelo Ministro do Superior Tribunal de Justiça que integra o Conselho.

Quais são corretas?

a) Apenas I

b) Apenas II

c) Apenas III

d) Apenas I e III

e) I, II e III

Resposta: alternativa "a".

15. (PGE-RJ – PROCURADOR DO ESTADO - RJ/2008)

A Procuradoria Geral do Estado é consultada pela Casa Civil sobre a possibilidade de Procuradores do Estado atuarem, no desempenho de suas atribuições institucionais, na defesa judicial de agentes públicos réus em ações de improbidade por conta de atos praticados no exercício da função pública considerados legais, pela própria Procuradoria Geral do Estado, em resposta a consulta anteriormente formulada. Pergunta-se:

a) A atuação dos Procuradores do Estado na hipótese é compatível com o que dispõe a Constituição Federal?

b) Há necessidade de lei específica autorizando a atuação dos Procuradores do Estado nesses casos?

RESPOSTA SUGERIDA

De acordo com o art. 132 da CF, os Procuradores dos Estados e do Distrito Federal, organizados em carreira, na qual o ingresso dependerá de concurso público de provas e títulos, com a participação da Ordem dos Advogados do Brasil em todas as suas fases, exercerão a representação judicial e a consultoria jurídica das respectivas unidades federadas.

A partir do dispositivo constitucional há entendimento doutrinário no sentido de que as Procuradorias Estaduais somente podem atuar na defesa dos Estados Federados, assim compreendidos como pessoas jurídicas de direito público. Segundo essa corrente, se os Procuradores atuarem na defesa de agentes públicos, estarão violando o conteúdo do art. 132 da CF, bem como o princípio da impessoalidade.

Por outro lado, há pensamento divergente que entende pela possibilidade de os Procuradores do Estado atuarem também na defesa de agentes públicos, especialmente nos casos em que o comportamento dos agentes estiver pautado pela legalidade. Tal posicionamento estaria albergado pelo próprio interesse público, pois ao defender servidores em relação às suas condutas públicas e legais, o Estado estaria fiduciando a consecução do interesse público em sentido amplo, além de significar um apoio ao exercício eficiente da função pública. Essa tese também não encontraria óbice no art. 132 da CF, pois o dispositivo constitucional não veda a atribuição de novas funções aos Procuradores Estaduais, bastando que seja aferida a compatibilidade com o perfil constitucional da advocacia pública em âmbito estadual. Em caso semelhante, o STF adotou esse entendimento, sob o argumento de que se trata de garantir um direito funcional de proteção do servidor público.

Adotando-se o segundo posicionamento, ou seja, entendendo-se pela possibilidade de os Procuradores do Estado atuarem na defesa de agentes públicos, há a necessidade de que tal atuação esteja prevista em lei, posto que essa condição é medida de respeito ao princípio da legalidade estrita, que orienta a atuação dos agentes estatais.

DOUTRINA TEMÁTICA

"Os Estados-membros são representados judicialmente pelos procuradores dos Estados, organizados em carreira, na qual o ingresso depende de concurso público de provas e títulos, com a participação da OAB em todas as suas fases. Os procuradores do Estado integram a Procuradoria-Geral do Estado, órgão componente da Administração Pública direta estadual. Nas ações propostas em face do Estado, não se afigura correto requerer sua citação na pessoa do Governador, como se este fosse o seu representante judicial. A citação do Estado deve operar-se na pessoa do Procurador-Geral do Estado. Diferentemente do que sucede com a União, os Estados não têm sua representação dividida entre advogados e procuradores da Fazenda. A representação dos Estados é cometida aos procurados de Estado, cabendo a divisão, por matérias ou tarefas, ao âmbito interno de organização administrativa das Procuradorias, sem que tal divisão repercuta na representação judicial do Estado. Desse modo, um procurador que, internamente, no âmbito da Procuradoria, exerça a função específica de emitir pareceres ou examinar contratos, pode representar judicialmente a Fazenda Estadual em juízo, justamente por ser procurador do Estado. Um procurador que esteja lotado no setor de execuções fiscais pode representar judicialmente o Estado numa demanda não tributária ou, até mesmo, trabalhista. O simples fato de ser procurador do Estado, independentemente da função interna que exerça, permite-lhe representar judicialmente a Fazenda Estadual, sem que isso traga alguma implicação para o processo. A Fazenda Estadual dispõe de legitimidade para requerer a abertura de inventários, devendo ser ouvida sobre a declaração e avaliação de bens nesses processos, com a finalidade de fiscalizar o recolhimento do imposto de transmissão *causa mortis*. A representação dos Estados, nessas demandas, é feita igualmente pelos procuradores de Estado, mesmo que a causa esteja sendo processada em comarca do interior". (DIDIER JÚNIOR, CUNHA, 2013, p. 1545-1546).

JURISPRUDÊNCIA TEMÁTICA

STF

"A Procuradoria-Geral do Estado é o órgão constitucional e permanente ao qual se confiou o exercício da advocacia (representação judicial e consultoria jurídica) do Estado-membro (CF/88, art. 132). A parcialidade é inerente às suas funções, sendo, por isso, inadequado cogitar-se independência funcional, nos moldes da Magistratura, do Ministério Público ou da Defensoria Pública (CF/88, art. 95, II; art. 128, § 5º, I, b; e art. 134, § 1º). A garantia da inamovibilidade é instrumental à independência funcional, sendo, dessa forma, insuscetível de extensão a uma carreira cujas funções podem envolver relativa parcialidade e afinidade de ideias, dentro da instituição e em relação à Chefia do Poder Executivo, sem prejuízo da invalidação de atos de remoção arbitrários ou caprichosos." (ADI 1.246, rel. min. Roberto Barroso, j. 11-4-2019, P, DJE de 23-5-2019.)

"Ante o princípio da unicidade orgânica das Procuradorias estaduais – artigo 132 da Constituição Federal –, surge inconstitucional restrição, considerada manifestação do poder constituinte derivado local, do âmbito de atuação dos Procuradores do Estado à defesa e assessoramento jurídico dos órgãos da Administração direta mediante a 'constitucionalização' de carreiras de Procurador Autárquico e de Advogado de Fundação à margem da estrutura da Procuradoria-Geral do Estado, ressalvada regra excepcional contida no artigo 69 do Ato da Disposições Constitucionais Transitórias." (ADI 4.449, rel. min. Marco Aurélio, j. 28-3-2019, P, DJE de 1º-8-2019.)

"O Tribunal julgou improcedente, em parte, pedido de ação direta de inconstitucionalidade ajuizada pelo Procurador-Geral da República, a pedido da Procuradoria-Geral de Justiça do Estado do Rio Grande do Sul, contra o art. 45, da Constituição desse Estado ("Art. 45. O servidor público processado, civil ou criminalmente, em razão de ato praticado no exercício regular de suas funções terá direito à assistência judiciária do Estado.") e a alínea a do Anexo II da Lei Complementar gaúcha 10.194, de 30 de maio de 1994, que definia como atribuição da Defensoria Pública estadual a assistência judicial aos servidores processados por ato praticado em razão do exercício de suas atribuições funcionais. Entendeu-se que o art. 45 da Constituição estadual não viola a CF, uma vez que apenas outorga, de forma ampla, um direito funcional de proteção do servidor que, agindo regularmente no exercício de suas funções, venha a ser processado civil ou criminalmente. No tocante à alínea a do Anexo II da Lei Complementar 10.194/94, considerou-se que a norma ofendia o art. 134 da CF, haja vista alargar as atribuições da Defensoria Pública estadual, extrapolando o modelo institucional preconizado pelo constituinte de 1988 e comprometendo a sua finalidade constitucional específica. Dessa forma, por unanimidade, declarou-se a constitucionalidade do art. 45, da Constituição Estadual do Rio Grande do Sul e a inconstitucionalidade da alínea a do Anexo II da Lei Complementar 10.194, do Estado do Rio Grande do Sul e, por maioria, atribuiu-se o efeito dessa decisão a partir do dia 31.12.2004, a fim de se evitar prejuízos desproporcionais decorrentes da nulidade ex tunc, bem como permitir que o legislador estadual disponha adequadamente sobre a matéria. Vencidos, nesse ponto, os Ministros Eros Grau e Marco Aurélio que não davam esse efeito por entenderem que, estando a norma impugnada em confronto com a Constituição Federal e, não se tratando, no caso, de segurança jurídica nem de excepcionalidade, tendo-se presente o interesse social, haver-se-ia de aplicar a jurisprudência do STF no sentido de conferir à declaração efeitos ex tunc". ADI 3022/RS, rel. Min. Joaquim Barbosa, 2.8.2004.

"A atividade de assessoramento jurídico do Poder Executivo dos Estados é de ser exercida por procuradores organizados em carreira, cujo ingresso depende de concurso público de provas e títulos, com a participação da OAB em todas as suas fases, nos termos do art. 132 da CF. Preceito que se destina à configuração da necessária qualificação técnica e independência funcional desses especiais agentes públicos. É inconstitucional norma estadual que autoriza a ocupante de cargo em comissão o desempenho das atribuições de assessoramento jurídico, no âmbito do Poder Executivo. Precedentes." (ADI 4.261, Rel. Min. Ayres Britto, julgamento em 2-8-2010, Plenário, DJE de 20-8-2010.) No mesmo sentido: ADI 4.843-MC, rel. min. Celso de Mello, decisão monocrática, julgamento em 19-12-2013, DJE de 3-2-2014; ADI 881-MC, Rel. Min. Celso de Mello, julgamento em 2-8-1993, Plenário, DJ de 25-4-1997.

◉ QUESTÕES DE CONCURSO RELACIONADAS

01. (MPE-BA - Promotor de Justiça Substituto - 2018) No que se refere à Advocacia Pública e à Defensoria Pública, analise as assertivas e identifique com V as verdadeiras e com F as falsas.

( ) É assegurada à Defensoria Pública da União a autonomia funcional e administrativa, e, aos seus integrantes, a garantia da inamovibilidade, sendo vedado o exercício da advocacia fora das atribuições institucionais.

( ) O ingresso na carreira de Procurador do Estado ou do Distrito Federal é feito por meio de concurso público de provas e títulos, no qual é necessária a participação da Ordem dos Advogados do Brasil em todas as suas fases.

( ) A Advocacia-Geral da União tem por chefe o Advogado-Geral da União, nomeado pelo Presidente da República dentre os integrantes das carreiras da instituição, após aprovação pelo Senado Federal.

( ) As atribuições dos integrantes da Defensoria Pública, instituição que faz parte das funções essenciais à Justiça, abrangem atividades de representação judicial e extrajudicial, de advocacia contenciosa e consultiva.

A alternativa que contém a sequência correta, de cima para baixo, é

a) F V F F
b) F F V V
c) V V F F
d) V V F V
e) V F V F

Resposta: alternativa "d".

---

02. (ESAF – AFRFB –2012) A Constituição de 1988 instituiu a Advocacia-Geral da União como órgão de defesa judicial e extrajudicial da União. Sobre essa instituição, é correto afirmar que:

a) os membros das Carreiras que a integram gozam da prerrogativa constitucional da inamovibilidade.
b) as Procuradorias de Estado devem seguir a orientação normativa do Advogado-Geral da União.
c) o Advogado-Geral da União é cargo de livre nomeação do Presidente da República, atendendo os requisitos de notável saber jurídico e moral ilibada.
d) a Procuradoria-Geral da Fazenda Nacional é responsável pela representação judicial das Autarquias e Fundações públicas federais.
e) antes de sua posse, o Advogado-Geral da União é sabatinado pelo Senado Federal.

Resposta: alternativa "c".

---

03. (FCC – Procurador do Estado – SP/ 2011) Em atenção às normas constitucionais pertinentes à advocacia pública, os Procuradores dos Estados e do Distrito Federal:

a) devem, obrigatoriamente, contestar todas as ações populares propostas em face da unidade federada que representam.
b) podem, representando o Estado, propor ações diretas de inconstitucionalidade perante o Supremo Tribunal Federal ou o Tribunal de Justiça.
c) exercem, com exclusividade, a representação judicial e extrajudicial das respectivas unidades federadas.
d) exercem, privativamente, a consultoria jurídica dos Poderes Executivo, Legislativo e Judiciário das respectivas unidades federadas.
e) podem, representando o Estado, propor ações civis públicas para a proteção do meio ambiente ou de outros interesses difusos.

Resposta: alternativa "e".

04. (FCC – Defensor Público – MA/2009) A Constituição da República estabelece que, assim como os membros das carreiras da Advocacia Pública, os integrantes das Defensorias Públicas

a) exercem atividade essencial à função jurisdicional do Estado, incumbindo aos integrantes das carreiras mencionadas a orientação jurídica e a defesa, em todos os graus, dos que comprovarem insuficiência de recursos.

b) ingressarão na carreira em cargos de classe inicial, providos mediante concurso público de provas e títulos, com a participação da Ordem dos Advogados do Brasil em todas as suas fases.

c) gozam das garantias de inamovibilidade e estabilidade após dois anos de efetivo exercício das funções respectivas.

d) poderão exercer a advocacia fora das atribuições institucionais, nas hipóteses previstas na lei complementar que organizar a carreira.

e) serão remunerados por subsídio fixado em parcela única, vedado o acréscimo de gratificação, adicional, abono, prêmio, verba de representação ou outra espécie remuneratória.

Resposta: alternativa "e".

CAPÍTULO 7
CONTROLE DE CONSTITUCIONALIDADE

QUESTÕES

1. (MPE-BA – PROMOTOR DE JUSTIÇA –BA/2019)

Na forma do artigo 125, § 2º, da Constituição da República Federativa do Brasil de 1988, cabe aos Estados a instituição de representação de inconstitucionalidade de leis e atos normativos municipais, tendo como parâmetro a Constituição Estadual.

Sobre o tema, o Procurador-Geral de Justiça do Estado da Bahia ajuizou ação de controle objetivo em face de lei ordinária produzida pelo município de Salvador, que assim dispôs: "Far-se-á eleição indireta para os cargos de Prefeito e Vice-prefeito da Capital, na hipótese de vacância dos cargos em razão da apuração de crime de responsabilidade, independentemente do tempo de mandato".

No dia do julgamento, do colegiado de 60 desembargadores, estavam presentes 50, e destes, 29 votaram pela procedência da ação direta, por violação direta ao artigo 2º, IV da Constituição do Estado da Bahia. Ao analisar o resultado, o Procurador-Geral de Justiça do Estado da Bahia entendeu que a hipótese desafiava a interposição de recurso extraordinário ao Supremo Tribunal Federal.

Considerando o contexto apresentado, responda, fundamentadamente, em no máximo 40 linhas, sobre:

a) o resultado da ação direta de inconstitucionalidade (até 4,5 pontos);

b) o cabimento do recurso extraordinário (até 4,5 pontos);

c) o fundamento e os parâmetros de controle a serem utilizados no referido recurso (até 4,5 pontos);

d) qual seria o resultado adequado derredor da (in)constitucionalidade da norma municipal (até 4,5 pontos).

OBS: A pontuação relativa à estrutura gramatical totaliza 2,0 pontos.

◉ ESPAÇO EM BRANCO PARA RESPOSTA (30 LINHAS)

2. (TJ/BA – JUIZ DE DIREITO SUBSTITUTO – CESPE- BA/2019)

Câmara municipal localizada em determinado estado federado aprovou projeto de lei que determinava aos cartórios do município o condicionamento da alteração de prenome constante no registro civil de pessoas autoidentificadas como transgêneros à comprovação de prévia realização de cirurgia de transgenitalização. No entanto, no âmbito da arguição de descumprimento de preceito fundamental (ADPF) ajuizada pela entidade legitimada — a Associação de Transgêneros Brasileiros (ATB) —, o STF concedeu medida liminar para suspender a vigência da referida lei municipal. Passados dois meses da publicação da decisão de concessão dessa medida, o STF recebeu reclamação constitucional ajuizada também pela ATB, em busca de estender os efeitos da liminar concedida na ADPF contra outra lei, esta aprovada pela câmara legislativa do mesmo estado, de idêntico conteúdo da anterior lei municipal: determinava que a alteração de registro civil de transgêneros fosse condicionada à comprovação da realização de cirurgia de transgenitalização, estendendo-se essa ordem a todos os cartórios localizados no território daquele estado.

À luz das disposições constitucionais, da doutrina e do entendimento do STF, redija um texto abordando os seguintes aspectos, relativos à situação hipotética apresentada:

1) a constitucionalidade da atuação do Poder Legislativo estadual na formulação de nova legislação de conteúdo idêntico ao da legislação municipal suspensa após o deferimento da medida liminar pelo STF no âmbito de ADPF e o cabimento da reclamação constitucional proposta pela ATB; [valor: 1,10 ponto]

2) a constitucionalidade, formal e material, das referidas leis municipal e estadual. [valor: 1,30 ponto]

ESPAÇO EM BRANCO PARA RESPOSTA (30 LINHAS)

3. (CESPE – PROCURADOR DO MUNICÍPIO – MANAUS/AM – 2018)

Determinado município editou, em 2018, lei com a seguinte redação: "Art. 1º As obrigações de fazer determinadas por decisão judicial transitada em julgado contra a fazenda pública municipal não poderão ser executadas provisoriamente. Art. 2º O teto do valor das requisições de pequeno valor (RPV) referentes ao município corresponde a R$ 1.000,00.".

Inconformada com o teor desses dispositivos legais, a autoridade devidamente legitimada ajuizou ação no Supremo Tribunal Federal, em busca da declaração de inconstitucionalidade da referida lei.

À luz da Constituição Federal de 1988 (CF) e da jurisprudência do Supremo Tribunal Federal (STF), discorra sobre os seguintes aspectos relativos à situação hipotética apresentada.

1 Cabimento de controle de constitucionalidade de lei municipal pelo STF em face da CF. [valor: 4,25 pontos]

2 Juridicidade dos artigos da lei editada pelo município. [valor: 10,00 pontos – 5,00 pontos para cada artigo]

ESPAÇO EM BRANCO PARA RESPOSTA (30 LINHAS)

4. (MPE-PR – PROMOTOR DE JUSTIÇA – PR/2017)

Conceitue o estado de coisas inconstitucional, identificando os requisitos para sua configuração e eventual crítica a respeito do instituto.

ESPAÇO EM BRANCO PARA RESPOSTA (30 LINHAS)

5. (AGU- 2016- CESPE)

Determinado estado da Federação editou lei que torna o exercício da acupuntura uma exclusividade dos médicos. Dada a existência de relevante controvérsia doutrinária sobre a aplicação dessa lei, o Conselho Federal de Medicina (CFM) ajuizou no Supremo Tribunal Federal (STF) ação declaratória de constitucionalidade (ADC) pedindo que o tribunal declare sua constitucionalidade.

Com base na jurisprudência do STF e nas normas constitucionais, redija um texto dissertativo acerca da viabilidade da ADC apresentada. Em seu texto, aborde:

1 a finalidade da ADC e a presunção de constitucionalidade das normas; [valor: 2,00 pontos]

2 a legitimidade do CFM para ajuizar ADC; [valor: 2,50 pontos]

3 o objeto da ADC; [valor: 2,50 pontos]

4 a relevante controvérsia sobre a aplicação da norma objeto da referida ADC como requisito para sua propositura. [valor: 2,50 pontos]

ESPAÇO EM BRANCO PARA RESPOSTA (30 LINHAS)

6. (MP/RS –PROMOTOR DE JUSTIÇA – RS/2016)

O Supremo Tribunal Federal, em nosso sistema jurídico, é o guardião-mor da Constituição da República. Nessa senda, tendo em vista o entendimento consagrado pela Corte Suprema Federal acerca da imunidade parlamentar, da nomeação de Procuradores-Gerais dos Estados e dos Municípios e da arguição do descumprimento de preceito fundamental, responda as perguntas abaixo, justificando suas respostas.

a) A imunidade parlamentar em sentido material, prevista no artigo 53, caput, da Constituição Federal, tem incidência absoluta?

b) A Procuradoria-Geral do Estado, nos moldes do artigo 117 da Constituição do Estado do Rio Grande do Sul, será chefiada pelo Procurador-Geral do Estado, cargo provido em comissão pelo Governador do Estado, devendo a escolha recair em membro da carreira. Esta determinação constitucional vincula, também, os Prefeitos Gaúchos, de modo que a escolha dos Procuradores-Gerais dos Municípios tenha que recair em Procurador Municipal de carreira?

c) O Tribunal de Justiça do Estado, em sede de controle concentrado, declarou a inconstitucionalidade de lei municipal, que criou fundo municipal de desenvolvimento a ele vinculando receita oriunda de impostos, por afronta ao artigo 167, inciso IV, da Constituição Federal e ao artigo 154, inciso IV, da Constituição Estadual. Neste caso, caberia, também, Arguição de Descumprimento de Preceito Fundamental perante o Supremo Tribunal Federal?

◉ ESPAÇO EM BRANCO PARA RESPOSTA (30 LINHAS)

7. (MP/RS –PROMOTOR DE JUSTIÇA – RS/2014)

No âmbito do controle difuso de constitucionalidade, assoma a declaração incidental de inconstitucionalidade nos Tribunais Estaduais e Regionais Federais e no Superior Tribunal de Justiça. Esclareça:

a) a regra básica, com as respectivas normas jurídicas aplicáveis;

b) qual a solução nos casos de interpretação conforme e de declaração parcial de nulidade sem redução de texto;

c) procedimento do incidente e hipóteses de não cabimento;

d) as especificidades tratando-se do Superior Tribunal de Justiça.

ESPAÇO EM BRANCO PARA RESPOSTA (30 LINHAS)

8. (CESPE – PROCURADOR DO ESTADO - AC/2012)

"Ontem os códigos, hoje as Constituições."

Diante da clássica afirmativa de Paulo Bonavides, comente o caráter de supremacia da ordem constitucional e suas implicações no controle de constitucionalidade.

◉ ESPAÇO EM BRANCO PARA RESPOSTA (30 LINHAS)

9. (TJ/SP – JUIZ DE DIREITO - SP/2008)

Com que objetivo e como se dá, no Brasil, o controle difuso-concreto da constitucionalidade de leis? Na hipótese desse controle, quais os efeitos da declaração de inconstitucionalidade de uma lei ou ato normativo do Poder Público? Como é possível a ampliação desses efeitos?

ESPAÇO EM BRANCO PARA RESPOSTA (30 LINHAS)

10. (MPE-SP – PROMOTOR DE JUSTIÇA - SP/2012)

Em relação ao controle de constitucionalidade brasileiro, responda de maneira fundamentada:

a) A transformação da ação direta de inconstitucionalidade (ADI) e da ação declaratória de constitucionalidade (ADC) em ações dúplices contribuiu para o aumento da eficácia das decisões do Supremo Tribunal Federal?

b) A natureza dúplice da ADI e ADC também é aplicável em relação às decisões do STF em sede de medida liminar?

c) Os efeitos repristinatórios se aplicam na ADI e ADC? O que o Supremo Tribunal Federal entende por 'efeitos repristinatórios indesejados'?

d) Há diferenças entre os efeitos repristinatórios e o instituto jurídico da repristinação?

ESPAÇO EM BRANCO PARA RESPOSTA (30 LINHAS)

11. (MPE-MS – PROMOTOR DE JUSTIÇA - MS/2011)

Resolução administrativa editada pelo Conselho Nacional do Ministério Público - CNMP, regulando determinada matéria de modo geral e abstrato, é passível de ser objeto de ação direta de inconstitucionalidade perante o Supremo Tribunal Federal? Fundamente.

ESPAÇO EM BRANCO PARA RESPOSTA (30 LINHAS)

12. (FCC – PROCURADOR DO ESTADO – SP/2012)

Projeto de lei estadual de origem parlamentar que criou um programa social, no âmbito da Administração estadual, não foi vetado pelo anterior Governador do Estado e assim se converteu em lei. Com base nessa premissa, responda de forma fundamentada:

a) Essa lei é constitucional?

b) Pode o atual Governador do Estado propor Ação Direta de Inconstitucionalidade perante o Supremo Tribunal Federal ou há impedimento, nos termos da Súmula 5 do Supremo Tribunal Federal? A Súmula 5 do Supremo Tribunal Federal assim está editada: "A sanção do projeto supre a falta de iniciativa do Poder Executivo".

ESPAÇO EM BRANCO PARA RESPOSTA (30 LINHAS)

13. (TJ-DF – JUIZ DE DIREITO - DF/2011)

Em tema de controle de constitucionalidade esclareça:

a) Há possibilidade de controle repressivo fora do Poder Judiciário? Em caso positivo justifique a hipótese ou hipóteses?

b) É possível declarar a inconstitucionalidade de Emenda Constitucional por meio de Ação Declaratória de Inconstitucionalidade? Justifique a resposta.

ESPAÇO EM BRANCO PARA RESPOSTA (30 LINHAS)

14. (MPE-PR – PROMOTOR DE JUSTIÇA - PR/2008)

Diante de uma lei inconstitucional, pode a autoridade administrativa deixar de aplicá-la? Explique seu entendimento:

◉ ESPAÇO EM BRANCO PARA RESPOSTA (30 LINHAS)

15. (ACP – PROMOTOR DE JUSTIÇA - PB/2011)

Considerando a jurisprudência dominante do Supremo Tribunal Federal, responda: Em Ação Direta de Inconstitucionalidade, pode haver interesse processual em se pedir a declaração de inconstitucionalidade de lei já revogada? Fundamente.

◉ ESPAÇO EM BRANCO PARA RESPOSTA (30 LINHAS)

16. (CESPE –JUIZ DE DIREITO – DF/2015)

Responda, justificadamente, aos seguintes quesitos de Direito Constitucional.

a) Quais os princípios limitadores da autonomia dos Estados-membros na Federação brasileira?

b) Estabeleça a distinção entre Ação Declaratória de Inconstitucionalidade por Omissão e Mandado de Injunção, quanto à Competência, objeto de controle e efeitos da decisão.

c) O que significa cognição aberta no controle concentrado de inconstitucionalidade? Extensão máxima da resposta: 30 linhas

ESPAÇO EM BRANCO PARA RESPOSTA (30 LINHAS)

17. (MPE-RS – PROMOTOR DE JUSTIÇA - RS/2008)

Ação Direta de Inconstitucionalidade é interposta no TJRS contra dispositivo de Lei de determinado Município que estaria violando o princípio da moralidade administrativa inscrito no art. 19 da Constituição do Estado do Rio Grande do Sul. Exarada decisão pelo Tribunal de Justiça do Rio Grande do Sul no sentido da constitucionalidade da referida lei (portanto, com julgamento de improcedência da ADI), existe ainda alguma possibilidade de controle de constitucionalidade dessa Lei Municipal no Supremo Tribunal Federal? Justifique sua resposta.

◉ ESPAÇO EM BRANCO PARA RESPOSTA (30 LINHAS)

18. (TJ-GO – JUIZ DE DIREITO - GO/2009)

Qual o entendimento do Supremo Tribunal Federal quanto à possibilidade de controle direto de constitucionalidade com relação a leis anteriores à Constituição vigente?

◉ ESPAÇO EM BRANCO PARA RESPOSTA (30 LINHAS)

19. (PGE-PA – PROCURADOR DO ESTADO - PA/2007)

Disserte sobre a arguição de descumprimento de preceito fundamental prevista no direito brasileiro, abordando, necessariamente, os seguintes pontos:

a) Hipóteses de cabimento e classificação doutrinária acerca das espécies (modalidades ou tipos de rito);

b) Posições da doutrina brasileira e da jurisprudência do STF acerca da perspectiva da subsidiariedade, bem como acerca do entendimento do STF acerca da fungibilidade do instituto;

c) Eficácia e efeitos da decisão.

ESPAÇO EM BRANCO PARA RESPOSTA (30 LINHAS)

20. (MPE-MG – PROMOTOR DE JUSTIÇA - MG/2007)

A argüição de descumprimento de preceito fundamental, decorrente da Constituição Federal, será apreciada pelo Supremo Tribunal Federal. Indaga-se:

a) O que deve ser considerado preceito fundamental decorrente da Constituição?

b) A ofensa a qualquer norma constitucional poderá ser objeto da argüição inscrita no § 1° do art. 102 da Constituição?

ESPAÇO EM BRANCO PARA RESPOSTA (30 LINHAS)

21. (CESPE – PROCURADOR DO BACEN – 2013)

À luz da chamada cláusula de reserva de plenário, prevista no art. 97 da Constituição Federal, bem como da legislação que rege o processo e julgamento da ação direta de inconstitucionalidade (ADI), da ação declaratória de constitucionalidade (ADC) e da arguição de descumprimento de preceito fundamental (ADPF), responda, de forma justificada, à seguinte indagação. Ao julgar o mérito de ADPF proposta em face de controvérsia judicial relevante sobre a constitucionalidade de determinada lei, o plenário do Supremo Tribunal Federal poderia declará-la inconstitucional por cinco votos contra quatro, ausentes justificadamente dois ministros?

ESPAÇO EM BRANCO PARA RESPOSTA (30 LINHAS)

1

2

3

4

5

6

7

8

9

10

11

12

13

14

15

16

17

18

19

22. (MPE-MG – PROMOTOR DE JUSTIÇA - MG/2009)

Discorra sobre a importância das audiências públicas nas Ações Diretas de Inconstitucionalidade e nas Ações de Descumprimento de Preceitos Fundamentais como fator de maior participação da sociedade civil no enfrentamento de controvérsias constitucionais.

◉ ESPAÇO EM BRANCO PARA RESPOSTA (30 LINHAS)

23. (TJ/RJ – JUIZ DE DIREITO - RJ/2012)

O advogado de réu condenado e cumprindo pena por crime hediondo requereu ao Juiz da Vara de Execuções Penais competente, o benefício de progressão de regime, instruindo o pedido com o decidido pelo STF, que reconheceu a inconstitucionalidade do § 1° do artigo 2º da Lei 8.072/1990, que proibia a progressão de regime de cumprimento de pena naqueles crimes. Ouvido o MP, opinou o mesmo pelo indeferimento do requerimento, com base no art. 52, X, da Constituição Federal, vez que o Senado Federal não havia, até a presente data, determinado a suspensão daquele texto de lei reconhecido como inconstitucional.

Considerando que o STF, realmente e pelo decidido no HC 82959/SP (publicado no DJU de 1.9.2006) decidiu pela inconstitucionalidade deste artigo da lei de crimes hediondos, como consta do pedido, como você decidiria este requerimento?

ESPAÇO EM BRANCO PARA RESPOSTA (30 LINHAS)

24. (VUNESP – DEFENSOR PÚBLICO - MS/2008)

No que consiste a inconstitucionalidade por arrastamento?

◉ ESPAÇO EM BRANCO PARA RESPOSTA (30 LINHAS)

25. (TJ/RJ – JUIZ DE DIREITO - RJ/2008)

Aquele que comprove sofrer prejuízo decorrente de decisões de Órgão do Poder Judiciário, contrárias ao julgado proferido no Supremo Tribunal Federal, em sede de ADIN, tem legitimidade para ofertar a reclamação prevista na Lei n. 8.038/90? Fundamente a resposta.

◉ ESPAÇO EM BRANCO PARA RESPOSTA (30 LINHAS)

26. (CESPE – PROCURADOR DO ESTADO – BA/2013)

De acordo com a jurisprudência do STF relativa ao processamento de ADIs federal e estadual em face de uma mesma lei estadual e considerando que o parâmetro de controle estadual seja de observância obrigatória, pelo princípio da simetria, analise, de forma fundamentada, os seguintes aspectos:

a) possibilidade de processamento simultâneo das ADIs federal e estadual em face da mesma norma estadual;

b) possibilidade de processamento de ADI estadual superveniente, impugnando a constitucionalidade da norma estadual, caso esta venha a ser declarada inconstitucional pelo STF, ao julgar procedente ADI federal em decisão transitada em julgado.

◉ ESPAÇO EM BRANCO PARA RESPOSTA (30 LINHAS)

27. (MPE-MG – PROMOTOR DE JUSTIÇA - MG/2007)

A representação de inconstitucionalidade junto aos Tribunais de Justiça estaduais compreende o controle concentrado de leis ou atos normativos estaduais ou municipais em face da Constituição estadual. Indaga-se:

a) Seria cabível a representação de inconstitucionalidade, no TJ local, de lei municipal frente à norma da Constituição estadual, quando contém esta norma constitucional estadual uma norma constitucional federal de reprodução obrigatória?

b) Se cabível, haveria possibilidade de interposição de recurso extraordinário para o STF da decisão de mérito do Tribunal local?

ESPAÇO EM BRANCO PARA RESPOSTA (30 LINHAS)

28. (MPE-MS – PROMOTOR DE JUSTIÇA - MS/2011)

O Procurador-Geral de Justiça do Estado de Mato Grosso do Sul ingressou com ação direta de inconstitucionalidade junto ao Tribunal de Justiça questionando teor de lei estadual, sustentando que esta afronta a Constituição Estadual, razão pela qual requereu a declaração de inconstitucionalidade da referida lei estadual.

Posteriormente, antes do julgamento da ação direita de inconstitucionalidade ajuizada pelo PGJ/MS o Procurador-Geral da República - PGR ajuizou ação direta de inconstitucionalidade perante o Supremo Tribunal Federal, aduzindo que a mesma lei estadual fere disposição da Constituição Federal, pleiteando, assim, a declaração de sua inconstitucionalidade.

Pergunta-se:

a) é possível o trâmite simultâneo das duas mencionadas ações diretas de inconstitucionalidade? Explique.

b) o que ocorrerá se o Supremo Tribunal Federal decidir pela inconstitucionalidade da lei estadual? Explique.

c) o que ocorrerá se o Supremo Tribunal Federal decidir pela constitucionalidade da lei estadual? Explique.

d) a decisão do Tribunal de Justiça sobre a referida ação direta de inconstitucionalidade de sua competência pode ser questionada no Supremo Tribunal Federal? Explique.

◉ ESPAÇO EM BRANCO PARA RESPOSTA (30 LINHAS)

QUESTÕES COMENTADAS

1. (MPE-BA – PROMOTOR DE JUSTIÇA –BA/2019)

Na forma do artigo 125, § 2º, da Constituição da República Federativa do Brasil de 1988, cabe aos Estados a instituição de representação de inconstitucionalidade de leis e atos normativos municipais, tendo como parâmetro a Constituição Estadual.

Sobre o tema, o Procurador-Geral de Justiça do Estado da Bahia ajuizou ação de controle objetivo em face de lei ordinária produzida pelo município de Salvador, que assim dispôs: "Far-se-á eleição indireta para os cargos de Prefeito e Vice-prefeito da Capital, na hipótese de vacância dos cargos em razão da apuração de crime de responsabilidade, independentemente do tempo de mandato".

No dia do julgamento, do colegiado de 60 desembargadores, estavam presentes 50, e destes, 29 votaram pela procedência da ação direta, por violação direta ao artigo 2º, IV da Constituição do Estado da Bahia. Ao analisar o resultado, o Procurador-Geral de Justiça do Estado da Bahia entendeu que a hipótese desafiava a interposição de recurso extraordinário ao Supremo Tribunal Federal.

Considerando o contexto apresentado, responda, fundamentadamente, em no máximo 40 linhas, sobre:

a) o resultado da ação direta de inconstitucionalidade (até 4,5 pontos);

b) o cabimento do recurso extraordinário (até 4,5 pontos);

c) o fundamento e os parâmetros de controle a serem utilizados no referido recurso (até 4,5 pontos);

d) qual seria o resultado adequado derredor da (in)constitucionalidade da norma municipal (até 4,5 pontos).

OBS: A pontuação relativa à estrutura gramatical totaliza 2,0 pontos.

ESPELHO DE CORREÇÃO DA BANCA

Itens avaliados	Pontos
a) A norma impugnada foi mantida, não declarada inconstitucional, em razão da inobservância da cláusula de reserva de plenário (artigo 97, da CF/88).	4,5

Itens avaliados	Pontos
b) O cabimento do recurso extraordinário em ação objetiva estadual somente se admite quando o parâmetro de controle normativo local corresponder a norma da Constituição Federal de observância obrigatória pelos demais entes integrantes da Federação. Assim, é pressuposto de cabimento do recurso extraordinário interposto contra acórdão prolatado em ação direta, **a demonstração de qual norma de reprodução obrigatória inserida na Constituição local foi violada**. (Precedentes: RCL n. 383, Relator o Ministro Moreira Alves, Plenário, DJ de 21.5.93)	4,5
c) Fundamento e parâmetro de controle: A norma municipal precisa ser ajustada às regras previstas na CF/88, especialmente a dos artigos 81, §1° e 1°, parágrafo único, 14, e 29, I.	4,5
d) A norma deve ser mantida no ordenamento, mas a ela se deve realizar a técnica da "**declaração parcial de inconstitucionalidade sem redução de texto**" para afastar as "hipóteses de aplicação ou incidência" da norma, que aparentemente seriam factíveis (eleição indireta restando mais de dois anos de mandato), mas que a levaria a uma inconstitucionalidade, porém sem proceder a qualquer alteração do seu texto normativo. Artigo 28, parágrafo único, da lei 9.868/99.	4,5
Somatório	**18,0**
Sequência lógica	0,2
Estrutura de parágrafos	0,2
Períodos e orações	0,2
Concisão e clareza	0,2
Adequação da linguagem	0,2
Ortografia	0,2
Pontuação	0,2
Concordância e regência	0,2
Colocação pronominal	0,2
Estética	0,2
Somatório	**2,0**
Somatório	**20,0**

RESPOSTA SUGERIDA

O art. 97 da CF/88 estabelece que "somente pelo voto da maioria absoluta de seus membros ou dos membros do respectivo órgão especial poderão os tribunais declarar a inconstitucionalidade de lei ou ato normativo do Poder Público" No caso, a decisão obteve voto favorável de apenas 29 membros, de um total de 60, logo, não se atingiu a maioria absoluta, de modo que não poderia da decisão resultar a declaração de inconstitucionalidade do dispositivo questionado.

Segundo entendimento do STF, seria possível a interposição de recurso extraordinário, previsto no art. 102, III da CF/88, apenas caso a norma da constituição estadual que serviu de parâmetro seja norma de reprodução obrigatória da Constituição Federal.

Tendo em vista tratar-se, de fato, de norma de reprodução obrigatória, o recurso extraordinário poderia ser interposto, tendo por fundamento a violação da disposição do art. 81, bem como do art.1º, parágrafo único, além do art. 14, I e art. 19, todos da CF/88, que, juntos, levam à interpretação de que a eleição indireta é situação excepcional, cabível apenas na hipótese constitucionalmente admitida, no caso de vacância nos últimos dois anos do período do mantado, sob pena de violação do valor democrático, prezado pela Constituição Federal como um todo. Importante ainda observar a disposição do art. 224, §4º do Código Eleitoral, que limita a eleição indireta às vacâncias que ocorrerem a menos de seis meses do final do mandato, o qual foi objeto de discussão perante o STF.

Seria possível solucionar a problemática da inconstitucionalidade da norma com uma declaração parcial de inconstitucionalidade sem redução de texto, prevista no art. 28, parágrafo único da lei 9868/99, determinando a aplicação da norma em questão apenas na hipótese que corresponderia à autorizada no art. 81, §1º da CF/88.

DOUTRINA TEMÁTICA

"Nesse caso, se a lei estadual, ou mesmo a municipal, viola a CE ou as normas da Constituição Federal de reprodução obrigatória de acordo com o precedente acima citado, no fundo, o que se terá, em essência, será a violação da Constituição Federal. Como o TJ não tem essa atribuição de análise, objetivando evitar a situação de o TJ usurpar a competência do STF (o intérprete máximo da Constituição), abre-se a possibilidade de interpor recurso extraordinário contra o acórdão do TJ em controle abstrato estadual para que o STF diga, então, qual a interpretação da lei estadual ou municipal perante a CF." (LENZA, 2019, p.707)

"Nada obsta a que o Tribunal de Justiça competente para conhecer da ação direta de inconstitucionalidade em face da Constituição estadual suscite ex officio a questão constitucional – inconstitucionalidade do parâmetro estadual em face da Constituição Federal –, declarando, incidentalmente, a inconstitucionalidade da norma constitucional estadual em face da Constituição Federal e extinguindo, por conseguinte, o processo, ante a impossibilidade jurídica do pedido (declaração de inconstitucionalidade em face de parâmetro constitucional estadual violador da Constituição Federal).

Portanto, da decisão que reconhecesse ou não a inconstitucionalidade do parâmetro de controle estadual seria admissível recurso extraordinário para o Supremo Tribunal Federal, que tanto poderia reconhecer a legitimidade da decisão, confirmando a declaração de inconstitucionalidade, como revê-la, para admitir a constitucionalidade da norma estadual, o que implicaria a necessidade de o Tribunal de Justiça prosseguir no julgamento da ação direta proposta." (MENDES; GONET BRANCO, 2017, P. 1240)

JURISPRUDÊNCIA TEMÁTICA

STF

"Para que seja admissível recurso extraordinário de ação direta de inconstitucionalidade processada no âmbito do tribunal local, é imprescindível que o parâmetro de controle normativo local corresponda à norma de repetição obrigatória da CF. Inadmissível, em recurso extraordinário, a análise da legislação local. Incidência da Súmula 280 do STF." [AI 694.299 AgR, rel. min. Dias Toffoli, j. 13-8-2013, 1ª T, DJE de 17-2-2014.] Vide Rcl 383, rel. min. Moreira Alves, j. 11-6-1992, P, DJ de 21-5-1993

"Reclamação com fundamento na preservação da competência do STF. Ação direta de inconstitucionalidade proposta perante tribunal de justiça na qual se impugna lei municipal sob a alegação de ofensa a dispositivos constitucionais estaduais que reproduzem dispositivos constitucionais federais de observância obrigatória pelos Estados. Eficácia jurídica desses dispositivos constitucionais estaduais. Jurisdição constitucional dos Estados-membros. Admissão da propositura da ação direta de inconstitucionalidade perante o tribunal de justiça local, com possibilidade de recurso extraordinário se a interpretação da norma constitucional estadual, que reproduz a norma constitucional federal de observância obrigatória pelos Estados, contrariar o sentido e o alcance desta." [Rcl 383, rel. min. Moreira Alves, j. 11-6-1992, P, DJ de 21-5-1993.] = Rcl 12.653 AgR, rel. min. Gilmar Mendes, j. 20-6-2012, P, DJE de 15-10-2012 Vide AI 694.299 AgR, rel. min. Dias Toffoli, j. 13-8-2013, 1ª T, DJE de 17-2-2014 Vide Rcl 4.329, rel. min. Ayres Britto, j. 17-11-2011, P, DJE de 12-12-2011

QUESTÕES RELACIONADAS

01. (FCC - Defensor Público – DPE/PR - 2017) Sobre a aplicação da cláusula de reserva de plenário, é correto afirmar:

a) Caso um órgão fracionário se depare com alegação de inconstitucionalidade de lei pertinente ao caso discutido nos autos, deve sempre remeter a questão ao plenário do respectivo tribunal ou órgão que lhe faça as vezes para decidir sobre a questão, mesmo que entenda que a lei questionada pela parte é constitucional.

b) Conforme o Supremo Tribunal Federal, a análise da recepção de ato normativo anterior à Constituição ou emenda constitucional se submete à cláusula de reserva de plenário.

c) Viola a cláusula de reserva de plenário decisão de órgão fracionário de Tribunal que declare inconstitucional decreto legislativo, ainda que se refira a uma situação individual e concreta.

d) Há precedente do Supremo Tribunal Federal afirmando que, mesmo sendo órgãos fracionários, as Turmas do Supremo Tribunal Federal não se submetem à cláusula de reserva de plenário.

e) Viola cláusula de reserva de plenário a decisão do órgão fracionário do Tribunal que deixe de aplicar a norma infraconstitucional por entender não haver subsunção aos fatos ou, ainda, que a incidência normativa seja resolvida mediante a sua mesma interpretação, sem potencial ofensa direta à Constituição.

Resposta: alternativa "d".

---

02. (VUNESP - Juiz de Direito Substituto - TJ-AC - 2019) A denominada cláusula de reserva de plenário, aplicada na apreciação judicial de leis e atos normativos submetidos ao controle de constitucionalidade, deve ser observada quando

a) o órgão fracionário do Tribunal apenas afasta a incidência, parcialmente, da lei ou ato normativo, mas não declara expressamente a sua inconstitucionalidade.

b) do julgamento realizado pelas Turmas Recursais dos Juizados Especiais.

c) o processo for objeto de julgamento de plano pelo relator, ainda que haja pronunciamento anterior do Plenário sobre a questão.

d) o órgão fracionário do Tribunal julgar a norma ou o ato impugnado e entender pela sua constitucionalidade.

Resposta: alternativa "a".

2. (TJ/BA – JUIZ DE DIREITO SUBSTITUTO – CESPE- BA/2019)

Câmara municipal localizada em determinado estado federado aprovou projeto de lei que determinava aos cartórios do município o condicionamento da alteração de prenome constante no registro civil de pessoas autoidentificadas como transgêneros à comprovação de prévia realização de cirurgia de transgenitalização. No entanto, no âmbito da arguição de descumprimento de preceito fundamental (ADPF) ajuizada pela entidade legitimada — a Associação de Transgêneros Brasileiros (ATB) —, o STF concedeu medida liminar para suspender a vigência da referida lei municipal. Passados dois meses da publicação da decisão de concessão dessa medida, o STF recebeu reclamação constitucional ajuizada também pela ATB, em busca de estender os efeitos da liminar concedida na ADPF contra outra lei, esta aprovada pela câmara legislativa do mesmo estado, de idêntico conteúdo da anterior lei municipal: determinava que a alteração de registro civil de transgêneros fosse condicionada à comprovação da realização de cirurgia de transgenitalização, estendendo-se essa ordem a todos os cartórios localizados no território daquele estado.

À luz das disposições constitucionais, da doutrina e do entendimento do STF, redija um texto abordando os seguintes aspectos, relativos à situação hipotética apresentada:

1) a constitucionalidade da atuação do Poder Legislativo estadual na formulação de nova legislação de conteúdo idêntico ao da legislação municipal suspensa após o deferimento da medida liminar pelo STF no âmbito de ADPF e o cabimento da reclamação constitucional proposta pela ATB; [valor: 1,10 ponto]

2) a constitucionalidade, formal e material, das referidas leis municipal e estadual. [valor: 1,30 ponto]

ESPELHO DE CORREÇÃO DA BANCA

Quesito 1

a) Da possibilidade do Poder Legislativo Estadual de formular nova legislação, de idêntico conteúdo, após o deferimento da medida liminar pelo STF no âmbito da ADPF [valor: 0,55 ponto]

0 – Não abordou o assunto.

1 – O candidato mencionou no texto dissertativo que o efeito vinculante dos provimentos do STF não alcança a atividade legislativa.

2 – O candidato mencionou no texto dissertativo que o efeito vinculante dos provimentos do STF não alcança a atividade legislativa, explicando que, por isso, é possível o Poder Legislativo formular nova legislação, de idêntico conteúdo, mesmo

após o deferimento de medida liminar em ADPF.

b) Do não cabimento da reclamação no caso [valor: 0,55 ponto]

0 – Não abordou o assunto.

1 – O candidato discorreu que não é cabível a reclamação ajuizada pela ATB.

2 – O candidato discorreu que não é cabível a reclamação ajuizada pela ATB, apresentando justificativa para tal resposta.

Quesito 2

a) Da inconstitucionalidade formal das leis municipal e estadual: ofensa à competência legislativa exclusiva da União. [valor: 0,65 ponto]

0 – Não abordou o assunto.

1 – O candidato apontou que há inconstitucionalidade formal, por ofensa à competência legislativa da União, porque nem município, nem o Estado têm competência para criar requisitos de validade para atos e procedimentos relativos a registros públicos. Essa atribuição é de competência privativa da União – art. 22, inciso XXV, da CF/1988.

2 – O candidato apontou que há inconstitucionalidade formal, por ofensa à competência legislativa da União, porque nem município, nem o Estado têm competência para criar requisitos de validade para atos e procedimentos relativos a registros públicos. Informou que essa atribuição é de competência privativa da União – art. 22, inciso XXV, da CF/1988.

b) Da inconstitucionalidade material das leis municipal e estadual: impossibilidade de condicionar a alteração de registro civil de transgêneros à comprovação de realização de cirurgia de transgenitalização. [valor: 0,65 ponto]

0 – Não abordou o assunto.

1 – O candidato informou que as leis municipal e estadual são materialmente inconstitucionais.

2 – O candidato informou que as leis municipal e estadual são materialmente inconstitucionais, indicando que o conteúdo é incompatível com a proteção à dignidade humana e o direito à identidade sexual e de gênero de transgênero e que a substituição de prenome no registro civil deve ocorrer sem a obrigatoriedade de comprovação de cirurgia de transgenitalização.

◉ RESPOSTA SUGERIDA

1) O caso em tela narra uma decisão que não reconheceu a inconstitucionalidade de uma norma, mas apenas suspendeu sua eficácia, para fins de suspender o andamento de processos ou o efeito de decisões judiciais, nos termos do art. 21 da lei 9868/99. Diante disso, não há que se falar em reclamação em face de tal norma, ainda que os efeitos da liminar fossem *erga omnes*.

Caso a decisão narrada fosse uma decisão definitiva, ainda seria necessário verificar que mesmo dotada de efeito vinculante, atingiriam os demais órgãos do Poder Judiciário, bem como o Poder Executivo no âmbito de sua atuação administrativa, atingindo toda a Administração Pública. No entanto, não têm tais decisões o condão de vincular a atividade legislativa. Assim, não há que se falar em reclamação, cuja finalidade é preservar a competência e a autoridade das decisões do STF, nos termos do art. 102, I "l" da CF/88, no caso narrado.

2) As normas em questão são materialmente inconstitucionais, pois ao condicionarem a alteração de prenome à realização de cirurgia de transgenitalização, viola-se tanto a dignidade da pessoa humana, quanto a inviolabilidade da intimidade, da vida privada, da honra e da imagem, sendo esse o posicionamento atual do STF.

Violada a dignidade da pessoa humana ao se obstar o direito do ser humano de buscar sua integridade e apresentar-se à sociedade como de fato se enxerga. O procedimento cirúrgico tão somente alteraria a anatomia da pessoa, não sendo ela pré-requisito para a condição de transexual. Trata-se de condição que está diretamente ligada à intimidade, à vida privada, à honra e à imagem, previstos no art. 5º, X da CF/88, sendo o direito de alteração de prenome mera consequência de tais direitos.

Ademais, as normas são também formalmente inconstitucionais, uma vez que o art.22, I da CF/88 determina ser competência privativa da União legislar sobre direito civil, uma vez que a questão faz parte do direito da personalidade, ramo do direito civil, assim como legislar sobre registros públicos, nos termos do inciso XXV do mesmo artigo.

◉ DOUTRINA TEMÁTICA

"Ao contrário da prática de outros países, a configuração do efeito vinculante no plano institucional brasileiro excluiu a função típica do Poder Legislativo do dever de observância obrigatória às razões de decidir expostas pelo STF, seja por meio das decisões em controle abstrato ou da edição das súmulas.

Resulta desse entendimento o fato de que tanto o Congresso Nacional quanto as Assembleias Legislativas e Câmaras de Vereadores podem aprovar leis e atos normativos com conteúdo contrário ao exposto pelo STF nos julgamentos das ações diretas ou de súmula vinculante, nada impedindo a reiteração, em lei ou ato diverso, de norma com idêntico e literal teor ao declarado inconstitucional pelo Tribunal. Importa, contudo, observar que nem sempre a edição de novo ato legislativo com idêntico conteúdo importará em inconstitucionalidade flagrante. É o caso, por exemplo, das hipóteses em que o STF tenha declarado inconstitucional uma lei A incompatível com determinado artigo da Constituição, e, em seguida este artigo tenha sido alterado por força de Emenda Constitucional, cuja interpretação abriga como compatível uma lei B aprovada posteriormente, com idêntico teor material ao da lei A.

Também os casos de declaração de inconstitucionalidade formal, cujo vício não tenha se repetido em processo legislativo instaurado após a decisão da Corte, e que culminem na produção de lei ou ato idêntico, servem para exemplificar a possibilidade de edição de norma de igual conteúdo à declarada incompatível com a Lei Maior, sem incorrer necessariamente em nova inconstitucionalidade. Talvez o sentido de excluir o Poder Legislativo do efeito vinculante das decisões, conforme reconhecido pelo próprio Supremo, esteja relacionado à concepção de que a manutenção do regime democrático rejeita a ideia de qualquer imposição ao legislador que não seja decorrência direta do texto da Constituição." (Alexandre Carvalho. Efeito vinculante e concentração da jurisdição constitucional. Brasília: Consulex: 2012, p. 248.)"

"Por outro lado, tendo em conta que uma série de dimensões essenciais à dignidade pessoal não foi contemplada (direta e expressamente) no texto constitucional, é preciso ter presente que o direito ao livre desenvolvimento da personalidade e o direito geral de personalidade que dele resulta, sendo 'expressão direta do postulado básico da dignidade humana', abarcam toda manifestação essencial à personalidade, de modo especial o direito à identidade pessoal e moral, que, por sua vez, inclui o direito à identidade genética do ser humano, o direito ao nome, o direito ao conhecimento da paternidade, o assim chamado direito à identidade (e autodeterminação) sexual, entre outros, de tal sorte que, embora sempre presentes zonas — maiores ou menores — de confluência com os direitos especiais de personalidade, o direito geral de personalidade, como já referido, segue sendo um direito autônomo e indispensável à proteção integral e sem lacunas da personalidade. (Ingo Sarlet, Luiz Guilherme Marinoni e Daniel Mitidiero. Curso de direito constitucional. 6. ed. São Paulo: Saraiva, 2017, p. 482)"

JURISPRUDÊNCIA TEMÁTICA

STF

"Reclamação. Pretendida submissão do Poder Legislativo ao efeito vinculante que resulta do julgamento, pelo STF, dos processos de fiscalização abstrata de constitucionalidade. Inadmissibilidade. Consequente possibilidade de o legislador editar lei de conteúdo idêntico ao de outro diploma legislativo declarado inconstitucional, em sede de controle abstrato, pela Suprema Corte. Inviabilidade de utilização, nesse contexto, do instrumento processual da reclamação como sucedâneo de recursos e ações judiciais em geral. Reclamação não conhecida. O efeito vinculante e a eficácia contra todos (erga omnes), que qualificam os julgamentos que o Supremo Tribunal Federal profere em sede de controle normativo abstrato, incidem, unicamente, sobre os demais órgãos do Poder Judiciário e os do Poder Executivo, não se estendendo, porém, em tema de produção normativa, ao legislador, que pode, em consequência, dispor, em novo ato legislativo, sobre a mesma matéria versada em legislação anteriormente declarada inconstitucional pelo Supremo, ainda que no âmbito de processo de fiscalização concentrada de constitucionalidade, sem que tal conduta importe em desrespeito à autoridade das decisões do STF. Doutrina. Precedentes. Inadequação, em tal contexto, da utilização do instrumento processual da reclamação. (Rcl n.º 5.442-MC, Rel. Ministro Celso de Mello, decisão monocrática, DJ 6/9/2007). Reclamação. Cabimento para garantir a autoridade das decisões do STF no controle direto de constitucionalidade de normas. Hipóteses de cabimento hoje admitidas pela jurisprudência (precedentes), que, entretanto, não abrangem o caso da edição de lei de conteúdo idêntico ou similar ao da anteriormente declarada inconstitucional, à falta de vinculação do legislador à motivação do julgamento sobre a validez do diploma legal precedente, que há de ser objeto de nova ação direta. (ADIn n.º 1.850-MC, Rel. Ministro Sepúlveda Pertence, DJ 27/4/2001. No mesmo sentido: Rcl n.º 10.323-MC, Rel.ª Ministra Cármen Lúcia, decisão monocrática, DJ 2/8/10.)"

"Competência legislativa e registros públicos: o § 1.º do art. 2.º do diploma legislativo em estudo cria um requisito de validade dos atos de criação, preservação, modificação e extinção de direito e obrigações. Imiscuindo-se, ipso facto, na competência legislativa que a Carta Federal outorgou à União. (STF. ADI 3.151, Rel. Ministro Ayres Britto, j. 8/6/2005, P, DJ de 28/4/2006. No mesmo sentido, o RE 336.739, rel. p/ o ac. Ministro Luiz Fux, j. 6/5/2014, 1.ª T, DJE de 15/10/2014.)"

"O direito à igualdade sem discriminações abrange a identidade ou a expressão de gênero. A identidade de gênero é manifestação da própria personalidade da pessoa humana e, como tal, cabe ao Estado apenas o papel de reconhecê-la, nunca de constituí-la. A pessoa não deve provar o que é, e o Estado não deve condicionar a expressão da identidade a qualquer tipo de modelo, ainda que meramente procedimental. Com base nessas assertivas, o Plenário, por maioria, julgou procedente pedido formulado em ação direta de inconstitucionalidade para dar interpretação conforme a Constituição e o Pacto de São José da Costa Rica ao art. 58 da Lei n.º 6.015/1973. Reconheceu aos transgêneros, independentemente da cirurgia de transgenitalização, ou da realização de tratamentos hormonais ou patologizantes, o direito à alteração de prenome e gênero diretamente no registro civil. O Colegiado assentou seu entendimento nos princípios da dignidade da pessoa humana, da inviolabilidade da intimidade, da vida privada, da honra e da imagem, bem como no Pacto de São José da costa Rica. Considerou desnecessário qualquer requisito atinente à maioridade, ou outros que limitem a adequada e integral proteção da identidade de gênero autopercebida. Além disso, independentemente da natureza dos procedimentos para a mudança de nome, asseverou que a exigência da via jurisdicional constitui limitante incompatível com essa proteção. Ressaltou que os pedidos podem estar baseados unicamente no consentimento livre e informado pelo solicitante, sem a obrigatoriedade de comprovar requisitos tais como certificações médicas ou psicológicas, ou outros que possam resultar irrazoáveis ou patologizantes. Pontuou que os pedidos devem ser confidenciais, e os documentos não podem fazer remissão a eventuais alterações. Os procedimentos devem ser céleres e, na medida do possível, gratuitos. Por fim, concluiu pela inexigibilidade da realização de qualquer tipo de operação ou intervenção cirúrgica ou hormonal." (STF. ADI 4.275, Rel. p/ o ac. Ministro Edson Fachin, j. 1/3/2018, P, Informativo 892.)

QUESTÕES RELACIONADAS

01. (Cespe – Promotor de Justiça – MPE – PI/2019) De acordo com o STF, é assegurado às pessoas transexuais o direito à alteração de prenome e gênero em seus registros civis,

a) desde que o juiz competente constitua a identidade de gênero do(a) requerente.

b) caso tenha sido realizada a respectiva cirurgia de transgenitalização, mesmo que o juiz não tenha constituído a identidade de gênero do(a) requerente.

c) desde que a identidade com o gênero autopercebido pelo(a) requerente seja atestada por certificação médica ou psicológica.

d) desde que fique anotado nos documentos do(a) requerente que ocorreram as alterações requeridas, para garantia da segurança jurídica.

e) ainda que o(a) requerente não faça prova da sua identidade de gênero, que é autopercebida.

Resposta: alternativa "e"

02. (MPE-PR - Promotor Substituto - 2019) Ainda sobre direitos fundamentais, assinale a alternativa incorreta:

a) Viola o princípio da isonomia a norma que veda o exercício da atividade de advocacia por aqueles que desempenham, direta ou indiretamente, serviço de caráter policial.

b) Os cidadãos transgêneros têm direito à alteração de prenome e gênero diretamente no registro civil, cujos pedidos podem ser baseados unicamente no consentimento livre e informado pelo solicitante, independentemente da cirurgia de transgenitalização ou da realização de tratamentos hormonais ou patologizantes, sendo desnecessário qualquer requisito atinente à maioridade, ou outros que limitem a adequada e integral proteção da identidade de gênero autopercebida, constituindo a exigência da via jurisdicional limitante incompatível com essa proteção.

c) É legítima a solicitação de informações pelo Ministério Público diretamente ao Conselho de Atividades Financeiras – COAF para instruir procedimento investigatório criminal, para apuração de crimes de lavagem, ocultação de bens, direitos e valores, prescindido-se de autorização judicial.

d) Dados obtidos em interceptação de comunicações telefônicas e em escutas ambientais, judicialmente autorizadas para produção de prova em investigação criminal ou em instrução processual penal, podem ser usados em procedimento administrativo disciplinar, contra a mesma ou as mesmas pessoas em relação às quais foram colhidos, ou contra outros servidores cujos supostos ilícitos teriam despontado à colheita dessa prova.

e) A liberdade de expressão autoriza que os meios de comunicação optem por determinados posicionamentos e exteriorizem seu juízo de valor, bem como autoriza programas humorísticos, "charges" e sátiras realizados a partir de trucagem, montagem ou outro recurso de áudio e vídeo, como costumeiramente se realiza, não havendo nenhuma justificativa constitucional razoável para a interrupção durante o período eleitoral.

Resposta: alternativa "a".

3. (CESPE – PROCURADOR DO MUNICÍPIO – MANAUS/AM – 2018)

Determinado município editou, em 2018, lei com a seguinte redação: "Art. 1º As obrigações de fazer determinadas por decisão judicial transitada em julgado contra a fazenda pública municipal não poderão ser executadas provisoriamente. Art. 2º O teto do valor das requisições de pequeno valor (RPV) referentes ao município corresponde a R$ 1.000,00.".

Inconformada com o teor desses dispositivos legais, a autoridade devidamente legitimada ajuizou ação no Supremo Tribunal Federal, em busca da declaração de inconstitucionalidade da referida lei.

À luz da Constituição Federal de 1988 (CF) e da jurisprudência do Supremo Tribunal Federal (STF), discorra sobre os seguintes aspectos relativos à situação hipotética apresentada.

1 Cabimento de controle de constitucionalidade de lei municipal pelo STF em face da CF. [valor: 4,25 pontos]

2 Juridicidade dos artigos da lei editada pelo município. [valor: 10,00 pontos – 5,00 pontos para cada artigo]

PADRÃO DE RESPOSTA DA BANCA

É cabível controle de constitucionalidade de lei municipal pelo Supremo Tribunal Federal (STF) em face da Constituição Federal (CF). Quando se pretende evitar ou reparar lesão a preceito fundamental da Constituição em virtude de controvérsia constitucional em relação à lei municipal, cabe ADPF.

O art. 1.º da lei hipotética em questão não se coaduna com o texto constitucional. O STF tem entendimento firmado no sentido de que a execução provisória de obrigação de fazer em face da fazenda pública não atrai o regime constitucional dos precatórios, porquanto inexiste razão para que tal obrigação tenha seu efeito financeiro postergado em função do trânsito em julgado. Portanto, referida obrigação pode ser executada. Além disso, há inconstitucionalidade formal por usurpação da competência privativa da União ao tratar de matéria processual.

O art. 2.º da lei hipotética em questão é inconstitucional. A CF prevê que os pagamentos de obrigações definidas como de pequeno valor que as fazendas públicas devam fazer em virtude de sentença judicial transitada em julgado devem ser definidos em leis, as quais serão editadas segundo as diferentes capacidades econômicas, devendo a quantia mínima ser igual ao valor do maior benefício do regime geral de previdência social. Portanto, sendo o valor previsto na lei menor do que o teto previdenciário, é inconstitucional o dispositivo.

Referências

No que se refere à ADPF: a) Lei: § 1.º do art. 102 da CF e art. 1.º da Lei nº.o 9.882/1999; b) Jurisprudência: STF: ADPF 33; e c) Doutrina: Bernardo Gonçalves Fernandes. Curso de direito constitucional. Salvador: JusPodivm, 2017, p. 1548-9.

No que se refere à obrigação de fazer: STF, RE 573872/RS, Rel. Ministro Edson Fachin, julgamento em 24/5/2017, Pleno; e RE 636158 AgR/AL, Rel. Ministro Roberto Barroso, Julgamento em 30/6/2017, Órgão julgador: Primeira Turma. No que se refere ao piso da RPV: a) Lei: § 3.º e § 4.º do art. 100 da CF e art. 87, II, do ADCT; b) Jurisprudência: STF, ADPF 370; e c) Doutrina: Bernardo Gonçalves Fernandes. Curso de direito constitucional. Salvador: JusPodivm, 2017, p. 1317-8.

RESPOSTA SUGERIDA

Ao analisar em conjunto as disposições do art. 102, I, a e art. 125, §2º da CF/88, observamos que o controle de constitucionalidade de norma municipal no STF, tendo por parâmetro a Constituição Federal, é situação excepcional, ocorrendo na via difusa, ou, observada a subsidiariedade (art. 4º, §1º, lei 9882/99), em sede de arguição de descumprimento de preceito fundamental (ADPF), havendo relevante controvérsia constitucional em torno da norma em questão (art. 1º, parágrafo único, I, lei 9882/99).

A norma municipal mencionada na questão viola material e formalmente a Constituição Federal: viola formalmente em seu art. 1º, uma vez que trata de matéria processual, a qual é de competência privativa da União, nos termos do art. 22, I da CF/88; e viola, no mesmo artigo, materialmente a Constituição, uma vez que, segundo interpretação do STF, não se pode aplicar às obrigações de fazer o regimento de pagamentos dos precatórios, de modo que não há fundamento constitucional para afastar da cobrança dessas obrigações a execução provisória da sentença condenatória, o que é compatível apenas com o regime de precatórios. Quanto ao art. 2º da lei mencionada na questão, devemos observar que embora o art. 100, §§3º e 4º da CF/88, alinhado com o art. 87, II do ADCT, permita aos entes públicos, por leis próprias, fixarem valores distintos para o teto do RPV, esse teto deve ser, no mínimo, igual ao valor do maior benefício do regime geral de previdência social. Portanto, em razão de ter sido estipulado valor inferior ao parâmetro constitucional, inconstitucional a disposição.

DOUTRINA TEMÁTICA

"Nessas hipóteses, será inadmissível ação direta de inconstitucionalidade perante o Supremo Tribunal Federal ou perante o Tribunal de Justiça local, inexistindo, portanto, essa espécie de controle concentrado de constitucionalidade, pois o único controle de constitucionalidade de lei e de ato normativo municipal em face da Constituição Federal que se admite, em regra, é o difuso, exercido *incidenter tantum*, por todos os órgãos do Poder Judiciário, quando do julgamento de cada caso concreto; e, excepcionalmente, presente observado princípio da subsidiariedade, mediante o controle concentrado de lei municipal a ser realizado pelo Supremo Tribunal Federal mediante arguição de descumprimento de preceito fundamental por equiparação" (MORAES, 2018, p. 1002).

"Nos termos do art. 100, §§ 3.º e 8.º, da CF/88, a obrigatoriedade da expedição de precatório para o pagamento das dívidas públicas não se aplica aos pagamentos de obrigações definidas em lei como de pequeno valor que as Fazendas referidas devam fazer em virtude de sentença judicial transitada em julgado, sendo, contudo, vedada a expedição de precatórios complementares ou suplementares de valor pago, bem como o fracionamento, repartição ou quebra do valor da execução para fins de enquadramento de parcela do total em montante que seria considerado de 'pequeno valor'". (LENZA, 2019, p. 1412).

JURISPRUDÊNCIA TEMÁTICA

STF

"Arguição de descumprimento de preceito fundamental (ADPF). Medida cautelar. Ato regulamentar. Autarquia estadual. Instituto de Desenvolvimento Econômico-Social do Pará (IDESP). Remuneração de pessoal. Vinculação do quadro de salários ao salário mínimo. Norma não recepcionada pela Constituição de 1988. Afronta ao princípio federativo e ao direito social fundamental ao salário mínimo digno (arts. 7º, IV; 1º; e 18 da Constituição). Medida liminar para impedir o comprometimento da ordem jurídica e das finanças do Estado. Preceito fundamental: parâmetro de controle a indicar os preceitos fundamentais passíveis de lesão que justifiquem o processo e o julgamento da arguição de descumprimento. Direitos e garantias individuais, cláusulas pétreas, princípios sensíveis: sua interpretação, vinculação com outros princípios e garantia de eternidade. Densidade normativa ou significado específico dos princípios fundamentais. Direito pré-constitucional. Cláusulas de recepção da Constituição. Derrogação do direito pré-constitucional em virtude de colisão entre este e a Constituição superveniente. Direito comparado: desenvolvimento da jurisdição constitucional e tratamento diferenciado em cada sistema jurídico. A Lei 9.882, de 1999, e a extensão do controle direto de normas ao direito pré-constitucional. Cláusula da subsidiariedade ou do exaurimento das instâncias. Inexistência de outro meio eficaz para sanar lesão a preceito fundamental de forma ampla, geral e imediata. Caráter objetivo do instituto a revelar como meio eficaz aquele apto a solver a controvérsia constitucional relevante. Compreensão do princípio no contexto da ordem constitucional global. Atenuação do significado literal do princípio da subsidiariedade quando o prosseguimento de ações nas vias ordinárias não se mostra apto para afastar a lesão a preceito fundamental." [ADPF 33 MC, rel. min. Gilmar Mendes, j. 29-10-2003, P, DJ de 6-8-2004.] = ADPF 210 AgR, rel. min. Teori Zavascki, j. 6-6-2013, P, DJE de 21-6-2013

"A sistemática constitucional dos precatórios não se aplica às obrigações de fato positivo ou negativo, dada a excepcionalidade do regime de pagamento de débitos pela Fazenda Pública, cuja interpretação deve ser restrita. Por consequência, a situação rege-se pela regra geral de que toda decisão não autossuficiente pode ser cumprida de maneira imediata, na pendência de recursos não recebidos com efeito suspensivo. Não se encontra parâmetro constitucional ou legal que obste a pretensão de execução provisória de sentença condenatória de obrigação de fazer relativa à implantação de pensão de militar, antes do trânsito em julgado dos embargos do devedor opostos pela Fazenda Pública. Há compatibilidade material entre o regime de cumprimento integral de decisão provisória e a sistemática dos precatórios, haja vista que este apenas se refere às obrigações de pagar quantia certa." [RE 573.872, rel. min. Edson Fachin, j. 24-5-2017, P, DJE de 11-9-2017, Tema 45.]

"DIREITO CONSTITUCIONAL. AGRAVO INTERNO EM RECURSO EXTRAORDINÁRIO. MANDADO DE SEGURANÇA. DESCUMPRIMENTO DE DECISÃO JUDICIAL DE OBRIGAÇÃO DE FAZER PELA FAZENDA PÚBLICA. REGIME DE PRECATÓRIO AFASTADO. PRECEDENTES. 1. O caso envolve descumprimento, pela Administração Pública, de obrigação de fazer determinada por decisão judicial transitada em julgada, o que afasta a exigência do regime de precatórios. Nesse sentido: RE 573.872-RG. 2. Inaplicável o art. 85, § 11, do CPC/2015, uma vez que não é cabível condenação em honorários advocatícios (art. 25 da Lei nº 12.016/2009 e Súmula 512/STF). 3. Agravo interno a que se nega provimento, com aplicação da multa prevista no art. 1.021, § 4º, do CPC/2015, em caso de unanimidade da decisão." (RE 636158 AgR/AL, Rel. Ministro Roberto Barroso, Julgamento em 30/6/2017, Órgão julgador: Primeira Turma).

"Possibilidade de fixação, pelos Estados-membros, de valor referencial inferior ao do art. 87 do ADCT, com a redação dada pela EC 37/2002." [ADI 2.868, rel. p/ o ac. min. Joaquim Barbosa, j. 2-6-2004, P, DJ de 12-11-2004.] Vide AI 761.701 ED, rel. min. Dias Toffoli, j. 15-10-2013, 1ª T, DJE de 27-11-2013

QUESTÕES RELACIONADAS

01. (VUNESP - Procurador Jurídico - Câmara de Marília/SP - 2016) Considere a seguinte situação hipotética. Lei do Município de Marília que versa sobre navegação aérea, no espaço aéreo correspondente ao território municipal, é aprovada pela Câmara Municipal e sancionada pelo Prefeito. Como a matéria é de competência privativa da União, conforme previsto pela Constituição Federal, a inconstitucionalidade da lei municipal pode ser alegada em sede de controle concentrado de constitucionalidade por meio de

a) Arguição de Descumprimento de Preceito Fundamental, sendo o Tribunal de Justiça do Estado de São Paulo competente para julgá-la.
b) Ação Direta de Inconstitucionalidade, sendo o Supremo Tribunal Federal competente para julgá-la.
c) Ação Declaratória de Constitucionalidade, sendo o Tribunal de Justiça do Estado de São Paulo competente para julgá-la.
d) Arguição de Descumprimento de Preceito Fundamental, sendo o Supremo Tribunal Federal competente para julgá-la.
e) Ação Direta de Inconstitucionalidade, sendo o Tribunal de Justiça do Estado de São Paulo competente para julgá-la.

Resposta: alternativa "d".

---

02. (FCC - Procurador do Município - Prefeitura de Caruaru/PE - 2018) Julgamento de mérito de representação de inconstitucionalidade proposta perante o Tribunal de Justiça contra lei municipal exclusivamente por violação de norma de imitação constante da Constituição do Estado

a) consiste em invasão da esfera de competência do STF, pois trata-se, na prática, de controle de constitucionalidade que tem como parâmetro preceito da Constituição Federal reprisado na Constituição do Estado.
b) não admite interposição de recurso extraordinário perante o STF, muito embora a disposição constitucional que lhe serviu de parâmetro repita os termos de preceito normativo constante da Constituição Federal.
c) não admite interposição de recurso extraordinário perante o STF porque tem por objeto lei municipal, ato normativo que não se submete a controle abstrato de constitucionalidade perante o STF.
d) caso resulte em declaração de inconstitucionalidade, seu julgamento produzirá eficácia contra todos e efeito vinculante após resolução da Assembleia Legislativa que suspenda a execução do diploma inconstitucional.
e) admite interposição de recurso extraordinário perante o STF, pois a disposição constitucional que lhe serviu de parâmetro repete os termos de preceito normativo da Constituição Federal de observância obrigatória pelos Estados-membros.

Resposta: alternativa "b".

4. (MPE-PR – PROMOTOR DE JUSTIÇA– PR/2017)

Conceitue o estado de coisas inconstitucional, identificando os requisitos para sua configuração e eventual crítica a respeito do instituto.

◉ PADRÃO DE RESPOSTA DA BANCA

Inspirado nas medidas estruturantes do Direito norte americano, o estado de coisas inconstitucional é instituto desenvolvido na Suprema Corte da Colômbia, e sua configuração demanda os seguintes requisitos: a) violação massiva e generalizada de direitos fundamentais de número significativo de pessoas; b) prolongada omissão das autoridades na adoção de providências natureza legislativas, administrativas ou judiciais para implementação desses direitos; c) a causa dessa violação não seja imputada a autoridade identificável, mas sim a causas estruturais; d) a existência de problema social grave cuja solução demande providências de mais de uma instituição; e) a violação não se situa apenas no plano normativo (não se trata de inconstitucionalidade por omissão), mas sim em patamar fático; f) risco de colapso do Judiciário em razão da multiplicação de demandas individuais. O reconhecimento do estado de coisas inconstitucional, pela Suprema Corte, estabelece diálogos institucionais, pois sua superação demanda atuação coordenada de mais de um órgão. Críticas são dirigidas ao instituto, pois pode ensejar ativismo judicial exagerado, com déficit democrático e falta de legitimação, notadamente diante da imprecisão de seus requisitos, o que conduz a possível falta de eficácia do instituto. Ademais, no Brasil, o enfrentamento desse tipo de demanda tem sido feito em sede de ações coletivas, então o STF deve empregar a técnica de maneira dosada.

RESPOSTA SUGERIDA

No julgamento da medida cautelar na ADPF 347, o STF se utilizou do termo "estado de coisas inconstitucional", que seria um quadro de violação massiva e persistente de direitos fundamentais, ocorrida em decorrência de falhas na estrutura, bem como na falha do Poder Público em prover, adequadamente, políticas públicas. A fim de solucionar esse estado, seriam necessárias medidas dos mais diversos âmbitos, como normativo e administrativo, bem como dependendo de recursos financeiros.

Assim, seriam requisitos para sua configuração a violação massiva de direitos, prolongada no tempo, decorrente da omissão do Poder Público na adoção de providências para solucionar a problemática, sem que exista, contudo, uma autoridade responsável, ou seja, os problemas devem ser de ordem estrutural, constituindo-se assim como um problema que demanda atitudes de diversas instituições para que seja solucionado, havendo, ainda, uma pluralidade de demandas individuais perante o Judiciário, as quais não podem ser solucionadas no âmbito jurídico, somente, por tratar-se de problema do plano fático. Há, portanto, a identificação de três pressupostos centrais para sua configuração: um de plano fático, um de plano político e um de plano jurídico.

Trata-se de instituto criticado pela doutrina, sobretudo por surgir em um contexto de crescente ativismo por parte do Poder Judiciário. Ao tomar decisões como essa, o Judiciário acaba por influenciar a "agenda" orçamentária, legislativa e administrativa de diversas instituições, o que coloca em questionamento o próprio equilíbrio entre os Poderes.

DOUTRINA TEMÁTICA

"São apontados três pressupostos centrais para a configuração do fenômeno (CAMPOS, 2015).

O pressuposto fático consiste na ocorrência de violação generalizada e sistêmica de direitos fundamentais a afetar um número elevado, e indeterminado de pessoas. A atuação judicial, nesse ambiente, se voltada a assegurar o direito apenas de determinados indivíduos ou grupos implicaria em proteção deficiente dos direitos fundamentais na sua dimensão objetiva.

O pressuposto político é a constatação da existência de reiteradas condutas comissivas e omissivas, por parte das autoridades públicas, tendentes a perpetuar ou agravar o quadro de inconstitucionalidade. A ausência de políticas públicas adequadas ou a falta de coordenação entre elas resulta não da inércia ou incapacidade de um único órgão, e sim de falhas estruturais na atuação do Estado como um todo.

O pressuposto jurídico refere-se às medidas necessárias à superação de tais violações. A correção do mau funcionamento sistêmico do Estado depende da atuação conjunta das autoridades no sentido de aprimorar as políticas públicas existentes, realocar recursos orçamentários e reajustar os arranjos institucionais. Tal contexto legitima a atuação mais engajada do tribunal constitucional, de modo a permitir a superação dos desacordos políticos e institucionais, da falta de coordenação entre órgãos públicos, dos temores relacionados ao custo político de determinadas decisões e da sub-representação de grupos sociais minoritários ou marginalizados." (NOVELINO, 2016, p. 168)

JURISPRUDÊNCIA TEMÁTICA

STF

"Presente quadro de violação massiva e persistente de direitos fundamentais, decorrente de falhas estruturais e falência de políticas públicas e cuja modificação depende de medidas abrangentes de natureza normativa, administrativa e orçamentária, deve o sistema penitenciário nacional ser caraterizado como "estado de coisas inconstitucional". (...) Ante a situação precária das penitenciárias, o interesse público direciona à liberação das verbas do Fundo Penitenciário Nacional." [ADPF 347 MC, rel. min. Marco Aurélio, j. 9-9-2015, P, DJE de 19-2-2016.]

QUESTÃO RELACIONADA

01. (CESPE - Juiz de Direito Substituto - TJ-BA - 2019) A respeito da situação conhecida como estado de coisas inconstitucional, assinale a opção correta.

a) Tal situação resulta sempre de má vontade de autoridade pública em modificar uma conjuntura de violação a direitos fundamentais.

b) Constatada a ocorrência dessa situação, verifica-se, em consequência, violação pontual de direito social a prestação material pelo Estado.

c) No plano dos remédios estruturais para saneamento do estado de coisas inconstitucional, estão a superação dos bloqueios institucionais e políticos e o aumento da deliberação de soluções sobre a demanda.

d) Em função do caráter estrutural e complexo do litígio causador do estado de coisas inconstitucional, não é admitido ao Poder Judiciário impor medidas concretas ao Poder Executivo.

e) De modo tácito, o reconhecimento do estado de coisas inconstitucional autoriza o Poder Judiciário a assumir tarefas do Poder Legislativo na coordenação de medidas com o objetivo de assegurar direitos.

Resposta: alternativa "c"

---

02. (FCC - Defensor Público - DPE-AP - 2018) Em voto proferido quando da concessão de medida cautelar em sede de arguição de descumprimento de preceito fundamental, o Ministro Relator, apoiando-se em técnica empregada por Corte Constitucional estrangeira, entendeu que estava comprovada, no caso, situação de violação generalizada de direitos fundamentais e incapacidade reiterada e persistente das autoridades públicas em modificar a situação, sendo que a superação das transgressões exigia a atuação não apenas de um órgão, e sim de uma pluralidade de autoridades. Mais adiante, afirmou o Relator que, em situações tais, ao Tribunal cabe retirar as autoridades públicas do estado de letargia, provocar a formulação de novas políticas públicas, aumentar a deliberação política e social sobre a matéria e monitorar o sucesso da implementação das providências escolhidas, assegurando, assim, a efetividade prática das soluções propostas.

Cuida-se, no caso, de técnica de

a) interpretação conforme a Constituição.

b) declaração de estado de coisas inconstitucional.

c) decisão manipulativa de efeitos aditivos.

d) decisão manipulativa de efeitos substitutivos.

e) declaração de inconstitucionalidade sem pronúncia de nulidade.

Resposta: alternativa "b"

5. (AGU- 2016- CESPE)

Determinado estado da Federação editou lei que torna o exercício da acupuntura uma exclusividade dos médicos. Dada a existência de relevante controvérsia doutrinária sobre a aplicação dessa lei, o Conselho Federal de Medicina (CFM) ajuizou no Supremo Tribunal Federal (STF) ação declaratória de constitucionalidade (ADC) pedindo que o tribunal declare sua constitucionalidade.

Com base na jurisprudência do STF e nas normas constitucionais, redija um texto dissertativo acerca da viabilidade da ADC apresentada. Em seu texto, aborde:

1 - a finalidade da ADC e a presunção de constitucionalidade das normas; [valor: 2,00 pontos]

2 - a legitimidade do CFM para ajuizar ADC; [valor: 2,50 pontos]

3 - o objeto da ADC; [valor: 2,50 pontos]

4 - a relevante controvérsia sobre a aplicação da norma objeto da referida ADC como requisito para sua propositura. [valor: 2,50 pontos]

ESPELHO DE CORREÇÃO DA BANCA

1- A finalidade da ADC e a presunção de constitucionalidade das normas

A ADC visa transformar a presunção relativa de constitucionalidade das normas (juris tantum) em presunção absoluta (jure et de jure), conferindo-se, assim, segurança jurídica acerca da constitucionalidade da norma. Apesar de as normas possuírem, como regra geral, uma presunção de constitucionalidade, essa presunção é apenas relativa, o que pode levar ao constante questionamento de sua constitucionalidade. Com isso, mostra-se viável o ajuizamento de ADC para confirmar essa constitucionalidade relativa, transformando- a em absoluta. Assim, caso a ADC seja julgada procedente, a constitucionalidade da norma não poderá mais ser questionada, seja pelos demais órgãos do Poder Judiciário, seja pela administração pública (art. 102, § 2.o, da CF).

2 -A legitimidade do CFM para ajuizar ADC

O CFM, por não ser entidade de classe, mas uma entidade de fiscalização profissional, não é legitimado para propor ADC, pois, conforme previsto no art. 103 da CF, o rol dos legitimados para propor ADC é taxativo e não inclui esse tipo de entidade de fiscalização. A única exceção, entre os conselhos de classe, é o Conselho Federal da Ordem dos Advogados do Brasil, em virtude de menção expressa na CF. Assim, não se mostra viável a ADC apresentada, por ilegitimidade ativa ad causam. Nesse sentido: ADI 641 MC, relator para Acórdão min. Marco Aurélio, DJ 12/03/1993; ADI 1997, relator ministro Marco Aurélio, DJ 8/6/1999.

3- O objeto da ADC

A ADC, nos termos do art. 102, I, a, da CF, somente poderá ter por objeto lei ou ato normativo federal, não sendo possível sua propositura com base em norma estadual. Por mais esse motivo, não se mostra viável a ADC apresentada, já que norma estadual não pode ser objeto desse tipo de ação.

4 - A relevante controvérsia sobre a aplicação da norma objeto da ADC como requisito para sua propositura

É indispensável que haja controvérsia jurídica judicial relevante sobre a aplicação da norma para justificar a propositura da ADC, não bastando a relevante controvérsia doutrinária. Trata-se de requisito indispensável para o conhecimento da ação, que deverá ser demonstrado de plano pelo autor, com o fim de justificar eventual insegurança na aplicação da norma. De acordo com o STF, "a inexistência de pronunciamentos judiciais antagônicos culminaria por converter a ação declaratória de constitucionalidade em um inadmissível instrumento de consulta sobre a validade constitucional de determinada lei ou ato normativo federal, descaracterizando, por completo, a própria natureza jurisdicional que qualifica a atividade desenvolvida pelo Supremo Tribunal Federal" (ADC 8, relator ministro Celso de Mello, DJ 4/4/2003). Nesse sentido, cite-se, ainda, precedente mais recente do Plenário da Corte: ADI-MC 5316, Rel. Min. Luiz Fux, Plenário, DJe de 05/08/2015, no qual se explicita que a relevante controvérsia judicial deverá ser qualitativa, não meramente quantitativa. Por tal razão, também não se mostra viável a ADC apresentada.

RESPOSTA SUGERIDA

Todas as normas do ordenamento jurídico, ao serem editadas, gozam de uma presunção relativa de constitucionalidade, ou seja, são consideradas constitucionais e, consequentemente, aplicáveis, mas admitem prova em sentido contrário, podendo ter sua constitucionalidade discutida. A ação declaratória de constitucionalidade tem por finalidade, considerando essa presunção relativa de constitucionalidade de todas as normas, declarar a constitucionalidade de uma norma específica que tenha sido objeto de controvérsias, tornando tal presunção relativa em uma presunção absoluta, que não admite questionamento. Diante disso, o que se busca na ação declaratória de constitucionalidade é reafirmar a constitucionalidade de determinada norma, fazendo cessar discussões existentes quanto a isso, não podendo mais se questionar tal constitucionalidade.

Essa ação, nos termos do art. 103 da CF/88, tem um rol específico e limitado de legitimados ativos, dentre os quais se inclui, em seu inciso IX a confederação sindical ou entidade de classe de âmbito nacional. No entanto, de acordo com entendimento do STF, conselhos de fiscalização profissional, como o CFM, que têm por função principal controlar e fiscalizar o exercício de uma profissão regulamentada, não se confundem com entidades de classe, que, por sua vez, têm por fim a defesa dos interesses dos membros de determinada classe de profissionais. Excepciona-se, contudo, o Conselho Federal da OAB, pois especificamente arrolado como legitimado ativo no art. 103, VII da CF/88. Portanto, o CFM não possui legitimidade ativa para a propositura de uma ADC.

Nos termos do art. 102, I, a da CF/88 e, em mesmo sentido, do art. 13 da lei 9.868/99, a Ação Declaratória de Constitucionalidade pode ter por objeto leis ou atos normativos federais, não estando abarcada em seu âmbito de cabimento a declaração de constitucionalidade de atos normativos estaduais. Por fim, nos termos do art. 14, III da lei 9.868/99, deve-se indicar na petição inicial da ADC a existência de controvérsia judicial relevante sobre a aplicação da disposição objeto da ação. Essa exigência se justifica no fato de que todas as normas são dotadas de presunção, ainda que relativa, de constitucionalidade, de modo que somente se faz necessário o ajuizamento de uma ADC para tornar essa presunção relativa em uma presunção absoluta quando houver grande e relevante controvérsia a respeito da mesma.

Portanto, podemos concluir que no caso descrito não seria cabível a ADC, tanto pela inadequação do objeto, quanto pela falta de legitimidade ativa do CFM, além de não haver relevante controvérsia judicial sobre sua aplicação, tendo o enunciado apenas descrito uma controvérsia doutrinária.

DOUTRINA TEMÁTICA

"O objetivo da ADC é transformar uma presunção relativa de constitucionalidade em absoluta (jure et de jure), não mais se admitindo prova em contrário. Ou seja, julgada procedente a ADC, tal decisão vinculará os demais órgãos do Poder Judiciário e a Administração Pública, que não mais poderão declarar a inconstitucionalidade da aludida lei, ou agir em desconformidade com a decisão do STF. Não estaremos mais, repita-se, diante de uma presunção relativa de constitucionalidade da lei, mas absoluta.

Deve-se deixar claro que ao se falar em "presunção absoluta" no modelo do processo objetivo não significa a impossibilidade eterna de rever o entendimento. Como sabemos, o STF poderá mudar de posição, alterando a interpretação dada ao ato normativo federal e, no caso, sem dúvida, declarar, em decisão futura, a sua inconstitucionalidade. Em outras palavras, o efeito vinculante não "vincula" o STF (Pleno) que poderá alterar o seu posicionamento." (LENZA, 2019, p. 636)

"Ressalte-se que as leis e atos normativos são presumidamente constitucionais, porém esta presunção, por ser relativa, poderá ser afastada, tanto pelos órgãos do Poder Judiciário, por meio do controle difuso de constitucionalidade, quanto pelo Poder Executivo, que poderá recusar-se a cumprir determinada norma legal por entendê-la inconstitucional.

Neste ponto, situa-se a finalidade precípua da ação declaratória de constitucionalidade: transformar a presunção relativa de constitucionalidade em presunção absoluta, em virtude de seus efeitos vinculantes." (MORAES, 2018, p. 1045).

JURISPRUDÊNCIA TEMÁTICA

STF

"Os conselhos de fiscalização profissional têm como função precípua o controle e a fiscalização do exercício das profissões regulamentadas, exercendo, portanto, poder de polícia, atividade típica de Estado, razão pela qual detêm personalidade jurídica de direito público, na forma de autarquias. Sendo assim, tais conselhos não se ajustam à noção de entidade de classe, expressão que designa tão somente aquelas entidades vocacionadas à defesa dos interesses dos membros da respectiva categoria ou classe de profissionais." [ADPF 264 AgR, rel. min. Dias Toffoli, j. 18-12-2014, P, DJE de 25-2-2015.]

"O ajuizamento da ação declaratória de constitucionalidade, que faz instaurar processo objetivo de controle normativo abstrato, supõe a existência de efetiva controvérsia judicial em torno da legitimidade constitucional de determinada lei ou ato normativo federal. Sem a observância desse pressuposto de admissibilidade, torna-se inviável a instauração do processo de fiscalização normativa in abstracto, pois a inexistência de pronunciamentos judiciais antagônicos culminaria por converter a ação declaratória de constitucionalidade em um inadmissível instrumento de consulta sobre a validade constitucional de determinada lei ou ato normativo federal, descaracterizando, por completo, a própria natureza jurisdicional que qualifica a atividade desenvolvida pelo STF. O provimento cautelar deferido, pelo STF, em sede de ação declaratória de constitucionalidade, além de produzir eficácia erga omnes, reveste-se de efeito vinculante, relativamente ao Poder Executivo e aos demais órgãos do Poder Judiciário. Precedente. A eficácia vinculante, que qualifica tal decisão – precisamente por derivar do vínculo subordinante que lhe é inerente –, legitima o uso da reclamação, se e quando a integridade e a autoridade desse julgamento forem desrespeitadas." (ADC 8 MC, rel. min. Celso de Mello, j. 13-10-1999, P, DJ de 4-4-2003.)

QUESTÕES RELACIONADAS

01. (Instituto Acesso - Delegado de Polícia – PC/ES - 2019) A Constituição Federal de 1988 estabelece as autoridades que são competentes para propor a ação direta de inconstitucionalidade (ADI) e a ação declaratória de constitucionalidade (ADC). Marque a alternativa que enumera apenas as autoridades que NÃO podem propor ADI e ADC.

a) Partidos políticos com representação no Congresso Nacional.

b) Mesa de Assembleia Legislativa ou da Câmara Legislativa do Distrito Federal.

c) Presidente da República e Governador de Estado ou do Distrito Federal.

d) Deputado Federal; Senador e Ministro de Estado.

e) Procurador Geral da República; Conselho Federal da Ordem dos Advogados e entidade de classe de âmbito nacional.

Resposta: alternativa "b"

02. (FEPESE - Procurador do Estado - PGE-SC - 2018) São legitimados ativos para propor ação declaratória de constitucionalidade perante o Supremo Tribunal Federal, dentre outros:

a) Presidente da República; Governadores dos Estados ou do Distrito Federal; Mesa da Câmara dos Deputados; Conselho Federal da Ordem dos Advogados do Brasil e partido político com representação no Congresso Nacional.

b) Presidente da República; Governadores dos Estados ou do Distrito Federal; Mesa do Senado Federal; Mesa da Câmara dos Deputados e Tribunais de Justiça dos Estados Membros e do Distrito Federal.

c) Presidente da República; Governadores dos Estados ou do Distrito Federal; Mesa do Senado Federal, Mesa da Câmara dos Deputados e Mesa das Assembleias Legislativas dos Estados e do Distrito Federal e Procuradores Gerais dos Estados Membros.

d) Presidente da República; Governadores dos Estados ou do Distrito Federal; Partidos Políticos; Mesa do Senado Federal; Mesa da Câmara dos Deputados; Mesa das Assembleias Legislativas dos Estados e do Distrito Federal e qualquer partido político com registro no Tribunal Superior Eleitoral.

e) Governadores dos Estados ou do Distrito Federal; Mesa do Senado Federal, Mesa da Câmara dos Deputados e Mesa das Assembleias Legislativas dos Estados e do Distrito Federal e confederação sindical ou entidade de classe de âmbito regional.

Resposta: alternativa "a"

---

03. (MPE-GO - Promotor de Justiça Substituto – MPE/GO - 2016)A propósito da ação declaratória de constitucionalidade e da ação direta de inconstitucionalidade, enquanto instrumentos de controle abstrato de constitucionalidade de atos normativos, segundo a jurisprudência dominante do Supremo Tribunal Federal, é correto afirmar que:

a) O ajuizamento da ação declaratória de constitucionalidade, que faz instaurar processo objetivo de controle normativo abstrato, supõe a existência de efetiva ou potencial controvérsia judicial em torno da legitimidade constitucional de determinada lei ou ato normativo federal.

b) O rol de legitimados ativos à propositura da ação declaratória de constitucionalidade comporta interpretação extensiva, de sorte que os conselhos profissionais, para essa finalidade, observada a pertinência temática, consubstanciam entidade de classe de âmbito nacional a que alude o art. 103, IX, da Constituição da República.

c) Não se há de cogitar a prorrogação da eficácia de liminar concedida em ação direta de constitucionalidade, quando, vencido o prazo, os autos se encontrem, para parecer, na Procuradoria-Geral da República.

d) O indeferimento de liminar em ação direta de inconstitucionalidade, pouco importando o fundamento, não dá margem à apresentação de reclamação.

Resposta: alternativa "d"

6. (MP/RS –PROMOTOR DE JUSTIÇA – RS/2016)

O Supremo Tribunal Federal, em nosso sistema jurídico, é o guardião-mor da Constituição da República. Nessa senda, tendo em vista o entendimento consagrado pela Corte Suprema Federal acerca da imunidade parlamentar, da nomeação de Procuradores-Gerais dos Estados e dos Municípios e da arguição do descumprimento de preceito fundamental, responda as perguntas abaixo, justificando suas respostas.

a) A imunidade parlamentar em sentido material, prevista no artigo 53, caput, da Constituição Federal, tem incidência absoluta?

b) A Procuradoria-Geral do Estado, nos moldes do artigo 117 da Constituição do Estado do Rio Grande do Sul, será chefiada pelo Procurador-Geral do Estado, cargo provido em comissão pelo Governador do Estado, devendo a escolha recair em membro da carreira. Esta determinação constitucional vincula, também, os Prefeitos Gaúchos, de modo que a escolha dos Procuradores-Gerais dos Municípios tenha que recair em Procurador Municipal de carreira?

c) O Tribunal de Justiça do Estado, em sede de controle concentrado, declarou a inconstitucionalidade de lei municipal, que criou fundo municipal de desenvolvimento a ele vinculando receita oriunda de impostos, por afronta ao artigo 167, inciso IV, da Constituição Federal e ao artigo 154, inciso IV, da Constituição Estadual. Neste caso, caberia, também, Arguição de Descumprimento de Preceito Fundamental perante o Supremo Tribunal Federal?

ESPELHO DE CORREÇÃO DA BANCA

A) Não. O STF vinha entendendo que a imunidade parlamentar material incide de forma absoluta quanto às declarações proferidas no recinto do Parlamento e os atos praticados em local distinto escapam à proteção absoluta da imunidade somente quando não guardarem pertinência com o desempenho das funções do mandato parlamentar. A Corte entendia, ainda, que, embora indesejáveis, as ofensas pessoais proferidas no âmbito da discussão política, respeitados os limites trazidos pela própria Constituição, não são passíveis de reprimenda judicial. Imunidade vista como proteção adicional à liberdade de expressão, visando a assegurar a fluência do debate público e, em última análise, a própria democracia. Nada obstante, o STF tem flexibilizado esse entendimento em julgados recentes, afastando a imunidade, mesmo quanto a declarações proferidos no recinto Legislativo, quando extrapolam o exercício do mandato e violam direitos constitucionais igualmente relevantes.

Importante salientar, ainda, o que se compreende como exercício do mandato, tendo o STF entendido que a interpretação da locução no exercício do mandato deve prestigiar as diferentes vertentes da atuação parlamentar, dentre as quais se destaca a fiscalização dos outros Poderes e o debate político. (3,0 pontos)

b) Não, visto que os municípios sao dotados de autonomia e não há determinação nas Constituições Federal e Estadual que os vincule a essa forma de escolha, tendo o STF assentado, em julgado recente, ser firme a jurisprudência da Corte no sentido de que não cabe à Constituição Estadual restringir o poder de auto-organização dos Municípios de modo a agravar os parâmetros limitadores previstos na Constituição Federal. (2,5 pontos)

c) A Arguição de Descumprimento de Preceito Fundamental, consoante estabelecido na lei regulamentadora e assentado pelo STF, só tem cabimento quando não existir, para a hipótese in concreto, qualquer outro meio eficaz de sanar a lesividade.

No caso em testilha, sem se adentrar na discussão da natureza, ou não, de preceito fundamental da norma questionada - apreciação que incumbe ao STF -, sendo viável o acionamento de ação direta de inconstitucionalidade em âmbito estadual para adequar a legislação ao texto constitucional, inviável a propositura de ADPF, em observância ao princípio da subsidiariedade. (2,5 pontos)

◉ RESPOSTA SUGERIDA

a) Assim como os direitos em geral, a imunidade parlamentar, decorrente do direito à liberdade de expressão e dos valores democráticos, não possui incidência absoluta. O STF, tradicionalmente entendia que quanto às opiniões, palavras e votos proferidas dentro do recinto parlamentar, a imunidade era presumida, enquanto aqueles proferidos fora do recinto, para serem por ela abrangidos, deveriam guardar relação com o exercício do mandato. Ademais, entendia a Corte que as ofensas pessoais que ocorressem durante as discussões políticas não poderiam ser judicialmente reprimidas.

No entanto, o posicionamento do STF vem sendo alterado, uma vez que a Corte tem entendido que não se aplica referida imunidade a ofensas pessoais, dotadas de grande desrespeito, mesmo que proferidas no recinto parlamentar, uma vez que extrapolam o exercício do mandato e violam outros direitos constitucionalmente assegurados.

Ademais, segundo a jurisprudência do STF, a interpretação de exercício do mandato deve ser realizada em sentido amplo, contemplando, por exemplo, a fiscalização de outros Poderes e o debate político.

b) Não, pois os municípios têm autonomia, e tal forma de escolha não é restrita pela Constituição Federal nem pela Constituição Estadual. Ademais, segundo entendimento do STF, não pode a Constituição Estadual restringir a autonomia dos municípios, sob pena de violação da Constituição Federal.

c) A Arguição de Descumprimento de Preceito Fundamental, prevista no §1º do art. 102 da CF/88 e disciplinada pela lei 9882/99, é cabível para evitar ou reparar lesão a preceito fundamental, resultante de ato do Poder Público e também quando for relevante o fundamento da controvérsia constitucional sobre lei ou ato normativo federal, estadual ou municipal, incluídos os anteriores à Constituição.

No entanto, estabelece o §1º do art. 4º da lei 9882/99 que não será admitida a ADPF quando houver qualquer outro meio eficaz de sanar a lesividade, sendo esse o princípio da subsidiariedade. Assim, como no caso foi cabível a ação direta de inconstitucionalidade no âmbito estadual, não seria cabível a ADPF, pois incoerente com o princípio da subsidiariedade mencionado.

Vale observar, contudo, que não sendo suficiente referida ação no âmbito estadual para sanar a controvérsia constitucional relevante, existente em torno do dispositivo em questão, seria cabível a ADPF de acordo com a jurisprudência do STF.

◉ DOUTRINA TEMÁTICA

"E que fique claro: sustentamos que a imunidade parlamentar não é absoluta, assim como nenhum direito fundamental é absoluto. Em nosso entender, portanto, em situações excepcionalíssimas, determinadas opiniões, palavras e votos proferidos podem até caracterizar a prática de crime, já que o direito brasileiro não tolera o denominado hate speech (cf. item 14.10.5.1).

Mas cuidado: essa nossa opinião ainda não foi enfrentada pelo STF, e, assim, atenção para as provas de concursos. Os precedentes do STF no sentido de não se reconhecer a imunidade material são em situações desvinculadas da atividade parlamentar." (LENZA, 2019, p.940)

"Sendo um poder derivado do poder constituinte originário, não se trata de um poder soberano, no sentido de poder dotado de capacidade de autodeterminação plena. O poder constituinte dos Estados-membros é, isto sim, expressão da autonomia desses entes, estando submetido a limitações, impostas heteronomamente, ao conteúdo das deliberações e à forma como serão tomadas." (MENDES; GONET BRANCO, 2017, p. 740)

JURISPRUDÊNCIA TEMÁTICA

STF

"Deputado federal. Crime contra a honra. Nexo de implicação entre as declarações e o exercício do mandato. Imunidade parlamentar material. Alcance. Art. 53, caput, da CF. (...) A verbalização da representação parlamentar não contempla ofensas pessoais, via achincalhamentos ou licenciosidade da fala. Placita, contudo, modelo de expressão não protocolar, ou mesmo desabrido, em manifestações muitas vezes ácidas, jocosas, mordazes, ou até impiedosas, em que o vernáculo contundente, ainda que acaso deplorável no patamar de respeito mútuo a que se aspira em uma sociedade civilizada, embala a exposição do ponto de vista do orador." [Pet 5.714 AgR, rel. min. Rosa Weber, j. 28-11-2017, 1ª T, DJE de 13-12-2017.]

"O poder constituinte dos Estados-membros está limitado pelos princípios da Constituição da República, que lhes assegura autonomia com condicionantes, entre as quais se tem o respeito à organização autônoma dos Municípios, também assegurada constitucionalmente. O art. 30, I, da Constituição da República outorga aos Municípios a atribuição de legislar sobre assuntos de interesse local. A vocação sucessória dos cargos de prefeito e vice-prefeito põe-se no âmbito da autonomia política local, em caso de dupla vacância. Ao disciplinar matéria, cuja competência é exclusiva dos Municípios, o art. 75, § 2º, da Constituição de Goiás fere a autonomia desses entes, mitigando-lhes a capacidade de auto-organização e de autogoverno e limitando a sua autonomia política assegurada pela Constituição brasileira."[ADI 3.549, rel. min. Cármen Lúcia, j. 17-9-2007, P, DJ de 31-10-2007.]

"Constitucionalidade de atos normativos proibitivos da importação de pneus usados. (...) Adequação da arguição pela correta indicação de preceitos fundamentais atingidos, a saber, o direito à saúde, direito ao meio ambiente ecologicamente equilibrado (arts. 196 e 225 da Constituição brasileira) e a busca de desenvolvimento econômico sustentável: princípios constitucionais da livre iniciativa e da liberdade de comércio interpretados e aplicados em harmonia com o do desenvolvimento social saudável. Multiplicidade de ações judiciais, nos diversos graus de jurisdição, nas quais se têm interpretações e decisões divergentes sobre a matéria: situação de insegurança jurídica acrescida da ausência de outro meio processual hábil para solucionar a polêmica pendente: observância do princípio da subsidiariedade. Cabimento da presente ação." [ADPF 101, rel. min. Cármen Lúcia, j. 24-6-2009, P, DJE de 4-6-2012.]

QUESTÕES RELACIONADAS

01. (CESPE - Procurador do Município - PGM – Manaus/AM - 2018) Julgue o item a seguir com base nas normas constitucionais que versam sobre as prerrogativas dos vereadores.

Não estará abarcado pela imunidade material o vereador que ofender adversário político em entrevista em município diverso daquele no qual cumpre mandato.

Resposta: correto.

02. (CESPE - Técnico em Assuntos Educacionais - DPU - 2016) Em relação ao Poder Legislativo no Brasil, julgue o item subsequente,

A imunidade material conferida aos parlamentares não alcança a área administrativa.

Resposta: errado.

03. (CESPE - Procurador do Estado – PGE/AM - 2016) Acerca do regime constitucional de distribuição de competências normativas, julgue o item subsequente.

Embora, conforme a CF, a lei orgânica municipal esteja subordinada aos termos da Constituição estadual correspondente, esta última Carta não pode estabelecer condicionamentos ao poder de auto-organização dos municípios.

Resposta: correto.

04. (VUNESP - Juiz de Direito Substituto – TJM/SP - 2016) Assinale a alternativa que corretamente discorre sobre aspectos da Arguição de Descumprimento de Preceito Fundamental, tendo em vista as previsões constitucionais e os posicionamentos do Supremo Tribunal Federal.

a) A Arguição de Descumprimento de Preceito Fundamental, fórmula processual subsidiária do controle concentrado de constitucionalidade, é via adequada à impugnação de norma pré-constitucional.

b) A existência da autoridade da coisa julgada não representa obstáculo que impede o conhecimento e o ulterior prosseguimento da Arguição de Descumprimento de Preceito Fundamental, que pode ser utilizada como sucedâneo da ação rescisória.

c) A simultaneidade de tramitações de Ação Direta de Inconstitucionalidade e Arguição de Descumprimento de Preceito Fundamental, portadoras de mesmo objeto, é compatível com a cláusula de subsidiariedade que norteia o instituto da Arguição de Descumprimento de Preceito Fundamental.

d) Não tem sido atribuído caráter vinculante, pelo Supremo Tribunal Federal, ao provimento cautelar outorgado em sede de Arguição de Descumprimento de Preceito Fundamental, como instrumento de controle abstrato de constitucionalidade.

e) O enunciado de Súmula do Supremo Tribunal Federal, indicado como ato lesivo aos preceitos fundamentais, consubstancia ato do Poder Público, sendo, portanto, suscetível de Arguição de Descumprimento de Preceito Fundamental.

Resposta: alternativa "a".

7. (MP/RS –PROMOTOR DE JUSTIÇA – RS/2014)

No âmbito do controle difuso de constitucionalidade, assoma a declaração incidental de inconstitucionalidade nos Tribunais Estaduais e Regionais Federais e no Superior Tribunal de Justiça. Esclareça:

a) a regra básica, com as respectivas normas jurídicas aplicáveis;

b) qual a solução nos casos de interpretação conforme e de declaração parcial de nulidade sem redução de texto;

c) procedimento do incidente e hipóteses de não cabimento;

d) as especificidades tratando-se do Superior Tribunal de Justiça.

ESPELHO DE CORREÇÃO DA BANCA

No âmbito do controle difuso de constitucionalidade, assoma a declaração incidental de inconstitucionalidade nos Tribunais Estaduais e Regionais Federais e no Superior Tribunal de Justiça. Esclareça:

(a) a regra básica, com as respectivas normas jurídicas aplicáveis; (2 pontos)

Quórum qualificado (maioria absoluta) e reserva de plenário (órgão especial) (1,0); artigo 97 da Constituição Federal e Súmula Vinculante nº 10 (1,0).

(b) qual a solução nos casos de interpretação conforme e de declaração parcial de nulidade sem redução de texto; (2 pontos)

Diferenciar dogmaticamente os dois casos, embora STF tendencialmente equipare – a primeira é técnica de controle que impede a declaração de inconstitucionalidade da norma impondo determinado sentido normativo, considerado constitucional (a implicar a inconstitucionalidade de outras interpretações); na segunda, reconhece-se a inconstitucionalidade da norma na situação alegada, admitindo-se sua aplicabilidade noutras situações (0,5); em ambos os casos devem ser articuladas de modo fundamentado e claro e submetidas ao órgão especial (1,5).

(c) procedimento do incidente e hipóteses de não cabimento; (3 pontos)

O procedimento divide-se em duas fases: prévia, perante o órgão fracionário, conforme art. 948 do CPC, decidindo-se se a norma é prejudicial à solução ou não, com as respectivas consequências (1,0); e perante órgão especial, com novo relator, sustentação oral, possibilidade de *amicus curiae*, deliberação por maioria absoluta e irrecorrível, salvo embargos declaratórios com retorno ao órgão fracionário para completar julgamento conforme parâmetro

(1,0); hipóteses de não cabimento, nos termos do art. 949, parágrafo único, do CPC, questão já decidida pelo plenário do STF ou já decidida pelo órgão especial (1,0).

(d) as especificidades tratando-se do Superior Tribunal de Justiça. (3 pontos)

Discorrer sobre a controvérsia no caso de Recurso Especial, que verse sobre a unidade do direito federal, não havendo impedimento no art. 105, III, da CF para o controle incidental, sendo cabível se a questão não foi tratada e é prejudicial ao recurso, mas não se a questão já foi decidida pelo TJ/TRF, o que desafia Recurso Extraordinário (2,0); quanto ao procedimento, acolhido pela Turma, aplicação do Regimento Interno, remetendo-se à Corte Especial (1,0).

RESPOSTA SUGERIDA

O controle difuso de constitucionalidade é também chamado controle incidental, aberto ou concreto, isso porque pode ser realizado por qualquer órgão jurisdicional, de forma incidental, no julgamento de um caso concreto. Assim, a discussão da constitucionalidade do dispositivo não é a questão central do processo, mas sim incidental, cuja discussão é indispensável na solução da problemática. Portanto, os efeitos da declaração de inconstitucionalidade da norma será restrito ao caso concreto, com efeitos *inter partes* e *ex tunc* (retroativos), via de regra, visto que se admite a modulação temporal dos efeitos, por analogia da regra presente no art. 27 da lei 9868/99.

É possível que a declaração de inconstitucionalidade nessa forma de controle ocorra de ofício, sem provocação das partes, na fundamentação da decisão, visto que é questão prejudicial de mérito. Ademais, vale destacar que mesmo normas já revogadas podem ser objeto dessa forma de controle, desde que vigente na época do fato principal da discussão.

A respeito dessa forma de controle, estabelece o art. 97 da CF/88 que, no âmbito dos Tribunais, a inconstitucionalidade de lei ou ato normativo do Poder Público somente poderá ser declarada pelo voto da maioria absoluta de seus membros ou dos membros do respectivo órgão especial. Trata-se da chamada cláusula de reserva de plenário, que é também aplicada ao controle concentrado de constitucionalidade. Observa ainda o STF, no entendimento presente na súmula vinculante 10, que viola essa cláusula a decisão de órgão fracionário de tribunal que, embora não declare expressamente a inconstitucionalidade de lei ou ato normativo do Poder Público, afasta sua incidência no todo ou em parte.

Importante observar que o STF tem manifestado entendimento no sentido de que não se admite a declaração de nulidade parcial sem redução de texto no controle difuso, quando se decide que determinada interpretação passível de ser extraída do dispositivo é inconstitucional. Por sua vez, admite-se a interpretação conforme a constituição, mecanismo pelo qual se evita a declaração de inconstitucionalidade da norma, ao identificar e destacar uma forma de interpretação possível de ser extraída do dispositivo que seja compatível com a Constituição. Nesse caso, não se aplica a cláusula da reserva de plenário, visto que a lei ou ato normativo não é declarado inconstitucional, mas sim aplicado com uma determinada interpretação, adequada ao texto constitucional.

O procedimento do incidente que consiste no controle difuso de constitucionalidade está presente no Código de Processo Civil, em seu art. 948 e seguintes. Inicialmente, serão ouvidos o Ministério Público e as partes, posteriormente, a questão é submetida à decisão. A arguição pode ser rejeitada, prosseguindo o julgamento; acolhida, sendo a questão submetida ao plenário do tribunal ou ao seu órgão especial, onde houver, salvo quando já houver pronunciamento destes ou do plenário do STF sobre a questão. É ainda admitida, nos termos do §3º do art. 950, a manifestação de *amicus curiae*.

Ademais, nos termos do art. 105, III da CF/88, havendo decisão em Tribunais Regionais Federais ou Tribunais dos Estados, Distrito Federal e Territórios, que negue vigência a lei federal, caberá ainda recurso especial ao Superior Tribunal de Justiça. Apenas não é possível que decida referido recurso quando, simultaneamente, for interposto recurso extraordinário, caso em que será competência do STF julgar a questão e dirimir a controvérsia constitucional.

DOUTRINA TEMÁTICA

"Confiou-se, portanto, ao Tribunal a missão de assegurar uma aplicação uniforme do direito federal. Trata-se de atribuição de elevado relevo em razão do caráter diverso e amplo da federação brasileira. A instituição do recurso especial para o STJ a ser interposto concomitantemente com o recurso extraordinário, dirigido ao STF, constituiu-se, inicialmente, em fator de instabilidade e insegurança jurídica, com discussões sobre antecedência ou precedência de julgamentos etc." (MENDES; GONET BRANCO, 2017, p. 891).

"Por não admitir a declaração de nulidade parcial sem redução de texto no controle difuso, o Supremo vem adotando o entendimento de que a decisão que atribui ou exclui um determinado sentido confere à lei uma interpretação conforme a constituição. 21 Nesse caso, o Tribunal considera inaplicável a reserva de plenário, pois a inconstitucionalidade estaria na interpretação incompatível com o texto constitucional, e não na lei ou no ato normativo passíveis de serem interpretados em harmonia com a Constituição. Com o advento da súmula, poder-se-ia supor uma mudança de orientação jurisprudencial, no sentido de ser exigida a observância da cláusula também para os casos nos quais uma hipótese de aplicação é excluída. Todavia, essa não parece ter sido a intenção da Corte: primeiro, por não existir nenhum precedente no qual referida mudança de entendimento tenha ficado consignada, conforme exige a Constituição ao dispor que a aprovação da súmula poderá ocorrer 'após reiteradas decisões sobre matéria constitucional' (CF, art. 103-A); segundo, por haver decisão posterior à aprovação da súmula na qual foi mantido o entendimento de que a 'interpretação que restringe a aplicação de uma norma a alguns casos, mantendo-a com relação a outros, não se identifica com a declaração de inconstitucionalidade da norma que é a que se refere o artigo 97 da Constituição.'" (NOVELINO, 2016, p. 177-178).

◉ JURISPRUDÊNCIA TEMÁTICA

▸ STF

Súmula vinculante nº 10: "Viola a cláusula de reserva de plenário (CF, artigo 97) a decisão de órgão fracionário de tribunal que, embora não declare expressamente a inconstitucionalidade de lei ou ato normativo do Poder Público, afasta sua incidência, no todo ou em parte."

"Quórum de julgamento constituído por nove ministros, considerados os impedimentos. Cinco votos pela procedência da ação direta, a fim de declarar a inconstitucionalidade, por proteção deficiente, da tolerância ao uso do amianto crisotila, da forma como encartada no art. 2º da Lei 9.055/1995, em face dos arts. 7º, XXII, 196 e 225 da Constituição da República. Quatro votos pela improcedência. Não atingido o quórum de seis votos (art. 23 da Lei 9.868/1999), maioria absoluta (art. 97 da Constituição da República), para proclamação da constitucionalidade ou inconstitucionalidade do dispositivo impugnado, a destituir de eficácia vinculante o julgado." [ADI 4.066, rel. min. Rosa Weber, j. 24-8-2017, P, DJE de 7-3-2018.]

"O verbete vinculante 10 da Súmula do Supremo não alcança situações jurídicas em que o órgão julgador tenha dirimido conflito de interesses a partir de interpretação de norma legal." [Rcl 10.865 AgR, rel. min. Marco Aurélio, j. 27-2-2014, P, DJE de 31-3-2014.]

"Controle incidente de inconstitucionalidade: reserva de plenário (CF, art. 97). "Interpretação que restringe a aplicação de uma norma a alguns casos, mantendo-a com relação a outros, não se identifica com a declaração de inconstitucionalidade da norma que é a que se refere o art. 97 da Constituição." (cf. RE 184.093, Moreira Alves, DJ de 5-9-1997)." [RE 460.971, rel. min. Sepúlveda Pertence, j. 13-2-2007, 1ª T, DJ de 30-3-2007.] = ARE 676.006 AgR, rel. min. Luiz Fux, j. 22-5-2012, 1ª T, DJE de 6-6-2012

"O STJ, ao negar seguimento ao recurso especial com fundamento constitucional, exerceu o chamado controle difuso de constitucionalidade, que é possibilitado a todos os órgãos judiciais indistintamente. Em tais casos, só haverá usurpação de competência do STF se da decisão da corte de origem foram interpostos, simultaneamente, recursos especial e extraordinário." [Rcl 8.163 AgR, rel. min. Ricardo Lewandowski, j. 3-11-2011, P, DJE de 28-11-2011.]

◉ QUESTÕES RELACIONADAS

01. (CESPE - Procurador do Município - PGM – Manaus/AM - 2018) No tocante às técnicas de decisão em sede de controle abstrato, julgue o item que se segue.

Ao afirmar que a aplicação de uma norma a determinada hipótese fática é inconstitucional, o STF se utiliza da técnica de decisão denominada declaração de inconstitucionalidade sem redução do texto.

Resposta: correto.

02. (FGV - Analista Judiciário – TJ/AL - 2018) A Câmara Cível do Tribunal de Justiça do Estado Gama reconheceu, incidentalmente, pela unanimidade dos seus membros, a inconstitucionalidade da Lei Federal X, e deixou de aplicá-la no julgamento do recurso de apelação submetido à sua apreciação. À luz da sistemática constitucional e considerando ter sido esse o primeiro acórdão proferido pelo Poder Judiciário brasileiro reconhecendo a inconstitucionalidade da Lei Federal X, o procedimento adotado pela Câmara está:

a) certo, pois a inconstitucionalidade ainda não tinha sido reconhecida por nenhum órgão do Poder Judiciário;

b) certo, pois a inconstitucionalidade foi reconhecida pela unanimidade dos desembargadores que a integram;

c) errado, pois os órgãos do Tribunal de Justiça somente podem reconhecer a inconstitucionalidade de leis estaduais ou municipais;

d) errado, pois a inconstitucionalidade deve ser reconhecida pela maioria absoluta dos membros do Tribunal ou do respectivo Órgão Especial;

e) errado, pois o processo deveria ter sido suspenso até que o Supremo Tribunal Federal se pronunciasse sobre a inconstitucionalidade.

Resposta: alternativa "d".

8. (CESPE – PROCURADOR DO ESTADO - AC/2012)

"Ontem os códigos, hoje as Constituições."

Diante da clássica afirmativa de Paulo Bonavides, comente o caráter de supremacia da ordem constitucional e suas implicações no controle de constitucionalidade.

RESPOSTA SUGERIDA

Basicamente pode-se dizer a Constituição é a norma suprema que rege a organização de um Estado Nacional.

No início da positivação do direito, notadamente aquele de origem romano-germânica, os ordenamentos jurídicos eram construídos em torno das grandes codificações, essencialmente as civis, a exemplo do Código Napoleão.

A partir do século XVIII as Constituições escritas ganharam força – num movimento que muitos doutrinadores intitulam de "Constitucionalismo" , passando a ter papel central nas ordens jurídicas mundo afora, gerando, assim, inúmeras lições sobre as suas importâncias para as ordens jurídicas nacionais.

Dentre as formas de se compreender uma Constituição, a que mais se destaca no direito pátrio é a concepção jurídico-positiva. Segundo Hans Kelsen, a Constituição se constitui em norma hipotética fundamental pura, que traz fundamento transcendental para sua própria existência (sentido lógico-jurídico), e que, por se constituir no conjunto de normas com mais alto grau de validade, deve servir de pressuposto para a criação das demais normas que compõem o ordenamento jurídico (sentido jurídico-positivo).

Na concepção jurídico-positiva de Hans Kelsen, a Constituição ocupa o ápice da pirâmide normativa, servindo como paradigma máximo de validade para todas as demais normas do ordenamento jurídico. Em outras palavras: as leis e os atos infralegais são hierarquicamente inferiores à Constituição e, por isso, somente serão válidos se não contrariarem as normas da Constituição.

Os Estados Nacionais que privilegiam a força normativa das normas constitucionais costumam adotar Constituições rígidas, que são aquelas que somente podem ser alteradas por meio de um processo legislativo mais difícil do que aquele utilizado para criar e reformas as normas infraconstitucionais.

A seu turno, o Controle de Constitucionalidade consiste na fiscalização da compatibilidade entre condutas (comissivas ou omissivas) dos Poderes Públicos e o bloco de constitucionalidade, integrado pela Constituição (em regra, rígida). Nesse sentido, o controle de constitucionalidade nada mais é do que uma técnica utilizada para garantir que a Constituição não seja violada por normas que estão hierarquicamente abaixo dela.

Em última análise, é forçoso concluir-se que o controle de constitucionalidade é responsável por garantir a supremacia da Constituição, pois, por meio dele, busca-se a retirada do mundo jurídico dos atos normativos em desacordo com a ordem constitucional vigente.

DOUTRINA TEMÁTICA

"Com o advento, no século XVIII, de um movimento revolucionário mais tarde denominado de Constitucionalismo, criou-se uma situação favorável para o surgimento de um novo referencial concreto do poder soberano do Estado, em vez do clássico *l'Etat c'est moi* ('O Estado sou eu') do Rei Luís XIV, o advento do texto constitucional. O rei teocrático do *Ancien Régime* ('Antigo Regime') é substituído por uma Constituição escrita. Toda autoridade agora somente encontra fundamento nesta Constituição escrita. O poder soberano deixa de ser personalizado, nenhuma pessoa (física ou jurídica, de direito público ou privado) encarna a soberania, todos os súditos do Estado ficam limitados, expressa ou tacitamente, pelas normas constitucionais. É o texto constitucional que passa a estabelecer 'o que cabe a cada qual fazer', ou seja, a repartir competências entre as diversas pessoas que compõem o conceito de Estado contemporâneo". (MOTTA FILHO; SANTOS, 2002, p. 9)

"Dizer que existe tutela específica da Constituição significa afirmar que a Lei Fundamental se beneficia de um regime jurídico diferente. Com efeito, as normas componentes de um ordenamento jurídico encontram-se dispostas segundo uma hierarquia e formando uma espécie de pirâmide sendo que a Constituição ocupa o ponto mais alto, o ápice da pirâmide legal, fazendo com que todas as demais normas que lhe vêm abaixo a ela se encontrem subordinadas. Estar juridicamente subordinada implica que uma determinada norma prevalece sobre a inferior em qualquer caso em que com ela conflite. A norma superior demanda obediência da subordinada, de tal sorte que esta lhe deverá dar inteiro cumprimento sob pena de vir a ser viciada. Vê-se, assim, pois, que a um regime especial para a sua produção corresponde, de outro lado, uma posição hierárquica superior das normas constitucionais sobre as infraconstitucionais". (BASTOS, 1999, p. 46-47)

"Nos países que possuem Constituições rígidas, ou seja, aquelas que preveem, para sua própria alteração, um procedimento legislativo mais gravoso do que o estipulado para as leis ordinárias, institui-se uma espécie de pirâmide normativa, em cujo ápice se localiza a Constituição. Dessa maneira, todos os atos normativos infraconstitucionais devem, por princípio, guardar compatibilidade com a respectiva Constituição. [...] Assim sendo, a existência de uma Constituição rígida cria uma relação piramidal entre esta e as demais normas do mesmo ordenamento jurídico, que com ela devem guardar relação de necessária lealdade. [...] Importante notar, nesta linha de raciocínio, que, uma vez flagrada a inconstitucionalidade de um ato normativo, deve ele ser reconhecido como inválido, impedindo-se a existência de contradição no sistema. Bem por isso, a Constituição da República criou o controle de constitucionalidade dos atos normativos, cujo objetivo consiste, num primeiro momento, em instituir barreiras à introdução de normas inconstitucionais no cenário jurídico". (ARAÚJO; NUNES JÚNIOR, 2006, p. 24-25)

JURISPRUDÊNCIA TEMÁTICA

STF

"A invocação das razões de Estado – além de deslegitimar-se como fundamento idôneo de justificação de medidas legislativas – representa, por efeito das gravíssimas consequências provocadas por seu eventual acolhimento, uma ameaça inadmissível às liberdades públicas, à supremacia da ordem constitucional e aos valores democráticos que a informam, culminando por introduzir, no sistema de direito positivo, um preocupante fator de ruptura e de desestabilização político-jurídica. Nada compensa a ruptura da ordem constitucional. Nada recompõe os gravíssimos efeitos que derivam do gesto de infidelidade ao texto da Lei Fundamental. A defesa da Constituição não se expõe, nem deve submeter-se, a qualquer juízo de oportunidade ou de conveniência, muito menos a avaliações discricionárias fundadas em razões de pragmatismo governamental. A relação do Poder e de seus agentes com a Constituição há de ser, necessariamente, uma relação de respeito. Se, em determinado momento histórico, circunstâncias de fato ou de direito reclamarem a alteração da Constituição, em ordem a conferir-lhe um sentido de maior contemporaneidade, para ajustá-la, desse modo, às novas exigências ditadas por necessidades políticas, sociais ou econômicas, impor-se-á a prévia modificação do texto da Lei Fundamental, com estrita observância das limitações e do processo de reforma estabelecidos na própria Carta Política. A defesa da CR representa o encargo mais relevante do STF. O STF – que é o guardião da Constituição, por expressa delegação do Poder Constituinte – não pode renunciar ao exercício desse encargo, pois, se a Suprema Corte falhar no desempenho da gravíssima atribuição que lhe foi outorgada, a integridade do sistema político, a proteção das liberdades públicas, a estabilidade do ordenamento normativo do Estado, a segurança das relações jurídicas e a legitimidade das instituições da República restarão profundamente comprometidas. O inaceitável desprezo pela Constituição não pode converter-se em prática governamental consentida. Ao menos, enquanto houver um Poder Judiciário independente e consciente de sua alta responsabilidade política, social e juridicoinstitucional." (ADI 2.010-MC, Rel. Min. Celso de Mello, julgamento em 30-9-1999, Plenário, DJ de 12-4-2002.)

"A força normativa da CR e o monopólio da última palavra, pelo STF, em matéria de interpretação constitucional. O exercício da jurisdição constitucional – que tem por objetivo preservar a supremacia da Constituição – põe em evidência a dimensão essencialmente política em que se projeta a atividade institucional do STF, pois, no processo de indagação constitucional, assenta-se a magna prerrogativa de decidir, em última análise, sobre a própria substância do poder. No poder de interpretar a Lei Fundamental, reside a prerrogativa extraordinária de (re)formulá-la, eis que a interpretação judicial acha-se compreendida entre os processos informais de mutação constitucional, a significar, portanto, que 'A Constituição está em elaboração permanente nos Tribunais incumbidos de aplicá-la'. Doutrina. Precedentes. A interpretação constitucional derivada das decisões proferidas pelo STF – a quem se atribuiu a função eminente de 'guarda da Constituição' (CF, art. 102, caput) – assume papel de essencial importância na organização institucional do Estado brasileiro, a justificar o reconhecimento de que o modelo político-jurídico vigente em nosso País confere, à Suprema Corte, a singular prerrogativa de dispor do monopólio da última palavra em tema de exegese das normas inscritas no texto da Lei Fundamental." (ADI 3.345, Rel. Min. Celso de Mello, julgamento em 25-8-2005, Plenário, DJE de 20-8-2010.) No mesmo sentido: AI 733.387, rel. min. Celso de Mello, julgamento em 16-12-2008, Segunda Turma, DJE de 1º-2-2013; RE 132.747, Rel. Min. Marco Aurélio, julgamento em 17-6-1992, Plenário, DJ de 7-12-1995. Vide: HC 91.361, Rel. Min. Celso de Mello, julgamento em 23-9-2008, Segunda Turma, DJE de 6-2-2009; RE 227.001-ED, Rel. Min. Gilmar Mendes, julgamento em 18-9-2007, Segunda Turma, DJ de 5-10-2007.

QUESTÕES DE CONCURSO RELACIONADAS

01. (CESPE - Defensor Público Federal - DPU – 2017) A respeito da evolução histórica do constitucionalismo no Brasil, das concepções e teorias sobre a Constituição e do sistema constitucional brasileiro, julgue o item a seguir.

A CF goza de supremacia tanto do ponto de vista material quanto do formal.

Resposta: certo.

02. (TJ – MG – Juiz de Direito – MG/2014) Sobre a supremacia da Constituição da República, assinale a alternativa CORRETA.

a) a supremacia está no fato de o controle da constitucionalidade das leis só ser exercido pelo Supremo Tribunal Federal.

b) a supremacia está na obrigatoriedade de submissão das leis aos princípios que norteiam o Estado por ela instituído.

c) a supremacia está no fato de a interpretação da constituição não depender da observância dos princípios que a norteiam.

d) a supremacia está no fato de que os princípios e fundamentos da constituição se resumam na declaração de soberania.

Resposta: alternativa "b".

---

03. (ESAF – AFRFB – 2012) O controle de constitucionalidade das leis é um dos mais importantes instrumentos da manutenção da supremacia da Constituição. Por essa razão é adotado, com algumas variações, pela grande maioria dos países democráticos. Com relação ao controle de constitucionalidade, pode-se afirmar que

a) o controle difuso caracteriza-se por possibilitar a um número amplo de interessados impugnar a constitucionalidade de uma norma perante um único tribunal.

b) o controle abstrato permite que um grupo restrito de pessoas impugne uma determinada norma, desde que fundamentado em um caso concreto, perante qualquer tribunal.

c) o controle concentrado decorre de construção normativa de Hans Kelsen e a primeira Constituição a incorporá-lo foi a Constituição Alemã de 1919, também conhecida como Constituição de Weimar.

d) o Brasil adota o controle difuso e o abstrato desde a Constituição Federal de 1891.

e) o controle difuso é fruto de construção jurisprudencial da Suprema Corte dos Estados Unidos, embora alguns autores defendam que decisões anteriores já indicavam a possibilidade de o Judiciário declarar uma norma contrária à Constituição.

Resposta: alternativa "e".

---

04. (FEPESE – Procurador do Estado – SC/ 2009) Assinale a alternativa correta, com respeito ao modelo constitucional, federal e estadual brasileiro.

a) A inconstitucionalidade de lei é de caráter formal quando seu conteúdo contraria preceito ou princípio da Constituição.

b) O sistema de controle difuso de constitucionalidade se verifica quando se reconhece a uma Corte Especial a competência para apreciar as ações de inconstitucionalidade.

c) O controle de constitucionalidade difuso também é conhecido como controle *in abstracto* da lei que fere a Constituição.

d) A declaração de inconstitucionalidade na via indireta, revoga a lei atacada até que o Senado declare a sua invalidade.

e) Do princípio da supremacia da Constituição resulta o princípio da compatibilidade vertical das normas do ordenamento jurídico brasileiro.

Resposta: alternativa "e".

9. (TJ/SP – JUIZ DE DIREITO - SP/2008)

Com que objetivo e como se dá, no Brasil, o controle difuso-concreto da constitucionalidade de leis? Na hipótese desse controle, quais os efeitos da declaração de inconstitucionalidade de uma lei ou ato normativo do Poder Público? Como é possível a ampliação desses efeitos?

◉ RESPOSTA SUGERIDA

O Brasil adota dois modelos de controle jurisdicional (realizado por órgãos do Poder Judiciário): difuso (realizado por qualquer juízo) e concentrado (realizado apenas por um órgão de cúpula, que, em âmbito federal, é o STF). Por essa razão, pode-se afirmar que o controle jurisdicional de constitucionalidade no Brasil constitui-se em um sistema misto, ou em um modelo dúplice, conforme prefere dizer o STF.

O controle difuso é fruto de construção jurisprudencial da Suprema Corte dos Estados Unidos (no famoso caso Marbury versus Madison), embora alguns autores defendam que decisões anteriores, do Século XVIII, nos próprios Estados Unidos da América, já indicavam a possibilidade de o Judiciário declarar uma norma contrária à Constituição.

No Brasil, há outras denominações pelas quais se pode identificar o controle como difuso. São elas: concreto (porque se dá a partir de um caso concreto); incidental ou *incidenter tantum* (porque a questão constitucional não constitui o objeto principal da ação, mas sim mero incidente); via de exceção (não é o objeto da ação, portanto, excepcional); processo subjetivo (envolve direitos subjetivos do caso concreto); de efeitos *inter partes* (entre as partes que demandam no caso concreto); estadunidense (porque tem origem no direito estadunidense) e aberto (posto que qualquer pessoa pode provocá-lo).

Em suma, o controle de constitucionalidade pela via difusa é aquele que pode ser provocado por qualquer pessoa, no bojo de qualquer ação judicial e ser apreciado por qualquer órgão do Poder Judiciário que possua jurisdição. Aliás, o controle difuso pode até mesmo ser realizado de ofício, pois a questão constitucional somente servirá de fundamentação para decisão quanto ao pedido que envolva a resolução de um caso concreto.

Assim, no controle difuso, a pronúncia do Judiciário sobre a inconstitucionalidade não é feita como manifestação sobre o objeto principal da lide, mas sim sobre questão prévia, indispensável ao julgamento do mérito. Em outras palavras: no controle difuso, a questão constitucional é a causa de pedir, e não o pedido.

No que tange aos efeitos, como a decisão é tomada a partir de um caso concreto, em regra a eficácia da decisão judicial é apenas *inter partes* (entre as partes envolvidas), não erga omnes (em relação a todos) e *ex tunc* (retroativa). Desta feita, a decisão vale apenas para quem ingressou com a ação e participou do processo, com eficácia retroativa para atingir o caso concreto levado à apreciação do Poder Judiciário.

Mas, vale destacar que, a Constituição Federal estabelece um mecanismo para geração de efeitos *erga omnes* a partir de uma decisão proferida em sede de controle difuso. Trata-se da regra do art. 52, X, da CF, segundo o qual o Senado Federal pode suspender a execução, no todo ou em parte, de lei declarada inconstitucional por decisão definitiva do Supremo Tribunal Federal.

Desta feita, se um caso concreto em que se discute a inconstitucionalidade de lei ou ato normativo chegar ao STF (por meio de inúmeros recursos judiciais), esse tribunal encaminhará a decisão de inconstitucionalidade ao Senado Federal que, se quiser, poderá expedir uma resolução suspendendo a execução, no todo ou em parte, de lei ou ato normativo declarado inconstitucional pelo Supremo Tribunal Federal. Uma vez expedida, essa resolução do Senado é irretratável.

Predomina o entendimento no sentido de que o Senado Federal não é obrigado a suspender a execução de lei declarada inconstitucional pelo STF, pois se trata de atividade discricionária desse órgão do Poder Legislativo. Quanto à extensão da suspensão, o entendimento prevalente é no sentido de que o Senado Federal está vinculado ao que decidiu o STF. Assim, se, por exemplo, o STF declarou a inconstitucionalidade apenas de um trecho do ato normativo, o Senado tem que seguir a mesma linha, não podendo suspender a execução total da lei.

Por fim, também é assente o pensamento segundo o qual a suspensão da execução pelo Senado Federal pode se dar em relação a lei federal, estadual, distrital ou municipal, pois o controle difuso se realiza em relação a atos normativos emanados de todos os entes da federação.

Vale destacar que no julgamento da ADI 3.406 e 3.470 o STF adotou o entendimento de que sua decisão em sede de controle difuso já teria por si só efeito vinculante, cabendo ao Senado apenas divulgar tal decisão. No entanto, a doutrina muito se divide com relação à ocorrência de fato ou não de uma mutação constitucional desse artigo.

DOUTRINA TEMÁTICA

"(...)podemos afirmar que o STF admitiu a mutação constitucional do art. 52, X, prescrevendo, então, que o papel do Senado Federal é apenas para dar publicidade à decisão. O efeito erga omnes e vinculante decorreria da própria decisão judicial. Esse entendimento foi fixado em controle concentrado de lei estadual, como questão prejudicial. Contudo, apesar das particularidades, entendemos que o STF evoluiu a questão e não terá mais volta." (LENZA, 2019, p. 474).

"A justiça do Estado de New Jersey, nos idos de 1780, já havia declarado que leis contrárias à constituição reputavam-se nulas. Em 1782, um grupo de juízes da Virgínia declararam, em seus vereditos, que leis inconstitucionais afiguravam-se nulas. No ano de 1787, a Suprema Corte da Carolina do Norte invalidou leis contrárias aos artigos da Confederação. Todas essas datas demonstram o quão é equivocada a ideia de que o controle difuso nasceu no caso Madison *versus* Marbury. Na realidade, o decisum de Marshall resultou do amadurecimento de séculos. Homens e instituições, de todo o mundo, exigiam o respeito incondicional às normas constitucionais, a fim de se encontrar a tão almejada salvaguarda de direitos e garantias". (BULOS, 2008, p. 114).

"No processo que é instaurado para permitir a solução de conflito de interesses, a questão de constitucionalidade – seja arguida pela parte, terceiro, Ministério Público ou ainda aferida de ofício pelo juiz – é apreciada de forma incidental, como prejudicial à solução do litígio entre as partes. A decisão da questão de constitucionalidade, assim, não é a decisão da questão principal ou, mais exatamente, do objeto litigioso do processo, mas a decisão da questão cujo exame constitui premissa indispensável para a análise da questão principal ou do mérito, sobre o qual litigam as partes do processo. [...] O Senado tem o poder de aferir a conveniência política da suspensão da execução da lei declarada inconstitucional pelo STF. De modo que a previsão de comunicação ao Senado Federal – hoje prevista no art. 52, I, da CF – não constitui sequer garantia de que a decisão tomada em controle incidental terá eficácia contra todos, ou melhor, será observada por todos os demais órgãos judiciários". (SARLET, MARINONI, MITIDIERO, 2013, p. 896-967).

JURISPRUDÊNCIA TEMÁTICA

STF

"O STF, por maioria, julgou improcedentes pedidos formulados em ações diretas de inconstitucionalidade ajuizadas contra a Lei 3.579/2001 do Estado do Rio de Janeiro. O referido diploma legal proíbe a extração do asbesto/amianto em todo o território daquela unidade da Federação e prevê a substituição progressiva da produção e da comercialização de produtos que o contenham. A Corte declarou, também por maioria e incidentalmente, a inconstitucionalidade do art. 2º da Lei federal 9.055/1995, com efeito vinculante e erga omnes. O dispositivo já havia sido declarado inconstitucional, incidentalmente, no julgamento da ADI 3.937/SP (rel. orig. min. Marco Aurélio, red. p/ o ac. min. Dias Toffoli, julgamento em 24-8-2017). A partir da manifestação do ministro Gilmar Mendes, o Colegiado entendeu ser necessário, a fim de evitar anomias e fragmentação da unidade, equalizar a decisão que se toma tanto em sede de controle abstrato quanto em sede de controle incidental. O ministro Gilmar Mendes observou que o art. 535 do CPC reforça esse entendimento. Asseverou se estar fazendo uma releitura do disposto no art. 52, X, da CF, no sentido de que a Corte comunica ao Senado a decisão de declaração de inconstitucionalidade, para que ele faça a publicação, intensifique a publicidade. O ministro Celso de Mello considerou se estar diante de verdadeira mutação constitucional que expande os poderes do STF em tema de jurisdição constitucional. Para ele, o que se propõe é uma interpretação que confira ao Senado Federal a possibilidade de simplesmente, mediante publicação, divulgar a decisão do STF. Mas a eficácia vinculante resulta da decisão da Corte. Daí se estaria a reconhecer a inconstitucionalidade da própria matéria que foi objeto deste processo de controle abstrato, prevalecendo o entendimento de que a utilização do amianto, tipo crisotila e outro, ofende postulados constitucionais e, por isso, não pode ser objeto de normas autorizativas. A ministra Cármen Lúcia, na mesma linha, afirmou que a Corte está caminhando para uma inovação da jurisprudência no sentido de não ser mais declarado inconstitucional cada ato normativo, mas a própria matéria que nele se contém. O ministro Edson Fachin concluiu que a declaração de inconstitucionalidade, ainda que incidental, opera uma preclusão consumativa da matéria. Isso evita que se caia numa dimensão semicircular progressiva e sem fim. E essa afirmação não incide em contradição no sentido de reconhecer a constitucionalidade da lei estadual que também é proibitiva, o que significa, por uma simetria, que todas as legislações que são permissivas – dada a preclusão consumativa da matéria, reconhecida a inconstitucionalidade do art. 2º da lei federal – são também inconstitucionais.(ADI 3.406 e ADI 3.470, rel. min. Rosa Weber, J. 29-11-2017, P, Informativo 886.)"

"À vista do modelo dúplice de controle de constitucionalidade por nós adotado, a admissibilidade da ação direta não está condicionada à inviabilidade do controle difuso." (ADI 3.205, Rel. Min. Sepúlveda Pertence, julgamento em 19-10-2006, Plenário, DJ de 17-11-2006.)

"Não conhecimento quanto ao art. 8º, dada a invalidade do dispositivo, declarado inconstitucional pelo Supremo Tribunal, em processo de controle difuso (RE 146.733), e cujos efeitos foram suspensos pelo Senado Federal, por meio da Resolução 11/1995. Procedência da arguição de inconstitucionalidade do art. 9º, por incompatibilidade com os arts. 195 da Constituição e 56 do ADCT/1988, que, não obstante já declarada pelo STF no julgamento do RE 150.764, 16-12-1992, Min. Marco Aurélio (DJ de 2-4-1993), teve o processo de suspensão do dispositivo arquivado, no Senado Federal, que, assim, negou-se a emprestar efeitos erga omnes à decisão proferida na via difusa do controle de normas." (ADI 15, Rel. Min. Sepúlveda Pertence, julgamento em 14-6-2007, Plenário, DJ de 31-8-2007.)

"Na dicção da ilustrada maioria, vencido o relator, o conflito de norma com preceito constitucional superveniente resolve-se no campo da não recepção, não cabendo a comunicação ao Senado prevista no inciso X do art. 52 da Constituição Federal." (RE 387.271, Rel. Min. Marco Aurélio, julgamento em 8-8-2007, Plenário, DJE de 1º-2-2008.)

QUESTÕES DE CONCURSO RELACIONADAS

01. (Cespe – Promotor de Justiça – MPE – PI/2019) No curso de uma ação de ressarcimento por dano material, uma das partes suscitou a inconstitucionalidade de um dispositivo legal.

Nesse caso, a sentença que julgar procedente o pedido de declaração de inconstitucionalidade

a) não fará coisa julgada nem no caso, nem entre as partes, até que o STF se pronuncie.

b) fará coisa julgada no caso e entre as partes, bem como surtirá efeitos ex tunc.

c) surtirá efeitos ex tunc quando, posteriormente à prolação da sentença, for suspensa a executoriedade do dispositivo pelo Senado Federal.

d) fará coisa julgada com efeitos ex nunc caso a inconstitucionalidade também seja suscitada junto ao STF.

e) gerará a ineficácia e a inaplicabilidade imediata do dispositivo legal, que será declarado nulo.

Reposta: alternativa "b".

---

02. (MPE-SP - Promotor de Justiça Substituto – 2019) Assinale a alternativa INCORRETA.

a) De acordo com a jurisprudência do Supremo Tribunal Federal, a superveniência de uma nova Constituição não torna inconstitucionais os atos estatais a ela anteriores e que, com ela, sejam materialmente incompatíveis: revoga-as. Trata-se de juízo negativo de recepção, inviabilizando, assim, a ação direta de inconstitucionalidade.

b) A jurisprudência do Egrégio Supremo Tribunal Federal é firme no sentido de que não há violação ao princípio da reserva de plenário quando o acórdão recorrido apenas interpreta norma local, sem declará-la inconstitucional.

c) Não ofende a cláusula de reserva de plenário a decisão de órgão fracionário de tribunal que, embora não declare expressamente a inconstitucionalidade de lei ou ato normativo do poder público, afasta sua incidência, no todo ou em parte.

d) A jurisprudência do Egrégio Supremo Tribunal Federal se consolidou no sentido de ser incabível reclamação fundada na teoria da transcendência dos motivos determinantes de acórdão com efeito vinculante.

e) Inexiste controle concentrado de lei ou ato normativo municipal frente à Constituição Federal, quer perante os Tribunais de Justiça dos Estados, quer perante o Supremo Tribunal Federal.

Reposta: alternativa "c".

---

03. (FCC - Defensor Público - DPE-SP – 2019) A Defensoria Pública de São Paulo ingressou com ação civil pública alegando, em síntese, que a Resolução 18/2015, da Secretaria de Planejamento e Gestão do Estado de São Paulo – que exige, em todos os concursos públicos na esfera estadual, que as candidatas mulheres apresentem exames médicos de mamografia (mulheres acima de 40 anos) e colpocitologia oncótica (Papanicolau) na avaliação de aptidão das candidatas para posse em cargos públicos – violaria a dignidade humana, a intimidade, a privacidade e integridade física e psicológica das mulheres, além de ferir os princípios da igualdade de gênero e da isonomia, uma vez que não há exigência de previsão equivalente aos candidatos homens. Após decisão parcialmente favorável na primeira instância, houve recurso e a Câmara do Tribunal de Justiça determinou a remessa dos autos ao Órgão Especial.

A respeito do caso é correto afirmar:

a) No âmbito estadual, o controle difuso de constitucionalidade é exercido pelos juízes de primeira instância e vedado à segunda instância, que exerce o controle concentrado de constitucionalidade.

b) Se o órgão fracionário declara expressamente a inconstitucionalidade de lei ou ato normativo do Poder Público ou mesmo afasta sua incidência, no todo ou em parte, viola a Súmula Vinculante nº 10 do STF, bem como o art. 97 da CF/88.

c) No Brasil, adota-se o controle concentrado e difuso de constitucionalidade, o que permitiria à Câmara a declaração de inconstitucionalidade pretendida pela aplicação do controle difuso, sem remessa ao Órgão Especial.

d) Não se trata de controle concentrado ou difuso de constitucionalidade, pois não ocorre a discriminação de gênero apontada, ou mesmo violação da igualdade ou isonomia entre mulheres e homens, uma vez que as diferenças biológicas justificariam o tratamento desigual.

e) No controle difuso de constitucionalidade, caso haja pronunciamento do Órgão Especial do Tribunal, por solicitação discricionária do órgão fracionário, a decisão será indicativa.

Reposta: alternativa "b".

10. (MPE-SP – PROMOTOR DE JUSTIÇA - SP/2012)

Em relação ao controle de constitucionalidade brasileiro, responda de maneira fundamentada:

a) A transformação da ação direta de inconstitucionalidade (ADI) e da ação declaratória de constitucionalidade (ADC) em ações dúplices contribuiu para o aumento da eficácia das decisões do Supremo Tribunal Federal?

b) A natureza dúplice da ADI e ADC também é aplicável em relação às decisões do STF em sede de medida liminar?

c) Os efeitos repristinatórios se aplicam na ADI e ADC? O que o Supremo Tribunal Federal entende por 'efeitos repristinatórios indesejados'?

d) Há diferenças entre os efeitos repristinatórios e o instituto jurídico da repristinação?

RESPOSTA SUGERIDA

a) Segundo a doutrina prevalente e a jurisprudência do STF, a ação direta de inconstitucionalidade e a ação declaratória de constitucionalidade são consideradas ações dúplices, ambivalentes, gêmeas, ou de sinais trocados, quanto aos efeitos da decisão. O fundamento para tal conclusão reside no art. 24 da Lei 9.868/99: "Proclamada a constitucionalidade, julgar-se-á improcedente a ação direta ou procedente eventual ação declaratória; e, proclamada a inconstitucionalidade, julgar-se-á procedente a ação direta ou improcedente eventual ação declaratória".

É forçoso concluir-se que o caráter dúplice contribui para o aumento da eficácia das decisões do Supremo Tribunal Federal, posto que pode-se chegar a efeito semelhante independentemente da ação ajuizada.

b) Apesar de haver posição minoritária em sentido diverso, predomina o entendimento no sentido de que a natureza dúplice da ADI e ADC não se aplica às decisões do STF em sede de medida liminar/cautelar. Segundo a jurisprudência do Supremo Tribunal Federal, o indeferimento de uma liminar/cautelar em ADI não tem como efeito o reconhecimento da constitucionalidade do ato em análise com efeito vinculante; assim como o indeferimento da liminar/cautelar na ADC não afirma a inconstitucionalidade da norma com efeito vinculante.

c) e d) Repristinação é o fenômeno que se dá pela recuperação da vigência de uma norma que tinha sido revogada, se, por acaso, a lei que a tinha revogado, por qualquer razão, perder a vigência (porque foi revogada, por exemplo). Simplificando: tomemos três leis "1", "2" e "3". Se "2" revoga "1", mas "3" revoga "2", "1" volta a ter vigência.

No plano legal, esse fenômeno só existe de forma expressa (se a lei que entra em vigor revogando a lei revogadora expressar o restabelecimento da lei inicialmente revogada), de modo que não há repristinação tácita.

Mas, no plano constitucional, fala-se na existência de um efeito repristinatório tácito, em que no controle de constitucionalidade concentrado (tanto em ADI quanto em ADC, além de na ADPF, quando se tratar da análise de ato normativo), a concessão da medida cautelar ou decisão de mérito torna aplicável a legislação anterior acaso existente, salvo expressa manifestação em sentido contrário (c.f. art. 11, § 2°, da Lei 9.868/99).

Por fim, segundo a jurisprudência do STF, o autor da ação em controle concentrado também deve provocar de forma expressa a análise do ato normativo anterior ao impugnado que possa voltar a ter efeito, pois dessa forma se evita um "efeito repristinatório indesejado". Ademais, não temos a ocorrência desse efeito quanto a normas anteriores à Constituição vigente.

DOUTRINA TEMÁTICA

"Enunciada pelo art. 102, I, "p", CF/**, e inscrita nos arts. 10 e 11 da Lei 9.868/99, é possível a concessão de medida cautelar em ação direta de inconstitucionalidade. [...] A medida cautelar, não possuindo caráter dúplice, não produz efeitos em se tratando do julgamento pela sua improcedência. Há vozes no STF em sentido contrário, pela produção de efeitos também quando da não concessão da medida. Todavia, o posicionamento atual da Corte é no sentido de que os efeitos [...] só são concernentes à decisão concessiva. De acordo com o que firmou o Supremo Tribunal: 'O indeferimento de liminar em ação direta de inconstitucionalidade, pouco importando o fundamento, não dá margem à apresentação de reclamação'. Assim, entendeu a Corte que a negativa da concessão de liminar não tem efeito vinculante, de forma que o juiz de 1ª instância ou o Tribunal, que se negar a aplicar a norma impugnada em ADI (e que foi objeto de uma medida cautelar indeferida), por entendê-la inconstitucional, age dentro dos seus limites de competência, não sendo possível desafiar a decisão por meio de reclamação." (MASSON, 2012, p. 1036-1037).

"O STF vem utilizando a expressão 'efeito repristinatório' da declaração de inconstitucionalidade (c.f. ADI 2.215-PE, medida cautelar, Rel. Ministro Celso de Mello, Informativo 224 do STF). Isso porque, se a lei é nula, ela nunca teve eficácia. Se nunca teve eficácia, nunca revogou nenhuma norma. Se nunca revogou nenhuma norma, aquela que teria sido supostamente 'revogada' continua tendo eficácia." (LENZA, 2014, p. 392).

"A doutrina aponta a existência do efeito repristinatório na declaração de inconstitucionalidade, o qual é admitido pela jurisprudência do Pretório Excelso, desde o regime constitucional anterior, significa que 'a norma pretensamente revogada pela norma inconstitucional se mantém em vigor'. É dizer, a norma inconstitucional não foi apta a revogar validamente a lei anterior que tratava da mesma matéria, afigurando-se nula, desde o nascimento. [...] Tais efeitos hoje são expressamente consagrados no direito positivo (Lei 9.868/99, art. 11, § 2°), apenas quanto ao deferimento da cautelar. Contudo, a doutrina entende que o mesmo é a regra das decisões de mérito nas ações de controle abstrato. Quanto às decisões de mérito proferidas na ação direta de inconstitucionalidade e na ação declaratória de constitucionalidade, não há dúvida da existência do efeito em estudo como regra. Resta saber: e a decisão prolatada na arguição de descumprimento de preceito fundamental? Entendemos que, apenas têm efeitos repristinatórios, as decisões prolatadas neste último instrumento, que reconheçam o descumprimento de preceito fundamental por parte de determinado ato normativo, uma vez que o efeito repristinatório é aplicável apenas aos atos normativo, e não a todo e qualquer ato do Poder Público". (FERREIRA, 2003, p. 80-81).

JURISPRUDÊNCIA TEMÁTICA

STF

"O efeito repristinatório da declaração de inconstitucionalidade não revigora a vigência de normas pré-constitucionais, não havendo óbice ao conhecimento de ação direta que se limita a impugnar parte de cadeia normativa editada após a CF/1988 (...)." (ADI 3.111, rel. min. Alexandre de Moraes, j. 30-6-2017, P, DJE de 8-8-2017.)

"O STF possui o entendimento consolidado no sentido de que é legítima a cobrança da contribuição ao PIS, na forma disciplinada pela LC 7/1970, no período compreendido entre a declaração de inconstitucionalidade dos DL 2.445/1988 e 2.449/1988 e a entrada em vigor da MP 1.212/1995. Precedentes. A Resolução do Senado Federal 49/1995, que conferiu efeitos erga omnes à decisão proferida no RE 148.754/RJ, Rel. p/ o ac. Min. Francisco Rezek, Tribunal Pleno, DJ de 4-3-1994, fez exsurgir a LC 7/1970, numa espécie de efeito repristinatório, de forma que tal norma voltasse a produzir seus efeitos. Precedente." (AI 677.191-AgR, Rel. Min. Ellen Gracie, julgamento em 8-6-2010, Segunda Turma, DJE de 25-6-2010.)

"Concluindo o julgamento de questão de ordem em agravo regimental interposto contra decisão do Min. Maurício Corrêa, relator - que não conhecera de reclamação ajuizada pelo Município de Turmalina-SP em que se pretendia ver respeitada a decisão proferida pelo STF na ADIn 1.662-SP por falta de legitimidade ativa ad causam do reclamante - o Tribunal, por maioria, decidiu todos aqueles que forem atingidos por decisões contrárias ao entendimento firmado pelo STF no julgamento de mérito proferido em ação direta de inconstitucionalidade, sejam considerados como parte legítima para a propositura de reclamação, e declarou a constitucionalidade do parágrafo único do art. 28 da Lei 9.868/99. Considerou-se que a ADC consubstancia uma ADI com sinal trocado e, tendo ambas caráter dúplice, seus efeitos são semelhantes. Vencidos os Ministros Moreira

Alves, Ilmar Galvão e Marco Aurélio, que declaravam a inconstitucionalidade do mencionado dispositivo por ofensa ao princípio da separação de Poderes. (Lei 9.868/99, art. 28, parágrafo único: "A declaração de constitucionalidade ou de inconstitucionalidade, inclusive a interpretação conforme a Constituição e a declaração parcial de inconstitucionalidade sem redução de texto, têm eficácia contra todos e efeito vinculante em relação aos órgãos do Poder Judiciário e à Administração Pública federal, estadual e municipal."). Rcl (AgR-QO) 1.880, julgada em 2002 e relatada pelo Ministro Maurício Corrêa.

"[...] Desse modo, considerados os precedentes referidos, e ausente a cumulação de pedidos sucessivos (declaração de inconstitucionalidade da norma superveniente + declaração de inconstitucionalidade da norma anterior por ela revogada), torna-se incognoscível a presente ação direta, pois, seja do deferimento de medida cautelar, seja da eventual declaração de inconstitucionalidade do ato normativo editado em momento subsequente, resultará, no caso, efeito repristinatório indesejado, pertinente ao diploma revogado, o qual - segundo a própria autora (fls. 6/7) - acha-se igualmente impregnado do vício da ilegitimidade constitucional. O caso ora em exame registra situação idêntica à constatada na ADI 2.132-RJ e na ADI 2.242-DF, Rel. Min. MOREIRA ALVES, pois a autora da presente ação, não obstante o efeito repristinatório precedentemente mencionado, deixou de formular, em caráter subsidiário, pedido de declaração de inconstitucionalidade[...]". ADI 2.215-PE (Medida Cautelar). Rel. Ministro Celso de Mello. STF. Informativo 224 de 2001.

ADI: Normas Constitucionais e Efeito Repristinatório Indesejado - 1

O Tribunal não conheceu de ação direta de inconstitucionalidade ajuizada pelo Partido Verde - PV contra o art. 40, § 1º, II, da expressão "aplicando-se-lhes, quanto à aposentadoria e pensão, as normas constantes do art. 40", contida no art. 73, § 3º, do art. 93, VI, na redação que lhes foi dada pelo art. 1º da EC 20/98, e da expressão "e VI", constante no art. 129, § 4º, todos da CF, que prevêem a aposentadoria compulsória, aos 70 anos, para os servidores públicos, os magistrados e os membros do Tribunal de Contas da União e do Ministério Público. Entendeu-se que a eventual declaração de inconstitucionalidade dos dispositivos impugnados restauraria a eficácia de normas constitucionais originárias de idêntico conteúdo material, não impugnadas, e que, ainda que arguida na inicial a declaração de inconstitucionalidade destas, outra não seria a conclusão em face do entendimento do Tribunal no sentido de que não cabe ação direta contra normas constitucionais originárias. Precedentes citados: ADI 815/DF (DJU de 10.5.96) e ADI 2132/RJ (DJU de 5.4.2002). ADI 2883/DF, rel. Min. Gilmar Mendes, 30.8.2006. (ADI-2883). STF. Informativo 438 de 2006.

ADI: Normas Constitucionais e Efeito Repristinatório Indesejado - 2

Na linha da orientação fixada no julgamento anterior, o Tribunal não conheceu de ação direta de inconstitucionalidade ajuizada pelo Partido Social Liberal - PSL contra os artigos 40, § 1º, II, 73, § 3º e 93, VI, na redação que lhes foi dada pelo art. 1º da Emenda Constitucional 20/98, e contra o § 4º do art. 129, todos da CF. ADI 2760/DF, rel. Min. Joaquim Barbosa, 30.8.2006. (ADI-2760). STF. Informativo 438 de 2006.

QUESTÕES DE CONCURSO RELACIONADAS

01. (MPE-SP - Promotor de Justiça Substituto – 2019) Assinale a alternativa INCORRETA.

a) A controvérsia em torno da incidência, ou não, do postulado da recepção, por não envolver qualquer juízo de inconstitucionalidade, mas, sim, quando for o caso, o de simples revogação de diploma pré-constitucional, dispensa a aplicação do princípio da reserva de plenário, legitimando a possibilidade de reconhecimento, por órgão fracionário do Tribunal, de que determinado ato estatal não foi recebido pela nova ordem constitucional, além de inviabilizar, porque incabível, a instauração do processo de fiscalização normativa abstrata.

b) A declaração de inconstitucionalidade de qualquer ato estatal, considerando a presunção de constitucionalidade das leis, só pode ser declarada pelo voto da maioria absoluta dos membros do Tribunal ou, onde houver, dos integrantes do respectivo órgão especial, sob pena de nulidade da decisão judicial que venha a ser proferida.

c) A causa de pedir aberta das ações do controle concentrado de constitucionalidade torna desnecessário o ajuizamento de nova ação direta para a impugnação de norma cuja constitucionalidade já é discutida em ação direta em trâmite, proposta pela mesma parte processual.

d) O processo de controle normativo abstrato rege-se pelo princípio da indisponibilidade, o que impede a desistência da ação direta já ajuizada. A ação subsiste mesmo diante de revogação superveniente do ato estatal impugnado.

e) A declaração final de inconstitucionalidade, quando proferida em sede de fiscalização normativa abstrata, considerado o efeito repristinatório que lhe é inerente, importa em restauração das normas estatais anteriormente revogadas pelo diploma normativo objeto do juízo de inconstitucionalidade.

Resposta: alternativa "d".

02. (MPDFT – Promotor de Justiça – DF/2009) Sobre o controle de constitucionalidade das leis, assinale a alternativa correta.

a) A ação direta de inconstitucionalidade interventiva, por violação aos direitos humanos, tem como legitimado ativo o Procurador-Geral da República e o Conselho Federal da Ordem dos Advogados do Brasil, e o decreto de intervenção federal independe do controle político do Senado Federal.

b) No sistema brasileiro de controle de constitucionalidade das leis é vedado ao Supremo Tribunal Federal declarar a inconstitucionalidade de lei, ou ato normativo, mantendo todo o texto da norma válido e eficaz, mas, declarando, entre as interpretações possíveis, aquela interpretação que é conforme à Constituição.

c) A ação direta de inconstitucionalidade e a ação declaratória de constitucionalidade são consideradas ações dúplices, quanto aos efeitos da decisão.

d) Os efeitos da declaração de inconstitucionalidade, no controle abstrato de normas, não podem ser mitigados por razões de segurança jurídica ou de excepcional interesse social.

e) O veto do Presidente da República, o trabalho da Comissão de Constitucionalidade e Justiça do Congresso Nacional e a ação direta de inconstitucionalidade são formas de controle preventivo da constitucionalidade das leis e atos normativos no ordenamento jurídico brasileiro.

Resposta: alternativa "c".

---

03. (Cespe – Defensor Público – TO/2013) No que se refere ao controle de constitucionalidade, assinale a opção correta.

a) Quando o STF julga improcedente o pedido deduzido em sede de ação declaratória de constitucionalidade, tal circunstância não impede o posterior ajuizamento, por um dos legitimados ativos, de ADI com o mesmo objeto.

b) A arguição de descumprimento de preceito fundamental não pode ter por objeto ato normativo já revogado.

c) Com fundamento na denominada inconstitucionalidade por arrastamento, o STF pode declarar a inconstitucionalidade de norma que não tenha sido objeto do pedido na ADI, sendo a inconstitucionalidade declarada não em decorrência da incompatibilidade direta da norma com a CF, mas da inconstitucionalidade de outra norma com a qual aquela guarde relação de dependência.

d) Segundo entendimento do STF, não cabe ação direta de inconstitucionalidade contra resoluções do Conselho Nacional de Justiça (CNJ), órgão que não dispõe de poder para editar ato normativo primário.

e) A entidade de classe de âmbito nacional tem legitimidade para propor ADI, sendo necessário, segundo o STF, que a referida entidade esteja situada em, pelo menos, três estados da Federação.

Resposta: alternativa "c".

---

04. (PGE-GO – Procurador do Estado – GO/ 2013) Norma A revoga a norma B. João ajuíza ação para declarar a inexigibilidade de obrigação tributária estabelecida pela norma A, por vício de inconstitucionalidade, e seu pedido é julgado procedente. A partir do trânsito em julgado da ação,

a) João estará sob a vigência da norma B, mas os demais contribuintes que não ajuizaram a ação estarão sob a vigência da norma A.

b) todos os contribuintes estarão sob a vigência da norma B, uma vez que a decisão tem eficácia erga omnes e efeito repristinatório.

c) a norma B não retoma a vigência, uma vez que o fenômeno da repristinação é vedado pela Lei de Introdução ao Direito Brasileiro.

d) a decisão não terá qualquer consequência sobre a norma B, uma vez que esta fora revogada validamente.

e) João continuará sob a vigência da norma A, tendo direito, no entanto, a repetir o indébito pago indevidamente.

Resposta: alternativa "a".

---

05. (PUC – PR – Juiz de Direito Substituto – PR/ 2012) Sobre o controle de constitucionalidade de leis e atos normativos, afirma-se:

I. A arguição de descumprimento de preceito fundamental apresenta um caráter preventivo e um caráter repressivo, pois serve para evitar ou reparar lesão a preceito fundamental, desde que causada por ato do Poder Público. Essa característica faz com que seu objeto seja mais amplo que o da ação direta de inconstitucionalidade. Eis que a inconstitucionalidade discutida nesta ação somente pode advir de lei ou ato normativo.

II. O Supremo Tribunal Federal tem admitido o efeito repristinatório da declaração de inconstitucionalidade; afinal, há que se reconhecer que se a norma é inconstitucional, não teve eficácia e, por isso, não revogou lei. Assim, a lei que se acreditava revogada, não estava e volta a ter vigência.

III. Se, no controle abstrato estadual, o parâmetro é uma norma da Constituição Estadual de reprodução obrigatória da Constituição Federal, o julgamento abrirá a possibilidade de interposição de recurso extraordinário para o Supremo Tribunal, dando-lhe a chance de se manifestar sobre a constitucionalidade da lei perante a Constituição Federal.

Está(ão) correta(s):

a) Apenas as afirmações I e III.
b) Apenas as afirmações II e III.
c) Apenas as afirmações I e II.
d) Apenas as afirmações I, II e III.
e) Apenas a afirmação II.

Resposta: alternativa "d".

---

06. (Cespe – Advogado da União/2009) Acerca do controle de constitucionalidade no Brasil, julgue o item que se segue.

A declaração de inconstitucionalidade de uma norma pelo STF acarreta a repristinação da norma anterior que por ela havia sido revogada, efeito que pode ser afastado, total ou parcialmente, por decisão da maioria de 2/3 dos membros desse tribunal, em decorrência de razões de segurança jurídica ou de excepcional interesse social.

Resposta: certo.

11. (MPE-MS – PROMOTOR DE JUSTIÇA - MS/2011)

Resolução administrativa editada pelo Conselho Nacional do Ministério Público - CNMP, regulando determinada matéria de modo geral e abstrato, é passível de ser objeto de ação direta de inconstitucionalidade perante o Supremo Tribunal Federal? Fundamente.

RESPOSTA SUGERIDA

Nos termos do art. 102, I, "a", da CF, compete ao STF, como guardião da Constituição, processar e julgar, originariamente, a ação direta de inconstitucionalidade de lei ou ato normativo federal ou estadual.

A doutrina sustenta que um ato normativo se caracteriza por ser abstrato (regulamentar situações jurídicas não concretas), genérico (se destinar a uma universalidade de sujeitos) e autônomo (ter como paradigma de validade direto a Constituição Federal). Esses são os parâmetros utilizados para admitir-se ou não um ato como objeto de controle de constitucionalidade pela via de ação.

Durante muito tempo o Supremo Tribunal Federal entendeu que os três elementos (abstração, generalidade e autonomia) deveriam estar presentes para que um ato fosse considerado objeto possível de controle concentrado de constitucionalidade. Mas, o STF começou a relativizar o seu entendimento ao permitir que atos de efeitos concretos (não dotados de abstração, portanto) fossem admitidos como objetos de controle abstrato de constitucionalidade, o que se deu inicialmente em relação às leis de efeitos concretos.

Essa mudança de entendimento abriu caminho para que as resoluções administrativas editadas pelo CNMP também fossem consideradas pelo STF como atos passíveis de figurarem como objeto de ação direta de inconstitucionalidade, haja vista serem dotadas de, ao menos, generalidade e abstração.

DOUTRINA TEMÁTICA

"Resoluções do Conselho Nacional de Justiça e do Conselho Nacional do Ministério Público, que possuem densidade normativa e disciplinam matérias de forma geral e abstrata, podem ser objeto de controle concentrado, porque a Carta Magna reservou esta atribuição para os Ministros do Supremo Tribunal Federal, no exercício, originário, da fiscalização da fiscalização abstrata de normas (art. 102, I, "r", com redação dada pela EC 45/2004). A ação direta de inconstitucionalidade e, também, a ação declaratória de constitucionalidade e a arguição de descumprimento de preceito fundamental, são os mecanismos da jurisdição concentrada, que podem ser usados para sua finalidade". (BULOS, 2014, p. 273)

JURISPRUDÊNCIA TEMÁTICA

"O Plenário, por maioria, julgou improcedente o pedido formulado em ação direta ajuizada em face da Resolução 36/2009 do CNMP, que dispõe sobre o pedido e a utilização de interceptações telefônicas, no âmbito do Ministério Público, nos termos da Lei 9.296/1996. (...) No mérito, ao reconhecer sua constitucionalidade, o Colegiado asseverou que a norma foi editada pelo CNMP no exercício das atribuições previstas diretamente no art. 130-A, § 2º, I e II, da CF. Nesse contexto, apenas regulamentou questões administrativas e disciplinares relacionadas ao procedimento de interceptação telefônica, sem adentrar em matéria de direito penal, processual ou relativa a nulidades. (...) A Corte ressaltou, ainda, que o CNMP possui competência para regular os parâmetros a serem utilizados na análise de processos disciplinares submetidos ao órgão. Em realidade, trata-se de medida conveniente e desejável que confere previsibilidade à atuação do Conselho, bem como oferece segurança jurídica e tratamento isonômico àqueles sujeitos a seu controle. Por outro lado, padronizou procedimentos formais sobre a matéria, de modo a concretizar o princípio da eficiência (...), cuja observância deve ser tutelada pelo Conselho (...). A existência de um grau mínimo de uniformização atende ao princípio da eficiência, além de ser conveniente para a continuidade das investigações, especialmente ao se considerar a possibilidade de atuação de mais de um membro do Parquet no mesmo processo e em momentos distintos." (ADI 4.263, rel. min. Roberto Barroso, j. 25-4-2018, P, Informativo 899.)

"Resolução 15, de 4-12-2006, do Conselho Nacional do Ministério Público – Afronta ao art. 37, XI, § 12, da Constituição da República. 1. A Resolução 15, de 4-12-2006, do Conselho Nacional do Ministério Público, cuida dos percentuais definidores do teto remuneratório dos membros e servidores do Ministério Público. A Resolução altera outras normas de igual natureza, anteriormente vigentes, possibilitando a) ser ultrapassado o limite máximo para a remuneração dos membros e servidores públicos do Ministério Público dos Estados até agora fixado e b) estabelecer-se novo padrão remuneratório para aqueles agentes públicos. (...) Possível não observância dos limites de competência do Conselho Nacional do Ministério Público, que atuou sob o argumento de estar cumprindo os ditames do art. 130-A, § 2º, da Constituição da República. 7. Suspensão, a partir de agora, da eficácia da Resolução 15, de 4-12-2006, do Conselho Nacional do Ministério Público, mantendo-se a observância estrita do quanto disposto no art. 37, XI e seu § 12, no art. 39, § 4º, e no art. 130-A, § 2º, todos da Constituição da República. Medida cautelar deferida." (ADI 3.831-MC, Rel. Min. Cármen Lúcia, julgamento em 15-12-2006, Plenário, DJ de 3-8-2007.)

QUESTÕES DE CONCURSO RELACIONADAS

01. (VUNESP - Juiz Substituto - TJ-MT – 2018) Assinale a alternativa que aponta um tipo de ato ou espécie normativa que, como regra, é passível de controle abstrato de constitucionalidade.

a) Regimentos Internos dos Tribunais.
b) Decreto regulamentar não autônomo do Chefe do Executivo.
c) Súmula vinculante.
d) Normas constitucionais originárias.
e) Resolução que autoriza processo contra o Presidente da República.

Resposta: alternativa "a".

02. (Cespe – Juiz de Direito Substituto – MA/ 2013) À luz da jurisprudência do STF, assinale a opção correta em relação ao exercício do controle concentrado ou abstrato de constitucionalidade.

a) Não é admitida a participação do *amicus curiae* na ADI por omissão.
b) É cabível a intervenção de terceiros na arguição de descumprimento de preceito fundamental.
c) De acordo com o STF, não é admissível o ajuizamento de ADI contra ato estatal de conteúdo derrogatório, ou seja, contra resolução administrativa normativa que incida sobre atos normativos.
d) Para ajuizar ação declaratória de constitucionalidade, o partido político com representação no Congresso Nacional deve estar representado por advogado.

Resposta: alternativa "d".

(Cespe – Juiz de Direito Substituto-PA/ 2012) Considerando a jurisprudência do STF acerca do controle de constitucionalidade, assinale a opção correta.

a) Diferentemente do que ocorre na ação direta de inconstitucionalidade, não se exige, na ação declaratória de constitucionalidade, o instituto da pertinência temática, razão pela qual todos os legitimados são universais.

b) A inconstitucionalidade do processo legislativo pode ser objeto tanto do controle concentrado quanto do controle difuso de constitucionalidade.

c) Mesa de assembleia legislativa estadual não pode ajuizar ação direta de inconstitucionalidade cujo objeto seja lei ou ato normativo da própria assembleia legislativa.

d) Resoluções do CNJ e do Conselho Nacional do Ministério Público podem ser objeto de controle concentrado por meio de ação direta de inconstitucionalidade, de ação declaratória de constitucionalidade e de arguição de descumprimento de preceito fundamental.

e) A arguição de descumprimento de preceito fundamental é cabível contra atos normativos e atos judiciais, mas não contra atos administrativos.

Resposta: alternativa "d".

---

03. (Cespe – Procurador do Estado – PB/ 2008) Ainda quanto ao controle concentrado de constitucionalidade das leis, assinale a opção correta.

a) Durante a tramitação de um projeto de lei no Congresso Nacional, não é possível a utilização do controle jurisdicional de constitucionalidade.

b) Resolução administrativa do Conselho Nacional de Justiça que discipline determinada matéria, de forma geral e abstrata, pode ser objeto de ação direta de inconstitucionalidade.

c) Os decretos emitidos pelo presidente da República, em nenhuma hipótese, podem ser objeto de ação direta de inconstitucionalidade.

d) Na omissão da lei de regência em relação ao prazo prescricional, a ação direta de inconstitucionalidade se submete ao prazo previsto no Decreto Lei n° 20.910/1932, ou seja, ao prazo prescricional de cinco anos.

e) Caso uma norma estadual seja impugnada perante o STF, nos autos de uma ação direta de inconstitucionalidade, a defesa do ato cabe ao procurador-geral do estado.

Resposta: alternativa "b".

12. (FCC – PROCURADOR DO ESTADO – SP/2012)

Projeto de lei estadual de origem parlamentar que criou um programa social, no âmbito da Administração estadual, não foi vetado pelo anterior Governador do Estado e assim se converteu em lei. Com base nessa premissa, responda de forma fundamentada:

a) Essa lei é constitucional?

b) Pode o atual Governador do Estado propor Ação Direta de Inconstitucionalidade perante o Supremo Tribunal Federal ou há impedimento, nos termos da Súmula 5 do Supremo Tribunal Federal? A Súmula 5 do Supremo Tribunal Federal assim está editada: "A sanção do projeto supre a falta de iniciativa do Poder Executivo".

RESPOSTA SUGERIDA

a) Essa lei não é constitucional, pois padece de vício de inconstitucionalidade formal subjetiva, orgânica ou nomodinâmica. A criação de um programa social no âmbito da Administração estadual é matéria de iniciativa privativa do Governador do Estado, o que se extrai do art. 61, § 1°, II, "e", da CF que, apesar de se referir ao Presidente da República, se aplica aos Governadores de Estado por força do princípio da simetria ou parametricidade. Provavelmente o programa social criará obrigação para a Secretaria de Assistência Social, Educação ou Saúde, invadindo matéria sobre organização da Administração Pública.

b) Sim, o atual Governador do Estado pode propor Ação Direta de Inconstitucionalidade perante o Supremo Tribunal Federal, pois, nos termos do art. 103, V, da CF, é um dos legitimados ativos para tanto, possuindo pertinência temática com a lei questionada, uma vez que é Governador do Estado no qual a lei foi editada. Não há nenhum impedimento, pois, a Súmula 5 encontra-se superada pela jurisprudência do próprio Supremo Tribunal Federal, para quem, atualmente, a sanção a projeto de lei ou ato normativo não supre eventual vício de iniciativa.

DOUTRINA TEMÁTICA

"Sem embargos, a jurisprudência do Supremo Tribunal Federal é pacífica no sentido da observância compulsória pelos Estados-membros das regras básicas do processo legislativo federal, por exemplo, daquelas que dizem respeito à iniciativa exclusiva (CF, art. 61, § 1°) e com os limites do poder de emenda parlamentar (CF, art. 63). [...] A sanção presidencial não supre o vício de iniciativa do projeto de lei, conforme a sistemática da Carta de 1988. Durante a vigência da Carta de 1946, era possível. Vigorava à época, a Súmula 5 do STF: 'A sanção do projeto supre a falta de iniciativa do Poder Executivo'. Evidente que hoje esse enunciado perdeu a razão de ser. O próprio Supremo Tribunal a abandonou, desde o julgamento da Representação n. 890/GB, no ano de 1974". (BULOS, 2014, p. 1180).

"Um exemplo de inconstitucionalidade formal subjetiva é o caso de um deputado ou um senador apresentar um projeto de lei dando início ao processo legislativo sobre matéria de competência privativa (exclusiva) do Presidente da República, prevista no art. 61, § 1°, da CR/88. Estaríamos diante do que a doutrina e a jurisprudência majoritária intitulam de vício de iniciativa, e a mesma afirma ainda que a sanção do Presidente da República não supre o vício" (FERNANDES, 2012, p. 1100).

JURISPRUDÊNCIA TEMÁTICA

STF

"Ação direta de inconstitucionalidade. Lei alagoana 6.153, de 11-5-2000, que cria o programa de leitura de jornais e periódicos em sala de aula, a ser cumprido pelas escolas da rede oficial e particular do Estado de Alagoas. Iniciativa privativa do chefe do Poder Executivo estadual para legislar sobre organização administrativa no âmbito do Estado. Lei de iniciativa parlamentar que afronta o art. 61, § 1°, II, e, da CR, ao alterar a atribuição da Secretaria de Educação do Estado de Alagoas. Princípio da simetria federativa de competências. Iniciativa louvável do legislador alagoano que não retira o vício formal de iniciativa legislativa." (STF. ADI 2.329, Rel. Min. Cármen Lúcia, julgamento em 14-4-2010, Plenário, DJE de 25-6-2010.)

"Lei do Estado do Rio Grande do Sul. Instituição do Polo Estadual da Música Erudita. Estrutura e atribuições de órgãos e secretarias da administração pública. Matéria de iniciativa privativa do chefe do Poder Executivo. Precedentes. Exigência de consignação de dotação orçamentária para execução da lei. Matéria de iniciativa do Poder Executivo. Ação julgada procedente." (STF. ADI 2.808, Rel. Min. Gilmar Mendes, julgamento em 24-8-2006, Plenário, DJ de 17-11-2006.)

"É indispensável a iniciativa do chefe do Poder Executivo (mediante projeto de lei ou mesmo, após a EC 32/2001, por meio de decreto) na elaboração de normas que de alguma forma remodelem as atribuições de órgão pertencente à estrutura administrativa de determinada unidade da Federação." (STF. ADI 3.254, Rel. Min. Ellen Gracie, julgamento em 16-11-2005, Plenário, DJ de 2-12-2005.) No mesmo sentido: AI 643.926-ED, Rel. Min. Dias Toffoli, julgamento em 13-3-2012, Primeira Turma, DJE 12-4-2012; RE 586.050-AgR, Rel. Min. Gilmar Mendes, julgamento em 28-2-2012, Segunda Turma, DJE de 23-3-2012.

QUESTÕES DE CONCURSO RELACIONADAS

01. (FGV - Analista Judiciário - TJ-AL -2018) O Governador do Estado Alfa, ao tomar conhecimento de que o Supremo Tribunal Federal declarara a inconstitucionalidade da Lei X do referido Estado, decidiu ajuizar ações diretas de inconstitucionalidade contra leis semelhantes, de outros Estados da federação, de teor praticamente idêntico, embora não tivessem qualquer correlação com o Estado Alfa. As ações foram ajuizadas perante o Supremo Tribunal Federal. À luz da sistemática constitucional, o Governador do Estado Alfa:

a) não tem legitimidade para ajuizar ações diretas de inconstitucionalidade perante o Supremo Tribunal Federal;

b) tem legitimidade universal para ajuizar ações diretas de inconstitucionalidade perante o Supremo Tribunal Federal;

c) deveria demonstrar a relevância da matéria para o Estado Alfa para que sua legitimidade fosse reconhecida;

d) somente tem legitimidade para ajuizar ações diretas de inconstitucionalidade contra leis do Estado Alfa;

e) deveria ter sido autorizado pela Assembleia Legislativa do Estado Alfa a ajuizar as ações diretas.

Resposta: alternativa "c".

02. (Vunesp – Juiz de Direito Substituto-RJ/ 2012) A Assembleia Legislativa de determinado Estado-membro da Federação, com o objetivo de proteger os seus consumidores, edita uma lei proibindo que as empresas prestadoras do serviço de energia elétrica suspendam o fornecimento desse serviço público no caso de falta de pagamento da respectiva tarifa. Considerando as disposições constitucionais e a posição do STF acerca da matéria, é correto afirmar que essa lei é:

a) inconstitucional, porque houve vício de iniciativa por parte da Assembleia ao legislar sobre matéria cuja lei é de iniciativa privativa do governador.
b) inconstitucional, porque o Estado invadiu matéria de competência privativa da União.
c) constitucional, posto que cabe aos Estados editar leis que visam proteger o consumidor e estas devem prevalecer sobre o interesse econômico das referidas empresas.
d) constitucional, vez que os Estados possuem competência para legislar sobre a matéria.

Resposta: alternativa "b".

---

03. (Cespe – Procurador do Estado – ES/ 2008) Um deputado estadual apresentou à assembleia legislativa de seu estado projeto de lei com os seguintes artigos. Art. 1º Ficam os cemitérios localizados no Estado obrigados a dispensar o pagamento de taxas e tarifas para a realização de velório e sepultamento de doadores de órgãos ou tecidos. § 1º Fará jus à dispensa de que trata o caput a pessoa que tiver doado, por ato próprio ou por meio de seus familiares ou responsáveis, seus órgãos ou tecidos corporais para fins de transplante médico. § 2º Compõem as despesas com funeral, entre outras, taxas e emolumentos fixados pela administração pública, tarifas cobradas pelos serviços executados, incluindo urna funerária de padrão igual ao adotado pela assistência social, remoção e transporte do corpo, taxas de velório e sepultamento, bem como sepultura e campa individualizada. § 3º Se os familiares ou responsáveis pelo de cujus optarem por urna funerária de padrão superior à oferecida pelo estado, será cobrado o valor da diferença entre os preços das urnas funerárias. § 4º A doação de que trata esta lei deverá atender à clientela do Sistema Único de Saúde do estado. Art. 2º Os herdeiros do doador de órgão receberão R$ 250,00 por órgão doado que for aproveitado em transplante. Art. 3º Revogam-se as disposições em contrário. Art. 4º Esta lei entra em vigor 30 dias após a publicação. Mesmo sem previsão orçamentária para fazer frente às despesas decorrentes da lei, inadvertidamente o governador a sancionou, ocorrendo a sua publicação no Diário Oficial do estado. Somente em seguida é que foi lembrada pelo secretário de fazenda municipal a escassez de recursos para custear os benefícios criados pela lei. Tendo como referência essa situação hipotética, julgue os itens seguintes.

I. O governador poderá ajuizar ação direta de inconstitucionalidade (ADI) perante o Supremo Tribunal Federal (STF) contra a lei em comento, por vício de iniciativa, em razão de ela criar despesas sem indicação da fonte de custeio.

II. O fato de o governador haver sancionado a lei lhe retira a pertinência temática para ajuizamento de ação direta de inconstitucionalidade.

Respostas: Item "I": certo. Item "II": errado.

13. (TJ-DF – JUIZ DE DIREITO - DF/2011)

Em tema de controle de constitucionalidade esclareça:

a) Há possibilidade de controle repressivo fora do Poder Judiciário? Em caso positivo justifique a hipótese ou hipóteses?

b) É possível declarar a inconstitucionalidade de Emenda Constitucional por meio de Ação Declaratória de Inconstitucionalidade? Justifique a resposta.

◉ RESPOSTA SUGERIDA

a) A Doutrina e a jurisprudência pátrias identificam três hipóteses em que se pode realizar controle repressivo fora do Poder Judiciário, o que também se pode chamar de controle político. São elas:

I. Sustação, pelo Poder Legislativo, de atos normativos do Presidente da República que exorbitem de delegação legislativa ou de seu poder regulamentar: no procedimento para a edição de Lei Delegada, o Presidente da República envia uma mensagem especial (iniciativa solicitadora) ao Presidente do Congresso Nacional pedindo para legislar sobre determinada matéria. Concordando, o Presidente do Congresso Nacional emite uma resolução especificando o conteúdo e os termos do exercício da delegação. Se, ao editar a Lei Delegada, o Presidente da República for além (exorbitar) dos limites estabelecidos pelo Presidente do Congresso Nacional na resolução, o Poder Legislativo pode sustar a Lei Delegada editada emitindo um Decreto Legislativo (nos termos do art. 49, V, da CF). Situação semelhante é aquela decorrente da edição de decreto regulamentador expedido pelo Presidente da República na hipótese do art. 84, IV, da CF (compete ao Presidente da República sancionar, promulgar e fazer publicar as leis, bem como expedir decretos e regulamentos para sua fiel execução). Caso o Chefe do Executivo Federal extrapole seu poder de regulamentação, o Congresso Nacional pode sustar o ato inconstitucional. Assim é que ambas as situações dão ensejo a controle de constitucionalidade político (manejado pelo Legislativo) posterior ou repressivo (realizado em face de ato normativo criado e promulgado pelo Presidente da República).

II. Rejeição de medidas provisórias pelo Poder Legislativo (art. 62 da CF): a medida provisória é o ato normativo de vigência não definitiva que permite o exercício atípico da função legislativa pelo Poder Executivo nos casos de relevância e urgência. As medidas provisórias têm força de lei e devem ser submetidas ao crivo do Congresso Nacional imediatamente após terem sido adotadas pelo Presidente da República. Se a medida provisória for expressamente rejeitada na Câmara dos Deputados ou no Senado Federal, ela perderá vigência e eficácia no mesmo instante, com a geração de efeitos retroativos/*ex tunc*. Acaso a rejeição da medida provisória ocorra em razão de afronta ao conteúdo constitucional, se estará diante de uma forma de controle de constitucionalidade político (realizado pelo Legislativo) e repressivo (em face de ato normativo já promulgado).

III. Descumprimento, pelo Chefe do Poder Executivo, de lei ou ato normativo inconstitucional: apesar de haver dissonância na doutrina, há julgados do STF e do STJ que sinalizam pela possibilidade de o chefe do Executivo deixar de aplicar lei que entenda inconstitucional, podendo ainda determinar a seus subordinados que assim procedam. Essa é uma forma de controle político (realizado pelo Executivo) e repressivo (depois de o ato normativo ter sido promulgado e publicado).

b) Não há dúvidas quanto à admissibilidade de emendas constitucionais como objeto de controle concentrado de constitucionalidade, posto que apenas as normas constitucionais originárias estão blindadas de qualquer análise de validade, gozando de presunção absoluta de constitucionalidade.

Devido ao caráter dúplice ou ambivalente da ADI e da ADC, é possível declarar-se a inconstitucionalidade de uma emenda constitucionalidade no bojo de uma ADC. Isso porque, acaso a Ação Declaratória de Constitucionalidade cujo objeto de análise é uma emenda constitucional, seja julgada improcedente, serão gerados os mesmos efeitos de uma procedência em Ação Direta de Inconstitucionalidade, ou seja, um reconhecimento de inconstitucionalidade com efeito vinculante e, em regra, eficácia *erga omnes* e *ex tunc*. Não por acaso se afirma na doutrina e na jurisprudência do STF que a ADI e a ADC são ações de sinais trocados, pois a procedência de uma equivale à improcedência da outra, e vice-versa.

DOUTRINA TEMÁTICA

"O controle político é o da matriz (sistema) francesa e está presente na Constituição da França de 1958. Nesta, o controle é realizado por um órgão político, aqui citado e intitulado de 'Conselho Constitucional'. Em nosso atual ordenamento jurídico-constitucional existe o controle político de constitucionalidade, que é realizado, por exemplo, pelo Poder Legislativo, e pelo Poder Executivo, porém, não como regra, mas excepcionalmente (como exceção), não havendo como se afirmar sobre a existência de um sistema ou de uma verdadeira matriz política em *terrae brasilis*, como a existente na França". (FERNANDES, 2012, p. 1109-1110).

"O modelo judicial é a forma clássica e bem-sucedida de controle de constitucionalidade. A configuração de um controle de constitucionalidade não judicial tem relação com a desconfiança no Judiciário, visto como poder que deveria se manter rigorosamente afastado dos assuntos do parlamento e que, por isso mesmo, não deferia aferir a legitimidade das leis". (SARLET; MARINONI; MITIDIERO, 2013, p. 842-843)

JURISPRUDÊNCIA TEMÁTICA

STF

"O STF já assentou o entendimento de que é admissível a ação direta de inconstitucionalidade de emenda constitucional, quando se alega, na inicial, que esta contraria princípios imutáveis ou as chamadas cláusulas pétreas da Constituição originária (art. 60, § 4º, da CF). Precedente: ADI 939 (RTJ 151//55)."(ADI 1.946 MC, rel. min. Sydney Sanches, j. 29-4-1999, P, DJ de 14-9-2001. = ADI 4.307, rel. min. Cármen Lúcia, j. 11-4-2013, P, DJE de 1º-10-2013)

Prosseguindo o julgamento, o Tribunal rejeitou a arguição de inconstitucionalidade da parte final do art. 26 da Lei 9.868/99, que veda que as decisões tomadas em ADI ou ADC sejam objeto de ação rescisória. Salientando-se a inconsistência da alegação de ofensa ao art. 5º, XXXV, da CF, aduziu-se que, adstritos os preceitos constitucionais pertinentes à competência para julgar a ação rescisória (CF, artigos 102, I, j; 105, I, e; e 108, I, b), a extensão e os pressupostos de sua admissibilidade constituem matéria da legislação processual ordinária, razão por que, não existindo imposição constitucional a admiti-la, a vedação por lei especial à ação rescisória da decisão de determinados processos não poderia ser reputada inconstitucional, a não ser que, por ser arbitrária ou desarrazoada, pudesse a exclusão ser considerada ofensiva a garantias constitucionais que lhe impusessem a admissão. Asseverou-se, ademais, que as decisões de mérito da ADI ou da ADC - ações dúplices -, por sua própria natureza, repelem a desconstituição por ação rescisória, delas podendo resultar tanto a declaração de inconstitucionalidade quanto de constitucionalidade. Esclareceu-se que, no caso de se declarar a inconstitucionalidade, a desconstituição dessa decisão restabeleceria a força da lei antes eliminada, o que geraria insegurança jurídica. Por sua vez, na hipótese de declaração de constitucionalidade, a segurança jurídica também estaria comprometida se essa decisão, vinculante de todos os demais órgãos da jurisdição e da administração pública, pudesse ser desconstituída por força de simples variações na composição do STF, sem mudança relevante do contexto histórico e das concepções jurídicas subjacentes ao julgado rescindido. ADI 2154/DF e ADI 2258/DF, rel. Min. Sepúlveda Pertence, 14.2.2007. (ADI-2154) (ADI-2258)

"Aceita a ideia de que a ação declaratória configura uma ADI com sinal trocado, tendo ambas caráter dúplice ou ambivalente, afigura-se difícil admitir que a decisão proferida em sede de ação direta de inconstitucionalidade seria dotada de efeitos ou consequências diversos daqueles reconhecidos para a ação declaratória de constitucionalidade. Argumenta-se que, ao criar a ação declaratória de constitucionalidade de lei federal, estabeleceu o constituinte que a decisão definitiva de mérito nela proferida - incluída aqui, pois, aquela que, julgando improcedente a ação, proclamar a inconstitucionalidade da norma questionada - "produzirá eficácia contra todos e efeito vinculante, relativamente aos demais órgãos do Poder Judiciário e do Poder Executivo" (Art. 102, § 2º da Constituição Federal de 1988). Portanto, sempre se me afigurou correta a posição de vozes autorizadas do Supremo Tribunal Federal, como a de Sepúlveda Pertence, segundo a qual, "quando cabível em tese a ação declaratória de constitucionalidade, a mesma força vinculante haverá de ser atribuída à decisão definitiva da ação direta de inconstitucionalidade" (Reclamação nº 167, despacho, RDA 206, p. 246 (247)). Nos termos dessa orientação, a decisão proferida em ação direta de inconstitucionalidade contra lei ou ato normativo federal haveria de ser dotada de efeito vinculante, tal como ocorre com aquela proferida na ação declaratória de constitucionalidade. Daí ter esta Corte reconhecido, no AgR/QO na Rcl no 1.880/SP, sessão de 7.11.2002, rel. Ministro Maurício Corrêa, a constitucionalidade do art. 28, parágrafo único, da Lei no 9.868, de 1999, que atribui efeito vinculante às decisões de mérito proferidas em ação direta de inconstitucionalidade. Se entendermos que o efeito vinculante da decisão está intimamente vinculado à própria natureza da jurisdição constitucional em um dado Estado democrático e à função de guardião da Constituição desempenhada pelo Tribunal, temos de admitir, igualmente, que o legislador ordinário e o próprio Tribunal não estão impedidos de reconhecer essa proteção processual especial a outras decisões de controvérsias constitucionais proferidas pela Corte. Assinale-se, nessa mesma linha, que esta Corte não estará exorbitando de suas funções ao reconhecer efeito vinculante a decisões paradigmáticas por ela proferidas na guarda e na defesa da Constituição. Em verdade, o efeito vinculante decorre do particular papel político-institucional desempenhado pela Corte ou pelo Tribunal Constitucional, que deve zelar pela observância estrita da Constituição nos processos especiais concebidos para solver determinadas e específicas controvérsias constitucionais. Em trabalho doutrinário, já havia sustentado que, independentemente da positivação do instituto no direito ordinário, o argumento decisivo em favor da adoção da cautelar em ação declaratória advinha da própria especificidade do instituto, destinado a solver controvérsias constitucionais de grande magnitude entre os diversos órgãos judiciários, administrativos e políticos. Entendi, então, que da própria competência que se outorga ao Supremo Tribunal Federal para decidir, com eficácia erga omnes e efeito vinculante, a ação declaratória de constitucionalidade, tendo em vista a necessidade de definição de uma controvérsia constitucional, decorre a atribuição para conceder cautelar que, pelo menos, suspenda o julgamento dos processos ou seus efeitos até a prolação de sua decisão definitiva (Cf. Gilmar Ferreira Mendes, Repertório de Jurisprudência IOB, 2a.(quinzena de outubro de 1997 - n(20/97 - Caderno I - p. 504/501)". Rcl 2.256-RN. Rel. Ministro Gilmar Mendes. STF. Informativo 321 de 2003.

QUESTÕES DE CONCURSO RELACIONADAS

01. (VUNESP - Juiz Substituto - TJ-SP - 2018) É possível afirmar que, no sistema constitucional brasileiro,

a) embora o controle repressivo de constitucionalidade seja, em regra, exercido pelo Judiciário, existem exceções, uma delas correspondente ao juízo sobre a constitucionalidade das medidas provisórias que cada uma das Casas do Congresso Nacional realiza antes de deliberar sobre o seu mérito.

b) de acordo com a jurisprudência do STF, têm legitimidade para a impetração de mandado de segurança com o objetivo de impedir desvios institucionais na elaboração dos atos normativos os mesmos legitimados pelo artigo 103 da Constituição para a propositura de ação direta de inconstitucionalidade.

c) embora o controle preventivo de constitucionalidade seja exercido, em regra, como fase própria do processo legislativo, existe também previsão constitucional de seu exercício por órgão jurisdicional, em via mandamental ou de ação direta de inconstitucionalidade.

d) de acordo com a jurisprudência do STF, o mandado de segurança pode ser utilizado para impedir a tramitação de projeto de lei ou proposta de emenda constitucional que contenha vício de inconstitucionalidade formal ou material.

Resposta: alternativa "a".

02. (Vunesp – Defensor Público – MS/ 2012) Considerando o direito constitucional brasileiro, bem como o entendimento do Supremo Tribunal Federal sobre o controle de constitucionalidade das leis e atos normativos, assinale a alternativa correta.

a) O controle preventivo pode ser exercido pelos Poderes Legislativo e Judiciário, mas não pelo Poder Executivo.

b) O controle preventivo exercido, durante o processo de elaboração das espécies normativas, é feito pelos Poderes Legislativo e Executivo, mas não pode ser feito pelo Poder Judiciário.

c) A Constituição Federal prevê hipótese de controle de constitucionalidade repressivo realizado pelo Poder Legislativo.

d) Os atos do processo legislativo são imunes à apreciação do controle jurisdicional preventivo.

Resposta: alternativa "c".

---

03. (Vunesp – Juiz de Direito – PA/2014) Conselho Federal de Medicina propõe Ação Direta de Inconstitucionalidade (ADIn) que tem por objeto Emenda à Constituição. Segundo o entendimento do Supremo Tribunal Federal, a referida ação

a) deverá ser conhecida, pois a Emenda à Constituição pode ser objeto da ação e o Conselho Federal de Medicina, entidade de classe de âmbito nacional, possui legitimidade.

b) deverá ser conhecida apenas e tão somente se o Conselho Federal de Medicina demonstrar a representatividade adequada.

c) não deverá ser conhecida sob o fundamento de que o Conselho Federal de Medicina não se enquadra na previsão constitucional relativa às entidades de classe de âmbito nacional.

d) não deverá ser conhecida sob o fundamento de que a Emenda à Constituição não pode ser objeto de ADIn.

e) deverá ser conhecida apenas e tão somente se o Conselho Federal de Medicina demonstrar a pertinência temática.

Resposta: alternativa "c".

---

04. (Cespe – Procurador do Estado – PB/ 2008) Quanto ao controle de constitucionalidade, assinale a opção correta.

a) Entre os modelos clássicos de controle de constitucionalidade, destaca-se o modelo norte-americano de sistema concentrado de controle de constitucionalidade, segundo o qual a Suprema Corte Americana tem competência para julgar a inconstitucionalidade das leis de forma concentrada e com eficácia erga omnes.

b) Em que pese o controle de constitucionalidade, no Brasil, ser preponderantemente exercido pelo Poder Judiciário, a doutrina registra exemplos de controle repressivo a cargo do Poder Legislativo – como o exercido pelo Congresso Nacional na rejeição de medida provisória inconstitucional.

c) No âmbito do controle difuso de controle de constitucionalidade, a chamada cláusula de reserva de plenário é obrigatória para o julgamento de cada processo em que se aprecie questão de constitucionalidade.

d) No âmbito do controle concentrado de constitucionalidade, faz-se necessária a edição de resolução, por parte do Senado Federal, para que determinada lei seja suspensa em relação às pessoas que não tenham sido parte no processo.

e) Decidida pelo plenário do STF a inconstitucionalidade de uma lei, o Congresso Nacional é obrigado a emitir decreto legislativo que suspenda a eficácia da norma declarada inconstitucional.

Resposta: alternativa "b".

---

05. (Cespe – Defensor Público – SE/ 2012) Com base no que determina a CF, no que dispõe a legislação pertinente e no entendimento do STF, assinale a opção correta a respeito das ações de controle concentrado de constitucionalidade.

a) O presidente da República possui legitimidade universal, podendo ajuizar, no STF, ação direta de inconstitucionalidade, ainda que contra ato normativo municipal, sem a necessidade de demonstração de pertinência temática.

b) O partido político com representação na Câmara dos Deputados possui legitimidade universal, podendo ajuizar, no STF, ação direta de inconstitucionalidade contra emenda constitucional, sem a necessidade de demonstração de pertinência temática.

c) Governador de estado possui legitimidade universal, podendo ajuizar, no STF, ação declaratória de constitucionalidade de ato normativo estadual, sem a necessidade de demonstração de pertinência temática.

d) O procurador-geral da República possui legitimidade universal, podendo ajuizar, no STF, arguição de descumprimento de preceito fundamental contra ato normativo federal, mesmo havendo outros meios eficazes de sanar a controvérsia constitucional, desde que comprove pertinência temática.

e) A entidade de classe de âmbito regional possui legitimidade especial, podendo ajuizar, no STF, ação declaratória de constitucionalidade contra ato normativo estadual, desde que comprove pertinência temática.

Resposta: alternativa "b".

14. (MPE-PR – PROMOTOR DE JUSTIÇA - PR/2008)

Diante de uma lei inconstitucional, pode a autoridade administrativa deixar de aplicá-la? Explique seu entendimento:

RESPOSTA SUGERIDA

Em regra, o controle repressivo de constitucionalidade é exercido pelo Poder Judiciário. Excepcionalmente o Legislativo pode realizar esse controle, o que se dá por decreto legislativo emitido pelo Congresso Nacional para sustar atos normativos do Poder Executivo que exorbitem de poder regulamentar ou da delegação legislativa (artigos 49, V, 84, IV e 68, todos da CF). O Legislativo também faz controle repressivo em relação às medidas provisórias (art. 62 da CF). O Executivo também tem a possibilidade de realizar controle repressivo, o que se materializa pelo descumprimento, por parte de seu Chefe, de lei ou ato normativo que entenda inconstitucional.

Apesar de haver dissonância na doutrina, há julgados do STF e do STJ que sinalizam pela possibilidade de o chefe do Executivo deixar de aplicar lei que entenda inconstitucional, podendo ainda determinar a seus subordinados que assim também procedam.

DOUTRINA TEMÁTICA

"O Chefe do Poder Executivo pode negar cumprimento a uma lei que considere inconstitucional. A possibilidade de negativa de cumprimento, admitida pela jurisprudência do STF durante os regimes anteriores, passou a ser objeto de divergências após o advento da Constituição de 1988, sobretudo em virtude da ampliação da legitimidade ativa para propositura da ADI atribuída ao Presidente e aos Governadores. Tendo em conta que todos os poderes estão igualmente subordinados à Constituição, não se pode impedir o Chefe do Executivo (municipal, estadual ou federal) de negar cumprimento a uma lei ou ato normativo que entenda ser inconstitucional, independentemente de ter sido elaborado pela União, pelo Estado-membro ou pelo Município. Neste caso, deve justificar o motivo da recusa por escrito e dar publicidade ao ato. Por uma questão de coerência, o Presidente da República ou o Governador de Estado deve ajuizar, simultaneamente à negativa de cumprimento, uma ADI impugnando o ato combatido. Na hipótese de declaração de constitucionalidade da lei, a negativa de cumprimento pelo Chefe do Executivo não poderá permanecer." (NOVELINO, 2013, P. 236-237).

"No Poder Executivo, o controle repressivo é motivo de grande controvérsia. [...] Tendo o princípio da supremacia constitucional como norte, a tese que prevaleceu ao embate foi aquela que legitima o descumprimento da norma inconstitucional por parte dos chefes do Executivo, devendo tal postura ser justificada e tornada pública, para evitar qualquer responsabilização. Os argumentos centrais foram os seguintes: A) se até mesmo um particular pode se recusar a cumprir uma lei, por entendê-la inconstitucional, com mais razão poderá fazê-lo o chefe de um dos Poderes da República; B) como os Prefeitos Municipais não forma agraciados pelo texto constitucional de 1988 com a legitimidade para a deflagração do controle de constitucionalidade, ter-se-ia que enfrentar o paradoxo de os chefes do Executivo municipal estarem em posição mais vantajosa que os chefes dos Executivos das demais esferas federativas, haja vista somente eles poderem, de imediato, descumprir uma lei que entendam inconstitucional. A evidente inadequação de se conceder poderes superiores ao chefe do Executivo municipal em detrimento do Presidente da República e dos Governadores desautoriza a tese". (MASSON, 2012, p. 989).

JURISPRUDÊNCIA TEMÁTICA

STF

"O controle de constitucionalidade da lei ou dos atos normativos é de competência exclusiva do Poder Judiciário. Os Poderes Executivo e Legislativo, por sua chefia – e isso mesmo tem sido questionado com o alargamento da legitimação ativa na ação direta de inconstitucionalidade –, podem tão só determinar aos seus órgãos subordinados que deixem de aplicar administrativamente as leis ou atos com força de lei que considerem inconstitucionais". STF. ADI 221, julgada em 1993 e relatada pelo Ministro Moreira Alves.

STJ

"O Poder Executivo deve negar execução a ato normativo que lhe pareça inconstitucional". STJ, REsp 23121, julgado em 1993 e relatado pelo Ministro Humberto Gomes de Barros.

QUESTÕES DE CONCURSO RELACIONADAS

01. (UFPR – Juiz de Direito Substituto-PR/ 2012) A Câmara de Vereadores do Município de Curitiba aprovou uma lei, sancionada pelo Prefeito Municipal, com o seguinte dispositivo: "Art. 1º. Além das hipóteses previstas no art. 5º do Decreto-lei nº 3.365/41, considera-se caso de utilidade pública para fins de desapropriação a criação de estabelecimentos comerciais de produtos alimentícios próximos às instituições que sediarão jogos da Copa do Mundo". A partir das informações apresentadas, assinale a alternativa correta.

a) A inconstitucionalidade da lei municipal em questão em face da Constituição Federal somente pode ser suscitada através da propositura de Arguição de Descumprimento de Preceito Fundamental.

b) Inexistindo pronunciamento do Poder Judiciário a respeito da contrariedade de tal lei municipal em relação à Constituição Federal, se o Prefeito reputá-la inconstitucional poderá recusar-se a aplicá-la.

c) Caso considere inconstitucional a lei em questão, o Prefeito Municipal poderá propor Arguição de Descumprimento de Preceito Fundamental.

d) A inconstitucionalidade da referida lei municipal poderá ser arguida através da propositura de Arguiçãode Descumprimento de Preceito Fundamental pela Confederação Nacional dos Trabalhadores em Educação.

Resposta: alternativa "b".

02. (MPE/BA – Promotor de Justiça – BA/2008) Relativamente ao controle de constitucionalidade, é errôneo afirmar:

a) Considerando que a ação civil pública tem eficácia erga omnes, não é possível, por esta via, o controle difuso de constitucionalidade, que tem eficácia inter partes.

b) O processo de Ação Direta de Inconstitucionalidade não admite intervenção de terceiros, admitindo, porém, a manifestação no processo de órgãos ou entidades não legitimados, passíveis de serem afetados pelo resultado do julgamento.

c) O decreto autônomo pode ser acoimado de inconstitucionalidade direta.

d) O chefe do Executivo pode deixar de aplicar lei que entenda inconstitucional, podendo ainda determinar a seus subordinados que assim procedam.

e) O controle difuso de constitucionalidade é exercido por qualquer órgão do judiciário, podendo o juiz de 1º grau, de ofício ou por provocação das partes, do Ministério Público custos legis ou do terceiro interveniente, declarar a inconstitucionalidade incidental de lei ou ato normativo conflitante com a Constituição.

Resposta: alternativa "a".

15. (ACP – PROMOTOR DE JUSTIÇA - PB/2011)

Considerando a jurisprudência dominante do Supremo Tribunal Federal, responda: Em Ação Direta de Inconstitucionalidade, pode haver interesse processual em se pedir a declaração de inconstitucionalidade de lei já revogada? Fundamente.

RESPOSTA SUGERIDA

A jurisprudência prevalente do Supremo Tribunal Federal firma-se no sentido de não haver interesse processual em se pedir a declaração de inconstitucionalidade de lei revogada via ação direta de inconstitucionalidade, pois o controle concentrado não teria o condão de analisar atos normativos revestidos de valor meramente histórico.

Esse posicionamento da Corte Suprema é que fundamenta o entendimento segundo o qual a revogação de lei ou ato normativo objeto da ação direta de inconstitucionalidade implica a prejudicialidade da ADI por perda de objeto da ação.

Entretanto, vale destacar que, existem votos e decisões em sentido diverso.

Desde o início dos anos 2000 o Ministro Gilmar Mendes sustenta não haver fundamento constitucional para considerar-se prejudicada uma ação direta por revogação do ato guerreado. Argumenta-se que, sempre é possível a análise dos efeitos gerados pela lei ou ato normativo, que podem ter muita repercussão, coadunando-se com os efeitos *erga omnes* gerados pelas decisões em ações diretas.

Em alguns casos – ainda excepcionais – o próprio STF tem flexibilizado o seu entendimento, inclinando-se para a orientação do Ministro Gilmar Mendes, notadamente quando presentes indícios de fraude processual.

O Supremo Tribunal Federal já admitiu o prosseguimento de uma ADI cuja lei objeto da ação havia sido revogada justamente para impedir a geração dos efeitos da ação direta. A justificativa, como exposta acima, é de que, diante da fraude processual, não seria razoável entender-se pela prejudicialidade da ação direta de inconstitucionalidade por perda de objeto.

DOUTRINA TEMÁTICA

"A jurisprudência do STF considera inadmissível a propositura da ação direta de inconstitucionalidade contra lei ou ato normativo já revogado. Sob o império da Constituição de 1967/69 entendia-se que se a revogação ocorresse após a propositura da ação era possível que o Tribunal procedesse à aferição da constitucionalidade da lei questionada, desde que a norma tivesse produzido algum efeito no passado. Caso contrário proceder-se-ia à extinção do processo por falta de objeto. Elidia-se, assim, a possibilidade de que o legislador viesse a prejudicar o exame da questão pelo Tribunal através da simples revogação. Esse entendimento dominante subsistiu, ainda, sob o regime da Constituição de 1988. Tal orientação sofrera mudança, já sob o império da Constituição de 1988, a partir do julgamento da ADI 709 (questão de ordem), quando o STF passou a admitir que a revogação superveniente da norma impugnada, independentemente da existência ou não de efeitos residuais e concretos, prejudica o andamento da ação direta. A posição do Tribunal que obsta ao prosseguimento da ação após a revogação da lei pode levar, seguramente, a resultados insatisfatórios. Se o Tribunal não examina a constitucionalidade das leis já revogadas torna-se possível que o legislador consiga isentar do controle abstrato lei de constitucionalidade duvidosa, sem estar obrigado a eliminar as suas consequências inconstitucionais. É que mesmo uma lei revogada configura parâmetro e base legal para os atos de execução praticados durante o período de sua vigência". (MENDES, COELHO, BRANCO, 2008, p. 1117-1118)

"O STF não admite a interposição de ADI para atacar lei ou ato normativo revogado ou de eficácia exaurida, na medida em que 'não deve considerar, para efeito do contraste que lhe é inerente, a existência de paradigma revestido de valor meramente histórico [...] No entanto, em sentido contrário, destacamos importante voto do Min. Gilmar Mendes, relator, no julgamento de questão de ordem na ADI 1.244, propondo a '...revisão da jurisprudência do STF...para fim de admitir o prosseguimento do controle abstrato nas hipóteses em que a norma atacada tenha perdido a vigência após o ajuizamento da ação [...] Na ADI 3.232, o STF afastou a prejudicialidade por se tratar de revogação da lei objeto da ação apenas para frustrar o julgamento, especialmente por já estar pautada a ação. Entendeu o STF que se tratava de verdadeira fraude processual e, assim, superou a questão de ordem". (LENZA, 2015, p. 358-359).

JURISPRUDÊNCIA TEMÁTICA

STF

"(...) o fato de a lei objeto da impugnação ter sido revogada, não diria, no curso dos processos, mas já quase ao cabo deles, não subtrai à Corte a jurisdição nem a competência para examinar a constitucionalidade da lei até então vigente e suas consequências jurídicas, que, uma vez julgadas procedentes as três ações, não seriam, no caso, de pouca monta. ([ADI 3.232, voto do rel. min. Cezar Peluso, j. 14-8-2008, P, DJE de 3-10-2008.] = ADI 1.835, rel. min. Dias Toffoli, j. 17-9-2014, P, DJE de 17-10-2014)

"É por essa razão que o magistério jurisprudencial desta Suprema Corte tem advertido que o controle concentrado de constitucionalidade reveste-se de um só e único objetivo: o de julgar, em tese, a validade de determinado ato estatal contestado em face do ordenamento constitucional, desde que em regime de plena vigência, pois - conforme já enfatizado pelo Supremo Tribunal Federal (RTJ 95/980 - RTJ 95/993 - RTJ 99/544 - RTJ 145/339) -, o julgamento da arguição de inconstitucionalidade, quando deduzida "in abstracto", não deve considerar, para efeito do contraste que lhe é inerente, a existência de paradigma revestido de valor meramente histórico" (ADC 8, julgada em 2004 e relatada pelo Ministro Celso de Mello).

"Iniciado o julgamento de segunda questão de ordem, suscitada pelo Min. Gilmar Mendes, relator, em que se discute a prejudicialidade das ações diretas de inconstitucionalidade nas hipóteses de revogação do ato impugnado. Trata-se, na espécie, de ação direta ajuizada pelo Procurador-Geral da República contra Decisão Administrativa do TRT da 15ª Região tomada em 7.12.94, que fora posteriormente revogada - a mencionada decisão determinara o pagamento, a partir de abril de 1994, do reajuste de 10,94%, correspondente à diferença entre o resultado da conversão da URV em reais, com base no dia 20 de abril de 1994, e o obtido na operação de conversão com base no dia 30 do mesmo mês e ano, aos magistrados da Justiça do Trabalho, inclusive juízes classistas, bem como aos servidores ativos e inativos do Tribunal. O Min. Gilmar Mendes, relator, proferiu voto no sentido da revisão da jurisprudência do STF - segundo a qual a ação direta perde seu objeto quando há a revogação superveniente da norma impugnada ou, em se tratando de lei temporária, quando sua eficácia já teria se exaurido -, para o fim de admitir o prosseguimento do controle abstrato nas hipóteses em que a norma atacada tenha perdido a vigência após o ajuizamento da ação, seja pela revogação, seja em razão do seu caráter temporário, restringindo o alcance dessa revisão às ações diretas pendentes de julgamento e às que vierem a ser ajuizadas. O Min. Gilmar Mendes, considerando que a remessa de controvérsia constitucional já instaurada perante o STF para as vias ordinárias é incompatível com os princípios da máxima efetividade e da força normativa da Constituição, salientou não estar demonstrada nenhuma razão de base constitucional a evidenciar que somente no âmbito do controle difuso seria possível a aferição da constitucionalidade dos efeitos concretos de uma lei. Após, o julgamento foi adiado em virtude do pedido de vista da Ministra Ellen Gracie." ADI (QO-QO) 1.244-SP, rel. Min. Gilmar Mendes, 23.4.2003. (ADI-1244). STF. Informativo 305 de 2003.

"O Tribunal julgou procedentes pedidos formulados em três ações diretas de inconstitucionalidade conexas, ajuizadas pelo Procurador-Geral da República e pelo Partido da Social Democracia Brasileira - PSDB, para declarar, com efeitos ex tunc, a inconstitucionalidade dos artigos 5º, I, II, e III, e 7º, I e III, todos da Lei 1.124/2000, do Estado do Tocantins, bem assim, por derivação, de todos os decretos do Governador do referido Estado-membro que, com o propósito de regulamentar aquela norma, criaram milhares de cargos públicos, fixando-lhes atribuições e remunerações. Preliminarmente, o Tribunal acolheu a questão de ordem, suscitada pelo relator, no sentido de afastar a prejudicialidade da ação, ao fundamento de que a revogação da lei impugnada pela Lei estadual 1.950/2008, quando já em pauta as ações diretas, não subtrairia à Corte a competência para examinar a constitucionalidade da norma até então vigente e as suas consequências. No mérito, entendeu-se que a autorização conferida pelo art. 5º da lei em questão ao Chefe do Poder Executivo de criar, mediante decreto, os cargos, afronta a norma constitucional emergente da conjugação dos artigos 61, § 1º, II, a, e 84, VI, a, da CF. Asseverou-se que, nos termos do art. 61, § 1º, II, a, da CF, a criação de cargos, funções ou empregos públicos na administração direta e autárquica ou aumento de sua remuneração constituem objeto próprio de lei de iniciativa reservada do Chefe do Poder Executivo. Ressaltou-se, também, que a regra constitucional superveniente inscrita no art. 84, VI, a, da CF, acrescida pela EC 32/2001, a qual autoriza o Chefe do Poder Executivo a dispor, mediante decreto, sobre organização e funcionamento da administração federal, não retroagiria para convalidar inconstitucionalidade, estando, ademais, sua incidência subordinada, de forma expressa, à condição de não implicar aumento de despesa nem criação ou extinção de órgãos públicos. Por fim, aduziu-se que, sendo inconstitucional a norma de lei que lhes daria fundamento de validez, inconstitucionais também seriam todos os decretos". Alguns precedentes citados: RE 446076 AgR/MG (DJU de 24.3.2006); ADI 1590 MC/SP (DJU de 15.8.97); ADI 2155 MC/PR (DJU de 1º.6.2001); ADI 2950 AgR/RJ (DJU de 9.2.2007); ADI 3614/PR (DJE de 23.11.2007). ADI 3232/TO, rel. Min. Cezar Peluso, 14.8.2008. (ADI-3232). STF. Informativo 515 de 2008.

QUESTÕES DE CONCURSO RELACIONADAS

01. (TRF- 3ª REGIÃO - Juiz Federal Substituto – 2018) A Ação Direta de Inconstitucionalidade (ADI) coloca em movimento a chamada jurisdição constitucional orgânica, tutelando a validade da lei e de atos normativos. No que concerne aos efeitos da decisão definitiva de mérito no processo de controle abstrato, por meio do qual a ADI é veiculada, é CORRETO afirmar que:

a) Norma criada por lei e declarada inconstitucional pelo STF no processo objetivo ainda assim é suscetível de revogação pelo Congresso.

b) A decisão proferida em ADI produzirá efeitos contra todos e eficácia erga omnes, desde que atendido o requisito de sua comunicação à autoridade ou órgão responsável pela expedição do ato para que lhe suste a execução.

c) É inadmissível o ajuizamento de ADI ou ADPF contra lei ou ato normativo revogado ou de eficácia exaurida, diante da perda do objeto.

d) No direito brasileiro, a decisão de rejeição da inconstitucionalidade não implica declaração de constitucionalidade da norma impugnada, podendo o STF reexaminar a questão em outro processo objetivo de controle concentrado.

Resposta: alternativa "a".

02. (Delegado de Polícia – RN/ 2008 – CESPE) Assinale a opção correta a respeito do direito constitucional.

a) A publicação da lei de conversão prejudica a análise de eventuais vícios formais da medida provisória no âmbito do controle concentrado de constitucionalidade.

b) Compete ao estado-membro legislar sobre a ordem de vocação sucessória dos cargos de prefeito e vice-prefeito, em caso de dupla vacância.

c) É constitucional a lei ou ato normativo estadual ou distrital que disponha sobre sistemas de consórcios e sorteios, inclusive bingos e loterias.

d) No âmbito da ação direta de inconstitucionalidade, não é possível o reconhecimento da inconstitucionalidade de diploma legislativo já revogado.

e) É possível em determinadas situações a utilização da ação civil pública como instrumento de fiscalização incidental de constitucionalidade pela via difusa.

Resposta: alternativa "e".

16. (CESPE –JUIZ DE DIREITO – DF/2015)

Responda, justificadamente, aos seguintes quesitos de Direito Constitucional.

a) Quais os princípios limitadores da autonomia dos Estados-membros na Federação brasileira?

b) Estabeleça a distinção entre Ação Declaratória de Inconstitucionalidade por Omissão e Mandado de Injunção, quanto à Competência, objeto de controle e efeitos da decisão.

c) O que significa cognição aberta no controle concentrado de inconstitucionalidade? Extensão máxima da resposta: 30 linhas

RESPOSTA SUGERIDA

a) Segundo a doutrina de José Afonso da Silva, a autonomia dos Estados-membros está limitada notadamente por duas ordens de princípios: sensíveis e estabelecidos. Nos termos do art. 34, VII, da CF, são princípios sensíveis: a) forma republicana, sistema representativo e regime democrático; b) direitos da pessoa humana; c) autonomia municipal; d) prestação de contas da administração pública, direta e indireta; e e) aplicação do mínimo exigido da receita resultante de impostos estaduais, compreendida a proveniente de transferências, na manutenção e desenvolvimento do ensino e nas ações e serviços públicos de saúde. A importância desses princípios é tamanha que, acaso sejam desrespeitados, será cabível a intervenção da União nos Estados-membros. Já os princípios estabelecidos são aqueles arrolados pela Constituição Federal para a organização de toda a República Federativa do Brasil e que, por simetria ou parametricidade, devem ser respeitados pelos Estados-membros, notadamente no conteúdo das normas inscritas nas Constituições Estaduais. São exemplos: i. repartição de competências; ii. proibição de secessão; e iii. direitos individuais e coletivos.

b) No que tange à competência, será do Supremo Tribunal Federal quanto à Ação Direta de Inconstitucionalidade por Omissão (controle concentrado de constitucionalidade) e de qualquer juiz para o Mandado de Injunção (controle difuso de constitucionalidade); quanto ao objeto, caberá Ação Direta de Inconstitucionalidade por omissão em face de qualquer norma constitucional de eficácia limitada carente de regulamentação, ao passo que o Mandado de Injunção poderá ser impetrado apenas em face de omissão que torne inviável o exercício de prerrogativa inerente a nacionalidade, soberania ou cidadania; finalmente, em relação aos efeitos, em regra serão erga omnes na Ação Direta de Inconstitucionalidade por Omissão e inter partes no Mandado de Injunção.

c) A cognição aberta em controle concentrado de inconstitucionalidade se traduz na possibilidade de o Tribunal responsável pelo julgamento da ação direta decidir a questão constitucional por meio de fundamento diverso da causa de pedir veiculada pelo autor para justificar seu pedido de violação ao paradigma constitucional. O Supremo Tribunal Federal adota a cognição aberta em sua atuação no controle abstrato, não se vinculando aos argumentos apresentados nas ações diretas.

DOUTRINA TEMÁTICA

"Por meio da simetria federativa, a União, os Estados, o Distrito Federal e os Municípios procuram seguir o modelo traçado na Constituição da República, evitando, assim, lacunas, discrepâncias e, sobretudo, antagonismos. O princípio da simetria é implícito, porque não se encontra grafado no texto das constituições. Dessume-se de vários princípios explícitos, tais como a legalidade, a isonomia, o devido processo legal, e, também, de inúmeros ditames implícitos, a exemplo da supremacia constitucional, da presunção de constitucionalidade dos atos normativos, da boa-fé, da razoabilidade (proporcionalidade ou proibição de excesso) etc." (BULOS, 2014, p. 927).

"A intervenção federal pelo inciso VII do art. 34 busca resguardar a observância dos chamados princípios constitucionais sensíveis. Esses princípios visam assegurar uma unidade de princípios organizativos tidos como indispensáveis para a identidade jurídica da Federação, não obstante a autonomia dos Estados-membros para se auto-organizarem. Tais princípios sensíveis estão enumerados nas alíneas do dispositivo. Ali se encontram a forma republicana e o sistema representativo, cláusula clássica do constitucionalismo brasileiro, além do regime democrático. O sistema republicano e representativo e o regime democrático a serem tomados como padrão são os adotados pelo constituinte federal. Disso decorre a necessidade de estruturação do Estado-membro, segundo moldes em que as funções políticas do Executivo e do Legislativo sejam desempenhadas por representantes do povo, responsáveis perante os eleitores, por força de mandatos temporários, obtidos em eleições periódicas. [...] O poder constituinte dos Estados-membros é, isto sim, expressão da autonomia desses entes, estando submetido a limitações, impostas heteronomamente, ao conteúdo das deliberações e à forma como serão tomadas. O conflito entre a norma do poder constituinte do Estado-membro com alguma regra editada pelo poder constituinte originário resolve-se pela prevalência desta, em função da inconstitucionalidade daquela. As normas de conteúdo a que o poder constituinte estadual está sujeito podem ser classificadas no grupo dos princípios constitucionais sensíveis e dos princípios constitucionais estabelecidos, estes compreendendo as demais disposições da Constituição Federal, que se estendem à observância dos Estados-membros". (MENDES, BRANCO, 2015, p. 821-828).

"O processo de controle da omissão, previsto no art. 103, § 2°, da Constituição, é abstrato, e, consoante a sua própria natureza, deve a decisão nele proferida ser dotada de eficácia erga omnes. Segundo a orientação do Supremo Tribunal

Federal, o constituinte pretendeu conferir aos dois institutos significado processual semelhante, assegurando idênticas consequências jurídicas às decisões proferidas nesses processos. [...] Dessarte, a diferença fundamental entre o mandado de injunção e a ação direta de controle da omissão residiria no fato de que, enquanto o primeiro destina-se à proteção de direitos subjetivos e pressupõe, por isso, a configuração de um interesse jurídico concreto, o processo de controle abstrato da omissão, enquanto processo objetivo, pode ser instaurado independentemente da existência de um interesse jurídico específico. O Tribunal deixou assente que de sua competência para apreciar a omissão do legislador, no mandado de injunção, decorria, igualmente, a faculdade de determinar a suspensão dos processos administrativos ou judiciais e de suspender determinadas medidas ou atos administrativos. Poder-se-ia assegurar, assim, ao impetrante a possibilidade de ser beneficiado pela norma que viesse a ser editada. [...] O Tribunal parte da ideia de que o constituinte pretendeu atribuir aos processos de controle da omissão idênticas consequências jurídicas. Isso está a indicar que, segundo seu entendimento, também a decisão proferida no mandado de injunção é dotada de eficácia erga omnes. Dessa forma, pôde o Tribunal fundamentar a ampliação dos efeitos da decisão proferida no mandado de injunção". (MENDES, BRANCO, 2015, p. 1323-1324).

"A Lei 9.869/99 estabelece dois requisitos da petição inicial: I) o dispositivo da lei ou do ato normativo impugnado e os fundamentos jurídicos do pedido em relação a cada uma das impugnações; e II) o pedido, com suas especificações. O primeiro requisito se refere ao objeto (dispositivo da lei ou do ato normativo impugnado) e ao parâmetro (fundamentos jurídicos do pedido) da ADI (Lei 9.868/1999, art. 3°, I). Em relação ao objeto, deve ser observada regra da congruência (ou da correlação ou da adstrição). O STF deve se limitar, como regra geral, à análise dos dispositivos impugnados na petição inicial. A exceção fica por conta dos casos de inconstitucionalidade por consequência (ou por arrastamento ou por atração), hipótese em que o STF pode estender a declaração de inconstitucionalidade a dispositivos não impugnados na petição inicial, desde que possuam uma relação de interdependência com os dispositivos questionados. Neste caso, portanto, cria-se uma exceção à regra da adstrição ao pedido, admitindo-se a declaração de inconstitucionalidade de dispositivo não impugnado expressamente na inicial. Com o parâmetro invocado, a situação é diversa, pois apesar da necessidade de serem indicados os fundamentos jurídicos do pedido na petição inicial, o STF não está adstrito a eles. Isto ocorre porque na ADI, assim como em todas as ações de controle abstrato, a causa de pedir é aberta, abrangendo todas as normas integrantes da Constituição, independentemente dos fundamentos constitucionais invocados pelo requerente. Por essa razão, no processo constitucional objetivo a conexão entre as ações ocorrerá apenas quando houver identidade quanto ao objeto impugnado." (NOVELINO, 2012, p. 277-278).

JURISPRUDÊNCIA TEMÁTICA

STF

ADIn N. 2.396-MS - medida liminar. Relator: Min. Ellen Gracie. Ementa: 1. ADIN. Legitimidade ativa de Governador de Estado e pertinência temática. Presente a necessidade de defesa de interesses do Estado, ante a perspectiva de que a lei impugnada venha a importar em fechamento de um mercado consumidor de produtos fabricados em seu território, com prejuízo à geração de empregos, ao desenvolvimento da economia local e à arrecadação tributária estadual, reconhece-se a legitimidade ativa do Governador do Estado para propositura de ADIn. Posição mais abrangente manifestada pelo Min. Sepúlveda Pertence. 2. Caráter interventivo da ação não reconhecido. 3. Justificação de urgência na consideração de prejuízo iminente à atividade produtiva que ocupa todo um município goiano e representa ponderável fonte de arrecadação tributária estadual. 4. ADIN. Cognição aberta. O Tribunal não está adstrito aos fundamentos invocados pelo autor, podendo declarar a inconstitucionalidade por fundamentos diversos dos expendidos na inicial. 5. Repartição das Competências legislativas. CF arts. 22 e 24. Competência concorrente dos Estados-membros. Produção e consumo (CF, art. 24, V); proteção de meio ambiente (CF, art. 24, VI); e proteção e defesa da saúde (CF, art. 24, XII). No sistema da CF/88, como no das anteriores, a competência legislativa geral pertence à União Federal. A residual ou implícita cabe aos Estados que "podem legislar sobre as matérias que não estão reservadas à União e que não digam respeito à administração própria dos Municípios, no que concerne ao seu peculiar interesse" (Representação nº 1.153-4/RS, voto do Min. Moreira Alves). O espaço de possibilidade de regramento pela legislação estadual, em casos de competência concorrente abre-se: (1) toda vez que não haja legislação federal, quando então, mesmo sobre princípios gerais, poderá a legislação estadual dispor; e (2) quando, existente legislação federal que fixe os princípios gerais, caiba complementação ou suplementação para o preenchimento de lacunas, para aquilo que não corresponda à generalidade; ou ainda, para a definição de peculiaridades regionais. Precedentes. 6. Da legislação estadual, por seu caráter suplementar, se espera que preencha vazios ou lacunas deixados pela legislação federal, não que venha dispor em diametral objeção a esta. Norma estadual que proíbe a fabricação, ingresso, comercialização e estocagem de amianto ou produtos à base de amianto está em flagrante contraste com as disposições da Lei federal nº 9.055/95 que expressamente autoriza, nos seus termos, a extração, industrialização, utilização e comercialização da crisotila. 7. Inconstitucionalidade aparente que autoriza o deferimento da medida cautelar. 8. Medida liminar parcialmente deferida para suspender a eficácia do artigo 1º, §§ 1º, 2º e 3º, do art. 2º, do art. 3º, §§ 1º e 2º e do parágrafo único do art. 5º, todos da Lei nº 2.210/01, do Estado do Mato Grosso do Sul, até julgamento final da presente ação declaratória de inconstitucionalidade. (STF. Informativo 254).

QUESTÕES DE CONCURSO RELACIONADAS

01. **(CESPE - Analista Ministerial - MPE-PI -2018)** São poderes da União, independentes e harmônicos entre si, o Legislativo, o Executivo e o Judiciário. Essa independência, todavia, não é absoluta porque há institutos de ingerência mútua, como é o caso das medidas provisórias editadas pelo Poder Executivo, do controle orçamentário realizado pelo Poder Legislativo e da apreciação de ações diretas de inconstitucionalidade por omissão, entre outras, pelo Poder Judiciário.

A respeito desse assunto, julgue o item subsequente.

O controle da inconstitucionalidade por omissão pode ocorrer por meio do mandado de injunção ou da ação direta de inconstitucionalidade por omissão, a qual pode ser proposta por ministério público estadual, que é constitucionalmente um dos legitimados ativos.

Resposta: errado.

---

02. (CESPE – Procurador do Estado – DF/ 2013) Acerca da disciplina constitucional e legal referente à composição dos cargos públicos, julgue o seguinte item.

Em razão do princípio da simetria, a Constituição estadual deve reproduzir a CF em relação à norma que rege a composição do Tribunal de Contas da União.

Resposta: errado.

---

03. (Cespe – Promotor de Justiça – RO/2010) A respeito do controle de constitucionalidade na jurisprudência do STF, assinale a opção correta.

a) O STF está adstrito à fundamentação jurídica (causa petendi) invocada na ADI, desde que o proponente a tenha trazido de forma específica, e não genérica.

b) Não é possível a intervenção de terceiros na ADI e na ADC, em razão da natureza objetiva do controle normativo abstrato, no qual não se discutem interesses ou direitos subjetivos nem há litígio entre as partes.

c) Quando ato normativo municipal for contestado em face de norma da constituição do estado repetida da CF, por força da reprodução obrigatória, a competência para julgar a ADI será do STF.

d) Não é cabível o ajuizamento de ADI perante o STF para impugnar ato normativo editado pelo DF, no exercício de competência que a CF tenha reservado aos municípios.

e) A ação civil pública pode ser manejada para se obter o controle de constitucionalidade de lei, desde que a declaração de inconstitucionalidade seja incidenter tantum e tenha eficácia erga omnes.

Resposta: alternativa "d".

---

04. (Cespe – Procurador do Estado – AL/ 2008) Acerca da ADI por omissão e de temas correlatos, assinale a opção correta.

a) A omissão do poder público que justifica o ajuizamento da ADI por omissão é aquela relativa às normas constitucionais de eficácia contida de caráter impositivo, em que a CF investe o legislador na obrigação de expedir comandos normativos.

b) Desde a promulgação da CF, o STF entende que é cabível a concessão de medida liminar em sede de ADI por omissão.

c) É incabível a modulação dos efeitos da declaração da inconstitucionalidade em sede de ADI por omissão.

d) Nos últimos dois anos, a jurisprudência do STF evoluiu quanto aos efeitos das decisões que reconhecem a omissão do legislador, seja em sede de ADI por omissão, seja em sede de mandado de injunção. De um caráter meramente declaratório e mandamental, passou a fixar prazo razoável para que o Congresso Nacional supra a omissão, chegando até a proferir sentenças de perfil aditivo.

e) Em se tratando de reconhecimento de omissão inconstitucional perpetrada por órgão administrativo, o STF, em sede de ADI por omissão, está livre para fixar o prazo para que o órgão adote as providências necessárias para sanar o vício, uma vez que a CF não prevê prazo específico.

Resposta: alternativa "d".

17. (MPE-RS – PROMOTOR DE JUSTIÇA - RS/2008)

Ação Direta de Inconstitucionalidade é interposta no TJRS contra dispositivo de Lei de determinado Município que estaria violando o princípio da moralidade administrativa inscrito no art. 19 da Constituição do Estado do Rio Grande do Sul. Exarada decisão pelo Tribunal de Justiça do Rio Grande do Sul no sentido da constitucionalidade da referida lei (portanto, com julgamento de improcedência da ADI), existe ainda alguma possibilidade de controle de constitucionalidade dessa Lei Municipal no Supremo Tribunal Federal? Justifique sua resposta.

RESPOSTA SUGERIDA

Sim. Existe a possibilidade de uma Lei Municipal ser objeto de controle de constitucionalidade no Supremo Tribunal Federal via controle concentrado de constitucionalidade por meio da arguição de descumprimento de preceito fundamental, bem como pela interposição de sucessivos recursos até chegar-se ao STF, no controle difuso de constitucionalidade.

A arguição de descumprimento de preceito fundamental – ADPF é a ação proposta para evitar ou reparar lesão a preceito fundamental presente na Constituição, resultante de ato do Poder Público (art. 102, § 1º, da CF c.c. art. 1º da Lei 9.882/99) ou quando for relevante o fundamento da controvérsia constitucional sobre lei ou ato normativo federal, estadual ou municipal, incluídos os anteriores à CF.

No controle concentrado de constitucionalidade perante o Supremo Tribunal Federal, a ADPF é a única ação que pode ter por objeto leis ou atos normativos municipais (diferentemente da ADI, restrita a leis ou atos normativos federais e estaduais; e da ADC, circunscrita a leis ou atos normativos federais).

Assim é que poderá ser utilizada a ADPF para realizar controle concentrado de constitucionalidade diretamente no STF. Em regra, os efeitos gerados serão *erga omnes*. Vale observar que, nos termos do art. 4º, §1º da lei 9.882/99, a ADPF é uma ação subsidiária, sendo admitida apenas quando não há outro meio capaz de sanar a lesividade.

A seu turno, no controle difuso de constitucionalidade, acaso alguém pleiteie um direito que está sendo impedido pela Lei Municipal pretensamente inconstitucional, apesar de a ação judicial, em regra, não ser ajuizada diretamente no STF, mas no juízo competente para apreciar o pedido do autor (que é sempre o bem da vida, e não a declaração de inconstitucionalidade, que figura apenas com causa de pedir), pode ser que o caso chegue até o STF por meio de sucessivos recursos, entretanto, nessa situação, os efeitos gerados, em regra, serão apenas *inter partes*.

DOUTRINA TEMÁTICA

"A arguição de descumprimento de preceito fundamental consiste em uma ação constitucional especialmente destinada a provocar a jurisdição constitucional concentrada do Supremo Tribunal Federal para a tutela da supremacia dos preceitos mais importantes da Constituição Federal. Vale dizer, é uma ação específica vocacionada a proteger exclusivamente os preceitos constitucionais fundamentais ante a ameaça ou lesão resultante de qualquer ato ou omissão do poder público. A partir de sua introdução no direito brasileiro, a jurisdição constitucional brasileira, tal como vinha sendo formatada pela jurisprudência do Supremo Tribunal Federal, sofreu profundas alterações, [...] para admitir, repise-se, o controle abstrato de constitucionalidade do direito ordinário pré-constitucional, do direito municipal contestado diretamente em face da Constituição Federal e dos atos normativos secundários (infralegais) e até dos atos administrativos, materiais e concretos do poder público, além de ter possibilitado um controle concentrado incidental de constitucionalidade, em moldes semelhantes do que já vinha ocorrendo na Áustria, na Itália, na Alemanha e na Espanha". (CUNHA JÚNIOR, 2012, p. 448).

"No controle incidental, o órgão jurisdicional não declara a inconstitucionalidade da norma no dispositivo da decisão, mas tão somente reconhece o vício e afasta a aplicação no caso concreto. [...] No processo constitucional subjetivo, o reconhecimento da inconstitucionalidade, em regra, produz efeitos apenas para as partes nele envolvidas (*inter partes*), não atingindo terceiros que não participaram da relação processual. [...] No controle difuso-concreto a inconstitucionalidade é discutida apenas de forma incidental (*incidentes tantum*), como questão prejudicial de mérito, devendo ser resolvida na fundamentação da decisão. No dispositivo da sentença ou do acórdão não deverá constar qualquer declaração de inconstitucionalidade da lei, mas apenas a procedência ou improcedência do pedido". (NOVELINO, 2013, p. 246-247).

JURISPRUDÊNCIA TEMÁTICA

STF

Súmula 642 do STF: "Não cabe ação direta de inconstitucionalidade de lei do Distrito Federal derivada da sua competência legislativa municipal".

"Em se tratando de lei municipal, o controle de constitucionalidade se faz, pelo sistema difuso – e não concentrado – ou seja, apenas no julgamento de casos concretos, com eficácia inter partes e não erga omnes, quando confrontado o ato normativo local com a CF. O controle de constitucionalidade concentrado, nesse caso, somente será possível, em face da Constituição dos Estados, se ocorrente a hipótese prevista no § 2º do art. 125 da CF." ([ADI 209, rel. min. Sydney Sanches, j. 20-5-1998, P, DJ de 11-9-1998.] = ADI 5.089 AgR, rel. min. Celso de Mello, j. 16-10-2014, P, DJE de 6-2-2015)

"O presente caso objetiva a desconstituição de decisões judiciais, dentre as quais muitas já transitadas em julgado, que aplicaram índice de reajuste coletivo de trabalho definido pelos Decretos Municipais 7.153/1985, 7.182/1985, 7.183/1985, 7.251/1985, 7.144/1985, 7.809/1988 e 7.853/1988, bem como pela Lei Municipal 6.090/86, todos do Município de Fortaleza/CE. Este instituto de controle concentrado de constitucionalidade não tem como função desconstituir coisa julgada. A argüição de descumprimento de preceito fundamental é regida pelo princípio da subsidiariedade a significar que a admissibilidade desta ação constitucional pressupõe a inexistência de qualquer outro meio juridicamente apto a sanar, com efetividade real, o estado de lesividade do ato impugnado. A ação tem como objeto normas que não se encontram mais em vigência. A ofensa à Constituição Federal, consubstanciada na vinculação da remuneração ao salário mínimo, não persiste nas normas que estão atualmente em vigência. Precedentes. A admissão da presente ação afrontaria o princípio da segurança jurídica." (ADPF 134-AgR-terceiro, rel. min. Ricardo Lewandowski, julgamento em 3-6-2009, Plenário, DJE de 7-8-2009.)

"Arguição de descumprimento de preceito fundamental. Lei 3.624/1989, do Município de Vitória, que impõe ao poder público municipal a obrigação de cumprir acordo coletivo celebrado com diversas entidades representativas dos servidores públicos municipais. Não conhecimento. O acordo coletivo de trabalho se constituiu em ato jurídico uno para todas as categorias de servidores estatutários do Município de Vitória. Exauridas todas as instâncias, inclusive com manejo de ação rescisória extinta sem resolução do mérito, não cabe à arguição de descumprimento de preceito fundamental cumprir uma função substitutiva de embargos à execução." (ADPF 83, Rel. Min. Ayres Britto, julgamento em 24-4-2008, Plenário, DJE de 1º-8-2008.)

QUESTÕES DE CONCURSO RELACIONADAS

01. (FCC - Defensor Público - DPE-AM - 2018 – Reaplicação) A aplicação de determinada lei municipal tem sido objeto de decisões contraditórias nos órgãos judiciais de primeira instância, em função de interpretações conflitantes quanto à sua constitucionalidade. O partido político ao qual é filiado o Prefeito do Município respectivo pretende submeter a questão diretamente ao Supremo Tribunal Federal (STF), por meio de Arguição de Descumprimento de Preceito Fundamental (ADPF), requerendo, inclusive, seja concedida medida liminar para que se determine a suspensão do andamento de processos ou os efeitos de decisões judiciais, ou de qualquer outra medida que apresente relação com a matéria, até julgamento final da ADPF.

Nessa hipótese, à luz das normas pertinentes e da jurisprudência do STF sobre a matéria,

I. a ADPF será admissível, desde que não seja cabível ação direta de inconstitucionalidade perante o Tribunal de Justiça estadual, tendo por objeto a lei municipal em questão.

II. o partido político somente estará legitimado para a propositura da ADPF se possuir representação no Congresso Nacional, devendo estar representado por seu Diretório Nacional, ainda que a lei impugnada tenha amplitude normativa limitada ao Município de que se originou.

III. a medida liminar, que poderá ser concedida nos termos requeridos, inclusive por decisão do Relator, ad referendum do Pleno do STF, não terá, no entanto, o condão de atingir a eficácia de decisões judiciais anteriormente transitadas em julgado.

Está correto o que se afirma em

a) I, II e III.
b) I, apenas.
c) I e III, apenas.
d) II e III, apenas.
e) II, apenas.

Resposta: alternativa "a".

---

02. (COPS – Procurador do Estado – PR/ 2011) A arguição de descumprimento de preceito fundamental:

I. permite o questionamento de ato municipal perante o Tribunal de Justiça do Estado do Paraná.
II. pode ser proposta por Governador de Estado.
III. permite o controle objetivo de lei municipal.
IV. demanda a suspensão da execução do ato pelo Senado.
V. possibilita que se fixem as condições de aplicação do preceito fundamental.

Quais afirmativas são corretas:

a) as afirmativas I, II e III;
b) as afirmativas I, IV e V;
c) as afirmativas II, III e IV;
d) as afirmativas I, III e V;
e) as afirmativas II, III e V.

Resposta: alternativa "e".

---

03. (Procurador do Município – Prefeitura Teresina-PI/2010 – FCC) A arguição de descumprimento de preceito fundamental é um instrumento que tem como característica

a) ter como objeto exclusivo a proteção dos direitos fundamentais previstos na Constituição Federal.
b) conferir legitimidade ativa a qualquer cidadão, ao lado dos legitimados para propor a ação direta de inconstitucionalidade.
c) gerar efeito vinculante para os demais órgãos judiciais e da administração, quando a decisão for tomada pela maioria simples dos membros do Supremo Tribunal Federal.
d) validar decisão somente para o julgamento do caso concreto.

e) possuir caráter subsidiário, sendo admitida a propositura quando for relevante o fundamento da controvérsia constitucional sobre lei ou ato normativo federal, estadual ou municipal, incluídos os anteriores à Constituição.

Resposta: alternativa "e".

---

04. (FCC – Defensor Público – PA/2009) Considerando a disciplina constitucional e legal da arguição de descumprimento de preceito fundamental, bem como a jurisprudência do Supremo Tribunal Federal sobre o tema,

I. compete ao Ministro Relator ou ao Tribunal Pleno, conforme o caso, deferir medida liminar consistente na determinação de que juízes e tribunais suspendam o andamento de processo ou os efeitos das decisões judiciais, salvo se decorrentes da coisa julgada;

II. as partes que participaram dos processos que ensejaram a arguição não podem ser ouvidas pelo Supremo Tribunal Federal;

III. a petição inicial não pode ser admitida quando houver qualquer outro meio de sanar a lesividade ao preceito fundamental em questão;

IV. nos processos de caráter urgente, o representante do Ministério Público não será ouvido pelo Supremo Tribunal Federal antes de proferida a decisão final;

V. lei federal, estadual e municipal, ainda que não estejam em vigor, podem ser objeto de arguição.

Está correto o que se afirma SOMENTE em

a) I, II e V.

b) I, III e V.

c) II, III e IV.

d) II, IV e V.

e) III, IV e V.

Resposta: alternativa "b".

18. (TJ-GO – JUIZ DE DIREITO - GO/2009)

Qual o entendimento do Supremo Tribunal Federal quanto à possibilidade de controle direto de constitucionalidade com relação a leis anteriores à Constituição vigente?

RESPOSTA SUGERIDA

Via controle direto, ou seja, por controle abstrato ou concentrado de constitucionalidade, o STF somente admite a aferição de compatibilidade de leis anteriores em relação à Constituição vigente por meio de arguição de descumprimento de preceito fundamental.

Isso porque, com fundamento no art. 1°, parágrafo único, I, da Lei 9.882/99, caberá ADPF "quando for relevante o fundamento da controvérsia constitucional sobre lei ou ato normativo federal, estadual ou municipal, incluídos os anteriores à Constituição".

Assim é que o Supremo Tribunal Federal entende que deve haver previsão expressa quanto ao controle de constitucionalidade via ação direta de norma pré-constitucional, o que não existe para as demais ações (ação direta de inconstitucionalidade e ação declaratória de constitucionalidade).

Vale destacar que, o fato de o STF somente admitir controle de norma anterior à Constitucional via controle concentrado por meio de ADPF preenche o requisito da subsidiariedade previsto no art. 4°, § 1°, da Lei 9.882/99. Ou seja, sempre que se buscar o controle de norma pré-constitucional via arguição de descumprimento de preceito fundamental, se estará respeitando a subsidiariedade, pois esse será o único meio eficaz de sanar a inconstitucionalidade com os típicos efeitos vinculante e *erga omnes* do controle em abstrato.

DOUTRINA TEMÁTICA

"A Constituição de 1988 não se pronunciou acerca do seu efeito sobre o direito pretérito. Mas, na vigência da atual Constituição, o STF já tratou várias vezes da questão. Assim, na ADIn 2 reafirmou a orientação que se formara sob o regime constitucional antecedente, decidindo que a Constituição revoga o direito anterior que com ela é incompatível, recusando-se, assim, sob o fundamento de impossibilidade jurídica do pedido, a admitir a ação de inconstitucionalidade. Nesta ocasião, afirmou-se que 'o vício da inconstitucionalidade é congênito à lei e há de ser apurado em face da Constituição vigente ao tempo de sua elaboração. Lei anterior não pode ser inconstitucional em relação à Constituição superveniente; nem o legislador poderia infringir Constituição futura. A Constituição sobrevinda não torna inconstitucionais leis anteriores com ela conflitantes; revoga-as'. [...] O grande problema do direito pré-constitucional estava na impossibilidade de submetê-lo ao controle abstrato mediante a ação direta de inconstitucionalidade. Isso, porém, foi resolvido com a Lei 9.882/99, que, no art. 1°, parágrafo único, expressamente previu a possibilidade de utilização da arguição de descumprimento de preceito fundamental para questionar lei ou ato normativo federal, estadual ou municipal, 'incluídos os anteriores à Constituição'". (SARLET, MARINONI, MITIDIERO, 2013, p. 1214-1216).

JURISPRUDÊNCIA TEMÁTICA

STF

"A arguição de descumprimento de preceito fundamental foi concebida pela Lei 9.882/99 para servir como um instrumento de integração entre os modelos difuso e concentrado de controle de constitucionalidade, viabilizando que atos estatais antes insuscetíveis de apreciação direta pelo Supremo Tribunal Federal, tais como normas pré-constitucionais ou mesmo decisões judiciais atentatórias a cláusulas fundamentais da ordem constitucional, viessem a figurar como objeto de controle em processo objetivo. A despeito da maior extensão alcançada pela vertente objetiva da jurisdição constitucional com a criação da nova espécie de ação constitucional, a Lei 9.882/99 exigiu que os atos impugnáveis por meio dela encerrassem um tipo de lesão constitucional qualificada, simultaneamente, pela sua (a) relevância (porque em contravenção direta com paradigma constitucional de importância fundamental) e (b) difícil reversibilidade (porque ausente técnica processual subsidiária capaz de fazer cessar a alegada lesão com igual eficácia.)" (ADPF 127, rel. min. Teori Zavascki, decisão monocrática, julgamento em 25-2-2014, DJE de 28-2-2014.)

"Arguição de descumprimento de preceito fundamental (ADPF). Medida Cautelar. Ato regulamentar. Autarquia estadual. Instituto de Desenvolvimento Econômico-Social do Pará (IDESP). Remuneração de pessoal. Vinculação do quadro de salários ao salário mínimo. Norma não recepcionada pela Constituição de 1988. Afronta ao princípio federativo e ao direito social fundamental ao salário mínimo digno (arts. 7º, IV, 1º e 18 da Constituição). Medida liminar para impedir o comprometimento da ordem jurídica e das finanças do Estado. Preceito Fundamental: parâmetro de controle a indicar os preceitos fundamentais passíveis de lesão que justifiquem o processo e o julgamento da arguição de descumprimento. Direitos e garantias individuais, cláusulas pétreas, princípios sensíveis: sua interpretação, vinculação com outros princípios e garantia de eternidade. Densidade normativa ou significado específico dos princípios fundamentais. Direito pré-constitucional. Cláusulas de recepção da Constituição. Derrogação do direito pré-constitucional em virtude de colisão entre este e a Constituição superveniente. Direito comparado: desenvolvimento da jurisdição constitucional e tratamento diferenciado em cada sistema jurídico. A Lei 9.882, de 1999, e a extensão do controle direto de normas ao direito pré-constitucional. Cláusula da subsidiariedade ou do exaurimento das instâncias. Inexistência de outro meio eficaz para sanar lesão a preceito fundamental de forma ampla, geral e imediata. Caráter objetivo do instituto a revelar como meio eficaz aquele apto a solver a controvérsia constitucional relevante. Compreensão do princípio no contexto da ordem constitucional global. Atenuação do significado literal do princípio da subsidiariedade quando o prosseguimento de ações nas vias ordinárias não se mostra apto para afastar a lesão a preceito fundamental." (ADPF 33-MC, Rel. Min. Gilmar Mendes, julgamento em 29-10-2003, Plenário, DJ de 6-8-2004.) No mesmo sentido: ADPF 210-AgR, rel. min. Teori Zavascki, julgamento em 6-6-2013, Plenário, DJE de 21-6-2013; ADPF 234-MC, Rel. Min. Marco Aurélio, julgamento em 28-9-2011, Plenário, DJE de 6-2-2012.

"[...] 6. Cabimento de arguição de descumprimento de preceito fundamental para solver controvérsia sobre legitimidade de lei ou ato normativo federal, estadual ou municipal, inclusive anterior à Constituição (norma pré-constitucional). 7. Requisito de admissibilidade implícito relativo à relevância do interesse público presente no caso. 8. Governador de Estado detém aptidão processual plena para propor ação direta (ADIMC 127/AL, Rel. Min. Celso de Mello, DJ 04.12.92), bem como arguição de descumprimento de preceito fundamental, constituindo-se verdadeira hipótese excepcional de *jus postulandi*. 9. ADPF configura modalidade de integração entre os modelos de perfil difuso e concentrado no Supremo Tribunal Federal. 10. Revogação da lei ou ato normativo não impede o exame da matéria em sede de ADPF, porque o que se postula nessa ação é a declaração de ilegitimidade ou de não-recepção da norma pela ordem constitucional superveniente. 11. Eventual cogitação sobre a inconstitucionalidade da norma impugnada em face da Constituição anterior, sob cujo império ela foi editada, não constitui óbice ao conhecimento da arguição de descumprimento de preceito fundamental, uma vez que nessa ação o que se persegue é a verificação da compatibilidade, ou não, da norma pré-constitucional com a ordem constitucional superveniente. [...] 15. Arguição de descumprimento de preceito fundamental julgada procedente para declarar a ilegitimidade (não-recepção) do Regulamento de Pessoal do extinto IDESP em face do princípio federativo e da proibição de vinculação de salários a múltiplos do salário mínimo (art. 60, § 4º, I, c/c art. 7º, inciso IV, in fine, da Constituição Federal). STF. ADPF 33. Relator(a): Gilmar Mendes.

"Constituição. Lei anterior que a contrarie. Revogação. Inconstitucionalidade superveniente. Impossibilidade. A lei ou é constitucional ou não é lei. Lei inconstitucional é uma contradição em si. A lei é constitucional quando fiel à Constituição; inconstitucional na medida em que a desrespeita, dispondo sobre o que lhe era vedado. O vício da inconstitucionalidade é congênito à lei e há de ser apurado em face da Constituição vigente ao tempo de sua elaboração. Lei anterior não pode ser inconstitucional em relação à Constituição superveniente; nem o legislador poderia infringir Constituição futura. A Constituição sobrevinda não torna inconstitucionais leis anteriores com ela conflitantes: revoga-as. Pelo fato de ser superior, a Constituição não deixa de produzir efeitos revogatórios. Seria ilógico que a lei fundamental, por ser suprema, não revogasse, ao ser promulgada, leis ordinárias. A lei maior valeria menos que a lei ordinária." (ADI 2. Julgada em 1997 e relatada pelo Ministro Paulo Brossard).

QUESTÕES DE CONCURSO RELACIONADAS

01. (CESPE - Analista Judiciário - STJ - 2018) A respeito do poder constituinte, do controle de constitucionalidade e da organização dos poderes, julgue o item que se segue.

A lei anterior à vigência da Constituição que tenha conteúdo incompatível com esta deve ser declarada inconstitucional.

Resposta: errado.

02. (Cespe – Advogado da União/2012) Julgue os itens que se seguem com base na legislação de regência e na jurisprudência acerca das ações diretas no controle concentrado de constitucionalidade ajuizadas perante o STF.

a) Assim como ocorre na ADC e na ADI, ato normativo já revogado não pode ser objeto de ADPF.

Resposta: errado.

b) Ao contrário da ADC, a ADPF não exige a demonstração de controvérsia judicial relevante.

Resposta: errado.

03. (Cespe – Advogado da União/2012) Com relação à ADI e à ADIO, julgue o item subsecutivos. Considere a seguinte situação hipotética.

Foi ajuizada ADI no STF contra lei estadual por contrariedade a dispositivo expresso na CF. Porém, antes do julgamento da ação, o parâmetro de controle foi alterado, de modo a tornar a norma impugnada consentânea com o dispositivo constitucional.

Nessa situação hipotética, admite-se, de acordo com recente jurisprudência do STF, a denominada constitucionalidade superveniente, devendo, portanto, ser afastada a aplicação do princípio da contemporaneidade e julgada improcedente a ação.

Resposta: errado.

19. (PGE-PA – PROCURADOR DO ESTADO - PA/2007)

Disserte sobre a arguição de descumprimento de preceito fundamental prevista no direito brasileiro, abordando, necessariamente, os seguintes pontos:

a) Hipóteses de cabimento e classificação doutrinária acerca das espécies (modalidades ou tipos de rito);

b) Posições da doutrina brasileira e da jurisprudência do STF acerca da perspectiva da subsidiariedade, bem como acerca do entendimento do STF acerca da fungibilidade do instituto;

c) Eficácia e efeitos da decisão.

RESPOSTA SUGERIDA

Entende-se por arguição de descumprimento de preceito fundamental – ADPF a ação proposta para evitar ou reparar lesão a preceito fundamental presente na Constituição.

Duas são as espécies de ADPF: i) arguição autônoma; e ii) arguição incidental.

A arguição autônoma é aquela que se propõe para evitar ou reparar lesão a preceito fundamental presente na Constituição resultante de ato do Poder Público (art. 102, § 1º, *caput*, da CF c.c. art. 1º da Lei 9.882/99).

Já a arguição incidental é a que se ajuíza com objeto de evitar ou reparar lesão a preceito fundamental quando for relevante o fundamento da controvérsia constitucional sobre lei ou ato normativo federal, estadual ou municipal, incluídos os anteriores à CF ((art. 102, § 1º, parágrafo único, da CF c.c. art. 1º da Lei 9.882/99).

Importante ressaltar que, diante de leis ou atos normativos federais ou estaduais posteriores à CF, em tese, são cabíveis tanto a ADI por ação (conforme art. 102, I, "a", da CF) quanto a ADPF. Por sua vez, diante de uma controvérsia judicial relevante sobre lei ou ato normativo federal poderiam ser ajuizadas tanto a ADC (também conforme art. 102, I, "a", da CF) quanto a ADPF. Entretanto, para esses casos, entra em cena o princípio da subsidiariedade, disposto no art. 4º, § 1º, da Lei 9.882/99, segundo o qual não será admitida ADPF quando houver qualquer outro meio eficaz de sanar a lesividade. Assim, se for cabível ADI e ADPF, deverá ser ajuizada ADI; e, se forem cabíveis ADC e ADPF de igual modo se deve optar pela ADC.

Por outro lado, assim como ocorre entre ADI por ação e ADI por omissão, a doutrina prevalente e o STF reconhecem a aplicação do princípio da fungibilidade entre ADI e ADPF, ou seja, admitem o conhecimento de uma ação direta de inconstitucionalidade como arguição de descumprimento de preceito fundamental, na hipótese de não ser admissível a ADI, mas estarem presentes todos os requisitos de admissibilidade da ADPF.

Em regra, os efeitos e a eficácia da ADPF são os mesmos da ADI por ação (vinculante, *erga omnes* e *ex tunc*), mas é bom esclarecer que, em se tratando de controle de recepção, o efeito *ex tunc* da decisão de mérito será limitado a 5 de outubro de 1988 (data de promulgação e publicação da atual Constituição Federal), pois o STF não pode atingir relações jurídicas firmadas anteriormente à Constituição vigente. Ademais, o art. 5º, § 3º, da Lei 9.882/99 aduz que a cautelar/liminar poderá consistir na determinação de que juízes e tribunais suspendam o andamento de processos ou os efeitos de decisões judiciais, ou de qualquer outra medida que apresente relação com a matéria objeto da arguição de descumprimento de preceito fundamental, salvo se decorrentes da coisa julgada.

DOUTRINA TEMÁTICA

"A ADPF, segundo construção doutrinária brasileira, terá 2 espécies, que não estão propriamente explicitadas na Constituição, mas se encontram na Lei 9.882/99, que regulamentou a ADPF. Nesses termos, temos: 1. Arguição autônoma: visa evitar ou reparar lesão a preceito fundamental da Constituição resultante de ato do Poder Público; 2. Arguição incidental: visa evitar ou reparar lesão a preceito fundamental da Constituição em virtude de controvérsia constitucional em relação a lei ou ato normativo federal, estadual ou municipal, inclusive os anteriores à Constituição". (GONÇALVES, 2012, p. 1206).

"Por força do princípio da subsidiariedade, o Supremo Tribunal Federal só poderá admitir a arguição se inexistir outro meio eficaz para sanar a lesividade do ato. [...] O princípio da subsidiariedade, ou cláusula de exaurimento de instâncias, está previsto na Lei 9.868/99 (art. 4°, § 1°), que se inspirou nos perfis legislativos dos recursos constitucionais alemão e espanhol. [...] Resultado: a ADPF não substitui a reclamação, os recursos ordinários e extraordinários, o habeas corpus, o habeas data, o mandado de segurança individual e coletivo, o mandado de injunção, a ação popular, a ação civil pública. Também não pode ser ajuizada no lugar da ação direta de inconstitucionalidade por ação ou omissão, da ação interventiva ou da ação declaratória de constitucionalidade. Seu campo de incidência deve ser mensurado por exclusão: onde couberem *writs* e instrumentos processuais não há cogitar sua presença. Esse entendimento, sufragado pela Corte Excelsa, demonstra que a arguição só poderá ser ajuizada: se o interessado demonstrar que houve prévio exaurimento de todas as vias processuais para resolver a demanda; ou se o interessado comprovar que as vias processuais são incapazes, insuficientes ou ineficazes para sanar a controvérsia constitucional relevante". (BULOS, 2014, p. 332-333).

JURISPRUDÊNCIA TEMÁTICA

"A possibilidade de instauração, no âmbito do Estado-membro, de processo objetivo de fiscalização normativa abstrata de leis municipais contestadas em face da Constituição Estadual (CF, art. 125, § 2º) torna inadmissível, por efeito da incidência do princípio da subsidiariedade (Lei nº 9.882/99, art. 4º, § 1º), o acesso imediato à arguição de descumprimento de preceito fundamental. É que, nesse processo de controle abstrato de normas locais, permite-se, ao Tribunal de Justiça estadual, a concessão, até mesmo in limine, de provimento cautelar neutralizador da suposta lesividade do diploma legislativo impugnado, a evidenciar a existência, no plano local, de instrumento processual de caráter objetivo apto a sanar, de modo pronto e eficaz, a situação de lesividade, atual ou potencial, alegadamente provocada por leis ou atos normativos editados pelo Município. Doutrina. Precedentes. (...). A mera possibilidade de utilização de outros meios processuais, contudo, não basta, só por si, para justificar a invocação do princípio da subsidiariedade, pois, para que esse postulado possa legitimamente incidir - impedindo, desse modo, o acesso imediato à arguição de descumprimento de preceito fundamental - revela-se essencial que os instrumentos disponíveis mostrem-se capazes de neutralizar, de maneira eficaz, a situação de lesividade que se busca obstar com o ajuizamento desse writ constitucional. (...). Incide, na espécie, por isso mesmo, o pressuposto negativo de admissibilidade a que se refere o art. 4º, § 1º, da Lei nº 9.882/99, circunstância esta que torna plenamente invocável, no caso, a cláusula da subsidiariedade, que atua - ante as razões já expostas - como causa obstativa do ajuizamento, perante esta Suprema Corte, da arguição de descumprimento de preceito fundamental. Sendo assim, tendo em consideração as razões invocadas, não conheço da presente ação constitucional, restando prejudicado, em consequência, o exame do pedido de medida liminar." (ADPF 100-MC, rel. min. Celso de Melo, decisão monocrática, julgamento em 15-12-2008, DJE de 18-12-2008.) No mesmo sentido: ADPF 212, rel. min. Ayres Britto, decisão monocrática, julgamento em 12-5-2010, DJE de 25-5-2010.

"Aplicação do princípio da fungibilidade. (...) É lícito conhecer de ação direta de inconstitucionalidade como arguição de descumprimento de preceito fundamental, quando coexistentes todos os requisitos de admissibilidade desta, em caso de inadmissibilidade daquela." (ADI 4.180-MC-REF, Rel. Min. Cezar Peluso, julgamento em 10-3-2010, Plenário, DJE de 27-8-2010.)

QUESTÕES DE CONCURSO RELACIONADAS

01. (CESPE - Assessor Técnico Jurídico - TCE-RN - 2015) Em relação ao controle de constitucionalidade e à interpretação das normas constitucionais, julgue o item a seguir.

Peculiaridades como dúvida razoável sobre o caráter autônomo de atos infralegais, aliada à alteração superveniente de norma constitucional utilizada como parâmetro de controle, têm o condão de autorizar a fungibilidade entre arguição de descumprimento de preceito fundamental e ação direta de inconstitucionalidade.

Resposta: certo.

02. **(ESAF – Auditor-Fiscal – RFB/2014)** Sobre a Arguição de Descumprimento de Preceito Fundamental (ADPF), é correto afirmar que:

a) a decisão do Supremo Tribunal Federal, acolhendo-a, deverá ser posteriormente comunicada ao Senado Federal, que, por maioria absoluta, poderá suspender a execução, no todo ou em parte, do ato ou texto impugnado objeto da decisão.

b) ela somente será admitida se não houver outro meio eficaz de sanar a lesividade.

c) passou a integrar a Constituição Federal a partir da Emenda Constitucional nº 45/04, Reforma do Judiciário.

d) ao proferir decisão, acolhendo-a, o juiz de primeiro grau está obrigado a remeter a decisão para ser confirmada pelo Supremo Tribunal Federal, considerando que se trata de uma das competências recursais do STF.

e) é um dos instrumentos utilizados e admitidos pelo Supremo Tribunal Federal para obstar a tramitação do processo legislativo quando eivado de inconstitucionalidade.

Resposta: alternativa "b".

03. **(CESPE – Procurador BACEN/2013)** No que se refere ao controle incidental ou concreto e às ações do controle concentrado de constitucionalidade perante o STF, assinale a opção correta à luz da jurisprudência.

a) A arguição de descumprimento de preceito fundamental, como instrumento de fiscalização abstrata de normas, submete-se aos requisitos da relevância constitucional da controvérsia suscitada e da subsidiariedade.

b) Considere que, em determinado caso concreto, o magistrado afaste a incidência de dispositivo legal por considerá-lo incompatível com a CF e reconheça o direito da parte em decisão que transite em julgado, e que, posteriormente, o STF declare a constitucionalidade do mesmo dispositivo em sede de ação declaratória de constitucionalidade. Nessa situação, segundo entendimento do STF, a decisão exarada em controle concentrado revela-se apta, por si só, para desconstituir a decisão proferida no caso concreto.

c) É irrecorrível a decisão do ministro relator que indeferir a petição inicial da ação declaratória de constitucionalidade por considerá-la manifestamente improcedente.

d) A legislação de regência veda expressamente a participação de *amicus curiae* em ADI por omissão, embora admita a participação dos demais legitimados para a ação.

e No ordenamento jurídico brasileiro, não se admite arguição de descumprimento de preceito fundamental que tenha por objeto decisões judiciais.

Resposta: alternativa "a".

20. (MPE-MG – PROMOTOR DE JUSTIÇA - MG/2007)

A arguição de descumprimento de preceito fundamental, decorrente da Constituição Federal, será apreciada pelo Supremo Tribunal Federal. Indaga-se:

a) O que deve ser considerado preceito fundamental decorrente da Constituição?

b) A ofensa a qualquer norma constitucional poderá ser objeto da argüição inscrita no § 1° do art. 102 da Constituição?

RESPOSTA SUGERIDA

A Arguição de Descumprimento de Preceito Fundamental (ADPF) é a ação proposta para evitar ou reparar lesão a preceito fundamental presente na Constituição, resultante de ato do Poder Público (art. 102, § 1º, da CF c.c. art. 1º da Lei 9.882/99) ou quando for relevante o fundamento da controvérsia constitucional sobre lei ou ato normativo federal, estadual ou municipal, incluídos os anteriores à CF.

O preceito fundamental protegido pela ADPF é um conceito jurídico indeterminado e não há, na doutrina ou no STF, nenhuma posição segura ou prevalente sobre o seu alcance.

A doutrina defende que os preceitos fundamentais são aqueles de importância vital para a ordem constitucional vigente, e que estão espraiados pelo texto da Constituição Federal, mas não há concordância quanto a quais dispositivos constitucionais estão abrangidos. Compilando o que vários doutrinadores defendem, pode-se arrolar como preceitos fundamentais as seguintes normas constitucionais: a) princípios e direitos fundamentais; b) cláusulas pétreas; c) princípios constitucionais sensíveis; d) princípios da administração pública; e) princípios da ordem tributária; f) princípios da ordem econômica; dentre outros.

Por sua vez, o STF também não firmou quais são os preceitos fundamentais, mas já decidiu, por exemplo, que veto de Chefe do Poder Executivo a Projeto de Lei, ainda que aparentemente imotivado e violador do princípio da separação de poderes, não significa violação a preceito fundamental que possa ser atacada via ADPF.

Ante o exposto é que se sabe que não há, na doutrina ou no STF, posição certeira sobre o conceito de preceito fundamental, mas, devido ao fato de o Supremo Tribunal Federal já ter reconhecido a inexistência de violação a preceito fundamental em relação a determinada norma constitucional, parece certo que o conceito de preceito fundamental não se confunde com o de norma constitucional, sendo mais restrito, de modo que se pode afirmar que, nem toda ofensa a norma constitucional é passível de ser guerreada por meio da arguição de descumprimento de preceito fundamental prevista no art. 102, § 1°, da CF.

DOUTRINA TEMÁTICA

"Tanto a Constituição como a lei infraconstitucional deixaram de conceituar preceito fundamental, cabendo essa tarefa à doutrina e, em última instância, ao STF. Até o momento os Ministros do STF não definiram, com precisão, o que entendem por preceito fundamental. Em algumas hipóteses, disseram o que não é preceito fundamental. [...] Valemo-nos, então, de algumas sugestões da doutrina. Para o Professor Cássio Juvenal Faria, preceitos seriam aquelas 'normas qualificadas, que veiculam princípios e servem de vetores de interpretação das demais normas constitucionais, por exemplo, os princípios fundamentais do Título I (arts. 1° ao 4°); os integrantes da cláusula pétrea (art. 60, § 4°); os chamados princípios constitucionais sensíveis (art. 34, VII); os que integram a enunciação dos direitos e garantias fundamentais (Título II); os princípios gerais da atividade econômica (art. 170)". (LENZA, 2015, p. 441-442).

"Qualificam-se de fundamentais os grandes preceitos que informam o sistema constitucional, que estabelecem comandos basilares e imprescindíveis à defesa dos pilares da manifestação constituinte originária. Podem ser considerados preceitos fundamentais as diretrizes insculpidas no pórtico do art. 1° da Constituição de 1988, quais seja, a soberania, a cidadania, a dignidade da pessoa humana, os valores sociais do trabalho, da livre iniciativa, do pluralismo político. Outros exemplos: princípio republicano (art. 1°, *caput*), princípio federativo (art. 1°, *caput*), princípio do Estado Democrático (art. 1°, *caput*), princípio da separação dos poderes (art. 2°), princípio presidencialista (art. 76), princípio da legalidade (art. 5°, II), princípio da liberdade (art. 5°, IV, VI, IX, XIII, XIV, XV, XVI, XVII etc.) princípio da inafastabilidade do controle jurisdicional (art. 5°, XXXV), princípio da autonomia das entidades federadas (art. 1° a 18), princípio do juiz e do promotor natural (art. 5°, XXXVII e LIII), princípio do devido processo legal (art. 5°, LIV), princípio do contraditório (art. 5°, LV), princípio da publicidade dos atos processuais (arts. 5°, LX, e 93, IX), princípio da legalidade administrativa (art. 37, *caput*), princípio da impessoalidade (art. 37, *caput*), princípio da moralidade (art. 37, *caput*), princípio da publicidade (art. 37, *caput*), princípio da ocupação de cargos vagos através de concurso público (art. 37, II), princípio da prestação de contas (arts. 70, parágrafo único, 34, VII, "d", e 35, III), princípio da independência funcional da Magistratura (arts. 95 e 96), princípio da capacidade contributiva (art. 145, III), princípio da defesa do consumidor (art. 170, IV), princípio da autonomia universitária (art. 207), etc.". (BULOS, 2014, p. 334).

JURISPRUDÊNCIA TEMÁTICA

STF

"Compete ao Supremo Tribunal Federal o juízo acerca do que se há de compreender, no sistema constitucional brasileiro, como preceito fundamental. Cabimento da arguição de descumprimento de preceito fundamental. Necessidade de o requerente apontar a lesão ou ameaça de ofensa a preceito fundamental, e este, efetivamente, ser reconhecido como tal, pelo Supremo Tribunal Federal. Arguição de descumprimento de preceito fundamental como instrumento de defesa da Constituição, em controle concentrado. O objeto da arguição de descumprimento de preceito fundamental há de ser 'ato do Poder Público' federal, estadual, distrital ou municipal, normativo ou não, sendo, também, cabível a medida judicial 'quando for relevante o fundamento da controvérsia sobre lei ou ato normativo federal, estadual ou municipal, incluídos os anteriores à Constituição'. Na espécie, a inicial aponta como descumprido, por ato do Poder Executivo municipal do Rio de Janeiro, o preceito fundamental da 'separação de poderes', previsto no art. 2º da Lei Magna da República de 1988. O ato do indicado Poder Executivo municipal é veto aposto a dispositivo constante de projeto de lei aprovado pela Câmara Municipal da Cidade do Rio de Janeiro, relativo ao IPTU.

No processo legislativo, o ato de vetar, por motivo de inconstitucionalidade ou de contrariedade ao interesse público, e a deliberação legislativa de manter ou recusar o veto, qualquer seja o motivo desse juízo, compõem procedimentos que se hão de reservar à esfera de independência dos poderes políticos em apreço. Não é, assim, enquadrável, em princípio, o veto, devidamente fundamentado, pendente de deliberação política do Poder Legislativo -- que pode, sempre, mantê-lo ou recusá-lo, -- no conceito de 'ato do Poder Público', para os fins do art. 1º, da Lei n. 9.882/1999. Impossibilidade de intervenção antecipada do Judiciário, – eis que o projeto de lei, na parte vetada, não é lei, nem ato normativo, – poder que a ordem jurídica, na espécie, não confere ao Supremo Tribunal Federal, em via de controle concentrado. Arguição de descumprimento de preceito fundamental não conhecida, porque não admissível, no caso concreto, em face da natureza do ato do Poder Público impugnado." (ADPF 1-QO, rel. min. Néri da Silveira, julgamento em 3-2-2000, DJ de 7-11-2003.)

"A arguição de descumprimento de preceito fundamental não é a via adequada para se obter a interpretação, a revisão ou o cancelamento de súmula vinculante." (ADPF 147-AgR, rel. min. Cármen Lúcia, julgamento em 24-3-2011, Plenário, DJE de 8-4-2011.) Vide: ADPF 80-AgR, rel. min. Eros Grau, julgamento em 12-6-2006, Plenário, DJ de 10-8-2006.

"A arguente funda o pedido em 'sucessivos prejuízos às associadas da arguente (Loterias Estaduais), em todo país, em especial em Santa Catarina, Estado afetado pela impossibilidade do validamento de sua competência político-administrativa para explorar serviços lotéricos em geral' (fls. 33), mas desprovidos todos de qualquer conteúdo concreto e específico que implique descumprimento de algum preceito fundamental. Não há, pois, a rigor, objeto determinado na demanda, que apenas revela inconformismo com o enunciado desta Corte. Pretende a arguente, em verdade, obter do Supremo Tribunal Federal o reconhecimento da competência dos Estados-membros, para a exploração de loterias no âmbito de seus territórios, sob pretexto de que a edição da súmula vinculante apontada teria dado azo ao descumprimento de preceitos fundamentais. E a este fim, como é sabido, não se presta a via eleita." (ADPF 128, rel. min. Cezar Peluso, decisão monocrática, julgamento em 15-4-2008, DJE de 23-4-2008.)

QUESTÕES DE CONCURSO RELACIONADAS

01. (TRT- 21 - Juiz do Trabalho Substituto - RN– 2015) Com base no regramento relativo ao processo e julgamento da Argüição de Descumprimento de Preceito Fundamental (ADPF), é correto afirmar:

a) O Supremo Tribunal Federal, por decisão da maioria absoluta de seus membros, poderá deferir pedido de medida liminar na ADPF, podendo essa consistir determinação de que juízes e tribunais suspendam o andamento de processo ou os efeitos de decisões judiciais, ou de qualquer outra medida que apresente relação com a matéria objeto da matéria, independente da coisa julgada.

b) Caberá ADPF, exclusivamente, quando for relevante o fundamento da controvérsia constitucional sobre lei ou ato normativo federal ou estadual, incluídos os anteriores à Constituição.

c) Podem propor ADPF os legitimados para a Ação Declaratória de Constitucionalidade.

d) A decisão que julgar procedente ou improcedente o pedido formulado na ADPF será passível de Ação Rescisória, após o seu trânsito em julgado.

e) As entidades de classe de âmbito nacional detêm aptidão processual plena para propor ADPF, a exemplo do que dispõe a Constituição Federal.

Resposta: alternativa "c".

---

02. (Vunesp – Defensor Público – MS/2014) Caberá arguição de descumprimento de preceito fundamental:

a) somente e exclusivamente em face de atos do poder público, excluídos os que tenham natureza normativa.

b) quando for relevante o fundamento da controvérsia constitucional sobre lei ou ato normativo federal, estadual ou municipal, incluídos os anteriores à Constituição.

c) quando for relevante o fundamento da controvérsia constitucional sobre lei ou ato normativo, exceto os atos municipais.

d) quando for relevante o fundamento da controvérsia constitucional sobre lei ou ato normativo federal, estadual ou municipal, excluídos os anteriores à Constituição, que é denominado pela doutrina de direito pré-constitucional.

Resposta: alternativa "b".

---

03. (MPE – MS – Promotor de Justiça – MS/2013) Assinale a alternativa incorreta, sobre o tema do Controle de Constitucionalidade:

a) a ação declaratória de constitucionalidade, ajuizada perante o STF, tem como objeto apenas a lei ou ato normativo federal.

b) as decisões definitivas de mérito, proferidas pelo STF, nas ações diretas de inconstitucionalidade e nas ações declaratórias de constitucionalidade produzirão eficácia contra todos e efeito vinculante, relativamente aos demais órgãos do Poder Judiciário e à administração pública direta e indireta, nas esferas federal, estadual e municipal.

c) segundo a Constituição, declarada a inconstitucionalidade por omissão de medida para tornar efetiva norma constitucional, será dada ciência ao Poder competente para a adoção das providências necessárias e, em se tratando de órgão administrativo, para fazê-lo em trinta dias.

d) a ação direta de inconstitucionalidade de lei ou ato normativo, ajuizada perante o STF, tem como objeto a lei ou ato normativo federal ou estadual.

e) a arguição de descumprimento de preceito fundamental, ajuizada perante o STF, permite o exame apenas da inconstitucionalidade de lei ou ato normativo federal e estadual, incluídos atos anteriores à Constituição.

Resposta: alternativa "e".

---

04. (MPF – Procurador da República/2012) Para o STF:

I. Não cabe arguição de descumprimento de preceito fundamental em face de sentenças transitadas em julgado.

II. É possível modular-se os efeitos da declaração de inconstitucionalidade no controle difuso.

III. A liberdade de expressão protege os discursos racistas e preconceituosos, porque o combate a tais ideias deve se dar através de um debate público esclarecedor que demonstre o equívoco que elas encerram.

IV. A norma que invoca a proteção de Deus, no preâmbulo da Constituição Federal, é de reprodução obrigatória nas Constituições estaduais.

Estão corretas as assertivas:

a) II e III.

b) I e II.

c) I, II e IV.

d) I e IV.

Resposta: alternativa "b".

21. (CESPE – PROCURADOR DO BACEN – 2013)

À luz da chamada cláusula de reserva de plenário, prevista no art. 97 da Constituição Federal, bem como da legislação que rege o processo e julgamento da ação direta de inconstitucionalidade (ADI), da ação declaratória de constitucionalidade (ADC) e da arguição de descumprimento de preceito fundamental (ADPF), responda, de forma justificada, à seguinte indagação. Ao julgar o mérito de ADPF proposta em face de controvérsia judicial relevante sobre a constitucionalidade de determinada lei, o plenário do Supremo Tribunal Federal poderia declará-la inconstitucional por cinco votos contra quatro, ausentes justificadamente dois ministros?

RESPOSTA SUGERIDA

De acordo com o art. 8° da Lei 9.882/99 (que dispõe sobre o processo e julgamento da arguição de descumprimento de preceito fundamental, nos termos do § 1° do art. 102 da Constituição Federal), a decisão sobre a arguição de descumprimento de preceito fundamental somente será tomada se presentes na sessão pelo menos dois terços dos Ministros, ou seja, ao menos oito dos onze membros do Supremo Tribunal Federal. Mas, apesar de ser possível encontrar-se o quórum de instalação da sessão, não se consegue localizar nos artigos da Lei 9.882/99 o quórum para decisão de mérito.

A razão tem a ver com a origem do diploma normativo: o § 1° do art. 8° da Lei 9.882/99, que versava sobre a matéria, foi vetado. A razão para o veto foi jurídica, posto que o dispositivo legal estabelecia um quórum para decisão definitiva também de dois terços ou oito Ministros, o que geraria ineficiência na prestação jurisdicional por parte do STF (posto ser um quórum dificilmente atingível), além de criar uma desarmonia no sistema de controle concentrado de constitucionalidade, uma vez que o quórum para decisões definitivas em sede de Ação Direita de Inconstitucionalidade e Ação Declaratória de Constitucionalidade é de apenas maioria absoluta, ou de seis ministros, nos termos do art. 23 da Lei 9.868/99 (que dispõe sobre o processo e julgamento da ação direta de inconstitucionalidade e da ação declaratória de constitucionalidade perante o Supremo Tribunal Federal).

Diante do veto ao dispositivo da Lei 9.882/99 que versava sobre o quórum para a decisão definitiva de mérito, passou-se a aplicar para a ADPF o que dizem o art. 97 da CF e o art. 23 da Lei 9.868/99, de modo que, efetuado o julgamento, proclamar-se-á o resultado definitivo se tiverem se manifestado pelo menos seis Ministros, ou seja, ao menos a maioria absoluta.

Ante o exposto, ao julgar o mérito de uma ADPF (diferentemente do julgamento de uma ADI ou ADC, no qual há jurisprudência consolidada do STF em sentido contrário) proposta em face de controvérsia judicial relevante sobre a constitucionalidade de determinada lei, é possível que o STF a declare inconstitucional por cinco votos contra quatro, ainda que ausentes justificadamente dois ministros.

Por fim, vale ressaltar que, como o objeto dessa ADPF foi a controvérsia judicial relevante sobre a constitucionalidade de determinada lei, presume-se que também tenha sido satisfeito o requisito da subsidiariedade aposto no art. 4°, § 1°, da Lei 9.882/99, segundo o qual não será admitida arguição de descumprimento de preceito fundamental quando houver qualquer outro meio eficaz de sanar a lesividade. Como a controvérsia judicial relevante sobre a constitucionalidade de determinada lei é o objeto clássico da Ação Declaratória de Constitucionalidade, somente se deve admitir a ADPF se o ato normativo em apreço for de âmbito estadual ou municipal, posto que, nesse caso, não caberia o ajuizamento de ADC, ação cujo objeto se restringe aos atos normativos de âmbito federal.

DOUTRINA TEMÁTICA

"O pronunciamento definitivo do STF deve ser tomado quando estiverem presentes na sessão ao menos oito Ministros, segundo o quórum especial estipulado no art. 8° da Lei n° 9.882/1999. O § 1°, do art. 8° da lei referenciada exigia, para a tomada da decisão definitiva em ADPF, a maioria de 2/3, superior àquela necessária para o exame do mérito das ações diretas (que é a maioria absoluta). Foi, por isso, vetado pelo Presidente da República, ao argumento de que a disposição trazia uma restrição proporcional à celeridade, à capacidade decisória e à eficiência na prestação jurisdicional do STF. Assim, restou firmado que a decisão definitiva que prolatará a constitucionalidade (ou inconstitucionalidade) do dispositivo – ou mesmo sua recepção ou não recepção (nas hipóteses de o objeto ser norma qualificada como pré-constitucional) ou a ilegitimidade de um ato concreto do Poder Público que tenha ferido a Constituição – será tomada pela maioria absoluta dos membros da Corte, vale dizer, 6 Ministros". (MASSON, 2013, p. 1064).

"Quanto ao quórum para o próprio julgamento, o projeto originário da Lei 9.882/99 exigia o pronunciamento de pelo menos dois terços dos Ministros (ou seja, oito Ministros) para considerar formalmente julgada procedente ou improcedente a arguição. Assim dispunha, pois, o § 1° do art. 8°: "Considerar-se-á procedente ou improcedente a arguição se num ou noutro sentido se tiverem manifestado pelo menos dois terços dos Ministros". Esse parágrafo, porém, foi vetado pelo Presidente da República, sob o correto fundamento de que ele exigia, para o exame a arguição de descumprimento de preceito fundamental, quórum superior àquele necessário par as decisões proferidas na ação direta de inconstitucionalidade. Entendeu-se, outrossim, que tal disposição constituiria inadmissível restrição à celeridade, a capacidade decisória e à eficiência na prestação jurisdicional pelo Supremo Tribunal Federal. Ademais, aduziu-se que o escopo fundamental do projeto de lei da arguição reside em ampliar a eficácia e o alcance do sistema de controle de constitucionalidade, o que certamente restaria frustrado diante do excessivo quórum exigido pelo dispositivo vetado. Absolutamente procedentes as razões do veto. De feito, restaria completamente inviabilizada a arguição se fosse prescrito desmedido quórum de julgamento. Assim, a despeito da omissão da lei, gerada pelo verto, deve-se entender que o quórum para o julgamento da arguição será de maioria absoluta, a teor do art. 97 da Constituição Federal, quando houver pronunciamento pela inconstitucionalidade do ato do poder público lesivo a preceito fundamental. Essa conclusão é corroborada pela norma prevista no art. 5°, caput, da Lei 9.882/99, que condiciona a concessão da medida liminar à observância do quórum mínimo da maioria absoluta dos membros do Tribunal". (CUNHA JÚNIOR, 2012, p. 484-485).

JURISPRUDÊNCIA TEMÁTICA

STF

"Quórum de julgamento constituído por nove ministros, considerados os impedimentos. Cinco votos pela procedência da ação direta, a fim de declarar a inconstitucionalidade, por proteção deficiente, da tolerância ao uso do amianto crisotila, da forma como encartada no art. 2º da Lei 9.055/1995, em face dos arts. 7º, XXII, 196 e 225 da Constituição da República. Quatro votos pela improcedência. Não atingido o quórum de seis votos (art. 23 da Lei 9.868/1999), maioria absoluta (art. 97 da Constituição da República), para proclamação da constitucionalidade ou inconstitucionalidade do dispositivo impugnado, a destituir de eficácia vinculante o julgado." (ADI 4.066, rel. min. Rosa Weber, j. 24-8-2017, P, DJE de 7-3-2018.)

QUESTÕES DE CONCURSO RELACIONADAS

01. (TJDFT – Juiz de Direito Substituto – TJDFT/2012) Responda a questão considerando as assertivas abaixo:

I. As normas anteriores à Constituição em vigor poderão ser recepcionadas ou não, porém, não podem ser objeto de Arguição de Descumprimento de Preceito Fundamental.

II. Embora não seja admitida a intervenção de terceiros no processo da Ação Direta de Inconstitucionalidade, o Supremo Tribunal Federal vem permitindo o "amicus curiae", para possibilitar à sociedade um mais amplo debate da questão constitucional.

III. Lei Complementar disciplinará a organização e o funcionamento dos órgãos responsáveis pela segurança pública, de maneira a garantir a eficiência de suas atividades.

a) se somente a assertiva I for correta
b) se somente a assertiva II for correta
c) se somente a assertiva III for correta
d) se nenhuma das assertivas for correta

Resposta: alternativa "b".

---

02. (Cespe – Juiz Federal Substituto 2ª região/ 2011) No que se refere ao controle incidental de constitucionalidade, à ação direta de inconstitucionalidade (genérica e por omissão), à ação declaratória de constitucionalidade e à arguição de descumprimento de preceito fundamental, assinale a opção correta.

a) Uma vez admitida, pelo STF, a ação declaratória de constitucionalidade, a autoridade responsável pela criação da lei ou do ato normativo e o advogado-geral da União deverão ser citados para se pronunciarem sobre o objeto da ação.

b) A ação direta de inconstitucionalidade por omissão tem como objeto omissão administrativa que afete a efetividade da CF ou omissão legislativa de órgãos legislativos federais, mas não estaduais, em face da CF.

c) Cabe arguição de descumprimento de preceito fundamental contra lei ou ato normativo federal, estadual ou municipal, incluindo-se os anteriores à CF; nesse sentido, pode-se dizer que tal arguição é cabível mesmo contra leis pré-constitucionais.

d) No controle incidental ou concreto, a questão de constitucionalidade somente pode ser suscitada pelas partes da relação processual.

e) Podem ser objeto de ação direta de inconstitucionalidade, além de leis de todas as formas e conteúdos, decretos legislativos, decretos autônomos e decretos editados com força de lei pelo Poder Executivo, resoluções do Tribunal Superior Eleitoral e medidas provisórias, mas não resoluções ou deliberações administrativas de tribunais, que não são consideradas atos normativos primários.

Resposta: alternativa "c".

22. (MPE-MG – PROMOTOR DE JUSTIÇA - MG/2009)

Discorra sobre a importância das audiências públicas nas Ações Diretas de Inconstitucionalidade e nas Ações de Descumprimento de Preceitos Fundamentais como fator de maior participação da sociedade civil no enfrentamento de controvérsias constitucionais.

RESPOSTA SUGERIDA

Nos termos do art. 9°, § 1°, da Lei 9.868 e art. 6°, § 1°, da Lei 9.882/99, se entender necessário, poderá o relator fixar data para declarações ou depoimentos, em audiência pública, de pessoas com experiência e autoridade na matéria.

A primeira audiência pública realizada em controle concentrado de constitucionalidade pelo Supremo Tribunal Federal realizou em 2007, no trâmite para julgamento da ADI 3510, cujo objeto era a Lei Nacional de Biossegurança e a autorização para pesquisas com células-tronco embrionárias. Esse expediente também foi utilizado pelo STF em outros casos de grande repercussão, a exemplo da ADPF 54 (relativa à antecipação terapêutica do parto de fetos anencefálicos), da ADPF 101 (pertinente à importação de pneus usados) e da ADPF 186 (políticas de ação afirmativa de acesso ao ensino superior), dentre outras.

Ao ouvir pessoas com experiência e autoridade na matéria, o Pretório Excelso alinha-se ao princípio democrático insculpido no art. 1°, parágrafo único da CF, em especial, ao exercício direto do poder pelo povo, o que se coaduna com a democracia semidireta ou participativa, eleita pelo Poder Constituinte para reger a ordem jurídica pátria.

A democracia semidireta ou participativa mescla elementos das democracias direta e indireta. Neste sistema, além da participação concreta do cidadão na democracia representativa (por meio da eleição de representantes para exercer o Poder em nome do povo), há também um controle popular direto sobre as ações do Estado, o que se dá via ação popular, plebiscito, referendo, iniciativa popular e audiência pública.

Desta feita, é inegável o caráter democrático das audiências públicas, visto que permitem à sociedade civil participar diretamente das decisões polêmicas e de grande repercussão jurídico-social, levando às instâncias julgadoras um conhecimento técnico especializado, bem como as impressões e anseios da população sobre a temática colocada em julgamento.

DOUTRINA TEMÁTICA

"Ainda, desde que haja necessidade de esclarecimento de matéria ou circunstância de fato ou de notória insuficiência das informações existentes nos autos, poderá o relator requisitar outras, designar perito ou comissão de peritos para que emita parecer sobre a questão, ou fixar data para, em audiência pública, ouvir depoimentos de pessoas com experiência e autoridade na matéria. Nesse particular, interessante destacar que somente em 20.04.2007, foi realizada, de modo inédito, a primeira audiência pública para o cumprimento do art. 9°, § 1°, da Lei 9.868/99". (LENZA, 2015, p. 396).

JURISPRUDÊNCIA TEMÁTICA

STF

"Ante a saliente importância da matéria que subjaz a esta ação direta de inconstitucionalidade, designei audiência pública para o depoimento de pessoas com reconhecida autoridade e experiência no tema (§ 1º do art. 9º da Lei nº 9.868/99). Na mesma oportunidade, determinei a intimação do autor, dos requeridos e dos interessados para que apresentassem a relação e a qualificação dos especialistas a ser pessoalmente ouvidos. 2. Pois bem, como fiz questão de realçar na decisão de fls. 448/449, "a audiência pública, além de subsidiar os Ministros deste Supremo Tribunal Federal, também possibilitará uma maior participação da sociedade civil no enfrentamento da controvérsia constitucional, o que certamente legitimará ainda mais a decisão a ser tomada pelo Plenário desta nossa colenda Corte". Sem embargo, e conquanto haja previsão legal para a designação desse tipo de audiência pública (§ 1º do art. 9º da Lei nº 9.868/99), não há, no âmbito desta nossa Corte de Justiça, norma regimental dispondo sobre o procedimento a ser especificamente observado. 3. Diante dessa carência normativa, cumpre-me aceder a um parâmetro objetivo do procedimento de oitiva dos expertos sobre a matéria de fato da presente ação. E esse parâmetro não é outro senão o Regimento Interno da Câmara dos Deputados, no qual se encontram dispositivos que tratam da realização, justamente, de audiências públicas (arts. 255 *usque* 258 do RI/CD). Logo, são esses os textos normativos de que me valerei para presidir os trabalhos da audiência pública a que me propus. Audiência coletiva, realce-se, prestigiada pela própria Constituição Federal em mais de uma passagem, como verbi gratia, o inciso II do § 2º do art. 58, cuja dicção é esta: "Art. 58. O Congresso Nacional e suas Casas terão comissões permanentes e temporárias, constituídas na forma e com as atribuições previstas no respectivo regimento ou no ato de que resultar sua criação. (...) § 2º. As comissões, em razão da matéria de sua competência, cabe: (...) II – realizar audiências públicas com entidades da sociedade civil; (...)". (ADI 3510. Rel. Min. Ayres Britto. Designação de audiência pública. 16.03.2007).

"[...] Pelo que ouvimos ou lemos nos depoimentos prestados na audiência pública, somente aquela que vive tamanha situação de angústia é capaz de mensurar o sofrimento a que se submete. Atuar com sapiência e justiça, calcados na Constituição da República e desprovidos de qualquer dogma ou paradigma moral e religioso, obriga-nos a garantir, sim, o direito da mulher de manifestar-se livremente, sem o temor de tornar-se ré em eventual ação por crime de aborto. Ante o exposto, julgo procedente o pedido formulado na inicial, para declarar a inconstitucionalidade da interpretação segundo a qual a interrupção da gravidez de feto anencéfalo é conduta tipificada nos arts. 124, 126, e 128, I e II, do CP brasileiro." (ADPF 54, voto do rel. min. Marco Aurélio, julgamento em 12-4-2012, Plenário, DJE de 30-4-2013.)

◉ QUESTÕES DE CONCURSO RELACIONADAS

01. (FUNDEP - Defensor Público - DPE-MG – 2019) A respeito do sistema brasileiro de controle concentrado de constitucionalidade, assinale a alternativa incorreta.

a) Prevalece o princípio da nulidade absoluta da lei inconstitucional, que pode ter seus efeitos restringidos pelo STF, com a aplicação da técnica da "modulação dos efeitos da decisão".

b) Inadmite-se, em regra, o fenômeno da inconstitucionalidade superveniente, também conhecido como "processo de inconstitucionalização".

c) O STF, por maioria de dois terços de seus membros, ao declarar a inconstitucionalidade de lei ou ato normativo, e por razões de segurança jurídica ou de excepcional interesse social, poderá restringir os efeitos da declaração de inconstitucionalidade.

d) Em ADI, havendo necessidade de esclarecimento de matéria, poderão os membros julgadores fixar data para, em audiência pública, ouvir pessoas com experiência e autoridade na matéria.

Resposta: alternativa "d".

---

02. (UEPA – Procurador do Estado – PA/ 2012) Sobre a atuação do Supremo Tribunal Federal, em matéria de direitos fundamentais, assinale a alternativa que contenha apenas temas que foram objeto de audiência pública em controle concentrado de constitucionalidade:

a) pesquisas com celulas-tronco, aborto de feto anencenfálico e importação de pneus usados.

b) judicialização da efetivação do direito à saúde, revogação da "Lei de Anistia" e cotas raciais para ingresso nas universidades públicas.

c) revogação da "Lei de Imprensa", pesquisas com células-tronco e "Lei Seca".

d) uniões homoafetivas, aborto de feto anencenfálico e cotas raciais para ingresso nas universidades públicas.

e) revogação da "Lei de Anistia", judicialização da efetivação do direito à saúde e importação de pneus usados.

Resposta: alternativa "a".

---

03. (Instituto cidades – Defensor Público – AM/2011) Qual dos instrumentos abaixo jamais poderá ser utilizado em sede de controle concentrado de constitucionalidade, federal ou estadual:

a) recurso extraordinário

b) embargos de declaração

c) ação rescisória

d) intervenção de amicus curiae

e) audiência pública

Resposta: alternativa "c".

23. (TJ/RJ – JUIZ DE DIREITO - RJ/2012)

O advogado de réu condenado e cumprindo pena por crime hediondo requereu ao Juiz da Vara de Execuções Penais competente, o benefício de progressão de regime, instruindo o pedido com o decidido pelo STF, que reconheceu a inconstitucionalidade do § 1º do artigo 2º da Lei 8.072/1990, que proibia a progressão de regime de cumprimento de pena naqueles crimes. Ouvido o MP, opinou o mesmo pelo indeferimento do requerimento, com base no art. 52, X, da Constituição Federal, vez que o Senado Federal não havia, até a presente data, determinado a suspensão daquele texto de lei reconhecido como inconstitucional.

Considerando que o STF, realmente e pelo decidido no HC 82959/SP (publicado no DJU de 1.9.2006) decidiu pela inconstitucionalidade deste artigo da lei de crimes hediondos, como consta do pedido, como você decidiria este requerimento?

RESPOSTA SUGERIDA

O STF vem apresentando uma tendência de abstrativização ou objetivação do controle difuso, fenômeno mediante o qual se aplica ao controle concreto algumas características do controle abstrato.

A tendência de abstrativização ou objetivação tem como ponto principal a eficácia geral das decisões. No controle difuso, como a decisão é tomada a partir de um caso concreto, em regra a eficácia da decisão judicial é apenas inter partes. Entretanto, a Constituição traz um mecanismo para a geração de efeitos erga omnes no controle em concreto: trata-se da regra do art. 52, X, segundo o qual o Senado Federal pode suspender a execução, no todo ou em parte, de lei declarada inconstitucional por decisão definitiva do STF.

O problema é que há muitos anos o Senado Federal parece ignorar essa competência constitucional, de modo que, na prática, é como se não existisse a possibilidade de geração de efeitos gerais no controle difuso.

Por essa razão o Ministro Gilmar Mendes vem defendendo a abstrativização do controle difuso, o que o faz apoiado em uma mutação constitucional (mudança no sentido da norma sem a alteração do texto) que poderia ser atribuída ao art. 52, X, da CF. Segundo o Ministro, com o passar do tempo, passou a ser do Supremo Tribunal Federal a competência para atribuir efeitos erga omnes às decisões definitivas em sede de controle difuso, cabendo ao Senado, via resolução, apenas conferir publicidade às decisões do STF.

A abstrativização já foi discutida em muitos processos no STF. Em algumas ações a tese da abstrativização foi vencida (v.g. Caso "Mira Estrela"); em outras acabou sendo adotada (v.g. Caso do "Direito de Greve dos Servidores Públicos"). Mas, o julgamento que consolidou a jurisprudência do STF pela procedência da tese da abstrativização foi o da progressão de pena em crimes hediondos. Apesar de não ser citada por todos os Ministros, a tese da abstrativização baseada na mutação constitucional saiu fortalecida, alinhando-se a uma tendência de eficácia expansiva das decisões do STF.

Vale destacar que no julgamento da ADI 3.406 e 3.470 o STF adotou o entendimento de que sua decisão em sede de controle difuso já teria por si só efeito vinculante, cabendo ao Senado apenas divulgar tal decisão. No entanto, a doutrina muito se divide com relação à ocorrência de fato ou não de uma mutação constitucional desse artigo.

Ante todo o exposto, tendo em vista o mais recente posicionamento do STF, embora exista margem para adoção de posicionamento em qualquer dos dois sentidos: pela abstrativização do controle difuso ou pela manutenção dos tradicionais efeitos inter parte das decisões tomadas pela via de exceção, mais adequado aquele que adota a abstrativização.

Como Juiz da Vara de Execuções Penais competente eu deferiria o pedido de progressão de regime, sob o argumento de que a decisão do STF quanto ao reconhecimento da inconstitucionalidade do § 1° do artigo 2o da Lei 8.072/1990 é dotada de abstrativização, e, levando em conta os motivos determinantes da decisão, é possível aplica-la no caso concreto. Como Magistrado, eu ainda fundamentaria a decisão pelo deferimento do requerimento no fato de ter ocorrido uma mutação constitucional do art. 52, X, da Constituição Federal, de modo que embora não tenha o Senado determinado a suspensão daquele preceito legal, vinculante tal decisão. De qualquer forma, seria possível deferir o pedido reconhecendo, em controle difuso, a não aplicabilidade do dispositivo em razão de sua inconstitucionalidade.

DOUTRINA TEMÁTICA

"(...)podemos afirmar que o STF admitiu a mutação constitucional do art. 52, X, prescrevendo, então, que o papel do Senado Federal é apenas para dar publicidade à decisão. O efeito erga omnes e vinculante decorreria da própria decisão judicial. Esse entendimento foi fixado em controle concentrado de lei estadual, como questão prejudicial. Contudo, apesar das particularidades, entendemos que o STF evoluiu a questão e não terá mais volta." (LENZA, 2019, p. 474).

"Ainda que se aceite, em princípio, que a suspensão da execução da lei pelo Senado retira a lei do ordenamento jurídico com eficácia *ex tunc*, esse instituto, tal como foi interpretado e praticado, entre nós, configura antes a negação do que a afirmação da teoria da nulidade da lei inconstitucional. A não-aplicação geral da lei depende exclusivamente da vontade de um órgão eminentemente político e não dos órgãos judiciais incumbidos da aplicação cotidiana do direito. [...] Parece legítimo entender que a fórmula relativa à suspensão de execução da lei pelo Senado Federal há de ter simples efeito de publicidade. Dessa forma, se o Supremo Tribunal Federal, em sede de controle incidental, chegar à conclusão, de modo definitivo, de que a lei é inconstitucional, essa decisão terá efeitos gerais, fazendo-se a comunicação ao Senado Federal para que publique a decisão no Diário do Congresso". (MENDES, COELHO, BRANCO, 2008, p. 1086-1090)

"[...] tese da abstrativização do controle difuso, que significa transformar (ou pelo menos aproximar) o controle difuso-concreto em controle abstrato. Essa tendência vem sendo desenvolvida paulatinamente pela doutrina, pela legislação pátria e por manifestações pretorianas. Mas, aqui, há uma crítica ao posicionamento dos Ministros na Reclamação 4.335: o que ocorre, na verdade, é uma afronta ao texto legal, com uma 'pretensa' manipulação da Constituição, pois os Ministros estão mudando o texto constitucional e não reinterpretando (realizando propriamente uma mutação constitucional). Nesse sentido, se o texto é obsoleto, será que caberia ao STF modificá-lo (indo além do mesmo), por mais bem-intencionados que os Ministros estejam? Alguns doutrinadores até entendem que não! Outra crítica é que essa decisão estaria burlando até mesmo a lógica da súmula vinculante, pois uma decisão do STF, mesmo que não tenha oito Ministros (seja, por exemplo 6x5, como a do famosos HC 82.959/06) decidindo no mesmo sentido (requisito para edição de súmula vinculante), poderia ter efeitos *erga omnes* e vinculantes". (FERNANDES, 2012, p. 1133-1134).

JURISPRUDÊNCIA TEMÁTICA

STF

"O STF, por maioria, julgou improcedentes pedidos formulados em ações diretas de inconstitucionalidade ajuizadas contra a Lei 3.579/2001 do Estado do Rio de Janeiro. O referido diploma legal proíbe a extração do asbesto/amianto em todo o território daquela unidade da Federação e prevê a substituição progressiva da produção e da comercialização de produtos que o contenham. A Corte declarou, também por maioria e incidentalmente, a inconstitucionalidade do art. 2º da Lei federal 9.055/1995, com efeito vinculante e erga omnes. O dispositivo já havia sido declarado inconstitucional, incidentalmente, no julgamento da ADI 3.937/SP (rel. orig. min. Marco Aurélio, red. p/ o ac. min. Dias Toffoli, julgamento em 24-8-2017). A partir da manifestação do ministro Gilmar Mendes, o Colegiado entendeu ser necessário, a fim de evitar anomias e fragmentação da unidade, equalizar a decisão que se toma tanto em sede de controle abstrato quanto em sede de controle incidental. O ministro Gilmar Mendes observou que o art. 535 do CPC reforça esse entendimento. Asseverou se estar fazendo uma releitura do disposto no art. 52, X, da CF, no sentido de que a Corte comunica ao Senado a decisão de declaração de inconstitucionalidade, para que ele faça a publicação, intensifique a publicidade. O ministro Celso de Mello considerou se estar diante de verdadeira mutação constitucional que expande os poderes do STF em tema de jurisdição constitucional. Para ele, o que se propõe é uma interpretação que confira ao Senado Federal a possibilidade de simplesmente, mediante publicação, divulgar a decisão do STF. Mas a eficácia vinculante resulta da decisão da Corte. Daí se estaria a reconhecer a inconstitucionalidade da própria matéria que foi objeto deste processo de controle abstrato, prevalecendo o entendimento de que a utilização do amianto, tipo crisotila e outro, ofende postulados constitucionais e, por isso, não pode ser objeto de normas autorizativas. A ministra Cármen Lúcia, na mesma linha, afirmou que a Corte está caminhando para uma inovação da jurisprudência no sentido de não ser mais declarado inconstitucional cada ato normativo, mas a própria matéria que nele se contém. O ministro Edson Fachin concluiu que a declaração de inconstitucionalidade, ainda que incidental, opera uma preclusão consumativa da matéria. Isso evita que se caia numa dimensão semicircular progressiva e sem fim. E essa afirmação não incide em contradição no sentido de reconhecer a constitucionalidade da lei estadual que também é proibitiva, o que significa, por uma simetria, que todas as legislações que são permissivas – dada a preclusão consumativa da matéria, reconhecida a inconstitucionalidade do art. 2º da lei federal – são também inconstitucionais. (ADI 3.406 e ADI 3.470, rel. min. Rosa Weber, j. 29-11-2017, P, Informativo 886.)"

"Progressão de regime prisional. Fato anterior à Lei 11.464/2007. (...) A questão de direito versada nestes autos diz respeito à possibilidade (ou não) de progressão do regime de cumprimento da pena corporal imposta no período de vigência da redação originária do art. 2º, § 1º, da Lei 8.072/1990. O julgamento do STF em processos subjetivos, relacionados ao caso concreto, não alterou a vigência da regra contida no art. 2º, § 1º, da Lei 8.072/1990 (na sua redação original). Houve necessidade da edição da Lei 11.464/2007 para que houvesse a alteração da redação do dispositivo legal. Contudo, levando em conta que – considerada a orientação que passou a existir nesta Corte à luz do precedente no HC 82.959/

SP – o sistema jurídico anterior à edição da lei de 2007 era mais benéfico ao condenado em matéria de requisito temporal (1/6 da pena), comparativamente ao sistema implantado pela Lei 11.464/2007 (2/5 ou 3/5, dependendo do caso), deve ser concedida em parte a ordem para que haja o exame do pedido de progressão do regime prisional do paciente, levando em conta o requisito temporal de 1/6 da pena fixada. No mesmo sentido: HC 94.025/SP, Rel. Min. Menezes Direito, Primeira Turma, DJ de 3-6-2008. Neste último julgado, ficou expressamente consignado que 'relativamente aos crimes hediondos cometidos antes da vigência da Lei 11.464/2007, a progressão de regime carcerário deve observar o requisito temporal previsto nos arts. 33 do CP e 112 da LEP, aplicando-se, portanto, a lei mais benéfica'. O art. 2°, § 1°, da Lei 8.072/1990 (na sua redação original) não pode ser utilizado como parâmetro de comparação com a Lei 11.464/2007, diante da sua declaração de inconstitucionalidade, ainda que no exercício do controle concreto, no julgamento do HC 82.959/SP (Rel. Min. Marco Aurélio). (...) concedeu-se a ordem para considerar possível a progressão do regime prisional desde que atendido o requisito temporal de cumprimento de 1/6 da pena, cabendo ao juiz da execução da pena apreciar o pedido de progressão, inclusive quanto à presença dos demais requisitos, considerado o fator temporal acima indicado." (RHC 91.300, Rel. Min. Ellen Gracie, julgamento em 5-3-2009, Plenário, DJE de 3-4-2009.) No mesmo sentido: HC 102.141, Rel. Min. Dias Toffoli, julgamento em 1º-6-2010, Primeira Turma, DJE de 17-9-2010; HC 100.328, Rel. Min. Eros Grau, julgamento em 27-10-2009, Segunda Turma, DJE de 12-2-2010.

QUESTÕES DE CONCURSO RELACIONADAS

01. (VUNESP - Procurador Jurídico - Câmara de Serrana/SP – 2019) O Supremo Tribunal Federal conferiu nova interpretação ao controle difuso de constitucionalidade.

Diante disso, é correto afirmar que

a) o controle difuso de constitucionalidade será realizado pelo STF quando lei ou ato normativo violar a Constituição Federal, de forma abstrata.

b) no controle difuso, a declaração de inconstitucionalidade incidental, pelo STF, produz efeitos erga omnes não vinculantes.

c) no controle difuso, a declaração de inconstitucionalidade incidental, pelo STF, produz efeitos ex tunc, inter partes e vinculantes, em regra.

d) o STF passou a acolher a teoria da abstrativização do controle difuso.

e) o STF passou a acolher a teoria da relativização do controle difuso.

Resposta: alternativa "d".

02. (Cespe – Promotor de Justiça – RO/2010) Acerca dos direitos e garantias fundamentais assegurados na CF, assinale a opção correta.

a) A garantia constitucional da inviolabilidade do domicílio legal durante o período noturno pode ser afastada por determinação judicial.

b) As associações podem ser compulsoriamente dissolvidas mediante ato normativo editado pelo Poder Legislativo.

c) O mandado de injunção é ação constitucional de caráter civil e de procedimento especial, cuja natureza jurídico-processual, segundo entendimento do STF, permite a formação de litisconsórcio passivo, necessário ou facultativo, entre particulares e entes estatais.

d) Segundo jurisprudência do STF, é constitucional norma legal que vede a progressão do regime de cumprimento de pena para os crimes hediondos.

e) Segundo pronunciamento do STF, é inconstitucional, por ofender a garantia da liberdade de expressão e do direito à informação, norma legal que determine vedação de divulgação de pesquisas eleitorais quinze dias antes do pleito.

Resposta: alternativa "e".

---

03. (FEPESE – Procurador do Estado – SC/ 2009 Assinale a alternativa correta, com respeito ao modelo constitucional, federal e estadual brasileiro.

a) O Senado não revoga ou anula lei declarada inconstitucional na via indireta, apenas lhe retira sua eficácia.

b) A declaração de inconstitucionalidade por omissão obriga o Poder Legislativo a elaborar a norma faltante no prazo máximo de trinta dias

c) A propositura de ação de inconstitucionalidade interventiva é de competência do Governador do Estado.

d) Na ação declaratória de constitucionalidade, ao igual que nas demais, é obrigatória a intervenção do Advogado Geral da União.

e) A competência para processar e julgar a ação declaratória de constitucionalidade é do Supremo Tribunal Federal e do Superior Tribunal de Justiça

Resposta: alternativa "a".

24. (VUNESP – DEFENSOR PÚBLICO - MS/2008)

No que consiste a inconstitucionalidade por arrastamento?

◉ RESPOSTA SUGERIDA

A inconstitucionalidade por arrastamento ou por atração consiste na possibilidade de, em sede de controle concentrado, se declarar a inconstitucionalidade de uma norma objeto de pedido e também de outro ato normativo que não tenha sido objeto do pedido, em virtude de correlação, conexão ou interdependência entre uma e outro.

Trata-se de uma mitigação ao princípio da adstrição ou congruência, segundo o qual o julgador só pode apreciar o que consta do pedido.

A inconstitucionalidade por arrastamento ou atração foi reconhecida pelo STF em inúmeros ações, com destaque para a ADI que apreciou a inconstitucionalidade de normas para eleições. No caso, a Lei 12.034/2009 alterou a Lei 9.504/07, que em seu art. 45, inciso II, passou a dispor que, "a partir de 1º de julho do ano da eleição, é vedado às emissoras de rádio e televisão, em sua programação normal e noticiário: [...] usar trucagem, montagem ou outro recurso de áudio ou vídeo que, de qualquer forma, degradem ou ridicularizem candidato, partido ou coligação, ou produzir ou veicular programa com esse efeito".

A apreciar a questão, o STF entendeu pela violação à liberdade de imprensa, declarando a suspensão de eficácia do inciso II do art. 45 da Lei 9.504/1997 e, por arrastamento, dos § 4º e § 5º do mesmo artigo, incluídos pela Lei 12.034/2009, pois entre eles havia uma relação de dependência.

Analisando se os § 4º e 5º do art. 45 da Lei 9.504/97 fica claro o motivo que levou o STF a suspender a eficácia desses dispositivos. O inciso II do art. 45 da Lei 9.504/97 proíbe a trucagem e a montagem, e os §§ 4° e 5° nada mais fazem do que definir trucagem e montagem. Se essas condutas tiveram suas proibições suspensas, não faz sentido manter os parágrafos que as definiam. Há correlação, conexão ou interdependência entre os dispositivos legais.

Vale destacar, por fim, que a doutrina e a jurisprudência nacionais admitem plenamente a teoria da divisibilidade da lei, de modo que somente deve ser proferida a inconstitucionalidade daquelas normas viciadas, não devendo se estender o juízo da censura às outras partes da lei, salvo se elas não puderem subsistir de forma autônoma (tal como ocorre nas situações de inconstitucionalidade por arrastamento ou atração).

DOUTRINA TEMÁTICA

"A inconstitucionalidade por arrastamento se configura em verdadeira exceção ao princípio do pedido. Sabendo-se que este último princípio possui expressa previsão legal no ordenamento jurídico brasileiro, é de se perquirir qual o fundamento para a declaração de inconstitucionalidade por arrastamento. Apesar de não haver previsão legal explícita regulamentando a questão, é possível extrair a sua adoção da lógica do sistema, das regras de hermenêutica, bem como de disposição legal implícita. Realmente, como há uma relação de dependência ou interdependência entre as normas impugnadas, decorre de um princípio lógico que estas normas não podem, isoladamente, manter vida autônoma, sob pena de se violar o postulado segundo o qual o ordenamento jurídico é um sistema ordenado de normas. [...] Neste sentido, declarada a inconstitucionalidade de uma norma, as demais, que daquela são dependentes ou interdependentes, devem ser atingidas também pela eiva de inconstitucionalidade. [...] Mas, não é só. A inconstitucionalidade por arrastamento também tutela a segurança jurídica, pois traria perplexidade aos jurisdicionados a existência de norma isolada no ordenamento jurídico destituída de sentido. [...] Além destes fundamentos, podemos extrair da sistemática legal a possibilidade de aplicação da inconstitucionalidade por arrastamento. Realmente, o art. 23 da Lei 9.868/99, ao tratar da decisão na Ação Direta de Inconstitucionalidade e na Ação Declaratória de Constitucionalidade, dispõe: 'Efetuado o julgamento, proclamar-se-á a constitucionalidade ou a inconstitucionalidade da disposição ou norma impugnada se num ou noutro sentido se tiverem manifestado pelo menos 6 (seis) Ministros (...)' (*grifamos*)". (MENDONÇA, 2007, p. 162-165)

"Nos casos em que a inconstitucionalidade de parte da lei contamina outros preceitos ou outra parcela da lei, impedindo a sua preservação, surge problema relacionado com o princípio da congruência da sentença com o pedido. Pedindo-se, na ação direta, a declaração de inconstitucionalidade de norma que, por consequência, afeta outros dispositivos, não se poderia, diante de determinada leitura do princípio de que a sentença deve se ater ao pedido, declarar a inconstitucionalidade dos demais dispositivos. Porém, caso fosse assim, a Corte ficaria entre as alternativas de declarar inconstitucional apenas a norma delimitada na petição inicial – deixando de se pronunciar sobre o restante da lei – e não admitir a ação de inconstitucionalidade, diante da inadequação do pedido formulado na inicial, incapaz de afastar a inconstitucionalidade narrada na causa de pedir ou decorrente da 'causa de pedir aberta'. Tais soluções são obviamente inadequadas. Por isso passou o STF a adotar a técnica da 'inconstitucionalidade por arrastamento', que, em resumo, permite arrastar a declaração de inconstitucionalidade do dispositivo especificamente impugnado até os contaminados pela inconstitucionalidade". (SARLET, MARINONI, MITIDIERO, 2013, p. 1130).

JURISPRUDÊNCIA TEMÁTICA

STF

"Não cabe ao Estado, por qualquer dos seus órgãos, definir previamente o que pode ou o que não pode ser dito por indivíduos e jornalistas. Dever de omissão que inclui a própria atividade legislativa, pois é vedado à lei dispor sobre o núcleo duro das atividades jornalísticas, assim entendidas as coordenadas de tempo e de conteúdo da manifestação do pensamento, da informação e da criação lato sensu. Vale dizer: não há liberdade de imprensa pela metade ou sob as tenazes da censura prévia, pouco importando o poder estatal de que ela provenha. Isso porque a liberdade de imprensa não é uma bolha normativa ou uma fórmula prescritiva oca. Tem conteúdo, e esse conteúdo é formado pelo rol de liberdades que se lê a partir da cabeça do art. 220 da CF: liberdade de 'manifestação do pensamento', liberdade de 'criação', liberdade de 'expressão', liberdade de 'informação'. Liberdades constitutivas de verdadeiros bens de personalidade, porquanto correspondentes aos seguintes direitos que o art. 5º da nossa Constituição intitula de 'Fundamentais': 'livre manifestação do pensamento' (inciso IV); 'livre (...) expressão da atividade intelectual, artística, científica e de comunicação' (inciso IX); 'acesso a informação' (inciso XIV). (...) Programas humorísticos, charges e modo caricatural de pôr em circulação ideias, opiniões, frases e quadros espirituosos compõem as atividades de 'imprensa', sinônimo perfeito de 'informação jornalística' (§ 1º do art. 220). Nessa medida, gozam da plenitude de liberdade que é assegurada pela Constituição à imprensa. (...) A liberdade de imprensa assim abrangentemente livre não é de sofrer constrições em período eleitoral. Ela é plena em todo o tempo, lugar e circunstâncias. (...) Suspensão de eficácia do inciso II do art. 45 da Lei 9.504/1997 e, por arrastamento, dos § 4º e § 5º do mesmo artigo, incluídos pela Lei 12.034/2009. Os dispositivos legais não se voltam, propriamente, para aquilo que o TSE vê como imperativo de imparcialidade das emissoras de rádio e televisão. Visa a coibir um estilo peculiar de fazer imprensa: aquele que se utiliza da trucagem, da montagem ou de outros recursos de áudio e vídeo como técnicas de expressão da crítica jornalística, em especial os programas humorísticos. Suspensão de eficácia da expressão 'ou difundir opinião favorável ou contrária a candidato, partido, coligação, a seus órgãos ou representantes', contida no inciso III do art. 45 da Lei 9.504/1997. Apenas se estará diante de uma conduta vedada quando a crítica ou a matéria jornalística venha a descambar para a propaganda política, passando nitidamente a favorecer uma das partes na disputa eleitoral. Hipótese a ser avaliada em cada caso concreto." (ADI 4.451-MC-REF, rel. min. Ayres Britto, julgamento em 2-9-2010, Plenário, DJE de 24-8-2012.) Vide: ADPF 130, Rel. Min. Ayres Britto, julgamento em 30-4-2009, Plenário, DJE de 6-11-2009.

"Por entender caracterizada a ofensa ao art. 22, XX, da CF, que confere à União a competência privativa para legislar sobre sistemas de consórcios e sorteios, o Tribunal, por maioria, julgou procedente pedido formulado em ação direta ajuizada pelo Procurador-Geral da República, para declarar a inconstitucionalidade da Lei 12.343/2003 e, por arrastamento, do Decreto 24.446/2002, ambos do Estado de Pernambuco, que dispõem sobre o serviço de loterias no âmbito da referida unidade federativa". (STF. ADI 2995, julgada em 2006 e relatada pelo Ministro Celso de Mello).

QUESTÕES DE CONCURSO RELACIONADAS

01. (CESPE - Procurador do Município - PGM – Manaus/AM – 2018) No tocante às técnicas de decisão em sede de controle abstrato, julgue o item que se segue.

Se a inconstitucionalidade de uma norma atinge outra, tem-se a denominada inconstitucionalidade consequencial ou por arrastamento.

Resposta: Certo.

02. (Cespe – Promotor de Justiça – AC/2014) A respeito do controle de constitucionalidade, assinale a opção correta.

a) em decisão de órgão fracionário de tribunal de justiça na qual, embora não se declare expressamente a inconstitucionalidade de lei estadual questionada perante a constituição estadual, seja afastada sua incidência no caso concreto, prescinde-se da cláusula da reserva de plenário.

b) a inconstitucionalidade formal de uma lei somente pode ser aferida de acordo com as regras constitucionais vigentes no momento de sua elaboração, e não em razão da mudança posterior do parâmetro constitucional.

c) assim como ocorre na ação declaratória de constitucionalidade e na ação direta de inconstitucionalidade, as leis pré-constitucionais não podem ser objeto de arguição de descumprimento de preceito fundamental.

d) a sanção presidencial tem o condão de sanar vício de inconstitucionalidade formal relativo à competência para iniciar o processo legislativo.

e) em se tratando de ajuizamento de ação direta de inconstitucionalidade, aplica-se o princípio da congruência ou da adstrição ao pedido, não se admitindo a declaração de inconstitucionalidade de uma norma que não tenha sido objeto do pedido.

Resposta: alternativa "b".

03. (Cespe – Delegado de Polícia Federal – DPF/2013) Considerando o controle de constitucionalidade no ordenamento jurídico pátrio, julgue o item subsecutivo.

Na ação direta de inconstitucionalidade ajuizada perante o STF, apesar de lhe ser aplicável o princípio da congruência ou da adstrição ao pedido, admite-se a declaração de inconstitucionalidade de uma norma que não tenha sido objeto do pedido, na hipótese configuradora da denominada inconstitucionalidade por arrastamento.

Resposta: Certo.

04. (Cespe – Juiz de Direito Substituto-PB/ 2011) Acerca do controle de constitucionalidade, assinale a opção correta.

a) No controle difuso de constitucionalidade, os efeitos da decisão são, no aspecto temporal, ex tunc e, quanto aos atingidos, inter partes, não se admitindo exceções.

b) O controle judicial preventivo de constitucionalidade, que envolve vício no processo legislativo, deve ser exercido pelo STF via mandado de segurança, caracterizando-se como controle in concreto e efetivando-se de modo incidental.

c) Conforme entendimento do STF, não cabe controle de constitucionalidade contra leis ou atos normativos anteriores à CF, seja por via de controle concentrado, seja por controle difuso.

d) A inconstitucionalidade formal relaciona-se, sempre, com a inconstitucionalidade total, visto que o ato editado em desconformidade com as normas previstas constitucionalmente deve todo ele ser declarado inconstitucional.

e) Em atenção ao princípio da adstrição, o ordenamento jurídico brasileiro não admite a inconstitucionalidade por arrastamento, que consistiria na possibilidade de o STF declarar a inconstitucionalidade de uma norma objeto de pedido e também de outro ato normativo que não tenha sido objeto do pedido, em virtude de correlação, conexão ou interdependência entre uma e outro.

Resposta: alternativa "b".

05. (Instituto cidades – Defensor Público – GO/2010) Acerca do controle de constitucionalidade, é correto afirmar:

a) A jurisprudência do Supremo Tribunal Federal impõe ao Advogado-Geral da União a defesa do ato impugnado em sede de ação direta de inconstitucionalidade, dever do qual fica exonerado somente na hipótese de já existir pronunciamento daquela Corte sobre caso análogo.

b) O Supremo Tribunal Federal não utiliza a técnica da declaração de inconstitucionalidade por arrastamento, em prestígio do princípio da adstrição.

c) A modulação de efeitos da declaração de inconstitucionalidade é técnica que pode ser utilizada no controle concentrado ou difuso e tem expressa previsão legal no sistema brasileiro.

d) O Supremo Tribunal Federal admite a utilização, como parâmetro de aferição de constitucionalidade, de tratados internacionais, tendo em vista que todos eles são dotados de constitucionalidade material.

e) A turma ou câmara pode reapreciar o decidido pelo pleno ou órgão especial no incidente de inconstitucionalidade, desde que mediante decisão proferida com quórum qualificado.

Resposta: alternativa "c".

25. (TJ/RJ – JUIZ DE DIREITO - RJ/2008)

Aquele que comprove sofrer prejuízo decorrente de decisões de Órgão do Poder Judiciário, contrárias ao julgado proferido no Supremo Tribunal Federal, em sede de ADIN, tem legitimidade para ofertar a reclamação prevista na Lei n. 8.038/90? Fundamente a resposta.

RESPOSTA SUGERIDA

De acordo com o art. 988 do Código de Processo Civil, caberá reclamação da parte interessada ou do Ministério Público, para preservar a competência do Tribunal ou garantir a autoridade das suas decisões, bem como para garantir a observância de enunciado de súmula vinculante e de decisão do Supremo Tribunal Federal em controle concentrado de constitucionalidade ou ainda para garantir a observância de acórdão proferido em julgamento de incidente de resolução de demandas repetitivas ou de incidente de assunção de competência. A seu turno, o art. 102, I, "l", da CF, diz ser competência originária do Supremo Tribunal Federal processar e julgar, originariamente, a reclamação para a preservação de sua competência e garantia da autoridade de suas decisões.

Assim é que, diante de prejuízos decorrentes de decisões judiciais contrárias a julgados proferidos pelo STF, caberá reclamação, a ser julgada diretamente pelo Pretório Excelso.

A legitimidade para ajuizamento da reclamação não se restringe aos legitimados para ajuizar ações do controle concentrado de constitucionalidade arrolados no art. 103 da CF. Segundo a doutrina prevalente e a jurisprudência do STF, na reclamação, a legitimidade é ampla, albergando todo aquele que tenha um direito violado por decisão judicial que esteja vulnerando a autori dade de decisão do Supremo Tribunal Federal.

DOUTRINA TEMÁTICA

"O desrespeito ou o descumprimento das decisões do Supremo Tribunal Federal proferidas em sede de ação direta enseja o uso da reclamação (CF, art. 102, I, "l"), posicionamento tranquilo na jurisprudência da Corte Excelsa. O objetivo da reclamação é preservar a competência do Supremo, notadamente em face da notória insubmissão de alguns tribunais judiciários às teses jurídicas consagradas nas sentenças da Corte, as quais se revestem de inequívoca autoridade. [...] E quem tem legitimidade par ajuizar a reclamação? A princípio, a jurisprudência da Corte concluiu que somente os co-legitimados para propor a direta genérica do art.103 da Carta Magna é que poderiam ajuizar a reclamação. Esse entendimento partiu do princípio de que o controle abstrato não comporta a defesa de interesses subjetivos, concretos ou individuais de terceiros que se sintam eventualmente prejudicados pelo desrespeito das sentenças pretorianas. Somente quem foi parte em ações com o mesmo objeto é que poderia invocar o instrumento constitucional. Mas o Supremo, numa votação majoritária, reviu esse posicionamento, passando a considerar parte legítima para propor a reclamação todos aqueles que forem atingidos por deliberações contrárias às suas decisões de mérito, prolatadas em sede de controle concentrado". (BULOS, 2014, p. 313-314).

"Não há porque restringir a reclamação aos legitimados à ação direta e ao órgão que editou a norma, pois o jurisdicionado, em seu respectivo caso, reclama a autoridade dos fundamentos determinantes das decisões do STF em nome da coerência do direito e da segurança jurídica. Note-se que não está em jogo a declaração de constitucionalidade ou inconstitucionalidade de específica norma, mas a força ou autoridade dos fundamentos adotados pela Corte para decidir pela constitucionalidade ou inconstitucionalidade. Portanto, em vista da eficácia vinculante, legitimados à reclamação são o prejudicado pelo ato que negou os fundamentos determinantes e aquele que o praticou. Esse último infringe a autoridade da decisão do STF, enquanto o primeiro por ser tutelado pelo precedente constitucional, necessita da reclamação". (SARLET, MARINONI, MITIDIERO, 2013, p. 1078).

JURISPRUDÊNCIA TEMÁTICA

STF

"Em se tratando de reclamação para o STF, a interpretação do art. 988, § 5º, II, do CPC/2015 deve ser fundamentalmente teleológica, e não estritamente literal. O esgotamento da instância ordinária, em tais casos, significa o percurso de todo o íter recursal cabível antes do acesso à Suprema Corte. Ou seja, se a decisão reclamada ainda comportar reforma por via de recurso a algum tribunal, inclusive a tribunal superior, não se permitirá acesso à Suprema Corte por via de reclamação." (Rcl 24.686 ED-AgR, rel. min. Teori Zavascki, j. 28-10-2016, 2ª T, DJE de 11-4-2017.)

Súmula 734 do STF: não cabe reclamação quando já houver transitado em julgado o ato judicial que se alega tenha desrespeitado decisão do Supremo Tribunal Federal.

"Reclamação. Reconhecimento de legitimidade ativa ad causam de todos que comprovem prejuízo oriundo de decisões dos órgãos do Poder Judiciário, bem como da administração pública de todos os níveis, contrárias ao julgado do Tribunal. Ampliação do conceito de parte interessada (Lei 8.038/1990, art. 13). Reflexos processuais da eficácia vinculante do acórdão a ser preservado." (Rcl 1.880-AgR, Rel. Min. Maurício Corrêa, julgamento em 7-11-2002, Plenário, DJ de 19-3-2004).

"A reclamação, constitucionalmente vocacionada a cumprir a dupla função a que alude o art. 102, I, l, da Carta Política (RTJ 134/1033) – embora cabível, em tese, quando se tratar de decisão revestida de efeito vinculante (como sucede com os julgamentos proferidos em sede de arguição de descumprimento de preceito fundamental, de ação direta de inconstitucionalidade ou de ação declaratória de constitucionalidade) –, não se qualifica como sucedâneo recursal nem configura instrumento viabilizador do reexame do conteúdo do ato reclamado, além de não constituir meio de revisão da jurisprudência eleitoral, eis que tal finalidade revela-se estranha à destinação constitucional subjacente à instituição dessa medida processual. Precedentes." (Rcl 6.534-AgR, Rel. Min. Celso de Mello, julgamento em 25-9-2008).

"Ação direta de inconstitucionalidade: dispositivo do Regimento Interno do Tribunal de Justiça do Estado da Paraíba (art. 357), que admite e disciplina o processo e julgamento de reclamação para preservação da sua competência ou da autoridade de seus julgados: ausência de violação dos arts. 125, caput e § 1º, e 22, I, da CF. O STF, ao julgar a ADI 2.212 (Pleno, 2-10-2003, Ellen Gracie, DJ de 14-11-2003), alterou o entendimento – firmado em período anterior à ordem constitucional vigente (v.g., Rp 1.092, Pleno, Djaci Falcão, RTJ 112/504) – do monopólio da reclamação pelo STF e assentou a adequação do instituto com os preceitos da Constituição de 1988: de acordo com a sua natureza jurídica (situada no âmbito do direito de petição previsto no art. 5º, XXIV, da CF) e com os princípios da simetria (art. 125, caput e § 1º) e da efetividade das decisões judiciais, é permitida a previsão da reclamação na Constituição Estadual. Questionada a constitucionalidade de norma regimental, é desnecessário indagar se a colocação do instrumento na seara do direito de petição dispensa, ou não, a sua previsão na Constituição estadual, dado que consta do texto da Constituição do Estado da Paraíba a existência de cláusulas de poderes implícitos atribuídos ao Tribunal de Justiça estadual para fazer valer os poderes explicitamente conferidos pela ordem legal – ainda que por instrumento com nomenclatura diversa (Constituição do Estado da Paraíba, art. 105, I, e e f). Inexistente a violação do § 1º do art. 125 da CF: a reclamação paraibana não foi criada com a norma regimental impugnada, a qual – na interpretação conferida pelo Tribunal de Justiça do Estado à extensão dos seus poderes implícitos – possibilita a observância das normas de processo e das garantias processuais das partes, como exige a primeira parte da alínea a do art. 96, I, da CF. Ação direta julgada improcedente. (ADI 2212 CE, Rel. Min. Ellen Gracie, julgamento em 02/10/2003, DJ 14/11/2003).

QUESTÕES DE CONCURSO RELACIONADAS

01. (FUNDATEC - Procurador do Estado - PGE-RS - 2015) A Reclamação Constitucional é fruto de construção jurisprudencial do Supremo Tribunal Federal, com fundamento na teoria dos poderes implícitos, cujo objetivo primordial é proteger a ordem jurídico-constitucional. Atualmente, encontra-se prevista na Constituição Federal de 1988, nos artigos 102, inciso I, alínea l, e 105, inciso I, alínea f, e seu procedimento disciplinado na Lei nº 8.038/90. Sobre a reclamação constitucional, assinale a alternativa correta.

a) A reclamação constitucional, na condição de típico sucedâneo da ação rescisória, pode ser ajuizada contra decisão transitada em julgado, principalmente contra decisão que afrontou competência absoluta do STF ou STJ, desde que seja respeitado o prazo decadencial de 2 (dois) anos.

b) É cabível reclamação constitucional, com fundamento na preservação da competência, contra ato judicial comissivo ou omissivo, que impeça que o STF ou STJ exerça sua competência.

c) De acordo com orientação firmada pelo STF e pelo STJ, é cabível reclamação constitucional dirigida ao STJ contra sentença proferida por juiz de juizado especial cível, que contrariar entendimento pacífico na jurisprudência do STJ.

d) Em virtude do objetivo maior de proteção da ordem jurídico-constitucional, mediante preservação da competência e garantia da autoridade das decisões do STF e STJ, é permitida na reclamação constitucional ampla dilação probatória, concedendo às partes todos os poderes processuais necessários para provar os fatos alegados.

e) O entendimento do STF é no sentido de ser cabível reclamação constitucional contra ato judicial que desobedecer decisão proferida em ação direta de inconstitucionalidade ou ação declaratória de constitucionalidade, em razão do caráter vinculante, salvo nos casos de decisão liminar, uma vez que baseada em cognição sumária e desprovida da autoridade da coisa julgada material.

Resposta: alternativa "b".

---

02. (Cespe – Defensor Público – ES/ 2009) Com relação ao controle de constitucionalidade, julgue os itens subsequentes.

a) Conforme entendimento do STF, cabe reclamação da decisão que conceder ou negar a liminar proferida em ação direta de inconstitucionalidade.

Resposta: errado.

b) Caso um cidadão esteja litigando contra o estado do Espírito Santo e o juiz de direito não tenha aplicado, no julgamento dessa causa, o entendimento manifestado pelo plenário do STF em recurso extraordinário interposto em outro processo, não caberá reclamação ao STF contra a decisão do juiz de direito.

Resposta: certo.

---

03. (Cespe – Defensor Público – DPU/ 2007) Considerando a jurisprudência do STF, julgue os próximos itens.

a) O STF só pode determinar a modulação dos efeitos da decisão que declara a inconstitucionalidade de norma em ação direta de inconstitucionalidade.

Resposta: errado.

b) A OAB não está submetida ao requisito da pertinência temática em ação direta de inconstitucionalidade.

Resposta: certo.

c) Apesar de uma norma ser considerada constitucional, admite-se que ela possa, depois, ser declarada inconstitucional.

Resposta: certo.

d) Qualquer prejudicado poderá, por meio da reclamação, atacar decisão judicial não transitada em julgado que contrarie acórdão sobre a constitucionalidade de norma em ação declaratória de constitucionalidade.

Resposta: certo.

26. (CESPE – PROCURADOR DO ESTADO – BA/2013)

De acordo com a jurisprudência do STF relativa ao processamento de ADIs federal e estadual em face de uma mesma lei estadual e considerando que o parâmetro de controle estadual seja de observância obrigatória, pelo princípio da simetria, analise, de forma fundamentada, os seguintes aspectos:

a) possibilidade de processamento simultâneo das ADIs federal e estadual em face da mesma norma estadual;

b) possibilidade de processamento de ADI estadual superveniente, impugnando a constitucionalidade da norma estadual, caso esta venha a ser declarada constitucional pelo STF, ao julgar improcedente ADI federal em decisão transitada em julgado.

RESPOSTA SUGERIDA

a) É possível o processamento simultâneo de ações diretas de inconstitucionalidade em âmbitos estadual e federal mas, caso a norma supostamente ameaçada da Constituição Estadual seja norma de reprodução obrigatória, segundo a doutrina e a jurisprudência do STF prevalentes, deve haver o sobrestamento do processo perante o Tribunal de Justiça estadual até que o STF julgue a ação que tem o mesmo objeto.

b) Na hipótese de o STF decidir pela improcedência da ADI, o que significa uma declaração de constitucionalidade da lei estadual, é possível o ajuizamento de uma ADI estadual, mas importará saber se a ADI foi ou não ajuizada em face de uma norma da Constituição Estadual obrigatoriamente reproduzida da Constituição Federal. Se a ADI não teve como parâmetro uma norma de reprodução obrigatória, então o Tribunal local terá plena competência para julgar a ação procedente ou improcedente. Entretanto, se a ADI estadual foi ajuizada desafiando norma da Constituição do Estado que foi obrigatoriamente reproduzida da Constituição Federal, então o julgamento pela improcedência da ADI federal vincula o Tribunal de Justiça quanto ao preceito reproduzido, de modo que, o Tribunal local somente poderá julgar a ação direta estadual procedente se o fizer tomando como parâmetro norma da Constituição Estadual que não seja de reprodução obrigatória.

DOUTRINA TEMÁTICA

"Convém alertar que a competência concorrente de Tribunais constitucionais estaduais e federal envolve algumas cautelas. Evidentemente, a sentença de rejeição de inconstitucionalidade proferida por uma Corte não afeta o outro processo, pendente perante outro tribunal, que há de decidir com fundamento em parâmetro de controle autônomo. Todavia, declarada a inconstitucionalidade de direito local em face da Constituição estadual, com efeito erga omnes, há de se reconhecer a insubsistência de qualquer processo eventualmente ajuizado perante o Supremo Tribunal Federal que tenha por objeto a mesma disposição. Assim também a declaração pelo STF de inconstitucionalidade da lei estadual em face da Constituição Federal torna insubsistente (gegenstandslos) ou sem objeto eventual arguição, pertinente à mesma norma, requerida perante Corte estadual. Ao contrário, a suspensão cautelar da eficácia de uma norma no juízo abstrato, perante o Tribunal de Justiça ou perante o Supremo Tribunal Federal, não torna inadmissível a instauração de processo de controle abstrato em relação ao mesmo objeto, nem afeta o desenvolvimento válido de processo já instaurado perante outra Corte". (MENDES, BRANCO, 2015, p. 1369-1370).

"Nessa situação, em sendo o mesmo o objeto (vale dizer, a mesma lei estadual), assim como o parâmetro estadual de confronto, norma de reprodução obrigatória prevista na Constituição Federal, o controle estadual deverá ficar suspenso (em razão da causa de suspensão prejudicial do referido processo), aguardando o resultado do controle federal, já que o STF é o intérprete máximo da Constituição." (LENZA, 2019, p.709).

JURISPRUDÊNCIA TEMÁTICA

STF

"Rejeição das preliminares de litispendência e de continência, porquanto, quando tramitam paralelamente duas ações diretas de inconstitucionalidade, uma no Tribunal de Justiça local e outra no Supremo Tribunal Federal, contra a mesma lei estadual impugnada em face de princípios constitucionais estaduais que são reprodução de princípios da Constituição Federal, suspende-se o curso da ação direta proposta perante o Supremo Tribunal Federal, conforme sustentou o relator da presente ação direta de inconstitucionalidade em voto que proferiu, em pedido de vista, na Reclamação 425" (STF. ADI-MC 1.423/SP, Rel. Moreira Alves, DJ de 22-11-1996).

"(...) a instauração do processo de fiscalização normativa abstrata, perante o Supremo Tribunal Federal, em que se postule a invalidação de legislação editada por Estado-membro, questionada em face da Constituição da República (CF, art. 102, I, a), qualifica-se como causa de suspensão prejudicial do processo de controle concentrado de constitucionalidade, que, promovido perante o Tribunal de Justiça local (CF, art. 125, § 2.º), tenha, por objeto de impugnação, os mesmos atos normativos emanados do Estado-membro, contestados, porém, em face da Constituição Estadual (...). Tal entendimento, no entanto, há de ser observado sempre que tal impugnação — deduzida perante a Corte Judiciária local — invocar, como parâmetro de controle, princípios inscritos na Carta Política local impregnados de predominante coeficiente de federalidade, tal como ocorre com os postulados de reprodução necessária constantes da própria Constituição da República (RTJ 147/404 — RTJ 152/371-373, v.g.)." (ADI 4.138, j. 11.12.2009, cf. Inf. 573/STF)

QUESTÕES DE CONCURSO RELACIONADAS

01. (Vunesp – Defensor Público – MS/2014) No que tange ao controle de constitucionalidade no âmbito estadual, é correto afirmar que:

a) cabe aos Estados a instituição de representação de inconstitucionalidade de leis ou atos normativos estaduais ou municipais em face da Constituição Federal, vedada a atribuição da legitimação para agir a um único órgão.

b) cabe aos Estados a instituição de representação de inconstitucionalidade de leis ou atos normativos estaduais ou municipais em face da Constituição Estadual, desde que com atribuição exclusiva da legitimação para agir ao Procurador-Geral da Justiça.

c) cabe aos Estados a instituição de representação de inconstitucionalidade de leis ou atos normativos estaduais ou municipais em face da Constituição Estadual, vedada a atribuição da legitimação para agir a um único órgão.

d) cabe aos Estados, por meio da Justiça Comum, o controle difuso da constitucionalidade, sendo vedado expressamente no texto constitucional o controle concentrado da constitucionalidade no âmbito estadual.

Resposta: alternativa "c".

02. (MPE – PB – Promotor de Justiça – PB/2011) É correto afirmar:

a) Não cabe ao Tribunal de Justiça estadual conhecer de ação direta de inconstitucionalidade de lei municipal ou estadual, quando o parâmetro normativo da Constituição Estadual invocado for idêntico à norma disposta na Constituição Federal de reprodução obrigatória, sob pena de usurpação da competência do Supremo Tribunal Federal.

b) Não é admissível que Tribunal de Justiça estadual, em sede de controle abstrato de constitucionalidade de lei municipal em face da Constituição Estadual, declare incidentalmente a incompatibilidade com a Constituição Federal do próprio parâmetro normativo constitucional estadual.

c) A decisão definitiva e transitada em julgado de Tribunal de Justiça estadual que houver declarado a inconstitucionalidade de lei estadual com eficácia geral ex tunc prevalece, até mesmo, em relação ao Supremo Tribunal Federal, que não poderá conhecer de ulterior ação direta de inconstitucionalidade contra a mesma lei estadual, ainda que em face da Constituição Federal.

d) Não cabe recurso extraordinário contra decisão de Tribunal de Justiça que julgou ação direta de inconstitucionalidade em face da Constituição Estadual, porque não há como se identificar, em hipóteses do gênero, questão constitucional federal.

e) (Abstenção de resposta – Seção VIII, item 11, do Edital do Concurso).

Resposta: alternativa "c".

27. (MPE-MG – PROMOTOR DE JUSTIÇA - MG/2007)

A representação de inconstitucionalidade junto aos Tribunais de Justiça estaduais compreende o controle concentrado de leis ou atos normativos estaduais ou municipais em face da Constituição estadual. Indaga-se:

a) Seria cabível a representação de inconstitucionalidade, no TJ local, de lei municipal frente à norma da Constituição estadual, quando contém esta norma constitucional estadual uma norma constitucional federal de reprodução obrigatória?

b) Se cabível, haveria possibilidade de interposição de recurso extraordinário para o STF da decisão de mérito do Tribunal local?

RESPOSTA SUGERIDA

a) Sim. Nada impede que seja realizado o controle de constitucionalidade em âmbito estadual de lei municipal em face de norma da Constituição Estadual que foi obrigatoriamente reproduzida da Constituição Federal.

b) Sim. Será cabível recurso extraordinário para aferir-se a correção da decisão de mérito do Tribunal de Justiça que apreciou a representação de inconstitucionalidade, posto que, por ter levado em consideração norma de Constituição Estadual de reprodução obrigatória, é possível que o Supremo Tribunal Federal entenda diferente, ou seja, julgue que a sentença dada pelo Tribunal local violou o conteúdo da Constituição Federal que foi reproduzido pelo poder constituinte derivado decorrente. Por fim, vale destacar que, a decisão do STF quanto ao recurso extraordinário terá eficácia *erga omnes*, haja vista ter sido ajuizado no contexto de um processo objetivo de controle de constitucionalidade.

DOUTRINA TEMÁTICA

"Uma questão interessante se apresenta quando a norma da Constituição estadual eleita como parâmetro é de repetição obrigatória: diferentemente do que ocorre quando a norma parâmetro é autônoma ou de imitação (casos em que a jurisdição constitucional do Tribunal de Justiça é exclusiva e definitiva), em sendo o parâmetro dispositivo de observância compulsória da Constituição Federal abre-se a possibilidade do reexame da questão de constitucionalidade pelo STF, por meio de um recurso extraordinário. Isso porque relativamente a estas normas há a obrigação por parte dos Estados-membros de observância estrita, o que torna possível ao Supremo Tribunal Federal verificar se a norma de reprodução obrigatória foi, ou não, devidamente aplicada [...] Se a ação direta em âmbito estadual pode ter por objeto leis (ou outros atos normativos) municipais e se da decisão do Tribunal local (que tenha por parâmetro uma norma constitucional estadual de repetição obrigatória da Constituição Federal) cabe no STF recurso extraordinário para verificação da correção da decisão da Corte local, pode-se concluir pela possibilidade de nossa Corte Suprema analisar, em recurso, mas com eficácia *erga omnes*, a constitucionalidade de uma lei municipal" (MASSON, 2013, p. 1108).

QUESTÕES DE CONCURSO RELACIONADAS

01. (FCC - Juiz Substituto – TJ/CE – 2014) Tribunal de Justiça julgou ação direta de inconstitucionalidade contra lei municipal em face de dispositivo da Constituição do respectivo Estado (dispositivo esse que reproduz dispositivo da Constituição da

República de observância obrigatória pelos Estados). Interposto recurso extraordinário, o Supremo Tribunal Federal decidiu pela inconstitucionalidade da lei municipal impugnada.

No contexto descrito, a decisão do recurso extraordinário

a) tem, por si só, eficácia erga omnes apenas estadual.

b) deve ser comunicada ao Senado Federal para o fim de eventual suspensão da execução da lei municipal declarada inconstitucional.

c) não enseja comunicação ao Senado Federal porque falta competência, ao Senado, para suspender a execução da lei municipal declarada inconstitucional.

d) tem, por si só, eficácia erga omnes nacional.

e) deve ser comunicada à respectiva Assembleia Legislativa para o fim de obrigatória suspensão da execução da lei municipal declarada inconstitucional.

Resposta: alternativa "d".

---

02. (Procurador do Município – Prefeitura Boa Vista-RR/2012 – AJURI) Sobre o controle de constitucionalidade concentrado, é defeso afirmar que:

a) o Presidente da República tem legitimidade para o ajuizamento da ação declaratória de constitucionalidade;

b) lei estadual roraimense pode ser declarada inconstitucional, em controle concentrado, pelo Tribunal de Justiça de Roraima;

c) a ação direta de inconstitucionalidade em face de lei municipal deve ser ajuizada no Supremo Tribunal Federal;

d) compete ao Supremo Tribunal Federal julgar a ação declaratória de constitucionalidade em face de ato normativo federal.

Resposta: alternativa "c".

---

03. (FCC – Procurador do Estado – SP/ 2011) De acordo com a jurisprudência do Supremo Tribunal Federal, lei estadual ofensiva à norma da Constituição do respectivo Estado, que se limite a reproduzir preceito da Constituição Federal de observância obrigatória no âmbito das unidades federadas, pode ser impugnada, em sede de controle abstrato, mediante:

a) recurso extraordinário, com aplicação do procedimento de julgamento de questões de repercussão geral.

b) ação direta de inconstitucionalidade de nível federal ou estadual, descabendo, nessa segunda hipótese, a interposição de recurso extraordinário.

c) ação direta de inconstitucionalidade, exclusivamente de nível federal.

d) ação direta de inconstitucionalidade, exclusivamente de nível estadual, sendo incabível a interposição de recurso extraordinário da decisão proferida pelo Tribunal de Justiça.

e) ação direta de inconstitucionalidade de nível federal ou estadual, cabendo, nessa segunda hipótese, a interposição de recurso extraordinário.

Resposta: alternativa "e".

28. (MPE-MS – PROMOTOR DE JUSTIÇA - MS/2011)

O Procurador-Geral de Justiça do Estado de Mato Grosso do Sul ingressou com ação direta de inconstitucionalidade junto ao Tribunal de Justiça questionando teor de lei estadual, sustentando que esta afronta a Constituição Estadual, razão pela qual requereu a declaração de inconstitucionalidade da referida lei estadual.

Posteriormente, antes do julgamento da ação direita de inconstitucionalidade ajuizada pelo PGJ/MS o Procurador-Geral da República - PGR ajuizou ação direta de inconstitucionalidade perante o Supremo Tribunal Federal, aduzindo que a mesma lei estadual fere disposição da Constituição Federal, pleiteando, assim, a declaração de sua inconstitucionalidade.

Pergunta-se:

a) é possível o trâmite simultâneo das duas mencionadas ações diretas de inconstitucionalidade? Explique.

b) o que ocorrerá se o Supremo Tribunal Federal decidir pela inconstitucionalidade da lei estadual? Explique.

c) o que ocorrerá se o Supremo Tribunal Federal decidir pela constitucionalidade da lei estadual? Explique.

d) a decisão do Tribunal de Justiça sobre a referida ação direta de inconstitucionalidade de sua competência pode ser questionada no Supremo Tribunal Federal? Explique.

RESPOSTA SUGERIDA

a) Diante da simultaneidade de ações diretas de inconstitucionalidade em âmbitos estadual e federal, tratando-se de caso em que a suposta norma da Constituição Estadual seja norma de reprodução obrigatória, a solução apontada tanto pela doutrina quanto pela jurisprudência do STF é pelo sobrestamento do processo objetivo perante o Tribunal de Justiça até que o STF julgue a ação que tem o mesmo objeto.

b) Caso o STF julgue procedente a ADI, ou seja, decida pela inconstitucionalidade da lei estadual, a ADI em âmbito estadual será automaticamente extinta sem julgamento de mérito devido à evidente perda de seu objeto.

c) Na hipótese de o STF julgar pela improcedência da ADI, o que significa uma declaração de constitucionalidade da lei estadual, a ADI estadual voltará a tramitar perante o Tribunal de Justiça. Nesse caso, importará saber se a ADI foi ou não ajuizada em face de uma norma da Constituição Estadual obrigatoriamente reproduzida da Constituição Federal. Se a ADI não teve como parâmetro uma norma de reprodução obrigatória, então o Tribunal local terá plena competência para julgar a ação procedente ou improcedente. Entretanto, se a ADI estadual foi ajuizada desafiando norma da Constituição do Estado que foi obrigatoriamente reproduzida da Constituição Federal, então o julgamento pela improcedência da ADI federal vincula o Tribunal de Justiça quanto ao preceito reproduzido, de modo que, o Tribunal local somente poderá julgar a ação direta estadual procedente se o fizer tomando como parâmetro norma da Constituição Estadual que não seja de reprodução obrigatória.

d) Sim, caberá recurso extraordinário em da face decisão do Tribunal de Justiça sobre a ação direta de inconstitucionalidade de sua competência em duas hipótese: 1. Se a norma da Constituição Estadual que sirva como parâmetro tiver sido obrigatoriamente reproduzida da Constituição Federal; e 2. Se o Tribunal de Justiça entender pela inconstitucionalidade do próprio parâmetro invocado, situação em que ele deverá declarar incidentalmente a inconstitucionalidade da norma, julgar extinto o processo objeto de controle devido à impossibilidade jurídica do pedido, bem como suscitar, de ofício, perante o STF, a inconstitucionalidade em face da Constituição Federal.

DOUTRINA TEMÁTICA

"Numa federação, a existência de uma ordem jurídica central e de ordens jurídicas parciais, cada qual com seu documento constitucional, enseja a convivência entre duas modalidades de controle concentrado, a federal (em tutela da Constituição Federal) e a estadual (para proteger a Carta estadual). Isso oportuniza uma interessante situação: a possibilidade de interposição simultânea de duas ações diretas, uma perante o STF e a outra perante o Tribunal de Justiça local, impugnando uma mesma lei (ou outro ato normativo), que certamente será estadual, em face da Constituição Federal e da Constituição Estadual, respectivamente. A essa ocorrência denomina-se 'simultaneidade de ações diretas de inconstitucionalidade' ou 'tramitação paralela de ações diretas de inconstitucionalidade'. Para solucionar essa peculiar ocorrência, basta fazer-se uma construção com base no princípio da primazia da Constituição Federal (e, por consequência, o da primazia de sua tutela). Assim, a propositura de ação direta no STF vai acarretar o sobrestamento do processo em sede estadual, segunda a doutrina, em virtude de uma causa especial de suspensão do processo, até que o STF julgue a ação direta federal". (MASSON, 2013, p. 1112-1113).

"A jurisprudência do Supremo Tribunal Federal tem admitido a interposição de recurso extraordinário da decisão proferida pelo Tribunal de Justiça em ação direta de inconstitucionalidade (CF, art. 125, § 2°) quando o parâmetro desta ação for dispositivo da Constituição Estadual, interpretado contrariamente ao sentido e ao alcance da norma constitucional federal de observância obrigatória. Na hipótese de o Tribunal de Justiça considerar inconstitucional a norma da constituição estadual invocada como parâmetro, poderá, de ofício ou mediante provocação, declarar a sua incompatibilidade com a Constituição da República. Apesar de exercida dentro de uma ação de controle concentrado-abstrato, a análise da inconstitucionalidade do parâmetro é considerada como um controle incidental, no qual o exame da validade antecede o julgamento do mérito. Neste caso, da decisão proferida pelo TJ caberá um Recurso Extraordinário para o STF". (NOVELINO, 2013, p. 333).

JURISPRUDÊNCIA TEMÁTICA

"A instauração do processo de fiscalização normativa abstrata, perante o Supremo Tribunal Federal, em que se postule a invalidação de diploma normativo editado por Estado-membro ou pelo Distrito Federal, questionado em face da Constituição da República (CF, art. 102, I, "a"), qualifica-se como causa de suspensão prejudicial do processo de controle concentrado de constitucionalidade, que, promovido perante o Tribunal de Justiça local (CF, art. 125, § 2º), tenha, por objeto de impugnação, exatamente os mesmos atos normativos emanados do Estado-membro ou do Distrito Federal, contestados, porém, em face da Constituição estadual ou, então, como sucede na espécie, em face da Lei Orgânica do Distrito Federal. Tal entendimento, no entanto, há de ser observado, sempre que tal impugnação - deduzida perante a Corte Judiciária local - invocar, como parâmetro de controle, princípios inscritos na Carta Política local impregnados de predominante coeficiente de federalidade, tal como ocorre com os postulados de reprodução necessária constantes da própria Constituição da República (RTJ 147/404 – RTJ 152/371-373, v.g.). Isso significa, portanto, que, em ocorrendo hipótese caracterizadora de "simultaneus processus", impor-se-á a paralisação do processo de fiscalização concentrada em curso perante o Tribunal de Justiça local, até que esta Suprema Corte julgue a ação direta, que, ajuizada com apoio no art. 102, I, "a", da Constituição da República, tenha por objeto o mesmo diploma normativo local (estadual ou distrital), embora contestado em face da Carta Federal. Cabe assinalar, neste ponto, por relevante, que esse entendimento acha-se consagrado na jurisprudência do Supremo Tribunal Federal, cuja orientação, no tema, tem sido reafirmada em sucessivas decisões que proclamam, em situações como a destes autos, a necessidade de suspensão prejudicial do processo de fiscalização normativa abstrata instaurado perante Tribunal de Justiça local (CF, art. 125, § 2º), se houver, em tramitação simultânea no Supremo, processo de controle concentrado em que se questione a constitucionalidade do mesmo diploma normativo, também contestado na ação direta ajuizada no âmbito local". (STF. ADI 3482, julgada em 2006 e relatada pelo Ministro Celso de Mello).

QUESTÕES DE CONCURSO RELACIONADAS

01. (VUNESP - Procurador - Prefeitura de São José dos Campos/SP – 2017) Com relação ao controle de constitucionalidade abstrato de norma estadual, quando esta for submetida ao duplo controle judicial, por meio de ação direta, pelo STF e pelo respectivo tribunal de justiça (TJ), é correto afirmar:

a) se a norma for declarada constitucional, primeiro pelo TJ, com trânsito em julgado, e havendo ação direta em trâmite perante o STF, este deve extinguir o processo da ADI por perda de interesse de agir superveniente.

b) se o STF declarar a norma inconstitucional, estando em julgamento a ação direta perante o tribunal de justiça, esta perderá o seu objeto, não mais produzindo a respectiva norma efeitos no respectivo Estado.

c) pelo sistema brasileiro, não pode haver duas ações diretas de inconstitucionalidade simultâneas em trâmite, devendo, nessa hipótese, uma delas ser extinta e ter continuidade a primeira que foi ajuizada.

d) se a ADI for ajuizada primeiramente junto ao TJ, a ação direta aforada perante o STF deverá ser suspensa para aguardar o julgamento do Tribunal de Justiça.

e) se o STF declarar constitucional a norma perante a CF, o TJ não mais poderá prosseguir com o julgamento da ADI impugnada também perante a Constituição Estadual.

Resposta: alternativa "b".

---

02. (FCC – Defensor Público – AM/2013) Suponha que determinado Estado-membro tenha editado lei disciplinando o horário de funcionamento de estabelecimentos comerciais, sendo que a matéria já era regulada de modo diverso por leis editadas pelos Municípios do mesmo Estado. Estado e Municípios entendem constitucionais as respectivas leis, e pretendem sustentar judicialmente que elas foram editadas com fundamento na competência legislativa que lhes foi assegurada na Constituição Federal e na Constituição Estadual. Diante desse contexto, considerando a Constituição Federal e a jurisprudência do Supremo Tribunal Federal,

a) a lei estadual não poderá ser objeto de ação direta de inconstitucionalidade perante o Tribunal de Justiça, caso impugnada em face de norma da Constituição Estadual, admitindo-se, no entanto, que a lei estadual seja impugnada em face da Constituição Estadual mediante instrumentos de controle incidental e difuso de constitucionalidade.

b) a lei estadual poderá ser objeto de ação direta de inconstitucionalidade perante o Tribunal de Justiça, tendo por parâmetro a Constituição Estadual, podendo ser interposto recurso extraordinário, contra o acórdão proferido pelo Tribunal Estadual, se presentes os pressupostos recursais.

c) as leis municipais poderão ser objeto de ação direta de inconstitucionalidade perante o Supremo Tribunal Federal, tendo por parâmetro a Constituição Federal.

d) as leis municipais apenas poderão ser contestadas em face da Constituição Estadual mediante instrumentos processuais que viabilizam o controle incidental e difuso de constitucionalidade.

e) o ajuizamento de ação direta de inconstitucionalidade (ADI) da lei estadual em face da Constituição do Estado, perante o Tribunal de Justiça, impede a propositura de ADI da mesma lei estadual em face da Constituição Federal, perante o STF, ainda que o Tribunal de Justiça do Estado não tenha julgado a ADI.

Resposta: alternativa "b".

---

03. (ESAF – AFRFB – 2009) Marque a opção correta.

a) Declarada incidenter tantum a inconstitucionalidade da lei ou ato normativo pelo Supremo Tribunal Federal, referidos efeitos serão ex nunc, sendo desnecessário qualquer atuação do Senado Federal.

b) O Supremo Tribunal Federal não admite controle concentrado pelo Tribunal de Justiça local de lei ou ato normativo municipal contrário, diretamente, à Constituição Federal.

c) Proclamada a inconstitucionalidade do dispositivo, pelo Supremo Tribunal Federal, julgar-se-á improcedente a ação direta de inconstitucionalidade.

d) Atos estatais de efeitos concretos se submetem, em sede de controle concentrado, à jurisdição abstrata.

e) As Súmulas, por apresentarem densidade normativa, são submetidas à jurisdição constitucional concentrada.

Resposta: alternativa "b".

BIBLIOGRAFIA

AFONSO DA SILVA, José. *Curso de direito constitucional positivo*. 6. ed. São Paulo: Malheiros, 1990.

________. Curso de direito constitucional positivo. 25. ed. rev. e atual. nos termos da Reforma Constitucional, Emenda Constitucional n. 48 de 10.8.2005. São Paulo: Malheiros, 2005.

ARAÚJO, Luiz Alberto David; NUNES JÚNIOR, Vidal Serrano. *Curso de direito constitucional*. 10 ed. São Paulo: Saraiva: 2006.

BARROSO, Luís Roberto. *Curso de direito constitucional contemporâneo*: os conceitos fundamentais e a construção do novo modelo. São Paulo: Saraiva, 2009.

BASTOS, Celso Ribeiro. *Curso de direito constitucional*. 20 ed. São Paulo: Saraiva, 1999.

BORTOLETO, Leandro. *Direito administrativo*. Salvador: Juspodivm, 2012.

________; LÉPORE, Paulo. *Noções de direito constitucional e de direito administrativo*. 2. ed. Salvador: Juspodivm, 2015.

BULOS, Uadi Lammêgo. *Constituição Federal anotada*. 8. ed. São Paulo: Saraiva, 2008.

________. *Curso de direito constitucional*. 8. ed. São Paulo: Saraiva, 2013.

________. *Curso de direito constitucional*. 8. ed. rev. e atual de acordo com a Emenda Constiucional n, 76/2013. São Paulo: Saraiva, 2014.

CAMARGO, Marcelo Novelino. *Leituras complementares de constitucional*: controle de constitucionalidade. Salvador: Juspodivm, 2007.

CANOTILHO, José Joaquim Gomes. *Direito constitucional e teoria da Constituição*. 7. ed. Coimbra: Almedina, 2003.

________; MENDES, Gilmar Ferreira; SARLET, Ingo Wolfgang; STRECK, Lenio Luis. (Coords.). *Comentários à Constituição do Brasil*. São Paulo: Saraiva/Almedina, 2013.

CARNEIRO, Athos Gusmão. *Jurisdição e competência*. 11. ed. São Paulo: Saraiva, 2001.

CARVALHO FILHO, José dos Santos. *Manual de direito administrativo*. 23. ed. Rio de Janeiro: Lumen Juris, 2010.

CUNHA JÚNIOR, Dirley da. *Curso de direito constitucional*. 6. ed. Salvador: Juspodivm, 2012.

FERNANDES, Bernardo Gonçalves. *Curso de direito constitucional*. 4. ed. Salvador: Juspodivm, 2012.

FERREIRA, Olavo Alves. *Controle de constitucionalidade e seus efeitos*. São Paulo: Método, 2003.

FERREIRA, Pinto. *Curso de direito constitucional*. 7. ed. São Paulo: Saraiva, 1995.

FERREIRA FILHO, Manoel Gonçalves. *Curso de direito constitucional*. 15 ed. São Paulo: Saraiva, 1986.

GAJARDONI, Fernando da Fonseca; SILVA, Márcio Henrique Mendes da; FERREIRA, Olavo Augusto Vianna Alves Ferreira. *Comentários à Nova Lei do Mandado de Segurança*: Lei 12.016, de 7 de agosto de 2009.

JELLINEK, Georg. *Teoria general del Estado*. Buenos Aires: Albatros, 1981.

LENZA, Pedro. *Direito constitucional esquematizado*. 19. ed. São Paulo: Saraiva, 2015.

________. *Direito constitucional esquematizado*. 18. ed. São Paulo: Saraiva, 2014.

________. Direito constitucional esquematizado. 23. ed. São Paulo: Saraiva Educação, 2019.

LEPORE, Paulo. *Direito constitucional*. 3. ed. Salvador: Juspodivm, 2015.

________. *Revisaço direito constitucional*. 2. ed. Salvador: Juspodivm, 2015.

MARINELA, Fernanda. *Direito administrativo*. 7. ed. Rio de Janeiro: Impetus, 2013.

MASSON, Nathalia. *Manual de direito constitucional*. Salvador: Juspodivm, 2013.

MAZZUOLI, Valério de Oliveira. *Curso de direito internacional público*. 4 ed. São Paulo: RT, 2010.

MEDINA, José Miguel Garcia; ARAÚJO, Fábio Caldas de. *Mandado de segurança individual e coletivo*: Comentários à Lei 12.016, de 7 de agosto de 2009. São Paulo: RT, 2009.

MEIRELLES, Hely Lopes. *Mandado de segurança*. 22. ed. São Paulo: Malheiros, 2000.

________; Hely Lopes; WALD, Arnoldo; MENDES, Gilmar Ferreira. *Mandado de segurança e ações constitucionais*. 35. ed. São Paulo: Malheiros, 2013.

MENDES, Gilmar Ferreira; COELHO, Inocêncio Mártires; BRANCO, Paulo Gustavo Gonet. *Curso de direito constitucional*. 2. ed. São Paulo: Saraiva, 2008.

MENDES, Gilmar Ferreira; GONET BRANCO. Curso de direito constitucional. 12. ed. rev. e atual. São Paulo: Saraiva, 2017.

MORAES, Alexandre de. Direito constitucional. 34 ed. São Paulo: Atlas, 2018.

MOTTA FILHO, Sylvio Clemente; SANTOS, William Douglas Resinente. *Controle de constitucionalidade:* uma abordagem teórica e jurisprudencial. 2 ed. Rio de Janeiro: Impetus, 2002.

NOVELINO, Marcelo. *Manual de direito constitucional.* 8. ed. São Paulo: Método, 2013.

________. Curso de direito constitucional. 11. ed. rev., ampl. e atual. Salvador: Ed. Juspodivm, 2016.

ROTHENBURG, Walter Claudius. Direitos fundamentais e suas características. *Revista de Direito Constitucional e Internacional.* São Paulo, RT, Ano 8, n. 30, p. 146-159.

SARLET, Ingo Wolfgang. *A eficácia dos direitos fundamentais.* 10. ed. Porto Alegre: Livraria do Advogado, 2009.

________; MARINONI, Luiz Guilherme; MITIDIERO, Daniel. *Curso de direito constitucional.* 2. ed. São Paulo: RT, 2013.

TEMER, Michel. *Elementos de direito constitucional.* 2. ed. São Paulo: RT, 1986.

VASCONCELOS, Clever. Curso de direito constitucional. 4. ed. São Paulo: Saraiva, 2017.

ANOTAÇÕES

ANOTAÇÕES

ANOTAÇÕES

ANOTAÇÕES

EDITORA
JusPODIVM
www.editorajuspodivm.com.br